KB070249

뉴미디어와 정보사회

나남
nanam

나남신서 2058

뉴미디어와 정보사회

2009년 9월 5일 발행
2014년 3월 5일 9쇄
2015년 1월 10일 개정판 발행
2016년 3월 5일 개정판 2쇄
2018년 3월 5일 개정 2판 발행
2018년 3월 5일 개정 2판 1쇄
2020년 9월 5일 개정 3판 발행
2023년 3월 5일 개정 3판 3쇄

지은이   오택섭·강현두·최정호·안재현
발행자   趙相浩
발행처   (주)나남
주소   10881 경기도 파주시 회동길 193
전화   031)955-4601(代)
FAX   031)955-4555
등록   제1-71호(1979. 5. 12)
홈페이지   www.nanam.net
전자우편   post@nanam.net

ISBN 978-89-300-4058-7
ISBN 978-89-300-8001-9

나남신서 2058

뉴미디어와 정보사회

오택섭·강현두·최정호·안재현 지음

나남
nanam

New Media in the Information Society

by

Auh, Taik-Sup

Kang, Hyeon-Dew

Choe, Chuug-Ho

Ahn, Jae-Hyeon

nanam

지금 우리는 얼마 전까진 상상조차 하기 힘들었던 미디어 환경에서 살고 있다. 20세기를 주도하던 신문과 방송은 인터넷과 모바일 미디어에 의해 그 영역이 잠식당한 지 오래다. 컴퓨터와 원격통신 기술이 절묘하게 융합되면서 화상, 음성, 문자정보가 멀티미디어를 통해 상호교환되는 정보화사회가 도래한 것이다. "모든 길은 로마로 통한다"던 옛말이 지금은 "모든 매체는 디지털로 통한다"는 세상으로 바뀌었다. 이제는 신문, 방송, 인터넷, 모바일을 별개의 독립된 매체로 볼 수 없고, 이러한 미디어가 제공하는 콘텐츠를 뉴스, 오락, 게임, 취미, 여가, 영화, 날씨 등 장르별로 구분하는 것만이 적절한 분류 체계인 것으로 보인다.

또한 과거 매스미디어 사회에서 미디어가 생산한 메시지를 수동적으로만 소비하던 대중은 새로운 디지털 환경에서 메시지를 소비할 뿐만 아니라 생산하는 메시지의 산비자로 변모했다. 매스미디어가 지배하던 산업사회가 집중화, 표준화, 대중화의 시대였다면, 새로운 미디어가 지배하는 사회는 분산화, 개성화, 탈대중화를 지향하는 사회다. 그러한 현상은 기존의 사회질서까지도 변화시킬 것이 분명하다. 15세기 구텐베르크의 활자 인쇄술이 절대왕조 국가와 중세 종교의 권위를 붕괴시켰다면, 인터넷과 같은 새로운 미디어는 산업사회의 중앙집권화된 권력 체계를 다시 한번 재편성할 것으로 기대된다.

모든 언어에는 문법(文法)이 있다. 새로운 언어인 미디어도 미디어의 문법이 있다. 신문에는 신문의 문법, 방송에는 방송의 문법, 인터넷에는 인터넷의 문법이 있다. 과거 세대 간 격차가 노년층과 청소년층 사이에 존재하는 사고방식의 차이에서 비롯된 것이라면, 현대 정보사회에서의 세대 간 격차는 인터넷 문법에 익숙한 층과 그렇지 못한 이른바 컴맹층 간에 존재하는 디지털 격차라고 보아야겠다. 그러므로 인터넷을 비롯한 뉴미디어에 대한 정확한 지식과 비판적 안목을 키우는 것은 비단 개인의 복지와 번영을 위해서뿐만 아니라 사회계층 간 장벽을 허물고, 자유롭고 풍요로운 정보화사회를 건설하는 데에도 꼭 필요한 것이다.

이 책은 이미 도래한 정보화사회를 사는 데 필요한 지식으로서 미디어를 이해하려는 사람들에게 올바른 방향을 제시하기 위한 목적으로 씌어졌다. 특히 미디어 현상을 일반 교양으로서 이해하고자 하는 사람들에게 체계적 이해의 틀을 제공하기 위한 목적에 충실하였다. 따라서 내용 역시 전문적 이론보다는 매스미디어의 실제 현상을 가급적 쉽게 이해할 수 있도록 서술하였다. 이 책은 언론학을 전공하는 학부생뿐만 아니라, 경영대, 문과대, 사회대, 이공대 등 일반 학부생들이 쉽게 접할 수 있는 매스미디어에 대한 개론을 전달하는 것을 목표로 하였다. 또한 미디어 관련 교양 서적을 원하는 독자들도 이 책을 통해 미디어 산업의 최신동향을 접할 수 있도록 하였다. 이 책에서는 각 장마다 지면의 제약상 다 싣지 못한 내용을 보충하기 위해 국내외 사이트에 연결할 수 있도록 인터넷 링크를 소개하고, 이에 덧붙여 주요 개념, 인물, 사건 등을 박스로 처리함으로써 학습에 도움을 주고자 했다.

이 책의 초판이자 모태인 《매스미디어와 사회》(최정호·강현두·오택섭 공저)가 출간된 것은 1990년으로 World Wide Web이 출현하기 1년 전이었다. 그 후 급변하는 미디어 환경에 걸맞게 책의 제목도 《미디어와 정보사회》(2003년) 그리고 《뉴미디어와 정보사회》(2009년)로 바뀌었다. 여기서 특기할 점은 2009년에 발간된 《뉴미디어와 정보사회》는 3명의 언론학자들과 함께 IT 경영학자인 KAIST의 안재현 교수가 4번째 저자로 참여하여 학문적인 컨버전스를 이루면서 내용 면에서도 미디어 빅뱅의 내용을 담기 위해 노력했다는 것이다.

지난 2000년부터 10년간 매우 다양한 특성을 가진 미디어가 도입되었다. 우리나라에서는 2002년 위성방송, 2004년에는 DMB 서비스가 세계 최초로 도입되었고, 2007년 IPTV도 상용화 서비스를 시작했다. 2010년 종합편성채널도 인가되었다. 또한 소셜 네트워크 서비스인 페이스북이 2004년부터, 트위터는 2006년부터 서비스가 시작되었다. 또한 2000년대 후반부터 3G 서비스를 중심으로 하는 모바일 광대역 서비스가 본격 도입된다. 2007년 출시된 아이폰은 광대역 모바일 서비스의 사용을 편리하게 하는 기기혁명을 제공했다.

돌이켜보면 이렇게 많은 새로운 미디어가 단기간에 도입된 것은 역사적으로 유례가 없는, 한마디로 '뉴미디어의 홍수'라고 할 수 있다. 2010년을 넘어서면서 이렇게 도입된 뉴미디어는 우리 사회에 매우 빠른 속도로 확산되어 우리의 생활과 커뮤니케이션 방식을 완전히 변화시키고 있다. 또한 디지털화된 뉴미디어뿐만 아니라, UCC, 소셜 네트워크 서비스, 센서 네트워크 등에서 쏟아지는 수많은 정형·비정형의 데이터가 수집·처리·가공되어, 미디어의 소비에 막대한 영향을 미치는 빅데이터 시대도 가까워지고 있다. 이러한 여러 변화를 고려해서 본 개정판에서는 기존의 구성을 유지하면서 최근의 다양한 변화, 특히 뉴미디어의 도입에 따른 변화, 모바일 웹, 종합편성채널, 미디어산업에서의 빅데이터의 활용 등에 초점을 맞추었다.

이 책의 구성을 살펴보면 1장부터 3장까지의 서론 부분에서는 급변하는 미디어 환경에 초점을 맞춰 매스미디어의 일반적 본질과 현대사회에 미치는 기능과 효과를 다룬다. 특히 1장에서는 최근의 변화를 담아 디지털 컨버전스의 예로 2000년 AOL-타임워너의 합병과 2009년 결별 케이스를 소개하면서 컨버전스는 극복해야 할 문화적 요소가 많은 프로세스임을 강조하였다. 또한 컨버전스의 전개과정을 가치사슬뿐만 아니라 에코 시스템의 관점에서 보는 시각을 반영하였다.

뒤이어 4장부터 9장까지 이어지는 미디어 탐구 편에서는 인쇄매체(신문, 책·잡지)와 음성·영상매체(라디오·음반, TV, 영화·비디오)들의 각 매체별 특징과 현황을 소개하였다. 특히, 최근 들어 우리 생활의 중심에 자리 잡은 인터넷을 비롯한 각종 뉴미디어의 발전 과정과 전망을 소개하였다. 7장에서는 이 시대의 대표 문화 콘텐츠라고 할 수 있는 영화와 음악을 중심으로 내용을 재구성하고, 최근의 현상과 통계를 추가하여 급변하는 문화산업에 대한 이해를 돕고자 하였다. 영화 부분에서는 극장산업만이 아니라, IPTV로 대표되는 온라인 채널을 통한 부가 판권시장이 형성되고 성장하는 추세를 반영하여 부가 시장에 관한 내용도 추가하였다. 음악 부분에서는 과거에 음악시장을 이끌었던 음반산업뿐만 아니라 현재 가장 큰 시장이 된 디지털 음원산업 관련 내용도 함께 다루었다. 8장에서는 인터넷과 관련된 최근 사례와 데이터를 추가 수록하여 내용을 쉽고 정확히 이해하도록 하였다. 특히 아바타와 관련된 인터넷 심리학의 내용을 대폭 축소하고, 인터넷 생활의 중심에 있는 스마트폰과 웹의 화두로 떠오르는 Web 3.0의 관련 내용을 추가하였다. 또한 망 중립성 이슈와 새롭게 부각되는 인터넷의 부정적 기능 같은 시사적 내용까지 포함해 독자들이 생각할 수 있는 폭을 넓히려 했다. 9장 뉴미디어에 관련해서는 최근의 변화들을 반영하여 데이터방송과 BcN 부분을 삭제했고, 3세대 이동통신 서비스인 와이브로와 HSDPA 부분을 1~3세대의 이동통신서비스의 역사와 4세대 서비스인 LTE에 대한 설명으로 대체했다. 또한 IPTV 산업의 성장을 감안해 스마트 TV와 N-Screen 서비스에 대한 부분을 추가했다. 가장 큰 보강으로는 빅데이터와 미래사회라는 부분이 추가되어 현 시대의 가장 큰 화두인 빅데이터에 대한 소개가 이루어졌다.

이 책의 3번째 섹션인 10장에서 13장까지는 PR과 광고, 미디어와 대중문화, 미디어와 선거를 중심으로 미디어의 사회적 기능을 살펴보았다. 미디어의 비약적인 발전과 더불어 11장 광고 부분에서도 많은 내용을 수정했다. 각종 광고 관련 통계 자료와 사례들을 최신 자료로 업데이트하였고, 새로운 광고기술들과 트렌드를 설명했다. 특히 인터넷 광고뿐만 아니라 최근 이슈가 되는 모바일 광고, 인터랙티브 광고, Web 3.0 시대에서의 광고 등의 내용을 새롭게 소개하여 독자들이 광고의 최신 동향을 파악할 수 있도록 하였다. 마지막 14, 15장에서는 사회의 파수견(watchdog)으로서 언론(인)이 지켜야 할 윤리적·법적 책임과 권리문제를 정리하였다.

이 책을 저술하는 데 보내준 윤영철, 강상현(연세대), 이창현(국민대), 권혁남(전북대), 고 김광수, 마동훈(고려대), 황 근(선문대), 이호규(동국대), 소현진(성심여대), 황치성(언론재단), 김대식(KBS) 박사 등의 깊은 통찰력과 참신한 아이디어에 감사드린다. 이 책이 처음 출간된 이후 많은 대학원생들이 수정 및 보완작업에 참여하였는데 특히 2014년 개정판 작업에는 KAIST 경영대학원의 전익진, 주재현, 박규홍, 김동연 씨와 고려대 미디어대학원 박사 과정의 김새봄 씨가, 2017년에는 KAIST의 유영준씨가, 2020년엔 KAIST 경영대학 임하경 씨가 참여했다. 이들이 자료의 수집과 정리는 물론 돌변하는 미디어환경을 이 책에 폭 넓게 담는 데 크게 기여하였으므로 깊은 감사를 드린다. 특히, 이 책의 출판을 독려해 준 나남출판 대표 조상호 박사님, 그리고 출판에 도움을 준 편집부와 디자인실 여러분께 감사드린다.

　이 책을 저술하면서 국내외 학자들의 많은 논문과 저서를 인용하였는데, 특히 《디지털미디어와 사회》(김영석), 《미디어 윤리》(김우룡), 《언론 법제와 보도》(임병국), 《매스미디어와 정보사회》(배규한 외), *Media Now*(Straubhaar & LaRose)는 많은 참고가 되었기에 저자들께 깊은 감사를 드린다. 또한, 커뮤니케이션의 기술, 산업, 제도가 급속도로 변화하는 모습을 이 책에 담기 위해 많은 온라인 사이트를 방문하여 자료와 텍스트를 구했다. 이 과정에서 검색한 사이트를 낱낱이 밝히지 못한 점에 대하여 용서를 빈다.

　끝으로, 언론학을 배우고자 하는 많은 학생들이 이 책을 통하여 매스미디어를 올바르게 이해하는 데 조그마한 도움이 될 수 있기를 바란다.

2020년 9월

오택섭·강현두·최정호·안재현

뉴미디어와 정보사회

차 례

3

매스미디어의 효과

4

책과 잡지

5

신 문

6

라디오와 텔레비전

11

광 고

12

매스미디어와 대중문화

13

매스미디어와 선거

14

매스미디어와 윤리

15

매스미디어 법제

1

매스미디어의 본질

1. 인간, 커뮤니케이션 그리고 미디어

커뮤니케이션(*communication*)은 인간의 가장 기본적 활동으로서 상징을 통해 정보나 의견을 주고받는 행위이다. 여기서 상징이란 언어적 요소뿐 아니라 몸짓, 표정과 같은 비언어적 요소까지 포함하는데, 이러한 상징을 이용할 수 있는 능력을 갖춘 인간들은 커뮤니케이션을 통해 의미를 공유하고 공동체 의식을 느낀다. 즉, 사회적 삶을 영위하는 데 없어서는 안 될 필수적 행위가 바로 커뮤니케이션이다.

미디어(*media*)는 정보를 시공간적으로 이동시키는 매개물이다. 기술적으로 발달한 미디어든 아니든 발신자는 그것을 이용하여 메시지를 전달하고 수신자는 미디어를 통해 전해진 정보를 해석하여 그 의미를 파악하는 이른바 커뮤니케이션 과정에 참여한다. 여기서 발신자와 수신자가 주고받는 정보가 동일한 의미로 인식되고 해석되기 위해서는 서로가 공유할 수 있는 문화적 약속이 필요함은 물론이다. 인간이 습득하고 사용하는 언어가 비로 이러한 약속의 표현이며, 따라서 인류사에서 언어의 발명은 인간의 커뮤니케이션을 보다 효율적으로 만드는 획기적인 사건이었다.

언어 없는 커뮤니케이션이 불가능하지는 않았겠지만 인간은 언어의 등장으로 보다 많은 양의 정보를 정확하고 손쉽게 전달할 수 있었다. 언어를 이용하여 자유롭게 의사를 교환하는 우리의 입장에서 볼 때 손짓, 몸짓, 표정에만 의존했던 원시인들이 얼마나 불편했는지는 쉽게 상상할 수 있다. 따라서 언어의 발명은 인간이 이룩한 첫 번째 커뮤니케이션 혁명으로 간주된다. 인간이 지구상에 존재한 기간을 수백만 년으로 추산한다면 언어가 처음으로 발명되었다고 여겨지는 약 4만 년 전은 비교적 최근의 일이라고도 할 수 있다.

언어를 이용하여 사물이나 사상을 추상화시킬 수 있는 능력은 신이 인간에게만 부여한 선물이라고 해도 과언은 아니다. 그렇기 때문에 인간의 커뮤니케이션은 다른 동물의 의사소통 행위와 질적인 차이를 가진다. 벌들은 날갯짓의 방향과 모양을 통해 정보를 전달한다고 하는데 이는 생존을 위한 본능적 차원에 한정된 것이다. 돌고래도 특유의 음파를 이용하여 서로 의사소통을 한다고 하지만 그 능력은 본능적으로 타고난 것이지 문화적 지식의 전수를 통해 습득된 것은 아니다. 이렇게 인간 이외의 다른 동물들에게서 발견할 수 있는 커뮤니케이션 행위는 언어를 통해 의미를 공유하거나 축적하여 다음 세대에까지 전달하는 문화적 성격을 지닌 인간의 커뮤니케이션 행위와는 전혀 다르다. 따라서 언어를 통한 커뮤니케이션은 인간만이 지닌 고유의 능력이다.

커뮤니케이션은 인간 사회를 형성하고 유지하는 데 가장 기본적 요소 중 하나다. 인간은 공동체 생활을 시작하면서부터 커뮤니케이션을 위해 여러 가지 매체와 수단을 동원했다. 언어가 발명되기 이전에는 손짓, 몸짓, 표정으로, 문자가 발명되기 이전에는 구두로, 그리고 종이가 발명되기 이전에는 가죽이나 벽에 글자를 새김으로써 나름대로 정보전달 기술을 고안했다. 하지만 근대에 들어서면서 사회가 거대해지고 복잡해짐에 따라 인간들은 보다 많은 사람들에게 보다 많은 정보를 보다 빠른 시간에 전달할 필요성이 생겼고, 보다 효율적인 정보전달 기술을 이용하려는 욕구를 느꼈다. 이러한 욕구는 산업사회의 등장과 더불어 도래했던 커뮤니케이션 기술의 획기적인 발달로 충족될 수 있었다. 인쇄술의 발달로 매스미디어의 성격을 지닌 인쇄매체가 등장한 이후 커뮤니케이션 기술의 발달 속도는 한층 가속화되어 라디오, 텔레비전, 케이블TV 그리고 위성방송 등의 방송 매체가 보급되었다. 뒤를 이어 20세기 말 출현한 월드와이드웹(World Wide Web, WWW)을 기반으로 인터넷이 전 세계를 하나의 '지구촌'(global village)으로 만들었고, 그 인터넷이 이제는 모든 전자기기와 연결된 '사물 인터넷'(Internet of Things, IoT)으로, 한 걸음 더 나아가 이 세상 모든 것과 연결된 '만물 인터넷'(Internet of Everything, IoE)으로 끊임없이 변모하고 있다. 앞으로 인터넷이 모바일 기술과 접목하여 더 이상 언제, 어디로, 어떻게 발전할지는 확실치 않으나 충족되지 못한 사회적 욕구가 존재하는 한 인터넷은 발전적 변화를 멈추지 못할 것이다.

　이러한 정보전달 기술의 발달은 가히 혁명적이라고 불릴 만큼 빠르게 진행되었다. 미디어 기술의 발달 속도가 더욱 빨라짐을 강조하기 위해 슈람(Wilbur Schramm, 1981)은 100만 년간의 인간 역사를 하루(24시간)로 설정하고 각각의 미디어 기술이 발명된 시기를 24시간을 기준으로 환산했다. 그 결과 문자가 쓰인 시각은 21시 33분, 인쇄매체 시대의 시작을 알리는 금속활자가 발명된 시각은 23시 59분 14초, 방송 매체의 등장을 알렸던 라디오의 발명은 23시 59분 53초, 텔레비전의 경우는 23시 59분 56초로 나타났다. 이렇게 볼 때 문자 시대에서 인쇄매체 시대까지는 2시간 26분 14초, 인쇄매체 시대에서 방송 매체 시대까지는 39초, 그리고 비디오·케이블 TV·위성방송·인터넷 등 뉴미디어의 개발은 불과 34초 만에 이루어졌다는 것을 알 수 있다. 현재 우리 사회에 텔레비전이 발명되기 이전의 세대와, 태어나면서부터 텔레비전을 접했던 세대, 그리고 컴퓨터와 스마트폰을 생필품으로 사용하는 세대와 그렇지 못한 세대가 공존한다는 사실만 보더라도 우리는 미디어 기술의 발전이 얼마나 빠른 속도로 진행되는지를 실감할 수 있을 것이다.

2. 커뮤니케이션의 구조

1) 커뮤니케이션 과정

매스미디어에 의존하지 않고 서로 대면한 상태에서 이루어지는 인간 상호 간의 커뮤니케이션을 우리는 매스 커뮤니케이션과 구별한다는 의미에서 인간 커뮤니케이션이라 부른다. 인간 커뮤니케이션은 다음과 같은 과정을 거친다. 우선 발신인 (*sender*)은 전달하려는 생각이나 의견을 언어나 비언어적 상징으로 형상화하여 나름대로의 메시지를 작성하여 수신인(*receiver*)에게 전달한다. 수신인 또한 전달된 메시지에 담긴 상징의 의미를 나름대로 해독하여 메시지를 인지하고 이해한다. 여기서 보듯이 발신인, 메시지, 수신인은 커뮤니케이션의 가장 기본적 구성요소이다.

사용된 상징에 관해 발신인과 수신인의 의미 해석이 대체로 일치하는 경우 발신인과 수신인 간의 커뮤니케이션은 어느 정도 정확하다고 볼 수 있다. 수신인이 전달된 메시지의 의미를 발신인이 의도했던 대로 이해한다는 것은 이들이 동일한 상징 사용규칙을 준수하며 상징에 관련된 주관적 경험과 해석이 일치함을 뜻한다. 만약 상징에 관한 의미 해석이 불일치할 경우 커뮤니케이션은 불완전해지고 왜곡되거나 부정확해진다. 그럴 경우 수신인은 메시지의 참뜻을 이해하지 못했다는 표정을 짓거나 자신이 이해한 바를 확인하기 위해 발신인에게 질문하기도 하는데 이때는 발신인과 수신인의 위치가 뒤바뀌는 커뮤니케이션 과정을 거친다. 이처럼 커뮤니케이션은 메시지가 발신인에서 수신인에게로 일방향적으로 전달되는 것이 아니라 서로 간에 계속되는 메시지 교환 과정을 수반한다.

커뮤니케이션이 효과적으로 이루어지기 위해서는 발신인이 의도한 의미와 수신인이 해석한 의미가 일치해야 한다. 만약 서로 간에 의미가 불일치하면 메시지가 정확하게 상대방에게 전달되지 않아 커뮤니케이션이 원만하게 이루어지지 않으며, 심할 경우 오해로까지 번지기 때문이다. 발신인이 의도한 의미와 수신인이 해석한 의미 간의 차이는 여러 가지 이유로 설명될 수 있겠는데 그 중 하나가 잡음(*noise*)이다. 발신인 또는 수신인의 인종차별적 편견(심리적 잡음), 피곤함, 배고픔의 몸 상태(신체적 잡음), 시끄러운 주위 환경(물리적 잡음), 난해한 단어, 문자사용(언어적 잡

〈그림 1-1〉 인간 커뮤니케이션 과정

잡음
심리 · 언어 · 신체 · 문화 · 물리

메시지
채널
면대면
언어/비언어
이메일

- 사회 · 심리적 공감대
메시지 해석 능력

- 사회 · 심리적 공감대
메시지 해석 능력

피드백
표정, 몸짓, 질문

음), 세대 간 차이(문화적 잡음), 이와 같은 잡음이 두 사람 간의 커뮤니케이션을 정확하게 파악하는 과정에서 걸림돌이 될 수 있다.

상대방에게 자신의 생각을 정확하게 전달하기 위해서는 발신인이나 수신인이 모두 메시지의 의미를 제대로 파악하려는 노력을 해야 하며, 단어의 선택과 배열에도 각별한 주의를 기울여야 한다. 정확한 커뮤니케이션은 다음의 두 가지 원칙을 준수함으로써 성취될 수 있다. 첫째는 피드백(feedback)의 원칙이다. 쌍방 간의 메시지 교환 과정이 지속적으로 발생되는 커뮤니케이션 상황에서 상대방이 메시지를 수용할 때 어떠한 반응을 보이는지 주의 깊게 관찰하는 것은 매우 중요하다. 다시 말해 수신인이 발신인에게 보내는 표정, 몸짓, 응답, 질문 등 여러 유형의 피드백 반응이 발신인의 메시지 작성전략에 반영된 결과보다 많은 의미의 공유가 이루어지면 쌍방 간의 커뮤니케이션은 더욱 정확해진다. 둘째, 메시지를 전달하기 전에 상대방의 입장에서 메시지를 해석하는 것이다. 쉽게 말해서 발신인이 수신인의 입장에 선다는 것이다. 상대방이 어느 정도의 어휘력과 문장 해석능력이 있는지, 혹은 어떠한 가치관을 지니는지를 **역할** 전이(role taking)를 통해 미리 파악한다면 발신인은 수신인이 이해하기 쉬운 방법으로 메시지를 작성할 수 있을 것이다. 이를 통해 보다 정확한 커뮤니케이션이 이루어질 것이다. 예를 들어 대학 교수가 초등학생을 상대로 강의할 경우엔 그들의 수준에서 이해할 수 있을 정도로 아주 쉽게 강의 내용을 작성해야만 커뮤니케이션의 정확성을 높일 수 있다는 것이다.

이렇게 볼 때 상대방의 피드백에 주의를 기울이고 상대방의 역할과 입장을 제대로 이해한다는 두 가지 조건을 충족시켜야만 정확한 커뮤니케이션을 기대할 수 있다. 발신인이 의도한 정보가 정확하게 수신인에게 전달되지 않을 때 상대방을 설득하기란 매우 어려운 일이다. 바꿔 말해 발신인으로부터 정보를 전달받은 수신인의 반응을 관찰할 수 없고 상대방의 입장을 이해하지 못하는 상황에서는 상대방의 태도나 의견을 변화시키기 위한 커뮤니케이션이 그다지 큰 효과를 발휘하지 못한다. 인간 상호 간의 **면대면** 커뮤니케이션(*face-to-face communication*)이 매스미디어를 이용한 커뮤니케이션보다 정보 전달의 정확도가 더 높으며, 따라서 상대방을 설득하는 데 더욱 효과적이라는 연구 결과도 이러한 맥락에서 이해될 수 있다.

2) 커뮤니케이션의 유형

커뮤니케이션의 유형은 매우 다양해 여러 가지 차원에서 설명할 수 있다. 우선 면대면 상태에서 참여하는 인간 커뮤니케이션과 매스미디어를 정보 전달의 도구로 삼는 매스 커뮤니케이션으로 나뉜다. 다른 한편으로는 인간들이 처한 사회적 상황의 차이에 따라 인간 내 커뮤니케이션, 대인 커뮤니케이션, 집단 커뮤니케이션, 조직 커뮤니케이션, 매스 커뮤니케이션 등으로 구분될 수 있다. 또한 언어의 사용 여부에 따라 비언어적 커뮤니케이션과 언어적 커뮤니케이션으로, 정보 전달의 통로가 공식적이냐 비공식적이냐에 따라 공식적 커뮤니케이션과 비공식적 커뮤니케이션으로 양분되기도 한다.

(1) 인간 내 커뮤니케이션

인간 내 커뮤니케이션(*intrapersonal communication*)이란 말 그대로 인간의 내부에서 일어나는 자신과의 커뮤니케이션을 의미한다. 이때는 한 인간이 메시지의 발신인인 동시에 수신인이 된다. 우리는 어떤 중대한 결정을 앞두고 망설이거나 머뭇거릴 때 자신의 내부에 존재하는 두 개의 자아가 서로 커뮤니케이션하는 경험을 한다. 이를테면 본능적이고 감성적인 욕구에 따라 행동하고자 하는 자아와 도덕적이고 이성적인 자아가 갈등을 일으키는 경우 이들 양자 간에 의견이 소통되고 정보가 교환되는 과정이 수반된다. 일상적인 면대면 상황에서도 발신인은 자신이 작성한 메시지를 상대방에게 전달하는 동시에 그 메시지가 과연 자신이 의도한 것인지를 확인하는 해석 과정을 거치는데 순간적으로 발생하는 이러한 과정도 인간 내 커뮤니케이션 현상으로 간주될 수 있다.

(2) 대인 커뮤니케이션

흔히 인간 상호 간의 커뮤니케이션이라고도 불리는 대인 커뮤니케이션(*interpersonal communication*)은 둘 이상이 대화하는 상황에서 일어나는 정보 전달 현상이다. 서로 얼굴을 맞대고 정보를 주고받는 일상적 상황에서 우리는 전달하고자 하는 뜻을 언어, 몸짓, 표정 등의 상징을 사용해 상대방에게 알리는 한편, 그 상징을 받는 상대는 그것에 내재된 뜻을 해석하여 전달자의 생각이나 의도를 이해한다. 대인 커뮤니케이션은 다음과 같은 특징을 지닌다.

첫째, 대화가 가능할 정도로 근접한 상황에서 적어도 둘 이상이 정보 교환과정에 참여해야 한다. 지리적으로 너무 멀리 떨어져 대화가 불가능한 상황에서는 대인 커뮤니케이션을 기대할 수 없기 때문이다. 물론 전화기 등의 통신시설을 이용해 멀리 떨어진 사람과 대화할 수 있지만, 이러한 통신 행위는 대인 커뮤니케이션 영역에 포함되지 않는다.

둘째, 참여자들은 상대방의 존재를 인정하고 깊은 관심을 보이며 정보 전달의 반응을 즉각적으로 반영할 수 있다. 이처럼 상대방과 정보를 교환하려는 의지가 있어야만 대인 커뮤니케이션이 지속성을 가진다.

셋째, 참여자들은 커뮤니케이션에 사용되는 메시지의 상징적 의미를 같은 뜻으로 해석할 수 있는 문화적·사회적·심리적 공감대를 형성해야 한다. 그렇지 않으면 상대방이 의도하는 바를 제대로 이해하지 못하므로 커뮤니케이션이 왜곡되거나 단절되기도 한다. 단적인 예로 우리는 서로 언어가 통하지 않고 문화적 경험이 다른 외국인과 대화할 경우 의도한 대로 정보가 전달되지 않을 때 어려움을 겪는다.

넷째, 참여자들이 직접 얼굴을 마주하고 대화하는 상황을 전제하므로 시청각은 물론 후각·미각·촉각까지도 정보 전달의 매개체로 동원할 수 있다. 따라서 정보 전달이 비교적 자유스러운 분위기에서 이루어지며 전달 내용이나 전달 유형도 특정한 공식에 구애받지 않는다.

(3) 집단 커뮤니케이션

집단 커뮤니케이션(*group communication*)은 집단적 상황에서 일어나는 인간 상호 간의 커뮤니케이션의 한 유형이다. 따라서 집단 커뮤니케이션은 인간 상호 간의 커뮤니케이션이 지닌 특성을 모두 내포한다. 집단 커뮤니케이션 참여자들은 동일한 집단에 소속된 구성원으로서 일종의 공동체의식을 가지므로 격식이나 형식을 따지지 않는 비공식적인 상황에 익숙하다. 집단 커뮤니케이션의 예로 가족이나 동료집단 안에서 벌어지는 대화나 토론을 들 수 있다.

(4) 조직 커뮤니케이션

조직 커뮤니케이션(*organizational communication*)은 조직이라는 사회구조적 환경에서 일어나는 인간 상호 간의 커뮤니케이션이다. 그래서 인간 상호 간의 커뮤니케이션에서 볼 수 있는 여러 특성이 그대로 나타나지만 조직이라는 제한된 환경에서 특정한 목적을 달성하는 데 필요한 조직 커뮤니케이션은 나름대로의 특징을 지닌다. 조직은 일반적으로 일정한 규칙에 의해 운영되므로 조직 내에서의 정보의 흐름이나 의사 전달도 이미 정해진 규범과 규칙에 따라 이루어진다. 어느 조직이나 체계적 위계질서가 있기 때문에 정보 전달 방식은 그 위계질서의 틀 안에서 이루어지기 마련이다.

조직 커뮤니케이션의 통로는 두 가지가 있다. 공식적 통로와 비공식적 통로다. 공적인 업무수행에 필요한 정보는 주로 문서나 회의 등의 공식적 통로를 통해 전달되지만 경우에 따라서는 공적 업무와 관련된 정보라도 비공식적 통로를 통해 유통되기도 한다. 조직에서의 정보는 발신인이나 수신인의 지위와 역할이 규정하는 대로 전달되는 것이 상례이지만 혈연, 지연 혹은 개인적 친분관계 등의 비공식적 통로를 거쳐 전달되는 경우도 있다.

(5) 매스 커뮤니케이션

매스 커뮤니케이션(*mass communication*)은 신문·방송·영화·서적 등과 같은 매스미디어를 매체로 하여 대중에게 정보가 전달되는 사회적 과정이다. 대중사회의 등장과 함께 우리 사회에 정착된 후 놀라운 속도로 그 영역을 확장한 매스 커뮤니케이션은 이제 현대사회에서 빠뜨릴 수 없는 중요한 커뮤니케이션 유형이 되었다. 산업화·도시화의 결과로 인구 집중 현상이 야기됨에 따라 동일한 정보를 동시에 수많은 사람들에게 전달할 필요성이 제기되면서부터 이러한 조건을 만족시키기에 충분한 매스 커뮤니케이션이 각광받기 시작했다.

정보가 전달되는 상황이나 전달 매체의 특성에 따라 매스 커뮤니케이션 과정은 약간씩 다르게 나타나지만 일반적으로 다음과 같은 5개 요소로 구성된다. 첫째, 정보를 작성하고 전달하려는 의도를 지닌 전달자(*communicator*)가 있다. 둘째, 정보를 전달받는 수용자(*audience*)가 있다. 셋째는 정보의 구체적 내용(*message*)이며, 넷째는 정보가 담긴 매체(*channel*)로서 각종 매스미디어가 이에 속한다. 마지막 요소는 수용자에게 전달된 정보가 초래하는 효과(*effect*) 영역이다. 이러한 5개 요소는 매스 커뮤니케이션 현상을 분석적으로 고찰하는 틀을 제공하며, 초기 매스 커뮤니케이션 학문도 이를 바탕으로 발전되었다.

3) 새로운 커뮤니케이션 과정과 유형

메릴(J. C. Merill)과 로웬스타인(R. L. Lowenstein)은 현대의 커뮤니케이션 유형을 네트워크(*network* 혹은 *interactional*) 커뮤니케이션이라고 부른다. 네트워크 커뮤니케이션은 주로 정보통신망을 구성하는 컴퓨터망에 의해 이루어지는 것으로 상호 커뮤니케이션이 가능하며 시공간의 제약을 벗어날 수 있다. 서로가 원하는 시간에 정보를 보내거나 받을 수 있으며 동시에 주고받을 수도 있다. 이러한 새로운 커뮤니케이션 양식은 사이버 공간에서 새로운 공동체 형성을 가능하게 한다(배규한 외, 1998에서 재인용).

매스 커뮤니케이션은 기술적으로 발달되고 사회적으로 제도화된 매스미디어를 이용해 불특정 다수에게 메시지를 전달하는 과정이다. 따라서 다음에 이어지는 매

〈그림 1-2〉 인터넷에 적용한 SMCR 모델

공급원(Source)	메시지(Message)	채널(Channel)	수신자(Receiver)
	암호기		해독기
	컴퓨터		넷스케이프 인터넷 익스플로러
인터넷 홈페이지 제작자	페이지 내용	네트워크 접속장치 (인터넷, 서버)	인터넷 이용자

피드백(이메일, 게시판)

스미디어의 특성을 살펴봄으로써 우리는 매스 커뮤니케이션의 본질을 더욱 잘 이해할 수 있다.

인터넷이 현대 정보사회의 중심 매체로 자리매김한 오늘날에도 슈람을 비롯한 초기의 학자들이 수 년 전에 제안한 SMCR 모델은 오늘날의 커뮤니케이션 과정을 이해하는 데 아직도 유효한 듯하다. 다만 SMCR 모델에 포함된 송·수신자, 채널, 메시지의 개념이 더 복잡해졌을 뿐이다. 전통적인 SMCR 모델에서 볼 때, 홈페이지의 공급원(source)은 그 홈페이지 제작자다. 그리고 제작자가 페이지의 내용을 구성하기 위해 사용한 소프트웨어를 통해 부호화된 페이지의 내용이 메시지(message)다. 채널(channel)이란 홈페이지가 저장된 인터넷과 컴퓨터를 연결하는 서버, 즉 네트워크 접속장치다. 여기서 수신자(receiver)의 컴퓨터는 해독기로도 작용한다. 인터넷 이용자는 웹브라우저 소프트웨어를 통해 기호를 해독한다. 그러나 웹은 직접적이고 즉각적인 피드백을 수신자로부터 공급원에게 제공할 수 있다는 점에서 전통적 매스미디어와 다르다. 수신자는 이메일이나 다른 정보 형태를 통해 공급원에게 피드백을 제공할 수 있다(〈그림 1-2〉 SMCR 모델 참조).

(1) 상호작용성

상호작용적(*interactive*)이라는 말은 때로 양방향(*two-way*)적이라는 말과 동의어로 사용되지만 둘 사이의 대화라는 의미에서 진정한 양방향성이 가능한 시스템은 거의 없다고 볼 수 있다. 상호작용성의 궁극적 형태는 영국의 수학자이자 컴퓨터의 선도자인 앨런 튜링(Alan Turing)의 이름에서 유래된 '튜링 테스트'에 적용될 수 있다 (Straubhaar & LaRose, 2002). 이 테스트를 통과하려면 사용자들이 기계가 아닌 '인간'과 상호작용한다고 믿을 수 있어야만 한다. 예컨대 인터넷에서 바둑을 둔 사람이 상대방의 기력(棋力)에 매료되어 이메일을 보냈는데, 시스템 운영자로부터 '당신은 컴퓨터와 바둑을 둔 것'이라는 답장을 받았다면 이는 진정한 의미의 상호작용적 커뮤니케이션이라고 할 수 있다.

상호작용성이라는 용어는 때로는 너무 광범위하게 사용되어 미디어 시스템의 내용이 고객 지향적이고 선택적인 모든 상황에 적용되기도 한다. 예를 들어 독자들이 소설의 플롯을 대안적으로 구성할 수 있는 '인터랙티브 소설'(*interactive novel*)은 상호작용적이다. 그러나 색인이 있는 책, 리모컨으로 조정할 수 있는 TV, 음료 자동판매기까지도 상호작용적인 것이라고 볼 수는 없다. 왜냐하면, 시스템이 상호작용적이라 함은 송신자—사람이건 컴퓨터이건 간에—가 수신자로부터 받은 피드백을 수용하면서 지속적으로 내용을 수정하여 수신자에게 수정된 내용을 발송할 수 있는 상황에 국한되기 때문이다. 이 정의에 의하면 대안적 구성을 선택할 수 있는 온라인 소설은 상호작용적이지만, 텔레비전 리모컨을 이용하는 것은 공급원에게 실시간으로 피드백을 줄 수 없기 때문에 상호작용적이지 않다. 비디오게임과 같은 경우 높은 점수를 얻을수록 게임이 점점 어려워진다면 여기엔 게임 소프트웨어를 제작한 사람과의 실시간 상호작용이 효과적으로 발생한다고 볼 수 있다. 그러한 소프트웨어는 또 다른 플레이어가 하는 것과 똑같이 작동하기 때문이다.

(2) 동시적·비동시적 커뮤니케이션

수용자 모두가 거의 동시에 메시지를 받는다는 의미에서 동시성(*simultaneity*)은 한때 매스미디어를 정의하는 중요한 특성이었다. 동시성의 개념은 1960년대와 1970년대에 이르러 녹음이나 녹화가 일반화되기 전에 많은 의미를 가졌다. 이전에는 관심 있는 프로그램을 시청하기 위해서는 그 프로그램이 방송될 때에 맞추어 시청하거나 재방송될 때까지 기다리는 방법밖에 없었기 때문이다.

그러나 비동시적(asynchronous) 커뮤니케이션의 등장으로 자신이 원하는 시간에 프로그램을 즐길 수 있어 모든 수용자들이 특정 시간에 프로그램을 시청할 필요가 없어졌다. 우편과 응답전화기가 비동시적 대인 커뮤니케이션의 두 가지 일반적 사례에 해당한다. 나중에 TV프로그램을 시청하기 위해 녹화하거나, 비디오를 빌리거나 인터넷의 엔터테인먼트 사이트를 방문하는것 모두 비동시적 매스 커뮤니케이션에 참여하는 것으로 볼 수 있다.

(3) 커뮤니케이션의 새로운 방식

커뮤니케이션 기술이 융합되고 문화적 관습이 변화하면서 커뮤니케이션 범주들 간의 명백한 구분이 사라지고 커뮤니케이션의 새로운 패턴이 서서히 등장하고 있다. 인터넷상에서 이루어지는 커뮤니케이션은 컴퓨터의 자판을 두드리기만 하면 대중, 대집단, 소집단, 대인 간 커뮤니케이션을 자유롭게 오가며 수용자들이 원하는 커뮤니케이션이 이루어질 수 있도록 한다. 인터넷 신문을 훑어본 후 친구에게 흥미 있는 기사를 이메일로 보내고, 채팅방에 들어가 친구와 그 기사에 대해 이야기를 하거나 온라인 토론그룹에 참여하여 논쟁을 벌일 수도 있는 것이다.

3. 컨버전스

미디어 기술이 급성장한 저변에는 3가지 전통적 커뮤니케이션 기술이 버팀목으로 자리 잡는다. 첫째는 1876년에 개발된 전화기이며, 둘째는 1926년에 처음 시작된 텔레비전 방송이고, 셋째는 1940년대 중반에 개발된 컴퓨터다. 특히, 컴퓨터는 가장 빠르게 변화한 기술로서 1943년 IBM의 창시자인 토마스 왓슨(Thomas Watson)은 세계 시장은 5대의 컴퓨터를 유지할 공간밖에 없다고 생각했다. 1967년만 해도 최신 IBM 컴퓨터가 단지 13페이지가 되는 문서를 작성하는 데 167,500달러의 비용이 소비될 정도로 컴퓨터는 비효율적이고 부피만 큰 기계 덩어리에 불과했다.

그러나 두 가지 핵심적 발전이 이러한 현상을 변화시켰다. 첫째로 계산 능력이 급격히 향상되었다는 점이다. 1965년 무어(Gordon Moore)가 '무어의 법칙'(*Moore's law*)에서 예측한 대로 컴퓨터의 계산 능력은 18개월에서 2년 사이에 두 배로 증가했다. 회로를 칩 안으로 모으는 방법을 발견한 것도 무어의 법칙을 따른 결과였다. 그 결과 컴퓨터는 소형화되었고, 자동차에서 장난감에 이르기까지 모든 제품은 컴퓨터가 내장된 이른바 소비내구재로 자리 잡았다. 이러한 발전의 결과는 현대의 닌텐도 게임기에 사용된 컴퓨터가 아폴로13호의 중앙처리장치보다도 계산능력이 훨씬 뛰어나다는 점만 살펴보아도 알 수 있을 것이다(이후에 무어는 세계의 선두적 컴퓨터칩 제조업체인 인텔의 공동 창시자가 되었다). 둘째로 컴퓨터는 이제 독립된 하나의 기계장치로서 존재하는 것이 아니라 점차적으로 서로 연결되어 하나의 네트워크를 구성한다는 사실이다. 세계의 컴퓨터를 서로 연결하는 필수적 수단으로서의 인터넷은 오늘날의 네트워크화된 컴퓨터의 엄청난 힘을 보여주는 단적인 사례라고 할 수 있다.

정보사회로의 이행은 기술의 급속한 발달로 인해 가속화되고 있다. 책, 신문, 잡지, 라디오, 텔레비전, 영화, 전화, 컴퓨터 등 다양한 매체들은 현재로선 완전히 구분된 실체를 가지만 앞으로는 매체 간 구획 구분이 불가능해질 것이다. MIT의 미디어 연구소(Media Lab)가 일찍이 1978년에 예견한 대로 컴퓨터와 텔레커뮤니케이션 네트워크의 발달로 전통적인 매스미디어들 간의 **통합 혹은 융합**(컨버전스, *convergence*)이 이루어지는 것이다.

1) 컨버전스란 무엇인가?

컨버전스(*convergence*)는 미디어산업이나 정보통신산업의 미래를 이야기할 때 매우 널리 사용되는 용어이다. 그 용어 자체가 "녹아 합침"이라는 사전적 뜻에서 보듯이 다양한 산업과 사람들이 관련이 되어서 그 정의 또한 다양한 관점에서 내려진다. 그러나 한마디로 디지털화와 정보통신 기술의 급속한 발전으로 산업 간 및 산업 내 서비스의 경계가 허물어지면서 기존의 가치사슬(기업활동에서 부가가치가 생성되는 과정)이 파괴되고 새로운 가치사슬이 형성되며 가치가 창출되는 현상을 컨버전스라고 정의할 수 있다. 컨버전스를 이야기할 때는 흔히 디지털이라는 수식어를 붙여 '디지털 컨버전스'라고 부르기도 하지만, 미디어나 IT 분야에서의 컨버전스는 디지털을 그 전제로 하므로 디지털이라는 수식어는 필요치 않다. 그러나 수학, 생물학, 사회과학 분야에서도 컨버전스라는 용어를 사용하므로, 구체적 상황이 전제될 필요가 있는 경우는 디지털 컨버전스라고 부르는 것이 바람직할 것이다.

컨버전스 현상은 여러 요인에 의해 시작되어 진행된다. 그 시작의 배경은 첫째, 기술적으로 디지털 기술의 혁신적 발전에 의해 콘텐츠의 생산, 가공, 전달, 소비의 전 과정에서 전달 네트워크와 정보기기의 장벽이 없어지면서 상호연동(inter-operation)이 가능하게 된 점이다. 둘째, 소비자는 매우 다양하면서 복잡해진 기존의 서비스들을 결합함으로써 좀더 쉽게 이를 사용하면서도 더 증가된 가치를 추구하는 욕구가 생기게 되었다. 셋째, 기업들은 전후방 가치사슬의 통폐합을 통해 비용을 절감하고 경쟁력을 강화하여 새로운 시장을 개척하고자 하고, 정부로서도 기업들의 이러한 혁신 활동이 가능하도록 하는 규제 완화를 통해 경쟁을 활성화시키고, 소비자 후생을 증가시키려 함에 따라 진행된다.

2) 컨버전스의 형태

컨버전스라는 하나의 현상을 여러 시각에서 볼 수 있고 그에 따라서 정의도 달라질 수 있다. 미디어산업의 시각에서 보는 미디어 컨버전스, 통신산업의 시각에서 보는 네트워크 컨버전스, 정보기기산업의 시각에서 보는 기기 컨버전스, 거시경제의 측면에서 보는 산업 컨버전스 등으로 이를 설명할 수 있다. 이러한 관점을 가치사슬의 관점에서 이해해보자. 기존의 서비스 A와 서비스 B는 콘텐츠를 제작하여 이를 네트워크를 통해 전달·유통하고, 단말기를 통해 사용자가 소비하는 각각 상이한 가치사슬을 따른다. 그러나 가치사슬의 각 단계에서 디지털화와 정보통신 기술 발전에 따라 융합현상이 일어나며, 해당되는 가치사슬의 각 단계마다 다른 시각으로 컨버전스를 설명할 수 있다. 그러나 상이한 산업 간이나 산업 내 서비스에서의 가치사슬 파괴에 의한 새로운 가치사슬의 형성 과정이 융합의 공통적 특징이라는 것은 분명하다.

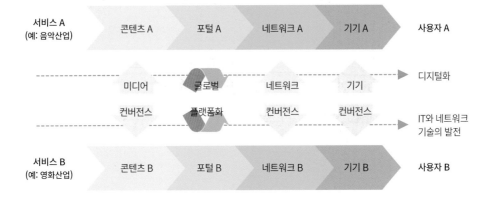

〈그림 1-3〉 가치사슬을 통한 컨버전스의 이해

(1) 미디어 컨버전스(*media convergence*)

미디어 산업의 콘텐츠 측면에서 본 시각으로 정보통신 기술의 발전에 따라 동일하거나 비슷한 콘텐츠가 여러 미디어에서 공통적으로 쓰이는 현상(*cross-platform data*)을 의미한다. 즉, 콘텐츠 A가 서비스 B를 위한 콘텐츠 B로 쉽게 쓰이는 현상이다. 예를 들어 노래를 보자. 이전의 CD에 담겨 CD 플레이어에 의해 듣던 노래가 mp3 파일 형태로 바뀌어 기존의 미디어인 라디오, 텔레비전뿐만 아니라 뉴미디어인 인터넷, IPTV, 무선 네트워크 등 다양한 미디어를 통해 전달 소비되는 현상이다 (Turow, 2013). 또한《해리포터》라는 책의 이야기가 영화로 상영되고, 이것이 텔레비전 네트워크 및 인터넷으로 방송되고 DVD 형태로 판매되며, 더 나아가 캐릭터 상품, 테마공원화되는 것과 같이 콘텐츠의 재사용(*repurposing*) 혹은 OSMU(*One Source Multi Use*: 우리나라에서 재사용을 지칭하는 용어) 가 되는 경우도 다른 예가 되겠다.

(2) 네트워크 컨버전스(*network convergence*)

주로 통신산업에서 보는 시각으로, 하나의 서비스가 여러 네트워크를 통해 전달되는 현상을 의미한다. 집 밖에서는 무선 네트워크, 집 안에서는 유선 네트워크를 상용하는 원폰 서비스와 같은 것은 유무선 통합에 의한 네트워크 컨버전스의 좋은 예다. 또한 음성통화 서비스가 기존의 음성통신 네트워크(PSTN)뿐만 아니라, 인터넷이나 데이터 네트워크를 통해 Voip 형태로 제공되는 것과 같이 서비스가 대체 네트워크를 통해 전달되는 것도 네트워크 컨버전스의 예가 된다. 즉, 하나의 서비스가 다양한 네트워크를 통해 전달될 수 있으며, 이것은 서로 상이한 네트워크에서 통합 서비스가 제공됨으로써 사용자의 측면에서는 차이가 없음(*transparent*)을 의미한다.

(3) 기기 컨버전스(*device convergence*)

주로 정보통신산업에서 보는 시각으로 하나의 복합기기가 기존의 여러 다른 종류의 기기를 통합해 통합된 기능을 제공하는 현상이다. 이미 우리에게 친숙한 복사기, 프린터, 팩스, 스캐너의 기능을 합한 사무용 복합기(예: HP의 오피스젯)부터 시작하여, 무선전화, 캠코더, TV, mp3 플레이어, 게임기 기능 등을 통합한 모바일 단말기, 길 찾기 기능, mp3및 DMB 재생, 전자사전, 노래방 기능 등을 통합한 내비게이션 기기 등이 그 예다.

(4) 산업 컨버전스(*industry convergence*)

거시경제적 측면에서 보는 시각으로 산업 간 경계가 무너지면서 산업 간 생산이나 서비스가 결합하는 현상이다. 이것은 각 산업마다 수직적 구조를 가지고 운영되던 형태가 무너지고, 산업 간 수평적 통합이 이루어지면서 일어나는 현상이다. 예를 들어 방송산업과 통신산업의 전통적·수직적 가치사슬이 붕괴되고, 방송 콘텐츠와 통신 콘텐츠의 미디어 융합, 방송 네트워크와 통신 네트워크의 네트워크 융합, 방송 단말기와 통신 단말기 간 융합에 따라 수평적 통합이 이루어져 두 산업이 통합되는 방송·통신 융합 현상이 대표적이다. 또한 구체적 예로는 IPTV, DMB 등이 있다. 최근에는 통신과 금융의 융합에 따른 모바일 뱅킹, 통신과 자동차산업의 융합에 따른 텔레매틱스(*telematics*), 통신과 의료산업의 융합에 따른 원격의료(*telemedicine*) 등도 산업 컨버전스의 현상으로 나타난다.

3) 컨버전스의 전개

그러면 향후 컨버전스는 어떻게 진행될 것인가? 산업 간 혹은 산업 내 서비스 간 가치사슬의 파괴와 융합에 따른 새로운 산업과 서비스의 등장과 가치 창출이 컨버전스의 핵심이다. 따라서 전통적 시스템과 새로운 시스템의 기득권 다툼, 조직과 문화의 차이는 필연적으로 갈등을 유발한다. 대표적인 방송·통신 융합 서비스인 IPTV의 지상파 방송 실시간 전송 및 규제에 관한 대립이나, 미디어법 처리에 대한 갈등이 이를 말한다. 많은 기대를 모았던 인터넷 기업인 AOL(아메리카온라인)과 전통 미디어 기업인 타임워너가 2000년 합병한 이후 성과 부진으로 2009년에 다시 분리된 것도 조직과 문화의 차이를 극복하는 것이 얼마나 어려운지 보여주는 사례다. 결국 이러한 갈등의 해소가 컨버전스의 전개에 중요한 요인이 된다. 또한 컨버전스의 전개에 따라서 상이한 규제를 받던 서비스들에 대한 규제적 컨버전스도 일어난다. 기존의 다른 산업, 다른 서비스로 획정된 상태에서의 수직적 규제는 융합시대에 적합하지 않기 때문에 수평적 규제, 포괄적 규제로 규제의 방향이 변한다. 2008년 많은 진통 끝에 출범한 기존의 방송위원회와 정보통신부의 규제 기능을 합친 방송통신위원회는 이러한 변화를 보여준다.

컨버전스 시대에는 소비자가 왕이다. 따라서 컨버전스는 결국 소비자가 원하는 방향으로 전개될 것이다. 2002년 다보스포럼(World Economic Forum: WEF)에서는 "Consumer is all about Me"라는 주제로 토의가 열렸는데, 이 자리에서 소비자의 중요성을 다시 한 번 확인하였다. 컨버전스 시대의 소비자는 일방향성 콘텐츠를 선택해야 하는 소극적 수용자가 아닌 콘텐츠를 선택하고 관리할 수 있는 적극적 수용자로서, 소비자의 힘이 시장을 지배한다. 따라서 복잡하고 다양해진 소비자의 욕구 파악과 소비자 중심(*customer orientation*)의 개인화된 서비스 개발은 지금까지의 비즈니스의 틀에서 벗어난 새로운 도전이다.

컨버전스의 전개로 인해 가치사슬 내 각 요소들 간의 동태적 변화와 상호작용이 생기면서 우리는 여러 가지 모습을 상상할 수 있다. 특히 ICT를 통한 기술과 산업의 융·복합이 창조경제라는 국가적 방향성을 가지고 진행되고, 이는 실질적으로 매우 필요한 방향이다. 따라서 궁극적으로 기존 서비스와 산업 간의 영역파괴와 이를 통한 융합의 방향성은 유효하다고 본다. 또한 선형적인 가치사슬의 측면뿐만 아니라, 가치사슬에 관련된 여러 이해 당사자들의 이해가 전후방으로 조정되는 에코 시스템(eco-system)의 모습이 컨버전스를 촉진하거나 혹은 저해하는 요인으로 작용할 것이다. 이 과정 속에서 어떻게 이해 당사자의 갈등을 해소하고, 소비자에게 제공할 수 있는 가치를 어디에서 누가 먼저 어떻게 창출하느냐가 핵심이 될 것이다.

4) 제 4차 산업혁명

오늘날 산업 전반에 걸친 컨버전스의 전개 속도는 제 4차 산업혁명의 등장과 함께 더욱 가속화 되어가고 있다. 2016년 1월 20일 스위스에서 열린 다보스포럼(세계경제포럼: World Economy Forum)에서 클라우스 슈밥 교수는 로봇, 인공지능(AI), 사물인터넷(IoT) 등의 최첨단 ICT기술들이 주도하는 제 4차 산업혁명이 차세대 정보 사회 전체의 패러다임 변화를 몰고 올 것이라 예견했다.

일반적으로 '혁명'이란, 이전의 관습이나 제도 등을 단숨에 깨뜨리고 근본적으로 새로운 질적 변화를 일으키는 것을 의미한다. 역사적으로 인류사회는 18세기 중반에 발생한 제 1차 산업혁명을 통해 수공업에 의존했던 기존 생산방식에서 최초로 탈피하였고, 증기기관과 기계화 설비로 대량생산이 가능해지면서 질적인 도약을 이루었다. 이후 19세기 말에서 20세기 초까지 이어진 제 2차 산업혁명에서는 제 1차 산업혁명 성과인 철강과 철도 등을 기반으로 석유산업과 화학산업의 확장, 그리고 전기의 등장까지 더해져 대규모의 혁신이 일어났다. 그리고 다보스포럼에 따르면 1969년 최초의 인터넷인 알파넷의 도입과 함께 제 3차 산업혁명이 일어나, 반도체 기술혁신이나 인터넷의 확산 등 ICT기술들의 발전을 중심으로 산업구조의 급진적 변화가 촉발되었다고 여겨진다.

앞서 제 2차 산업혁명이 제 1차 산업혁명의 성과에 기반 하여 전개되었던 것처럼, 2010년에 들어서면서 제 3차 산업혁명에서 이루었던 다양한 ICT분야의 성과들이 제 4차 산업혁명을 이끌고 있다. 이러한 제 4차 산업혁명을 주도하는 핵심 기술들은 사실 별개의 독립적인 기술이라기보다는 서로 밀접하게 상호 연관되어 있는 기술들이기 때문에, 특정 산업 내의 컨버전스들을 포함하여 거시적인 관점에서의 산업 간 컨버전스에 이르기 까지 새로운 융합 혁신들이 다양한 환경에 광범위하게 전개되고 있다. 그중에서도 특히 미디어 산업의 경우, 제4차 산업혁명으로 인해 미디어 사용자들의 이용 패턴 등 미디어 산업 전반에 걸친 변화가 급진적으로 일어나고 있다. 따라서 기업들도 이러한 새로운 시대적 흐름에 맞게 보다 개인화되고, 실시간으로 고객이 원하는 가치를 제공해 줄 수 있는 온디맨드(On Demand)서비스 등을 중심으로 소비자 개개인의 니즈(*needs*)를 정확하게 충족시킬 수 있는 콘텐츠 개발에 제4차 산업 혁명의 핵심 기술들을 적극적으로 활용하고 있다.

1. 미디어 융합이 가져올 순기능과 역기능에 대해 논의해 보자.
2. 커뮤니케이션의 유형을 단계별로 정리해 보자.
3. 상호작용성의 정의를 내려보고, 이러한 특성이 잘 나타나는 커뮤니케이션의 유형이나
   매체에 대해 생각해 보자.

참고문헌

- 김영석 (2002), 《디지털미디어와 사회》, 나남출판.
- 배규환 외 (1998), 《매스미디어와 정보사회》, 국민대 출판부.
- 장석권 외 (2005), 《디지털 컨버전스 전략》, 교보문고.
- 최항섭 (2009), 컨버전스 시대의 미디어와 행복감,
  《한국사회학회 심포지움 논문집》, 145~159.
- 國保德丸(구니야스 도쿠마루), 김재봉 역 (2000), 《디지털 혁명과 매스미디어》, 나남출판.
- Hacklin, F., Battistini, B., & von Krogh, G. (2013), Strategic choices in converging
  industries, *Sloan Management Review*, 55(1), pp. 64~73.
- Turow, J. (2013), *Media Today: Mass Communication in a Converging World*, Routledge.
- Uirak Kim (2014), *Crosscultural Communication*, 동인(종로).

좀더 알아보려면

www.web-biz.pe.kr/biz/moore_law.html 고든 무어가 주장한
무어의 법칙(*Moore's law*)이 무엇인지 자세히 설명되어 있다.
www.advertising.co.kr/data/sem/20010914_ksjcs/Session1/panel3/02.html 상호작용성에
대한 좀더 구체적인 설명을 볼 수 있다.

2

매스미디어의 기능

1. 매스미디어와 사회통합

매스미디어의 출현은 역사적으로 볼 때 대중사회의 성립과 밀접한 관계를 맺는다. 대중사회란 거대성·익명성·이질성 그리고 '상호작용의 결핍'으로 특징지어진 대중으로 구성된 사회를 말한다. 이러한 대중사회는 산업혁명에 힘입어 빠른 속도로 진행되었던 공업화와 도시화가 빚은 사회적 결과라고 볼 수 있다. 서구 유럽에서는 19세기부터 경제의 중심 영역이 농업에서 공업으로 바뀌어 공장 노동자의 수요가 대폭 늘어났다. 이러한 추세로 인해 공장이 있는 도시로의 인구이동이 본격화되면서 도시가 거대해지기 시작했다. 농촌 지역을 떠나 일자리를 찾아 도시로 몰려온 사람들이 처한 사회적 환경은 농촌의 그것과는 매우 달랐다. 혈연, 지연을 중심으로 뭉쳐진 끈끈한 사회적 관계는 더 이상 유지될 수 없었으며 서로를 잘 알지 못하는 사람들이 자신의 이해나 이익을 바탕으로 계약에 의해 사회질서가 유지되는 새로운 환경을 맞이한 것이다. 그런데 출신 지역이나 배경이 다른 사회구성원들 간의 계약에 의한 사회적 관계는 혈연, 지연에 의한 사회적 관계만큼 결속력을 지니지 못했기 때문에 이질적 집단들로 구성된 대중사회의 사회적 통합은 그다지 단단하지 못했다. 이처럼 사회적 통합이 느슨하여 규범의 구속력이 약화된 상태가 바로 대중사회의 특성이며, 이러한 상황에서 사회구성원들은 일반적으로 고독과 소외감을 느끼며 심할 경우 심리적 불안감에 빠지기도 한다.

　매스미디어는 대중사회의 이러한 약점을 보완하여 사회적 통합을 강화하는 데 없어서는 안 될 중요한 사회제도로 인식되었다. 매스미디어의 보급은 사회구성원들 간의 이질성을 줄이고 사회적 규범을 도출하기 위한 필요조건으로 여겨졌던 것이다. 매스미디어의 사회통합적 기능은 두 가지 사회적 변화에 의해 더욱 촉진되었다. 하나는 교육의 확대로 인해 문자 해독률이 급증하고, 매스미디어 중 특히 인쇄매체를 이용할 수 있는 수용자 층의 폭이 넓어졌다는 점이고, 다른 하나는 미디어 기술은 물론 교통 및 통신 기술의 획기적인 발달로 매스미디어의 보급이 더욱 용이해졌다는 것이다. 15세기 중엽 독일의 구텐베르크가 발명한 금속활자 기술은 그 후 계속 발전하였으며, 19세기 초에 이르러서는 증기동력 인쇄기가 실용화되어 신문산업의 발달을 촉진시켰다. 20세기에는 영화·라디오·텔레비전과 같은 새로운 매체가 일반화되었다. 다시 말해 매스미디어가 대중사회에서 가장 핵심적인 커뮤니케이션 수단으로 등장한 것이다.

　대중사회의 출현과 함께 급속히 확산된 매스미디어는 정치와 경제 영역에도 많은 영향을 끼쳤다. 엘리트 계층만의 관심거리였던 정치가 매스미디어의 보도활동에 힘입어 일반 대중에게 공개되었으며 민주주의 선거의 정착으로 이른바 정치의 대중화가 이루어졌다. 투표권을 쥔 대중에게 잘 보이지 못한 정치인들은 더 이상 발붙일 수 없게 되었다. 이와 마찬가지로 매스미디어를 통한 광고 활동은 경제 대중화에 공헌했다. 매스미디어가 효과적인 광고매체로 각광받아 널리 이용됨으로써 대량 생산 및 대량 소비의 시대가 막을 올리고, 일반 대중은 마침내 소비자로서의 위치를 점했다. 대중은 이처럼 매스미디어의 수용자로 인식되는 한편, 정치의 관점에서 보면 정치에 참여하는 시민이고 경제의 관점에서 보면 제품의 소비자인 것이다.

　사회질서가 어떻게 유지되는가 혹은 사회적 통합이 어떻게 가능한가의 문제는 많은 사회학자들에 의해 연구되었다. 그런데 이 문제에 대한 해답은 연구자의 시각에 따라 두 가지 상반된 설명으로 나뉜다. 기능주의에 입각한 학자들은 사회구성원들이 기존의 사회질서를 규정하는 규범과 가치를 공유하고 그 정당성을 인정하며 따르기 때문이라고 본다. 사람들이 사회규범과 가치를 반영하는 제도나 법에 자발적으로 순응하므로 아무런 갈등이나 마찰 없이 사회통합이 원만하게 이루어진다는 것이다. 사회의 규범을 제대로 이해하지 못해 규범에 어긋나는 행위를 저질렀을 경우 사회로부터 제재와 통제를 받으므로 대부분의 사람들은 스스로 사회규범에 순응하고자 한다.

이와는 다르게 사회적 갈등의 중요성을 강조하는 학자들은 사회질서가 유지되는 이유를 억압적이고 강압적인 권력 행사에서 찾는다. 이러한 주장에 따르면 사회구성원들이 규범과 법을 준수하는 것은 자발적 순응이 아니라 권력으로부터의 압력 행사나 그러한 위협이 존재하기 때문이다. 그러므로 억압적 권력에 대항하여 사회적 갈등을 야기하고 기존의 사회질서를 무너뜨리거나 변화시키려는 움직임은 매우 당연한 사회현상으로 간주된다.

매스미디어의 기능은 전자의 시각이나 설명을 따르는 학자들의 주된 관심거리였다. 이들은 현대사회에서 매스미디어가 계속 발달하고 그 영역을 넓혀가는 데에는 이유가 있으며, 그것은 매스미디어가 사회질서 유지나 사회통합에 도움이 되는 활동을 벌이기 때문이라고 보았다. 복잡하고 거대한 현대사회에서 매스미디어에 의존하지 않고는 사회 안팎에서 일어나는 소식을 폭넓게 전해들을 수 없으며, 매스미디어의 힘을 빌리지 않고는 다양한 성향의 사회구성원들이 함께 공유할 수 있는 규범과 가치를 창출할 수 없다고 본 것이다.

우리는 인간 상호 간의 커뮤니케이션을 통해 이런저런 소식을 들으면서 세상이 어떻게 돌아가는가에 관한 단편적인 이해를 구할 수 있다. 사회적 활동의 폭이 커서 많은 사람들을 접하는 사람은 그렇지 못한 사람보다 세상에 관한 소식을 더 많이 알 것이다. 그렇지만 인간 상호 간의 커뮤니케이션을 통해 전해 듣는 소식에는 한계가 있기 마련이며 사회가 거대해지고 복잡해질수록 더욱 그렇다. 여기에 매스미디어의 존재가치가 있다. 매스미디어가 전하는 뉴스의 양적 규모와 질적 다양성은 사람들의 입을 통해 전해지는 뉴스에 비길 바가 아니다. 매스미디어는 매일 우리에게 다채로운 내용의 많은 뉴스를 전한다. 우리는 주로 매스미디어가 전달하는 뉴스에 의존하여 세상이 돌아가는 모습을 인지하고 뉴스의 의미를 해석함으로써 사회가 지향하는 규범과 가치를 배우고 이해한다. 매스미디어는 미담이나 선행을 부각시키고 칭찬함으로써 그러한 행위를 규정하는 기존의 규범과 가치를 사회 전반에 확산시킨다. 지하철 선로 위로 뛰어든 한 취객을 구출하고 자신의 생명을 잃은 한 대학생, 남

모르게 불우한 이웃을 도와온 어느 할머니에 관한 보도는 자기희생과 봉사라는 규범을 다시 한 번 일깨우고 강조하는 기능을 한다. 매스미디어에 의해 전파되는 사회문화적 규범과 가치가 보편적인 것으로 인식되면 사회구성원들은 그것을 바람직한 것으로 수용하여 기존 사회의 제도나 질서에 순응하며, 이럴 때 사회통합이 원만하게 이루어지는 것이다.

그러나 규범이나 가치체계의 공유에 의한 사회통합은 완벽한 것이 아니다. 매스미디어뿐 아니라 학교나 교회 등의 사회제도들도 기존의 지배적인 규범 양식과 가치관을 확산하는 기능을 담당하지만, 사회의 모든 구성원들이 전부 그러한 규범과 가치를 수용하는 것은 아니다. 우리는 종종 기존의 규범이나 가치를 거스르는 행위를 하는 사람들을 발견한다. 사회학에서는 이러한 행위를 일탈(deviance)이라고 부르는데, 일탈행위를 저지른 사람들은 법이 정하는 대로 처벌을 받을 뿐 아니라 매스미디어의 보도를 통해 여론재판을 받는다. 매스미디어는 일탈행위의 부정적 결과를 보도함으로써 사회구성원들을 각성시키는 일종의 사회통제 기능을 담당하는 것이다.

시대와 사회를 막론하고 매스미디어가 사회통합 및 사회통제의 기능을 했다고 볼 수 있는 것이다. 따라서 어느 체제에서나 사회의 집권세력은 매스미디어의 이러한 기능을 적절히 이용하여 사회통합을 다지려는 노력을 보였다. 과거 사회주의 국가에서의 정치권력은 매스미디어를 완전히 장악하여 매스미디어가 오로지 사회주의 사회의 통합에 이바지하도록 하는 언론통제 정책을 폈다. 선진 자본주의 국가에서는 정치권력이 언론의 자유를 보장하고 직접적 통제를 최소화한다고 하지만 시장경제의 원리에 따르는 매스미디어가 자본주의 사회의 기본 질서를 옹호하고 발전시킬 수 있는 사회환경을 조성한다. 한편 많은 개발도상국들은 매스미디어를 국가 발전의 도구로 규정하고 매스미디어로 하여금 독재권력을 정당화하도록 통제함으로써 경제성장 과정에서 야기된 갖가지 사회적 부작용에도 불구하고 매스미디어가 사회통합의 기능을 유지하도록 했다.

2. 매스미디어와 사회변화

매스미디어는 사회통합이나 질서유지에 기여하기도 하지만 경우에 따라서는 사회의 역동적 변화에도 중요한 역할을 담당한다. 사회변화 과정에서의 매스미디어의 기능에 관해 학자들 간에는 다소의 이견이 있다. 매스미디어가 사회변화를 유도하여 이끌어갈 만큼의 위력을 지니는지 아니면 매스미디어가 사회변화의 전반적 흐름을 반영하는 것에 지나지 않는지에 관해서는 아직도 논란이다. 간단히 말해 매스미디어가 사회변동의 원인인지 아니면 그 결과인지에 대해서 누구나 수긍할 수 있는 명쾌한 답변이 제시되지 않고 있다. 그렇지만 가장 설득력 있는 주장은 연구 대상이 되는 사회의 역사적·구조적 성격과 사회변동의 특성에 따라 매스미디어의 기능이 다르게 나타날 수 있다는 것이다.

혁명과 같이 급박한 상황이거나 진보세력과 보수세력 간의 대결이 팽팽하여 정세의 앞날을 예측하기 힘들 경우 매스미디어가 어떠한 정치적 입장을 대변하느냐에 따라 사회변화의 방향이 결정되므로 이 과정에서 매스미디어는 근본적 사회변화를 야기할 만큼 매우 위력적인 것으로 인식된다. 쿠데타가 발생했을 경우 쿠데타의 성공 여부는 매스미디어를 장악했느냐에 달려 있다는 점에서 보더라도 매스미디어가 급격한 사회변화 과정에서 매우 중요한 역할을 했음을 알 수 있다. 정치권이 양분되어 그 어느 편도 지배적 세력이 되지 못할 때 상대적으로 운신의 폭이 넓어진 매스미디어가 지지하거나 동조하는 세력은 여론의 힘을 업고, 따라서 사회변화를 주도하는 위치에 선다.

1970년대 미국에서는 매스미디어의 위력을 증명하는 역사적 사건이 발생했다. 〈워싱턴 포스트〉의 워터게이트 사건 보도를 계기로 하여 미국의 매스미디어는 닉슨 대통령과 공화당 정권의 비리를 끈질기게 추적하다가 마침내 닉슨 대통령의 비도덕적이고 탈법적인 행위를 국민들에게 고발하기에 이르렀는데, 그 결과 닉슨 대통령은 임기를 마치지 못한 채 권좌에서 물러나고 말았다. 이로써 미국 대통령의 위신과 도덕성은 땅에 떨어졌지만 이 사건으로 말미암아 미국 국민들은 언론의 힘이 대통령의 권력을 능가할 정도로 강력하다고 믿었다. 매스미디어의 위력에 관한 미국적 신화가 탄생한 것이다. 그러나 매스미디어가 이 정도로 힘을 떨칠 수 있었던 것

KBS가 1983년 6월 30일 밤 10시 15분 제1TV를 통해 첫 방송을 시작한 〈이산가족을 찾습니다〉(기획 담당 안국정 부장)는 TV 생방송이 끝날 때까지 총 453시간 45분의 방송에서 53,162건의 이산가족 사연을 소개하고, 이중 10,189건의 이산가족을 상봉시켰다. 전국을 눈물의 바다로 만든 이 프로그램은 매스미디어, 특히 TV 생방송의 위력을 유감 없이 발휘한 이정표적 '사건'이었다.

은 매스미디어가 원래 위력적이어서가 아니라 그 당시 정치권이 닉슨파와 반닉슨파로 나뉘어 갈등과 암투를 벌인 결과 정치권력의 매스미디어에 대한 통제가 극도로 약화되었기 때문이라는 지적도 귀담아들을 만하다. 이러한 지적은 매스미디어가 사회변화에 미치는 영향력이 매스미디어의 독자적 힘으로 만들어지는 것이 아니라 사회 전반의 역학관계의 성격과 맞물려 있다는 사실을 강조한다.

　1980년대 후반 우리나라의 매스미디어가 제 5공화국의 각종 비리를 대대적으로 보도하여 국민의 여론을 환기시킨 것은 그 당시의 매스미디어가 정치 변화의 견인차 역할을 했음을 보여주는 예라고 할 수 있다. 하지만 이러한 매스미디어의 보도는 집권세력 안에서의 갈등이 심화되고 정치권의 판도가 변화하는 시기에 이루어졌다는 사실이 중요하다. 제 5공화국의 언론 탄압이 실효를 거두었던 1980년대 초기에도 이러한 비리가 소문으로 떠돌았지만 어느 누구도 감히 이것을 보도하지 못했던 것이다. 이렇게 볼 때 매스미디어의 사회변화에 대한 영향력은 사회세력들과 매스미디어의 관계 그리고 그 세력들 간의 역학관계를 제대로 파악해야만 올바르게 이해할 수 있다.

　매스미디어를 하나의 기술(technology)로 간주했을 경우, 매스미디어 기술이 사회변화를 초래하는지 아니면 그 반대로 사회변화가 미디어 기술의 발달을 촉진하는지에 대한 논쟁이 계속되고 있다. 전자의 입장은 뉴미디어의 기술적 발달이 그러한 기술을 활용할 수 있는 사회제도 및 법규를 정립하고 나아가서는 사회구성원들의 뉴미디어에 관한 인식을 변화시킨다는 다분히 **기술결정론적** 시각을 반영한다. 매스미디어의 기술적 발달이 사회제도 및 규범을 변화시키는 선행요인이 된다고 보는 이러한 입장은 기술 개발을 가장 우선적 정책과제로 삼는 경향이 있다. 후자의 입장은 뉴미디어의 기술적 발달을 사회구성원들과 사회조직의 정보 욕구를 충족시키려는 노력의 결과로 보며, 기술 발달 자체보다는 그러한 발달을 가능케 하는 사회적 배경에 대한 인식의 중요성을 강조한다. 여기서는 기술이 사회변화를 유인하는 것이 아니라 경제·사회적 압력이 기술 발달을 부채질한다고 인식된다. 어느 입장을 택하든 간에 정보화사회를 맞이하는 우리의 실정에서 보면 뉴미디어의 확산으로 말미암아 이전과는 질적으로 분명히 다른 새로운 정치·경제·사회 환경이 조성될 것이다.

3. 매스미디어의 사회적 기능

매스미디어나 매스 커뮤니케이션의 기능에 대한 논의는 여러 학자들에 의해 이루어졌지만, 이를 가장 체계적으로 분류해서 제시한 학자는 라이트(Charles R. Wright)였다. 그는 라스웰(Harold D. Lasswell)이 제시한 환경감시 기능, 상관조정 기능, 사회유산전수 기능에 오락 기능을 추가하는 한편, 머튼(Robert K.Merton)의 기능분석 방법을 원용하여 의문문 형식의 공식을 만든 후, 이에 포함된 12개 요소들을 유목화하여 매스 커뮤니케이션 기능들의 분석체계를 제시했다.

첫째로 매스 커뮤니케이션의 4가지 기본적 활동을 중심으로 그 기능은 환경감시 기능(*surveillance function*), 상관조정 기능(*correlation function*), 사회유산 전수 기능(*cultural transmission function*) 및 오락제공 기능(*entertainment function*)으로 나뉜다. 둘째로 이들 기본적 기능들은 다시 그 대상에 따라 사회에 대한 기능, 하부집단에 대한 기능, 개인에 대한 기능, 그리고 문화체계에 대한 기능으로 구분된다. 셋째

〈그림 2-1〉 라이트의 매스 커뮤니케이션 기능분석

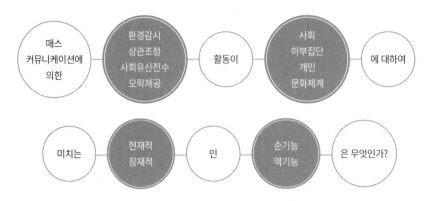

〈표 2-1〉 매스 커뮤니케이션의 기능에 대한 목록

출처: 차배근(2001).

	유목	사회	개인	하부집단	문화
환경감시기능	순기능 (현재적/잠재적)	경고 기능 정보제공 기능 규범강화 기능	경고 기능 정보제공 기능 명성조장 기능 지위부여 기능	정보제공 기능 탐지 기능 여론관리 기능 권력정당화 기능	문화교류 기능 문화촉진 기능
	역기능 (현재적/잠재적)	안정위협 기능 공황조장 기능	불안조성 기능 개인화조장 기능 마취 기능	권력위협 기능	문화침식 기능
상관조정기능	순기능 (현재적/잠재적)	인구유동조장 기능 사회안정화 기능 공황억제 기능	능률화촉진 기능 부정요인억제 기능	권력보조 기능	문화침식방지 기능 공동문화유지 기능
	역기능 (현재적/잠재적)	획일화조장 기능	비판력약화 기능 기동성조장 기능	책임주의조장 기능	문화성장저해 기능
사회유산전수기능	순기능 (현재적/잠재적)	사회결합촉진 기능 사회유지 기능 Anomie억제 기능	총화감조성 기능 개인화감소 기능	권력확장 기능	표준화 기능 공동문화유지 기능
	역기능 (현재적/잠재적)	대중사회화 기능	비인간화조장 기능		다양성감소 기능
오락기능	순기능 (현재적/잠재적)	여가선용화 기능	여가선용화 기능	권력확장 기능	
	역기능 (현재적/잠재적)	대중분산화 기능	피동화조장 기능 취향저속화 기능 도피성조장 기능		심미감약화 기능

로 그 대상에 대해 미치는 영향이 매스미디어에 의해 미리 의도된 것이었는지 또는 의도되지 않았던 우연한 것이었는지에 따라 다시 현재적 기능(*manifest function*)과 잠재적 기능(*latent function*)으로 구분된다. 마지막으로 이상과 같은 기능들이 사회와 그 성원들의 복지적 입장에서 볼 때 바람직한 것이냐, 아니냐에 따라 다시 두 가지 유형, 즉 순기능(*function*)과 역기능(*dysfunction*)으로 나뉜다.

그리고 라이트는 위에서 언급한 매스 커뮤니케이션의 기능분석에 근거해서 각각에 해당하는 구체적인 기능들의 목록을 제시했다. 그러나 이들은 몇 가지 실례에 지나지 않으며, 또한 이들 중에서 실증적으로 확인되지 않은 가설 단계에 있는 것들도 있기 때문에, 이 목록은 어디까지나 매스 커뮤니케이션의 여러 가지 기능들을 예시해 본 것이라고 할 수 있다.

4. 매스미디어의 환경감시 활동

1) 환경감시의 순기능

매스미디어의 환경감시란 사회에서 일어나는 여러 가지 사건들에 관한 정보를 수집·정리·분배하는 활동을 말한다. 환경감시는 신문이나 방송과 같은 보도매체가 일상적으로 다루는 뉴스의 기능이라고 보면 좋을 것이다.

매스미디어는 태풍, 지진, 쓰나미 등의 천재지변을 예고하거나, 적국의 군사도발 경고, 부정식품 고발을 통해 국민들에게 경각심을 일깨우는 등 주변 환경의 위험을 알려서 피해를 예방하거나 최소화하도록 하는 긍정적 역할을 한다. 매스미디어의 뉴스를 통해 전달되는 이러한 환경감시에 관한 정부는 몇몇 소수에게만 제공되는 것이 아니라 사회구성원 전체에게 공평하게 전달되므로 사회 내부에 평등주의 감정을 돋우는 기능까지도 한다.

환경감시 활동의 또 다른 긍정적인 결과는 그것이 사회의 일상적인 제도의 운영에도 도움을 준다는 것이다. 즉, 일기예보를 통해 농사 일정과 선박 운항의 일정을

2011년 3월 일본에서 발생한 쓰나미로 총 4만 명 이상의 사람이 목숨을 잃고 35만 명 이상의 이재민이 발생했다.

진실측정기(Truth-O-Meter)

Latest Fact-checks

Donald Trump
stated on July 4, 2020 in a Fourth of July speech

,, **Says 99% of COVID-19 cases "are totally harmless."**

By Jon Greenberg · July 6, 2020

미국의 〈탐파베이 타임즈〉는 정치인의 발언이 옳은지 그른지를 가려내기 위해 '진실측정기'(Truth-O-Meter)를 사용한다. 2007년 미국 대통령선거 후보자의 발언내용이 진실인지 거짓인지를 가려내기 위해 시작한 진실측정기는 2009년엔 국회의원, 정부관료, 각종 이해단체장, 전문가와 토크쇼 호스트까지 포함시켜 그들이 행한 발언을 6등급-완전 진실(*True*), 거의 진실(*Mostly True*), 진실 반–거짓 반(*Half True*), 약간 사실(*Barely True*), 거짓말(*False*), 새빨간 거짓말(*Pants-on-Fire*)-으로 가려낸다. 판정 결과는 각 등급에 맞는 비주얼과 함께 보도한다. 최근에는 오바마 대통령의 선거공약이 얼마나 잘 지켜지고 있는지를 집중적으로 다루는 Obameter를 가동하고 있다. CNN을 비롯한 많은 미디어가 인용보도하고 있어 그 영향력을 인정받아 2008년 언론의 노벨상이라 일컫는 퓰리처상을 수상했다. 또한, 명사들의 말 바꾸기를 측정하는 Flip–O–Meter(이랬다 저랬다 하는 정치인, 관료의 언행)도 〈탐파베이 타임즈〉가 운용한다. 이 모두가 신문의 매니페스토 운동으로 보인다. 미디어에 의한 정치 환경감시 기능의 전형이라고 볼 수 있겠다.

조정할 수 있으며, 투자가들에게 증권시세를 알려줘 증권시장 운영에 도움을 주며, 공연에 관한 뉴스를 전달하여 예술활동을 활성화한다. 물론 뉴스의 긍정적 기능은 사회제도의 운영뿐 아니라 뉴스를 접하는 개인들의 일상생활에까지도 미친다. 미국의 버나드 베렐슨(Bernard Berelson)이 1945년 행한 연구 결과에 의하면 뉴욕 시에서 신문사가 파업을 벌이는 동안 사람들이 신문을 정기적으로 읽지 않으면 당장 무엇을 가장 아쉬워하는가 하는 질문에 대다수의 사람들이 텔레비전 프로그램 안내, 광고정보, 일기예보, 영화상영 안내 등 일상생활에 관련된 응답을 보였다고 한다. 이는 독자들이 생각하는 신문의 주기능은 민주주의의 발전이나 여론 반영과 같은 거창한 것이 아니라 일상생활에 밀접한 정보를 제공하여 생활의 편의를 도모하는 것이라는 사실을 입증한다.

2) 환경감시의 역기능

매스미디어의 환경감시 활동은 사회나 사회구성원들에게 부정적 영향을 미쳐서 역기능을 초래하기도 한다. 예컨대 매스미디어에 의한 세계의 동향이나 국제적 사건의 보도는 특정 국가나 사회의 정치적 안정을 위협할 수 있다. 다른 나라의 보다 나은 생활수준이나 이질적인 이념이 뉴스보도를 통해 자국민들에게 전해지면 국내의 열악한 상황과 대조를 이루어 사회변혁의 압력을 가중시킬 수 있다. 북한과 같은 폐쇄사회에 러시아나 중국에서의 개방과 개혁에 관한 정보가 확산되면 주민들이 사회변혁을 갈구하여 결과적으로 사회의 안정기조가 흔들릴 것이다. 이 점을 잘 알고 있는 북한 당국은 외부로부터 유입되는 정보를 철저히 통제하는 것이다.

환경감시의 또 다른 역기능으로 과다한 심리적 긴장감이나 공포를 유발하는 경우를 들 수 있다. 매스미디어가 위협적 사건에 관한 확인과정을 거치지 않고 별 해설도 없이 갑작스럽게 일반 공중에게 정보를 전달했을 때, 그러한 정보를 접한 독자나 시청자들은 공포에 사로잡혀 지나칠 정도로 과민반응을 보일 수 있다. 북한의 핵개발 보도를 접한 국민들이 생필품을 사재기한다거나 불안을 느껴 해외로 이민을 결심한다면 이는 환경감시의 역기능일 수 있다. 에이즈(AIDS) 실태에 관한 보도도 예방의 차원에서 순기능적이기도 하지만 사람들이 에이즈에 대한 경계심으로 인

환경감시 기능을 수행하는 대표적인 프로그램인 SBS의 〈그것이 알고싶다〉의 한 장면.

해 공공시설의 이용까지 꺼릴 정도로 두려움을 갖게 하는 역기능을 발휘할 수 있다. 환경 위험에 관한 정보를 지나치게 많이 접한 수용자가 과다한 정보의 양에 압도된 나머지 불안과 초조감을 느껴서 자신이 통제할 수 있다고 여기는 가정일이나 개인적인 여가활동·오락에 탐닉하여 현실을 도피하는 현상도 역기능의 한 예라고 할 수 있겠다.

이와 비슷한 맥락에서 라자스펠트와 머튼은 매스미디어의 '마약중독 역기능' (*narcotizing dysfunction*)을 언급했다. 이들은 매스미디어의 보도를 통해 전달되는 엄청난 양의 공공 문제에 관한 뉴스를 접하는 독자나 시청자들이 실제로는 공공 활동에 무관심하다는 점을 지적한다. 왜냐하면 사람들은 매스미디어를 통해 공공 문제에 관해 많이 안다는 것이 곧 능동적으로 정치에 참여하는 시민이 되는 길이라고 착각하기 때문이다. 다시 말하면 항상 신문을 자세히 읽고 텔레비전의 뉴스를 다 시청하는 것만으로 실제로 공공 문제를 논의하고 해결하기 위한 토론회나 모임에 이미 참여한다고 착각한다는 것이다.

특정한 집단이나 조직의 입장에서 보았을 때에도 매스미디어를 통한 뉴스의 전달은 순기능과 역기능적인 측면을 동시에 지닌다. 집단과 조직을 대표하는 정치지도자들에 관한 보도는 그들에게 권위와 합법적 지위를 부여하거나 정치활동에 유용한 정보를 제공하고 여론의 향방을 알리는 기능을 한다. 일반적으로 매스미디어의 뉴스 소재로 등장한 인물은 일반 공중으로부터 권위, 신뢰감 그리고 전문성을 인정받는 혜택을 누리므로 이는 대단한 특권이라고 볼 수 있다. 반면에 매스미디어의 뉴스 소재가 되는 정치인들은 매스미디어에 의해 그들의 비리나 비행이 폭로되어 권위를 잃거나 심한 경우에는 정치생명을 마감하는 경우도 있다. 이것은 정치인의 관점에서 볼 때 매스미디어의 역기능이라고 할 수 있다.

마지막으로 문화체계의 수준에서 볼 때 매스미디어의 다른 문화권에 대한 환경감시는 문화 간 교류를 활성화하여 한 사회의 문화를 더욱 다양하고 풍요롭게 만드

2008년 MBC 〈PD수첩〉과 광우병 파동

언론의 환경감시 기능은 어디까지나 진실의 규명과 확산에 그 목적이 있다. 부정확한 정보가 미디어를 통해 여과 없이 확산될 때 사회적 손실은 걷잡을 수 없이 증폭될 수밖에 없다. 그 좋은 예가 2008년 MBC 〈PD수첩〉이 야기한 광우병 파동이다.

2003년 미국의 광우병 발생으로 중단되었던 미국산 쇠고기 수입 이후 2008년 4월에 뼈와 내장을 포함한 30개월 이상, 대부분의 특정 위험부위를 포함한 30개월 미만의 미국산 쇠고기를 수입하는 협상이 체결되면서 이른바 광우병 논란이 일기 시작했다. 2008년 4월 29일 MBC 〈PD수첩〉이 "긴급 취재 미국산 쇠고기, 과연 광우병에서 안전한가"를 내보내면서 광우병 논란이 확산되었다. 곧이어 서울시청 앞 서울광장 일대에서 미국산 쇠고기 수입협상 반대시위 및 촛불집회가 100일 이상 계속되면서 이명박 정부의 국정 전반과 교육, 대운하 건설, 공기업 민영화 등에 대한 비판과 대통령 퇴진 요구로 번져나갔다. 초기 집회는 비폭력을 표방한 문화제 형식으로 시민들의 자발적인 참여 및 자녀를 동반한 가족 단위의 참가였으나, 6월 들어 참가자가 늘어나고 시위가 장기화되면서 시위대의 가두행진과 진압과정에서 경찰의 강제진압에 따른 경찰과 시위대의 물리적 충돌이 발생하는 등 문제가 발생하였다. 〈오마이뉴스〉, 한국노동방송국, 민중의 소리 등 인터넷 매체들은 현장에서 이를 직접 생중계했으며 시위에 관심이 있는 시민들은 아프리카TV 등에서 인터넷 방송으로 생중계했다. 일부 시민들은 와이브로 등 무선 인터넷을 이용해 시위 현장을 개인적으로 중계하기도 하였다.

2008년 촛불시위로 인해 이명박 정부가 대중과의 의사소통 방식의 문제를 드러냈다는 평가를 비롯해, 인터넷이 일명 '광우병 괴담'의 무분별한 확산에 기여했다는 점, 네티즌 간의 균형 잡힌 토론의 장으로서의 역할 수행에 실패했다는 점 등이 지적되었다. 한 가지 중요한 점은 그때나 지금이나 수입된 미국산 쇠고기가 광우병을 유발한 사례는 한 건도 없다는 사실이다.

는 순기능이다. 하지만 고유한 전통문화가 외래문화의 범람과 침투에 의해 파괴되고 급기야는 외래문화에 종속되어 고유문화의 본질을 잃는 역기능적 측면도 무시할 수 없다. 매스미디어를 통해 전파되어 특히 청소년층에 널리 확산되는 서구 문화와 일본 문화가 우리의 전통문화를 파괴하고 흡수한다면 이는 심각한 문제가 아닐 수 없다.

3) 재난보도

언론이 수행하는 다양한 환경감시 기능 가운데 매우 중요하지만 제대로 다루기 힘든 부분은 재난보도일 것이다. 재난보도는 '특정한 시점에 발생해 특정 지역에 인적·물적·정신적 피해를 초래하는 자연적 재해 또는 인위적 재해에 관련된 정보를 제공하는 언론의 활동'이다. 갑자기 닥친 재난상황에서 사람들이 정보를 얻는 유일한 통로이며 그에 따른 영향력이 지대하다는 점에서 미디어의 역할은 매우 중요하다. 재난보도는 재난 초기에 국민의 상황 파악을 돕고, '어떻게 대처할 것인가'에 대한 정보를 전달해야 하기 때문에 무엇보다 사실정보를 신속하고 정확하게 전달하는 것이 중요하다(홍은희, 2014).

2014년 4월 16일 대한민국은 세월호 참사라는 국가적 재난을 겪는다. 안산 단원고등학교 2학년 학생 325명과 선원 30명 등 총 476명을 태우고 인천을 출발해 제주도로 향하던 대형 여객선이 진도 앞바다에서 침몰한 것이다. 이 사고로 3백여 명의 아까운 목숨을 잃고 말았다. 세월호 참사는 화물의 과적과 부실한 관리로 빚어진 인재였고 초기 대응만 제대로 했더라면 다수의 생명을 구조할 수 있었다는 안타까움과 분노가 하늘을 찔렀다.

그러나 구조 과정에서 보여준 언론 보도 역시 부실투성이기는 마찬가지였다. 이완수(2014)는 세월호 참사에 대해 한국 언론보도는 "오보와 선정적 보도, 과잉 속보성과 피상적 보도, 검증이 안 된 단정식 보도로 일관했다"고 진단했다. 세월호 참사 보도의 많은 문제점 가운데 오보는 특히 치명적이었다. 사고 당일 구조되지 않은 수백 명의 어린 학생이 구조되었다는 어처구니없는 미확인 발표로 구조 결정이 지연되었고 결과적으로 엄청난 인명손실을 초래했다(이승선, 2014). 정부의 발표를 검증 없이 '받아쓰면서' 초기 구조작업을 강력하게 촉구하지 못하고 오보를 남발했던 언론사들에 대한 분노와 지탄은 끊임없이 뒤따랐다(설진아, 2014). 우리 언론은 분석적이고 과학적인 방식으로 사건의 실체를 밝히기보다는 특정 배역(실종자 가족, 선장, 해경 간부, 장관, 국무총리,  대통령)을 등장시켜 극적 장면과 갈등 관계로 뉴스를 꾸미는 드라마 방식의 보도 태도를 보였다. 사건 발생의 구조적 문제와 원인을 드러내기보다는 슬픔, 분노, 갈등, 대립과 같은 감정적 요소를 버무린 한 편의 비극적인 드라마를 연출하는 식이었다.

재난보도의 경우 신중함과 절제된 자세가 필요하다. 일례로 일본은 재난보도 시 통곡, 아수라장 등의 격렬한 표현을 금지한다. 주관적 표현으로 감정에 호소하며 경쟁적인 폭로전을 이어가기보다는 사실만을 보도해 객관성을 유지하려는 자세가 돋보인다. 2005년 영국 지하철 테러 당시에도 관련 당국은 섣부른 피해자 수치에 관해 인터뷰 자제 요청을 했고, 언론은 관련 당국의 이러한 요청을 받아들였다. 추정치를 함부로 보도하는 것을 피함으로써 보다 정확한 정보를 전달하고자 한 것이다. 그에 반해 우리 언론은 감성팔이를 위주로 피해자 가족들에 대한 자극적 접근과 왜곡된 속보 경쟁으로 부정확한 내용을 전달하기도 했고, 예의를 벗어난 취재 행태를 보이며 국민적 불신을 초래했다. 이러한 보도들은 피해자 가족들의 분노는 물론 과다한 심리적 긴장감과 공포 유발을 몰고 왔다(정규재, 2014. 4. 22).

세월호 참사를 둘러싼 언론 보도에 대한 비난이 거세게 일자 한국기자협회는 세월호 참사 보도에 관한 10개항의 보도 가이드라인을 긴급히 마련하였는데 그 사항은 다음과 같다.

① 세월호 참사 보도는 신속함에 앞서 무엇보다 정확해야 한다.
② 피해 관련 통계나 명단 등은 반드시 재난구조기관의 공식 발표에 의거해 보도한다.
③ 진도 실내체육관, 팽목항, 고려대 안산병원 등 주요 현장에서의 취재와 인터

뷰는 신중해야 하며, 유가족과 실종자 가족의 입장을 충분히 배려해 보도한다.

④ 생존 학생이나 아동에 대한 취재는 엄격히 제한되어야 한다.

⑤ 언론은 보도된 내용이 오보로 드러나면 신속히 정정보도를 하고 사과해야 한다.

⑥ 언론은 자극적 영상이나 무분별한 사진, 선정적 어휘 사용을 자제해야 한다.

⑦ 언론은 불확실한 내용에 대한 철저한 검증보도를 통해 유언비어의 발생과 확산을 방지한다.

⑧ 영상취재는 구조활동을 방해하지 않도록 해야 하며, 공포감이나 불쾌감을 유발하지 않도록 근접취재 장면의 보도는 가급적 삼간다.

⑨ 기자는 개인적인 감정이 반영된 즉흥적인 보도나 논평을 자제해야 한다.

⑩ 언론은 유가족과 실종자 가족, 국민들에게 희망과 위로의 메시지를 제시하도록 노력한다.

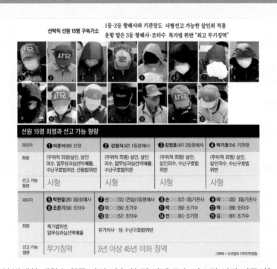

2014년 4월 16일 발생한 세월호 침몰 사건 이후 한 달 만에 구속 기소된 선장 이준석(69) 씨 등 선박직 선원 15명이 구속기소되었다. 당시 선원들은 사고 당시 승객 구조상황을 실질적으로 지배할 수 있었고, 퇴선 명령을 할 수 있는 위치에 있었음에도 구조를 소홀히 하여 인명피해가 커졌고 사회적으로 큰 비난을 받았다.

한국기자협회가 제시한 보도 가이드라인과 궤를 같이하면서 이완수는 세월호 참사 보도에서 나타난 문제점과 개선 방향을 6가지로 제시한다. 첫째, 속보성 보도이다. 좋은 저널리즘은 얼마나 빨리 소식을 전하느냐가 아니라 얼마나 정확하게 사실을 전달하느냐에 달렸다. 둘째, 선정적 보도이다. 언론은 세월호 참사 보도를 하면서 표현, 묘사, 장면이 지나치게 자극적이고 감성적이었다. 사안의 본질을 지나치게 극화하고 선정적으로 꾸미는 보도 관행을 벗어나는 노력이 필요하다. 셋째, 파편화된 보도이다. 사건을 피상적이고 단편적으로 보도할 것이 아니라, 이면이나 구조적 문제를 밝히는 탐사적 저널리즘이 필요하다. 넷째, 자사 이기주의 보도이다. 생명이 걸린 재난보도일수록 언론은 사회공동선을 지향하는 보도 태도가 필요하다. 다섯째, 감정적 보도이다. 선정적 표현과 장면, 유가족의 슬픔과 분노를 여과 없이 내보냄으로써 독자나 시청자의 감정을 불편하게 만들었다. 여섯째, 미확인 보도이다. 이번 세월호 참사 보도의 가장 큰 문제는 확인되지 않은 사실을 마치 사실처럼 보도한 비윤리적인 태도였다. 증거가 불충분하거나 검증되지 않은 사실을 단정적으로 보도하는 것은 매우 위험할 뿐 아니라 언론에 대한 신뢰를 심각하게 훼손한다.

미국의 저널리스트 출신이자 미디어 비평가인 빌 코바치와 톰 로젠스틸은 '저널리즘의 첫째 의무는 진실추구이며, 시민에게 충실해야 하고 검증의 규율이 중요하다'고 말한다. 그런 점에서 한국 언론의 세월호 참사 보도는 반저널리즘적이고 반지성적이었다 해도 지나친 표현은 아닐 것이다.

5. 매스미디어의 상관조정 활동

1) 상관조정의 순기능

상관조정이란 단순한 사실보도의 차원을 넘어서 환경에 관한 정보의 의미를 해석하고 대응책을 처방해 사람들의 태도형성에 영향을 주는 매스미디어의 기능을 뜻한다. 다시 말해 상관조정은 변화하는 환경에 사회가 제대로 적응할 수 있도록 돕는 것을 의미한다. 환경에 대한 성공적 적응을 위해서는 사회의 부분들이 서로 긴밀하게 연계되어야 한다는 뜻에서 상관조정이란 용어가 사용되었다.

매스미디어의 환경감시 기능은 주로 사건이나 사실의 단순한 보도에 의해 수행되며, 상관조정 기능은 주관적 가치가 개입된 사설, 논평, 해설 등에 의해 발휘된다고 볼 수 있다. 이렇듯 환경감시 기능과 상관조정 기능은 개념적 수준에서는 구별되지만 실제로는 그 구별이 어려울 수 있다. 왜냐하면 객관적 사실 보도라 하더라도 편집 과정에서 수집된 많은 기사들 가운데 어떤 기사를 선택할 것인지, 보도될 기사에 어느 정도의 중요성을 부여할 것인지, 그리고 어느 부분을 강조할 것인지가 결정되어 결과적으로는 언론사의 주관적 시각이 반영되기 때문이다. 편집 과정에서의 기사 선택과 배열, 그리고 특정한 어휘의 사용으로 말미암아 환경감시를 위한 객관 보도도 부분적으로는 상관조정의 기능을 할 수 있다.

2002년 6월 13일 두 명의 여고생이 미군 장갑차에 치여 사망한 사건에 연루된

2009년 북한핵실험과 관련한 〈한겨레〉와 〈동아일보〉 사설의 논조가 극렬하게 대조가 된다. 동아일보는 국제사회의 강력한 제제를 통하여 북한 핵실험에 대응하자고 주장하는 반면에 〈한겨레〉는 이러한 무책임한 대북 강경론을 경계하는 사설을 싣고 있다.

미군 병사들이 무죄평결을 받자 우리나라에서는 광화문을 중심으로 '촛불시위'가 일어났다. 이 사건 보도를 살펴보면 매스미디어가 수행하는 상관조정 기능을 확인할 수 있다. 촛불시위를 우리 국민들의 비폭력 시민정신이 빛을 발한 살아 있는 '광장'의 상징이라고 평가한 신문이 있는가 하면, 촛불시위의 자제를 요구하는 신문도 있었다. 지나친 반미감정의 표출은 한반도에 위기와 전쟁의 위협을 가져올 수 있기 때문에 부정적 시각을 가진 보도들은 세계 유일의 분단국가로서 우리가 처한 현실을 냉정하게 바라보고 평가할 수 있는 기회를 제공했다고 볼 수 있다. 같은 사건을 해석하는 두 신문의 시각 차이가 상반된 상관조정 기능을 한 것이다.

우리 주위에서 발생하는 중요한 사건들을 평가하고 해석하는 매스미디어의 상관조정 활동은 환경감시 활동에 의해 제공된 여러 사건들에 우선순위를 부여하는 역할도 담당한다. 다시 말해 특정한 날에 일어난 많은 사건들 가운데 어떤 사건을 사설이나 논평의 소재로 잡느냐에 따라 사건의 상대적 중요성이 규정된다는 것이다. 신문의 독자들은 사설이나 논평의 소재가 된 사건이 가장 중요한 사회적 의미를 지닌다고 생각하기 쉽다. 매스미디어의 논평 기능, 즉 상관조정 활동이 없다면 사람들은 사건의 심층적 배경과 의미는 물론 그 사건에 대해 어떠한 의견을 가지고 어떻게 대처해야 하는지를 몰라 어리둥절해 할 것이다. 따라서 보다 폭넓은 맥락에서 사건의 의미에 대한 해석과 평가를 내리고 보도된 사건을 어떠한 입장에서 볼 것인가를 시사하는 상관조정은 매스미디어의 중요한 기능이라 하겠다.

2) 상관조정의 역기능

상관조정 활동은 환경감시 활동과 마찬가지로 역기능을 초래할 수도 있다. 매스미디어의 논평이나 사설에 편견이 개입되거나 고의로 중요한 사회 문제를 다루지 않는다면 불공정 보도의 역기능이 야기된다. 이와 마찬가지로 매스미디어가 논평이나 해설을 정부나 대기업 등 관료화된 기득권층의 정보원에게만 의존한다면 사건에 대한 해석의 다양성은 제한적일 수밖에 없으며, 사회순응적 시각이 확산되어 사회개혁을 저해하는 결과를 낳는다. 그리고 매스미디어가 권력이나 자본으로부터의 제재, 소비자의 반발, 관련 이익단체의 집단적 항의나 농성 등 예상되는 문제를 회피하기 위해 사회의 중요한 쟁점으로 부각되는 현안에 관한 논평을 거부한 채 사소한 문제만을 논평의 주제로 삼는다면 이는 매스미디어의 책임을 저버리는 것이다. 한편 매스미디어의 상관조정 활동은 개인이 미디어의 의견 및 주장에 의존하도록 함으로써 스스로 해석하고 평가하는 비판적·분석적 사고능력을 저하시키는 역기능을 초래할 수도 있다.

6. 매스미디어의 사회유산 전수 기능

매스미디어는 사회의 가치, 규범 그리고 사회가 보유하는 각종 정보를 한 세대에서 다음 세대 혹은 그 사회로 편입된 새로운 사회구성원들에게 전수하는 기능을 가진다. 매스미디어를 통해 전파되는 내용에는 사회구성원들이 공통적으로 지향하는 규범과 가치관 그리고 집단적 경험이 담겨 있으며, 매스미디어의 내용에 지속적으로 장기간 노출된다면 사회구성원들은 그러한 규범이나 가치관을 자신의 것으로 받아들인다. 이럴 때 사회구성원들 간의 결속이 다져지고 사회통합의 토대가 마련되는 것이다. 사회의 규범을 자신의 것으로 내면화하는 과정이 바로 사회화(*socialization*)이며, 매스미디어는 사회화 기능을 담당하는 기관이다. 매스미디어를 통한 사회화는 사회 전체를 동일한 규범을 토대로 통합하는 데 도움을 주며, 개인의 입장에서 보더라도 공통의 사회규범과 문화적 전통에 접촉하게 함으로써 사회적응을 돕는다는 점에서 긍정적이라고 하겠다. 외국이나 낯선 지역에 정착할 때 우리는 매스미디어가 전하는 정보를 소화하고 그 속에 내재된 사회문화적 규범을 이해함으로써 사회적응에 도움을 받는다.

매스미디어가 사회화의 기능을 발휘한다는 것은 다시 말해 매스미디어가 여러 계층의 사회구성원들을 위한 교육의 도구로 이용됨을 의미하기도 한다. 매스미디어는 어린이, 청소년들뿐 아니라 성인이나 노인층이 사회생활에 참여할 때 갖추어야 할 지식과 규범을 전달하는 데 유용하게 쓰일 수 있다. 특히 시각과 청각을 모두 동원할 수 있는 텔레비전은 교육적 효과가 뛰어난 매체로 인정받는다. 텔레비전의 다양한 교육용 프로그램은 글자와 수의 개념을 배우려는 취학 전 아동들, 입시를 준비하는 수험생들, 그리고 외국어를 배우려는 성인들에게 매우 유익한 정보를 제공한다.

매스미디어의 사회화 기능은 **사회통제**의 효과도 지닌다. 뉴스 보도를 통해 사회 내에서 일어나는 각종 일탈행위를 폭로함으로써 사회통제를 강화할 수 있다. 예컨대 청소년 범죄, 성폭행, 금품수수 행위, 마약사범의 비행 등을 보도하여 대다수의 사람들로 하여금 이러한 범죄행위를 비난하고 기존의 도덕과 법규를 준수하게 함으로써 사회질서를 바로잡을 수 있다. 또한 미성년자를 대상으로 한 성범죄자나 원조교제를 일삼는 사람들의 신상정보를 공개함으로써 반인륜적 행위를 규제하는 역할을 하기도 한다. 이처럼 매스미디어가 일탈행위를 공개함으로써 기존의 규범을 강화하고 윤리를 재확인하는 역할을 한다는 의미에서 이를 사회규범의 윤리화 기능이라고 부른다. 그러나 한편으로는 매스미디어를 통해 제공되는 다소 규격화하고 획일화한 문화는 문화적 다양성을 상실케 하고 창의성을 저해하는 역기능을 가져오기도 한다.

7. 매스미디어의 오락 기능

매스미디어는 딱딱하고 건조한 뉴스나 논평을 전달하기도 하지만 흥미 위주의 내용이나 프로그램으로 사람들의 기분전환이나 휴식을 돕기도 한다. 이것이 바로 매스미디어의 오락적 기능이다. 특히 텔레비전이 등장하여 시각적·청각적 효과를 내는 오락물이 시청자의 관심을 끌고 상업주의의 심화로 인한 시청률 경쟁으로 말미암아 방송사들이 오락 프로그램의 비중을 늘리는 경향이 현저해짐에 따라 매스미디어의 오락적 기능은 날로 심화되는 실정이다. 20세기 후반에 스포츠가 놀라울 만한 인기를 끌면서 대중오락으로 자리 잡은 것도 텔레비전이 스포츠를 대대적으로 방송했기 때문이다.

매스미디어의 오락 기능은 휴식을 제공하여 생활에 활기를 불어넣는다는 긍정적 측면을 지니지만 부정적 영향을 끼치기도 한다. 매스미디어를 통해 전달되는 오

MBC의 간판 프로그램인 〈무한도전〉은 매스미디어 오락 기능의 한 예라고 할 수 있다.

락물은 될 수 있으면 많은 사람들이 공감할 수 있는 흥미에 초점을 맞추는 경향이 있으므로 그 내용은 누구나 보고, 듣고, 즐길 수 있는 대중문화적 성격을 띤다. 스포츠신문이 많이 읽히는 까닭도 사람들이 오락적 성향이 강한 기사를 선호하기 때문이고 쇼, 드라마, 그리고 코미디 등의 텔레비전 프로그램이 높은 시청률을 보이는 것도 이런 프로그램들이 시청자의 오락에 대한 욕구를 충족시켜 주기 때문이다.

　하지만 이러한 오락물에 지나치게 몰입하다보면 사람들은 사회적으로 중요한 문제들에 대해 무관심해져 사회적 혹은 정치적 참여를 외면할 수 있다. 참여민주주의가 성공하려면 시민들 각자가 공공 문제에 관심을 가지고 이를 해결하기 위한 토론이나 정치적 행사에 참여해야 하는데, 시민들이 매스미디어가 제공하는 오락에 탐닉하여 공공 문제의 해결에 무성의하거나 이를 회피하는 것은 바람직한 일이 아니다. 맑시즘을 수용하는 매체비평가들은 노동자들이 매스미디어가 제공하는 오락물을 소비하며 대부분의 여가시간을 보냄으로써 자본주의 사회의 모순에 관해 각성하는 기회를 갖지 못하고 계급지배라는 왜곡된 현실을 직시하지 못한다고 역설한다. 또한 오늘날 텔레비전과 인터넷의 가장 인기 있는 내용물인 3S—screen, sports, sex—가 문화적 식민화를 가져온다는 비판도 일고 있다. 미디어가 제공하는 오락에만 전적으로 의존한다면 사람들은 자신이 스스로 어떤 즐거움을 찾으려는 능동적 노력을 포기한다. 간단히 말해서 매스미디어에 의존한 오락은 문화적 순응주의를 야기한다.

매스미디어는 종종 대중의 취향에 영합하는 선정적이고 저질적인 내용을 담으므로 사람들의 취향을 저하시키고 미적 감각을 오염시킬 수 있으며, 고전음악이나 연극과 같은 고급문화에 대한 관심을 저하시키는 결과를 초래하기도 한다. 매스미디어가 오락성이 강한 대중문화를 확산하는 데 급급하다는 비판은 어제 오늘의 일이 아니다. 이는 매스미디어가 상업주의 원칙에 의해 운영되는 한 극복되기 어려운 문제이기도 하다. 시청자가 재미있고 즐길 수 있는 프로그램을 원하는데 높은 수준의 고급문화를 담은 프로그램을 내보내는 텔레비전 방송사가 이윤 추구에 성공할 수 없는 것은 자명한 이치이다. 매스미디어를 통한 오락의 역기능을 방지하거나 최소화하기 위해서 여러 가지 규제 조치가 실시되지만, 이러한 규제 중심의 정책은 표현의 자유와 언론의 자유 원칙과 충돌하므로 아직까지 논란의 대상이다.

1. 매스미디어가 과연 사회적 통합에 기여하는지를 생각해 보자.
2. 매스미디어의 기능별 사례를 찾아 서로 논의해 보자.

참고문헌

• 배규한 외 (1998), 《매스미디어와 정보사회》, 국민대 출판부.
• 설진아 (2014), 기자는 무엇으로 사는가?: 신뢰 잃은 주류언론, 시민의 감시대상,
  〈신문과 방송〉, 2014년 6월호, 10~14.
• 이승선 (2014), 오보 막을 길 없었나? 알면서도 안 지키는 오보 예방법,
  실천의지가 관건, 〈신문과 방송〉, 2014년 6월호, 15~18.
• 이완수 (2014), 선정적인 보도 만발: '뉴스의 비극적 드라마화'로 사건 본질 놓쳐,
  〈신문과 방송〉, 2014년 6월호, 6~9.
• 이준호 (2014), 《위기의 미디어와 저널리즘》, 탐구사.
• 정규재 (2014. 4. 22), 슬픔과 분노를 누그러뜨릴 때, 〈한국경제〉.
• 차배근 (2001), 《매스 커뮤니케이션 효과이론》, 나남출판.
• 허 윤 · 이상우 (2012), 다매체 환경에서의 미디어 간 경쟁과 대체: 기존의 방송 미디어와
  소셜 미디어에 대한 적소분석, 〈한국언론학보〉, 56권 4호, 29~54.
• 홍은희 (2014), 재난보도 시 바람직한 기자의 역할: 취재 앞세운 불손함은 금물,
  현장 데스크 필요, 〈신문과 방송〉, 2014년 6월호, 19~22.
• Wright, C. R., 김지운 역 (1988), 《매스커뮤니케이션 통론》, 나남출판.

좀더 알아보려면

imnews.imbc.com 환경감시 기능의 중추적 역할을 수행하고 있는
MBC-TV의 뉴스 웹사이트.
www.enc24.com 상관조정 기능을 발휘하고 있는 다양한 신문사의 사설과
칼럼 등을 찾아볼 수 있다.

3

매스미디어의 효과

매스미디어를 통해 전달되는 메시지는 사회나 사회구성원들에게 긍정적인 영향을 미치기도 하지만 부정적인 결과를 초래할 수도 있다. 매체비평가들은 매스미디어가 야기할 수 있는 문제점들을 지적하면서 매스미디어의 바람직하지 못한 활동에 대해 걱정하거나 비판한다. 이러한 비판은 매스미디어의 위력이 실제로 대단한 것이어서 그대로 방치할 경우 사회나 개인들에게 중대한 해악을 끼칠 것이라는 가정에 근거를 둔 것이다. 일례로 어린이들에게 선정적이거나 폭력적인 영화의 관람을 허용해서는 안 된다는 주장은 이러한 영화가 어린이들의 태도나 가치관 형성에 직접적이고 즉각적인 악영향을 끼친다는 가정에서 비롯된 것이다.

그러나 이러한 가정이나 추측이 정말로 정당한 것인가에 관해서는 논란의 여지가 있다. 과연 매스미디어가 어린이들에게 미치는 효과란 엄청난 것이어서 매스미디어에 등장하는 폭력적인 내용을 접한 어린이들이 공격적 성향의 태도를 보이거나 폭력적 행동을 일으키는가? 우리는 주로 매스미디어가 전달하는 뉴스에 의해서 현실세계를 이해하므로 그릇된 뉴스에 속아 경거망동하는가? 매스미디어가 정치인과 유권자들의 의사소통 과정을 장악함으로써 유권자들을 마음대로 설득할 수 있는 무소불위의 힘을 가지는 것인가? 현대사회에서 매스미디어가 어느 정도의 영향력을 발휘하는가를 묻는 이러한 질문들은 매스미디어의 통제와 관련하여 매우 중요한 쟁점을 제공한다.

만약 매스미디어가 사람들을 설득하여 태도나 의견을 바꾸고 한 걸음 더 나아가서 행동에까지 영향을 줄 정도로 막강한 효과를 발휘한다면 그러한 매스미디어의 메시지가 아무렇게나 작성되어서는 안 되며, 공익에 기여하는 내용을 담도록 하는 통제나 책임이 뒤따라야 한다는 주장이 제시될 수 있다. 이는 민주주의 언론의 핵심 가치인 표현의 자유를 보장해야 한다는 입장과 대립되는 것임은 두말할 나위 없다. 매스미디어가 개인에게 해로운 영향을 미칠 수 있는 내용을 다룰 수 없도록 통제된다는 것은 표현의 자유가 그만큼 축소됨을 의미하기 때문이다. 이와 반대로 매스미디어가 개인에게 미치는 영향은 그다지 크지 않으므로 설혹 매스미디어가 불건전하거나 그릇된 내용을 전달하더라도 별로 걱정할 바가 아니라면 통제보다는 자유의 가치가 더욱 존중됨이 마땅할 것이다.

그렇다면 문제는 매스미디어의 효과를 어떻게 측정할 수 있는가 하는 것이다. 매스미디어의 효과가 어느 정도인지를 알기 위해서는 과학적이고 체계적인 조사연구 결과에 의존하는 것이 가장 올바른 방법이다. 미국의 매스 커뮤니케이션 학자들은 매스미디어의 효과에 관한 사회적 관심이 고조되자 다양한 연구 방법을 동원해 매스미디어의 효과를 객관적으로 측정하려는 노력을 기울였다('매스컴 연구 방법' 부분 참조). 이들은 영화, 라디오, 만화, 신문 그리고 텔레비전의 내용이 개인의 인지, 태도 및 의견의 변화에 미치는 영향을 분석했다. 그러나 학자들의 연구 결과가 모두 일치하는 것은 아니었다. 분석 대상이 된 매체, 사용된 연구 방법과 연구 대상, 그리고 시대적 상황에 따라 연구자들은 다소 엇갈린 연구 결과를 내놓았다.

1. 매스 커뮤니케이션 효과 연구의 시대적 변천

1920년대부터 지금까지 실시된 수많은 매스 커뮤니케이션 효과 연구의 결과를 살펴볼 때 시기에 따라 효과의 크기가 다르게 나타남을 알 수 있다. 여기서 우리가 주목할 점은 매스 커뮤니케이션 효과의 크기가 다르게 나타난 배경에는 때에 따라 매스미디어의 영향력 그 자체가 확장 또는 축소한 까닭도 있지만, 그것보다는 연구

탄환이론에 의하면, 매스미디어는 정보와 오락이라는 탄환을 사람들을 향해 마구 쏘아대는 사수(射手)이고, 미디어의 수용자는 탄환을 맞고 쓰러지는 수동적 객체이다. 탄환이론은 1940년대 이전의 매스컴 효과연구를 지배하던 연구모형이다. 최근 들어 매스컴 효과연구에서는 수용자를 자신의 욕구와 필요에 따라 미디어를 선택적으로 이용하는 능동적 주체로 본다.

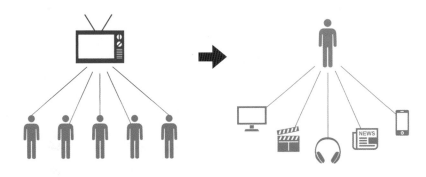

의 기본 가정과 연구 방법이 다름으로 인해 효과의 크기가 달리 나타난 것이라고 볼 수 있다는 것이다.

초기(1920~1940년대 중반) 연구에서는 1920년대에 이른바 탄환 이론(*bullet theory*)이 처음으로 대두되어 크게 각광받기 시작했다. 이는 매스 커뮤니케이션 효과에 관한 최초의 이론으로서 "매스미디어는 그 수용자 대중들에게 강력하고 획일적인 영향을 직접적·즉각적으로 미친다"는 것이 그 기본 가정이었다. 그러나 탄환 이론이 실험실 내에서 수동적인 청중(*captive audience*)을 대상으로 한 인위적 성격이 강한 연구에서 나온 이론이라는 비판을 받으면서, 1940년대 중반부터 **선별효과 이론**(*selective influence theory*)과 **2단계 흐름 이론**(*two-step flow theory*)이 대두되어 주목받았다. 이들 이론의 공통된 중요 기본 가정은 탄환 이론과는 반대로 "매스미디어는 극히 한정된 효과를 가진다"는 것이었다. 때문에 이들을 합쳐 제한효과 이론(*limited effect theories*)이라고 부르기도 한다.

매스미디어의 제한효과 이론이 정설로 자리 잡으면서 이에 실망한 일단의 정치학·사회학·심리학자들은 매스컴 효과 연구에 더 이상 매력을 느끼지 못하고 본래의 학문 영역으로 되돌아간다. 이로서 20여 년간 이어온 효과 연구가 그 막을 내려 한동안 선거 상황에서의 미디어 효과 연구는 찾아보기 힘들어졌다.

매스컴 연구방법에서 미디어의 효과는 어떻게 측정할까

사람들은 신문, 방송, 인터넷을 통해 많은 정보와 오락물을 접한다. 그리하여 세상 소식을 알고, 교양을 넓히고, 휴식도 취한다. 여기에서 우리는 매스미디어의 이용이 원인(독립변인)이 되어 그 결과(종속변인)로 지식, 교양, 휴식을 취한다는 전제하에, 독립변인과 종속변인 간의 인과관계를 실증적으로 규명하기 위한 연구가설(*hypothesis*)을 세울 수 있다. 이와 같은 연구가설이 어떻게 검증되는지를 이 장에서 설명한 매스미디어의 논제설정 기능을 예로 들어 살펴보자.

연구가설: 신문에서 취급한 선거 이슈의 보도물량(독립변인, x)은 유권자가 생각하는 이슈의 중요도(종속변인, y)와 정적 관계이다(H:γ_{xy}>0).

위의 가설을 검증하기 위해 내용분석(*content analysis*)과 서베이(*survey*)가 사용된다.

· 내용분석

체계적이고 과학적인 방법으로 신문의 보도내용을 유목화하여, 유권자들이 정기구독하는 신문 한달치를 모아 어떤 선거 이슈(예: 경기회복, 남북관계개선, 사회갈등 해소 등)가 얼마만큼 많이 보도되었는지 알아본다(예: 경기회복-83건, 남북관계-18건, 사회갈등-25건).

· 서베이

무작위로 선정된 응답자(예: 1,500명)를 대상으로 설문조사를 한다. 설문의 주요 질문은 ①귀하가 정기구독하는 신문은?(예: A신문, B신문, C신문)과 ②이번 선거에서 귀하가 가장 중요하다고 생각하는 이슈는 다음 중 어느 것은?(예: 경기회복, 남북관계개선, 사회갈등 해소). 여기서 A신문의 독자가 600명이라고 가정하자.

내용분석과 서베이를 통해 얻어진 자료를 아래와 같이 정리한다.

〈표 3-1〉은 A신문이 한 달 동안 다룬 이슈의 순위와 응답자(A신문의 독자 600명)가 생각하는 이슈의 중요도 순위가 완전히 일치하는 것을 보여준다(H:γ_{xy}=1.0). 따라서 연구가설은 받아들여져 "신문은 유권자들로 하여금 어떤 이슈가 얼마나 중요한 이슈인지를 가늠하게 한다"는 미디

이미 사망선고가 내려진 듯 보이던 매스컴 효과 연구가 다시 살아난 것은 1960년대 중반이었다. 그 이전의 연구가 매스미디어의 설득적 효과에만 초점을 맞추었던 점에 주목한 연구자들이 미디어의 학습 효과로 나타나는 수용자의 인지적 변화에 관심을 가진 것이다. 또한, 1960년대에 들어 연구자들은 "미디어가 수용자에게 어떻게 작용하는가?"(*What the media do to people?*)보다는 "수용자들은 왜, 어떻게 미디어를 이용하는가?"(*What people do with the media?*)라는 쪽에 더 큰 관심을 가졌다. 이와 같이 효과의 영역을 태도 변화에서 인지 변화로, 행위의 주체를 미디어에서 수용자로 전환한 것은 가히 패러다임의 변화라 일컬을 수 있고, 이로 인해 수없이 많

<표 3-1> A신문이 다룬 이슈 보도건수와 A신문 독자가 생각하는 이슈의 중요도

이슈	이슈 보도건수(순위)	이슈 중요도(순위)
경기회복	83(1)	325(1)
남북관계 개선	18(3)	107(3)
사회갈등 해소	25(2)	168(2)

어의 논제설정 기능을 확인케 된다.

내용분석과 서베이 방법 외에 매스컴 연구에서는 실험방안이 널리 이용된다.

· 실험방안

실험방안은 철저히 통제된 상황에서 연구자가 특정한 자극(X)을 주고 피험자들이 어떻게 반응(Y)하는가를 관찰함으로써 X→Y의 인과관계를 규명하는 연구방법이다.

예컨대, 폭력을 묘사한 TV프로그램의 시청효과를 알아보기 위해 실험을 한다고 가정해 보자. 아마도 폭력물에 대해 가장 민감한 반응을 보일 대상이 다섯 살 난 남자 어린이라는 가정하에 5살 남자 어린이 100명을 골라 그중 50명은 실험실 내에서 폭력물(X)을 보게 하고(실험집단) 나머지 50명은 다른 실험실에서 그냥 놀게 한다(통제집단). 이러한 상황을 다음 도식으로 그려볼 수 있다.

실험집단(N1=50)	R	X	O_1
통제집단(N2=50)	R		O_2

도식에서 R은 Random의 첫글자로서 피험자들을 두 개의 집단(실험집단과 통제집단)으로 무선 배치함을 뜻하고, X는 폭력물 시청을, O_1과 O_2는 피험자들의 공격적 성향의 측정을 의미한다. 여기서 공격성향의 정도를 100(최고의 공격성)에서 0(최소의 공격성)의 척도로 측정하였다고 가정하고, O_1의 평균점수가 85, O_2의 점수가 36으로 나왔다면 O_1과 O_2의 차이가 49가 되어, 폭력물의 시청이 시청자의 공격적 성향을 유발한다고 결론짓게 된다.

은 매스미디어 효과 연구가 쏟아져 나왔다.

이러한 변화 속에서 1960년대에 들어 이용과 충족 이론(*theory of uses and gratification*)이 나왔으며, 1960년대 말에는 논제설정 기능 이론(*agenda-setting function theory*)이 등장했다. 그리하여 이들 효과 이론이 크게 대두되었는데 이들의 공통된 기본 가정의 하나는 "매스미디어는 적지 않은 영향력이나 힘을 지닌다"는 것이었다. 따라서 이들 이론들을 중효과 이론(*moderate effect theory*)이라고 불렀다. 그 밖에 문화적 규범 이론(*cultural norms theory*), 배양효과 이론(*cultivation theory*) 등이 중효과 이론에 해당된다.

그 후 1970년대 중반부터는 "매스미디어는 강력한 힘을 지닌다"는 주장의 이른바 강력효과 이론(*powerful effect theory*)인 침묵의 나선 이론(*spiral of silence theory*)과 제3자 효과 이론(*third-person effects*), 적대적 매체 지각(*hostile media perception*), 프라이밍(*priming*), 뉴스의 틀짓기(*news framing*) 이론 등이 대두되어 관심을 끌기 시작했다.

2. 제 1기 연구: 매스미디어는 강력하다

영화와 라디오가 대중화되기 시작한 1920년대부터 1940대에 이르기까지의 많은 매스 커뮤니케이션 연구들은 매스미디어가 사람들의 태도나 의견을 쉽게 변화시킬 정도로 그 힘이 막강하다고 주장했다. 이러한 주장의 근거는 두 차례의 세계대전을 거치는 동안 영화와 라디오를 이용한 각국의 선전 활동이 많은 사람들에게 효과를 발휘했다는 사실에 근거한다. 그 당시 영국·미국·독일에서 개발되었던 매스미디어와 이를 이용한 선전술은 국민들, 특히 독일 국민들에게 전쟁의 정당성을 설득하거나 전쟁 수행에 필요한 인력을 동원하는 데 결정적 역할을 했다. 수용자들은 영화나 라디오가 전하는 선전 및 설득 메시지에 획일적으로 반응하여 매스미디어가 의도한 대로 기존의 태도나 의견을 쉽게 바꾸었다는 것이다.

1940년대에 실시된 한 실험 연구에서는 "앞으로 20년 후면 핵잠수함이 출현 가능할 것이다"라는 논문의 저자를 높은 신뢰도(노벨 물리학상 수상자)와 낮은 신뢰도(고교 중퇴자)로 나누어 피험자 절반은 높은 신뢰도, 나머지 절반은 낮은 신뢰도로 소개된 같은 논문을 읽게 했다. 그 결과 논문의 필자가 노벨 물리학상 수상자로 소개된 글을 읽은 사람들이 고교 중퇴자로 소개된 자의 글을 읽은 사람들에 비해 핵잠수함의 실현 가능성을 훨씬 높게 내다보았다. 이렇듯 매스미디어의 효과가 매우 크다고 보는 탄환 이론은 수용자가 매스미디어의 메시지라는 외부의 자극에 기계적 반응을 보인다는 의미에서 자극-반응 이론, 매스미디어의 메시지가 수용자를 변화시키는 신통력을 갖춘 탄환에 비유된다는 뜻에서 마법의 탄환 이론(*bullet theory*), 매스미디어의 효과가 마치 피하주사와 같이 즉각적으로 나타난다는 점에서 피하주사형이론(*hypodermic needle theory*)으로도 불린다. 그러므로 매스미디어의 탄환 이론은 매스미디어의 메시지를 개인의 감정이나 태도에 막강한 영향력을 미치는 자극으로 간주하는 반면, 수용자를 타인으로부터 고립되고 이성적인 판단 능력을 갖추지 못해 속기 쉬우며 매스미디어의 메시지를 수동적으로 받아들이기만 하는 무방비 상태의 존재로 인식한다. 이러한 의미에서 탄환 이론에서의 수용자는 앞에서 살펴본 대중사회에서의 대중의 성격과 유사하다.

탄환이론의 연구사: 페인펀드 연구

텔레비전이 등장하기 전에 각광을 가장 많이 받은 오락매체는 영화와 라디오였다. 1920년대에 이르러 미국에서는 영화가 대중들의 오락추구 욕구를 가장 잘 충족시켜 주는 매체로 인정받게 되었으며, 영화관람을 위해 극장을 찾는 관객의 수도 급속히 늘어나 영화는 생활의 중요한 일부분을 차지했다. 그런데 사회 일각에서는 이렇듯 대중화된 영화가 어린이들에게 좋지 않은 영향을 미칠 것이라는 우려를 제기했다. 이에 따라 미국의 학자들은 영화가 어린이들에게 미치는 영향을 구체적으로 밝히기 위해서 공동연구를 시작했는데 사단법인의 기금인 페인펀드(Payne Fund)가 연구비로 사용되었기 때문에 이 연구를 페인펀드 연구라고 한다.

이 연구의 대표적인 참여자였던 미국 시카고 대학의 사회학자 허버트 브루머(Herbert Blumer)는 영화가 어린이들의 성격형성, 정서, 그리고 행동양식에 지대한 영향을 미친다는 결론을 내렸다. 어린이들은 영화에 나오는 장면을 흉내 내며 놀고, 영화의 등장인물인 경찰관, 군인, 카우보이, 인디언 등의 어투와 행동양식을 그대로 모방하는 경향이 강함을 발견하였다. 또한 어린이들은 영화를 본 후에 한동안 두려움, 공포감, 슬픔, 긴장감, 연민의 정 등의 감정적 변화를 겪는다는 것도 이 연구를 통해 확인되었다. 이러한 연구 결과는 어린이들이 영화 관람과 관련하여 쓴 자서전적 이야기를 분석함으로써 얻어졌는데, 연구의 종합적인 결론은 영화가 어린이들에게 미치는 영향이 매우 막강하며 즉각적이고 직접적이라는 것이다.

비슷한 맥락에서 피터슨과 서스톤(Peterson & Thurstone, 1933)은 어린이들을 대상으로 실험 연구를 시도한 결과 영화의 내용이 어린이들의 대도 형성 및 변화에 중대한 영향을 끼침을 밝혔다. 예를 들어 인종차별을 반대하는 메시지를 담은 영화를 본 어린이들과, KKK단과 같은 인종차별주의자를 옹호하는 메시지를 담은 영화를 본 어린이들의 인종차별에 대한 태도는 뚜렷한 변화를 보였다는 것이다. 이밖에도 전쟁, 도박, 범죄자에 대한 처벌 등을 주제로 하는 영화를 이용하여 실험했는데, 연구자들은 영화가 전해주는 메시지의 방향으로 어린이들의 태도가 상당한 정도로 바뀌었음을 알아냈다.

3. 제 2기 연구: 매스미디어의 효과는 제한적이고 선별적이다

오늘날에는 탄환 이론에서 말하는 것처럼 매스미디어가 전지전능한 힘을 지닌다고 보는 학자들을 찾아보기 힘들다. 제 2차 세계대전 이후의 효과 연구들은 매스미디어의 영향력이 막강하다는 탄환 이론에 의문을 제기하고 이를 비판하기 시작했다. 전쟁이나 경제공황 등의 혼란을 겪으면서 앞날에 대한 불안감과 불확실성에 위축되어 심리적으로 나약해진 수용자들이 매스미디어의 메시지에 희망을 걸고 무조건 따랐던 시대가 지나고, 사회 안정기에 접어들면서 매스미디어의 효과는 별로 강하지 않으며 기껏해야 선별적이거나 제한적이라는 입장이 대두되었다. 메시지 소효과 이론 혹은 제한효과 이론이라고 불리는 이러한 입장이 매스미디어의 효과를 그다지 강력하지 않게 보는 것은 매스미디어의 설득 메시지가 정보를 전달하여 인지시키는 데에는 어느 정도 효과를 보이지만 기존의 태도를 바꾸는 데에는 별 효과가 없다는 연구 결과에 근거한 것이다.

이러한 연구들은 매스미디어의 태도 변화에 대한 효과가 획일적이거나 직접적이지 않은 이유를 두 가지 차원에서 찾는다. 하나는 수용자 개인의 심리적 상태─기존의 태도, 가치 성향, 신념 등─가 어떠한가에 따라 매스미디어의 효과는 다르게 나타난다는 것이다. 대표적인 연구 사례로는 1940년대에 제 2차 세계대전에 참전한 미군 병사들을 대상으로 영화가 태도 변화에 미치는 영향을 다룬 호블랜드의 실험 연구와 수용자가 가진 기존의 태도나 가치, 선입견에 따라 메시지의 효과가 선별적으로 나타남을 보여준 만화 영화 〈Mr. Biggott〉에 관한 연구 등이 있다. 이러한 연구들은 개인에 따라 사물이나 사상에 대한 태도나 가치관이 다르므로 특정한 태도나 가치관을 강조하는 매스미디어의 메시지가 수용자 모두에게 획일적으로 효과를 나타내는 것은 아니라는 점을 지적한다. 예를 들어, 기존에 소유한 태도나 가치관과 일치하는 메시지라면 그 내용을 받아들여 자신의 태도나 가치관을 강화하지만, 일치하지 않는 메시지에 대해서는 별다른 반응을 보이지 않고 이전의 입장을 고수한다는 것이다.

또한, 매스미디어의 효과가 획일적이지 않음을 주장하는 또 다른 근거는 수용자가 처한 사회적 위치─연령·교육 정도·수입·직업 등─와 수용자가 타인들과 맺

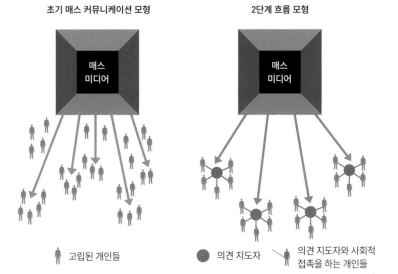

〈그림 3-1〉 라자스펠트의 2단계 흐름 모형

초기 매스 커뮤니케이션 모형

매스
미디어

2단계 흐름 모형

매스
미디어

⋏ 고립된 개인들

● 의견 지도자

⋏ 의견 지도자와 사회적
접촉을 하는 개인들

소효과 연구사: 호블랜드의 미군 병사의 설득에 관한 연구

제2차 세계대전 중 미국의 군 당국은 참전을 위해 모집한 많은 신병들이 전쟁의 역사적 배경이나 의미 그리고 미국이 전쟁에 개입하는 이유에 대해 잘 알지 못한다는 판단 아래, 이들을 효과적으로 교육시킬 수 있는 방안을 모색하였다. 군 당국이 채택한 방법은 바로 영화를 이용하는 것이었다. 영화가 '마법의 탄환'처럼 즉각적이고 획일적이며 또한 막강한 영향력을 발휘하여 모든 군인들이 전쟁에 대한 인식이나 태도를 새롭게 할 것이라는 믿음을 가졌던 것이다. 군 당국은 군인들의 전쟁에 대한 인식을 제대로 확립시키고 애국심을 고취시킴으로써 군의 사기를 높이기 위하여 그 당시 명성을 날리던 감독 프랭크 캐프라(Frank Capra)에게 의뢰하여 〈우리는 왜 싸우는가?〉(*Why We Fight*)라고 불리는 영화 시리즈를 제작했다.

이 영화 시리즈의 관람이 과연 얼마나 큰 효과를 발휘하였는가 하는 물음에 답하기 위해서 미국의 사회과학자들은 군인들을 대상으로 실험 연구를 실시했다. 즉, 영화를 보고 난 후에 군인들이 전쟁에 관해 얼마나 더 잘 알게 되었으며 전쟁에 대한 의견이나 태도가 얼마나 바뀌었는가를 과학적인 방법으로 측정하였다. 하지만 연구결과는 군 당국이 기대했던 것과 다르게 나타났다. 영화 관람은 군인들에게 전쟁에 대한 새로운 지식이나 정보를 인지시키고 구체적인 사실에 대한 태도의 변화에는 어느 정도 효과적이었던 반면, 적국에 대한 적대감을 심화시키거나 연합군 승리에 대한 확신을 강화하거나 참전에 대한 열정을 느끼게 하는 등의 전쟁에 대한 전반적인 의견 및 태도의 변화에는 별로 효과적이지 못했던 것으로 드러났다. 특히 교육을 많이 받은 군인들은 영화를 통해 전쟁에 관해 많은 사실을 배웠지만, 기존에 지녔던 전쟁에 대한 의견이나 태도를 거의 바꾸지 않았다. 결론적으로 말해서 이 연구는 매스미디어의 효과는 획일적이며 막강한 것이 아니라 선별적이고 제한적임을 밝혀주었다.

는 사회적 관계의 성격에 따라 매스미디어 효과는 차별성을 가진다는 연구 결과에 의한 것이다. 라자스펠트와 그의 동료들(Lazarsfeld et al., 1944)은 사람들은 기존의 태도나 가치관에 부합하는 메시지만을 선별적으로 수용하며, 사람들의 정치적 태도를 변화시키는 데에는 매스미디어보다 대인 접촉이 더욱 효과적임을 밝힘으로써 매스미디어의 효과는 제한적임을 증명했다. 로저스(Rogers, 1962) 등도 매스미디어가 새로운 제품이나 사상과 같은 개혁을 인지시키는 데에는 어느 정도 효과가 있으나, 그 개혁을 채택하게 만드는 데에는 별로 공헌을 하지 못하며 개혁을 채택하는 것에는 미디어보다 오히려 주변의 영향력 있는 인물들과의 접촉이 더욱 효과적이라고 밝혔다. 이러한 맥락에서 클래퍼(Klapper, 1960)는 매스미디어의 효과는 절대적인 것이 아니라 수용자의 개별적 성향에 따른 선택적 과정과 수용자가 속한 집단의 규범, 여론지도자의 역할 등의 중개 요인들에 따라 상대적이거나 제한적으로 나타나는 것이라고 밝혔다. 그런데 매스미디어의 효과가 별로 크지 않고 제한적이라는 이 연구는 1960년대 후반에 이르러 매스미디어의 위력을 과소평가했다는 비판을 받는다.

4. 제 3기 연구: 미디어의 상(像)이 곧 현실이다

1970년을 전후하여 미국의 매스 커뮤니케이션 학자들은 매스미디어의 영향력이 미약하고 제한적이라는 기존의 연구 결과가 연구 자체의 타당성이 인정된다 하더라도 매우 난처한 딜레마를 수반한다고 보았다. 매스미디어의 효과가 별로 크지 않다는 경험적 연구의 주장과는 달리, 대부분의 사람들은 매스미디어가 사회나 문화의 여러 영역에 미치는 영향이 대단할 것이라고 믿었다. 따라서 보통 사람들은 만약 학자들이 주장하듯이 매스미디어의 효과가 진정 별로 크지 않다면 왜 광고주들과 정치인들이 매스미디어를 이용한 광고나 선전을 위해 엄청난 재원을 투자하는지에 대한 의문을 가졌다. 따라서 그들에겐 매스미디어의 소효과를 이야기하는 학자들의 연구가 잘못된 것인가 아니면 매스미디어의 강력한 효과를 인정하는 일반인들의 생각이나 사회 분위기가 잘못된 것인가에 대해 명확한 대답이 필요해졌다.

이러한 문제에 대해 매스 커뮤니케이션 연구자들은 양쪽의 주장이 모두 맞다는 결론을 내렸다. 언뜻 듣기에 이러한 해결책은 매스미디어의 효과에 대한 상반된 평가를 모두 인정하므로 모순인 것처럼 여겨진다. 그러나 학자들은 매스미디어의 효과 개념이 서로 다르게 쓰임을 이해해야 한다고 강조한다. 매스미디어의 소효과를 주장하는 연구에서의 효과 개념은 단기간 내에 개인의 심리적 상태에서 나타나는 태도의 변화를 의미하지만, 매스미디어의 효과가 어느 정도 강력한 것이라고 보는 연구 입장은 효과의 개념을 장기간에 걸쳐 누적적으로 나타나는 수용자의 사회나 문화에 대한 전반적인 인식의 변화로 정의한다.

장기적이고 누적적인 매스미디어 효과에 연구의 관심을 둔 학자들은 분석 단위를 개인에서 사회나 문화 영역으로 확장하고, 효과 영역에서의 초점을 태도에서 인지로 맞추면서 많은 사례 연구들을 통하여 매스미디어가 마법의 탄환처럼 전지전능한 위력을 발휘하지는 못하더라도 어느 정도 중요한 영향력을 발휘함을 입증했다. 예컨대 텔레비전에서 장기간에 걸쳐서 실시한 안전벨트 착용 캠페인이나 금연 캠페인 등이 뚜렷한 효과를 나타내는 것은 중효과 이론을 뒷받침하는 좋은 예로 볼 수 있다.

1) 이용과 충족 연구

카츠(Elihu Katz)에 의해 제안된 이용과 충족 연구는 "매스미디어의 메시지가 수용자를 얼마만큼이나 의도한 대로 설득하는가?"라는 전달자 입장에서 탈피하여 수용자의 입장에서 매스미디어의 효과를 연구하고자 했다. 바꿔 말해 "매스미디어가 사람들에게 무엇을 하느냐"의 시각에서 "사람들이 매스미디어를 가지고 무엇을 하느냐"의 관점으로 전환하는 노력을 보인 이용과 충족(*uses and gratification*) 연구는 능동적이고 적극적인 수용자관을 채택한다.

사람들은 다양한 심리적·사회적 욕구를 느끼며, 이러한 욕구가 매스미디어에 접촉함으로써 충족될 수 있다는 기대를 가진다. 그래서 사람들은 매스미디어를 이용함으로써 의도하거나 혹은 의도하지 않았던 결과로 욕구를 충족시킨다는 것이 이용과 충족 연구의 요지이다. 예를 들면 어린이들이 텔레비전 만화를 보고 즐거움을 얻는다든지, 불안과 초조를 느끼는 수용자가 현실 도피를 위해 오락 영화를 탐닉한다든지, 특정한 정보를 추구하기 위해 광고를 자세히 읽는다든지 하는 것은 모두 수용자가 자신의 욕구를 충족시키기 위한 능동적인 매스미디어 소비 행위라는 것이다. 이러한 연구는 수용자의 설득이 아닌 수용자의 욕구 충족에 초점을 맞춘다는 측면에서 볼 때 매스미디어의 수용자에 대한 효과를 인정한다고 볼 수 있다.

2) 매스미디어의 논제설정 기능

매스미디어의 논제설정 기능(*agenda-setting*)이란 매스미디어가 특정한 이슈들을 중요한 것으로 강조하여 부각시킬 경우 수용자들도 그러한 이슈들을 중요한 것으로 인식하도록 만드는 효과를 말한다. 매스미디어에 의한 논제설정이라는 개념은 미국의 저명한 언론인이자 학자였던 리프만(Walter Lippman)이 사람들은 매스미디어의 보도 활동에 의존하여 현실세계를 인식한다는 뜻에서 "매스미디어가 우리들 머릿속의 상(*pictures in our heads*)을 구축한다"는 견해에 바탕을 둔다. 또한 매스미디어는 수용자에게 "어떻게 생각하도록"(*what to think*) 하기보다는 "무엇에 대해 생각할 것인가"(*what to think about*)를 결정하는 데 영향을 미친다는 코헨(Bernard Cohen)의 설명도 매스미디어의 논제설정 효과와 일맥상통한다.

논제설정 효과를 경험적으로 증명한 맥콤스와 쇼(McCombs & Shaw, 1972)는 1968년 미국 대통령선거 캠페인 과정에서 매스미디어가 유권자들의 태도 변화에는 별로 효과를 내지 못했지만 공중들에게 무엇이 당면한 주요 논제인가를 설정하는 인지 변화에는 지대한 영향을 끼쳤음을 알아냈다. 유권자들이 중요하다고 생각하는 논제들이 바로 매스미디어가 많은 시간과 지면을 할애하여 취급한 논제와 우선순위가 일치하는 성향을 보였던 것이다.

3) 매스미디어의 문화적 규범 이론

문화적 규범 이론(*cultural norms theory*)은 매스미디어가 수용자 개인의 태도나 의견을 변화시키기보다는 수용자가 속한 사회나 집단의 문화적 규범을 형성하거나 강화함으로써 수용자의 인식과 행위에 간접적인 영향을 미친다고 전제한다. 매스미디어는 종종 어떤 계층이나 집단에 대한 부정적 이미지를 강화하는 경향이 있는데, 이럴 때 우리는 매스미디어가 고정관념(stereotype)을 확산한다고 말한다. 매스미디어에 의해서 형성되는 고정관념의 예는 얼마든지 찾아볼 수 있다. 매스미디어는 노인, 여성, 외국인, 장애인 등을 편견적이고 부정적으로 묘사함으로써 우리 사회에 이미 뿌리 깊이 내린 이들에 대한 고정관념을 강화시키는 경향을 보였었다. 물론 이와 반대로 매스미디어는 잘못된 규범이나 고정관념을 타파하고 새로운 규범을 창출하는 데 이용될 수 있다. 예컨대 텔레비전 드라마를 통해 남녀평등에 관한 인식을 환기시킨다면 수용자들의 성차별 규범이 약화되고 남녀평등의 규범이 확산될 수 있다.

4) 매스미디어의 배양 효과

거브너(George Gerbner)는 텔레비전 시청이 현실 인식에 미치는 영향을 연구하여 텔레비전을 과다하게 시청하는 사람들의 경우 그들이 머릿속에 담은 사회의 모습이 텔레비전의 "세계"(the "world" of television)와 일치한다는 사실을 발견했다. 이것을 매스미디어의 배양효과 이론(cultivation theory)이라 부른다. 예컨대 수사 드라마나 범죄 뉴스의 보도는 사람들로 하여금 세상이 범죄로부터 위협에 처해 있다는 인식을 하게 한다. 이러한 맥락에서 거브너는 텔레비전을 많이 시청하는 사람들이 덜 보거나 거의 안 보는 사람들에 비해 사회에 실재하는 범죄와 폭력에 대해 과다하게 평가하는 경향을 발견했다. 텔레비전에서 범죄와 폭력을 많이 묘사하기 때문에 텔레비전을 많이 시청하는 사람들은 현실세계가 매우 위험한 곳이라 인식한다는 것이다.

5. 제 4기 연구: 매스미디어는 역시 막강하다

1970년대에 들어서면서 커뮤니케이션 학계에서는 매스 커뮤니케이션의 효과에 대한 종래의 연구 입장들과 이론들에 관한 비판과 논의가 재연되기 시작하면서 여러

2002년 말 전국 주요 도시에서는 SOFA 개정을 요구하는 '촛불시위'가 연이어 벌어졌다. 수많은 사람들이 같은 목적을 가지고 한자리에 집결한 배경에는 '인터넷'이라는 강력한 매체가 중심에 있었기 때문이다.

가지 새로운 효과 이론들이 계속해서 제안되었다. 그리하여 강력효과 이론이 나오는데, 이들 이론의 제창자들에 의하면 당시까지의 매스미디어 효과에 관한 연구와 이론들은 '왜 정보적 캠페인들이 실패하느냐'는 문제에 초점을 맞추어 그 실패의 사례와 이유를 강조해서 부각시킴으로써 마치 매스미디어가 극히 제한된 효과만을 가진 것처럼 내세웠다는 것이다. 하지만 커뮤니케이션 이론의 원리를 토대로 주의 깊게 고안한 캠페인 메시지를 사용한 미디어 캠페인의 경우들을 보면 그 효과가 대단히 큰 것을 볼 수 있다고 한다. 따라서 기본적으로 매스미디어는 강력한 효과를 지닌다고 주장했다.

이런 주장을 처음 들고 나온 대표적 학자인 멘델슨(Harold Mendelsohn)은 1973년 "정보적 캠페인이 성공할 수 있는 몇 가지 이유"라는 논문을 통하여 '매스미디어는 강력한 효과를 지닌다'고 내세웠다. 그 실증적 근거로서 멘델슨은 자신이 직접 참여했던 3개의 캠페인 프로젝트들에서 얻어진 효과들을 제시했다. 첫째로, 미국의 CBS에서 벌였던 '자동차 운전면허'에 관한 캠페인에서는 무려 3,500명의 시청자들을 운전 교육에 참여시키는 효과를 얻었다. 둘째로, 음주운전의 위험성에 관한 캠페인에서는 짤막하고 해학적인 캠페인 영화를 영화관에서 상영했던 결과, 관객의 3/10이 음주운전에 대한 기존의 태도를 바꾼 것으로 나타났다. 마지막으로 로스앤젤레스 거주의 멕시코계 미국인들을 대상으로 지역사회에의 참여를 유도할 목적으로, 멜로 형식의 드라마를 사용해서 실시했던 공익 캠페인을 통해 그 시청자들의 6%(13,400명)가 실제로 지역사회 조직에 참여했다는 것이다. 그러나 멘델슨은 이러한 연구 결과들을 토대로 매스미디어가 강력한 효과를 지닌다는 주장만 했을 뿐, 그 이유를 설명하는 이론을 제시하지는 않았다.

이때 독일의 커뮤니케이션 학자인 노엘레-노이만(Elisabeth Noelle-Neumann)도 비슷한 주장을 했다. 즉, 1973년 "강력한 매스미디어 효과로의 복귀"라는 논문에서 '매스미디어는 대중들의 여론에 강력한 효과를 가짐에도 불구하고 연구상의 제한성 때문에 과거에는 이러한 효과가 과소평가 또는 간과되었다'고 주장했다. 이밖에도 여러 학자들이 매스미디어의 강효과를 주장하면서 이른바 강효과 이론의 패러다임이 대두되었다.

1) 매스미디어와 침묵의 나선 효과

매스미디어가 여론 형성에 어떠한 영향을 미치는가 하는 문제는 매스 커뮤니케이션 학자들의 주된 관심거리였다. 매스미디어의 소효과를 주장하는 학자들은 매스미디어보다 사람들 간의 직접적인 접촉이 **여론 형성**에 더욱 효과적이라는 관점에서 매스미디어의 영향력을 별로 중요시하지 않았다. 그러나 독일의 학자인 노엘레-노이만은 매스미디어가 **여론 형성**에 강력한 영향을 미친다는 것을 경험적인 연구 결과를 통해 증명하고, 매스미디어의 이러한 영향력을 침묵의 나선(*spiral of silence*) 효과라고 불렀다.

1960년대 독일의 선거에서 지금까지 살펴본 침묵의 나선 효과를 찾아볼 수 있다. 그 당시 사민당과 기민당 사이의 지지율에는 차이가 없었으나, 후에 동·서독의 통일을 가져온 동방정책(*Ostpolitik*)에 대한 그들의 신념을 표출하기 위한 힘, 열정, 그리고 의지의 표현에서는 확연하게 차이가 드러났다. 동방정책의 지지자들은 공개적으로 그들의 의견을 표현했으며, 열렬하게 그들의 관점을 방어했다. 그러자 동방정책을 반대하는 사람들은 소외감을 느끼기 시작했으며, 공공장소에서 자신의 의견을 떳떳하게 밝히기를 꺼렸고, 결국은 침묵했다. 결과적으로 '침묵의 나선'은 하나의 관점을 이끌어내며, 이에 반대되는 관점의 지지자들은 침묵함으로써 공중의 지각에서 사라진다.

이렇게 사람들은 자신이 고립되는 것을 두려워하고 꺼려하는 속성을 지녀 자신들의 의견이 소수 의견이라고 느낄 때에는 그 의견을 표출하여 고립되기보다는 침묵을 지킨다. 그 결과 매스미디어가 표출하는 의견이 사실은 소수의 의견임

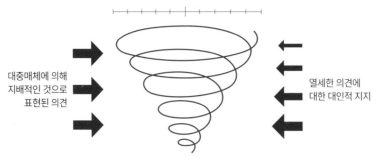

〈그림 3-2〉 노엘레-노이만의 침묵의 나선 모형

대중매체에 의해
지배적인 것으로
표현된 의견

열세한 의견에
대한 대인적 지지

열세한 의견을 공개적으로 표현하지 않는 사람의 수,
또는 열세한 의견에서 지배적인 의견으로 바꾸는 사람의 수

에도 불구하고 많은 사람들이 매스미디어의 의견과 다른 자신의 의견을 밝히지 않고 침묵함으로써 그들의 의견을 소수 의견으로 착각한다는 것이다. 선거 결과가 매스미디어의 예측에 어긋날 경우 비로소 그 존재를 인정하는 '침묵하는 다수'(silent majority)의 개념도 바로 이러한 맥락에서 이해될 수 있다. 우리는 일상생활에서도 목소리만 높이는 소수의 의견이 지배적 의견으로 간주되어 침묵을 지키는 다수의 의견을 무시하는 오류를 종종 범한다.

노엘레-노이만은 이처럼 사람들이 매스미디어의 의견을 다수의 의견으로 간주하는 것은 매스미디어의 3가지 특성에 기인한다고 보았다. 첫째는 누구나 매스미디어를 언제 어디서나 이용할 수 있다는 편재성(遍在性, ubiquity)이고, 둘째는 계속적으로 메시지를 제공할 수 있는 매스미디어의 누적성(cumulation)이며, 셋째는 모든 종류의 매스미디어들이 특정 문제에 관해 공통된 견해를 표방한다는 일치성(consonance)이다.

2) 제 3자 효과

사람들은 일반적으로 자신이 외부의 어떤 자극에서 영향을 받는다는 사실을 쉽게 인정하지 않으려는 경향이 있다. 미디어 효과와 관련해서도 폭력물, 음란물과 같이 사회적으로 바람직하지 않은 메시지나 광고와 같은 일종의 설득적인 메시지, 심지어는 객관적인 뉴스보도조차도 본인 스스로에게는 별로 영향력을 미치지 않는다

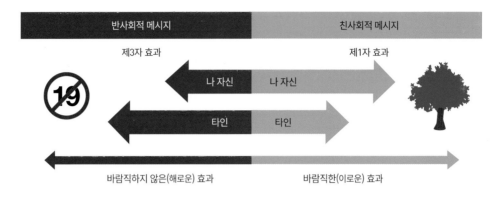

〈그림 3-3〉 친사회적 메시지와 반사회적 메시지가 나 자신과 타인에게 미칠 영향의 크기

고 본다.

　데이비슨(Davison, 1983)은 미디어 효과에 대한 사람들의 이러한 지각을 제 3자 효과(*third-person effect*)라는 개념으로 정의하면서 사람들은 매스미디어 메시지가 자신(*self*)에게는 영향력을 미치지 않지만, 제 3자인 타인(*others*)에게는 상대적으로 더 큰 영향력을 미친다고 지각하는 경향이 있다 지적하고, 미디어의 영향력에 대한 이와 같은 편향된 지각이 궁극적으로는 사람들의 태도와 행동에 변화를 가져올 수 있음을 시사했다.

　제 3자 효과 가설은 두 가지 차원에서 체계적으로 연구된다. 첫 번째는 제 3자 효과 가설의 지각적 요소로서 매스미디어의 메시지가 자신에게는 영향력을 미치지 않지만 상대적으로 제 3자인 타인에게는 더 큰 영향력이 있다는 제 3자 효과 지각(*the third-person perception*)이다. 즉, 사람들이 매스미디어 효과에 대해 자신과 타인의 입장에서 평가하도록 하면, 타인에 대한 평가가 자신에 대한 것보다 더 크다고 평가하는 편향된 지각을 밝히는 작업이 여기에 해당한다. 뉴스를 포함한 다양한 메시지에서 이러한 편향된 지각이 발견되었고 특히 사회적으로 유해한 음란물의 경우 제 3자 효과 지각은 더 크다는 연구 결과가 보고되었다.

　두 번째는 태도 및 행동과 관련된 요소로 위와 같은 제 3자 효과 지각을 함으로써 결과적으로 사람들에게 나타나는 **태도와 행동의 변화**를 다루는 부분이다. 이 부분을 다룬 연구는 주로 1995년 이후 실시되었는데, 주로 음란물이나 폭력물과 같이 개인과 사회에 부정적 영향력을 미칠 가능성이 있는 논쟁적 이슈가 실험 자료로 쓰였다. 연구 결과, 미디어가 자신보다 타인에게 더 큰 영향을 미친다고 지각할수록 이러한 유해한 내용에 대한 검열과 규제가 필요하다고 생각하는 경향이 높은 것으로 나타났다.

한편, 웰빙 푸드나 교통안전 캠페인과 같이 바람직한 메시지에는 타인보다 자기 자신이 더 많이 영향을 받는 것으로 지각하는데, 이러한 현상을 제 1자 효과(*first-person effect*)라 부른다.

3) 적대적 매체 지각

적대적 매체 지각(*hostile media perception*) 현상은 사람들이 갈등적 이슈에 관한 미디어의 보도가 자신과 반대되는 입장을 옹호하는 것으로 인식한다는 것이다. 적대적 매체 지각 현상은 발론 외(Vallone et al., 1985)의 연구에서, 중동전쟁의 뉴스가 담긴 13분 분량의 비디오 테이프를 관람한 친이스라엘 사람들은 "일반 사람들에게 이스라엘보다는 팔레스타인에 대한 우호적 태도를 형성하도록 돕는다"고 평가하였으며, 친팔레스타인 사람들을 그와 정반대로 평가한 연구 결과에서 도출된 개념이다. 그 후 사형제도, 유전자변형식품, 안락사와 같은 쟁점사안을 갖고 실시한 서베이 연구에서도 적대적 매체 지각 현상을 발견할 수 있었다. 즉, 이러한 문제에 찬성하거나 반대하는 사람들 모두 언론 보도가 자신들의 입장에 불리한 쪽으로 편향돼 있다고 평가했다. 사람들은 쟁점 사안이 발생하면 우선 그 사안에 대한 자기 자신의 의견을 가장 핵심적인 준거점으로 삼아 언론 보도를 주관적 관점에서 평가하고, 언론이 막강한 영향력을 발휘함으로써 여론 형성에 적지 않은 영향을 미칠 것으로 판단한다. 여기서 자신의 의견과 자신이 지각하는 여론 분포는 정(正)의 관계로서, 사람들은 자기 자신의 의견이 그대로 반영된 것이 여론이라고 믿는 경향이 있다. 이와 같이 자신의 의견이 일반 여론과 일치한다고 믿는 것을 투사(*projection*)라 부르며, 투사 현상은 "자신의 의견에 대한 사회적 지지를 부풀림으로써 자기 고양(*self-enhancement*)을 꾀하려는 동기"와 "자신의 의견에 우호적 정보에 더욱 많이 주목하는 편향된 인지적 처리 과정"에 기인하는 것으로 보인다.

이와는 대조적으로 어떤 이슈에 대해서 강한 의견을 가진 사람들은 언론 보도가 자신의 의견과 일치하지 않는 반대 방향으로 기울었다고 생각하며, 이와 같은 지각적 편견을 적대적 매체 지각이라 부른다. 적대적 매체 지각이 투사 효과와 접목될 때 양자가 서로 상쇄작용을 일으켜 개인이 지각하는 여론은 중립적 위치로 귀결된다. 즉, 일반 대중의 의견은 자신의 의견과 일치하지만, 미디어의 보도가 적대적 방향으로 편향돼 있어 일반 대중의 의견(여론)이 자신이 의견과 점점 멀어진다고 느낀다는 것이다.

4) 프라이밍(점화)효과

아이엔거와 그의 동료들은 텔레비전 뉴스 방송이 대통령선거에서 어떤 특정한 이슈에 주목하고 다른 어떤 이슈에는 주목하지 않음으로써 선거 후보자들에 대한 공중의 평가 기준을 새로이 제공하거나 바꾸게 된다고 주장하면서 이러한 과정을 프라이밍(*priming*)이라고 불렀다.

연구자들은 실험을 통해 프라이밍에 관한 몇 가지 증거를 발견했다. 실험에 참여한 피험자들은 3가지 구체적 문제―국방문제, 환경오염, 인플레이션―에 대한 카터 대통령의 업무수행을 평가하도록 요구받았으며, 카터의 전반적인 업무수행 능력·성실성 등에 대해 평가했다. 프라이밍 개념에 의해 예측된 바와 같이, 카터에 대한 전반적 평가와 특정 문제에 관한 평가 간의 상관관계는 해당 문제를 포함시키지 않은 뉴스를 시청한 응답자들보다 그 문제를 강조한 뉴스를 시청한 응답자들에게서 더 크게 나타났다. 예를 들어 인플레이션 문제를 강조한 보도를 시청한 피험자 집단에서는 카터의 인플레이션에 관한 업무수행 평가와 그의 전반적 업무수행 평가 간의 상관관계가 .63이었으나, 인플레이션을 소홀히 다룬 보도를 시청한 집단에서는 상관관계가 .39로 나타났다.

한편, 아이엔기와 시이먼(Iyengar & Simon, 1993)은 걸프 위기(1990~1991)에 관한 뉴스 보도에서도 프라이밍 현상에 주목했다. 우선 연구자들은 이 현상을 통해 기본적으로 논제설정 효과를 발견했다. 즉, 걸프 위기가 뉴스 보도를 점유할 때의 여론조사 결과 걸프 위기가 가장 중요한 국가적 문제로 밝혀졌다. 걸프전을 완승으로 이끈 부시 대통령의 인기는 높았고, 다음에 치러질 1992년 대통령선거는 "부시 대(對)

7인의 난쟁이"의 선거라고 부를 만큼 부시의 재당선은 떼놓은 당상으로 여겨졌다. 그러나 막상 뚜껑을 열어보니 예상치 않은 결과가 펼쳐졌다. 부시에 비해 무명이었던 아칸소 주지사 출신의 빌 클린턴이 선거에서 승리한 것이다. 이러한 현상에 대해 아이옌거와 사이먼은 대통령선거가 1991년에 이루어졌다면 걸프전으로 점화됐을 여론이 1992년에는 최악의 상황을 맞이한 경제 문제로 경기 회복에 대한 여론이 점화됐기 때문이라고 해석했다.

5) 뉴스의 틀짓기

흔히들 우리는 뉴스란 일어난 사건을 기자가 객관적 입장에서 있는 그대로 보도하는 것이라고 생각하기 쉽다. 그러나 1978년 터크만(Gaye Tuchman)은 편집국의 참여관찰 연구를 통해 뉴스 생산자인 뉴스 조직이 현실의 사건을 선택·가공·편집하여 수용자에게 현실을 바라보는 하나의 틀(frame)을 제공한다는 사실을 밝혔다. 즉, 기자들은 주어진 이슈를 사회적 규범과 가치, 뉴스 조직의 압력과 강제, 이익집단의 영향력, 편집국의 일상, 그리고 기자들의 이데올로기적·정치적 오리엔테이션에 따라 뉴스를 틀짓기(framing)한다는 것이다. 그 예로 레이건 정부 시절 라틴아메리카에 관한 뉴스들은 그 지역의 많은 사람들이 압제하에서 힘든 삶을 꾸려가는 것으로 틀

촛불시위와 관련한 〈조선일보〉(左)와 〈한겨레〉(右)의 두 사설을 통해 프레이밍의 상반된 구조를 볼 수 있다.

지어질 수도 있었지만, 미국에 위협을 가하는 공산주의라는 차원에서 틀지어졌다. 이러한 사실은 국제 사건에 대한 미국 언론의 뉴스 보도가 미국 정부의 틀을 반영하는 경향을 보였음을 보여주는 사례다. 이 당시 라틴아메리카에 관한 미국 언론 보도는 주로 냉전(cold war)논리에 의해 틀지어졌던 것이다.

터크만 이후 프레임 연구는 꾸준히 전개되어, 팬과 코시키(Pan & Kosicki, 1993)는 단어나 문구를 배열하는 패턴, 기사의 이야기 구조, 일상적 주제를 뉴스에 부과하는 주제 구조, 기자가 의도적으로 구성한 문체를 말하는 수사적 구조를 통해 뉴스의 일정한 틀을 만든다는 것을 밝혔다. 그리고 그들은 뉴스가 개인의 태도와 의견에 영향을 미칠 수 있도록 하나의 구조화된 모습으로 제공된다고 하면서 기자들이 사용하는 프레임 형성 기제를 4가지 형태로 묘사했다. 첫째는 **구문론적 구조**(syntactical structures)로, 단어나 문구를 배열하는 패턴을 말한다. 역피라미드형 기사와 같이 제목이 사건 읽기에 가장 크게 작용하는 구조가 이에 해당한다. 둘째는 **대본적 구조**(script structures)로, 수용자에게 뉴스나 사건을 전달하는 일반적인 뉴스 가치와 관련된다. 하나의 이야기로 전개되는 기사의 내러티브, 즉 에피소드로서의 기사를 의미한다고 볼 수 있다. 셋째는 **주제적 구조**(thematic structures)로, 기자가 일상적 주제를 그들의 뉴스에 부과하는 경향을 반영한다. 기자는 마치 사회과학도의 입장에서 그들의 이론을 검증하려 하기 때문에, 어떤 추이/경향이 존재함을 증명하기 위해 기사에 구체적 사례나 인용문, 통계 자료를 사용한다. 넷째는 **수사적 구조**(rhetorical structures)로, 기자가 의도적으로 구성한 문체와 관련된다. 기사에 나타난 은유, 실례, 캐치프레이즈, 상황 묘사, 영상물이 틀짓기 과정에 작용하기 때문에 기사의 스타일 자체로서 사건의 인식이 달라질 수 있는 것이다. 예컨대 엔트만(Entman, 1991)은 대한항공과 이란항공의 여객기 추락사건을 보도한 미국 신문과 방송 기사를 분석한 결과, 미디어의 틀짓기에 따라 이 두 개의 유사한 사건이 전혀 다른 현실로 구성될 수 있다는 것을 밝혔다. 즉, 사건 발생 직후의 여론조사에서 미국인의 95%가 대한항공 여객기의 격추를 소련의 만행으로 규정한 데 반해, 74%가 미국이 이란항공 여객기를 격추한 것은 기장의 책임이라 확신한 것으로 나타났다.

아이엔거(Iyengar, 1991)는 뉴스를 메시지 제시 형식에 근거해 일화 중심적(episodic) 프레임과 주제 중심적(thematic) 프레임으로 나눈다. 일화 중심적 프레임은 구체적 사례나 특정 사건으로 이슈를 묘사하는 것이고, 주제 중심적 프레임은 일반적 결과나 조건에 초점을 맞추고 역사적 전개 과정과 사회 전반의 구조적 갈등 문제를 해석적으로 분석하는 것이다. 이러한 일화 중심적 프레임은 사회문제를 피상적으로 이해하게 하고 수용자의 감정적 반응을 유도하는 반면, 주제 중심적 프레임은 사회문제의 원인과 배경을 이해하는 데 적절한 정보를 제공함으로써 현실에 대한 합리적 판단을 유도한다는 결과를 제시했다. 예컨대 테러리즘에 관한 보도는 납치, 인질극 상황, 살해 장면 등에 초점을 맞출 수도 있으며, 정치 경제적 억압, 국제 정치, 지역 분쟁 등에 영향을 받은 일반적 정치 문제로 다룰 수도 있다. 전자의 일화

노무현 전 대통령에 대한 뉴스 틀짓기

2009년 노무현 전 대통령에 대한 비위 관련 수사와 뒤이은 서거 소식은 한국 사회를 그 전까지 겪어보지 못한 소용돌이로 몰고 갔다. 노 전 대통령에 대한 국민들의 냉소적 시선은 한순간에 동정과 연민으로 바뀌었고 무리한 검찰수사와 이를 방관했던 현 정부를 비난하는 소리도 높아졌다. 고인에 대한 추모 열기와 더불어 언론도 그 비난에서 자유롭지 않았다. 분노한 일부 국민들은 검찰의 무리한 수사도 문제였지만 검찰의 발표를 앵무새처럼 받아쓰기에 열중했던 언론의 책임도 없지 않다고 믿었다. 김성해(2009)는 이런 맥락에서 우선 노무현 전 대통령의 피의사실과 조문정국에 대한 주요 신문들의 보도 양상이 어떠했는가를 뉴스 프레임을 사용하여 분석한 결과, 노 대통령에 대한 동정적 입장과 프레임들은 주로 〈한겨레〉, 〈경향신문〉에서 발견되고 〈동아일보〉는 가장 대비적인 보도 양상을 보였고 〈한국일보〉와 〈중앙일보〉는 중간 지대에 위치, 〈조선일보〉의 보도 역시 〈동아일보〉에 비해 중립에 가까워, '조문정국'과 관련한 언론의 보도는 노 전 대통령과 현 정부에 대한 특정한 입장을 바탕으로 크게 양분되었음을 알 수 있다. 국민장을 거치면서 언론의 보도 논조와 프레임은 큰 변화를 겪은 것으로 나타났다. 노 전 대통령에 대한 동정적 시각은 8%대에서 63%로 급증하고, 정부에 대한 비판은 30%대에서 50%로 증가하였으며, 검찰에 대한 비판적 입장도 18%에서 45%로 급증했다. 노 전 대통령에 대한 동정적 프레임인 '정치적 보복'과 '좌절한 이상주의자' 프레임의 비중은 각각 50%와 70%로 급증한 반면, 현 정부에 대한 비판적인 시각인 '소통부족'과 '권위주의복귀' 프레임의 비중은 각각 44.8%와 20% 이상 증가한 것으로 나타났다.

윤영철(2009)이 KBS, MBC, SBS 방송 3사의 조문정국 관련 보도를 분석한 결과, 서거 이전 시기에 모든 방송사들의 보도가 노 전 대통령에게 적대적이거나 비판적인 것으로 드러났다. 그러나 국민장 기간에는 노 전 대통령에게 비판적인 기사는 모두 사라졌다고 해도 과언이 아닐 정도였고, 국민장 이후 기간에는 KBS가 중립적 기사를 보강한 반면, MBC와 SBS는 여전히 노 전 대통령에 대한 우호적 기사를 상대적으로 많이 방송한 것으로 나타났다.

중심적 뉴스틀은 수용자들이 테러리즘에 대한 책임을 특정 개인이나 집단에 돌리는 반면, 후자의 주제 중심적 뉴스틀은 그 책임을 사회 전반적 요인으로 돌리는 것이다. 결국 아이엔거는 미디어가 뉴스를 어떻게 틀짓기하는가에 따라 해당 문제에 대해 누가 책임이 있고, 그 문제를 어떻게 해결해야 할 것인지를 암시한다는 주장이다.

2002년 국내에서 발생한 미군 장갑차에 의한 여중생 압사 사건에 대한 미군 측의 무죄판결을 둘러싸고 한미 양국이 이 뉴스를 어떠한 방식으로 이끌어갔는가를 살펴보면 프레이밍의 목표를 보다 쉽게 이해할 수 있을 것이다. 우선 문제 정의에서 한국은 이 판결이 불공정한 결정이라고 보았으나 미군은 공정한 결정이라 주장했다. 문제의 발생 원인으로 한국은 불공평한 SOFA협정을, 미군 측은 미국의 법률 체계에 근거했음을 강조했다. 그리고 **도덕적 평가**에서 한국은 미국의 오만함과 무관심을 비난하였지만, 미군은 "만인은 법 앞에 모두가 평등하다"는 원칙을 내세웠다. 마지막으로 이 문제에 대한 **처리**로 한국은 SOFA의 개정을 주장했으며, 미군은 절차상 조정을 주장했다.

6. 매스미디어 폭력의 효과

부모들이 텔레비전 시청에 빠진 어린이들에 대해 느끼는 가장 큰 우려 중 하나는 폭력적·외설적인 장면과 내용이 어린이들로 하여금 그와 유사한 성향이나 행위를 유발하지 않을까 하는 것이다. 많은 사람들은 최근 청소년 범죄가 날로 늘고 그 수법도 대담하고 잔인해지는 현상이 각종 매스미디어가 청소년들에게 제공하는 폭력과 섹스의 영향과 무관하지 않을 것으로 생각한다. 매스 커뮤니케이션 학자들은 과연 매스미디어가 청소년의 폭력·범죄 행위에 대한 책임이 있는지를 알아보기 위해 여러 가지 유형의 연구를 수행했다. 그 결과 다른 주제의 효과 연구와 마찬가지로 다양한 결론들이 도출되었다.

1) 카타르시스 이론

매스미디어 폭력에 대한 일반인들의 걱정과는 달리 텔레비전의 폭력이 시청자들이 이미 지닌 스트레스와 좌절감을 정화(*catharsis*)시켜 오히려 시청자의 폭력적 성향을 감소시킨다는 연구 결과가 있다. 이 연구는 평소에 좌절감에 빠져 언제라도 폭력적 행위를 저지를지 모르는 청소년이라도 텔레비전이 제공하는 폭력 장면에서 마치 자신이 폭력을 행사한 듯한 대리만족을 느끼고 좌절감을 해소한다면 폭력적 행위를 자제한다고 주장한다. 만약 그 주장이 옳다면 우리는 매스미디어의 폭력에 대해서 전혀 걱정할 필요가 없을 것이다. 그러나 카타르시스에 입각한 이러한 설명은 충분한 과학적 증거를 제시하지 못하는 실정이다.

2) 자극적 효과 이론

자극적 효과 이론은 텔레비전이 제공하는 폭력을 자극으로 간주하고 시청자는 그 자극에 반응을 보여 폭력적 성향과 행위를 유발할 가능성이 많다는 가정에서 출발한다. 매스미디어의 폭력에 노출된 사람들은 즉각적인 생리적·감정적 흥분 상태에 이르며 폭력적 행동으로까지 쉽게 연결된다는 자극적 효과 이론은 카타르시스 이론과 정반대의 입장을 보인다. 텔레비전을 통해 권투 시합을 본 어린이가 시청 후에 곧바로 특별한 이유 없이 친구들과 주먹다짐을 한다면 이것은 자극적 효과 이론의 예증이라 할 수 있다. 특히 매스미디어에서 보여주는 세계와 현실세계를 뚜렷이 구분할 능력이 부족한 어린이들은 매스미디어의 폭력적 장면에 쉽게 반응하는 경향이 있다고 본다. 따라서 이러한 연구 결과를 수용한다면 문제해결의 최선책은 무조건 매스미디어에서 폭력물을 배제하는 것이라고 하겠다.

3) 모방 이론: 관찰학습 이론

어린이들은 텔레비전이 보여주는 폭력적 장면에 즉각적으로 흥분하여 영향을 받는 것이 아니라 폭력 행위자를 모방(*modeling*)할 때만 폭력적 행위와 연결될 수 있

영화 〈수상한 그녀〉의 한 장면

다는 것이 모방 이론의 요지이다. 즉, 어린이들은 가정에서 부모의 행동을 모방하는 것처럼 매스미디어에 등장한 폭력 행위자의 행동을 관찰하고 학습하여 실제 생활에서 비슷한 상황이 전개되면 그러한 행동을 흉내 낸다는 것이다. 특히 폭력적 영화나 드라마에 등장한 폭력 행위자가 우상화된 인기배우거나 극중에서 폭력에 대한 보상이 이루어지는 경우 모방은 더 큰 위력을 발휘한다. 예컨대 폭력을 휘두르고 범죄 행위를 일삼는 주인공이 법의 처벌을 받지 않고 행복을 누리는 것으로 영화를 마감한다면, 이 영화를 관람한 어린이들이 주인공의 폭력 행위를 모방하여 행동에 옮길 가능성이 매우 높다고 하겠다. 따라서 모방 이론이 제시하는 처방은 어린이들이 폭력물에 노출되는 것을 사전에 차단하기 매우 힘들기 때문에 폭력 행위를 모방하지 못하도록 그것을 엄중히 처벌하는 방향으로 영화나 드라마의 내용을 구성하는 것이다.

4) 강화 이론

매스미디어의 메시지는 수용자가 지닌 기존의 태도나 가치에 의해 선별적으로 수용된다는 소효과 이론의 입장에 선다면 매스미디어 폭력물이 무조건적으로 어린이들을 폭력 지향적으로 만드는 것이 아니라 친구나 가족과의 관계가 소원하여 통제가 어렵거나 이미 폭력적 기질이 내재된 경우만이 매스미디어의 폭력에 영향을 받는다는 설명이 가능하다. 즉, 폭력적 기질을 지닌 어린이들이 매스미디어 폭력물에 노출되어 폭력적 성향이 한층 더 강화(reinforcement)되었다고 할 수 있다.

폭력적 행동을 정당화하거나 장려하는 집단에 소속되거나, 그러한 집단 규범을 받아들인 어린이들은 그렇지 않은 어린이들보다 매스미디어의 폭력에 더욱 쉽게 영향받는다. 따라서 동일한 텔레비전 폭력물이더라도 폭력의 부당함을 평가할 수 있는 부모와 함께 시청했을 때 어린이들은 별로 영향을 받지 않는 반면, 폭력 지향적인 또래들과 함께 시청했을 때 폭력적 행동을 유발할 가능성이 높다고 하겠다. 즉, 매스미디어 폭력이 어린이들에게 미치는 영향은 어떠한 집단적 혹은 사회적 상황에서 폭력물을 수용하는가에 따라 좌우된다는 것이다.

5) 흥분전이 이론

일반적으로 좌절이 심하거나, 견딜 수 없는 모욕을 당했거나, 분노할수록 반응적 공격 행위가 나타날 가능성이 높다고 볼 수 있다. 이러한 대인관계에서의 갈등은 물론 약물 복용, 음주, 운동, 무더운 날씨, 듣기 싫은 소음 등도 우리를 흥분하게 만드는 것들이다.

질만(Dolf Zillmann)은 흥분전이 이론(*excitation transfer theory*)에서 어떤 자극에 의해 생긴 흥분은 다른 자극에 의해서 생긴 흥분에 누적되어 공격 행위에 영향을 준다고 보았다. 흥분전이 이론에 따르면, 흥분이 채 가라앉지 않은 상태에서 다른 이유로 새롭게 자극을 받으면 이전에 가라앉지 않은 흥분이 전이되어 더욱 흥분된다. 질만 등이 행한 실험에서 한 조건의 피험자들은 흥분을 시키고 다른 조건에서는 흥분을 시키지 않았다. 각 조건에서 다시 반씩 나누어 일부는 2분 정도 운동용 자전거를 타게 했고, 나머지 반은 슬라이드를 보게 했다. 그러고 나서 자신을 흥분시킨 상대방 피험자에게 전기 쇼크를 가하는 기회를 주었더니 이전의 흥분이 운동에 의한 흥분과 짝지어졌을 때만 쇼크의 강도가 증가한 것으로 나타나 흥분전이 이론을 지지했다.

또한 흥분에 대한 귀인에 따라서도 행위가 다르게 나타나는데, 공격 행위를 정당화시킬 수 있는 상황에서 새로운 흥분은 공격 행위의 가능성을 높인다. 즉, 타인으로부터 부당한 대우나 모욕을 받았을 경우와 여러 사람 앞에서 발표를 하거나 교수의 칭찬을 들어 흥분하는 경우는 그 흥분에 대한 귀인이 전혀 다르게 이루어지며, 전자의 경우에서만 공격 행위가 표출되기 쉽다. 또 다른 실험에서는 남자 피험자를 도발시킨 후 운동을 짧게(90초간) 시켰다. 그 후에 도발한 상대방에게 전기 쇼크를 주는 기회를 제공했을 때 전기 쇼크의 강도는 운동을 하고 나서 휴식을 취한 집단에서 더욱 강하게 나타났다. 즉, 운동을 해서 흥분이 가라앉지 않은 상태(운동 전 휴식 조건)에서는 흥분을 상대방의 도발보다는 운동 탓으로 귀인시키므로 전기 쇼크가 약하게 나타난 것으로 해석되었다. 이러한 연구 결과로 미루어볼 때 흥분전이에 의한 공격은 흥분의 원인이 불분명한 경우에 나타나기 쉽다고 결론지을 수 있다. 자신이 흥분한 이유가 누구의 도발, 모욕에 의한 것이 아니라는 것이 명백하다면 공격행위는 나타나지 않는다는 것이다.

7. 매스미디어의 친사회적 효과

매스미디어는 폭력적 성향을 조장하거나 성적 자극의 유발 혹은 편견적 고정관념을 강화하는 등 부정적 영향을 초래할 수 있지만, 경우에 따라서는 긍정적 방향으로 이용될 수도 있다. 즉, 매스미디어는 사회적으로나 개인적으로 건강하고 바람직한 태도나 행위를 많은 사람들에게 전파하는 데 유용하게 쓰일 수 있다. 예를 들어 텔레비전은 어린이들을 위한 양질의 교육 프로그램을 방송함으로써 그들의 지적 능력과 사회 적응력을 키우고 바람직한 가치관을 형성하는 데 공헌할 수 있으며, 안전벨트 착용이나 음주운전 금지 등에 관한 공익광고를 제공함으로써 사회 분위기를 긍정적 방향으로 이끌어갈 수 있다. 또한 금연 운동과 같은 건강 캠페인을 통해 건강에 관한 관심을 환기시킴으로써 국민 건강 증진에 기여할 수 있다. 매스미디어의 이러한 긍정적인 영향을 친사회적 효과(prosocial effect)라고 말한다.

우리나라의 텔레비전에서 1980년대에 이상구 박사의 건강요법을 프로그램으로 제작하여 시리즈로 방영한 적이 있었는데, 그 결과 많은 사람들이 건강에 대해 깊은 관심을 보이고 채식을 강조하는 식생활 개혁에 동참했다. '이상구 신드롬'이란 말이 유행될 정도로 이 프로그램의 효과는 대단했던 것으로 평가되었다. 또한 미국 스탠퍼드 대학에서 실시한 심장병 예방을 위한 일련의 프로젝트도 공중의 건강을 위한 매스미디어 캠페인의 좋은 사례다. 캘리포니아 중심부에 위치한 3개의 도시를 대상

보건복지부의 금연 광고와 한국방송광고공사의 다문화 공익광고

으로 2년에 걸쳐 심장병 예방을 위한 캠페인이 여러 유형의 매스미디어를 통해 종합적으로 실시된 결과 그 지역주민들의 심장병 예방에 효과가 있었음이 밝혀졌다.

지금까지 논란의 대상이 되었던 쟁점은 거의가 매스미디어의 부정적 영향에 관련된 것들이었다. 그러나 매스미디어가 친사회적 효과를 발휘함을 지적한 여러 연구들에서 보듯이, 매스미디어는 사회를 긍정적이고 바람직한 방향으로 변화시킬 수 있는 잠재력을 지닌다. 즉, 우리가 매스미디어를 어떻게 이용하느냐에 따라 그 효과는 부정적일 수도 있으며 긍정적일 수도 있다. 그러므로 우리에게 주어진 과제는 매스미디어의 영향력에 관한 다각적 연구 결과를 토대로 하여 매스미디어가 인류의 복지와 번영에 긍정적인 역할을 할 수 있도록 제도적으로 보장하는 일이다.

1. 매스미디어의 효과를 4기로 나누어 정리해 보자.
2. 오늘날 매스미디어의 효과가 과연 막강한지 생각해 보자.
3. 2012년 12월 19일에 있었던 제 18대 대통령선거에서 노엘레-노이만이 주장한 침묵의
   나선효과가 발생하였는지에 대해 논의해 보자.
4. 언론에서 보도되는 중요한 사회적 이슈를 한 가지만 들어 언론이 이 사건을 어떠한
   방식으로 프레이밍하는지 살펴보자.

참고문헌

- 김성해 (2009), 신문보도의 과잉정치화와 저널리즘의 위기, 한국언론재단.
- 윤영철 (2009), 노무현 전 대통령 보도를 통해 본 방송의 현주소, 한국언론재단.
- 이현숙 (2013), 세종시 뉴스 보도에 나타나는 프레임 분석:
  중앙언론과 지역언론의 차이를 중심으로, 〈정치·정보연구〉, 16권 1호, 22~264.
- 차배근 (2001), 《매스커뮤니케이션 효과이론》, 나남출판.
- 한규석 (1995), 《사회심리학의 이해》, 학지사.
- 홍기선 (1993), 《커뮤니케이션론》, 나남출판.
- Davison, W. P. (1983), The third person effect in communication,
  Public Opinion Quarterly, 47(1), pp. 1~15.
- DeFleur, M. L., 권상희 역 (2012), 《매스커뮤니케이션이론》, 성균관대 출판부.
- Entman, R. M. (1991), Framing U.S. coverage of international news: Contrasts in
  narratives of the KAL and Iran Air incidents, *Journal of Communication*, 41(4), pp. 6~27.
- Iyengar, S. & Simon, A. (1993), News coverage of the gulf crisis and public opinion: A
  study of agenda setting, priming, and framing, *Communication Research*, 20, pp. 365~383.
- Iyengar, S. (1991), *Is Anyone Responsible? How Television Frames Political Issues*,
  Chicago: University of Chicago Press.
- Klapper, J. T. (1960), *The Effects of Mass Communication*,
  New York: Free Press of Glencoe.
- Kuypers, J. A. (2010), Framing analysis from a rhetorical perspective, In P. D.
  Angelo & J. A. Kuypers(eds.), *Doing News Framing Analysis: Empirical And Theoretical
  Perspectives*(pp. 286~311), NY: Routledge.
- Lazarsfeld, P. E., Berelson, B., & Gaudet, G. (1944), *The People's Choice: How the Voter
  Makes Up His Mind in a Presidential Campaign*, New York: Duell, Sloan and Pearce.

- McCombs, M. E., & Shaw, D, L. (1972), The Agenda Setting Function of Mass Media, *Public Opinion Quarterly*, 36, pp. 176~187.
- McQuail, D., 양승찬·김은미·도준호 공역 (2002),《매스커뮤니케이션이론》, 나남출판.
- McQuail, D., 양승찬·이강형 공역 (2008),《매스커뮤니케이션이론》, 나남출판.
- Pan, Z. & Kosicki, G. M. (1993), Framing analysis: An approach to news discourse, *Political Communication*, 10, pp. 55~75.
- Peterson, R. C., & Thurstone, L. L. (1933), *Motion Picture and the Social Attitudes of Children*, New York: Macmillan.
- Rogers, Everett, M. (1962), *Diffusion of Innovations*, New York: The Free Press.
- Severin, W, J. & Tankard, J. W., 김흥규 외 공역 (2002), 《현대 매스커뮤니케이션 개론》, 나남출판.
- Severin, W, J. & Tankard, J. W., 장형익·김흥규 역 (1991), 《커뮤니케이션 개론》, 나남출판.
- Vallone, R. P., Ross, L., & Lepper, M. R. (1985), The Hostile Media Phenomenon Biased Perception and Perceptions of Media Bias in Coverage of the Beirut Massacre, *Journal of Personality and Social Psychology*, 49, September, pp. 577~588.
- Wright, C. R., 김지운 역 (1988),《매스커뮤니케이션통론》, 나남출판.

좀더 알아보려면

helping.apa.org 미국 심리학회에서 실시한 TV 폭력물의 효과에 대한 연구의 간단한 요약물을 살펴볼 수 있다.

www.ksjcs.or.kr 한국언론학회에서 발행되는 학보와 간행물 자료를 살펴볼 수 있다.

www.acjournal.org 미국의 대표적인 커뮤니케이션 저널로 다양한 논문 자료들을 찾아볼 수 있다.

4

책과 잡지

이 세상에서 인간이 죽음을 극복할 수 있는 방법은 자녀를 남기는 것과 책을 남기는 것이다. 나는 성공을 위해 책을 쓰지 않는다. 다만 훗날 나의 책이 다른 연구자들을 위한 한 권의 참고문헌으로 영원히 살아남아 한 줄 인용되기를 바랄 뿐이다. 성공으로 얻은 점이 있다면, 그것은 아마도 나의 책이 살아남을 수 있도록 다소 도움을 받았다는 것뿐이다.

–움베르토 에코

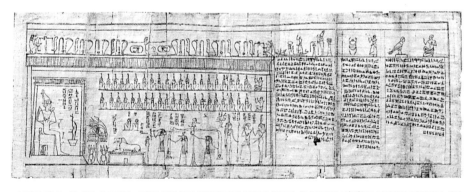

이집트에서는 장례식 때 고인을 내세로 인도하기 위해서 대개 삽화가 들어간 《사자들의 서(書)》를 무덤으로 가져가서 신간이 낭송했다.

1. 점토판에서 전자책까지

　인쇄매체의 역사는 글을 읽고 쓸 줄 아는 소비자의 수요에 따라 늘어난 새로운 매체 형태와 그 이용에 따른 경쟁, 그리고 매체가 만든 사회 변화에 따른 기술적 혁신의 반복적 순환기였다.

　우리가 생각하는 책은 "지식과 사상을 널리 알리기 위해 이를 종이에 인쇄해 제본한 것"이다. 그렇다면 종이와 인쇄술이 발명되기 전 인류는 어떻게 사상이나 지식을 글로 남길 수 있었을까? 종이 이전에 인류가 문자를 기록하기 위해 사용한 재료는 메소포타미아의 점토판, 이집트의 파피루스, 그리스의 양피지 등이 있었다. 그러나 점토판은 너무 무거워 운반이 불편했고, 파피루스는 습기에 약해 오랜 보존이 어려웠다. 양피지는 가벼워 운반하기 쉽고 수명도 길어서 멀리 떨어진 곳이나 몇 백 년 후까지 지식을 전할 수 있었지만 양피지는 책 한 권을 만드는 데 양 300두가 소요되어 너무 비싼 게 흠이었다. 결국 양피지는 종이가 발명되자 문자를 기록하는 재료로서의 가치를 급속히 잃었다. 초기의 종이, 그리고 인쇄의 발전은 중동과 중국에서 일어났다.

　종이라는 값싼 재료의 발명 후에도 책 한 권이 필사로 만들어지는 데는 1년이 넘게 걸렸고, 당연히 그 값도 비쌀 수밖에 없었다. 오늘날 우리가 알고 있는 의미에서의 책이 등장한 것은 인쇄술의 발명으로 인해 책을 값싸고 손쉽게 대량 생산할 수 있으면서부터라고 볼 수 있다. 대량 생산과 함께 책은 희귀하고 값비싼 물건으로서 그것을 소유하는 데서 오는 권위와 재보(財寶)의 가치에서 그것을 읽는 데서 오는 지식과 정보가치로 그 중심이 바뀐다. 드디어 책이 대중매체의 자리에 오른 것이다.

　"공중의 이용에 제공되는 정기간행물이 아닌 인쇄된 출판물로서 표지를 포함하지 않

구텐베르크의 성서 견본. 인류 역사상 처음으로 하나의 책을 원하는 부수만큼 생산할 수 있었다.

고 최소 49페이지로 이루어진 것"이라는 책의 형식적 측면에 관한 유네스코의 정의 역시 이러한 점을 고려한 것으로 보인다. 그런데 이러한 정의는 컴퓨터에 수록된 전자책(*e-book*)의 등장과 함께 혼란을 겪었다. 왜냐하면 전자책은 문자뿐 아니라 움직이는 영상과 음향까지도 포함할 수 있기 때문이다. 책이 '읽는 것'에서 그치는 것이 아니라 '보고 듣는 것'까지 포함한다면 유네스코의 정의는 무의미하다. 그럼에도 불구하고 책이 여전히 책이라 불릴 수 있다면 이는 어떤 특성들 때문

컴퓨터에서 책 내용을 다운받아 볼 수 있는 전자책. 우리나라의 전자책 산업은 아직 걸음마 단계이지만 점차 시장 규모가 확대될 것으로 예상된다.

일까? 다음에서는 다른 매체들과 구별되는 책만의 특성을 알아보자.

2. 책의 특성

책은 어떤 대중매체보다도 소규모의 사람들을 대상으로 한다. 이런 이유로 책은 신문이나 방송과는 달리 급진적인 정치적 내용이나 외설적인 내용까지도 다룰 수 있는 자유가 있다. 이렇듯 다양한 내용을 담을 수 있다는 것은 책이 가진 큰 장점이다.

책은 다른 매체에 비해 만드는 데 시간이 오래 걸리므로 신속성 면에서 뒤진다. 하지만 신문·잡지가 마감에 쫓겨 내용에 완벽을 기할 수 없고 제한된 지면 때문에 상세한 내용을 다룰 수 없는 반면에 책은 시간적 여유가 있고 지면도 거의 제약이 없다. 따라서 시사적 문제를 다루는 데는 부적절하지만 한 가지 주제를 심층적이고 밀도 있게 다루는 데 책만큼 좋은 매체도 없다.

책이 가진 독특한 커뮤니케이션 매체로서의 특성을 좀더 살펴보면 다음과 같다. 첫째는 기록성과 보전성이다. 좋은 종이에 영속할 수 있는 잉크로 인쇄되고 단단한 장정으로 제본된 책은 항구성을 지닌다. 전파 미디어인 방송이 쉽게 따르지 못하는 책의 특성은 아무리 강조해도 지나치지 않다. 둘째로 사상성(思想性)을 들 수 있다. 이는 책이라는 미디어가 감각적인 전파 미디어에 비해 보다 사상적 내용을 담기에 걸맞다는 말이다. 역사적으로 보더라도 책은 국외자, 이단자, 기존 체제에 반대하는 사람들의 사상이 잠복하는 '비지'(飛地, enclave) 구실을 했다. 셋째로 다른 어떤 매스미디어보다도 문화적 특성이 강하다. 문화의 보호성과 전달성 그리고 창조성이 그것이다. 넷째로 단가가 상대적으로 저렴하다는 점에서 라디오나 텔레비전과는 달리 이른바 초기의 설비 투자가 필요 없는 가장 서민적인 미디어라고 할 수 있으며 휴대하기가 쉽기 때문에 매우 간편하고 편리하다.

미디어로서의 책은 저자나 출판인의 사상과 감정을 불특정 다수의 독자에게 전달하여 그들이 문화적 측면에서 커뮤니케이션 행동을 하도록 돕는 채널 역할을 한다. 즉, 책은 과거의 여러 문화적 유산을 전달하며 또한 새로운 문화를 창조하는 매

한국인의 독서실태

문화체육관광부에서 실시한 〈2019년 국민독서실태조사〉를 바탕으로 한국인의 독서실태를 알아보자. 조사시점을 기준으로 지난 1년간 성인 전체의 독서량은 종이책과 전자책을 모두 포함하여 7.3권인 것으로 드러났으며, 아예 책을 읽지 않는 사람을 제외한 독서자의 평균 독서 권수는 13.2권이었다. 2019년 1년 동안 '종이책 또는 전자책을 한 권 이상' 읽은 독서인구 비율은 성인 55.4%로 나타났다. '종이책+전자책' 독서율은 성인의 경우 2017년 대비 6.9%p 하락한 것으로 나타났다. 종이책과 전자책을 합한 성인의 연간 독서량은 7.3권으로 종이책 독서량(6.1권)과 비교해 1.2권 많은 수준이며 연령이 낮을수록, 학력과 소득이 높을수록 독서량도 많은 것으로 나타났다.

연간 성인 전체(종이책+전자책) 독서량

(단위: 권)

		사례 수(명)	전체 평균	독서자 평균
전체		6,000	7.3	13.2
성별	남	2,990	6.9	12.7
	여	3,010	7.7	13.7
연령	20대 이하	1,057	11.1	14.3
	30대	1,022	9.5	12.6
	40대	1,158	8.2	13.6
	50대	1,192	5.0	11.2
	60대 이상	1,571	4.4	13.7
학력	중졸 이하	934	1.6	7.6
	고졸·고퇴	2,127	4.4	10.5
	대재 이상	2,939	11.3	14.7
가구 소득	200만 원 미만	954	3.7	12.3
	200만~300만 원	920	7.0	14.6
	300만~400만 원	1,515	6.7	12.3
	400만~500만 원	1,290	7.0	11.3
	500만 원 이상	1,321	11.2	15.0

출처: 문화체육관광부, 〈2019년 국민독서실태조사〉

개체이다. 물론 책만이 이른바 고급 문화를 향상시키는 유일한 수단은 아니다. 사실 전통적 인쇄 미디어는 점차 교육문화 미디어로서의 텔레비전이나 매스 커뮤니케이션의 또 다른 뉴미디어 형태에 의해 대체되고 있다. 따라서 문화의 세속화·감각화 경향과 함께 서로 그 원인이나 결과가 되는 전파·영상 미디어가 지배적 매스미디어가 되고 뉴미디어 중심의 정보화사회로 전환되는 상황에서 책은 더 이상 문화 전파의 독점적 지위를 갖지는 못한다. 그러나 출판 문화의 장래를 위협하는 것처럼 보이는 이러한 텔레비전 등 전파·영상 미디어의 압도적 우위를 다른 시각에서 볼 수 있는데 '미디어의 회복효과'와 '미디어의 특화현상'이 그것이다.

미디어의 회복효과란 그 신기함 때문에도 폭발적 인기를 모으는 새로 탄생한 미디어 앞에서 한동안 열세에 몰리는 전통적 미디어가 시간의 경과에 따라 서서히 다시 제자리를 회복한다는 것이다. 새로운 미디어에 대한 식상(食傷)이 이러한 회복효과를 촉진한다. 다시 말하면 텔레비전 문화의 독점적 지배에도 한계가 있다는 것이다. 미디어의 특화현상이란 인류 커뮤니케이션의 오랜 역사를 되돌아보면 새로운 미디어가 나올 때마다 낡은 미디어가 소멸되지 않고 그 미디어의 특성을 살려 특화된다는 것을 말한다. 그것은 말과 글의 관계에서, 필사문화(筆寫文化)와 인쇄문화의 관계에서, 책과 잡지·신문과의 관계에서, 신문과 방송과의 관계에서, 또는 연극과 영화와의 관계에서 다 같이 확인될 수 있는 사실이다.

베스트셀러 도서라도 그 독자 수는 텔레비전 드라마 한 편의 일일 시청자 수에 육박하지 못한다. 같은 인쇄매체인 신문의 일일 독자 수에도 어림없다. 하지만 한 매체가 도달하는 수용자 수가 그 영향력에 대한 유일한 척도는 아니다. 책은 교과서라는 형태로 한 사회의 공식 교육과 결합되며 어떤 매체 생산물보다 그 생명이 길기에 가장 신뢰받는 매체인 것이다. 뿐만 아니라 책은 인류가 중대한 변화의 기로에 설 때마다 선각자들의 사상을 일반 대중들이 공유할 수 있게 함으로써 사회 변화의 원동력이 되었다. 물론 책은 때로 위험한 것으로 여겨지기도 했다. 종교적 이단이라는 이유로, 풍속을 해치는 음란 서적이란 이유로, 또 반체제적이란 이유로 금서가 된 책은 어느 시대 어느 나라에나 존재한다.

3. 책이 만들어지기까지

한 권의 책이 나오는 과정은 복잡하다. 우선 책을 출판하려면 기획을 해야 한다. 기획이란 출판사에서 특정 책에 대한 아이디어를 갖고 그에 대한 출판 계획을 세우는 것과, 외부에 의뢰한 원고를 검토하여 출판 여부를 선택하는 일 등을 말한다. 유명 작가의 경우 역시 출판사에서 먼저 출판 제의를 하곤 한다. 하지만 신참 작가는 그의 작품을 내줄 출판사를 찾아 문턱이 닳도록 출판사를 드나들어야 한다. 이런 번거로움을 덜기 위해 작가들을 위한 대행인 제도가 있는 나라도 있다. 대행인들은 책에 관한 아이디어를 발굴하고 그 작품을 내줄 출판사와 협상해 계약을 맺는다. 물론 이때 작가가 그 책에 대해 받는 수입의 일정액을 수수료 명목으로 받는다.

원고가 출판사에 들어오면 편집부에서는 원고를 정리·교열하고 가독성(readability)을 위해 활자의 크기나 배열 등을 결정한 뒤 편집한다. 그 후 저자 교정을 포함하여 몇 차례의 교정이 진행된다. 그 다음으로 컷, 목차, 표지, 판권 등이 확정되면 이를 인쇄판으로 만들어 인쇄한다. 다음에 제책사로 보내 풀칠을 하거나 실로 꿰매고 재단이 되어 다시 출판사로 돌아오면 한 권의 책이 탄생한다.

아무리 내용이 좋고 보기 좋게 만들어진 책일지라도 독자들이 찾지 않으면 소용이 없다. 그래서 중요한 것이 마케팅이다. 가장 기본적 마케팅은 신문이나 잡지에 광고를 하는 것이다. 또 하나의 고전적 마케팅 기법은 신문이나 잡지의 신간 소개나 서평란을 통해 책을 알리는 일이다. 그래서 출판사들은 신간이 나오면 비평가, 신문사, 잡지사 등에 증정본을 보내곤 한다. 일단 유명 일간지나 주간지의 서평란에서 크게 다뤄지면 비록 그것이 악평이었을지라도 책의 성공은 어느 정도 보장된다. 한편 텔레비전이나 라디오의 각종 오락과 정보 프로그램을 통해 직·간접적으로 소개되는 기회 역시

임헌우의 책 《상상력에 엔진을 달아라》 광고

놓칠 수 없다. 작가의 지명도를 책의 판매에 연결시킬 수도 있다. 책 내용의 좋고 나쁨을 떠나 유명 기업인이나 연예인이 쓴 책이 베스트셀러에 오르는 일은 흔히 볼 수 있는 일이다. 출간에 앞서 잡지나 신문에 그 내용을 연재하는 방법도 상당한 성공을 가져다주는 방법의 하나이다. 이 방법은 출판사가 신문·잡지 등의 연재를 통해 들어오는 수입으로 출판 비용의 상당 부분을 상쇄할 수 있는 이점이 있지만, 직접 책을 사는 독자의 수를 감소시킬 위험이 따른다. 물론 반대로 이 방법으로 책의 명성을 높여 단행본으로 출간된 책을 찾는 사람을 더 많게 할 수도 있다.

한편, 최근에는 책에 관한 스마트폰 등의 애플리케이션이 존재하여 각종 책에 대한 소개와 저자를 만날 기회를 팟캐스트를 통해 얻을 수도 있다. 이러한 방법은 독자들에게 친숙하게 다가갈 수 있다는 장점이 있어 스마트 기기의 활용과 함께 더욱 활성화될 전망이다.

4. 책의 판매와 유통

국내 출판산업의 규모는 세계 10위권에 육박한다. 하지만 그 규모에 비해 질적 수준은 그에 미치지 못한다. 특히 책이 일반 소비자들의 손에 닿기까지 유통 체계의 낙후성, 대형 서점의 시장 독점, 출판사와 서점의 영세성 등이 한국 출판계의 큰 문제점으로 꼽힌다.

인터넷으로 인해 책의 유통 방식이 바뀌었고 할인 판매의 영향으로 인터넷 서점의 인기가 날로 높아지지만, 우리나라에서 책은 아직도 서점을 통한 유통 방식에 크게 의존한다. 참고서나 신간 베스트셀러 몇 권을 쌓아두기에도 벅찬 임대료로 몸살을 앓는 동네 서점이 좋은 책을 빠뜨리지 않고 갖춰 놓기를 바라는 것은 무리고, 그렇다고 교통난을 뚫고 도심지의 대형 서점에 가는 것도 큰마음을 먹지 않으면 힘든 일이다. 특히 정가제로 책을 파는 동네 서점의 수는 점점 줄어들고 있다.

그래서 '출판 및 인쇄진흥법'의 도서정가제가 2003년 2월 27일부터 시행되었다. 도서정가제는 정가 판매를 유지하되 인터넷 서점의 경우 원칙적으로 10% 할인만 가능하도록 규정했다. 그러나 마일리지나 경품은 할인 행위에 포함하지 않으며, 발행일로부터 1년이 지난 책은 자유롭게 할인 판매할 수 있다는 규정 때문에 대한 출판협회를 비롯한 관련 단체와 문화관광부가 의견 차이로 마찰을 빚었다. 그러나 2007년 10월 20일부터 시행된 '출판문화산업진흥법'('출판 및 인쇄진흥법'을 대체)은 발간된 지 18개월 이내의 서적을 신간으로 정하였으며, 신간 서적에 대한 10% 할인을 오프라인 서점에서도 가능하도록 했다. 앞으로 도서 가격 경쟁과 인터넷 서점의 성황은 사회적 대세로서 이를 인위적으로 되돌릴 수는 없을 것이다.

그렇다면 출간된 책이 소비자의 손에 닿을 수 있는 통로로 서점과 인터넷 서점을 통하는 방법 외에 또 어떤 길이 있을까? 우선 생각할 수 있는 것이 학교나 공공도서관이다. 사실 출판 선진국의 경우 책의 1차 소비자는 개인이 아니라 학교나 공공도서관이다. 학교나 공공도서관은 출간된 좋은 책들을 빠뜨리지 않고 사들여 국민

북클럽

북클럽(*book club*)은 회원제에 의한 도서 보급을 목적으로 하는 이익단체를 말하는 것으로, 제1차 세계대전 후인 1919년, 서적 입수난에 허덕이던 독일에서 100명의 회원으로 조직된 것이 북클럽의 기원이다. 보통 학식 있는 사람들을 위원으로 하는 선정위원회를 구성하고, 기간(旣刊)된 많은 출판물 중에서 우량도서를 선정, 발행사로부터 북클럽판의 출판권을 사들여 새
로 클럽판을 제작하거나 또는 재고본을 사서 장정을 새롭게 한 뒤 회원들에게 시판가격보다 염가로 제공하는 것을 원칙으로 한다. 정기적으로 선정도서의 목록을 회원에게 보내고, 회원은 목록 중에서 사고 싶은 책을 선정하여 주문하는 방식으로 운영된다.

독일의 북클럽이 성공을 거두자 이에 자극받아, 미국에서도 1926년 '북 오브 더 먼스 클럽'과 '리터러리 길드' 두 클럽을 설립하였는데, 넓은 대륙에 서점 수가 적고 서적 우송료가 매우 싼 것이 미국의 북클럽을 성공시켰다. 1950, 1960년대에 들어서면서 뿌리를 내린 서구의 북클럽은 초기에는 서점과 출판사로부터 자신들의 수익을 침해한다는 비판도 받았지만, 지금은 서점과 함께 책이 퍼져나가는 중요한 통로로 인정받고 있다.

최근에는 100개가 넘는 클럽이 활동한다. 그 밖에 독일의 베텔스만, 영국의 컴패니언 북클럽과 리더스 유니언, 프랑스의 르클럽 플랑세 뒤 리브르를 비롯해 인터넷 시대의 도래와 함께 전세계적으로 급속히 확산 보급되고 있다. 한국에서도 대형서점인 교보문고의 북클럽, 영풍문고의 북클럽, 대교 북스캔 등 수십 개의 북클럽이 활동하고 있다.

에게 빌려주는 것이다. 한 장소에서 빌려주기도 하고 버스에 싣고 독자들을 찾아가서 빌려주기까지 한다. 또 다른 방법으로 북클럽(book club)제도가 있다. 북클럽의 회원이 되면 책이 나오기 전에 신간 안내를 받을 수 있고 구매 예약도 받는다. 예약을 하면 영업비가 절약되고 발행부수를 예측할 수 있으므로 독자는 그만큼 할인을 받을 수 있다. 우편이나 인터넷을 통해서도 책에 대한 정보를 얻고 필요한 책을 구매할 수 있는데, 또한 편의점, 약국, 슈퍼마켓 등도 베스트셀러 판매를 위한 장소가 될 수 있다.

한편 책의 유통구조 근대화를 위해서 추진된 다른 하나는 ISBN(국제표준 도서번호제도)와 POS(판매시점 정보관리제도)이다. 요즘 나오는 책의 뒷면에는 바코드가 부착되어 도서의 주문부터 입고, 판매, 지불관리까지 처리가 가능하다. 또 이를 통해 시장 환경의 변화를 신속, 정확하게 파악하도록 하는 것이 POS이다. 또 ISBN 제도는 종합적인 신간 서지정보의 데이터베이스를 작성·보급할 수 있어 독자들이 다양한 독서 정보를 제공받을 수 있다.

5. 영상 시대의 책

다른 매스미디어에 비해 책은 큰 변화를 겪지 않고 오랫동안 전통을 이을 수 있었다. 하지만 텔레비전과 영화 등 영상매체의 강력한 도전은 책의 독자를 빼앗아갔을 뿐 아니라 사람들이 인쇄매체에 적응하는 능력까지 앗아갔다. 따라서 책은 변화된 환경에 적응해 살아남기 위해 혁신이 필요했다. 우선 텔레비전의 현란한 영상에 익숙해진 젊은이들을 위해 다방면의 시각화가 시도되었다. 표지 디자인이 중요해졌고, 삽화나 사진의 삽입도 늘어났으며 산뜻하고 보기 좋은 지면 구성도 강조되었다.

책의 시각화가 영상매체에 맞서 그를 닮아가는 전략이었다면 새로운 도전자들을 적극 이용하는 전략도 고안되었다. 영화나 TV로 성공한 작품이 그에 힘입어 베스트셀러 도서가 되고 '영화소설·TV소설'이란 이름으로 대형서점에 별도의 코너를 차지했다. 그 예로 예일 대 교수 에릭 시걸의 《러브 스토리》는 원래 시나리오로 쓰인

텔레비전 시대의 도래와 활자매체 시대의 종언

20세기 전자시대의 충격적 예언자인 마샬 맥루언은 TV로 대표되는 전자매체 시대의 도래와 더불어 활자매체 시대의 종언을 선언한다.

"시각에만 의존하는 활자매체 시대의 인간들에 비해 시각, 청각, 촉각(맥루한은 시청자가 TV의 주사선 사이의 공간을 메워 완성된 영상을 지각하는 작업을 지극히 참여적이고 촉각적이라고 파악한다) 등 모든 감각기관을 동시에 동원할 것을 요하는 텔레비전 세대의 인간은 보다 능동적·참여적·보편주의적이다. 그들은 지극히 개인적인 활동인 독서보다는 토론을, 일방통행적 강의보다는 세미나를 선호하며, 사색하기보다는 행동이 앞서는 인간군이다.… 텔레비전 세대는 아무리 깊이 몰두하여 인쇄물을 읽으려 해도 요령을 얻지 못한다."

이미 텔레비전을 통해 모든 감각을 다 동원하도록 훈련받은 그들은 인쇄물에 모든 감각을 집중시키려 하지만, 인쇄물이 그것을 거부한다. 인쇄물이 요구하는 것은 통일된 모든 감각영역이 아니라, 고립되고 분리된 시각능력이기 때문이다.

것이었으나, 영화의 성공 덕분에 소설로 재출간한 좋은 예이다. 또 반대의 경우도 있다. 베스트셀러 도서는 영화 제작자와 텔레비전 프로듀서들에게 손쉬운 성공을 보장하는 원작이다. 슈퍼 베스트셀러 작가 시드니 셸던의 소설은 텔레비전 미니시리즈로 만들어지는 단골 메뉴이다. 스티븐 스필버그가 감독한 1993년 최대의 히트영화 〈쥐라기 공원〉은 마이클 크라이튼의 동명 소설이 원작이다. 한편 영화가 원작의 인기를 압도하여 영화로 인해 원작의 인기가 상승하는 경우

도 찾아볼 수 있는데 대표적인 예가 바로 1993년 한국 영화계를 풍미했던 이청준의 〈서편제〉이다.

영국 작가 톨킨이 50년 전에 쓴 소설《반지의 제왕》역시 영화로 제작되면서 원작의 구매가 눈에 띄게 늘어난 경우다. 마찬가지로 영국의 작가 조엔 롤링(J. K. Rowling)이 쓴 동화와 판타지 장르를 섞어 놓은 듯한《해리포터》시리즈는 전 세계

적으로 히트를 친 소설로 역시 영화화되면서 엄청난 인기를 끌었다. 《해리포터》시리즈는 전 세계적으로 2억 7천만 부 이상 판매되어 세계 각국의 서점에서 베스트셀러가 되었으며, 각 권이 나올 때마다 대히트를 기록했다. 최근 이런 현상에 맞춰 영화의 스크린과 책의 베스트셀러를 합쳐 '스크린셀러'라는 말도 등장했다. 《완득이》, 《도가니》, 《은교》 등은 모두 유명 작가의 소설이 영화화된 경우로, 스크린에서도 성공을 거두었다.

요즘에는 영화가 출시되기 직전 혹은 거의 동시에 책을 출간하는 일도 종종 있는데, 이 경우에는 무엇보다 서로의 유명도에 상승효과가 있고, 홍보 비용을 절감할 수 있다는 점이 매력적이다. 또한, 책과 텔레비전이 결합한 예로 〈TV, 책을 말하다〉, 〈느낌표, 책책책 책을 읽읍시다〉 등의 책을 주제로 한 프로그램을 들 수 있다. 특히 〈느낌표, 책책책 책을 읽읍시다〉에서 도서관 건립 붐을 일으키고자 추진했던 '기적의 도서관'은 텔레비전을 통한 책과 독서 홍보의 새로운 모습이 되었다. 이러한 프로그램에서 좋은 도서로 선정된 책은 실제로 높은 판매율을 보였다. 그러나 2009년 현재에는 책과 텔레비전이 결합한 프로그램이 방영되지 않아 TV가 출판에 미치는 영향이 줄고 있다.

6. 컴퓨터 시대의 출판

컴퓨터 출판의 등장은 책의 미래에 새로운 가능성을 열었다. 컴퓨터를 이용한 새로운 출판기술로 말미암아 종이책은 영영 사라질 것이라는 비관론과, 오히려 책의 가능성을 넓힐 것이라는 낙관론이 엇갈리는 가운데 컴퓨터를 이용한 전자출판은 우리 출판계에도 초미의 관심사로 떠올랐다.

1980년대 초반까지만 해도 전자출판이란 원고의 집필·편집·교정을 비롯해 입·출력 과정에서 PC나 전산사식기가 이용되는 탁상출판(DTP)이나 컴퓨터 지원 출판(CAP)을 일컫는 말에 불과했다. 그러나 전자출판은 '종이책'을 효율적으로 만드는 데 그치지 않고 전자책과 같은 '비종이책'으로 급격히 탈바꿈하면서 오히려 '종이

책'을 위협할 지경에 이르렀다.

1) 정보화 시대의 출판: DTP, 주문출판, 인터넷 서점, 전자책

1980년대 데스크톱 컴퓨터에 더 많은 힘과 스피드가 부가되었다. 사진을 디지털화할 수 있는 스캐너의 개발로 작업에 드는 비용이 줄어들었으며, 페이지메이커(pagemaker)와 같은 소프트웨어를 사용함으로써 PC 이용자들은 페이지를 자유롭게 레이아웃할 수 있다. 또한 사진 복사 기술로 인해 소량으로 책을 발행할 경우에는 오프셋 인쇄 기술이 더 이상 필요 없는 것이다. 그리고 1985년부터 매킨토시가 소프트웨어로서 페이지메이커를, 레이저프린터기로서는 레이저라이터(*laser writer*)와 포스트스크립트를 사용해 고품질의 전문 조판을 할 수 있는 라이노타이프를 사용하여 본격적인 DTP(*Desktop Publishing*) 시대의 막을 열 수 있었다. DTP란 말 그대로 책상 위에 컴퓨터와 모니터, 그리고 DTP용 소프트웨어, 레이저프린터만 갖추면 원고의 편집에서부터 출력까지 할 수 있는 것을 말한다. 특히 지금까지 출판 전문인들만의 영역이라 여겨졌던 편집도 DTP 시스템에 의존하면 누구나 쉽게 할 수 있게 되었다. 또한 컴퓨터를 써서 레이아웃, 즉 글자의 크기나 행간, 그래픽 등을 훨씬 더 정확하고 보기 좋게 만들 수 있다.

기존 출판사의 경우 책 한 권이 나오기까지는 원고가 완성된 뒤에도 적어도 한 달 이상이 걸린다. 그에 비해 DTP 시스템을 이용하면 반나절이면 책 한 권의 편집을 끝내고 며칠이면 책을 만들 수 있다. 이러면 긴 제작기간으로 신속성이 떨어진다는 책의 약점은 더 이상 유효하지 않다. 또한 필름 출력비 등이 필요하지 않고 인건비가 비교적 적게 들어 비용 절감을 할 수 있기 때문에 소량

아마존의 홈페이지   www.amazon.com

만을 판매해도 수지타산을 맞출 수 있다. 그러므로 시장성이 없다는 이유로 출판사들로부터 외면을 받은 책도 얼마든지 세상에 나올 수 있다.

또 하나의 정보화 시대의 혁신적 출판기술인 주문출판(POD, *print-on-demand*)은 특별한 목적을 위해 선택된 책의 일부분을 인쇄하기 위해 컴퓨터 출판 기술의 유동성을 이용한 것이다. 예를 들어 대학 교재 출판사는 저작권 침해의 문제로 소규모 복사 가게와 오랫동안 분쟁을 하는데, 책에서 일부를 선택해 인쇄함으로써 이전에 복사 가게에서 얻었던 이득을 얻길 교재 출판사들이 원하는 것이다. 이러한 주문출판은 현재 소비자가 주문했을 때에만 책 전체를 인쇄하는 주문인쇄 기술로 확대되고 있다.

주문출판은 크게 유통 주체의 미국형과 생산자 주체의 유럽형으로 나뉜다.《북비즈니스》의 저자 제이슨 엡스타인으로 인해 잘 알려진 미국형 POD는 POD 시스템을 네트워크화해 전 세계의 유통망을 장악함으로써 시장을 확대하려는 것이다. 이런 시각에는 할리우드 영화에서처럼 미국식 패권주의의 모습마저 엿볼 수 있다. 생산 혁명을 위해 기술을 유통 혁명의 수단으로 삼고자 하는 것이다. 이에 비해 유럽형 POD는 지금 거의 모든 나라의 출판시장에서 진행되는 것처럼 출판시장의 상업주의로 인해 갈수록 학술서나 인문사회과학 서적, 순문학이나 시집 등 이른바 '딱딱한 책'이 잘 팔리지 않을 것이고, 결국 생산마저 어려운 경우에 책 문화의 다양성을 유지하려면 다소 팔릴 것 같지 않은 책이라도 꾸준히 펴내기 위해 책의 생산자들이 불가피하게 선택할 수밖에 없는 방법으로서 POD를 선택하는 것이다.

한편 인터넷이 출판 영역에서 활용되는 경향이 증가하자 무점포 방식으로 책을 판매하는 인터넷 서점이라는 새로운 방식의 출판유통 체제가 일반화되었다. 인터넷 서점은 일반 서점과 같이 책을 직접 전시하고 판매하는 것이 아니기 때문에 출판사는 반품을 걱정할 필요가 없고, 절판 문제나 재고 관리에 신경을 쓸 필요가 없다. 이러한 인터넷 서점의 출현으로 앞으로 출판사와 서적 중개상, 일반 서점의 관계가 혁신적으로 바뀔 것이다. 미국에서 가장 활발히 운영되는 인터넷 서점은 아마존닷컴(www.amazon.com)이고, 영국에서 운영하는 가장 큰 규모의 인터넷 서점은 WHSmith(http://www.whsmith.co.uk/)이다. 특히 아마존닷컴의 경우 기존의 대형 서점이 보유한 도서 종수의 7배가 넘는 200만 종의 도서 목록을 보유, 30일 안에 미국내 50개 주 전역과 40개 국가의 고객들에게 책을 우편으로 배달한다.

국내에는 예스24(www.yes24.com), 알라딘(www.aladdin.co.kr) 등의 인터넷 서점이 있는데, 특히 예스24는 2002년 당시 인터넷 서점 업계 2위였던 와우북과 합병함으로써 2007년 현재 온라인 서점 시장의 38%를 점유한다. 전체 출판시장에서의 인터넷 서점의 점유율은 2003년 이후 약 14.1%선을 기록하였으나 2007년 현재 29.2%까지 크게 증가했다. 2008년 6월 정보통신부와 한국인터넷진흥원이 공동 실시한 〈2007년 하반기 정보화실태조사〉에 따르면, 인터넷 쇼핑을 통하여 구매하는 품목으로 의류, 신발 및 스포츠용품(66.8%), 음악(55.5%) 다음으로 도서·잡지 및 신문(41.6%)이 많은 부분을 차지하는 것으로 나타났다.

그러나 2003년 2월 27일부터 도입된 '도서정가제' 때문에 인터넷 서점 업계는 치열한 경쟁을 벌였다. 도서 할인율을 10%로 고정하는 도서정가제로 인해 10% 이상의 대폭 할인을 무기로 성장세를 보였던 인터넷 서점들이 매출에 타격을 입었기 때문이다. 따라서 인터넷 서점은 물류시스템의 체계적 정비, 동영상, 공동구매 등 콘텐츠 확충을 통해 다른 인터넷 서점 그리고 인터넷 교보문고(www.kyobobook.co.kr), 영풍문고 인터넷 서점(www.ypbooks.co.kr) 등의 온·오프라인 서점, 그리고 인터파크(www.interpark.com)와 같은 인터넷 복합 쇼핑몰과 경쟁한다.

마이크로소프트가 2000년 전자책 표준을 제정하였음에도 불구하고 지지부진했던 전자책 시장은 미국 최대의 온라인 서점 아마존닷컴이 2007년 전자책 단말기 킨들(Kindle)을 발표함으로써 새로운 시장으로 각광받고 있다. 킨들은 E-ink사의 전자잉크 디스플레이 방식을 채택하며, 미국의 이동전화 사업자 스프린트(Sprint)의 이동통신망을 통해 추가의 접속 요금 없이 아마존닷컴의 콘텐츠를 다운로드받아서 사용할 수 있다. 아마존닷컴은 자사의 전자책 사업 확장을 위해서 애플사의 아이폰(iPhone)에서도 자사의 전자책 콘텐츠를 사용할 수 있는 추가적인 애플리케이션 'Kindle for iPhone'도 공개했다. 또한 2009년 2월에는 배터리의 성능 향상과 책 읽어주기 기능 등을 추가한 킨들 2를 출시하였으며, 같은 해 5월에는 기존 킨들에 비해서 더 큰 디스플레이 화면을 지닌 킨들 DX의 판매도 시작했다. 킨들 DX는 PDF 형식의 파일을 지원하며, 큰 화면을 필요로 하는 교과서 및 신문에 적합한 하드웨어다.

2) CD-ROM

오늘날 출판의 양식과 개념은 급속히 변모하고 있다. 정보 기술의 급속한 발전이 언론 환경에 엄청난 변화를 불러일으키는 것과 마찬가지로 출판 분야에서도 디지털의 열풍이 거세게 불고 있다. 따라서 최초로 대중적 출판을 가능하게 했던 구텐베르크의 활자인쇄술은 영국학자 스미스(Anthony Smith)의 명저 *Goodbye Gutenberg*의 제목처럼 더 이상 유용한 개념이 아니다.

전자책 자기디스크, 광디스크, 광자기디스크, 전자카드, 전자수첩 등 다양한 상품으로 개발된 전자출판물 가운데 대표적인 것이 광디스크의 일종인 CD-ROM이다. 12*cm*의 손바닥만 한 광디스크에 단행본 600권 분량의 정보를 기억하는 CD-ROM은 그 막대한 저장용량이 가장 큰 장점이다. CD-ROM과 같은 멀티미디어형 전자출판은 텍스트보다 음성이나 동영상이 더욱 큰 비중을 차지하며, 그 진가는 검색 기능에서 두드러진다. 만약 '여행 정보'를 담은 전자책이 있다면 여행에 대한 정보를 아는 것은 매우 쉽다. 우선 가고 싶은 지역과 예산, 원하는 숙박시설 등의 등급을 입력하면 순식간에 필요한 정보가 모니터 위에 펼쳐진다. 종이책처럼 여기저기를 들추고 정보를 종합할 필요가 없다. 또한 CD-ROM에 담긴 교육용 소프트웨어는 학습의 요점이 문자로 정리되어 나올 뿐 아니라 음향과 함께 동영상, 심지어는 필요한 부분의 확대된 영상이 제공됨으로써 보다 생생하고 재미있는 학습을 돕는다.

CD-ROM의 시작은 1985년 미국에서 《글로리아 백과사전》(전 12권)을 한 장의 CD-ROM으로 개발한 것에서부터이고, 일본에서는 1986년 《일영독 최신 과학용어 사전》이 처음이다. 국내에서도 CD-ROM 타이틀(CD-ROM에 정보를 입력한 전자책)과 이 타이틀을 컴퓨터에서 볼 수 있게 하는 CD-ROM 드라이브가 자체 개발되어 1991년 한글과 영문 성경 및 성경 관련 자료들을 CD-ROM에 담은 《성경 라이브러리》가 최초로 개발되었다.

CD-ROM 출판은 1990년대에 들어오면서 본격적으로 활성화되었다. 그 이유는 1990년대 컴퓨터의 보급률이 급속히 증가했고, 컴퓨터 통신과 CD-ROM을 이용할 수 있는 멀티미디어 PC가 본격적으로 보급되었기 때문이다. 무엇보다도 괄목할 만한 발전을 보인 분야는 인터넷을 이용한 전자출판 분야이며, 이는 앞으로도 전자

출판 매체로 계속 각광받을 것이다. 전자출판은 궁극적으로 구현되는 메시지를 중심으로 이해해야지 메시지를 전달하는 수단을 중심으로 이해해서는 안 된다. 따라서 ISDN 또는 컴퓨터와 같은 대상을 전자출판으로 이해해서는 안 된다(임동욱·이종수 외, 1997).

7. 잡지의 탄생에서 오늘까지

세상은 다양한 사람들로 구성된다. 현대사회에 나타난 여러 대중매체 중 가장 다양한 매체가 바로 잡지일 것이다. 바둑, 골프 등의 취미를 다루는 잡지에서부터 가장 전문적인 학술논문을 싣는 전문잡지, 연예인들의 시시콜콜한 사생활만을 다루는 잡지가 있는가 하면, 심각한 시사 문제를 다루는 교양지 등 잡지의 다양함은 인간의 다양함에 버금간다. 따라서 우리 인간이 획일화되지 않는다면 잡지는 계속 번창할 것이다.

신문 이외의 정기간행물을 잡지라고 부른 어원은 네덜란드어의 'magazien'에서 비롯된다. 본래는 '창고'(storehouse)라는 뜻인 '매거진'을 잡지에 전용한 최초의 정기간행물은 1700년대 영국에서 발전하기 시작했다. 당시 잡지는 책, 팸플릿, 그리고 신문에서 가져온 다양한 소재의 '창고'였다. 최초의 잡지는 1731년 영국의 케이브가 발행한 *Gentleman's Magazine*이라는 정기간행물이었으며 문학, 정치, 전기(*biography*), 비평을 다루었다. 이러한 내용 구성은 아직까지도 많은 잡지의 특색이다. 예를 들어 대부분의 잡지는 유머, 정치, 문학, 스포츠, 음악, 영화, 그리고 스타를 소재로 하는 경우가 많다.

1704년 런던에서 발행된 정기간행물 *The Review*를 최초의 잡지로 보기도 한다. *The Review*는 4페이지 분량의 종이에 인쇄되었으며, 매주 발행되었다는 점에서 당시의 신문과 유사했으나 당시 신문보다 뉴스에 덜 치중한 대신 국내 정세와 정책들에 관한 기사에 중점을 두었다는 측면에서 잡지의 성격을 띠었다. 이 잡지는 당시 영국 왕실의 정책을 비판하는 글을 써 투옥된 다니엘 데포(Daniel Daefoe)가 발행한 것이다. 이는 잡지가 탄생한 배경을 잘 보여준다. 즉, 잡지는 정치도구로 탄생한 것이었다. *The Review*의 뒤를 이어 탄생한 많은 잡지 역시 정치적 비평의 도구였고, 독자들의 신념과 의견에 영향을 미치고자 했다. 하지만 이 잡지는 정치 비평뿐만 아니라 문학, 예의범절, 도덕 등에 관한 에세이도 실음으로써 세련된 취향의 독자들에게 오락을 제공하는 기능도 했다. 이처럼 정치 비평과 오락 제공기능은 오늘날에도 잡지의 중심 기능이다.

잡지의 기원을 보다 구체적으로 살펴보면, 일반적으로 17세기에 프랑스의 서적 출판업자가 신간 소개를 위해 행한 팸플릿에서 시작한 것으로 볼 수 있다. 이것을 독립된 정기간행물로 발전시킨 것이 1665년 1월 파리에서 창간된 *Journal des savans*인데, 같은 해 3월 런던에서도 영국 학사원(學士院)이 회보 *Philosophical Transactions*를 간행하였고, 독일과 이탈리아, 그 밖의 나라에서도 뒤이어 잡지가 발행되었다.

미국에서 잡지가 본격적으로 출현한 것은 19세기였다. 당시 미국은 노예 문제, 다윈의 진화론, 여성의 사회적 역할 등 잡지를 통해 불붙을 커다란 이슈들이 줄을 이은 때였다. 1825년 미국에서 정기적으로 발행되던 잡지는 100개에 불과했으나, 19세기 말이 되자 5,000개를 넘었다. 19세기 말을 기점으로 잡지의 성격도 엘리트층을 위한 잡지에서 대중 속으로 파고드는 잡지로 바뀌었다. 지가의 대폭 인하, 다양한 내용과 화려한 편집이 잡지를 대중과 밀착시켰다. 뿐만 아니라 노동조합으로부터 악덕기업, 정부, 상원에 이르기까지 사회 전반의 비리를 들춰내 바로잡고자 하는 **폭로 저널리즘**(muckraking)도 대중잡지의 성장에 큰 몫을 했다. 그러나 폭로 저널리즘은 점차 지나친 선정주의와 결합되면서 수그러들었다.

19세기 말에는 선교사 등에 의해 우리나라에도 잡지가 등장하기 시작했다. 하지만 우리 손으로 만들어진 최초의 잡지는 1908년 최남선이 창간한 〈소년〉이었다. 그 후 잡지 문화가 만개한 것은 1920년대였다. 이때 〈개벽〉(1920년), 〈창조〉(1921년)

등의 잡지는 동인지와 기관지 성격을 띠었다. 한발 더 나아가 일반 대중을 상대로 하여 다양한 내용을 다루면서 기업적 경영형태를 갖춘 진정한 의미에서의 근대적 잡지가 등장한 것은 1930년대였다. 〈신동아〉(1931년), 〈비판〉(1931년), 〈조광〉(1935년) 등이 이때 나온 대표적 잡지들이다. 그러나 이후 일제의 조선민족 황국식민지화와 전쟁 동원으로 말미암아 잡지는 심하게 탄압받았다.

　　세계 각국에서 전쟁의 포성이 멈추었던 1950년대의 잡지들은 대개 모든 이들의 구미에 골고루 맞는 내용을 담은 종합지였다. 이 잡지들은 문화적 통합자로서, 전국적 여론의 형성자로서 주도적 역할을 하기도 했다. 이들은 엄청난 판매고를 올렸고 광고시장에서도 순조로웠다. 하지만 텔레비전의 탄생은 잡지에도 큰 타격을 입혔다. 텔레비전이라는 전대미문의 우수한 시청각 매체가 잡지로 올 광고주들을 흡수하자 문을 닫는 잡지들이 속출했다. 잡지도 어쩔 수 없이 텔레비전과 맞서기 위한 전략이 필요했다. 불특정 다수를 상대로 대중적 내용을 담는 텔레비전과 달리 특정 연령·성·직업·취미·기호를 지닌 소수 집단을 상대로 그들에게 적합한 정보와 오락을 제공하는 전문화한 잡지들만이 살아남았다. 전문화된 잡지는 현대와 같이 분화된 사회에 필요한 정보 전달과 사회 내에 다양한 취향을 만족시키기에 적합하다. 또한 광고주를 세분화한 목표 소비자 집단과 연결될 수 있는 것도 전문화된 잡지가 가진 장점이다. 예를 들어, 수백만 원을 호가하는 오디오 광고는 신문이나 일반 잡지보다는 오디오 마니아를 위한 음악 전문잡지에 하는 것이 더욱 효과적이다.

　　잡지의 이런 탈대중화 추세에 대해서 비판이 없는 것은 아니다. 어떤 이들은 전문화로 인해 잡지는 더 이상 문화를 살찌우는 역할을 할 수 없었다고 지적한다. 또 전문화된 잡지가 사회 내에서의 잡지의 지적 역할을 희석시켰다고 비판하는 이들도 있다. 어쩌면 현대의 전문화된 잡지는 사회공동체 공통의 문화적 유산에 대한 관심을 유발하는 대신 독자들의 지극히 개인적인 취향에만 영합하여 가뜩이나 원자화된 개인들을 더욱 고립시키는지도 모른다.

8. 잡지의 특징

오늘날 신문과 잡지를 구별하는 것은 매우 어렵다. 신문과 잡지, 전자매체 간의 오랜 차이점들은 점점 흐릿해진다. 실상 신문들은 마케팅 방법에서나 문체 면에서 점차 잡지를 닮아간다. 심지어 텔레비전조차 잡지의 영향을 받아서 각종 '뉴스 매거진' 프로그램들이 개발되어 인기를 끈다. 그렇다면 오늘날 잡지가 다른 매체들과 구별되는 것은 어떤 점에서인가?

일반적으로 잡지는 신문보다 발행 주기가 길다. 대개 잡지는 보다 양질의 종이를 사용하고, 신문처럼 단순히 접기만 한 것이 아니라 제본된 형태를 띠는 등 신문과는 다른 포맷으로 제작된다. 형태상의 이런 차이점들 외에도 독자, 내용, 기능 그리고 영향 면에서도 차이점을 가진다.

잡지는 사회적 이슈들과 상황들을 파헤치는 데 신문보다 앞서 간다. 예컨대 오늘날 신문의 전유물로 인식되는 폭로 저널리즘은 원래 잡지가 탄생시킨 것이었다. 또 잡지는 내용 면에서는 신문처럼 매일의 사건에 대해 상세하게 기술하기보다는 더 광범위한 맥락에서 사건들을 해석하는 데 관심을 가졌다. 이러한 특징은 미국과 같이 땅덩어리가 큰 나라에서 신문이 발행지 중심의 지역적 성격을 띠었던 반면 잡지는 전국의 독자를 상대로 했다는 점에서 잘 드러난다.

잡지는 때로는 여타의 미디어보다 앞서 정보를 제공하며 주요한 환경 감시자로서의 역할을 다한다. *Time*과 같이 주로 정보를 제공하기 위한 잡지도 있고, *Playboy*처럼 오락 제공을 제 1의 목표로 삼는 잡지도 있다. 하지만 오늘날 잡지가 행하는 다양한 기능들 중에서 가장 두드러진 것은 상관조정(*correlation*) 기능이다. 즉, 사회의 각 부분들을 해석하여 사회 변화의 흐름을 이해시키고 조각난 사실들을 짜 맞춰 뉴스의 의미를 설명하는 매우 중요한 역할을 담당하는 것이다. 현대사회에서 잡지는 위대한 해설자인 것이다.

9. 여러 가지 종류의 잡지들

우리 주위에는 무수히 많은 잡지들이 있다. 이 잡지들은 크게 일반지(*general interest magazine*)와 특수지(*speciality magazine*)로 구분된다.

일반지란 소비자 잡지(*consumer magazine*)라고도 불리는데, 서점에서든 가판대에서든 정기구독을 통해서든 일반 대중이 쉽게 볼 수 있는 잡지이다. 여기에는 지금까지도 여전히 모든 사람들의 구미에 맞는 내용만을 고집하는 *Reader's Digest*와 같은 잡지도 있지만, 주제나 대상 독자를 보다 세분화하고

전문화한 잡지들이 대부분이다. 이 일반지도 여러 종류로 나뉘는데 우선 뉴스 전문지를 들 수 있다. 이미 신문에 실린 뉴스들을 며칠 지나서 다시 다루는 이런 잡지가 성공을 거둘 수 있는 이유는 무엇일까? 이는 보다 심층적이고 다각적인 해설을 곁들여 복잡한 사건의 진상을 한눈에 쏙 들어오게 했기 때문이다. 〈뉴스위크〉, 〈시사저널〉 등의 잡지들이 이에 속한다.

여성지도 일반지에 속한다. 여성지는 현대사회에서 가장 성공적인 판매부수와 광고 수입을 올리는 유형이며, 그만큼 가장 경쟁이 치열한 분야이기도 하다. 요즘은 여성지 안에서도 미혼여성, 독신 커리어우먼, 육아에 관심 있는 젊은 엄마 등 보다 세분화된 독자층을 지향하는 잡지들이 늘고 있다.

또 중요한 일반지 중 하나가 흔히 교양지라 불리는 종합지들이다. 이 잡지들은 문체 면에서는 탐사적이거나 에세이풍이고, 소설도 싣지만 사회·문화·정치 관계 이슈들에 초점을 맞춘 논픽션을 주로 다룬다. 정치, 경제, 사회, 문화 등 전 분야에 걸친 논평, 해설기사를 수록한 〈신동아〉, 〈월간중앙〉 등이 이 범주에 속하는 잡지들이다.

도색 오락잡지도 있다. 하지만 이런 유형의 선두주자라 할 수 있는 *Playboy*의 경우도 저널리스틱한 기사들과 문학 기사들을 곁들임으로써 성적 호기심 때문에 사

보는 것이 아니란 변명을 가능케 한다.

해당 도시 혹은 지역의 이슈들을 중점적으로 다루는 지역지도 일반지의 한 종류로 볼 수 있다. 이 밖에 특정 독자를 대상으로 특정 분야에 관한 정보, 오락, 지식 등을 제공하는 잡지인 전문지(*special interest magazine*)도 일반지의 한 유형이다. 야구 잡지는 야구에 관한 것만을 상세히 다루기 때문에 내용 면에서는 전문적일 수 있으나 야구 선수들만이 아닌 일반 독자들을 대상으로 한다는 점에서 특수지와는 다르다. 오늘날 바둑, 낚시, 골프, 등산, 컴퓨터 등의 취미·오락 분야는 일반인들을 위한 전문지가 쏟아져 나오는 분야이다.

이런 일반지와 대비되는 잡지가 바로 **특수지**이다. 특수지는 대개 기업이나 기관들이 자신들의 이익 도모를 위해 제작하며 광고 수입에 크게 의존하지 않는다. 소수의 예약 독자들에게 비싼 값을 받고 고급 투자정보를 제공하는 잡지나, 대학에서 동창들과 기부자들을 위해 발간하는 정간물이나, 학술단체의 재정 지원하에 발간되는 학술지, 기업이 기업 홍보와 애사심을 위해 발간하는 사보, 전문 직업단체에서 발행하는 협회지, 종교 단체에서 선교 목적으로 발행하는 종교지 등이 모두 특수지의 예이다.

10. 잡지는 어떻게 만들어지는가?

잡지의 제작 과정은 매우 복잡하지만 기획, 원고의 작성과 입수, 편집 및 제작 단계로 단순화시켜 나눌 수 있다.

1) 기 획

잡지를 만드는 데 가장 중요한 것은 역시 기획인데, 여기에는 장기적인 기본 기획과 매 호의 발간에 관한 단기적인 편집기획이 있다.

잡지를 발간하려면 우선 발행 목적, 주 대상 독자층, 주로 다룰 내용을 명확히 결정해야 한다. 만약 여성지를 내기로 했다면 미혼여성을 주 대상으로 할 것인지, 아니면 주부들을 대상으로 할 것인지 정해야 하고, 미혼여성으로 한다 해도 예비신부들을 상대로 결혼 문화를 중점적으로 소개할 것인지 아니면 패션, 직장생활, 레저 등 독신 커리어우먼의 관심사를 다룰 것인지를 결정해야 한다.

잡지의 기본 성격, 즉 기본 논조나 색채를 정하는 것도 기본 기획의 몫이다. 섹스 기사나 스캔들, 기타 선정적 내용을 피하고 격조 있는 여성지를 지향할 수도 있을 것이고, 흥미 위주의 기사로 보다 대중적 성격을 지향할 수도 있을 것이다. 기타 발간 횟수, 기본 포맷을 정하는 것도 기본 기획 단계에서 행해져야 할 일들이다.

기본 기획이 세워지면 이를 바탕으로 매 호의 잡지에 대한 편집 및 제작 기획을 세워야 한다. 수차례의 편집회의를 거쳐 이번 호에서는 어떤 내용을 얼마나 다룰 것인지, 필진은 어떻게 구성할 것인지 등을 정한다.

2) 원고의 작성과 입수

잡지가 신문과 일반 단행본의 중간 성격이라는 점은 원고의 작성에서도 나타난다. 신문은 거의 전적으로 신문사 내부의 스태프들에 의해 작성되고, 일반 단행본은 전적으로 출판사 외부의 작가에 의존하는 반면, 잡지는 이 두 가지 방법을 모두 이용한다. 어떤 기사들은 기자들이 직접 취재해 작성하고 대담이나 인터뷰를 정리하기도 하지만 시나 소설, 수필, 만화 등 문예물은 대개 외부의 필자들에게 의뢰한다. 이러한 경우 집필을 청탁하고 독촉해 기한 내에 원고를 받는 일이 기자의 몫이다.

3) 편집 및 제작

원고를 입수하면 우선 교정을 보고 문장을 다듬는 등 원고 정리를 해야 한다. 또 각 원고에 적절한 제목을 작성하고, 필요하다면 부제목이나 소제목을 붙인다. 다음에는 원고를 어떻게 조판할 것인가를 지정해야 한다. 이것이 끝나면 지면 구성 작업에 들어가는데 이는 독자들의 눈에 산뜻한 지면이 되도록 본문 활자와 컷, 삽화, 사진 설명, 여백 등을 조화 있게 배치하는 일이다. 지면 구성 작업이 끝나면 교정, 인쇄, 제본되어 잡지가 완성된다.

11. 잡지와 광고

잡지와 광고 간의 밀접한 관계는 광고주에 의해 제공되는 경제적 뒷받침 때문만은 아니다. 실제로 광고는 때때로 잡지 내용의 한 부분이며 잡지를 읽는 주요 이유들 중 하나다. 광고 매체로서의 잡지는 목표 소비자층의 집중 공략이 가능하다는 점에서 매력적이다. 전문화된 잡지는 신문이나 방송같이 한 번에 엄청난 수의 수용자에게 다가가지는 못할지라도, 잠재적 구매자에게 가장 확실히 다가갈 수 있는 길이 된다. 그래서 때로 잡지는 지나친 상업주의와 소비주의 문화를 부추긴다는 비난을 받기도 한다. 이는 특히 여성지의 경우에 두드러진다. 가정의 소비 주체가 여성이라는 점 때문에 이들을 대상으로 하는 각종 여성지들에는 온갖 상품 광고가 범람하고, 이 광고들은 불필요한 소비를 충동한다는 것이다.

광고가 잡지에 끼치는 해악 중 또 하나는 광고주가 기사 내용에까지 영향을 줄 수 있다는 점이다. 광고주의 압력으로 광고 내용과 상반되는 기사가 삭제되고, 기사가 상품, 나아가 소비주의 문화에 대해 직·간접적인 홍보 전위부대 역할을 하는 경우도 있다. 나아가 광고주들이 독자 수가 많은 잡지를 선호하므로 대부분의 잡지들은 보다 많은 독자확보를 위해 선정적 기사를 쓰기도 한다.

한편 광고주들은 잡지의 배포 체계에까지 영향을 미친다. 대부분의 잡지들은 우편을 통한 정기구독 판매와 서점을 통한 낱권 판매 모두에 의존하는데, 양자의 비율이 광고주의 선호에 따라 결정된다. 어떤 광고주들은 각 호를 위해 돈을 내고 사보는 독자들이야말로 일정 금액을 선불하고 매 호를 다 받아보는 정기구독자들보다 그 잡지를 더 주의 깊게 읽을 것이라 믿는다. 이들은 당연히 같은 부수라면 서점 판매 비율이 높은 잡지를 선호한다. 반면 어떤 광고주들은 매 호를 다 구독하는 데 담긴 그 잡지에 대한 잠재적 충성도를 높이 산다. 이들은 같은 부수라면 정기구독 비율이 높은 잡지를 선호한다. 만약 광고주들이 서점 판매를 선호하는 쪽으로 쏠린다면 잡지사는 서점에서 낱권으로 판매하는 잡지의 가격을 내리고 대신 정기구독의 할인 혜택을 없앰으로써 서점 판매 비율을 높일 것이다.

12. 전자잡지와 컴퓨터, 그리고 웹진

잡지는 소수 엘리트 취향의 잡지에서 출발하여 가능한 한 다수의 독자를 추구하던 대중지 시대를 거쳐 지금은 전문화 시대를 맞고 있다. 사회·경제적 계층에 따라, 교육 수준에 따라, 직업에 따라, 문화·레저·종교·기타 취미에 따라 구분된 개인 혹은 집단들에게 소구하는 전문화된 잡지들이 다수를 점한 현 상황이 앞으로 다시 역전될 기미는 보이지 않는다.

하지만 기술적·경제적 면에서 잡지는 많은 변화를 겪고 있다. 인쇄매체와 전자공학의 결합은 인쇄 미디어의 제작과 배급에 혁명적 변화를 초래했으며, 잡지도 예외가 될 수는 없다.

1980년대 잡지의 가장 큰 변화는 DTP가 가능해졌다는 점이다. 책상의 컴퓨터와 프린터로 원고 작성, 디자인, 편집, 타이프 세팅과 인쇄까지 끝내는 이 방식은 시간과 인력, 장비의 절약을 가져왔다. 편집과 미술, 광고와 제작 업무 간의 구분을 모호하게 함으로써 잡지에 기존의 업무 분담 개념을 흔든 것도 DTP가 가져온 결과의 하나다.

잡지의 제작을 위해서 이미 위성이 사용되고 전자잡지도 시도된다. 전자잡지는 개인들이 각 가정에 설치된 컴퓨터 단말기와 프린터를 통해 원하는 뉴스, 정보, 오락, 광고를 그들의 목적에 맞게 선택해 받아볼 수 있게 한 것이다. 하지만 독자들의 선택 재량이 커질수록 잡지는 인구통계학적·심리학적 연구를 동원해 독자들의 개인적 취향에 영합될 수도 있다. 최근 들어 세계 잡지시장에는 독자의 전문화 욕구를 충족시키는 '다품종 소량 특성화' 경향이 농후하다. 앞으로도 이러한 추세라면 잡지를 통한 사회적 경험의 공유는 점차 사라질 것이고, 이는 가뜩이나 공동체 의식이 결여된 개인들의 이질화를 더욱 부추길 것이다.

또한 잡지의 전문화에 대한 욕구는 앞으로도 커질 것이고, 이에 따라 다품종 소량 판매 방식, 즉 종류는 다양하게 만들고 판매부수는 적게 하는 방식이 늘어날 것이다. 판매부수가 줄어들면, 잡지사의 운영이 어려워질 수도 있는데 이에 따라 독자의 취향과 욕구에 적합한 전문화·특성화된 소재를 사용할 것과 목표로 하는 독자층에 대한 철저한 분석이 요구된다.

현재는 거의 모든 잡지사에 인터넷 도메인이 있다. 장기적으로 이러한 인터넷과 잡지의 시너지 효과에는 많은 기대를 걸어볼 만하다. 그러나 잡지의 콘텐츠나 형태가 크게 바뀌지는 않을 것이다. 물론 잡지의 형태가 어떻게 변화할지 방향을 주시해야 할 것이다. 미래학자 중에는 20년 뒤 인쇄술이 없어질 것으로 예견하는 사람도 있다.

전자책과 같은 개념의 전자매거진(e-magazine)도 미국에서는 이미 현실이 되었다. 우리나라에서도 접을 수도 있고 무선으로 다운로드되는 전자잡지를 머지않은 시기에 볼 것이다. 최근에는 인터넷상에서 잡지를 볼 수 있는 웹진(webzine)이 나타나 네티즌들에게 인기를 끌고 있다. 웹진은 무엇보다 구독료가 없다는 게 장점이다. 보고 싶을 때 인터넷에 접속하여 읽고 보고 즐길 수 있다. 종이잡지처럼 보관이 힘들거나 원하는 내용을 찾느라 페이지를 넘길 필요도 없다. 웹진 제작자는 종이 인쇄비나 배급망에 대한 고민도 할 필요가 없다. 인터넷으로 세계 곳곳의 독자와 자유롭게 만날 수 있다. 최근에는 글은 물론이고 사진, 동영상, 음악, 음향이 어우러진 웹진이 나타나고 있다. 네티즌 사이에 인기가 높아질수록 온라인 광고까지 실려 높은 수익도 올릴 수 있다.

13. 책의 새로운 유통방식

인터넷의 폭발적 성장과 디지털화는 콘텐츠의 생산·저장·유통 방식에 큰 변화를 가져왔다. 이러한 변화는 사용자들의 콘텐츠 소비 성향에도 영향을 주어 저장, 유통의 제약으로 인해 소비가 잘 되지 않던 틈새 시장 콘텐츠들에 대한 수요가 증가하는 이른바 롱테일(*long tail*) 현상이 나타나는데 이러한 현상은 특히 서적 시장에서 확연하게 드러난다. 이 절에서는 롱테일 법칙을 알아보고, 아마존닷컴의 사례와 함께 출판산업에 주는 의미를 알아본다.

1) 비즈니스의 새로운 황금률, 롱테일 법칙

롱테일 법칙을 설명하기 전에 이와 밀접한 관계가 있는 파레토 법칙(*Pareto's Law*)을 알아보자. 파레토 법칙은 이탈리아의 경제학자 파레토(Vilfredo Pareto)가 이탈리아의 80%의 땅을 20%의 사람이 소유한다는 사실을 관찰하면서 만들어진 법칙이다. 이러한 관찰은 일반 경영에서도 적용되어 "기업 전체 매출의 80%는 20%의 우량고객으로부터 나온다"는 사실들이 실제 자료로 증명된다. 개인적으로는 자기와 친분이 있는 약 20%의 친구를 만나는 데 전체 시간의 약 80%를 쓰고, 자기가 가진 옷의 약 20%를 일상에서 80% 정도 착용한다는 등의 재미있는 현상으로 이해할 수도 있다.

파레토 법칙에 따르면 기업은 전체 매출의 80%를 차지하는 20%의 우량 고객을 당연히 우대해야 한다. 그렇다면 나머지 80%의 고객은 어떻게 해야 할 것인가? 기업으로서는 모든 고객을 관리할 수 있으면 좋겠으나, 고객과 커뮤니케이션을 위한 비용 문제 때문에 일반 고객보다는 우량 고객 관리에 집중했다. 그러나 인터넷의 폭발적인 보급 그리고 고속화와 저가격화가 달성되면서 모든 것이 변화했다. '커뮤니케이션 비용 제로'의 세계에서는 '고객을 버리는' 마케팅을 할 필요가 없다. 롱테일 법칙은 바로 여기에서 시작된다.

롱테일 법칙의 키워드는 '역(逆)파레토 법칙'이다. 예를 들어 기존의 서점 경영의 핵심은 '잘 팔리는 책을 어떻게 효율적으로 진열하는가'에 있었다. 하지만 아마

〈그림 4-1〉 롱테일 법칙

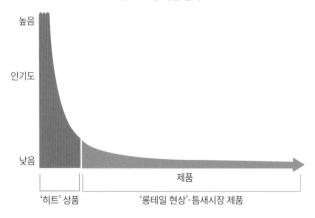

출처: Chris Anderson (2006), *The Long Tail: Why the Future of Business is Selling Less of More*.

존닷컴은 1년에 단 몇 권밖에 팔리지 않는 '흥행성 없는 책'들도 이들의 판매량을 모두 합하면 '잘 팔리는 책'의 매상을 추월한다는 사실을 발견한다. 즉, 기존의 파레토 법칙에 의한 80:20의 집중 현상이 적용되지 않는 현상이 나타난 것이다. 이렇듯 인터넷과 새로운 물류 기술의 발달로 인해 소규모 혹은 발생 확률이 낮은 제품의 판매도 경제적으로 의미가 있을 수 있는데 이를 롱테일이라고 한다. 롱테일이란 말은 기하급수적으로 줄어들며 마치 짐승의 긴 꼬리 모양으로 가로축으로 길게 뻗은 그래프의 모습에서 나온 말이다[2004년 〈와이어드〉(*Wired*)라는 잡지에서 크리스 앤더슨(Chris Anderson)에 의해 처음으로 소개되었으며 이후 책으로 나와 베스트셀러가 되었다]. 이를 그림으로 나타내면 〈그림 4-1〉과 같으며, 파란색 부분이 롱테일 현상을 나타낸다.

2) 롱테일 법칙에 따른 책의 유통

그러면 아마존닷컴의 소수가 찾는 소량의 책 판매를 롱테일로 설명해 보자. 전통적 시장에서는 어느 한 분야에서 잘 팔리는 상위 20%의 제품이 전체 매출의 80%를 차지한다는 파레토 법칙에 따른다. 따라서 한정된 공간과 자원을 가진 매장에서는 잘 팔리는 서적에 보다 집중하여 전시하는 경향이 있다. 그러나 최근의 인터넷 등의 기술 발달로 재고나 물류에 드는 비용이 종래보다 훨씬 저렴해지면서 그동안 간과된 비인기 서적에 대한 소비자의 진입 장벽을 낮출 수 있었다. 이렇게 개별적으로는 비인기 제품도 전체적으로 모이면 틈새 시장을 만들 수 있다. 실제로 세계 최대의 인터넷 서점인 아마존닷컴은 이렇게 활성화된 틈새 시장이 매출의 20~30%에 육박하여 전체 이익 면에서도

일반서점에 진열된 서적들

고객의 온라인 주문을 받아 아마존 창고에서
출고를 기다리는 책들

많은 부분에 기여했는데, 그리 많이 팔리지 않는 서적들이나 일부만이 좋아하는 종류의 음반이라도 효과적 판매와 물류를 통해 많은 이윤을 창출할 수 있었던 것이다.

아마존닷컴은 기존의 오프라인 서점과는 달리 상점을 도시 중심부에 세울 필요도 없었으며, 서적의 재고 보관장소를 교외 지역에 확보하여 적은 비용으로 책을 보관하고 관리할 수 있었다. 또한, 기존과는 달리 자신의 인터넷 홈페이지를 통해 책을 진열하는 아마존닷컴은 추가적인 서적의 진열에 드는 비용이 거의 0에 가까우므로 더 많은 책을 소비자에게 소개할 수 있었다. 특히, 인터넷에서 전송 가능한 전자책, mp3 등은 더 많은 제품을 보유하고 관리하는 데 추가 비용이 거의 들지 않는다. 아마존닷컴은 소품종 대량 판매와 함께 다품종 소량 판매에서도 이윤을 창출하는 롱테일 전략에 성공한 것이다. 비유하자면, 소의 몸통('히트'서적)과 꼬리(희귀서적) 부분을 모두 먹어치운 셈이다.

1990년대 말 미국의 최대 서점은 17만 5천 종의 책을 진열하고 판매하였는데, 이는 당시 영어로 발간된 총 150만 종의 책에 비하면 10% 수준에 그쳤으며, 이는 시공간적 제약으로 인해서 빠르게 증가하는 도서의 공급을 감당하기에는 턱없이 부족한 수치였다. 현재에도 오프라인 서점에 진열되는 책의 종수는 최대 20만 종에 미치지 못하는 반면 현재까지 온라인상에 올라 있는 출간 도서는 560만 종을 넘어선다. 인터넷과 IT 기술의 발달은 우리가 예상하지 못했던 방향으로 롱테일 현상을 발현시키며, 이러한 롱테일 현상은 기술이 발전됨에 따라서 더욱 확산될 전망이다.

그러면, 이러한 롱테일 현상이 소비자에게는 어떤 이익을 줄까?

소비자 입장에서는 아마존닷컴을 통해 자신의 취향에 맞는 책을 더 빠르고 쉽게 검색할 수 있다. 오프라인 서점에서는 자신이 원하는 책을 찾는 데 많은 시간을 투입해야 했으나, 온라인에서는 간단한 검색만으로 쉽게 책을 찾을 수 있다. 또한, 아마존닷컴은 소비자가 이전에 구매한 서적과 그 서적을 구매한 다른 소비자가 구매한 서적을 비교 분석함으로써 소비자가 알지 못했던 자신의 취향을 알려준다. 또한, 오프라인 서점과는 달리 책을 읽어본 소비자들의 서평 및 느낌을 바로 확인할 수 있어서 책에 대한 정보를 풍부하게 획득할 수 있다. 아마존닷컴에서 사용하는 '이 책을 구매한 고객이 구매한 다른 책'은 가장 대표적 방식이다. 이러한 사업 모형의 변화는 마케팅 비용의 부족 등으로 잘 알려지지 않았던 틈새시장 제품의 서적 판매를 획기적으로 증가시켰다.

1. 영상매체 시대에 변모된 책의 모습을 우리 주위에서 살펴보자.

2. 인터넷 서점의 등장으로 책의 유통경로가 어떻게 변화하는지 살펴보자.

3. 베스트셀러의 허와 실은 무엇인지 생각해 보자.

4. 세계 각국의 북클럽 제도에 대해 알아보자.

5. DTP, 주문출판, 주문인쇄의 특성과 장점에 대해 알아보자.

6. CD-ROM과 같은 멀티미디어 전자출판의 장점을 살펴보자.

7. 잡지가 책이나 신문과 구별되는 점은 무엇인지 생각해 보자.

8. 현대사회에서 전문화된 잡지의 특성으로 어떤 것이 있는지 살펴보자.

9. 내용과 구매 독자에 따라 잡지의 유형을 나누어 살펴보자.

10. 잡지의 제작 과정을 살펴보자.

11. 잡지에서 광고의 비중과 그 역할에 대해 알아보자.

12. 웹진으로 가능한 잡지의 서비스와 그 장점에 대해 생각해 보자.

13. 롱테일 현상의 발현 원인에 대하여 생각해 보자.

14. 롱테일 현상에 대처하기 위한 전통적인 서점의 대응 방안에 대하여 생각해 보자.

참고문헌

• 김민환 (2010), 개화기 출판의 목적 연구: 생산 주체별 차이에 관하여,
  〈언론정보연구〉, 47권 2호, 100~133.
• 김성재 (2001), 《출판의 이론과 실제》, 일지사.
• 문화체육관광부, 〈2008년 국민독서실태조사〉.
• 박유봉·채 백 (1989), 《현대출판학원론》, 보성사.
• 서울교사협의회 (2001), 《우리의 아이들에게 무슨 책을 읽힐까》, 돌베개.
• 이민희 (2007), 《16~19세기 서적중개상과 소설 서적의 유통관계 연구》, 서울: 역락.
• 임동욱·이종수 외 (1997), 《현대출판의 이해》, 나남출판.
• 정보통신부·한국인터넷진흥원, 〈2007년 하반기 정보화실태조사〉.
• 정진석 (2014), 《한국 잡지 역사》, 커뮤니케이션북스.
• 조상호 (1999), 《한국언론과 출판저널리즘》, 나남출판.
• 한국언론연구원 (1988), 《세계의 잡지》.
• 한기호 (2002), 2002년 출판계 결산, 〈출판문화〉.
• Anderson, C. (2006), *The Long Tail: Why the Future of Business is Selling Less of More*, Hyperion.

좀더 알아보려면

www.gutenberg.de/english/bibel.htm 구텐베르크 성경의 샘플을 볼 수 있다.

www.kpa21.or.kr 대한출판문화협회의 홈페이지로 출판권, 저작권 관련법규,
저작권 상담사, 납본, 출판통계에 대한 정보를 볼 수 있다.

www.korla.or.kr 한국도서관협회의 홈페이지로 문헌정보학 관련 출판물과
서적 자료를 볼 수 있다.

www.teenmag.com *Teen Magazine*의 온라인 버전을 볼 수 있다.

www.magazinenet.co.kr 잡지 웹사이트 주제별 정보 검색이 가능하며, 국내 잡지 온라인
정보, 창간 잡지 정보 및 잡지 등록법규, 잡지 구매 전자상거래 등을 소개한다.

www.ebonyjet.com *Ebony* 인구통계학적 속성에 기반을 두어 독자층을 끌어들이는 잡지다.

www.pugzine.com/core.html 실험적 웹진으로서 인터넷에서만 발행한다.

www.thelongtail.com 롱테일 현상을 처음으로 주장했던 크리스 앤더슨의 블로그로서 롱테일
현상에 대한 다양한 지식 및 전략을 접할 수 있다.

www.amazon.com 온라인 서점의 시초가 되었던 아마존닷컴은 서적에서 시작해 가전 등
다른 분야에까지 사업을 확장하였으며, 롱테일 현상을 발현시킨 시발점이 되었다.

www.achievement.org/autodoc/page/bez0bio-1 롱테일 현상이 주창되기 이전 롱테일
현상의 중요성을 꿰뚫어보고 아마존닷컴을 설립한 제프 베조스의 일대기를 살펴볼 수 있다.

5

신 문

신문은 언론의 역사라 할 수 있을 만큼 오랜 역사를 가진다. 신문의 의미를 어떻게 풀어 보든지 간에 신문은 문화적 산물이며 사회적 현상이다. 신문은 끊임없이 새로운 이야깃거리를 추구하며 사회에 대한 관심 속에서 연속적으로 뉴스를 제공하고, 언제나 새롭고 변화하는 사회상을 보여준다. 신문은 매스 커뮤니케이터로서 인간의 지식, 행위, 의욕을 변화시킬 수 있는 중요한 미디어로서 오늘날 전체 사회구성원의 사회화 과정에도 중대한 역할을 담당한다.

현대와 같은 동영상 매체 시대에 우리는 흔히 신문의 역할을 쉽게 평가절하할 수도 있다. 텔레비전과 영화, 비디오, 인터넷 등에서 우리는 번쩍이는 화려함과 살아 움직이는 생동감을 느낄 수 있지만 이에 비하면 신문은 흰 종이 위의 검은색 잉크가 전부이다. 때로 색상을 사용하지만 움직임이 있는 영상과는 비견할 바가 못 된다. 그렇기 때문에 21세기의 화려함에 익숙해진 오늘의 신세대들에게 신문이 그리 매력적이진 못하다. 그러나 오늘날에도 신문은 깊이 있고 풍부한 정보를 자원으로 현대의 대의민주주의 체제하에서 가장 강력한 정치적 영향력을 행사하는 매체로 봐야 할 것이다.

1. 인쇄 신문

1) 신문매체가 걸어온 길

〈악타 듀르나 포풀리 로마니〉

신문의 탄생은 로마제국 시대의 〈악타 세나투스〉(*Acta Senatus*)와 〈악타 듀르나 포풀리 로마니〉(*Acta Diurna Populi Romani*)까지 거슬러 올라간다. 이때 신문은 지금 우리가 생각하는 신문의 형태와는 다르다. 종이에 인쇄를 한 것이 아니라 석고판에 조각하여 로마 시민들에게 제시·공고한 것이다. 그 내용도 원로원과 평민원의 의결 사항과 군대의 동정 등을 다룬 것이다. 때문에 우리가 알고 있는 근대적 신문과는 거리가 멀다.

황색신문

www.kiddmillennium.com

19세기 말 뉴욕에는 퓰리처(Joseph Pulitzer)의 〈뉴욕월드〉(*New York World*)가 선정적 보도를 무기로 시장을 석권하고 있었다. 이때 허스트(William Randolf Hearst)가 부친으로부터 물려받은 막강한 자금력을 동원하여 1895년 〈뉴욕저널〉(*New York Journal*)을 창간함으로써 양대 신문 간의 세력싸움이 심화된다. 경쟁지를 이기는 길은 오직 더 노골적이고 야비한 선정성을 추구하는 것이었다.

허스트는 퓰리처의 신문사에서 가장 유능한 기자들만 골라 2배, 3배나 많은 돈을 주고 영입했는데, 그들 중에 아웃콜트(Richard F. Outcault)라는 만화가가 있었다. 그가 〈뉴욕월드〉에 연재하던 "노란 아이(Yellow Kid)" — 만화주인공 어린이가 노란 옷을 입었다는 데서 "Yellow"라 함 — 는 〈뉴욕저널〉에 실리게 되면서 더욱 주가를 올리게 된다. 아웃콜트를 〈뉴욕저널〉에 뺏긴 퓰리처는 또 다른 만화가를 고용하여 그로 하여금 다른 버전의 "Yellow Kid"를 그리게 했다. 〈저널〉과 〈월드〉 두 신문에서 서로 다른 버전의 "Yellow Kid"가 연재됐던 것이다. 우리가 선정적 언론을 황색언론(*yellow journalism*)이라 부르는 것은 여기서 유래한 것이다.

그 후, 부수전쟁(*circulation war*)에 환멸을 느낀 퓰리처는 허스트와의 싸움을 중단하고 사회적 책임을 다하는 최고·최상의 신문을 만드는 데 온갖 힘을 기울인다. 언론의 노벨상이라 일컫는 퓰리처상(Pulitzer Prize)은 언론의 질적 향상에 기여한 그의 공을 기리는 상이다.

근대적인 신문이 출현한 것은 서구에서 활판 인쇄술이 발명된 이후인데, 이때부터 빠른 시간 내에 활자를 통해 다량의 인쇄를 할 수 있었기 때문이다. 기술의 발달이 매체 생성의 기본적 조건을 만든 것이다. 한편 교통·통신의 발달로 우편제도가 형성되어 신문의 배달이 체계화되면서 신문은 매일매일 제작이 가능해졌다. 이러한 대량 생산과 배급 체제의 효율화에 힘입어 출현한 세계 최초의 신문이 17세기 말 독일의 〈라이프찌거 짜이퉁〉(*Leipziger Zeitung*)이다. 19세기에 접어들면서 근대적 신문들은 더욱 발전하였는데, 그 내용적·형식적 면에서도 오늘의 신문과 크게 다르지 않았다. 특히 자유민주주의 사조의 정착으로 신문을 통한 자유로운 의사 표명이 가능했으며, 정치적 견해를 달리하는 많은 신문들이 등장한다. 이때의 모든 신문은 각자의 정치적 입장을 강조하는 정론지적 성격의 신문이었다.

그러나 광고시장의 성장으로 신문은 더 이상 정치적 후견자에 의지할 필요가

영화 〈대통령의 음모〉(*All the President's Men*)

1972년 6월 1일 TV가 닉슨 대통령의 취임 모습을 보여준다. 곧이어 6월 17일 워싱턴 워터게이트 빌딩에 있는 민주당 전국위원회 본부에 5인의 남자들이 침입하였다가 경찰에 의해 체포된다. 이 남자들은 원래 CIA의 정보부원과 공화당의 대통령 재선본부의 요원들로, 민주당의 대통령 선거를 교란시키기 위해 도청장치를 당사에 설치하는 것이 목적이었다. 그러나 정부의 당국자들은 이 사건을 광신자들의 단독범에 의한 것으로 은폐 조작하려고 하였다.

이때에 〈워싱턴 포스트〉의 이름 없는 젊은 두 기자, 즉 시정(市政) 담당 밥 우드워드와 수도 담당 칼 번스타인에 의해 이 사건의 배후가 추적 조사되는 과정을 그린 것이 이 영화의 줄거리이다. 막강한 권력을 손에 쥔 닉슨 대통령을 상대로 이 무명의 두 기자가 외로운 싸움을 하는 과정에서 모든 위협과 방해에도 불구하고 진실을 밝힐 수 있었던 것은 다시 한 번 미국 국민의 민주주의의 수준을 생각할 수 있게 한다. 이 영화의 감독은 인터뷰에 응하는 사람들의 모습 속에서 하나같이 양심에 충실한 미국인의 상을 보여준다.

또한 정부의 온갖 위협과 압력 아래에서도 편집주간과 편집국장 그리고 수도 담당들은 이 두 기자들이 진실을 파헤칠 수 있도록 밀어준다. 그러나 이중 삼중으로 정보의 뒷받침이 될 때까지 기사화하지 않는 신중함을 보여주기도 한다. 우리는 이 작품 속에서 민주주의와 대중매체, 이 둘은 서로 분리되어 감시하는 기능을 충분히 발휘함으로써만이 발전될 수 있다는 힌트를 얻는다.

-오세완

〈독립신문〉

없었으며, 이에 따라 더 많은 독자를 확보함으로써 광고 수익을 높이려고 노력했다. 이 결과 미국에서는 이른바 일전신문(*penny paper*)이라고 불리는 염가의 신문이 만들어진다. 1833년 벤저민 데이(Benjamin H. Day)가 〈뉴욕 선〉(*New York Sun*)을 창간하여 성공한 것이 그 예이다. 이 상황 속에서 신문들은 대중성을 빙자하여 선정적 내용을 마구 다룸으로써 19세기 말에는 이른바 황색신문(*yellow journalism*)이 크게 유행해 언론의 권위를 추락시키고 사회적 문제를 야기했다. 그 이후 〈뉴욕 타임스〉(*The New York Times*), 〈워싱턴 포스트〉(*The Washington Post*), 〈크리스천 사이언스 모니터〉(*Christian Science Monitor*) 등 건전하고 독립적인 권위지들이 점차 황색지들보다 대중의 호응을 더 받음으로써 자연히 황색신문은 사라지고 좀더 책임 있는 신문으로 정착했다.

우리나라의 경우 근대적 신문의 탄생은 1883년의 〈한성순보〉였다. 이것은 개화와 함께 서양의 영향을 받아 만들어진 신문이다. 그러나 창간 이듬해 갑신정변으로 박문국이 불타버림으로써 1년 만에 폐간되었다가 3년 뒤에 〈한성주보〉라는 제호로 복간되었다. 그러나 이는 관보의 내용을 가졌으며, 크기와 양식도 오늘의 신문이라고 하기에는 차이가 많았다. 그 이후 1896년 4월 7일 민간인에 의해 최초의 한글 신문인 〈독립신문〉이 탄생한다. 이 신문은 주 3회 간행했으며, 한글·영문으로 편제되어 독립을 지향하는 민중의 대변지 역할을 했다. 그러나 1910년 한일합방이 이루어지면서, 우리의 민족지는 모두 강제 폐간당한다.

일제 치하 초기에 일본은 신문의 발간을 엄격히 제한하다가 문화 식민 정치기에 한민족의 회유책으로 한국인에게 3개 일간지 발행을 허용한다. 그것이 바로 1920년 창간한 〈조선일보〉, 〈동아일보〉, 〈시사신문〉인데 이 중에서 〈시사신문〉은 곧 폐간되고 나머지 두 신문은 오늘날까지 한국 신문 역사의 중요한 역할을 담당한다.

해방 이후 좌익과 우익의 정치적 갈등기에 우리 신문은 좌·우익으로 갈려 투쟁하는 '정론지적' 성격을 가졌다. 정부 수립 후 좌익 신문은 사라졌고, 그에 따라 오늘날과 같은 형태의 신문 구도가 형성되었다. 때로는 4·19로 자유가 신장되고, 때로는 5·16 군사정변으로 신문 통제의 정치적 필요성이 나타났으며, 이때마다 신문의 정비가 이루어졌다. 1972년 10월 유신, 1980년의 언론통폐합 등이 그 대표적 예이다. 제5공화국 아래서 신문사의 수가 언론기본법에 의해 제한되고, 그에 따라 초과이익을 보장받음으로써 신문사는 상당한 성장을 했다. 제6공화국 때에는 자율경쟁이라는 이름하에 언론사의 창간을 새로이 허용했다. 이에 따라 국민주 형식의 〈한겨레〉가 탄생했다. 한편, 2002년 5월 31일 창간호를 발행한 〈metro〉를 비롯해 많은 무가지들이 수도권을 중심으로 하여 지하철 및 버스를 이용하는 일반 독자에게 무료로 배포된다.

2) 신문사는 어떻게 조직되는가

신문사가 신문을 만들기 위해서는 체계적 조직이 필요하다. 정보의 홍수 속에서 뉴스를 효율적이고 치밀하게 수용해야 하고, 한편으로는 영리추구를 위한 사기업으로서 효과적으로 기업을 관리해야 하기 때문이다. 이를 위해 신문사는 경영진 밑에 대체로 편집국, 제작-공무국, 광고국, 판매보급국, 총무국을 포함한 5개의 국 또는 본부를 두고 그 밑에 다시 여러 개의 부를 둔다.

실질적으로 신문 내용을 만드는 부서는 편집국으로 편집국 내에는 신문사의 제작 책임자인 주필을 비롯하여 편집국장, 그리고 그 아래 각 부의 기자들이 있다. 최근에는 편집국의 기능을 보완하기 위해 별도의 기획위원·편집위원·전문위원 제도를 활성화한다. 뉴스를 취재하는 부서는 대체로 사회부, 정치부, 경제부, 국제부, 과학부, 문화부, 체육부, 사진부, 지방부 등으로 나뉘며, 뉴스를 처리 편집하는 부서로 편집부가 있다. 최근에는 신문 편집 디자인에 대한 관심이 높아져서 별도로 이를 담당하는 편집미술부(디자인부)를 두는 경향이 있다. 각 부는 데스크를 맡는 부장과 차장 그리고 일선 기자들로 구성되고 기자들은 기능별로 다시 편집기자, 취재기자, 사진기자, 교열기자 등으로 나뉜다.

3) 신문 지면은 어떻게 구성되는가

신문을 세심하게 살펴보자. 국내 신문은 보통 28~32면의 본 섹션과 몇 개의 부문별 섹션으로 이루어진다. 신문 지면은 뉴스, 피처 그리고 광고로 채워진다.

뉴스는 기사의 성격과 중요성에 따라 배열된다. 1면에는 그날의 주요 뉴스가 나오고 각 면은 정치면, 국제면, 경제면, 문화면, 체육면, 사회면, 오피니언면 등으로 나뉜다. 2003년 초에는 〈조선일보〉와 〈중앙일보〉가 사설·오피니언 칼럼을 종전에 사회면 기사가 실렸던 신문 끝부분에 배치하는 전면적 지면 개편을 단행했다. 요즘은

고(故) 김영희 대기자(大記者)의 현장기자 반세기

어느 분야나 마찬가지로 기자(記者)들 중에도 한길을 걸어가는 이들이 있다. 정치, 외교, 경제, 스포츠, 사건 등 어느 한 분야를 전문적으로 취재 보도하면서 백발(白髮)이 성성하도록 현장을 뛰어다니는 모습을 우리는 외국 신문과 CNN같은 데서 종종 본다. 〈중앙일보〉의 김영희(金永熙) 기자는 우리 언론계에서 드물게 **대기자(大記者)**라는 호칭을 갖고 있다. 50여 년의 언론인 생활 동안 주로 국제 문제에 대한 취재보도를 해오면서 그에게 붙여진 이름이다. 그가 국제 문제라는 분야의 길을 걷기 시작한 것은 1958년 한국일보 입사 후 첫 근무 부서를 외신부로 발령받으면서부터였다.

그는, 젊은 시절 선배들의 질책과 교양을 쌓으라는 독려가 이후 기자 생활을 하는 데 큰 힘이자 자극제가 되었다고 회고한다. 1963년 미국 케네디 대통령이 암살되었을 때는 이 사건을 한국 신문 중 최초로 보도해 '외신특종'이라는 기록을 남겼다. 1965년 창간된 〈중앙일보〉로 옮긴 뒤 그해 11월 동남아 순회특파원이 되어 필리핀의 마르코스 대통령을 인터뷰했으며, 1967년엔 이스라엘과 이집트 간 6일 전쟁을 현장에서 취재한 유일한 한국 기자가 되었다. 1970년 그는 미국 컬럼비아대 저널리즘 스쿨로 유학을 가 제임스 레스턴, 월터 크롱카이트 등 세계적 기자들을 직접 만나기도 했다. 이어 1978년까지 7년 반 동안 워싱턴 특파원으로서 워터게이트 사건, 코리아게이트 사건, 베트남 전쟁 등 한미 관계사에서 가장 복잡하고 극적이던 시대를 취재했다. 이후 〈중앙일보〉 논설위원, 편집국장, 이사, 수석논설위원, 상무이사, 부사장, 고문 등을 거치며 국제관계 칼럼을 계속 쓰거나 그 분야에 관계해 왔다.

그는 기자가 장수할 수 있는 틀의 하나로 대기자 제도를 들고, 대기자 제도 정착의 중요한 조건 세 가지를 제시했다. 첫째는 대기자 제도를 정착시키겠다는 최고경영자(CEO/Owner)의 확고부동한 의지, 둘째는 본인의 노력, 셋째는 편집국과 논설위원실의 열린 자세라고 그는 말한다.

김영희 대기자는 2020년 1월 84세를 1기로 서거했다.

거의 모든 신문들이 가로짜기를 하는데, 기사의 중요도에 따라 머리기사가 왼쪽 상단에 위치하며, 오른쪽 하단을 잇는 대각선을 따라 배열된다. 신문사 데스크로 들어오는 뉴스들은 우선 그 공급원에 따라 크게 자급과 타급 뉴스로 나눌 수 있다. 자급 뉴스란 각 신문사에서 직접 취재한 뉴스들을 말하는데 신문사는 뉴스를 취재하기 위해 각 취재 부서에 기자들을 두고 지방과 해외에는 각기 주재원을 둔다. 그러나 이들만 가지고 수많은 사건들의 뉴스를 모두 수집할 수는 없다. 따라서 각종 통신사와 계약을 맺고 이들을 통해서도 뉴스를 입수하는데, 이를 타급 뉴스라고 한다.

피처(feature)란 신문에 실리는 것들 중에서 객관적 보도 뉴스(straight news)와 광고를 제외한 모든 것을 말한다. 피처는 다시 두 가지 형태로 나뉘는데 하나는 뉴스 피처(news feature)이고, 다른 하나는 비뉴스 피처(non-news feature)이다. 뉴스 피처란 시사적 사건에 관한 것으로서 논설, 칼럼, 인사탐방, 시사만화, 연극이나 텔레비전 평을 말한다. 이들이 객관적 보도 뉴스와 다른 것은 그 속에 기사 작성자의 개인적 의견이나 느낌이 삽입된다는 데 있다. 가장 대표적인 것은 논설과 칼럼이다. 논설은 쓰는 사람의 주관적 견해와 의견, 그리고 주장을 밝히는 글이다. 일반적으로 뉴스 기사 중 가장 논평의 가치가 있는 것을 논제로 선택하는데 여기에도 뉴스의 사실적 기술과 해설적 설명을 앞에 내세운다. 논설은 설득적 문장이므로 논리적이고 구체적인 객관적 자료와 논증이 있어야 한다. 비뉴스 피처는 시사성이 없는 글로서 서비스형, 인간적 흥미 유발형, 정보-뉴스형, 인간 프로필형 등의 피처가 포함된다.

광고는 신문 지면의 60%를 차지하면서 신문사 재원의 젖줄이기도 하다. 신문을 조심스럽게 살펴보면 지면의 하단 부분만이 아니라 기사와 기사 사이, 제호나 시사만화 아래 공간에 위치한 광고를 볼 수 있다. 신문사는 독자의 시선이 많이 집중되는 공간을 광고주에게 팔고, 광고주는 이곳에 자기 회사나 상품의 광고를 싣는다.

4) 게이트키핑이란 무엇인가

뉴스란 바로 우리 주위에서 일어나는 사실이나 사건을 매스미디어의 보도에 맞도록 재구성한 이야기라고 할 수 있다. 그렇다고 우리 주위에 일어나는 모든 사실이나 사건들이 뉴스가 되는 것은 아니다. 실제 사실이나 사건들은 뉴스가 되는 하나의 자원에 불과한 것으로서 뉴스는 사실이나 사건에 바탕을 두고 기자가 작성한 이야기인 것이다.

시시각각 발생하는 수없이 많은 사건 가운데 기자나 데스크에 의해서 뉴스 가치가 있다고 인정된 특정 사건만이 뉴스가 된다. 그렇다고 특정 사건이 뉴스 가치를 지녔다고 해서 모두 뉴스가 되는 것도 아니다. 즉, 어떤 사건(또는 뉴스 자료)이 뉴스로서 수용자에게 전달되기 위해서는 여러 관문(*gate*)을 거친다. 그리고 여러 가지 요인의 작용에 의해 어떤 뉴스 자료는 통과되고 차단되기도 하며 또는 왜곡·변형되기도 한다. 이때 기자나 편집자들은 어떤 뉴스 자료를 통과시킬지 여부, 그리고 통과된 뉴스 자료를 어떠한 형태로 내보낼지를 결정한다. 이것이 바로 매스미디어에서의 게이트키핑(*gatekeeping*) 개념이다.

이렇게 사실이나 사건 중에 뉴스가 될 만한 가치가 있는 정도를 뉴스 가치(*news value*)라고 한다. 뉴스 가치는 쉽게 말해서 일반 수용자들에 알릴 만한 가치가 있는 사건이나 사실이라고 할 수 있다. 이러한 뉴스 가치는 객관적·주관적 기준에 의해 결정된다.

(1) 객관적 기준

어떤 사실이나 사건이 동일한 시간대에 발생한 다른 사실 또는 사건들과의 경쟁에서 살아남아 하나의 뉴스로 보도되기 위해서는 그 사건의 내재적 요인, 즉 영향성·시의성·저명성·근접성·신기성·갈등성이 가능한 많이 충족되어야 한다. 이러한 6가지 요인을 뉴스 가치라 하며 이 뉴스 가치 체계는 모든 언론사나 언론인이 대체로 이의 없이 수용할 수 있는 객관적 기준이 된다. 뉴스 가치 체계를 이루는 6가지 요인은 다음과 같다.

① 영향성

영향성이란 한 사건이 얼마나 많은 사람들에게 얼만큼 영향을 미칠지에 관한 것이다. 예를 들면, 외제차에 대한 관세 인상보다 전기요금 인상이 우리나라 국민에 미칠 영향력이 훨씬 크므로 뉴스 가치가 높다고 할 수 있다. 또한 조그마한 부품공장의 파업보다는 지하철의 파업이 훨씬 영향력이 크므로 뉴스 가치가 높다고 할 수 있다.

② 시의성

발생 후 오랜 시일이 지난 사건보다는 가장 최근에 발생한 사건의 뉴스 가치가 높다고 할 수 있다. 예를 들면, 어제의 날씨보다 오늘의 날씨가, 지난달의 주식시세보다는 금주의 주식시세가 뉴스 가치가 높다. 그러나 오래 전에 발생한 사건이지만 매년 6월 25일은 한국전쟁의 역사성으로 인해 한국전쟁과 관련된 사건은 그 시의성이 높다고 할 수 있다. 따라서 한국전쟁 특집기사는 뉴스 가치가 높은 기사라고 할 수 있다.

③ 저명성

똑같은 사건이라도 유명인사와 관련된 사건이 그렇지 않은 사건보다 뉴스 가치가 더 높다. 즉, 평범한 가정주부가 약물복용 혐의로 구속되었다는 것보다는 유명 연예인이 동일한 혐의로 구속된 것이 뉴스 가치가 더 높다고 할 수 있다. 아침운동 중에 졸도한 프랑스 대통령의 기사는 전 세계의 주목을 받지만 평범한 사람들의 사망은 신문 기사가 되지 않는다. '땡전뉴스'(5공 시절, 당시 전두환 대통령에 관한 보도를 무조건 9시 뉴스의 첫 머리기사로 다룰 수밖에 없었던 현실을 빗댄 말)는 저명성이 다른 모든 뉴스 가치에 우선하는 상황의 전형이다.

④ 근접성

가까운 곳에서 발생한 사건이 훨씬 뉴스 가치가 높다. 이 근접성은 물리적·심리적 근접성 두 가지로 나누어 생각할 수 있다. 미국의 한 항공기가 우리나라 동해안에서 추락한 경우와 대서양에서 추락한 경우 두 가지가 있다고 가정한다면 우리나라의 입장에서는 전자의 뉴스 가치가 높을 수밖에 없다. 이는 물리적 근접성의 한 예가 될 것이다. 미국 항공기가 프랑스 공항에 착륙 직전 추락한 사건이 있었다고 하자. 이때 뉴스 가치는 비행기 추락 사고 이상의 의미를 가지지 못한다. 그렇지만 그 비행기 안에 한국인이 다수 탑승한 사실이 밝혀지면 이 사건은 국민적 관심사가 될 수밖에 없다. 이는 심리적 근접성의 예가 될 것이다.

⑤ 신기성

이상하고 괴상한 사건은 평범한 사건보다 뉴스 가치가 높다. "개가 사람을 물면 뉴스거리가 되지 않지만 사람이 개를 물면 뉴스가 된다"는 금언은 신기성(*human interest* 또는 *bizarreness*)의 뉴스 가치를 논하는 데 가장 많이 통용되는 말이다. 극히 비정상적인 사실이나 사건은 항상 뉴스의 초점이 되어 왔다.

⑥ 갈등성

조화보다는 갈등 지향적인 사건이 뉴스 가치가 높다. 즉, 계속 평화적 상태를 유지하는 지역보다는 전쟁이나 갈등 상태가 지속되는 지역의 뉴스 가치가 높을 것이

뉴스 가치를 규정짓는 6가지 요소

신문의 환경감시 기능이 뉴스 보도로 나타난다. 그런데 매일 일어나는 수많은 사건을 모두 보도할 수 없는 시공간적 제한 때문에 신문은 어쩔 수 없이 뉴스 가치가 상대적으로 큰 사건만을 선택적으로 보도한다. 여기서 1912년 4월 15일 타이타닉(Titanic)호의 침몰사건을 예로 들어 뉴스 가치(*news value*)를 살펴보자.

영향성(*impact*): 1,200여 명이 사망
시의성(*timeliness*): 타이타닉호가 몇 시간 전 침몰
저명성(*prominence*): 사망자 가운데 벤저민 구겐하임 등 포함
근접성(*proximity*): 사고지점은 대서양 한복판이며 생존자 몇 명이 보스턴과 뉴욕에 도착
신기성(*human interest*): 어떤 남자 승객들은 여성복장을 하고 구명보트에 오르려 함
갈등성(*conflict*): 구명보트에 올라타려는 많은 남자 승객들을 무력으로 저지

타이타닉호의 침몰은 뉴스가치를 규정짓는 6가지 요소를 완벽하게 만족시킬 수 있는 20세기 최대의 사건으로 기록될 만하다. 참사가 발생하고 거의 한 세기를 바라보지만 1912년 4월의 대사건에 대한 전세계인의 관심과 매혹은 사그라지지 않는다. 1955년 월터 로드(Walter Lord)가 쓴 《기억할 만한 밤》(*A Night to Remember*)은 30판을 인쇄하는 기록을 남겼으며, 1997년 제작된 영화 〈타이타닉〉은 아카데미상 수상과 함께 국내에서 350만 명 이상의 관객을 동원하였고, 입장료 수익으로 약 185억 5천만 원 상당을 거둬들였다.

다. 노사 문제나 여야의 극한대립은 갈등 지향적 뉴스 가치의 대표적인 예라고 할 수 있다. 권투나 축구와 같은 스포츠 중계의 뉴스 가치가 높은 것도 그러한 이유에 서라고 할 수 있다. 그러나 갈등 지향의 뉴스 가치는 언론의 보도를 흥미 위주로 만드는 원인이 되기도 한다.

(2) 주관적 기준

뉴스 선택은 뉴스 자체가 지닌 가치에 의한 것보다 수용자의 요구와 고용주의 제재, 기자 개개인의 가치관과 배경, 동료로부터의 비공식적 영향력, 외부 사회로부터의 압력, 뉴스원을 포함한 준거집단의 영향 등에 의해 결정된다. 이렇게 볼 때 뉴스 가치가 있는 특정 사건은 게이트키핑 과정을 거치는 동안 '있는 그대로의 현실'이 뉴스로 나타나기보다는 게이트키퍼에 의해 내용이 수정·왜곡되어 보도될 수 있다. 따라서 독자들은 매스미디어를 통해 뉴스가 올바르게 보도되는가에 대해 의문을 제기할 필요가 있다.

우리가 주목할 점은 이와 같이 주관적 기준에 의한 게이트키핑은 뉴스 정보의 흐름에 막대한 영향력을 행사한다는 점과 대부분의 게이트키퍼들은 그들 자신이 수행하는 막중한 힘을 이해하지 못하는 가운데 그 힘을 행사한다는 사실이다. 게이트키퍼들은 객관성을 지향하면서도 주관성의 오류를 완전히 탈피할 수 없다는 데 문제가 있다. 또한 소유주에 의한 외부 압력도 무시할 수 없다. 경우에 따라서는 정치적·사회적·문화적 압력과 같은 외부 요인들이 개입하여 기사의 공정성을 해칠 수도 있다.

5) 신문 기사는 어떻게 작성해야 하는가

신문의 문장은 특히 스트레이트 뉴스의 경우, 소설이나 논문의 문장과는 엄청나게 다르다. 따라서 서론·본론·결론이 있을 겨를이 없다. 계속적으로 밀려드는 뉴스 사이에서 기사는 언제든지 삭제될 각오가 되어야 하기 때문이다. 가장 간단한 방법은 꼬리를 잘라내는 것이다.

신문 기사는 정확성, 객관성, 공정성, 균형성이 생명이다. 다시 말해 기사는 첫째로 그 내용이 모두 사실이며 정확하고 진실해야 하며, 둘째로 기자 자신의 주관성이 개입되어서는 안 된다. 셋째는 기사의 내용이 공정하고, 넷째는 한쪽에 치우침 없이 균형을 이뤄야 한다는 것이다. 뿐만 아니라 신문 기사는 신문이라는 매체의 특성을 정확히 살려야 한다.

비시사성 피처기사의 유형

신문은 매일 일어나는 사건과 쟁점들을 독자에게 전달하는 정보매체이다. 여기에 덧붙여 신문에는 비록 시사성은 떨어지지만 독자의 흥미를 돋우는 많은 피처물들이 실린다. 만약 신문이 세상 돌아가는 모습을 있는 그대로 기록한 단순정보만을 제공한다면 독자의 관심을 끌 수 없을 뿐만 아니라 신문 간의 차별성도 사라질 것이다. 신문 여론조사에 의하면 독자가 수없이 많은 신문 가운데 특정 신문을 선호하는 중요한 이유의 하나로 그 신문에서 자주 접할 수 있는 피처물들, 특히 비시사성 피처임이 드러난다. 허바드(J. T. W. Hubbard)는 비시사성 피처를 서비스형(*service or "how-to"*), 인간적 흥미유발형(*human interest*), 정보-뉴스형(*informative-news*) 그리고 인간 프로형(*personality profile*)의 크게 4가지로 나눈다.

① 서비스형

〈살 빼는 7가지 요령〉, 〈주식투자에 성공하려면…〉, 〈대학입시 이렇게 준비하자〉, 〈나의 홈페이지 만드는 법〉과 같이 우리가 일상 접하는 문제점들을 어떻게 해결할 것인가 하는 방법과 요령을 구체적으로 제시하는 유형의 피처 기사들이다.

② 인간적 흥미유발형

"작은 사람"들이 해낸 "큰 일"이 인간적 흥미유발형의 기사가 된다. 아랍 테러리스트의 자살 테러로 뉴욕의 세계무역센터에서 수천 명이 생매장되는 가운데 기적적으로 살아남은 몇 명 안 되는 생존자의 경험담, 일용직 근로자인 한 남자가 60억이 넘는 복권 당첨금을 받아 하루아침에 거부가 된 이야기가 여기에 포함된다.

③ 정보-뉴스형

이 유형의 피처는 감동적인 이야기도 아니고 생활의 지혜에 보탬이 되는 것도 아니다. 다만 정보나 지식 그 자체에 불과하다. 〈도청, 감청의 실체를 벗긴다〉와 같은 폭로물과 〈대학가의 음주문화 이렇게 바뀌고 있다〉와 같은 추이(*trend*)에 관한 이야기가 이런 유형의 기사이다.

④ 인간 프로형

"빅 스타"들의 "사소한 일"이 바로 인간 프로 피처가 된다. 학사학위만 가지고 노벨 화학상을 수상한 다나카 고이치와 축구 스타 손흥민, 가요계의 여왕 보아와 같은 톱스타들이 이 유형의 피처 주인공이 된다. 피겨여왕 김연아는 훈련을 마치면 무얼 하고 지내는지가 독자의 관심을 끌 수 있다. 앞서 소개한 인간적 흥미유발형 피처가 "작은 사람들이 해낸 큰 일"인 데 반해, 인간 프로형 피처는 "큰 사람들이 해낸 작은 일"이라고 말할 수 있다.

하나의 신문 기사는 대부분 제목(headline), 전문(lead), 본문(body)으로 구성된다. 제목은 기사의 머리에서 독자의 눈을 끌어당겨 관심을 일으키도록 '광고'를 하는 것이다. 제목은 그 자체가 그 기사의 종합이요 결정이며 독자가 알기 쉽도록 요약된 응집물이다. 또한 좋은 제목은 그 기사를 요약하며 전체 지면을 미화하는 기능을 한다. 1997년 한국이 외환위기를 맞자 한 신문이 제목으로 사용한 '환란'(換亂)이란 용어는 단 두 글자로 모든 것을 말한 명쾌한 제목으로 기록되었다. 전문이란 본문의 내용을 요약한 것이자 제목을 좀더 구체적으로 상술한 것이다. 본문은 반드시 '뉴스' 내용의 요소인 누가(who), 언제(when), 어디서(where), 무엇을(what), 왜(why), 어떻게(how) 했는가의 이른바 육하원칙(5W1H)의 표현 조건을 구비해야 한다. 이것은 뉴스 기술(記述)의 구문 요소인 동시에 뉴스 자체의 구성 요소이다.

신문 기사는 3가지 형태 중 하나로 작성된다. 첫째는 표준 역피라미드형이다. 둘째는 피라미드형 또는 연대기형이며, 셋째는 혼합형이다.

첫째, **표준 역피라미드형**은 미국의 AP통신이 처음 개발한 것으로서 뉴스 보도의 경우 가장 많이 사용되는 표현 형식이다. 다시 말해 처음에 요약된 '클라이맥스'가 서술되고 자세한 내용의 본문은 뒤로 갈수록 그 중요성이 감소한다. 따라서 전체 사건은 뒤의 어느 부분을 끊어도 알 수 있다. 문장 순서로 본다면 결론이 먼저 오고 다음에 본론이 오는 것이다. 역삼각형 뉴스 문장은 표제·전문·본문의 3단계 구문으로 이루어진다. 이 방식의 장점은 우선 신문사 측면에 있다. 즉, 신문사 편집 데스크에서 지면 관계로 기사 내용을 거두절미할 필요가 있을 경우 기사의 뒷부분부터 잘라내도 핵심적이고 중요한 내용이 살아남아 쉽게 기사의 길이를 조절할 수 있다는 점이다. 둘째는 수용자적 측면에 있다. 바쁜 독자들이 기사 첫머리만 읽고서도 그 전체 내용의 핵심을 알 수 있다는 것이다. 그래서 이 형태는 전 세계적으로 가장 많이 쓰이나 주로 스트레이트형 기사에만 사용된다.

둘째, **피라미드형 또는 연대기형**은 시간 순서대로 기사를 시술하는 것이다. 어떤 사건에 대한 보도 기사를 작성할 경우 그 사건의 발단에서부터 시간적·논리적 순서대로 서술하다가 끝에서 결론을 내는 형태이다. 이러한 형태는 일반 기사보다 피처에 많이 사용되는데, 왜냐하면 독자의 관심을 계속적으로 끌 수 있다는 장점을 갖기 때문이다.

〈그림 5-1〉기사의 구성에 따른 세 가지 기본형태

요약(전문)

중요한 사실

흥미 있는
이야기

1) 표준 역피라미드형

도입

중요한 사실

서스펜스의 형성

클라이막스(결론)

2) 피라미드형

클라이막스/요약

서론

본론

결론

3) 혼합형

셋째, 혼합형이란 역피라미드형과 같이 중요한 사실은 리드에 제시하고 나서 나머지는 시간 순서대로 서술하는 것을 말한다. 이는 역피라미드 방식의 장점과 피라미드형의 장점을 고루 갖춘 특성을 가진다.

좋은 기사란 무엇인가? 좋은 기사를 위한 제 1원칙은 읽기 쉬워야 한다는 것이다. 명문이거나 미사여구가 나열된 아름다운 문장에 앞서 기사는 읽기 쉬워야 한다. 읽기 쉽다는 것은 이해가 쉽다는 것과 함께 저항감이 없고 긴 문장도 짧게 느껴진다는 것이다. 둘째로, 전달하고자 하는 내용이 무엇인가를 독자들이 정확히 이해할 수 있는 문장이어야 한다. 기사를 독자들에게 올바로 전달하려면 우선 기자가 기사의 주제와 테마를 먼저 제대로 이해해야 함은 물론이다. 셋째, 구체적 사실을 써야 한다. 기사는 허구가 아닌 사실을 전하는 것이다. 기사는 논문과 다르며 소설이나 수필과 구분되는 문장체를 지닌다. 넷째, 정확한 용어를 써야 한다. 기사는 애매모호한 용어를 써서는 안 된다. 마지막으로 논리적이어야 한다. 이때의 논리성은 어구 표현상의 논리성 문제로, 앞뒤 문장의 내용상 인과관계가 성립되어야 하는 것이다.

2. Web 2.0 신문

2009년 4월 11일, 스코틀랜드 시골에서 올라온 중년의 미혼 여성이 런던의 한 방송사가 주최하는 연기자랑 무대에 섰다. 나이가 몇 살이냐 묻는 심사위원의 적절치 않은 질문에 "47세예요"라고 짤막하게 답하곤 곧 그녀의 노래가 시작됐다. 수잔 보일이란 이름의 노처녀가 〈나는 꿈을 꾸었어요〉(*I Dreamed A Dream*)를 부르는 순간 객석에선 열광의 박수가 터져 나오고 수잔의 나이를 묻는 결례를 범한 심사위원의 얼굴엔 자책의 표정이 역력했다. 그녀의 공연 비디오는 유튜브를 타고 바이러스처럼 퍼져 나가 불과 2주 만에 1억 건의 히트 수를 기록하는 전대미문의 개가를 올렸다. 한국 인구의 두 배, 전 세계 1,000명 중 15명이 수잔의 쾌거를 맛본 것이다.

2주 만에 1억 건의 히트 수, 그것을 가능하게 한 유튜브. 이런 세상에서 자전거로 실어 나르는 인쇄 신문이 과연 살아남을 수 있을까? 문화적 산물이자 미디어 논제 설정 기능의 중심축인 신문이 무너진다면 과연 그 자리를 어느 매체가 어떻게 메울수 있을까? 이러한 물음에 대한 답을 구하기 위해 최근 급변하는 미디어 환경에서 신문이 당면한 문제점들을 점검하고 신문의 생존 전략은 무엇인지를 모색해 보자.

1) 신문의 위기, 무엇이 문제인가

(1) 인쇄 신문의 쇠퇴, 인터넷 신문의 약진

신문이 위기를 맞고 있다. 결코 신문의 질이 떨어져서가 아니다. 신문을 읽는 독자가 해마다 꾸준히 줄기 때문이다. 신문 구독자의 하강세는 광고 수입의 감소와 신문사의 재정난으로 직결된다. 우리나라 일간신문의 전체적 추이를 볼 때 신문사 개수는 1999년 이후 지속적으로 증가하지만 정기 구독률은 현저한 비율로 떨어지고 있다. 가구 구독률을 기준으로 할 때 1996년만 하더라도 전체 가구의 69.3%가 신문을 정기 구독했으나 2015년에 이르러 25.4%로 떨어졌다(한국언론재단, 〈2015 언론수용자 의식 조사〉). 한편, 방송통신위원회와 한국인터넷진흥원의 〈2014년 인터넷 이용 실태 조사〉에 의하면 만 6세 이상 국민의 과반수(54.0%)가 전통적인 오프라인 신문을 읽고, 그보다 많은 77.9%가 온라인으로만 신문을 읽는 것으로 조사되어, 온라인 신문 이용률이 23.9% 높은 것으로 나타났다. 포털, 블로그, DMB, WiBro, IPTV 등의 뉴미디어가 속출하면서 신문은 고연령/고소득 매체로 점점 굳어지고 인터넷으로 필요한 정보를 획득함은 물론 교육, 과학/기술, 레저/여행, 쇼핑/상품 정보 등의 분야에서 인터넷이 신문을 추월한 것으로 나타났다.

이렇게 신문산업이 하락하는 배경엔 인터넷 신문과 무가지 출현으로 광고 수입이 격감하고, 언론산업의 헤게모니가 뉴스 생산자에서 유통자로 넘어가고, 독자의 위상이 피동적 수신자에서 능동적 생산자로의 변화에서 찾아 볼 수 있다. 언론이자 산업인 신문이 곤경에 처한 까닭은 무엇보다도 이른바 디지털 원주민(*digital natives*)들인 10대 청소년층이 인터넷에 떠도는 의견이 곧 사회의 여론이자 정론이라고 간주하며 전통 매체의 영향력을 부정적으로 판단하는 경향이 짙기 때문이다. 컨버전스 미디어 환경의 주인인 19~34세 젊은이들이 뉴스를 이용하기 위해 굳이 전통 매체에 매달리지 않고, 양질의 뉴스에 적극적으로 접근하기보다는 인터넷 속보를 클릭하는 단순하고 조건반사적 소비에 치중한다. 국내외를 막론하고 10대 예비 독자층이 신문, 나아가 경성뉴스(*hard news*)를 외면하는 현상은 저널리즘의 전망을 더욱 어둡게 한다.

디지털 시대의 코드를 해독하라

〈뉴욕 타임스〉의 혁신보고서가 한바탕 유행처럼 지나갔다. 지나갔다는 표현이 맞는지는 모르겠으나, 〈뉴욕 타임스〉의 자기고백과 성찰, 전략 방향이 담긴 이 보고서는 언론계의 관심을 '디지털 우선'(*digital first*) 혹은 '디지털 중심'(*digital centric*)으로 옮겨놓는 데는 나름 효과가 있었던 것 같다. 꼭 보고서 때문만은 아니겠지만, 〈한겨레〉를 비롯한 몇몇 신문사들이 편집국 혁신을 위한 실험들을 시작했다. 늦었지만 반가운 시작이다. 〈뉴욕 타임스〉는 혁신보고서 서문에서 다음과 같이 말한다.

"우리는 우리가 만든 저널리즘이 얼마나 많은 사람들에게 전달될지, 또 얼마나 영향력을 미칠지에 대해 늘 고민해왔다. 그러나 정작 디지털 시대의 코드를 파헤치는 일은 충분치 못했다."

〈뉴욕 타임스〉 온라인 사이트

그 결과, 〈허핑턴 포스트〉와 '플립보드'는 〈뉴욕 타임스〉 기사를 활용해 〈뉴욕 타임스〉보다 더 많은 트래픽을 가져가고 있다. 〈뉴욕 타임스〉는 9월 5일 "〈뉴욕 타임스〉에 기고했던 9명의 문화 아이콘"이라는 제목의 기사를 〈뉴욕 타임스〉가 아닌 정보통신(IT) 전문 온라인 매체인 〈매셔블〉 (Mashable)에 실었다. 보다 정확히 말하자면 매셔블의 온라인 지면을 사서 〈뉴욕 타임스〉 기사를 '맞춤형 광고물' 형태로 실은 것이다. 왜? 목표는 단순했다. 〈뉴욕 타임스〉가 다가서길 원하는 독자(잠재적 독자)가 〈매셔블〉에 있기 때문이었다. 독자가 뉴스를 찾아가는 시대가 아닌 뉴스가 독자를 찾아가야 하는 시대이기 때문에, 〈뉴욕 타임스〉도 독자를 찾아나서야 하는 상황이 된 것이다. 이미 독자들은 〈매셔블〉이나 〈허핑턴 포스트〉, '플립보드' 같은 '디지털 기반 뉴스 매체' 쪽에 모여 있다.

디지털 시대의 코드를 정확히 해석해 성공한 미디어 기업으로 좋은 사례가 있다. 1997년 인터넷에서 주문을 받아 우편으로 DVD를 대여하는 서비스로 출발한 '넷플릭스'는 지금은 전 세계에 5천만 명의 가입자를 가진 플랫폼 사업자로 성장했다. 플랫폼으로서뿐 아니라 콘텐츠 제작에서도 파격적이고 성공적인 행보를 보이고 있다. 오바마 미국 대통령도 챙겨본다는 드라마 〈하우스

〈뉴욕 타임스〉는 지난 9월 〈매셔블〉에 자사의 기사를 내보냈다.

오브 카드〉의 성공은 예견된 것이었다. 넷플릭스는 그동안 축적된 넷플릭스 이용자들의 데이터, 이른바 빅데이터를 분석해 이용자들에게 제공할 콘텐츠의 장르, 감독, 배우를 결정했다. 그들은 '상상 가능하고 접근 가능한' 모든 정보를 이용했다고 말한다. 하루 3천만 건의 동영상 재생 기록, 4백만 건의 이용자 평가, 3백만 건이 넘는 검색 정보, 위치 정보, 단말기 정보, 일시정지와 되감기 정보, 영상물의 컬러 톤과 음량까지 조사했다. 여기에 시청률 데이터와 SNS상의 소셜 데이터와 같은 외부 정보까지 결합해 이용자의 선호도를 분석했다. 그 결과 나온 작품이 〈하우스 오브 카드〉다.

미디어 효과 연구가 태동되던 1920～30년대, 연구자들은 '미디어가 사람들에게 어떤 영향을 미칠 것인지'에 대해서만 연구했다. '사람들이 미디어를 가지고 무엇을 하는가'에 관심을 돌리기 시작한 것은 1970년대에 들어와서다. 기술도 산업도 소비자도 변하는 세상에 〈뉴욕 타임스〉를 포함한 '올드 미디어'들은 여전히 옛날 사고에 머물러 있다. 이용자들이 무엇을 원하는지, 어디에서 무엇을 하는지, 어디로 옮겨가는지 관심을 가지지 않았다. 누가 우리의 고객인지 기본적인 정보조차 없다. 그러다 보니 올드 미디어에게 고객은 여전히 블랙박스로 남아 있다. 그런데, 블랙박스 안에 들어 있는 디지털 코드를 해독해야만 실험은 성공할 수 있다. 넷플릭스가 그랬던 것처럼.

— 김영주(한국언론진흥재단 연구센터장), 〈한겨레〉, 2014년 10월 29일 기고문

(2) 인터넷 신문의 특성

인터넷 신문은 인쇄 신문에서 찾아볼 수 없는 여러 가지 강점을 가진다. 첫째로, 인터넷 신문의 강점은 속보성과 현장성이라고 할 수 있다. 인터넷 신문의 속보성은 인쇄 신문의 커다란 약점이라 할 수 있는 시간적 제약성을 극복하게 했다. 즉, 인터넷 신문은 디지털 테크놀로지를 활용함으로써 뉴스 기사를 제작과 동시에 배포할 수 있다. 둘째로, 상호작용성(*interactivity*)은 인터넷 신문과 인쇄 신문을 뚜렷이 구분짓는 가장 중요한 특성 가운데 하나라고 하겠다. 인터넷 신문에서는 기자와 독자, 독자와 독자가 부단히 상호작용할 수 있다. 따라서 누구나 뉴스를 생산하고 배포하며 소비하는 뉴스의 산비자(産費者, *prosumer*) 입장에 설 수 있는 것이다. 셋째로, 인터넷은 하이퍼텍스트(*hyper-text*) 또는 비선형(*nonlinearity*) 구조를 지니기 때문에 인터넷 신문은 독자로 하여금 다양한 루트를 통해 기사를 선별적으로 읽을 수 있게 한다. 즉, 기사에 대한 게이트키핑 자체를 기자로부터 독자에게로 상당 부분 위임한 셈이 되는 것이다. 넷째로, 인터넷 신문이 정보를 거의 무제한 저장할 수 있는 점이 매스미디어와 구별되는 큰 장점이다. 인터넷 신문은 인쇄 신문의 경우와 같은 지면의 제약으로부터 해방을 누린다. 이러한 매체적 특성은 일회성 보도로 그치는 인쇄 신문의 '냄비근성'을 탈피할 수 있는 환경을 인터넷 신문에 부여했다. 따라서 인터넷 신문은 기사의 데이터베이스화로 인해 이슈의 발생에서부터 소멸에 이르기까지의 전 과정을 통시적으로 일목요연하게 들여다볼 수 있게 한다. 마지막으로 인터넷 신문은 텍스트뿐만 아니라 사진과 그래픽, 소리, 동영상까지 동반한 멀티미디어적 정보를 제공할 수 있다. 인터넷 신문의 이러한 멀티미디어성은 인쇄 신문의 고유한 매체적 기능에다 방송과 통신의 매체적 특성까지 포괄적으로 수용함으로써 이미 신문과 방송·통신의 경계를 허물어 정보화시대의 새로운 융합 매체로서 뿌리내렸다.

(3) 인터넷 신문의 발달사

오늘날 인터넷 보급이 거의 포화상태에 이르면서 기존 신문은 인터넷 신문을 동시에 운영하거나 인터넷 사이트, 전자 매체로의 확장을 진행한다. 또한 온라인으로만 존재하면서 저널리즘 활동을 벌이는 언론사도 등장한다. 이처럼 컴퓨터 네트워크라는 수단을 통해 가상공간에 뿌리를 내리는 새로운 유형의 저널리즘을 온라인 저널리즘(online journalism) 또는 온라인 미디어라 부른다. 그런데 기존 신문사가 온라인에 뛰어든 것은 수익 창출이나 영향력 증대라는 적극적 동기보다는 미래에 대한 우려감과 불확실성에 직면해 타 신문사·타 매체와의 경쟁에서 낙후되지 않겠다는 소극적 동기에서 출발했다.

기존 신문사가 운영하는 인터넷 신문은 3단계의 과정을 거쳐 발달한다. 제 1단계는 인쇄 신문의 내용을 그대로 옮겨 싣는 단계이다. 원문으로부터의 단순한 복사나 주요 사건이 발생했을 때마다 내용을 업데이트하는 형식이 이 단계에 속하며, 국내의 대다수 인터넷 신문들이 아직까지 이 단계에 머무른다고 볼 수 있다. 제 2단계는 인터넷 신문이 독자 기사를 발굴하여 신문 내용에 추가하고 관련 사이트를 링크하거나 부가정보를 제공하는 단계이다. 이용자들이 외부 사이트나 관련 데이터베이스에 추가적으로 접속하여 원하는 정보를 이용할 수 있게 해주는 것으로 국내의 몇몇 인터넷 신문들도 이러한 방식을 도입하고 있다. 마지막 제 3단계는 이야기 전개와 자발성을 바탕으로 온라인상에 커뮤니티를 형성하고, 인쇄 신문과는 별개인 독자적인 내용을 싣는 단계이다.

월드와이드웹(WWW)이 처음으로 개발된 시기는 1989년이지만 보편화되기 시작한 것은 1992년경이다. 이러한 웹 기술의 발달에 따라 1992년 〈시카고 트리뷴〉이 최초로 웹 서비스를 제공했다. 우리나라에서는 1995년 〈중앙일보〉가 처음으로 인터넷 신문을 발간했고, 그 후 벤처 열풍과 정보통신사업의 잠재력에 대한 장밋빛 기대 속에 전국의 거의 모든 일간지들이 인터넷 신문을 발행했다. 이러한 종속형 인터넷 신문 외에도 독립형 인터넷 신문도 등장했다. 이들은 독립적 취재 조직으로 시사 정보 등을 독자적으로 취재해 웹에 제공하는 형태를 가진다. 인터넷이 보편화되면서 1998년 〈조선일보〉와 한나라당을 패러디 소재로 삼은 웹진인 〈딴지일보〉(www.ddanzi.com)가 등장해 네티즌 사이에 선풍적인 인기를 끌었으며, 뒤이어 〈대자보〉(www.jabo.co.kr)와 〈더럽〉(www.therob.co.kr)과 같은 부정기 웹진이 잇따라 발간되었다. 그러던 중 국내에서는 2000년 1월을 전후해 일간지 형태의 독립형 인터넷 신문들이 연이어 창간되었다. 이를테면 경제 분야 기사만을 전문적으로 다루는 〈이데일리〉(www.edaily.co.kr), 금융 관련 뉴스에 주력하는 〈머니투데이〉(www.moneytoday.co.kr), 정보통신 기사만을 전문적으로 제공하는 〈아이뉴스24〉(www.inews24.com),

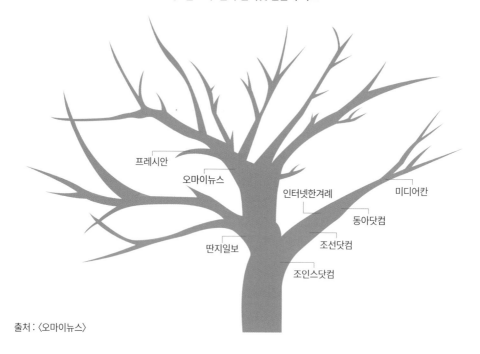

〈그림 5-2〉 한국 인터넷 신문의 족보

프레시안
오마이뉴스
인터넷한겨례
미디어칸
동아닷컴
조선닷컴
딴지일보
조인스닷컴

출처 : 〈오마이뉴스〉

〈코리아인터넷닷컴〉(korea.internet.com) 등과 같은 특수 전문지, 〈뉴스보이〉(www.newsboy.co.kr), 〈오마이뉴스〉(www.ohmynews.com), 〈프레시안〉(www.pressian.com) 등과 같은 종합일간 인터넷 신문이 대표적인 사례들이다.

　　최근 들어 적자에 허덕이는 많은 신문사들이 인쇄 신문을 접고 온라인만으로 뉴스를 전달하는 상황이 전개되고 있다. 그 이유야 재정적 압박에서 비롯된 것이지만 결과적으로 더 많은 독자를 확보하고, 더 큰 영향력을 발휘할 수 있어 죽어 가는 신문에겐 전화위복, 기사회생의 전기가 될 수 있을 듯도 하다. 사려 깊은 논설과 심층보도로 독특한 권위지 자리를 지키던 〈크리스천 사이언스 모니터〉는 고작 2만 6천 명의 엘리트 독자를 유지할 수 없어 2009년 3월 27일자로 웹으로만 서비스를 제공한 이후 예상을 초월하는 독자층과 그들로부터 뜨거운 반응을 얻을 수 있어 만족해하고 있다. 발행부수 110만의 〈뉴욕 타임스〉가 닷컴 웹사이트(nytimes.com)로는 1억 건 이상의 히트 수와 2천 5백만 명이나 되는 고유 독자를 확보했고 독자의 80%가 워싱턴 근교 주민인 〈워싱턴 포스트〉(washingtonpost.com)도 이제 인터넷 덕분에 전국/국제지가 되었다.

그렇다면, 온라인에서 폭발적으로 늘어난 독자들 덕분에 신문사의 수입도 그만큼 올라가는 것일까? 수입의 80%를 오프라인 광고에 의존하는 대부분의 신문사 중 〈월스트리트 저널〉(Wall Street Journal)만이 온라인에서 웹 광고로 흑자를 보고 〈뉴욕 타임스〉나 〈워싱턴 포스트〉를 포함한 거의 모든 신문이 적자를 면치 못하는 것이 현실이다. 〈뉴욕 타임스〉의 경우 웹 광고 수입이 오프라인의 5%밖에 되지 못해 상당수의 지국과 지사를 축소 폐쇄하기에 이르렀다. 즉, '독자 수의 증대=광고 수입의 증대'라는 등식은 적어도 인터넷 신문에서는 통하지 않는 듯하다.

(4) 인터넷 신문의 유료화

국내 신문사들의 경제적 위기가 가시화되면서 신문 광고의 위축으로 인한 위기감은 이를 대체할 만한 모델로 인터넷 신문의 유료화(paywall)의 적용을 촉진했다. 이미 〈뉴욕 타임스〉가 2011년부터 실행에 옮긴 시스템인 Paywall은 인터넷 사용자들이 웹페이지의 콘텐츠에 비용을 지불하고 접근하는 권한을 말한다. 즉, 인터넷 뉴스 페이지 내 콘텐츠에 대한 차별적 접근을 할 수 있는 기술적 인공물 구축을 의미한다고 볼 수 있다. 국내 언론인 〈조선일보〉, 〈매일경제〉, 〈한국경제〉, 〈내일신문〉 등도 콘텐츠 유료화를 통한 신문산업의 위기 탈출을 도모한다. 국내 주요 일간지 및 인터넷 언론사는 뉴스 DB를 네이버, 다음, 네이트 등의 포털사이트에 판매함으로써 수익을 창출한다. 콘텐츠 유료화는 신문이라는 오프라인 매체가 부딪힌 경제적 한계를 뛰어넘는 하나의 수단으로 작용해 산업으로서의 신문의 또 다른 가능성을 제기하고 있다.

(5) 포털사이트를 통한 뉴스 소비 및 유통의 가속화

국내 포털사이트가 뉴스 서비스를 시작한 것은 2001년 '이후'가 단순히 '지급 뉴스'의 형태로 뉴스 목록만 제공하는 수준이었으나 2003년 이후 신문사, 방송사, 통신사 등과의 제휴를 통해 '타급 뉴스'를 공급받음으로써 인터넷 뉴스 시장에서 급격히 성장했다. 신문사의 웹사이트보다 포털사이트의 뉴스 이용자가 많은 것은 카페나 블로그, 메일 등 포털 자체에서 제공되는 다양한 서비스들과 자연스럽게 연동되기 때문이다. 또한 포털사이트는 언론사들이 공급한 뉴스를 네티즌들의 입맛에 맞게 재가공하는 이른바 게이트키핑을 한다. 포털이 뉴스의 게이트키핑 역할을 하면서부터 언론으로서의 역할과 책임에 대한 논란이 일었고, 다음의 경우 기존 전통 미디어들과의 마찰로 뉴스 공급이 중단되는 등의 현상이 나타나고 있다.

2013년 1월 국내 유명 포털사이트인 네이버는 뉴스 스탠드를 도입했다. 이는 기존 서비스인 뉴스 캐스트를 보완하여 탄생한 것으로, 웹사이트에 주요 언론사 52개를 보여주고, 이용자가 원하는 언론사를 선택하여 메인 화면에서 볼 수 있도록 편집할 수 있는 기능을 마련한 것이다. 뉴스 캐스트 운영 당시 광고 수익을 가장 큰 목표로 했던 언론사가 선정성·낚시성이 짙은 기사를 제공했고 편집권을 가진 네이버가 그러한 기사를 위주로 배치하는 사례가 많아지자 그러한 문제를 보완하기 위해 선택한 방법이 바로 뉴스 스탠드다. 이는 각 언론사 간의 트래픽 경쟁 방지는 물론, 언론사의 편집 가치와 의도가 보다 효과적으로 이용자들에게 전달될 수 있다는 장점을 가진다. 그러나 뉴스 스탠드의 도입 이후, 각 언론사들은 트래픽 수가 절반 이상 하락하는 타격을 입어 언론사와 네이버 간의 대립 구도를 피할 수 없었다.

2) 참여 언론의 개막

(1) 시민 저널리즘의 등장

과거 주류 언론이 생산하는 메시지를 피동적으로 수용하던 독자들은 적극적으로 자신의 생각과 견해를 담은 콘텐츠를 제작하고 적극적 소통·교류를 통해 콘텐츠를 유통시켜 공중의 참여를 확장시키는 형태를 만들었다. 2008년 봄 광우병 파동이 촛불시위로 확산되면서 그간 매스미디어가 주도하고 이를 수동적으로 수용하던 여론의 흐름을 아고라 등 이른바 소셜 미디어가 주도하는 '권력의 이동' 현상이 나타났다. 뉴스의 생산·전파는 물론 다양한 형태의 논제설정 기능도 순수 대중들에 의해 이루어지는 시민 저널리즘이 꽃을 피운 것이다. 이런 권력이동 현상은 일부 주류 언론의 정형화된 보도 자세를 바로잡고자 하는 욕구의 표출인 것으로도 해석할 수 있다.

시민 저널리즘은 신문 기사에 댓글 달기에서 위키피디아에 이르는 다양한 형태로 나타난다. 아우팅(Outing)은 현재 나타난 시민 저널리즘을 취재 방식과 시민의 참여 정도에 따라 11가지 형태로 분류한다.

베켓은 뉴미디어와 새로운 기술이 기존 언론에 위협이 되기보다는 새로운 기회가 된다고 주장하면서 개방·참여·소통의 Web 2.0 환경에 맞는 네트워크 저널리즘(*networked journalism*) 모델을 제시했다. 이 모델은 뉴스의 생산과정을 경보 → 기사 초안 작성 → 패키징 → 사건 분석 → 쟁점으로 부각 → 종합의 6단계로 나누어 각 단계에서 기자와 시민이 할 일을 예제를 들어 설명한다. 앞서 살펴본 바와 같이 일반 시민의 언론 참여는 댓글 달기에서 위키피디아에 이르기까지 광범위한 영역에서 활발하게 진행되나 베켓의 네트워크 저널리즘 모델은 시민과 언론인의 협업 체제를 좀더 구체화, 체계화한 것이다.

네트워크 저널리즘의 전개 과정을 어떤 지역에서 발생한 살인사건을 예로 들어 설명해 보자. 사건발생 직후 ① 사건 관련정보 수집(경보), ② 사건 발생을 알리는 단신 보도, 주민 제보 잇따라 접수, 보도를 발전시킴(기사 초안 작성), ③ 관련자와의 인터뷰, 동영상 자료 등의 입체화(패키징), ④ 사건의 발생원인과 상황 분석(사건 분석),

〈표 5-1〉 네트워크 저널리즘의 전개과정

뉴스 생산과정	기자가 할 일	시민이 할 일	예제
경보	경찰서에서 사건 발생을 뉴스룸에 알림	지역 주민이 사건 발생을 뉴스룸에 알림	사건 관련정보 수집
기사 초안 작성	뉴스룸에서 사건 발생을 속보를 통해 알림 시민 블로그를 모니터링함	주민들이 속보를 알림 (*mobilephone*, *video*, Twitter, Flickr, Facebook, *blog*)	살인사건 발생을 알리는 단신 보도, 주민 제보 잇따라 접수, 보도를 발전시킴
패키징	수집된 자료들을 위젯과 링크들을 사용하여 UGC, 개인과 전문 웹사이트에 게재	사건 목격담, 분석 및 코멘트 게재	사건 관련자와의 인터뷰, 동영상 자료 등의 입체화
사건분석	사건을 전문가와 일반인의 시각에서 시간 순서대로 구체화시킴	주민들이 crowd-sourcing 활동에 참여	사건의 발생 원인과 상황 분석
쟁점화	패키지는 좀더 강화됨 좀더 자세한 그래픽, 비디오, 위젯링크, 전문가 웹사이트 등 이슈에 대한 논쟁	위키가 셋업	선문가, 네티즌들 간의 토론
종합	저널리스트는 정보와 견해의 네트워크에 연결, 위키와 투표 등	대중은 정보와 견해의 새로운 네트워크에 연계된다. 지역사회는 오랜 기간을 가지고 모니터를 위한 블로그를 구성한다. DB화	범죄관련 DB에 수록, 추후 사용

⑤ 전문가, 네티즌들 간의 토론(쟁점으로 부각), ⑥ 사건, 범죄 관련 데이터베이스에 수록, 추후 사용(종합)의 과정을 거치면서 사건은 좀더 깊이 있고 넓게 보도될 뿐만 아니라 후에 발생할 수 있는 유사한 범죄를 대비하고 미연에 방지할 수도 있겠다. 이러한 과정에서 일반 시민은 현장감 있는 정보를 신속히 전달하며, 전문기자는 기사의 흐름을 종합하고 조절하는 역할을 수행하는 것이 네트워크 저널리즘의 요체다.

이미 주요 매체들이 네트워크 저널리즘을 활용한다. 미국 CBS의 아이모바일(아이폰 애플리케이션, 웹과 동시 운영, 아이폰으로 촬영한 동영상이나 사진 등을 간편한 등록절차를 거쳐 사이트에 업로드하는 애플리케이션), CNN iReport(시민 저널리즘의 동영상 사이트, 동영상/사진 17만 5천 건, 회원 8만 5천 명, 매달 230만 유저), BBC News(UGC Hub), 〈뉴욕 타임스〉의 The Local(지역주민이 직접 블로거로 활동, 지역 공동체의 행사소식, 경찰에 신고된 사건소식, 지역주민들의 생활상)을 그 예로 들 수 있다.

3) 콘텐츠 공장, 블로고스피어(*Blogosphere*)

(1) 블로그 서비스의 등장과 발전

블로그 전문 검색엔진인 테크노라티(Technorati)가 2010년 집계한 통계에 의하면 전 세계적으로 8백만 개의 블로그가 활동 중이며, 매 7.4초마다 새로 생겨나는 블로그는 하루 1만 2천 개에 달한다. 또한 하루에 27만 5천 건의 새로운 포스트가 작성되며, 매 시간 10,800번 업데이트되는 것으로 나타났다. 블로그가 이처럼 폭발적으로 늘어난 것은 블로깅 행위가 블로거들의 자기만족, 의사소통, 수익의 추구, 인정의 욕구를 모두 충족시킬 수 있는 효용적 가치가 있기 때문이다.

국내에 처음 블로그가 소개된 2001년 12월 이래로 블로그는 비약적인 발전을 거듭하여 2003년 7월에는 네이버, 다음 등의 포털사이트뿐만 아니라 주요 언론사들도 블로그 서비스에 눈을 뜨기 시작했다. 또한 블로그 플랫폼을 전문적으로 제공하는 이글루스, 테터툴즈 등의 서비스들도 잇따라 오픈했다. 특히 대형 언론사들이 블로그에 관심을 보인 것은 커뮤니티적 속성이 강한 사용자들의 욕구를 충족시킬 뿐만 아니라, 자사의 콘텐츠에 대한 반응도를 확인하고 독자들과의 관계를 지속적으로 유지시켜 시너지 효과를 발생시키려는 기대심리 때문이었다. 흩어진 블로그 콘텐츠를 효과적으로 수집하고 유통할 메타블로그 서비스들도 등장했다. 2003년 10월 블로그코리아를 시작으로 2004년 9월에 올블로그, IT 전문 메타서비스인 블로그 전자신문 '버즈'가 2005년 8월 오픈했다.

　포털사이트 역시 블로그 콘텐츠에 관심을 가지기 시작했다. 다음은 2006년 5월 개방형 블로그 서비스인 '티스토리'를 오픈하면서 블로그 플랫폼을 통한 콘텐츠의 경쟁력을 강화하는 움직임을 보였으며, 2006년 9월에는 포털 서비스 최초로 뉴스서비스인 미디어다음 내에 '블로거뉴스'라는 별도의 메타 형식의 서비스를 오픈하며 블로그 콘텐츠와 뉴스 서비스의 결합을 통한 새로운 블로그 미디어의 가능성을 실험하기도 했다. 그 외에 2007년 〈스포츠서울〉이 스포츠 관련 콘텐츠를 전문적으로 유통하는 블로그 스포츠 서비스를 오픈하기도 했으며 2008년에 네이버 역시 자체적

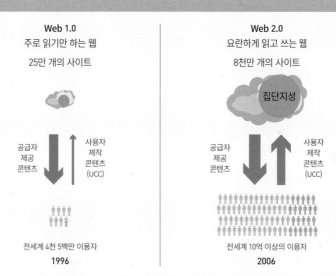

이 그림은 Web 1.0(1996년)과 Web 2.0(2006년)시대의 미디어 환경이 얼마나 많이 변했는지를 잘 보여준다. Web 1.0 시대인 1996년에는 전세계 4천 5백만 이용자들이 25만 개의 사이트에 올라온 콘텐츠를 수동적으로 사용할 뿐 극소수의 사람들(오렌지색으로 표시됨)만이 직접 콘텐츠를 생산해서 웹에 올렸다. 그래서 Web 1.0을 '주로 읽기만 하는 웹'(the mostly read-only Web)이라고 부른다. 10년 후 2006년 Web 2.0은 10억 명 이상의 이용자들이 무려 8천만 개의 사이트에서 콘텐츠를 주고받으면서 집단지성(collective intelligence) 사회를 이루는 '요란하게 읽고 쓰는 웹'(the wildly read-write Web)으로 변모했다. 사이버 공간에서 10년 사이에 강산이 변했다고나 할까?

으로 메타블로그인 '블로그홈' 개편을 통해 자사 블로그 콘텐츠를 발굴 및 유통하는 움직임을 보였다. 한국인이 블로그 콘텐츠를 소비하는 횟수는 어느 정도일까? 2007년 기준으로 국내 전체 인터넷 이용자 중 블로그 이용자는 40%에 육박한다. 블로그 산업협회(KBBA) 분석 자료에 의하면 한국인은 1주일에 블로그 콘텐츠를 평균 2.03회 소비해 미국, 영국, 프랑스에 비해 높은 수치이다.

다음의 '블로거뉴스'는 시사 분야뿐만 아니라 사는 이야기, 문화 연예, IT 과학, 스포츠 등 블로거들의 전문성을 발휘할 수 있는 분야의 카테고리별 유저 인터페이스(UI) 개편을 통해 블로고스피어의 다양한 목소리를 담으려고 노력한다. 블로그코리아는 다양한 분야의 카테고리별 포스트를 수집하여 노출하는 것은 물론이고 사용자들이 스스로 관심 분야의 채널 개설을 통해 특정 분야의 전문 블로그들이 교류할 수 있는 소통의 장을 마련했다.

(2) 트위터 저널리즘(*Twitter Journalism*)

마이크로블로깅(*microblogging*)으로 분류되는 트위터(Twitter)는 2006년에 개발된 단문 서비스로서 전 세계 수백만 명이 사용한다. 트위터는 사용자들의 참여로 꾸며지는 커뮤니티 사이트로서 첫 화면에 '지금 뭘 하니?'(*What Are You Doing?*)라는 질문을 한다. 트위터리안들은 이 질문에 나름대로 글을 달면서 친구들과 서로의 일상사에 대한 이야기를 주고받는다. 얼핏 보면 싸이월드(CyWorld)나 페이스북(Facebook)과 다를 바 없지만 트위터의 강점은 웹사이트는 물론 스마트폰을 통해 글을 올리고 볼 수 있는 편리함과 글자 수가 140자로 제한되어 매우 단순하다는 것이다. 그래서 트위터를 미니블로그 또는 마이크로블로깅이라고 부른다.

트위터는 이제 주류 언론이 취재와 제보의 목적으로 광범위하게 사용한다. 온라인 미디어의 희생양인 기존 미디어가 자신의 웹사이트를 활성화하기보다는 트위터와 같은 소셜 미디어에 적극 참여하는 길을 선택한 것이다. 2009년 1월 150명의 승객을 태우고 허드슨 강에 표류하던 US Airways 비행기의 사진을 TwitPic에 주류 미디어에 한 발 앞서 게시함으로써 이 사진은 4시간 만에 4만 뷰를 기록했다.

트위터는 떠오르는 소셜 미디어로서 현존하는 주류 미디어를 보완할 뿐만 아니라 대체하는 역할을 한다. 〈뉴욕 타임스〉, CNN 등 주류 미디어가 트위터를 활용하기 시작했고, 로이터통신은 트렌드 파악을 위해, CNN은 뉴스를 찾기 위해 트위터를 모니터한다. 〈LA 타임스〉는 산불 관련 보도를 위해 트위터의 실시간 피드백 기능을 활용한 바 있다. 최근 산불로 엄청난 인명과 재산상의 피해를 본 오스트레일리아 정부가 주민의 제보를 받기 위해 트위터를 적극 활용할 것을 검토 중인 것으로 알려졌다. 외국의 주요 언론사는 블로거 커뮤니티와 UCC 사이트와 제휴하여 수준 높은 글들을 미디어에 반영하는데 로이터 통신의 Global Voices, CNN의 iReport, BBC News의 UGC Hub가 대표적인 예이다.

2010년 11월 23일 발생한 북한의 연평도 포격 사건에서 각 방송사들은 시청자들이 트위터로 제보한 사진과 동영상을 대거 특보에 반영했다. 연평도에서 인천 연안부두로 넘어온 주민들이 직접 찍은 폭파 사진과 동영상들을 방송사에 제보하여 실시간 상황을 보다 명확하고 즉각적으로 반영하도록 한 것이다. 그러나 일부 네티즌들이 가짜 연평도 폭격 레이더 사진을 올리는 등 혼선을 초래하기도 하여 트위터 저널리즘이 보일 수 있는 우려점을 보이기도 했다. 대표적으로 재난보도를 방송하는 KBS의 경우, 2010년 10월 18일 트위터와 페이스북 등 SNS 계정을 개설하고 서비스를 시작한 지 보름 만에 팔로워 5천 명을 돌파하였고 연평도 포격 사건 등 대형 사고가 있을 때마다 팔로워 수는 급증했다. 이에, 2011년 기준으로 트위터 제보를 통한 30여 개의 기사를 기사화하기에 이르렀다.

(3) 사용자 제작 콘텐츠 UCC

UCC(국내에서는 UCC: *User Created Contents*라고 표시하지만 영어권에서는 UGC: *User Generated Contents*로 씀)는 2006년 최고의 발명품인 동영상 사이트 유튜브(YouTube)에 날개를 달고 이제 Web 2.0 시대의 새로운 아이콘으로 급부상했다. UCC는 국내외적으로 대형 사건들을 현장에서 실시간으로 취재 보도함으로써 저널리즘의 새로운 도구로 인정받는다. 2001년 당시 9·11 테러 현장, 2004년 남아시아 지역을 휩쓴 쓰나미 참사, 2005년 런던 지하철 폭탄 테러, 2008 인도 뭄바이 테러, 뉴욕 허드슨 강 여객기 비상착륙 사건 등은 개인 블로거들이 주류 미디어들이 사용할 수 있는 수준의 뉴스 정보들을 생산할 수 있음을 보여주었다. 국내에서는 동교동 삼거리의 '황당한 신호등'이라는 동영상 UCC와 한 방송사 저녁 뉴스에서 '순천향병

원 사건' 고발 동영상 UCC가 전국적인 이슈가 된 적이 있다(김사승, 2007). 이렇게 UCC 문화가 급격히 성장한 것은 '디지털 네이티브'로 불리는 인터넷 이용자의 특성 때문이라고 할 수 있다. 이들은 다양한 일을 동시에 처리하고, 신속한 반응을 추구하며, 적극적으로 자신을 드러내고, 도전적이고 재미있을 때 몰입하는 특성을 가진다(강승훈, 2004). 이들은 또한 문화적으로는 지식과 경험의 공유를 지고의 가치로 인식하며 관심과 취향을 근거로 콘텐츠를 만들고 공유하며 상호작용하는 경향이 있다(황지연·성지환, 2006).

4) 뉴스, 사람들이 왜 짜증을 낼까

요즘 젊은 층은 뉴스의 선택과 통제권을 그들의 손에 움켜쥐고서도 뉴스의 소비에 활력을 잃었다고 짜증을 낸다. 왜 그럴까? 이 물음에 대한 귀중한 단서를 2007년 AP통신이 주관한 한 연구 보고서에서 발견할 수 있다. 결과부터 요약하면 온라인 뉴스의 범람이 젊은 층의 '뉴스 피로감'(news fatigue)을 유발하고, 이것이 '학습된 무기력 대응'(learned helplessness response)으로 이어진다는 것이다.

뉴스는 특정 사건이나 이슈를 다루는 것으로서 그 보도 순서와 깊이에서 사실 보도(facts), 업데이트 보도(updates), 배경설명 보도(back story), 미래전망 보도(future stories)로 나눌 수 있다(〈그림 5-3〉 참조).

〈그림 5-3〉을 요즘 유행병처럼 번지는 동반자살을 예로 든다면, "오늘 4명이 동반자살"(사실 보도), "4명의 신원 밝혀져"(업데이트 보도), "왜 강원도인가", "왜 생판 모르는 남녀노소인가"(배경 보도), "동반자살 어떻게 막을 것인가"(미래전망 보도)로 요약할 수 있겠다. 이러한 사건이 제목만 달리해 주로 사실 보도와 업데이트 보도로 시시각각 온라인에서 제공될 때 젊은 층은 "뉴스=스팸"이라고 인식해 '뉴스 피로 현상'이라는 인지적 한계점에 도달한다. 더욱 심각한 문제는 이러한 뉴스 피로감이 젊은 층으로 하여금 뉴스를 아예 외면하거나 깊이 있는 정보를 캐내려 들지 않는 학습된 무기력 대응으로 이어지는 것이다. 그렇다고 젊은 층의 정보 욕구가 존재하지 않거나 약한 것이 아니라 오히려 깊이 있는 정보에 대한 욕구가 강한 것으로 나타났다. 젊은 층은 사건의 발생 자체에도 주목하지만 이 사건의 의미는 무엇이고 이 사

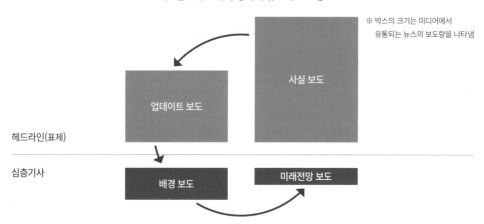

〈그림 5-3〉 4가지 형태의 뉴스와 보도량

※ 박스의 크기는 미디어에서
유통되는 뉴스의 보도량을 나타냄

건이 앞으로 어떻게 발전할지에 더욱 관심을 가진다는 것이다.

따라서 수많은 업데이트 기사보다는 적은 양의 깊이 있는 분석 기사가 뉴스 피로 현상을 치료할 수 있고 뉴스에 대한 젊은 층의 잃어버린 입맛을 되살릴 수 있다는 것이 이 연구의 핵심적 결론이다. 즉, 뉴스 미디어는 사건 보도의 신속성(*speed*)과 반복성(*repetition*)보다는 심층성(*depth*)과 소비자와의 관련성(*relevance*)을 중시해야 한다는 것이다.

5) 소셜 미디어와 연계한 콘텐츠 확산

(1) 믿을 만한 추천

사람들은 최신 이슈, 중요한 토픽에 대한 전문가의 의견을 존중한다. 그러나 생소한 웹사이트를 방문해서 이러한 정보를 얻기보다는 페이스북이나 싸이월드와 같이 이미 그와 그들의 친구들이 항상 이용하는 웹사이트에서 정보를 습득하길 원한다. 콘텐츠가 넘쳐나 모든 정보를 흡수할 수 없으므로 주변의 지인이나 친구들이 필터링한 콘텐츠 소비를 솜더 신뢰하기 때문이다. 여기에서 등장하는 것이 '믿을 만한 추천'(*trusted referral*)이다. '믿을 만한 추천'은 페이스북에서의 콘텐츠 확산에 가장 강력한 성공 요소로서 친구로부터 추천받은 콘텐츠(기사, 뉴스클립, 비디오 등)에 좀더 집중하는 경향이 있다. 친구의 새로운 피드(*feed*, 해당 뉴스에 대해 친구는 무엇을 생각하고 이야기 하는지)를 보고 책도 사고 기사도 읽는다.

그러므로 신문사들은 이러한 구전효과를 자사의 콘텐츠 확산을 위한 중요한 수단으로 사용할 만하다. 〈뉴욕 타임스〉는 1만 명의 팬을 페이스북에서 확보하여 자사 뉴스 확산에 이용하고 있다.

(2) 교육 현장의 신문

〈뉴욕 타임스〉는 교육 현장의 신문(NIE, *Newspaper in Education*)의 일종으로 'The Learning Network'라는 서비스를 제공한다. 이 서비스를 통하여 〈뉴욕 타임스〉는 자사의 콘텐츠를 기반으로 독자들이 새로운 정보를 얻는 것에서 나아가 학습 효과를 얻도록 한다. 이러한 서비스의 제공은 공익적 측면으로 콘텐츠를 제공할 뿐만 아니라 나아가 자사의 프로모션의 일종으로 활용된다. 예술, 역사, 저널리즘, 수학, 과학 등 다양한 분야의 주제 등 다양한 분야를 다루어 이용자가 특정 관심 분야를 선택할 수 있으며, 뉴스 퀴즈를 통하여 자신의 학습 결과를 확인할 수도 있다.

〈뉴욕 타임스〉의 뉴스 퀴즈는 〈뉴욕 타임스〉를 매일 열심히 읽어야 높은 점수를 딸 수 있어 페이스북 회원들을 열성 독자로 유인하는 데 크게 기여한 것으로 평가받는다. 〈뉴욕 타임스〉는 뉴스 퀴즈와 함께 교사와 학부모에게도 당일 주요 뉴스와 그 배경을 알려 제자와 자녀와의 대화/토론을 유도한다. 브랜드 이미지도 높이고 독자도 끌어 모으는 일석이조의 책략이다. 〈뉴욕 타임스〉의 뉴스 퀴즈는 '교육 현장의 신문'과 더불어 젊은 층이 뉴스에 맛을 들게 하는 좋은 교육적 효과가 있을 것으로 기대된다.

The Learning Network
Teaching & Learning With The New York Times

6 Q's About the News | Germany Wins the World Cup
By SHANNON DOYNE

German players celebrated after Mario Götze, right, scored in extra time during the final game of the World Cup on Sunday. Related Article Dylan Martinez/Reuters

In "World Cup 2014: Germany Defeats Argentina in Final," Sam Borden reports on the championship game that took place Sunday in Brazil.

WHO is Mario Götze?

WHAT was the game's final score?

WHEN was the last time Germany won the World Cup?

HOW did Brazilian fans who attended the game react to Germany's win, according to the article?

WHY did they respond that way?

WHAT expectations had been placed on Argentina's player Lionel Messi regarding the final game?

WHERE did unrest occur during the World Cup?
READ MORE...

6 Q's About the News
Read the article and answer the news questions below.
· See All 6 Q's About the News »

뉴스 퀴즈가 2014년 브라질월드컵에서 우승한 독일 팀에 관한 질문을 하고 있다.

6) 트렌드 기사의 개발

많은 사람들이 '정보'라는 용어를 자료, 정보, 지식으로 구분하지 않고 동일한 개념으로 사용한다. 그러나 질적 수준과 가치 면에서 용어 간 차이가 존재한다. 예를 들어, 작년도 지구의 연평균 기온(섭씨 20도)과 그로부터 10년 전 연평균 기온(섭씨 19도)은 각기 **자료**이며, 이 두 자료가 한데 합쳐 하나의 **정보**(10년 사이 연평균 1도 상승)가 되며, 여러 개의 정보가 모여 기상학과 관련한 이론이 도출되고 그것이 하나의 **지식**(지구온난화)이 된다.

정보산업으로 분류되는 언론, 특히 신문은 정치, 경제, 사회, 문화, 예술 등 많은 분야에 걸쳐 수없이 많은 자료를 수집하여 보관한다. 그러한 자료들을 모아 하나의 정보의 단계로 승격시키는 작업은 신문사의 몫으로서 자료의 부가가치를 창출하고 타 매체와의 경쟁력을 키우는 일이기도 하다. 예컨대 지난 10년간 발생한 범죄 사건을 유형별·연도별 등으로 분류하면 블루칼라 범죄(살인, 절도)는 줄고 화이트칼라 범죄(사기, 횡령)가 늘어났다는 정보, 즉 추이(*trend*)를 끄집어낼 수 있다. 실제로 '트렌드'형 기사는 언론의 단골 메뉴로서 물가 변동이 그 대표적 예이다. 물가 지표를 포함한 경제 관련 지표들은 언론사가 맡기엔 역부족이기 때문에 한국은행과 같은 공적 기관에 의존함이 타당하다.

　그러나 신문사가 데이터베이스로 저장하거나 공개된 자료를 원자료(*raw data*)로 삼아 트렌드형 기사로 만드는 일이야말로 뉴스의 상품적 가치를 한 단계 올릴 수 있는 작업일 것이다. AP통신 연구에서 나타났듯이 독자들은 천편일률적 단신 기사가 끊임없이 들어오는 것에 크게 반발해 차별화된 '추이' 기사가 가뭄에 단비가 될 수 있다. 유익하고 재미도 있는 트렌드형 기사를 만들기 위해 사회과학 방법론과 통계분석 기법에 능한 전문가를 편집국 내에 배치할 만하다.

7) 신문의 미래

　일찍이 빌 게이츠는 앞으로 출현할 Z세대 웹사이트 뉴스가 4가지 C, 즉 내용(*contents*), 커뮤니티(*community*), 상업(*commerce*), 연계(*connection*)를 하나로 통합한 **포털사이트**가 되어 소비자들에게 원스톱 서비스를 제공할 것이라고 내다보았다. 그의 예상대로 이미 이러한 포털사이트에서 3D 이미지는 텍스트, 음향, 하이퍼링크(*hyperlink*)와 상호작용하면서 개인의 관심사와 흥미에 맞게 제작된 Web 2.0 언론이 자리를 잡았다. 이들 네 축은 톱니바퀴처럼 서로 물려 돌면서 Web 2.0 미디어를 견인하고 뉴미디어 환경을 조성한다. 이미 오래전에 〈뉴욕 타임스〉가 About.com을, 다우존스가 marketwatch.com을, 머독의 뉴스코퍼레이션이 myspace.com을, 아메리칸온라인(AOL)이 Weblogs Inc.을, 구글이 유튜브를 매입한 것에서 보듯이 이제 Web 2.0의 환경에선 독불장군은 그 어떤 힘도 발휘할 수 없고 콘텐츠와 플랫폼이 소셜 네트워크에 연결되어야 시너지를 기대할 수 있게 됐다.

　신문이 여타 매체가 넘볼 수 없는 콘텐트 부자(*content-rich*) 매체인 것은 부인할 수 없는 사실이다. 미국 텔레비전 뉴스의 대부였던 월터 크롱카이트는 자신이 진행하는 저녁 뉴스가 우선 양적으로 볼 때 신문 지면의 한 분량에 지나지 않는다고 실토하면서 단편적인 텔레비전 뉴스에만 의존하지 말 것을 암시한 바 있다. 시사 전반에 걸쳐 정확한 지식과 균형 잡힌 시각을 유지하려면 방송과 신문을 함께 소화해야 된다는 충고의 말로 풀이할 수 있겠다.

그렇다면, 신문의 주력상품인 뉴스를 현대인들, 특히 젊은 층이 왜 외면할까?

뉴스가 소비되지 않는 가장 큰 이유는 싸이월드, 마이스페이스, 페이스북 등 소비자가 머무는 소셜 네트워크 공간에서 뉴스를 찾아보기 힘든 데 있다. 비유하자면, 요즘 신문사는 망망대해에 떠 있는 섬 위에 공장을 세워 뉴스 상품을 대량 생산하는데 상품을 육지로 실어 나를 배는 없이 육지 사람들이 섬에 와서 상품을 구입하기만을 기다린다. 즉, 콘텐츠(뉴스)를 커뮤니티(소셜 네트워크)에 연계하는 장치가 없거나 부실한 것이 오늘날 신문산업의 현주소이다. 앞의 제시한 4가지 C를 4개의 톱니바퀴로 본다면, 신문은 자신의 톱니바퀴(콘텐츠)는 더 바랄 것 없이 튼튼하지만 다른 세 바퀴(커뮤니티, 연계, 상업)와 맞물려 돌지 못하는 외톨이 신세인 셈이다. 그나마 〈뉴욕 타임스〉와 같은 주류 신문이 팬클럽과 퀴즈를 매개로 온라인 커뮤니티에 접근하는 데 성공한 것이 신문산업으로서는 본받을 만한 전략이다.

1. 같은 날의 2개 신문을 비교하면서 각 신문의 논조 특성을 파악해 보자.
2. 중앙 일간지의 광고 지면율을 비교해 보자.
3. 일간 종합신문과 스포츠 신문에 보도된 동일한 뉴스 기사를 수집하여 어떤 뉴스 가치로 보도되었는가를 비교해 보자.
4. 외신보도의 내용을 분석하여 그 유형과 특징을 생각해 보자.
5. 최근에 발생한 가장 큰 사건에 대해 그 뉴스 가치를 평가해 보자.
6. 온라인 신문의 장점과 단점에 대해 논의해 보자.
7. 페이스북(facebook.com)에 올라온 Times Quiz에 접속하여 퀴즈에 답하고 점수로 나타난 자신의 시사상식이 어느 수준인지 알아보자.
8. 데일리미(dailyme.com)에 접속하여 자신이 읽고 싶은 뉴스를 카테고리 또는 키워드로 입력하여 어떤 뉴스가 자신에게 피드가 되는지 경험해 보자 (예: Entertain-ment Movies Korean Movies).

참고문헌

• 김기태 · 설진아 (2013), 《미디어 교육》, 서울: 한국방송통신대 출판부.
• 김사승 (2007), 저널리즘 UCC의 기능과 전망, 방송학회 〈UCC와 새로운 문화〉 학술세미나 발표 논문.
• 김영주 · 박종구 외 (2013), 《스마트 시대 신문의 위기와 미래》, 한국언론진흥재단.
• 김창룡 (1994), 《보도의 진실: 진실의 오보》, 나남출판.
• 김현정 (2014), 매체 편향성 인식이 신문 사설에 대한 심리적 저항을 통해 행동의향에 미치는 영향, 〈한국언론학보〉, 58권 1호, 178~198.
• 박대민 (2013), 뉴스 기사의 빅데이터 분석 방법으로서 뉴스정보원연결망분석, 〈한국언론학보〉, 57권 6호, 234~262.
• 서정우 (1990), 《국제커뮤니케이션론》, 나남출판.
• 설진아 (2013), 소셜 뉴스의 기사유형 및 뉴스 특성에 관한 연구, 〈한국언론학보〉, 57권 6호, 149~175.
• 오택섭 (2009), 멀티미디어로서의 신문: 신문의 미래 전략, 2009 신문 · 뉴미디어 엑스포 세미나.
• 이상우 · 류창하 (1992), 《현대 신문제작론》, 나남출판.
• 이행원 (1994), 《취재보도의 실제》, 나남출판.
• 이화행 · 이정기 (2011), 대학생들의 종합일간지 구독 및 재구독 의도에 관한 연구:

독서환경, 뉴스가치평가, 계획행동이론 변인을 중심으로,

〈한국언론학보〉, 55권 5호, 366~392.

- 장호순 (2012),《현대 신문의 이해》, 파주: 나남.
- 정재철 (2007), 동영상 UCC 연구의 현황과 과제, 〈프로그램/텍스트〉, 16호.
- 정진석 (1990),《한국언론사》, 나남출판.
- 진행남 (2002),《온라인 저널리즘 연구》, 나남출판.
- 차배근 (1976),《커뮤니케이션학 개론 上》, 세영사.
- 한국언론재단 (2008), 〈2008 언론수용자 의식조사〉.
- 허용범 (1999),《한국언론 100대 특종》, 나남출판.
- 황지연·성지환 (2006), 융합시대 사회문화 트렌드와 UCC 활용방안,

  〈정보통신정책〉, 18권 7호.
- 國保德丸(구니야스 도쿠마루), 김재봉 역 (2000),《디지털 혁명과 매스미디어》, 나남출판.
- Hubbard, J. T. W. (1989), *Magazine Editing for Professionals*, Syracuse University Press.
- Mowlana, H., 김지운 역 (1989),《국제문화커뮤니케이션론》, 나남출판.
- Smith, A., 최정호·공용배 역 (1990),《세계신문의 역사》, 나남출판.
- Tomlinson, J., 강대인 역 (1994),《문화제국주의》, 나남출판.
- UNESCO, 김영석 역 (1990),《국제정보질서 문화론》, 나남출판.

좀더 알아보려면

www.kabc.or.kr 한국ABC협회에 가입한 신문사들의 현황을 알 수 있다.

www.kinds.or.kr 국내에서 발행되고 있는 종합일간지, 경제일간지, 영자신문 등의 기사를 찾아볼 수 있는 매우 유용한 사이트이며, 한국 최초의 민간신문인 독립신문의 한국판과 영문판 기사의 원문을 찾아볼 수 있다.

www.edit.or.kr 기자들이 선정한 연도별 100대 뉴스 및 한국편집상, 사진편집상 등을 확인해 볼 수 있다.

www.journalist.or.kr 한국기자협회의 홈페이지로 기자협회보의 내용을 온라인으로 이용할 수 있다.

www.ohmynews.com 한국의 인터넷 신문의 대표주자인 〈오마이뉴스〉의 홈페이지.

www.ccdm.or.kr 민주언론시민연합의 홈페이지로 신문/방송에 대한 모니터 내용이 소개되며, 특정기사에 대한 논평 및 성명서를 볼 수 있다.

라디오와 텔레비전

1. 라디오

이제는 아주 먼 옛날처럼 느껴지지만 바로 40년 전까지만 해도 라디오는 우리에게 무척 소중하고 유일한 방송매체였다. 일제 식민지배로부터의 해방을 제일 먼저 알린 것도 라디오였고, 일찌감치 저녁을 먹고 동네 부잣집 마당에 모여 앉아 사람들의 귀를 쫑긋거리게 한 것도 라디오였다. 텔레비전이 출현했을 때만 해도 라디오의 시대는 끝난 것으로 생각됐다. 그러나 케이블TV에 위성방송, 인터넷까지 등장한 지금도 라디오 채널은 늘어나고 있다. 말과 소리 그리고 음악이 없어지지 않는 한 라디오는 계속될 것이다. 특히 음악은 라디오에서 가장 많은 부분을 차지한다.

1) 라디오의 역사

라디오가 탄생할 수 있었던 것은 무선 통신 기술의 발명 덕분이다. 물리학을 통해 발견된 실험실 속의 전파를 실용가치가 있는 통신수단으로 응용한 사람은 이탈리아의 젊은 귀족인 마르코니(Guglielmo Marconi)였

전파를 통한 메시지 전달 가능성을 발견한 마르코니

다. 그는 1890년대 이탈리아에서 사업과 군사 목적으로 무선통신 이용을 촉진시키고자 했으나, 이탈리아 정부에서 관심을 기울이지 않았다. 그러나 그 후 그는 1896년에 영국에서 특허권을 취득해 큰 성공을 거두었으며, 1904년에는 미국에서 특허권을 취득했다. 1896년에 마르코니가 모스 부호를 이용해 메시지를 무선으로 송·수신한 것이 오늘날 라디오의 출현을 알리는 효시였다. 하지만 방송매체로서의 라디오 시대의 문을 연 사람은 라디오 방송의 선구자로 불리는 포레스트(Lee De Forest)였다. 그가 1906년 발명한 3극 진공관은 무선 전파에 음성과 음악을 실어 보낼 수 있게 했다. 특히, 그는 1910년 뉴욕 메트로폴리탄 오페라 하우스에서 열린 테너 엔리코 카루소(Enrico Caruso)의 콘서트를 방송하기도 했는데, 이 사건은 오락 매체로서의 라디오의 가능성을 보여준 것이었다.

한편, 잡음이 없는 고품위 음질을 보장하는 FM 방송은 1933년 미국 컬럼비아 대학 교수 암스트롱(Edwin Armstrong)에 의해 개발되었다. 하지만 경제공황과 제 2차 세계대전의 여파로 정규 FM 방송이 출범한 것은 1941년이 되어서였다. AM 방송의 기득권을 옹호하는 미국 연방통신위원회(FCC)의 조처와 그의 발명품에 대한 로열티 소송 등이 있었으나, 이후 1954년 자살하기 직전까지 암스트롱은 FM 스테레오 방송도 개발했다. 이는 후일 라디오가 음악 위주의 방송으로 전환하는 데 결정적 역할을 했다. 또한 1947년 벨(Bell) 연구소에 의해 개발된 트랜지스터는 라디오 수신기의 소형화를 가능하게 해 라디오를 언제 어디서나 들을 수 있는 매체로 만드는 데 크게 공헌했다.

이러한 기술적 발전을 거치며 라디오는 해상 통신이나 군사·상업용 통신을 위한 일반인들에게는 조금은 생소한 장치에서 모든 사람들의 가정으로 프로그램을 배달하는 대중매체로 전환된다. 여기에는 수신기의 소형화와 저렴화, 음질의 개선이 큰 몫을 했으나 무엇보다도 사람들이 듣기 원하는 정규 프로그램을 공급할 수 있는 방송사 설립이 결정적으로 작용했다.

라디오 정규방송을 시작한 것은 1920년 미국의 피츠버그에서 KDKA가 개국하면서부터였다. 뒤이어 1922년에 영국과 프랑스에서도 라디오 방송이 시작되었고, 1923년에 독일, 1925년에 일본에서 정규 방송사가 출범했다. 일제 치하에 있던 우리나라에서도 비록 일본인의 손에 의한 것이긴 하지만 1926년에 경성방송국(JODK)이 개국, 이듬해부터 방송을 시작했다. 일본어와 한국어를 교대로 방송하던 경성방송도 조선방송협회로 개칭한 1932년부터 한국어 방송을 시작했다.

정규방송을 시작한 지 얼마 지나지 않아 라디오는 만인을 위해 오락과 정보를 제공하는 미디어로 자리 잡았다. 1920년대 말 미국의 유명한 라디오 코미디 〈Amos

세계 최초의 정규방송국(KDKA)의 탄생

세계 최초의 라디오 정규방송을 태동시키는 데 공헌한 인물은 콘래드(Frank Conrad)였다. 그는 웨스팅하우스사에서 라디오 송신 시스템을 개발하던 중에 그 설비의 테스트를 위해 자기 집 차고에 송신기를 설치한 뒤, 이를 확장시켜 방송국 면허까지 받고 가족의 도움을 얻어 1주일에 2번씩 밤에 정규방송을 내보냈다.

KDKA 라디오의 첫 번째 방송

이 방송을 들은 사람들은 그에게 축음기 판을 틀어달라고 요구하는 엽서와 전화를 보내오는 등 열렬한 반응을 보였다. 그러자 웨스팅하우스 사는 콘래드의 예에 고무되어 정규방송을 내보내는 방송국 KDKA의 설립을 결정했다.

이는 웨스팅하우스 사가 제조, 판매하던 가정용 수신기 구매자에게 봉사한다는 취지에서였다. 방송국의 설립을 극적으로 만들기 위해 KDKA는 그 최초의 방송으로 1920년 미국 대통령선거 뉴스를 내보냈고, 이 선거 결과가 손에 땀을 쥐게 한 덕택에 수신기 판매는 급증했다.

뒤이어 미국 전역에서 라디오 방송국들이 속속 설립되었고, 1923년 말에는 600개에 육박하게 되었다.

타이타닉호의 침몰과 라디오

1912년에 영국에서 만든 거대한 크기의 타이타닉호가 한밤중에 북대서양에서 빙산에 부딪혀 침몰함으로써 사상 최대의 해난사고를 기록했다. 타이타닉호는 뉴욕의 마르코니 라디오 방송국에 중계됐던 마르코니 무선 시스템으로 전달되는 모르스 부호로 라디오 조난신호를 보냈다. 당시 라디오는 많은 승객을 구하는 데 결정적 역할을 했으며, 큰 재난에 대한 뉴스를 보도하는 데 중심적 수단이 되었다. 또한 신문은 라디오에서 정보를 얻었으며, 많은 사람들이 이 새로운 매체의 가능성에 주목하게 되었다.

타이타닉호의 조난신호는 라디오 커뮤니케이션에 대한 대중의 관심을 이끌어냈다.

& Andy)는 당시 대통령이던 캘빈 쿨리지(Calvin Coolidge)가 한 번도 거르지 않고 청취한 것으로 유명했고, 많은 극장들은 공연 시간을 인기 라디오 프로그램이 끝난 후로 연기하기도 했다. 또한 1930년대 세계 경제공황은 예기치 않게 라디오를 활성화시켰다. 직장을 잃고, 살던 집에서도 쫓겨나 거리에 나앉은 사람들은 먹을 음식도 입을 옷도 없었지만 라디오가 있었다. 라디오는 소켓에 플러그만 꽂으면 된다는 의미에서 공짜나 다름없었다. 라디오는 실의에 빠진 사람들에게 위안을 주며 점차 가장 중요한 가정용 오락이 되었다. 실상 라디오는 불황을 먹으며 자라난 셈이다.

이때부터 시작된 라디오의 황금기는 텔레비전이 등장하기 전인 1950년대 초까지 계속되었다. 이렇게 라디오가 전성기를 누릴 무렵, 우리나라에서 라디오는 일제의 식민지화와 전쟁동원을 위한 수단으로 악용되기도 했다. 하지만 수신기 보급의 꾸준한 증가에서 보이듯이 라디오는 많은 사람들의 사랑을 받는 미디어로 자리 잡기 시작했다. 해방 후까지 계속 국영 체제를 유지하던 라디오 방송은 1954년 최초로 민간 라디오 방송사인 기독교 중앙방송국이 설립되면서 더욱 활성화되었다. 전쟁으로 인해 텔레비전 방송이 1960년대 들어서야 본격화된 우리나라의 경우 라디오의 전성기는 그만큼 오래 지속되었다고 볼 수 있다.

라디오 코미디는 전국을 웃기고 울렸고, 스포츠 중계는 수많은 사람들을 열광시켰으며, 밴드의 연주와 가수의 노래는 사람들을 감동시켰다. 낮 시간대 주요 청취자가 가정주부임을 간파한 라디오는 곧 그들을 대상으로 한 라디오 연속극을 탄생시켰다(그 당시 연속극의 스폰서가 주로 비누 제조회사였다는 데서 연속극을 흔히 'soap opera'라고 부른다). 또 라디오는 공황과 전쟁 등으로 들끓던 격동의 시기에 중요하고도 신속한 뉴스의 공급원이 되었다. 뿐만 아니라 선거에 당선되고자 하거나 자신의 정책을 국민들에게 알리고자 하는 정치가들에게 라디오는 좋은 무기였다.

우리나라의 라디오 방송은 1980년 언론통폐합으로 축소되었다가 1990년 방송법 개정에 의한 민영방송의 허용으

1940년대 라디오를 통한 노변정담(*fireside chat*)으로 국민과 소통한 루스벨트 대통령

로 다시 증가했다. 그러나 전체적으로 텔레비전이 등장한 이후 라디오의 위상은 점차 위축되었다. 라디오가 들려주는 청각적 요소에 화려한 영상까지 곁들인 텔레비전의 탄생은 처음에는 라디오 청취자들을, 그 다음에는 광고주들을 빼앗았다. 텔레비전 수상기 수는 급증했고 시청자 수도 계속 불어났다. 라디오의 이윤은 점점 하락했고 청취자들도 점점 줄어만 갔다. 라디오의 입장에서 이러한 사정은 정말 서글픈 일이 아닐 수 없었다. 사실 당시 텔레비전은 과거 황금기 때 라디오가 마련한 기반 위에 서 있었기 때문이다. 방송 광고를 개발한 것도 라디오였고, 방송을 정보매체보다는 오락매체로 자리매김한 것도 라디오였다. 청취자들에게 전달한 내용을 광고주에게 판매하는 방법을 인쇄매체로부터 배운 것도, 영화의 스타 시스템을 본떠 방송

화성으로부터의 침입(*Invasion from Mars*)

1938년 10월 20일 핼러윈데이 밤, CBS는 미국의 600만 명의 청취자들에게 라디오 사상 기념비적 방송이었던 〈Mercury Theater on the Air〉를 내보냈다. 이 프로그램은 원래 할로윈 축제에 늘 있는 장난소동의 일환으로 준비된 것으로, 허버트 조지 웰스(H. G. Wells)의 화성으로부터 침입을 소재로 한 SF소설 *War of the Worlds*를 극화한 것이었다. 당시 'Mercury Theater'의 각본, 연출, 제작을 맡던 오손 웰스(Orson Welles)는 일상적인 댄스음악 방송 도중 몇 차례의 뉴스 속보로 화성으로부터 침입을 알렸다. 프로그램 시작 부분과 도

화성인의 내침을 알리는 라디오 방송을 듣고 방어하는 시골농부

중에 3차례 이는 가상상황이라는 멘트가 들어갔다. 그러나 다른 네트워크의 인기 프로그램들을 듣다 중간에 채널을 돌린 청취자들은 이것이 실제상황이 아님을 알 길이 없었다(처음부터 방송을 듣던 사람 중에도 실제상황으로 착각한 이들이 있었다). 곧 역사상 미디어에 의해 유발된 가장 큰 공황이 일어났다.

CBS에는 청취자들의 문의전화가 빗발쳤다. 거리에는 침입이 일어난 것으로 알려진 동부 해안을 탈출하려는 차들로 넘쳤다. 버스터미널도 발 디딜 틈이 없었다. 여기저기서 임종예배를 드리거나 마지막 고해성사를 하기 위해 목사나 신부를 찾았다. 사람들은 이를 할로윈 축제의 장난이라고는 꿈에도 생각지 않았다. 오손 웰스는 라디오를 신뢰하라고 배웠던 미국인들을 멋지게 속여 넘긴 것이다.

매체 고유의 것으로 정착시킨 것도 바로 라디오였기 때문이다.

하지만 라디오는 텔레비전의 도전에 발 빠르게 대응했다. 우선 텔레비전의 비싼 광고비를 감당할 능력이 없는 중소 광고주들을 공략했다. 보다 중요한 전략은 내용의 전면적 변화였다.

과거 보도, 교양, 오락 등 여러 가지 프로그램들을 백화점식으로 나열하는 종합 편성(*integrated programming*)을 과감히 떨쳐버리고 채널별로 청취 대상을 분명히 하여 그들이 원하는 내용의 프로그램을 집중적으로 편성해 채널 간 차별화와 특성화를 강화하는 방향을 모색한 것이다. 전성기 라디오의 대들보였던 단막극, 연속극, 코미디, 퀴즈 프로그램 등은 제작비가 많이 들 뿐 아니라 텔레비전에게 주도권을 빼앗겼으므로 과감히 포기하고 그 대신 DJ 프로그램, 음악방송, 스폿뉴스, 기상예보, 전화참여 토크쇼 등을 새롭게 개발했다. 또 언제 어디서나 들을 수 있다는 라디오의 장점을 적극 활용하여, 청취자의 생활 시간대에 맞춘 프로그램 편성이 정교화되었다. 텔레비전이 저녁 프라임타임을 차지함에 따라 라디오는 사람들이 일어나 출근을 준비하는 아침시간이 자신만의 거대 청취층을 확보할 수 있는 프라임타임대임을 깨달았다. 1950년대의 기술적 향상으로 라디오가 소형화되어 카 라디오가 실현되고 가격까지 저렴해진 것은 라디오에게는 행운이었다.

영국의 공영방송 BBC의 라디오 1은 팝·록 음악 네트워크로 젊은이들을 위한 뉴스와 토크를 곁들인다. 라디오 2는 오락 네트워크이고, 라디오 3은 음악·예술 네트워크로 클래식 음악과 드라마, 시, 대담 등으로 편성된다. 라디오 4는 뉴스, 고급 시사정보 등을 제공하는 전국적인 스피치 네트워크이고, 라디오 5는 지역 라디오 채널이다. 이런 채널 특성화 편성을 흔히 분리편성이라고 한다. 이런 분리편성에서 한 걸음 더 나아가 음악이면 음악, 뉴스면 뉴스 등 어느 한 가지 포맷만을 전문적으로 하는 전문채널 편성이 자리 잡았다. 이젠 "특화하지 않으면 익사한다!"(*You Must Specialize or Drown!*)는 경고가 라디오에겐 금과옥조가 아닐 수 없게 됐다.

최근에는 이러한 편성 전략뿐만 아니라 인터넷을 활용한 인터넷 라디오 서비스를 통해 컴퓨터를 사용하는 사람들이 쉽게 라디오를 청취할 수 있도록 한다. 대표적인 서비스로는 KBS의 콩(KONG), MBC의 미니(MINI), SBS의 고릴라 등이 있으며, 청취자들은 인터넷 라디오를 듣다 궁금한 사항이나 신청곡을 해당 프로그램을 통해 무료로 바로 전송할 수 있다. 또한, 보이는 라디오라는 개념을 도입해 청취하는 수준이 아닌 텔레비전처럼 라디오 DJ가 노래를 틀고 게스트와 함께 하는 순간들을 볼 수 있는 서비스를 제공한다.

2) 라디오의 특성

그렇다면 라디오가 다른 매체와 구별되는 특징과 장점은 무엇인가?

첫째, 라디오는 소리로만 메시지를 전달하며, 이를 듣고 머릿속에서 상상을 펼치는 것은 수용자의 몫이다. 그러므로 라디오는 수용자의 무한한 상상의 세계를 파고들 수 있다.

둘째, 속보성이 강하다는 것은 전파를 사용하는 방송매체 공통의 장점이지만 특히 라디오는 기술적으로 텔레비전보다 간단하기 때문에 갑자기 발생한 사건에 대한 속보성이 뛰어나다.

셋째, 언제 어디서나 들을 수 있다는 것도 라디오가 지닌 가장 큰 장점 중 하나이다. 또한 휴대성은 텔레비전 시대에 라디오가 살아남을 수 있었던 가장 큰 장점이었다. 더욱이 라디오는 다른 작업과 병행하면서 들을 수 있기 때문에 일상생활의 리듬을 중단시킴 없이 오히려 그 속에 자연스럽게 녹아들어 갈 수 있다.

넷째, 청취자들이 쉽게 프로그램에 참여할 수 있다는 점도 라디오가 지닌 장점이다. 청취자가 보낸 사연을 읽고 신청음악을 트는 방법은 음악 프로그램에서 널리 애용된다.

다섯째, 라디오는 다양성·지역성 측면에서 타 매체를 앞선다. 전성기 시대의 라디오는 가능한 한 최대의 청취자를 붙들기 위한 일반적 취향의 프로그램을 추구했다. 하지만 지금의 라디오는 성, 연령, 인종, 종교, 취미, 기호에 따라 세분화된 특정 청취자 층을 집중 공략하는 프로그램 개발에 박차를 가한다. 미국의 경우 음악방송만 해도 흘러간 팝 명곡, 최신 히트곡, 100대 판매 앨범 수록곡, 무드 음악 등 특정 장르의 음악만을 고집하는 라디오 방송들이 고정 청취자들을 확보한다. 지역 청취자에 밀착된 정보와 오락으로 지역성을 구현할 수 있다는 것도 텔레비전 시대의 라디오가 지닌 특성 중 하나이다.

여섯째, 라디오는 개인 매체적 성격이 강하다. 텔레비전이 온 가족이 함께 모여 시청하는 가족용 미디어인 데 반해 개개인에게까지 보급된 값싼 소형 라디오는 라디오 청취를 개인적 형태로 만들었다. 라디오는 '당신'이나 '그대'등 친밀한 표현으로 자연스럽게 청취자 한 명 한 명에게 직접 말을 걸듯이 접근한다.

3) 라디오의 현황과 문제점

2009년 현재 국내 라디오 채널엔 KBS-1 AM, KBS-2 AM, KBS-3 AM, KBS-1 FM, KBS-2FM(쿨FM), MBC 표준FM, MBC FM4U, CBS 음악FM, CBS 표준FM, SBS 러브FM, SBS 파워FM, PBC 평화방송, BBS 불교방송, TBS 교통방송, EBS 교육방송, FEBC 극동방송, 아세아방송, WBS 원음방송, 국악방송 등이 있고, 특수방송으로 DEMA 국군방송, 사회교육방송 그리고 AFKN 이글FM 등이 있다.

이들 대부분의 AM·FM방송은 일반 청취 대상층을 겨냥한 종합편성을 하기 때문에 방송사별 전문화 및 특성화가 이루어지지 않았다. 반면, 프로그램면에서 보면 라디오가 세분화·전문화한 프로그램만을 제공하여 문화적 통합자로서의 역할을 상실한다는 우려의 소리가 있다. 예컨대 거의 모든 사람들이 각각 라디오를 듣지만, 하드록이나 클래식 전문방송의 충실한 청취자는 공공 문제 전문방송이나 종합편성 방송을 청취하는 동시대인들과 경험을 공유할 수 없다는 것이다. 또한 라디오가 점점 가벼워진다는 우려도 들린다. 라디오 뉴스의 양은 과거보다 오히려 증가했거나, 최소한 줄지는 않았을지라도 내용면에서 어려운 뉴스는 감소하고 쉽고 재미있는 뉴스가 증가했다는 지적이다. 이는 특히 FM방송의 경우에 더욱 두드러진다. 음악방송에 치중하는 FM라디오들에서는 금융, 건강, 레저 등 극히 실용적인 정보와 쉬운 뉴스들이 주를 이룬다. 그것도 대개는 아침 출근 시간대의 음악방송 도중에 편성되며, 나머지 시간대에는 아예 무시된다는 것이다.

2. 텔레비전

텔레비전은 현대사회에서 가장 신속하며 강력한 영향력을 행사한다. 사람들은 일하고 잠자는 시간을 제외하면 가장 많은 시간을 텔레비전과 함께 한다.

한국언론진흥재단에서 2019년에 실시한 우리나라의 4대 매체 이용률 추이를 보면, 텔레비전 이용률은 다소 감소하는 경향이지만, 꾸준히 90% 이상의 이용률을 보였다. 반면, 텔레비전을 제외한 종이신문, 라디오, 잡지에서는 꾸준한 하락세를 보였다. 종이신문의 경우, 2000년 81.4% 대비 84.9% 하락한 것으로 나타났으며, 잡지는 2000년 33.1% 대비 10분의 1 수준인 3.0%로 떨어졌다. 스마트 기기의 발달로 고정형 인터넷의 이용 시간은 줄어드는 반면, 이동형 인터넷의 이용 시간은 증가 추세를 보인다. 텔레비전을 제외한 전통 미디어 이용 시간의 감소 경향도 주목할 만하다. 여전히 텔레비전 시청에 할애하는 시간이 절대적으로 많은 가운데, 텔레비전은 가장 많이 이용되는 매체의 자리를 공고히 한다.

오늘날 텔레비전은 이처럼 우리 일상생활의 많은 부분을 차지한다. 이러한 맥락에서 거브너는 텔레비전이 현대의 가장 강력한 문화적 무기(*cultural weapon*)라고 말한다. 텔레비전은 광범위하게, 그리고 장기적으로 우리의 사회현실 인식에 영향을 행사함으로써 텔레비전에서 보여주는 현실을 마치 우리의 현실인 것처럼 인식하게

〈그림 6-1〉 4대 매체 이용률 추이 (2000~2019년)

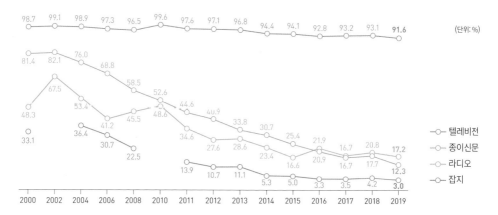

자료: 한국언론진흥재단, 〈2019 언론수용자 조사〉

만든다는 것이다. 이 때문에 텔레비전은 정치, 경제, 사회, 문화에 엄청난 영향력을 행사한다.

1) 텔레비전의 등장

텔레비전은 1920년대 전자파가 소리뿐 아니라 그림도 전달할 수 있다는 것을 알면서 개발되기 시작했다. 초기의 기계식 텔레비전(*mechanical television*)은 나선형 모양으로 구멍이 뚫린 회전원판으로 그림을 주사하게끔 하는 초보적 수준이었으나, 1920년대 말 기계식 텔레비전의 한계가 인식되면서 전자식 텔레비전(*electronic television*)에 관심이 집중되기 시작했다. 이때 러시아 이민자 출신인 졸킨이 개발한 송상관이 중요한 기여를 했다. 이러한 개발을 미국 RCA 사장인 사노프(David Sarnoff)가 상업화하여 1939년 뉴욕의 세계박람회에서 공개했고, FCC는 2년 후 방송사 설립을 인가했다. 1941년 FCC는 TV의 경제적·기술적 범위를 정했으며 상업적 라디오를 경제적 모델로 삼았다. 1941년 1월 뉴욕의 WNBT(후의 WNBC)에서 최초로 FCC에서 인가한 상업방송이 시작되었다. 이것이 오늘날의 텔레비전 방송의 시작이었다. 초창기 텔레비전은 흑백이었으며, 프로그램은 거의 모두 생방송으로 진행되거나 필름으로 처리되었다. 흑백텔레비전 이후 1950년대부터 미국은 컬러텔레비전을 개발하려는 노력을 기울였다. 결과 1960년대에는 미국에서 NTSC 방식의 컬러텔레비전이 표준화되어 실용화되었다. 이때 영국과 서독은 PAL 방식을, 프랑스는 SECAM 방식을 채택하여 방송을 시작했다.

2) 한국의 텔레비전 역사

우리나라에서도 1956년, 미국의 텔레비전 산업이 진출하여 한국 RCA 보급회사(KORCAD)를 만들어 방송을 시작했다. 이는 미국식 상업방송의 효시였으나 여러 가지 여건의 미비로 1959년 문을 닫고 말았다. 이후 한국의 텔레비전은 1961년 KBS 개국, 1964년 TBC 개국 그리고 1969년 MBC 개국으로 이어진다. 이러한 3개 방송사의 경쟁 체제는 1970년대에 본격적인 텔레비전 시대를 꽃피웠으나, 한편으로는 상업방송의 문제점을 드러냈다.

1980년 제 5공화국 출범과 함께 제정된 언론기본법은 기존의 방송 구조를 상업 방송에 의한 경쟁 체제에서 공익적 공영 체제로 변화시킨다. 언론기본법으로 인해 TBC는 폐국되어 KBS-2TV로 바뀌었으며, MBC 주식의 상당 부분을 KBS가 인수함으로써 바야흐로 공영방송 시대가 개막되었다. 그리고 컬러텔레비전 방송을 시작함으로써 새로운 영상시대의 개막을 알렸다. 1991년에는 SBS가 등장함으로써 1960~70년대 번성했던 민영방송이 재등장했다. 한편 뉴미디어의 도입에 따라 1995년 우리나라에서도 케이블TV가 시작되었고, '로컬 네트워크' 시대의 개막을 알리면서 지역민방이 출범했다. 특히 1997년에는 부산·대구·광주·대전 등 1차 민방에 이어 인천·울산·전주·청주 등 2차 민방이 개국, 전국 8개 지역에 네트워크를 갖추었다.

1990년대 중반 이후로 케이블TV, 지역민방, 위성방송, DMB 등 새로운 방송매체가 도입되면서 매체 간 균형적 발전이 주요 이슈가 되었는데, 특히 지상파 방송의 독과점 구조가 문제되었다. 또한 방송의 디지털화가 추진되면서 KBS, MBC, SBS 등 지상파 방송 3사가 2001년 11월을 전후해 주당 10시간씩 고화질(HD) 디지털 방송인 HD 프로그램을 방송하기 시작했다. 2005년 5월부터는 위성을 활용한 이동형 멀티미디어방송인 위성DMB가 세계 최초로 본방송을 시작했으며 같은 해 12월부터 위성DMB 사업자로 선정된 6개사 중 KBS, MBC, SBS, YTN 4개사가 본방송을 시작했다. 또한 2005년 12월 1일부터 지상파 방송사의 평일 낮 방송 운용 시간을 확대하여 심야 시간대(1:00~6:00)를 제외하고 모든 편성시간이 자유로워졌다.

DMB에 이어 방송·통신 융합의 대표적 사례로 관심을 끌어온 IPTV(*Internet Protocol TV*) 도입 법안(인터넷 멀티미디어사업 법안)이 2007년 12월 28일 국회 본회의를 통과하여 IPTV를 '실시간 방송과 데이터, 영상 콘텐츠를 복합적으로 제공하는 방송'으로 규정하고 이를 '인터넷멀티미디어방송 제공사업'(플랫폼)과 '인터넷멀티미디어방송 콘텐츠사업'(PP)으로 나누었으며 2008년 11월 17일 KT가 상용서비스를 시작했다.

2007년 4월 2일에는 한미 자유무역협정(FTA)이 체결되면서 방송시장의 개방 폭도 확대되었다. 해외 뉴스 미디어 채널의 우리말 더빙과 국내 광고는 허용하지 않기로 결정되었고 방송채널사업자(PP)에 대한 외국인 지분 제한도 49%를 유지하기로 했지만, 국내 법인의 설립 및 투자가 보도, 종합편성, 홈쇼핑 등 승인 채널을 제외하고 전면 허용되었다. 국산 프로그램의 편성 쿼터와 관련해 지상파는 현행을 유지하되 PP의 경우 영화는 25%에서 20%, 애니메이션은 35%에서 30%로 낮춰졌다. 그리고 특정 국가로부터 60% 이상 수입하지 못한다는 특정 국가 프로그램에 대한 쿼터는 지상파, 위성, 케이블TV와 PP 모두 60%에서 80%로 완화 조정되었다.

2008년 2월 26일 방송·통신 정책을 아우르는 방송통신위원회 출범을 위한 '방송통신위원회 설립 및 운영을 위한 법안'이 국회 본회의를 통과하고 2월 29일에는 방송과 통신, 뉴미디어 정책을 총괄하는 방송통신위원회가 공식 출범했다. 이로써 1998년 방송개혁위원회 때부터 오랜 기간 논란이 되어 온 방송·통신의 융합 문제가 종지부를 찍었다.

2009년 통과된 미디어 관련법에 의거하여 2011년 12월 1일, 종합편성채널 4개가 동시에 개국했다. 종합편성채널은 24시간 방송이 가능하며 보도를 포함한 다양한 장르의 편성이 가능한 채널을 의미하는 것으로, 기존 지상파 채널인 KBS, SBS, MBC 외에 JTBC, TV조선, 채널A, MBN의 새로운 채널이 탄생했다.

기존 신문사인 〈중앙일보〉, 〈조선일보〉, 〈동아일보〉, 〈매일경제〉를 기반으로 탄생한 4개의 방송 채널은 지상파 채널이 독과점하던 보도 장르의 새로운 지평을 열었다는 평가를 얻었다. 실제로 종합편성채널이 생긴 이후 지상파 보도의 시청률이 낮아졌으며, 종합편성채널은 시사와 심층토론을 주된 콘텐츠로 방영하여 다양한 보도에 일조한다는 것이다.

그러나 이러한 종합편성채널의 확장을 바라보는 부정적 시각 또한 존재한다. 이러한 지적은 대개 종합편성채널이 보여주는 이념과 정치적 편향을 문제 삼는다. 보수적 경향을 담는 종합편성채널이 특정 세대의 입맛을 사로잡을 수는 있으나 특정 이념에 편향된 보도는 전반적인 보도의 질을 낮추고 대중에게 편파적 시각을 주입시킬 우려가 있다는 것이다.

3) 미국의 텔레비전 네트워크

네트워크(*network*, 방송망)는 같은 방송 순서를 다른 지역에 있는 두 개 이상의 방송사에서 동시에 중계 방송하는 방식을 말한다. 각 지역에 흩어진 방송사가 그물 매듭처럼 연결되어 전국적으로 같은 내용을 전달하기 때문에 방송망이란 이름이 붙여졌다. 이것은 소재나 예산이 빈약한 방송사가 자국에서 방송할 모든 방송을 직접 제작하지 않고 서로 교환할 수 있고, 또한 상업방송에서는 넓은 지역에 광고를 할 수 있는 장점도 있기 때문에 발달된 방식이다. 특히 미국에서는 넓은 지역을 포괄할 수 있는 이러한 네트워크 방송이 매우 발전되었다.

최초의 미국 상업방송 모델은 CBS와 NBC가 소유한 라디오에서 가져온 것이며, 네트워크 텔레비전은 NBC가 가맹국에 프로그램을 공급하기 위해 직할방송사 WNBT를 연결하면서 1946년에 시작되었다. CBS와 NBC에서 처음으로 가맹국을 선택했는데, 당시 가장 취약한 방송사였던 ABC 역시 가맹국과 텔레비전 시청자를 끌어들이려고 했다. 반면에 Dumont 방송사는 라디오와 가맹국이 없었으며 1955년에 방송을 중단했다. 가맹국(*Affiliate, Affiliate Station*)이란 특정 네트워크로부터 정기적으로 프로그램을 공급받는 지방 독립 방송사를 말한다. 가맹국에는 두 가지 유형이 있는데, 하나는 네트워크 편성을 받는 것이고 다른 하나는 편성의 일부를 받는 것이다.

네트워크 텔레비전이 단번에 성공을 거둔 것은 아니다. 1951년 최초의 전국적 네트워크 방송 이전까지는 수익이 없었으나, 이후 주요 도시의 직할국으로부터 많은 수익을 얻음으로써 ABC, CBS, NBC의 3대 네트워크가 유지됐다. 직할국(O&O, *Owned and Operated*)은 네트워크에서 직접 소유하고 운영하는 직할 방송사를 말한다. 1952년에는 텔레비전 네트워크 광고 수입이 라디오 수입을 초과했으며, 1956년까지 3대 네트워크가 주도하는 가운데 모든 방송사의 95%가 가맹국을 가졌다. 현재 ABC, CBS, NBC는 각각 2백 곳 이상의 방송사와 가맹계약을 맺으며, 광고 시간을 판매한 수입에서 일정액을 가맹국에 분배한다. 또한 네트워크는 자체 방송사를 몇 개씩 소유하는데 네트워크가 소유할 수 있는 방송사의 수는 FCC가 규제하며, 전체 수용자의 25%를 넘지 않도록 12개의 TV 방송사로 제한한다. 그 주요 회사로는 뉴스코퍼레이션(NewsCorp), 바이어컴(Viacom), 디즈니(The Walt Disney Company), 타임워너(Time Warner) 등이 있으며 이들은 비디오 제작, 전국 및 지역 분배, 그리고 다른 미디어 판권사업이 결합된 수직적 거대 복합기업이다.

4) 텔레비전의 강력한 위력

정치인들에게 텔레비전은 대중과의 중요한 접촉 기회를 제공한다. 과거와 같이 연단에서 유권자에게 직접적으로 호소할 수 있는 기회는 제한된다. 그러나 텔레비전에서는 유권자와 단숨에 접촉할 수 있는 기회가 열려 있다. 이 때문에 정치인들은 텔레비전에 나와 '정치'를 한다. 때로는 앵커의 입을 통해, 때로는 사회자의 입을 통해 자신의 '이미지'를 판매하는 것이다.

텔레비전은 대통령선거의 당락에도 큰 영향을 미친다. 이 때문에 1992년 제 14대 대통령선거 때부터 대통령 후보들은 어떻게 하면 좋은 이미지를 텔레비전 뉴스 또는 텔레비전 광고에서 만들 수 있는가에 대해 많은 노력을 기울이기 시작했다. 화장이 필요하면 화장, 염색이 필요하면 염색을 했으며, 강인함 또는 부드러움을 심기 위해 분장, 조명, 색상 등에 신경 썼다. 예를 들어 제 14대 대통령선거에서 김영삼 후보는 텔레비전을 통해 보다 확실한 이미지를, 김대중 후보는 보다 부드러운 이미지를 만들 수 있었다.

제 16대 대통령선거에서 TV 토론은 모든 후보가 다른 일정을 취소하고 전적으로 대비할 만큼 후보들에게는 대단히 중요한 과정이었다. 특히 제 15대 대통령선거 당시 군소정당 후보로 취급받았던 민주노동당의 권영길 후보는 TV 토론을 통해 '부패원조당', '부패신장개업당' 등 신조어를 만들고 신선한 공약을 내세워 이미지를 높일 수 있었다.

텔레비전을 통해 보이는 이미지의 중요성은 2000년 미국 대통령선거 당시 민주당 앨 고어 후보와 공화당 조지 부시 후보 간의 TV 토론에서 다시 한 번 입증됐다. 고어 후보는 풍부한 식견에도 불구하고 딱딱하고 엘리트적인 이미지로 유권자를 붙잡지 못한 반면, 저돌적인 인상의 부시는 오히려 비전을 제시할 수 있는 정치인으로 이미지 변신에 성공했다. 이처럼 텔레비전에서 보이는 후보의 이미지가 투표에도 영향을 미친다는 점을 인식한 각 정당들은 이미지 창출과 관리를 위해 미디어 전문

가로 구성된 팀을 별도로 운영한다. 물론 후보들이 텔레비전이 만든 이미지에 지나치게 의존할 수 있다는 측면, 즉 국정수행 능력보다는 외모와 언변 등 대중적 이미지에 호소하는 식의 TV 토론은 문제점으로 지적된다.

방송은 무명의 정치인을 정상의 정치적 인물로 만들기도 했다. 1988년 국회에서는 5공 비리 청문회가 생방송으로 중계되었는데, 텔레비전으로 폭로되는 5공 비리는 시민에게 커다란 충격을 주었다. 이에 따라 5공 비리 청문회는 전국적인 미디어 이벤트가 되었고 위원회 위원장이었던 문동환과 초선 의원이었던 노무현 등은 일약 전국적인 스타 정치인으로 각광받았다. 2002년 헌정 사상 첫 총리 인사청문회에서 최초의 여성 총리로 지명된 장상 국무총리 임명자의 인사청문회를 통한 국회의 인준 부결 역시 전국에 생방송으로 중계되면서 부동산 투기, 학력 허위기재, 위장전입 등에 대한 답변 태도와 인물 검증 기준, 국정수행 능력 평가에 대한 각종 이슈가 크게 부각됐다.

이처럼 인사청문회가 힘을 발휘하는 동인은 텔레비전 생중계로 대변되는 미디어의 감시 기능 때문이다. 청문회 진행 과정은 국민들의 눈에 그대로 비춰지고, 수많은 국민들은 텔레비전 등을 통해 지명자와 참고인, 특위위원들의 질의응답을 청취한다. 또한 시민단체의 모니터 요원들이 이를 면밀히 체크한다. 이 과정에서 청문회의 대상인 공직 후보자는 물론, 이들을 검증하는 의원들 역시 평가 대상이 되기 때문에 의원들은 자질의 입증을 위해서라도 조사 작업에 성심성의를 다할 수밖에 없다.

머로와 매카시즘

에드워드 R. 머로

미국의 경우 방송의 힘을 통해 사회의 부조리를 물리친 경우가 있었다. 1950년대 초 미국 내 공산주의 팽창에 위협을 느끼던 미국에서 조셉 매카시 상원의원은 이러한 두려움의 사회심리를 매스미디어를 통해 교묘히 이용하여 선동정치를 했다. 그는 많은 문화인, 예술인, 지식인들을 공산주의자로 몰았다. 이른바 '매카시즘'이라는 극렬한 극우주의가 미국 전역을 휩쓸었다. 미국 시민들은 공포 분위기 속에서 전전긍긍하였다. 반공주의자이며 선동정치가인 매카시는 우는 아이의 울음조차 멈추게 할 정도로 무서운 정치가였다. 누구도 감히 매카시 상원의원을 비판할 용기를 갖기 어려운 위험스러운 사회분위기였다.

이때 한 양심 있는 방송 언론인이 일어섰다. 지금은 전설적인 언론인이 된 세계 방송의 양심인 에드워드 R. 머로였다. 머로는 그의 동료 프로듀서인 프레드 프렌들리와 함께 매카시가 한 발언 내용의 기록들을 수집하는 등 매카시 비판 프로그램을 준비했다. 당시 머로와 프렌들리 두 사람은 CBS의 〈See It Now〉라는 주간 시사 프로그램을 맡았다. 그들은 이 프로그램에서 조셉 매카시 상원의원을 공격할 채비를 했다.

1954년 3월 9일 드디어 매카시에 대한 공격의 포문을 열었다. 30분에 걸친 일방적인 비판 프로그램이었다. 이 방송을 통해 매카시는 거짓말쟁이요, 선동주의자라는 것이 드러났다. 프로그램을 마치면서 머로는 매카시 상원의원에게 할 말이 있으면 그의 〈See It Now〉 프로그램을 통해 반론(反論)을 말하라고 제안했고 프로그램을 하나 복사해서 그에게 보내주었다.

그로부터 4주일 가량이 지난 뒤 매카시 의원이 텔레비전에 나타났다. 머로의 비판에 대한 반론을 제기하려는 것이었다. 그러나 불행하게도 매카시는 사태를 더욱 악화시켰을 뿐이었다. 그에 대한 부정적 이미지는 텔레비전에 출연함으로써 더욱 확대되었다. 이로부터 매카시는 정치적으로 급격히 기울어졌고 그 뒤에 있었던 '육군성-매카시' 청문회가 텔레비전을 통해 전국적으로 중계됨으로써 정치적으로 회복할 수 없을 만큼 몰락하고 말았다.

방송이 정치인들을 절정의 인기에 올려놓거나 대통령에까지 이르게 한 예가 있는 반면, 방송이 권력의 정상에 있던 정치인을 하룻밤에 파멸로 몰아넣어 정치적 파산을 가져다 주는 경우도 있다. 김영삼 정부의 과거청산 과정에서 나타난 과거 권력 핵심자의 공직 사퇴 파동이 그 대표적 예이다. 부의 축재 과정에 의심이 가는 사람들이 방송에 거론되고 그들이 공직에서 물러나는 과정은 방송의 엄청난 영향력을 그대로 보여주었다. 이에 따라 국회의장, 안기부 기조실장, 청와대 수석, 공군 참모총장 등이 하루아침에 공직을 잃고 재판에 회부되는 모습을 목격할 수 있었다. 그들이 비록 토사구팽, 격화소양 등의 옛 명구를 내세우며 자기의 행동을 정당화하려 했지만 방송의 힘은 그것을 용납하지 않았다.

사회적으로도 텔레비전은 엄청난 영향력을 행사한다. 사회 내에서 벌어지는 사회운동의 성격을 규정하는 것은 물론 사회적·인적 동원을 가능케 한다. 예컨대 제 5공화국하에서 금강산댐에 대한 대중의 공포 조장과 이에 대한 대응으로 평화의 댐이라는 대공사를 시작한 것이 그 대표적 예이다. 텔레비전이 조그마한 댐을 서울을 수몰시킬 엄청난 규모의 댐으로 둔갑시킨 것이다. 대중문화의 경우도 예외는 아니다. 텔레비전은 하루아침에 대중스타를 만드는 강력한 힘을 가진다. 따라서 텔레비전을 통하지 않고서 스타가 되는 것은 불가능하다. 그러므로 현대의 문화를 매스미디어 문화라고 한다. 매스미디어, 특히 텔레비전을 통해 중계된 문화를 오늘날 우리는 대중문화라는 이름으로 소화하는 것이다.

5) 문화예술 매체로서의 텔레비전

우리는 흔히 일상생활에서 신문과 방송을 나란히 놓고 비교하는 것을 볼 수 있다. 방송은 종합 문화 미디어임에도 불구하고 단순한 신문과 늘 대칭적으로 비교된다. 그래서 '신문' 하면 우리는 '방송'을 생각하고 '방송' 하면 곧 '신문'을 머리에 떠올린다. 급기야는 두 단어를 묶어서 '신문방송'이라는 복합어도 만들었다.

우리나라의 현실은 방송을 신문과 같은 의미의 언론으로 다룬다. 방송을 문화예술의 장르로 보려 하지 않는다. 과연 신문과 방송, 이 두 문화 체계는 동등한 차원에 있고 동격의 것인가? 그렇지 않다. 방송은 결코 신문과 같은 차원의 미디어가 아니다. 방송은 보다 광범위한 종합적 문화 미디어이다. 언론을 하위 체계로 가진 문화예술의 조직체이다. 이러한 문화예술 미디어인 방송을 주로 언론적 개념 그리고 신문적 사고로 보고 다루었기 때문에, 우리 방송의 문화예술성이 비교적 낮은 수준에 머물러 있는 것이라고 하겠다. 방송 미디어에 대응되는 분야는 신문보다는 상위의 미디어 개념인 인쇄 미디어가 되어야 한다. 따라서 방송문화의 비교 개념은 인쇄문화이다. 신문을 방송에 비교한다면 그것은 방송의 모든 문화 장르가 아니라 방송의 뉴스 부분, 즉 방송 보도일 것이다. 따라서 신문 기사는 방송의 뉴스 프로그램이다.

인쇄 미디어에 의해 지난 수 세기 동안 문화의 꽃이 피었듯이 앞으로 방송 미디어에 의해 새로운 문화가 전개될 것이다. 특히 텔레비전이 이끄는 방송 문화가 개화될 것이다. 문화에는 여러 장르가 있다. 언론은 그 가운데 하나이고 신문은 여러 언론 가운데 하나이다. 문화예술의 영역은 광범위하다. 시, 소설, 연극, 음악, 미술, 교육 등 다양한 영역의 문화를 인쇄 미디어의 문화는 가진다. 방송 문화 역시 마찬가지이다. 방송 언론뿐 아니라 드라마, 음악, 쇼, 교양, 미술 등 여러 장르의 문화를 텔레비전 미디어는 가진다.

텔레비전 드라마는 연극 문화에 비교되고, 텔레비전 영화는 영화 예술에 비교되며, 음악 프로그램은 음악·공연 예술과 비교된다. 기타 교육 내용의 프로그램은 인쇄 미디어의 교육 서적에 해당될 수 있다. 이 같은 다양한 문화 장르들이 발전하기 위해서는 각 분야 문화예술의 전문가가 활발히 활동하고 참여해야 한다. 언론적·신문적 인식만으로는 이루어질 수 없다. 따라서 방송 문화의 발전은 국가의 문화예술 진흥정책과도 밀접하게 관련될 수밖에 없다.

방송 문화예술에는 또 하나의 어려움이 있다. 방송 미디어의 엄청난 문화예술 소모력이 그것이다. 방송은 끊임없이 문화 내용을 공급해야 한다. 이 점 또한 언론 장르와 다르다. 신문사는 훌륭한 신문 언론인을 자체적으로 만든다. 방송 보도 역시 자체적으로 방송 언론인을 만든다. 다시 말해 언론인은 언론사 안에서 탄생한다. 그러나 그 밖의 문화예술 전문가의 경우는 그렇지 않다. 방송은 예술인을 소모하는 것이지 만들지 않는다. 방송은 끊임없이 음악인, 작가, 연기자를 소모함으로써 생명을 이어간다. 방송의 문화적 식욕은 걸신들린 괴물과도 같다. 결국 수준 높은 문화 내용이 없으면 저급한 내용이라도 계속 공급해야 한다. 우리나라에서 1년 동안에 상영되는 좋은 영화가 몇 편이나 되는가? 좋은 연극은 또 몇 편이나 공연되고 좋은 음악공연은 얼마나 될까? 이 모든 것을 다 합해서 방송한다 하더라도 1년 중 고작 한 달이나 할 수 있을까? 좋은 방송 문화를 위해서는 질적·양적으로 높은 수준의 문화가 필요하다. 우리의 문화를 존중하는 일 없이 좋은 방송을 기대할 수 없다는 것은 텔레비전이 문화적 미디어이기 때문이다.

6) 뉴스보도 매체로서의 텔레비전

시청각 미디어이며 전파 미디어인 텔레비전 뉴스는 신문 저널리즘과 비교할 수 없는 특성을 가진다. 신문이 아무리 사건을 정확히 묘사한다 해도 시청각의 텔레비전 화면을 따를 수 없고, 신문이 아무리 빠른 속도로 취재해서 전달한다 해도 전파 미디어를 따를 수는 없다. 그렇기 때문에 신문과 방송은 각각 자신의 미디어 특성을 살려 발전한 것이다. 신문은 인쇄 미디어가 가진 장점을 살리는 새로운 저널리즘을 모색해야 했다. 따라서 신문은 방송과 뉴스의 속보성과 경쟁하지 않고 뉴스의 내용과 의미를 심층적으로 분석하고 해설하는 해설 기능을 강조하는 저널리즘을 개척했다. 그것이 현재 신문의 모습이다. 방송 역시 마찬가지로 영상 미디어로서 텔레비전 저널리즘을 더욱 발전시켰다. 미국 텔레비전 뉴스의 대부였던 월터 크롱카이트가 말했듯이 30분 뉴스라야 신문 한 페이지의 기사 내용을 읽는 시간에 불과하다. 이러한 제한된 시간에 뉴스를 어떻게 다루어야 할 것인가? 텔레비전 미디어의 특성과 논리에 의해 신문과는 전달 형식과 뉴스의 가치 판단이 달라지는데, 무엇보다도 영상 가치가 중요시된다. 이와 같이 서로 다른 미디어의 특성을 살려 서로 다른 저널리즘을 개척하면서 갈등 관계의 두 미디어는 서로 보완적 미디어로 변하며, 또 두 미디어는 공존적·공생적인 미디어가 되었다.

우리의 텔레비전 뉴스는 어떠한가? 우리의 방송 보노 익시 초기에는 신문 기사를 베끼는 뉴스, 통신 기사를 읽는 그런 시절이 있었다. 말의 전문가인 아나운서에 의해 읽히는 뉴스였다. 그러나 방송 보도는 텔레비전 시대를 맞이하면서 현장 '리포팅' 형식의 뉴스로 바뀌었고, 말의 전문가 대신 뉴스 전문가가 전면에 나타났다. 방송 저널리스트의 뉴스 시대가 시작된 것이다.

MBC 〈뉴스데스크〉 박용찬, 배현진 앵커

텔레비전 뉴스의 주인공은 앵커다. 앵커의 사전적 어원은 영어의 anchor로 배를 정박시키고 고정시키는 '닻'이란 뜻이다. 따라서 뉴스의 닻을 내리는 사람 정도로 풀이할 수 있겠다. 이러한 어원을 가지지만 앵커는 미국 방송이 만든 신조어이다. 즉, 미국 뉴스 방송의 진행자를 일컫는 새로운 방송 용어이다. 앵커에 대한 이해를 높이기 위해서는 신문 뉴스와 텔레비전 뉴스의 차이를 먼저 알아야 한다. 우리나라 일간신문의 면수가 최소한 32면 정도 되고, 미디어 선진국에서는 보통 40~50페이지로 신문을 구성하는 실정이다. 이런 정도의 두께를 지닌 신문이라면 풍부하고 많은 뉴스를 싣게 마련이다. 그러나 어느 독자도 신문에 소개된 뉴스를 모두 읽지는 않는다. 자기가 읽고 싶은 뉴스만을 부분적으로 골라서 읽고 버린다. 독자가 뉴스를 고르기 때문에 스스로 뉴스 편집자의 구실을 하기도 한다.

그러나 텔레비전 뉴스의 경우는 이와 다르다. 신문처럼 앞, 뒷장을 뒤적거리면서 원하는 뉴스를 선택할 수는 없다. 그저 뉴스 프로그램이 보여주고 들려주는 순서에 따라서 볼 수밖에 없다. 또 방송 뉴스 시간에 보도할 수 있는 뉴스의 분량 역시 신문이 실을 수 있는 분량과 비교되지 않을 정도로 적다. 따라서 방송의 보도량은 시청자가 뉴스 항목을 선택할 만큼 많지도 않다. 결국 뉴스 전달자가 '알아서' 시청자를 위해 그날의 뉴스를 선정해서 보도하는 격이다. 따라서 시청자를 대신해 뉴스를 선택하는 사람은 뉴스의 가치 판단을 전문으로 하는 언론인이어야 한다. 특히 앵커는 뉴스의 팀을 이끌고 뉴스 아이템의 선정에서부터 취재보도를 지휘하는 인상을 시청자에게 주기 때문에 더욱 전문 언론인의 자질을 갖추어야 한다.

텔레비전이 시각 미디어인 까닭에 텔레비전 뉴스를 전달하는 전달자, 즉 앵커는 '인간적'으로 평가받는다. 앵커는 영상으로 보이기 때문에 메시지는 중립적으로 전달될 수 없고, 앵커 개인이 가진 개성이 담기지 않을 수 없다. 그래서 앵커는 캐릭터

화된다. 이것은 라디오 뉴스와는 다른 점이다. 라디오는 비교적 중립적으로 메시지를 전달할 수 있다. 말하는 사람이 뒤에 숨을 수 있기 때문이다. 아나운서의 탈개성화된 화술이 그것이다.

라디오는 청각 미디어이기 때문에 라디오 뉴스는 소리의 전문가, 말의 전문가에 의해 진행되기에 적절한 미디어이다. 라디오 시대의 뉴스가 주로 아나운서에 의해 진행된 것은 이런 라디오의 특성 때문이다. 그러나 뉴스가 청각 미디어인 라디오 뉴스에서 시각 미디어인 텔레비전 뉴스로 옮겨지면서 뉴스의 진행은 말의 전문가인 아나운서에서 뉴스의 전문가인 저널리스트로 바뀌었다. 이러한 현상은 무성(無聲) 필름 취재에서 유성(有聲)필름 취재 또는 ENG(*Electronic News Gathering*) 취재 방식으로 옮겨감에 따라 더욱 두드러진다. 다시 말해 무성 필름 뉴스 시대에는 '읽는 뉴스'가 필요하지만, 유성 필름·ENG 시대에는 현장에서 취재기자가 직접 '보도하는 뉴스'가 되면서 '읽는 전문가'의 역할은 점점 좁아졌다. 현장에서 유성으로 취재하고 이를 보도하는 텔레비전 뉴스에서 앵커는 뉴스 팀의 모든 전문가를 부를 수 있는 보도본부석에 앉은 보도 전문가 중의 전문가이어야 한다. 또한 앵커는 한 텔레비전 뉴스 프로그램에서 신문 편집국장 역할을 하는 사람이다. 최소한 뉴스 시청자에게 주는 이미지는 그러해야 할 것이다.

한편 텔레비전의 시각 미디어적 특성 때문에 텔레비전 뉴스는 앵커라는 인물이 중심이 되기 쉽다. 텔레비전 영상에서 앵커의 얼굴 표정 하나하나가 메시지화될 수 있고 인물의 스타화가 가능하다. 텔레비전 뉴스에도 할리우드 영화처럼 스타 시스템이 생겨날 우려도 없지 않다. 대스타에 의존하고 스타의 이미지를 파는 영화의 흥행처럼 스타 앵커에 의존하고 스타 앵커의 이미지를 파는 흥행 뉴스가 될 위험성도 있다. 이는 저널리즘이 지향할 바람직한 방향이 아니다.

7) 텔레비전 프로그램을 만드는 사람들

우리나라의 경우 일본에서 만들어진 듯한 방송조어인 'PD'라는 말이 있다. 흔히 방송 제작에 관계하는 사람을 가리켜 PD라고 부른다. 그러나 정확히 PD가 무엇인지 아는 사람은 없고 개념 규정도 확실치 않다. PD를 프로듀서라는 뜻으로 쓸 때도 있고 텔레비전 연출가라는 뜻으로 쓸 때도 있다. 그러면 그 국적부재, 정체불명의 PD란 누구이며 무엇인가? 우리가 지금 쓰는 PD는 Producer-Director의 머리글자를 딴 것이다. 그렇기 때문에 우리나라 방송에서의 PD는 프로듀서와 디렉터의 기능을 함께 하는, 이 두 기능이 분리되지 않은 상태에 있음을 말한다.

대개 규모가 작은 방송사에서 비교적 간단한 프로그램을 제작할 경우 이를 담당한 기획자(producer)와 연출자가 한 사람일 경우가 많다. 즉, 우리나라의 PD처럼 한 사람이 프로듀싱과 디렉팅을 다 겸하는 경우를 외국에서도 흔히 볼 수 있다. 그러나 전국 네트워크 프로그램을 제작할 경우 대개 프로듀서는 연출 분야를 전문 연출자에게 따로 맡겨 일을 분담한다.

기획자는 방송 제작에 궁극적 책임자로서 기획·대본에서부터 제작·편집·홍보에 이르기까지 모든 제작 과정에서 최종 책임을 진다. 연출자는 우리가 흔히 말하는 PD이다. 연출자는 여러 대의 카메라 샷을 지켜보고 방송에 보낼 샷을 선택하고 연기자·음향·조명 등을 포함하는 모든 제작 요소들을 지시하는 사령탑으로서 기획자의 개념을 실제 프로그램 속에서 해석하고 형상화하는 일을 맡는다. 실제 프로그램의 제작을 맡는 제작 스태프에는 기술감독, 카메라감독, 음향감독, 조명감독, 비디오맨, 세트 디자인, 특수효과 담당, 소품 담당, 편집감독, 음향효과 요원, 문자발생 요원 등이 있다.

8) 방송산업의 경제학

방송산업의 효율성·생산성 증대는 방송 경영에 많은 영향을 주기 때문에 매출액을 늘리고 이윤을 증대시키는 것이 매우 중요하다. 방송 매체가 경제적 이윤을 얻는 방법으로는 크게 3가지가 있다.

첫째, 프로그램과 같은 매체 상품을 직접 판매하거나 그에 따른 가입료를 받는 방법, 둘째, 정보나 프로그램의 내용을 보거나 들음으로써 지급하는 시청료와 같은 사용료를 받는 방법, 셋째, 광고와 같은 상업적 재원에 의존하는 방법이 있다. 그 외에 정부 보조나 법인·기관의 후원에 의존하는 방식이 있다. 일반적으로 방송산업의 수입원은 예산, 수신료, 그리고 광고료가 대부분이다. 수신료는 공영방송의 경우 주요하게 의존하는 수입원이며, 재원의 확보 측면에서 가장 심각하고 광범위하게 거론되는 문제이다. KBS의 경우, 수신료의 비율(2006년 37.8%)에 비해 광고의 비율(2006년 47.4%) 및 기타 수입(2006년 14.8%)에 대한 의존도가 높다. 주요 외국 공영방송의 경우 영국 BBC 78%, 독일 ARD 82%, 일본 NHK 96% 등 모두 수신료에 기반을 두어 운영된다. KBS는 디지털 전환을 통한 다채널을 준비하며 소외계층 등 사회적 약자를 위한 공익적 편성 등을 대비하기 위해서는 추가적인 수신료 인상이 불가피하다고 주장한다. 이에 대해 KBS가 수신료를 인상하려면 방송사의 인적자원을 효율적으로 배분하고 외주제작을 활성화하며, 새로운 서비스와 구체적인 채널 운용계획을 제시해야 한다는 수장이 맞선다. MBC와 SBS는 KBS와는 딜리 프로그램 제작, 기술 서비스를 위한 신규장비 도입 등 회사 운영에 필요한 대부분의 재원을 광고 수입에 의존하기 때문에 광고시장에서 치열한 경쟁을 벌인다. 부산, 대구, 광주, 대전, 울산, 청주, 전주, 인천 등 8개 지역민방 역시 광고에 의존하나 취약한 조직과 제작 여건으로 경영에 어려움을 겪고 있다.

지상파 방송사의 광고 매출액을 보면 1998년 IMF 당시 최저점을 찍은 이후 다소의 회복과 후퇴를 반복하는 실정이다. 2008년 방송 광고비는 2조 1,856억 원으로 전년 대비 2,087억 감소했다. 8월까지 방송 광고시장은 각종 판매제도 개선과 베이징올림픽 효과 등으로 호조를 보였으나, 9월부터 시작된 미국발 금융위기 여파로 급격한 하락세를 보였다. 설상가상으로 텔레비전의 광고 수입은 위성방송 가입자 확대, 케이블TV의 통합, 인터넷시장의 부상 등으로 특화된 광고 전략을 취하는 기업이 급속히 늘어남에 따라 광고대상 매체가 뉴미디어로 전환하는 추세를 보여 점유율이 점차 낮아지고 있다. 실제로 전체적인 광고시장의 축소에도 불구하고 케이블TV, 인터넷 등의 뉴미디어 광고시장은 고성장을 기록하고 있다. 이처럼 다매체 방송환경에서 텔레비전은 한정된 수용자를 확보하기 위한 방송사업자 간의 경쟁이 더욱 치열해지고 외국방송의 유입에 따른 국제 경쟁에도 노출된다. 따라서 지상파 방송사가 살아남기 위해서는 핵심 프로그램·과제를 선택하고 여기에 역량을 집중시키는 선택과 집중의 전략을 통해 내부 자원의 효율화를 극대화해야 한다.

미국 공영방송의 경우 1967년 설립된 공영방송법인(CPB)과 공영텔레비전 방송망(PBS) 기준에 의거해 광고는 불가능했으나 1984년 이후 프로그램 사이에 2분 30초 범위 내에서 30초 정도의 제품 광고를 부분적으로 허용한다. 그러나 대부분의 재원은 시청자 모금, 기업 협찬, 시설 대여 등으로 조달된다. 상업방송은 네트워크 광고(*network advertising*)의 경우 네트워크가 제공하는 프로그램과 함께 방송되는 광고로 2백 곳 이상의 방송사를 통해 동시광고 방송을 실시하며, 광고 판매는 네트워크 자체 광고영업 조직에서 한다. 영국 공영방송인 BBC1·BBC2의 경우 수신료만을 받으며 광고를 하지 않는다. 그러나 공영방송인 BBC월드와이드 서비스 텔레비전, Ch4, S4C의 경우 상업광고를 실시한다. Ch3(ITV)은 지역 상업방송으로 광고를 실시한다.

유럽을 비롯한 세계 여러 나라에서는 방송사가 직접 광고영업을 하지 않고 방송 광고판매 전문기관이 광고를 대행 판매한다. 우리나라에는 방송의 공공성 확보와 전파수익의 사회 환원이라는 목표 아래 1981년에 설립된 KOBACO(Korea Broadcasting Advertising Corporation, 한국방송광고공사, 2012년 한국광고방송진흥공사로 명칭 변경)가 있다. KOBACO의 주요한 역할은 지상파 방송, 즉 전국의 TV와 라디오의 방송 광고를 방송사를 대신해 판매하는 것이다. 현재 KOBACO는 KBS, MBC,

SBS는 물론 지역방송, 종교방송 등 지상파 방송사 및 지상파DMB 매체의 방송 광고 영업을 대행하며, 창립 이래 방송 광고영업을 통해 얻어진 전파수익을 예술의 전당, 프레스센터 건립 등 방송·언론·광고·문화·예술사업에 지원한다.

KOBACO는 방송 광고영업 대행을 통해 대기업의 자본으로부터 방송의 제작과 편성을 보호하고, 과도한 시청률 경쟁으로 인한 방송의 상업성을 배제하여 공공성을 확보한다. 또한 광고요금을 적정 수준으로 유지하여 기업 활동의 경쟁력을 제고하고, 광고주와 방송사의 효율적 광고거래를 촉진한다. 각 방송사의 방송광고 요금은 정해져 있으며, 여기에는 프로그램 요금, 토막광고 요금, 자막광고 요금이 있다.

9) 시청률이란 무엇인가

모든 시청률 조사에는 다음과 같은 3가지 기본 개념이 있다. 텔레비전 이용 세대 (또는 사람), 시청자 **점유율**(share) 그리고 **시청률**(rating)이 그것이다. 방송의 성패는 시청률이 좌우한다. 시청률이 올라가면 방송사, 제작사, 탤런트들의 주가도 올라간다. 광고주들은 시청률이 높은 시간대에 광고 방송을 하고 싶어 한다. 시청률은 광고주들에게 가장 중요하다. 자신들이 상당히 비싼 돈을 내고 광고한 내용이 몇 명에게 전달되는가에 대한 관심이 지대하기 때문이다. 즉, 그들은 적게는 몇천만 원, 많게는 몇억 원의 광고비가 효율적으로 쓰이는지 확인하고 싶어 상당한 액수를 들이면서도 시청률을 조사한다. 이 때문에 방송사도 시청률을 소홀히 할 수는 없다.

전통적으로 모든 라디오와 텔레비전 시청자 조사는 세대별 조사였다. 시청률 20%라는 것은 어느 방송을 시청하건 전체 가정 중 20%가 텔레비전을 본다는 것이다. 그리고 이 20% 중에서 KBS, MBC, SBS, EBS 등의 방송이 각각 몇 %를 차지하는가를 점유율이라고 한다. 만약 우리나라의 가구가 1,500만 대의 텔레비전을 보유한다 가정하고, 특정 시간대에 1,000만 세대가 텔레비전을 켜는데 그들 중 90만 세대가 〈그것이 알고 싶다〉를, 165만 세대는 〈정도전〉을, 625만 세대는 〈별에서 온 그대〉를, 120만 세대는 〈기황후〉를 시청한다고 가정해 보자.

위의 가상적인 상황에서 3가지 기본적인 시청률 수치는 다음과 같다.

텔레비전 시청 가구수(*Households Using Television*: HUT)

텔레비전 비시청 가구수

A사
B사
C사

$$시청률(rating) = \frac{특정\ 방송사\ 시청\ 가구의\ 수}{전체\ TV\ 보유\ 가구의\ 수}$$

$$점유율(share) = \frac{특정\ 방송사\ 시청\ 가구의\ 수}{전체\ TV\ 시청\ 가구의\ 수}$$

위에 제시된 그림을 이용해 각 방송사의 시청률과 점유율을 구하면 다음과 같다. 우선 시청률을 먼저 살펴보면, A사는 30%(6/20×100), B사는 20%(4/20×100), C사는 10%(2/20×100)임을 알 수 있다. 이때 주의해야 할 사항은 만약 조사를 하는 가구 중에 TV를 보유하지 않은 가구가 포함된다면, 이 가구는 계산에서 제외된다는 점이다. 즉, 시청률이란 전체 TV를 보유한 가구 중에서 특정 방송사의 프로그램을 시청하는 가구의 비율을 나타낸다.

다음으로 점유율을 살펴보면, A사는 50%(6/12×100), B사는 약 33.3%(4/12×100), C사는 약 16.7%(2/12×100)임을 알 수 있다.

(1) HUT(텔레비전 이용 세대)

HUT는 텔레비전 수상기를 켠 텔레비전 세대의 백분율이다. HUT는 텔레비전 이용 세대 수를 전체 세대 수로 나누어 계산한다. 우리가 가정한 시장에서의 계산은 다음과 같다.

HUT: 1,000만 세대/1,500만 세대 × 100 = 67%

(2) 시청률

시청률이라는 단어는 시청률 조사단체가 얻은 모든 수치를 나타내는 포괄적 용어로 사용된다. 전문적으로 시청률이란 일정한 방송사나 프로그램을 시청하는 모든 텔레비전 세대의 백분율이다. 시청률은 그 방송을 시청하는 세대 수를 총 텔레비전 세대 수로 나누어 계산한다.

몇 개 프로그램의 시청 세대수를 가상적으로 설정하여 시청률을 구해보자.

〈별에서 온 그대〉 시청률: 625만/1,500만 = 42%

〈정도전〉 시청률: 165만/1,500만 = 11%

〈기황후〉 시청률: 120만/1,500만 = 8%

〈그것이 알고 싶다〉 시청률: 90만/1,500만 = 6%

SBS 드라마 〈별에서 온 그대〉 포스터

시청률은 하루 중 어느 시간의 시청자 수를 다른 시간의 시청자 수와 비교하거나 한 프로그램의 시청자 수를 같은 시간대의 다른 프로그램과 비교하는 데 활용된다. 그러나 광고주들은 방송사 간 시청률 비교보다는 그들의 광고가 얼마나 시청되는지가 주요 관심사이다. 동일 시장 내에서의 시청률 포인트는 방송 시간에 관계없이 똑같은 세대 수를 나타낸다. 예를 들어 300만 텔레비전 세대가 있는 시장에서 시청률 1%는 시청률 조사를 정오에 했건 오후 9시에 했건 간에 상관없이 3만 시청 세대를 나타낸다.

(3) 점유율

점유율이란 특정한 방송을 시청하는 텔레비전 이용 세대의 백분율이다. 점유율은 각 방송을 시청하는 세대 수를 HUT 수치로 나누어 계산한다.

HUT가 1,000만 세대일 때,

〈별에서 온 그대〉 점유율: 625만/1,000만 = 62.5%

〈정도전〉 점유율: 165만/1,000만 = 16.5%

〈기황후〉 점유율: 120만/1,000만 = 12%

〈그것이 알고 싶다〉 점유율: 90만/1,000만 = 9%

위의 시청률 조사의 3가지 개념을 간단하게 요약하면 다음과 같다.

① HUT: 특정 시간에 수상기를 사용하는 텔레비전 세대의 백분율이다.

② 시청률: 텔레비전 보유 세대 중 특정 시간에 특정 방송을 시청하는 텔레비전 세대의 백분율. 얼마나 많은 시청자들이 그들의 상업 광고를 시청했는지 알

고 싶어 하는 광고주들에게 아주 유용하다.
③ 점유율: 시청 중인 세대 중 특정 시간에 특정 방송을 보는 세대의 백분율. 즉
각적 비교를 하는 데 아주 유용하다.

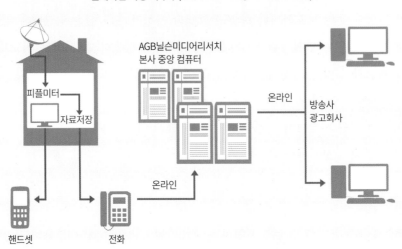

텔레비전 시청 가구수(*Households Using Television*: HUT)

AGB닐슨은 현재 전국 주요 도시(서울, 인천, 경기 12개시, 부산, 대구, 광주, 대전, 청주, 춘천, 전주, 구미, 마산)에서 2,050가구를 표본패널로 구축하여 시청률을 산출하며, 이들 가구의 구성원으로부터 개인별 시청률을 산출한다. 선정된 모든 표본 가구에는 AGB닐슨미디어리서치 엔지니어가 파견되어 텔레비전, VCR, 케이블셋톱박스, 위성방송 수신장치 등에 시청률 측정 장치인 '피플미터'(*peoplemeter*)를 설치한다. 현재는 디지털 시청률 미터기인 TVM5를 도입하여, 기존의 아날로그TV와 디지털TV 모두 시청률 측정이 가능함에 따라 기존의 시청률 조사 방식도 보다 정확성을 기한다. 가구 구성원들에게는 보이지 않지만 AGB닐슨미디어리서치의 피플미터 시스템은 자동적으로 어떤 텔레비전이 켜지고 특정 채널을 시청하는지 추적한다. 표본 가구에서 어떤 경로(지상파 방송, 케이블 방송 등)를 통해 프로그램을 시청하는가는 피플미터의 한 부분에서 계속적으로 기록되며, 채널 변경 역시 자동으로 피플미터를 통해 기록된다. AGB닐슨미디어리서치는 방송 시간과 경로에 대한 정보 데이터베이스를 수집한 뒤, 그 데이터에 표본가구의 시청행태 정보를 결합함으로써 특정 프로그램에 대한 시청자 정보를 산출한다. 각 가구의 일일 시청정보는 각 가구 내의 시스템에 저장되었다가 매일 밤 자동으로 AGB닐슨미디어리서치로 보내진다. 그 데이터에는 텔레비전이 켜진 시간, 채널의 선택과 변경, 텔레비전이 꺼진 시간, 개인의 시청정보가 담겨 있다. 이 데이터에 방송된 프로그램과 방송국/케이블 전송 정보가 더해지면 시청자가 어떤 프로그램을 보았는지 정확하게 확인할 수 있다. AGB닐슨미디어리서치의 시스템은 이 같은 정보를 매일 밤 처리하여 다음날 고객들에게 배포한다.

10) 텔레비전 프로그램의 문제점과 대안

텔레비전 프로그램에 대한 중요한 논의 사항으로 프로그램의 질과 시청자 주권, 외주제작 정책을 들 수 있다. 텔레비전은 다른 어떤 매체보다 더 시청자에게 영향을 미치기 때문에 프로그램의 질이 어떠한가에 대해 적극적 평가가 필요하며, 이는 제작 환경과도 맞물려 고려되어야 할 사항이다.

(1) 프로그램 등급제

텔레비전 프로그램은 개인의 정보 획득 및 여가 활용뿐만 아니라 스포츠, 오락, 문화, 정치 등 일상생활의 많은 요소에 영향을 주며, 이러한 영향력은 텔레비전에 노출되는 시간이 길수록 더 현저해진다. 텔레비전 프로그램이 시청자의 문화적 수준에 미치는 영향에 대해서는 의견이 매우 다양하다. 상업성만을 추구하는 오락 프로그램, 폭력적이거나 선정적인 프로그램, 시청률을 높이기 위한 타 프로그램 모방 등이 대표적 문제라 할 수 있다.

특히 어린이·청소년의 정서 발달에 유해한 영향을 미치는 내용(폭력성·선정성·저급 언어 사용)을 기준으로 프로그램을 분류하는 방송 **프로그램 등급제**는 일정한 기호로 텔레비전 화면에 표시하여 청소년의 텔레비전 시청 지도에 활용하고자 하는 것이다. 프로그램 내용을 표시하는 방법으로는 극장용 영화의 등급제에서 유래한 **연령등급제**, 폭력, 언어, 성적 표현의 정도를 표시하는 **내용표시제**, 시간대에 따라 시청 계층을 달리하는 **시간표시제**가 있다.

이러한 제도는 1960년대 이후 미디어의 폭력물과 공격성에 대한 수많은 연구 결과들을 토대로 이미 미국, 캐나다, 프랑스, 오스트레일리아 등에서 실시되어 상당한 성과를 거두는 제도로서 우리나라의 경우는 1997년 이후 방송위원회에서 지속적인 관심을 가지고 연구를 진행시켰으며, 2001년 2월 1일부터 영화, 수입 드라마, 뮤직비디오, 애니메이션 등 4개 장르를 대상으로 연령등급제를 실시했다. 이후 어린이·청소년에게 큰 영향을 미칠 수 있는 장르가 등급제 대상에서 제외됐다는 지적에 따라 방송사의 현실적 여건을 토대로 국내 제작 드라마를 등급제 우선실시 대상에 포함하기로 결정하고, 이를 주요 내용으로 하는 등급제 규칙 개정을 실시했다.

미국의 텔레비전 프로그램 등급제 표시

2002년 5월 1일부터는 국내 제작 드라마에 대한 등급제가 실시됐으며, 등급 체계는 '모든 연령 시청가', '7세 이상 시청가', '12세 이상 시청가', '15세 이상 시청가', '19세 이상 시청가'로 나뉜다. 등급 분류는 방송 프로그램의 폭력성, 선정성, 언어 사용 정도 등을 기준으로 하여 분류하되 등급 기호는 연령 정보만을 표시하도록 한다. 방송 프로그램 등급에 대한 고지는 프로그램 시작과 동시에 등급 기호와 함께 부연설명을 자막으로 고지하도록 하고, 방송 중에는 등급 기호를 10분마다 30초 이상 표시하도록 한다. 그러나 '19세 이상 시청가' 등급에 해당하는 프로그램은 본 방송이 시작할 때부터 끝날 때까지 등급 기호를 표시해야 하며, '모든 연령 시청가' 프로그램도 의무적으로 등급을 고지해야 한다. 또한, 방송 사업자로 하여금 보호자의 시청 지도에 용이하도록 다양한 방법으로 프로그램에 대한 정보를 사전에 알리도록 한다. 미국의 경우 폭력성·선정성으로부터 어린이를 보호하기 위해 1998년부터 V-chip(V는 violence, '폭력'의 약자)장착을 실시했다.

V-chip은 텔레비전 수상기에 칩을 장착시켜 수용자 스스로 프로그램을 어린이들로부터 차단할 수 있도록 한 것이다. 하지만 텔레비전 프로그램의 악영향을 막기 위한 이러한 제도나 방침은 그 유용성이나 통제력 측면에서 논란의 여지가 있다. 프로그램 등급제의 경우 오히려 어린이들이 성인 프로그램을 보다 쉽게 인지하도록 할 수도 있으며, V-chip 역시 별다른 효과를 거두지 못했다. 이러한 부작용에 대한 대책으로 연령등급제와 내용표시제의 병행, 드라마 등급제의 정착을 위한 사전 제작제도의 정립, 방송사 자체의 프로그램 내용 조율, 시청자 교육, 시청자들의 등급제에 대한 인식 개선 등을 들 수 있다. 또한 시청자 스스로 적극적인 인식과 가치추구적인 비판적 수용을 견지함으로써 수동적 차원의 프로그램 시청을 지양하는 것 역시 중요하다.

(2) 프로그램의 질적 평가방법

프로그램 제작자들은 자신들이 제작한 프로그램에 대한 시청자의 반응과 평가를 알고 싶어 한다. 일반적으로는 "얼마나 많은 사람들이 시청하였느냐"를 보여주는 시청률 자료를 통해 확인하지만 제작자들은 많은 사람들이 보았다고 해서 반드시 자신이 좋은 프로그램을 제작했다는 확신을 가질 수 없다. 인기 있는 프로그램이 곧 좋은 프로그램이라고 말할 수 없기 때문이다. 이는 방송에게 요구되는 공적 역할, 즉 시청자가 원하는 프로그램의 제공과 별도로 시청자에게 '필요한' 프로그램을 제공해야 할 의무가 있기 때문이다. 그래서 방송사들은 시청률 자료와 별도로 프로그램의 품질을 평가해 이에 대한 정보를 제작자들에게 제공한다.

평가방법은 다양하다. 영국의 경우 BBC의 AI(*Appreciation Index*, 감상만족도 지수), 일본의 경우 NHK의 '프로그램 평가지수', 한국의 경우 KBS의 PSI(*Public Service Index*, 공익성지수)가 그것이다. PSI의 경우 3개의 질문을 통해 프로그램의 품질을 평가한다. 즉, '잘 만들었다-제작 완성도', '뭔가 얻는 게 있다-유익성', '시간가는 줄 몰랐다-재미' 등의 차원을 알아보는 질문이다. 이들 3가지 차원의 질문에 대한 점수를 합하여 개별 프로그램, 채널별 평가를 확인한다. PSI는 1999년부터 시작되었으나 2005년 예산상 이유와 새로운 평가 방식의 도입으로 폐지되었다. KBS는 PSI를 폐지하는 대신 2006년부터 시작된 새로운 '시청자 프로그램 품질 평가'를 실시한다. 이 역시 3가지 차원으로 평가한다. 즉, '제작요소 차원', '가치 차원', '만족도 차원' 등의 3가지 차원을 평가하여 측정하는데 다만 과거 PSI와 달라진 점은 15개 내외의 문항을 통해 3가지 차원의 점수를 확인한다는 것과 장르별로 질문을 달리해 평가한다는 점이다. 즉, PSI가 3개의 질문을 통해 종합 점수를 획득하는 반면 '시청자 프로그램 품질 평가' 방식은 15개 내외의 질문을 장르별로 달리해 3가지 차원으로 추상화하여 종합적 평가 점수를 산출하는 것이다.

결국 프로그램의 공익적 기능을 필요로 하는 방송사는 이러한 프로그램 품질 평가를 통해 '얼마나 많은 사람들이 시청하였느냐'를 측정하는 시청률 자료를 보완하는 것이다.

(3) 시청자 주권

방송은 전파를 매개로 한 공공자산이며, 따라서 희소성을 가진다. 또한 그 영향력이나 침투력 또한 대단하다. 이러한 방송의 실질적 주인이자 전파 주권자는 시청자라고 할 수 있다. 그러나 지금까지 우리 방송은 시청자를 상호작용의 대상으로 인식하기보다는 시청률을 위한 일방적 목표로만 인식했다고 볼 수 있다. 그러다 보니 방송 수용자들이 "무엇을 필요로 하는가"에 대한 고민은 적었다. 시청자에 대한 책임에 복무하기보다 방송사의 생존과 시청률만 보장된다면 말초적·파행적인 내용으로 시청자들의 눈길을 끄는 데 더 신경을 쏟은 것이다.

자본주의 사회에서 방송의 상업화를 전적으로 외면할 수는 없지만 수용자들에게 방송이 가진 의미가 '값싸고 접근하기 쉬운 문화의 장'이고, '교양을 함양하고 직접정치를 실현할 수 있는 장'이 될 수 있음을 감안할 때 시청자의 권리를 적극적으로 보호하고 확보할 필요가 있음은 두말할 나위가 없다.

방송 심의를 통해 시청자의 권리를 보장하는 기구로 방송통신위원회를 들 수 있다. 방송통신위원회는 대통령 직속 합의제 행정기구로 정보통신 기술 등의 발전으로 방송과 통신이 융합되는 추세에 보다 적극적으로 대응하며, 국민들이 보다 많이 방송·통신융합의 혜택을 누릴 수 있도록 하기 위해 출범했다. 방송통신위원회는 방송·통신 융합정책을 수립하고 융합 서비스의 활성화를 위해 노력하며, 전파에 관한 정책을 수립하고 전파자원을 관리한다. 또한 방송통신 시장의 경쟁을 촉진하고 방송·통신망의 고도화와 방송·통신의 역기능 방지를 위해 노력한다. 그 외 방송·통신 이용자 보호정책의 수립과 방송·통신 사업자의 불공정행위 조사 및 분쟁 조정 등의 일을 한다.

옴부즈맨 프로그램 역시 시청자의 의견을 반영하고자 만들어진 것이다. 옴부즈맨 프로그램이 시청자들에게 인지된 것은 꽤 오래되었다고 할 수 있다. 그러나 초창기의 옴부즈맨 프로그램은 있는지 없는지도 알 수 없었던 프로그램이었다. 이에 비해 요즘 방송사의 옴부즈맨 프로그램은 편성 면에서 발전된 모습을 보인다. KBS는 1TV에서 〈TV 비평, 시청자데스크〉, MBC는 〈TV 속의 TV〉를, SBS는 〈열린 TV 시청자 세상〉을 방영한다. 방송 3사의 옴부즈맨 프로그램은 시청자가 직접 프로그램에 대해 평가하는 시청자 평가 프로그램으로 시청자의 주권을 표현하는 유일한 프로그램이라고 할 수 있다. 그러나 과연 옴부즈맨 프로그램은 시청자들의 주권을 대변하는 것일까?

　아직까지는 완전히 시청자들을 위한 프로그램이라는 이름을 부여하기에는 힘들 듯하다. 옴부즈맨 프로그램의 문제점으로 주로 지적되는 것은 다음과 같다. 첫째, 오히려 자사 프로그램을 홍보하는 용도로 활용되는 경우가 있다. 리포터를 활용하여 시청자들의 의견을 물어보는 듯한 인터뷰를 통해 오히려 자사 프로그램을 홍보하는 방식이 전통적으로 사용되었다. 둘째, 선정적·폭력적인 화면이 오히려 반복되어 방영되는 경우가 많다. '이런저런 장면이 문제다'라고 하면서 그 장면을 반복해서 몇 번씩 보여주는 것이다. 셋째, 다루는 주제가 매우 소극적이라는 것이다. 방송과 관련된 많은 분야가 있는데 그에 비해서 다루는 부분은 단순히 프로그램 분석에 한정된다. 넷째, 한 번 지적한 문제점이 또 다시 문제점으로 등장하는 것이다. 즉, 지적은 하지만 아무런 조치를 취하지 않는 경우이다.

　그러나 옴부즈맨 프로그램의 시청자 의견 수렴을 위한 노력과 다양한 정보 제공은 보다 나은 시청자 주권 문화에 어느 정도 기여한다고 보인다. 물론 이러한 옴부즈맨 프로그램의 긍정적 역할은 보다 정확하고 공정한 정보를 제공하고 자신들 스스로의 비판에 대한 충분한 고려를 통해 새로운 방송 문화를 만들어나갈 때 빛을 발할 것이다.

　옴부즈맨 프로그램 외에 **시청자 제작 프로그램**이 있다. 시청자의 권익 신장을 위해 제정된 방송법은 옴부즈맨 프로그램과 함께 KBS에 "시청자 참여 프로그램"의 편성을 의무화한다. 또한 유선방송과 위성방송에 공공의 목적으로 이용할 수 있는 '공공채널' 규정도 두는데, 이를 바탕으로 '시민채널'까지 신설할 수도 있게 됐다. 시청자 제작 프로그램은 시청자(개인 및 단체)가 직접 기획·제작하는 것이며, 그 내용과 형식에는 제한이 없다. 이에 대한 심사·선정 및 제작비 지원·관리 등 전반적 운영은 각계 직능단체와 시민사회단체 대표로 구성된 'KBS 시청자위원회'가 담당한다.

　시청자들이 직접 제작·참여하는 시청자 제작 프로그램은 '퍼블릭 액세스(시청자 접근) 프로그램'이라고도 한다. 시청자의 프로그램 접근권은 영상민주주의의 핵심적 사안이며, 시청자의 접근권 확보와 우리 실정에 맞는 액세스 프로그램 제작 방안이 가장 중요한 문제이다. 외국의 퍼블릭 액세스 프로그램의 예로는 미국 '페이퍼 타이거 TV'에서 1991년 걸프전 반대 운동을 주제로 만든 〈TV로 보는 걸프 위기〉 (*The Gulf Crisis on TV*, 상영시간 120분)를 들 수 있다.

시청자 접근권과 이에 바탕을 둔 프로그램은 우리나라에서는 아직도 낯선 편이다. 문제는 우리 실정에 맞는 퍼블릭 액세스 프로그램을 얼마나 다양하고 알차게 만들 수 있느냐이다. 그동안 퍼블릭 액세스 프로그램을 제작·방영하는 과정에서 나타난 문제점은 완성도가 떨어진다는 이유만으로 의도나 표현이 좋은 작품들을 방송하지 않는 것이었다. 이로 인해 시청자들의 참여가 줄어들 수도 있다.

위에서 살펴본 방송통신위원회의 방송내용 심의 옴부즈맨 프로그램, 시청자 제작 프로그램의 활성화 외에도 시청자위원회의 권한 강화, 미디어 교육의 제도화 등이 시청자의 권리 확보를 위해 개선되어야 할 사항이다.

(4) 외주제작

외주제작은 방송 영상산업의 육성과 프로그램의 품질을 높인다는 취지로 지난 1991년 시행돼, 2005년까지 전체 프로그램의 40%를 채운다는 목표 아래 단계적으로 지상파 방송 외주제작 프로그램의 의무편성 비율을 확대하는 방식으로 진행되었다. 2008년 방송통신위원회는 각 방송사에 외주제작 의무편성 비율로 KBS-1TV는 24%, KBS-2TV는 40%, MBC는 35%, SBS는 35%를 제시하였고 각 방송사들은 이 비율을 준수한다. 2007년 3/4분기부터 2008년 2/4분기까지의 결과를 보면, KBS-1TV의 경우 의무기준인 24%를 약간 넘는 선에서 지난 2007년 4/4분기부터 조금씩 외주제작 비율이 상승하는 추세이며, KBS-2TV의 경우 2008년 1/4분기에 약 55%에 육박하는 수준이다. MBC의 경우 약 45%까지 증가했다가 2008년 4/4분기 약간 주춤한 42%선에서 머물렀다. SBS의 경우 약 50%선에서 조금씩이나마 꾸준한 증가세를 보였다.

그러나 지상파 방송의 시장독점 방지와 공영성 확보, 독립제작사를 통한 영상산업 발전 등을 위해 도입한 외주제작 의무편성 비율이 일부 '연예자본'의 힘을 키워준 결과를 낳았다는 비판도 있다. 방송위원회의 2007년도 국내 드라마 제작시스템 개선방안 연구에 따르면, 상위 5개 외주제작사가 매출액 기준으로 시장의 약 85%를 점유한다. 이처럼 외주제작 비율이 높아지면서 소수 외주제작사 독점의 심화, 간접광고 증가, 외주제작사 경영과 드라마 연출의 유착, 기획사 소속 연기자 출연 관행 등의 문제가 드러났다. 이러한 외주제작 정책의 문제에 대해 방송위원회와 문화체육관광부는 2004년 12월 외주제작 표준계약 가이드라인을 마련하여 독립제작사와 방송사 간 공정한 프로그램 계약이 이루어질 수 있도록 했었다. 그러나 이 외에도 중·장기적으로 외주제작 의무편성 정책의 실효성을 보장하고 방송 프로그램에 대한 투자 환경을 개선하기 위해 방송사 매출액의 일정 비율을 외주제작물에 투자한다는 내용의 외주제작비 쿼터제의 도입이 필요하다는 지적이 있다.

1. 텔레비전 시대에 라디오가 살아남기 위해 행한 변화 전략에 대해 알아보자.

2. 다른 매체와 다른 라디오의 특성을 살펴보자.

3. 라디오 방송 편성에 어떠한 것들이 영향을 미치는지 살펴보자.

4. 시간대에 따라 달라지는 라디오 프로그램의 주 청취대상과 그 내용에 대해 알아보자.

5. 광고매체로서의 라디오의 장점과 단점은 무엇인지 생각해 보자.

6. 오늘날 텔레비전 방송 환경이 어떠한 변화를 겪고 있는지 생각해 보자.

7. 미국의 텔레비전 네트워크 현황과 주요 회사에 대해 알아보자.

8. 텔레비전이 사회적으로 어떠한 영향력을 행사하는지 살펴보자.

9. 텔레비전 프로그램의 제작 과정에 대해 알아보자.

10. 연출 스태프와 제작 스태프는 어떻게 구성되는지, 그리고 그 역할은 무엇인지 알아보자.

11. 텔레비전 방송산업에서 어떠한 방식으로 수익을 얻는지 알아보자.

12. 텔레비전 프로그램의 주요 문제점으로 지적할 수 있는 것으로
    어떠한 것들이 있는지 생각해 보자.

참고문헌

- 강현두 · 김우룡 (1992),《한국방송론》, 나남출판.
- 김 규 (1996),《방송미디어》, 나남출판.
- 김우룡 (2002),《현대방송학》, 나남출판.
- 김은규 (2013),《라디오 혁명》, 커뮤니케이션북스.
- 김창남 (1991),《삶의 문화, 희망의 노래》, 한울.
- 문성철 · 김경환 (2007), 인터넷 라디오 mini 이용 의도에 영향을 미치는 요인들에 관한
  연구,〈방송과 커뮤니케이션〉, 8권 2호, 82~115.
- 문화방송 라디오국 편 (1991),《라디오 방송제작론》, 나남출판.
- 방송위원회 (2007),〈국내 드라마 제작 시스템 개선방안 연구〉.
- 방송통신위원회 (2008),〈방송사업자 편성현황 조사분석 및 백서발간〉.
- 방송통신위원회 (2008),〈방송콘텐츠산업 실태조사〉.
- 배기형 (2014),《텔레비전 콘텐츠 마켓과 글로벌 프로듀싱》, 커뮤니케이션북스.
- 손 용 (1989),《현대방송이론》, 나남출판.
- 신원섭 · 박주연 (2014), 진행자-청취자 직접 상호작용에 의해 제작된
  라디오 프로그램의 특성 연구: 실제 제작 사례 및 심층 인터뷰 분석을 중심으로,
  〈한국언론학보〉, 58권 1호, 226~251.
- 신치영 · 유성운 (2009. 2. 10), 글로벌 미디어 그룹을 가다 ⑥, '타임워너',〈동아일보〉.

- 유성운 (2009. 1. 2), 글로벌 미디어 그룹을 가다 ②, '월트디즈니', 〈동아일보〉.
- 이진로 (2008. 3. 28), 공영방송 KBS의 경영현황 평가와 전망. 〈21세기 KBS의 현실과 전망 토론회〉.
- 전승훈 (2009. 1. 1), 글로벌 미디어 그룹을 가다 ①, '머독의 뉴스코퍼레이션', 〈동아일보〉.
- 전승훈 (2009. 1. 6), 글로벌 미디어 그룹을 가다 ③, '바이어컴', 〈동아일보〉.
- 정영호 (2013), 텔레비전 시청이 수용자의 주관적 행복에 미치는 영향: 시청시간, 시청장르, 시청행태를 중심으로, 〈한국방송학보〉, 27권 2호, 269~304.
- 하윤금 (2008. 12. 1), 한국 TV 연기자 출연료 제도의 합리적 대안 모색, 〈TV, 드라마 위기와 출연료 정상화 세미나〉.
- 하윤금·조은기 (2008. 8. 15), 〈글로벌 미디어 기업 육성방안 연구〉, 한국방송영상산업진흥원.
- 홍경수 외 (2002), 《PD WHO & HOW》, 커뮤니케이션북스.
- Albarran, A., Chan-Olmsted, S., & Wirth, M. (2009), 김동규 외 역, 《미디어경제경영론》, 나남출판.
- Bruni, L. & Stanca, L. (2008). Watching alone: Relational goods, television and happiness, *Journal of Economic Behavior and Organization*, 65, 506~528.
- Summers, R. E., Summers, H. B., & Pennybacker, J. H., 김학천 역 (1993), 《현대방송과 대중》, 나남출판.

좀더 알아보려면

www.howstuffworks.com/radio4.htm AM과 FM라디오 주파수, 그리고 FM이 AM보다 음질이 더 좋은 이유에 대해 자세히 알 수 있다.

www.howstuffworks.com/radio3.htm 전자기학(electromagnetism)의 기본 원리와 라디오 전파가 어떻게 만들어지는지 알 수 있는 사이트다.

www.kdkaradio.com Extra 메뉴의 하위메뉴인 kdka history를 클릭하면 KDKA라디오의 역사와 초창기 사진 등을 볼 수 있다.

www.shoutcast.com 무료 인터넷 라디오 서비스를 제공하는 사이트로 원하는 장르의 음악을 무료로 들을 수 있다.

www.agbnielsen.co.kr 시청률 조사기관인 AGB 닐슨 미디어 리서치의 홈페이지로, 프로그램 및 장르별 시청률 조사결과를 공개한다.

www.fcc.gov FCC의 홈페이지로 방송과 케이블 산업관련 문제 및 법규를 볼 수 있다.

www.kcc.go.kr 방송통신위원회의 홈페이지로 정책 과제, 법령 정보, 연구보고서, 방송조사자료 방송·통신에 대한 통계 자료를 제공한다. 또한, 통합민원센터를 운영해 불합리한 제도나 규정에 대한 제도 개선을 요청할 수 있다.

www.farnovision.com/chronicles/index.html Philo Farnsworth는 텔레비전을 발명한 사람 중 한 명으로 그에 대한 소개와 텔레비전 발명에 관한 이야기를 볼 수 있다.

www.kba.or.kr 한국방송협회의 홈페이지로 방송사, 방송법규, 역대 방송대상, 방송가 채용, 방송관련 세미나, 토론회, 월간 〈방송문화〉 등의 정보 및 자료를 제공한다.

www.broadcastingcable.com 텔레비전과 케이블 산업과 관련된 뉴스를 제공한다.

www.fbc.or.kr 방송문화진흥회의 홈페이지로, 방송문화사전, 연구보고서, 방송문화진흥총서 등을 제공한다. 또한 '좋은 방송을 위한 시민의 비평상'을 마련하고 방송 비평문을 모집한다.

www.howstuffworks.com/tv.htm TV가 어떻게 작동되는지 알 수 있으며, 텔레비전의 신호, 디지털TV 등에 관한 정보를 얻을 수 있다.

www.kbi.re.kr 한국방송영상산업진흥원이 2009년에 한국콘텐츠진흥원(www.kocca.kr)으로 통합되었다. (구) 한국방송연상산업진흥원은 방송인명, 방송 소재, 방송계 연락처, 연구보고서, 방송 동향과 분석, 제작 지원, 세미나, 정보 등을 제공한다.

www.kipa21.com 독립제작사협회는 방송프로그램 제작을 위주로 하는 독립제작사들이 모인 단체다. 독립제작사의 우수한 프로그램을 시상하고 제작비를 지원하여 방송 프로그램 수준의 향상 및 뉴미디어 콘텐츠 활성화를 도모하고자 KIPA 상을 수여한다.

www.cbs.com 미국 CBS텔레비전의 홈페이지다.

www.watchtv.or.kr YMCA 시청자시민운동본부의 홈페이지로 모니터 보고서, 미디어 교육, 좋은 비디오, 교육 프로그램 등의 정보를 제공한다.

www.classic-tv.com/TheLoneRanger.html 〈The Lone Ranger〉는 초창기 TV의 서부극이다. 1950년대부터 1990년대까지 고전 TV쇼에 대한 정보가 실려 있다.

영화와 음악

7

1. 영 화

사람들에게 여가활동으로 무엇을 하냐고 물어보면 대부분은 영화감상이라고 답할 정도로 영화는 사람들에게 휴식 및 새로운 경험을 제공하는 매체이다. 이렇듯 쉽게 접할 수 있는 영화는 텔레비전에서 보기 힘든 다양한 특수효과 및 대형화면을 통해 약 두 시간 동안 관객들의 마음을 사로잡는다.

1) 오늘날의 영화가 있기까지

'말이 날 수 있을까?'(*Can horses fly?*) 이렇게 황당한 의문이 오늘날 영화의 초석이 되었다. 캘리포니아의 철도왕이자 후에 명문 스탠퍼드 대학을 창설한 릴랜드 스덴피드(Leland Stanford)는 1887년에 누구든 말이 네 발굽을 모두 땅에서 떼고 공중을 나는 모습을 보여주는 사람에게 당시로서는 거금이라 할 수 있는 2만 5천 딜러를 주겠다고 약속했다.

수많은 사람들이 실패를 거듭한 가운데 마이브리지라는 사진사가 현상금을 움켜쥐었다. 그는 달리는 말의 정지된 사진을 연속으로 찍어 원통(*cylinder*)에 부착한 다음, 이를 빠른 속도로 회전시켰다. 일정한 장소에서 회전통의 한 부분만 응시하자

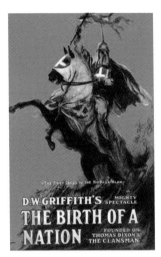

그리피스의 〈국가의 탄생〉

찰리 채플린의 〈서커스〉

말이 하늘을 나는 것처럼 보였다. 이처럼 영화를 만들기 위한 첫 번째 시도는 움직임을 필름에 담는 것이었다. 그 후로 영화의 역사는 내용과 형식, 기술적 혁신을 위한 여러 가지 실험, 그리고 누가 영화를 지배하며 이득을 얻을 것인가에 대한 논쟁으로 점철된다.

1888년에 토머스 에디슨과 그의 조수 로리 딕슨, 프레드 오트는 최초의 활동사진기인 키네토그래프를 발명했으며, 1892년에는 에디슨과 딕슨이 활동사진 영사기를 발명했다. 현재의 모습과 흡사한 영화가 최초로 만들어진 것은 1895년 프랑스의 뤼미에르 형제에 의해서였다. 그 후 영화는 계속 표현 가능성을 넓혔는데, 프랑스의 마술사 멜리에스는 그의 〈별나라 여행〉이라는 작품에서 영화적 트릭을 이용하여 허구의 영화와 공상과학(SF) 영화의 가능성을 발견했다. 또한 미국의 포터는 〈대열차강도〉에서 이야기를 만들 수 있는 영화 기법과 구성을 탄생시켰다. 특히 1915년 미국의 그리피스에 의해 만들어진 〈국가의 탄생〉(*The Birth of a Nation*)은 기존의 산업 구조를 뒤엎을 정도로 큰 성공을 거두었다. 엄청난 성공을 거둔 이 영화가 벌어들인 돈은 약 5천만 달러로 당시로서는 상상을 초월하는 순익이었다. 이 영화는 길어야 30분을 넘지 못했던 이전의 영화와 달리 3시간 길이의 최초의 장편영화였으며, 무성영화 시대의 대부분의 영화 기법과 영상 문법을 완성시킨 걸작으로 평가된다.

이와 같은 무성영화는 몇 가지 고전적인 장르를 만들어 현재까지도 영화의 이야기 전개 방식으로 쓰인다. 일례로 찰리 채플린 영화의 슬랩스틱 코미디는 이후의 코미디 장르에 지속적 영향을 미쳤다. 1903년부터 1927년까지 무성영화 시대가 이어지다가, 1933년에 이르러 모든 영화가 유성영화로 만들어졌다. 유성영화에는 소리·대사·음악이 들어가면서 과장된 표현이 줄고 표현 방식이 일정해졌다. 대사가 들어감으로써 드라마와 코미디가 가능해졌으며, 1930년대에는 어드벤처, 코미디, 서스펜스, 미스터리, 그리고 범죄 드라마 등이 주요 장르로 등장했다.

영화의 성공은 미국뿐 아니라 전 세계적인 현상이었다. 독일에서는 표현주의적인 독창적 전통이 발전되었고, 구소련에서는 혁명의 선전매체로서 영화를 적극적으로 장려하여 에이젠슈테인 같은 걸출한 인물을 배출하였고, '몽타주'라는 새로운 편집기술을 창조했다. 또 프랑스와 이탈리아에서는 대규모 스펙터클 역사물들의 전통을 만들었다. 그러나 이렇게 한참 영화가 발흥하던 시기 유럽 대륙에서 발생한 제1차 세계대전은 유럽의 영화산업을 폐허로 만들었다.

이에 비해 미국의 영화산업은 전쟁의 피해를 입지 않았을 뿐 아니라 전쟁을 피해 이주한 유럽의 영화 기술까지 얻어 눈부신 발전을 이루었다. 메이저 영화사들의 형성, 대규모 스튜디오를 통한 대량 생산 체제의 완비는 미국을 영화의 종주국으로 만들었다. 또 세계 최초의 유성영화 〈재즈 싱어〉(1926년)가 대성공을 거두면서 유성영화는 할리우드의 새로운 전통이 된다. 이어 벌어진 제2차 세계대전은 할리우드에 대한 유럽 영화의 열세를 더욱 악화시켰다. 하지만 전후의 황폐한 환경 속에서도 유럽 대륙의 저력은 이탈리아의 네오리얼리즘, 영국의 뉴시네마, 프랑스의 누벨바그 등으로 살아난다. 그러나 이러한 움직임도 할리우드의 잘 갖추어진 영화 제작 환경을 따라잡기에는 역부족이었다. 그리하여 지금까지도 세계 영화산업은 할리우드의 수중에 있다.

난공불락일 것 같던 할리우드의 영화산업은 텔레비전의 등장으로 새로운 난관에 봉착했다. 1949년 미국의 연방법원은 텔레비전 산업을 장악하려는 메이저 영화사들이 텔레비전 산업에 진출하는 것을 금지했을 뿐 아니라, 메이저 영화사가 독점적으로 소유하는 극장 체인을 불법화하고, 제작·배급사와 상영 체인의 분리를 명령했다. 여기에 텔레비전이 급속도로 성장하여 매년 극장 수입이 급격히 감소하자 메이저 영화사들은 입체영화, 대형화면 등의 대책을 마련했지만 실패하고 만다. 그 결과 메이저 영화사들은 파산하고 은행가와 거대 복합기업의 전문경영인들이 새로운 할리우드의 주인이 된다. 결국 할리우드는 텔레비전과의 대결을 포기하고 텔레비전에게 가장 사랑받는 대중매체의 자리를 물려주면서 텔레비전과 공존의 길을 모색한다. 하지만 할리우드는 내부 위기에 따라 내적 구조가 변할지라도 점점 더 세계 시장의 지배를 공고히 한다. 세계로 퍼져 나간 텔레비전은 할리우드 영화가 확산되는 데 큰 공을 세웠다. 뿐만 아니라 1970년대 새롭게 등장한 비디오는 할리우드의 지배력을 강화시켰고 그 이후 속속 등장한 많은 뉴미디어들—직접 위성방송, 고화질 텔레비전, 유선 텔레비전 등—은 계속해서 할리우드의 세계 시장 지배를 더욱 강화시켰다.

이렇듯 할리우드 영화가 세계 영화산업을 지배할 수 있었던 것은 앞서 보았듯이 두 번에 걸친 세계대전이 큰 원인이 되었다. 하지만 할리우드가 세계 시장 진출에 적극적으로 나선 이유는 할리우드 영화에 들어가는 엄청난 제작비 탓이었다. 미국 시장만으로는 제작비의 안정된 회수와 이윤 창출이 어려워 해외 시장을 통해 수익을 보충해야 했기 때문이다.

2) 꿈의 공장, 할리우드 이해하기

앞서 보았듯이 세계의 영화산업은 할리우드에 의해 지배당한다. 그렇다면 무엇이 할리우드 영화를 그토록 위력적으로 만들었을까? 할리우드가 세계 영화를 지배할 수 있는 까닭은 바로 할리우드 영화산업의 체계적이고 거대한 구조 때문이다. 영화산업은 제작, 배급, 상영 등 영화에 관련된 모든 요소들을 모아서 흥행을 위해 배치한다. 지금부터 할리우드의 영화산업을 탐색해 보자.

(1) 제작 과정의 분업·표준화

영화는 감독에 의해 만들어진다고 생각하기 쉽지만 결코 그렇지 않다. 한편의 영화가 제작되기 위해서는 제작자, 기획자, 시나리오 작가, 감독, 촬영기사 등 수많은 사람들이 필요하다. 더욱이 우리가 즐겨보는, 흥행을 위해 만들어진 영화들의 경우 감독(작가)의 역할보다는 기획자나 제작자, 즉 영화산업의 비중이 훨씬 크다.

할리우드 영화산업에서 철저히 분업화·표준화된 제작 과정이 확립된 것은 장편영화 관행과 스튜디오 시스템이 도입되기 시작했던 1910년대 후반기였다. 급속히 성장한 영화사들은 제작기획을 규격화시켜 전년도 영업 실적을 토대로 각각 '대작' (special), '정규 제작물'(program), 'B급 영화'로 나누어 제작 기획을 짜고 예산을 배정한다. 또한 이러한 기획 다음의 제작 과정을 촬영 전 단계, 촬영 단계, 촬영 후 단계로 표준화함으로써 생산성을 향상시켰다. 그래서 영화는 공장에서 제품을 만들듯 그렇게 제작되었다.

(2) 수직적 통합과 수평적 통합

할리우드의 메이저 영화사들은 이렇게 대량 생산을 위한 제작 과정을 형성한 다음 대량 생산된 영화들의 안정적 흥행을 위해 사업 조직을 수직적·수평적으로 통합했다.

수직적 통합이란 영화 제작·배급·상영의 각 부분을 통합시켜 유기적으로 연결하는 것을 말한다. 할리우드는 배급 방식에서 영화사가 극장주에게 일정 기간 동안 제작되는 모든 영화를 판매하는 일괄판매 방식이나 특정 영화의 제작 전이나 제작 중에 극장주가 제작사에 선금을 주고 판권을 확보하는 선물거래 방식을 채택했다. 또한 상영 방식은 가격 차등화 방식으로 1급 개봉관, 제한된 일부 지역에서 재상영, 재개봉관의 상영의 방법을 채택했다.

수평적 통합이란 대회사가 강력한 자본의 힘으로 소규모 회사를 흡수·통합함으로써 독과점 체제를 이루는 것을 말한다. 이 결과 1930년대에는 제작, 배급, 상영의 유기적 통합을 이룬 파라마운트, MGM, 워너브라더스, 20세기 폭스, RKO와 유니버설, 컬럼비아, 유나이티드 아티스트(UA) 등의 8대 메이저가 독과점 체제를 이루었다. 물론 이 메이저들은 텔레비전의 등장 이후 대부분 파산하여 은행 자본에 의해 다른 분야의 거대 기업에 합병되었지만 현재에는 오히려 거대 매체복합기업으로 그 이력을 더해간다.

(3) 스튜디오 시스템

1930년대 메이저 영화사들의 형성과 함께 완비된 것이 바로 스튜디오 시스템이다. 메이저 영화사들은 촬영에 적합한 기후 조건과 값싼 노동력이 풍부한 할리우드에 자리를 잡고 견실한 제작 설비와 거대한 규모의 촬영소(스튜디오)를 갖추어 스튜디오를 중심으로 영화사를 운영한다. 결국 스튜디오를 통해서 미국 영화는 장르영화, 스타 시스템 등 할리우드의 고전적 영화스타일을 완성한다. 이러한 메이저 스튜디오들은 대공황의 시련에도 불구하고 1930~40년대 황금기를 누렸지만 텔레비전의 등장과 함께 그 황금기에 종지부를 찍는다. 결국 여러 가지 어려움을 견디지 못한 메이저 스튜디오들은 1960년대 말 새롭게 오락산업으로 진출한 거대 복합기업들에 의해 합병된다. 이러한 거대 기업으로의 합병은 고전적인 할리우드 스튜디오 시스템의 몰락을 의미하는 것이었다.

(4) 스타 시스템

스튜디오 시스템과 함께 할리우드 영화산업을 지탱했던 또 하나의 지주는 바로 스타 시스템이었다. 할리우드에서 스타는 다양한 관객의 욕구를 충족시켜 안정적인 관객의 반응을 이끌어내는 데 매우 긴요한 것이었다. 따라서 많은 메이저 스튜디오들은 자사의 전속 스타를 키우는 데 전념했다. 그렇기에 스타는 자연스럽게 탄생된 것이라기보다는 할리우드 영화산업 체제에 의해 철저하게 고안되어 만들어진 산물이라고 할 수 있다. 스타의 이미지는 인쇄 광고물, 스튜디오 발표문과 같은 계획적이

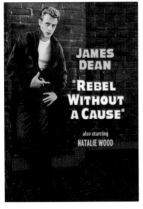

스타 시스템이 만든 대표적 영화배우 제임스 딘

고 의도적인 선전·광고, 신문과의 인터뷰 등과 가십 칼럼 등의 비의도적인 선전·광고, 영화의 내용과 스타가 맡은 배역 그리고 비평과 해설을 통해 구축된다.

또한 관객 역시 스타가 만들어지는 데 중요한 역할을 하며, 스타는 관객의 꿈을 충족시키기 위해 집단 무의식을 충족시키는 역할을 한다. 스타 시스템이 완비되었던 1930년대 스타의 대표적 이미지가 불만스러운 현실을 타개하고 훌륭하게 아메리칸 드림을 실현하는 영웅의 모습으로 구축된 것이 그 좋은 보기이다.

(5) 장르영화

영화가 스튜디오를 통해 대량 생산·소비의 시대로 접어들면서 관객들은 언제나 새로운 이야깃거리를 갈망한다. 대중들의 새로움에 대한 갈망을 충족시키면서 흥행 안정성을 충족하는 방법으로 정착된 것이 바로 장르 영화다. 즉, 비슷한 줄거리·세팅·배역·스타일을 지닌 영화들이 흥행에 성공한다는 확신이 설 때 영화산업은 이러한 영화들을 지속적으로 만들고, 관객 또한 자신들에게 이미 익숙해진 영화들

<table>
<tr><td colspan="2" align="center">〈표 7-1〉 최근까지 전개된 미국영화 장르</td></tr>
<tr><td>스파이 영화</td><td>〈007 골드핑거〉(1956년), 〈007 스카이폴〉(2012년)</td></tr>
<tr><td>로맨틱 코미디</td><td>〈필로우 토크〉(1959년), 〈어바웃 타임〉(2013년)</td></tr>
<tr><td>SF 영화</td><td>〈금지된 세계〉(1956년), 〈그래비티〉(2013년)</td></tr>
<tr><td>공포 영화</td><td>〈엑소시스트〉(1973년), 〈컨저링〉(2013년)</td></tr>
<tr><td>음악 영화</td><td>〈하드 데이스 나잇〉(1964년), 〈레미제라블〉(2012년)</td></tr>
<tr><td>판타지 영화</td><td>〈가위손〉(1990년), 〈헝거게임: 캣칭 파이어〉(2013년)</td></tr>
<tr><td>하이틴 영화</td><td>〈조찬 클럽〉(1985년), 〈피치 퍼펙트〉(2012년)</td></tr>
<tr><td>반전 영화</td><td>〈지옥의 묵시록〉(1979년), 〈퍼펙트 호스트〉(2013년)</td></tr>
<tr><td>액션 영화</td><td>〈터미네이터 1〉(1984년), 〈레드: 더 레전드〉(2013년)</td></tr>
<tr><td>재난 영화</td><td>〈타워링〉(1974년), 〈2012〉(2009년)</td></tr>
<tr><td>전쟁 영화</td><td>〈지옥의 묵시록〉(1979년), 〈바스터즈: 거친 녀석들〉(2009년)</td></tr>
</table>

을 자연스럽게 소비하면 하나의 장르가 탄생되는 것이다. 결국 장르 영화란 기본적 요소는 유지한 채 그 테두리 안에서 약간의 변형을 가한 비슷한 이야기가 반복되는 영화라고 할 수 있다.

SF 영화의 대표작 〈스타워즈〉

장르 영화를 통해 관객은 예상할 수 있는 장르의 관습적 플롯과 예상치 못했던 변수들 사이의 긴장감을 통해 즐거움을 느낄 수 있다. 그러나 최근 들어 장르 영화의 관습적 요소들이 진부해지자 장르의 관습 자체를 영화의 소재로 삼아 변형·재구성한 영화들이 성공하기도 한다.

(6) 할리우드 영화의 이데올로기

영화의 이데올로기란 영화 안에서 그려지는 사회에 깔린 공통적 사고와 개념 구조를 말한다. 산업적 공정을 거쳐 대량 생산된 할리우드 영화 안에는 당연히 특정 이데올로기가 반영될 수밖에 없다. 고전석 할리우드 영화가 송호하는 이데올로기는 대체로 체제 유지와 전통적 가치들이다. 이를 세분화하면 개인주의(자아 신뢰와 정부에 대한 불신), 자본주의 가치(경쟁과 적자생존), 가부장적 제도(남성의 지배적 역할과 여성의 부차적 지위), 인종차별주의(사회적 힘의 불공평한 분할) 등으로 나눌 수 있다.

이러한 이데올로기들은 갖가지 영화적 장치들을 통해 관객이 이러한 이데올로기를 거부감 없이 자연스럽게 받아들이게 만든다. 영화 안에서 그럴싸하게 묘사된 이데올로기들은 관객으로 하여금 영화의 세계와 그 자신이 경험하는 현실세계 사이의 유사성에 근거하여 그 영화 속의 이야기를 쉽게 믿게 만든다. 그렇지만 영화에서 그려지는 사회란 영화의 창작 주체에 의해 주도면밀하게 가공된 현실에 지나지 않는다. 하지만 이러한 이데올로기를 관객들이 그대로 믿기만 하는 것은 아니다. 관객들은 의식적으로든 무의식적으로든 그 영화가 담은 이데올로기를 읽어 그 의미를 능동적으로 재창조할 수 있다. 따라서 영화의 이데올로기를 적극적으로 읽는 것이 적극적인 영화의 감상 태도가 될 것이다.

(7) 할리우드의 르네상스

장기간 미국 사회를 어지럽게 만든 월남전이 막을 내린 1970년대 중반, 미국 영화계는 〈대부 1·2〉(Godfather, 1972/1974), 〈죠스〉(Jaws, 1975), 〈스타워즈〉(Star Wars, 1977)와 같은 대형 블록버스터들이 흥행에 성공하면서 '할리우드의 르네상스' 시대가 열렸다. 1975년 케이블TV 채널인 HBO가 위성방송을 통해 다양한 장르의 영화를 전국의 시청자에게 공급하면서 오랜 기간 지상파TV에 빼앗겼던 많은 관객을 되찾았다. 1980년대와 1990년대 도시 외곽 지역에는 멀티플렉스 극장이 들어서면서 관객들은 다양한 영화를 선택해서 관람할 수 있게 됐다. 또한 1977년 첫 선을 보인 비디오 대여 서비스도 영화산업에 적지 않은 공헌을 했다.

최근의 할리우드는 1970년대 이후 경향인 대작 중심의 제작 추세가 점점 더 강해진다. 영화 제작비는 갈수록 많아져 1980년대 초반의 편당 평균 제작비 920만 달러에서 1989년에는 2,350만 달러로 엄청나게 불어났다. 이렇게 제작된 대작은 집중적 광고와 전 세계 동시개봉으로 단기에 자본 회수를 노렸다. 대표적으로 〈쥐라기 공원〉 한 편이 벌어들인 돈이 자동차 100만 대를 수출한 것과 맞먹는다는 말은 영상산업의 실물적 가치를 단적으로 보여준다. 이는 할리우드가 영화 제작에 필요한 자본과 기술, 유능한 인력을 갖추었으며 흥행에 필요한 시장과 유통망을 갖추었기 때문이다. 또한 엄청난 제작비가 투여된 만큼 투자 위험을 최소화하기 위해 여러 종류의 보조 시장을 만든다.

이러한 보조 시장의 대표적인 것이 바로 필름 재활용이다. 우선 개봉관에서 상영된 필름은 어느 정도 시간이 지난 이후 유료 유선 텔레비전(*pay television*)에 방영권을 판매한다. 또 유선 텔레비전의 계약기간이 끝나면 이를 비디오테이프로 만들어 판매한 후 다시 이를 네트워크 텔레비전에 판매한다. 이러한 보조 시장의 개척으로 전체 수입의 25% 정도를 회수할 수 있었다. 뿐만 아니라 영화의 캐릭터를 영화와 무관한 상품들, 즉 인형, 학용품, 의류, 신발 등의 업체에 독점 사용권을 주어 영화의 광고에도 이용하고, 면허료를 통해 이윤을 얻는 연계(*tie-in*)상품의 개발에도 열을 올린다. 실례로 1989년 크게 성공했던 영화 〈배트맨〉의 경우 이러한 연계 상품을 통해 벌어들인 수입이 5억 달러에 이르렀다. 〈반지의 제왕: 두 개의 탑〉, 〈해리포터와 비밀의 방〉은 게임으로 발매되기도 했으며, 해리 포터 관련 완구와 캐릭터 상품이 많은 인기를 얻었다.

이렇게 볼 때 현재 할리우드에서는 과거 어느 때보다도 산업 자본에 의해 잘 계

영화의 귀재 제임스 카메론(James Cameron)

1954년 캐나다에서 태어난 제임스 카메론은 할리우드에서 하드웨어를 가장 잘 다루는 감독으로 알려졌으며 SF 액션 영화에 천부적인 재능을 과시하는 '하이테크 필름 메이커의 천재'라는 별명을 가졌다. 어린 시절 SF 소설과 만화에 빠져 소설가가 되겠다는 꿈을 가졌던 그는 캘리포니아에서 물리학을 전공하다가 소설가가 되기 위해 대학을 중퇴했다. 그러나 그 후 SF 영화에 매료된 그는 영화에 흥미를 갖고 단편영화를 만들기 위해 식당 웨이터, 트럭 운전사로 일하기도 했다. 이렇게 번 돈으로 단편영화를 제작하던 카메론은 로저 코먼의 뉴월드 픽처스를 통해 영화계에 입문한다. 그곳에서 영화 기획·제작·기술 등 다방면에서 역량을 키웠고 1981년 영화 〈피라냐 2〉에서 첫 감독을 맡으며 데뷔했다. 그러나 제작자와의 갈등으로 흥행에는 성공하지 못했다. 그러나 1984년 '긴박감과 서스펜스로 충만한 SF 컬트무비의 걸작'으로 평가되는 〈터미네이터 1〉을 내놓았고 대성공을 거두며 명성을 얻는다. 이어서 그는 〈람보〉의 시나리오를 써서 흥행에 성공하였고, 〈에일리언 2〉에서는 감독을 맡아 하이테크 판타지를 통해 전편을 능가하는 SF 액션물로 찬사를 받았다. 매번 관객들에게 신선한 충격과 궁극의 재미를 안겨준 그는 짜임새 있는 스토리를 풍성한 볼거리와 함께 풀어내며 스토리텔러로서의 재능과 영상에 대한 뛰어난 감각을 자랑했다. 이후에도 〈어비스〉, 〈터미네이터 2〉, 〈트루 라이즈〉 등으로 꾸준히 성공 가도를 달려오다 1997년 드라마틱한 스토리와 압도적인 스케일이 가미된 〈타이타닉〉을 통해 전 세계적으로 가장 큰 성공을 거두며 10년 넘게 역대 박스오피스 1위 자리를 지켰다. 그리고 그가 12년 만에 선보인 3D 판타지 영화 〈아바타〉가 그 기록을 뛰어넘으며 영화계에서 한 단계 더 올라섰고 그 계기로 현재 명실공히 최고의 감독으로 평가된다.

획된 영화가 제작되며, 작품성보다는 흥행성이 최우선의 가치가 된다. 따라서 제작보다는 배급·광고·마케팅 전략 수립에 더 큰 관심을 가졌으며, 이는 과거 스튜디오 중심의 독자적 운영에서 거대 복합기업에 병합된 소유 구조의 변화에 따른 결과로 볼 수 있다.

3) 한국의 할리우드: 충무로

우리나라에도 할리우드와 같은 영화 제작의 메카가 있다. 그곳은 바로 충무로이다. 한국에 최초로 영화가 상영된 것은 1900년대 초반이지만 한국인의 손으로 영화가 만들어진 것은 한참 후의 일이다. 한국 영화는 1926년 나운규가 〈아리랑〉을 제작하고, 이어 〈풍운아〉(1927년), 〈벙어리 삼룡이〉(1929) 등을 발표함으로써 본격적으로 뿌리를 내렸다.

하지만 한국 영화는 곧 일제의 한국 영화 말살정책에 의해 좌절된다. 해방과 전쟁의 소용돌이 속에서 어렵게 뿌리를 잇던 한국 영화는 자유당 정권의 국산 영화 장려책에 의한 면세 조치와 수입 영화 규제 등의 영화 진흥정책으로 황금기를 맞는다. 그러나 미국과 마찬가지로 1970년대 텔레비전이 널리 보급되면서 한국 영화는 쇠락 일변도의 길을 걷는다. 1962년 영화법 제정과 4차에 걸친 영화법 개정에는 외화 수입 쿼터제 및 스크린쿼터제, 교호상영제의 실시로 외화의 수입 편수 및 상영 시간을 제한하여 침체에 빠진 국산 영화산업을 보호하고, 외화의 수익금을 영화 육성을 위한 재원으로 해서 영화사를 대기업으로 지원·육성하고자 하는 의도가 담긴 것이었다. 그러나 영화 제작사가 제작과 동시에 외화를 배급함으로써 국산 영화는 단지 외화 수입을 위해 법적 의무를 충족시키기 위한 구색용으로 전락해 질적 하락을 가져왔다. 대부분의 영화 제작사들은 흥행 수익과 정부 지원을 흥행 수익이 큰 외화 수입에 이용해 국내 영화 제작은 구조적 악순환에 빠졌다. 또한 미국의 영화시장 개방 압력에 굴복하여 개정된 6차 영화법에서는 할리우드 다국적영화사들의 진출을 법적으로 보장한다. 이러한 시장개방으로 해외자본에 의한 외화 직배사가 크게 늘어났으며, 외화수입도 크게 증가되었다.

그러나 1990년대 후반 이후 충무로에 삼성, 대우 등 대기업 자본이 유입되면서

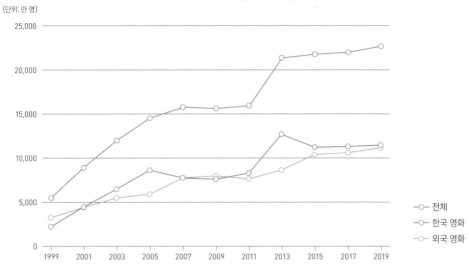

〈그림 7-1〉 연도별 한국 영화, 외국 영화, 전체 관객 수

(단위: 만 명)

출처: 영화진흥위원회, 〈2019년 한국 영화산업 결산〉

한국 영화의 시장 점유율은 상승세를 보여 서울 관객 기준으로 1999년에는 39.7%, 2000년에는 32.6%를 점했다. 특히 2000년 박찬욱 감독의 〈공동경비구역 JSA〉는 종전 강제규 감독의 〈쉬리〉가 외국 영화를 제치고 세운 한국 영화 사상 최고 흥행기록(총 관객 620만 명)을 불과 1년여 만에 갱신했다. 〈공동경비구역 JSA〉는 순제작비 30억 원, 마케팅비 15억 원 등 총 45억 원의 제작비가 투입된 대작으로, 2000년 한국 영화의 국내 시장 점유율을 32%대로 끌어올리는 데 크게 기여한 것으로 평가됐으며, 한국 영화산업의 잠재력과 가능성을 확인시켰다.

2001년은 한국 영화가 크게 흥행했던 해로 전국의 극장을 찾은 관객은 총 8천 2백만 명이 넘었으며, 극장수입은 5천억 원 정도였다. 〈친구〉는 총 관객 820만 명의 흥행 기록을 세웠으며, 일본 판권 판매로 210만 달러, 여기에 TV, 비디오 등 판권을 합쳐 250억 원을 벌어들였다. 이처럼 영화 〈쉬리〉, 〈공동경비구역 JSA〉, 〈친구〉의 흥행 성공은 한국 영화에 대한 관심을 가지게 한 계기가 되었다. 또한 국내 흥행작들이 맺은 할리우드와의 리메이크 계약은 한국 영화의 달라진 위상을 보여준다. 2001년 미라맥스가 〈조폭 마누라〉의 리메이크 판권을 사들였고, 2002년에는 드림웍스가 〈엽기적인 그녀〉, MGM이 〈달마야 놀자〉, 워너브라더스는 〈시월애〉와 〈가문의 영광〉의 판권을 사들였다.

이후 2004년은 한국 영화가 큰 성장을 이룬 한 해였다. 2003년 말 영화 〈실미도〉는 전국 관객 수가 1,108만 1천여 명을 넘었으며, 2004년 초에 개봉된 〈태극기 휘날리며〉는 전국 관객 수 1,174만 6천여 명을 기록하며 한국 최고의 흥행 기록을 세웠다. 〈태극기 휘날리며〉의 세계 흥행 수입은 상정 결과 세계 64위를 기록하였으며, 아메리칸 필름 마켓(AFM)에서 총 16개국 60억 원 이상의 판매 계약을 성사시켜 한국 영화 사상 최고의 수출가 기록을 세웠다.

거대 자본의 유치로 한국 영화도 할리우드 영화처럼 대형화되는 경향을 보이며 이런 추세와 함께 〈무사〉(50억 원), 〈2009 로스트 메모리즈〉(60억 원), 〈실미도〉(82억 원), 〈태극기 휘날리며〉(170억 원) 등 대작이 나왔다. 그러나 순수 제작비가 100억 원에 달한 〈성냥팔이 소녀의 재림〉, 〈아 유 레디〉와 같은 대작이 흥행에 실패하면서 안정적인 투자와 제작이 우선적으로 고려되는 모습을 보였다. 또한 비슷한 장르와 스타일의 영화가 주로 생산되는 경향을 보이기도 했다.

한편, 임권택 감독의 〈취화선〉이 제 55회 칸영화제에서 감독상을, 이창동 감독의 〈오아시스〉가 제 59회 베니스영화제에서 감독상과 신인여우상, 국제비평가협회상, 세계가톨릭언론연맹상을 수상했다. 2004년 베를린, 베니스, 그리고 칸의 3대 국제영화제에서는 김기덕 감독의 〈빈집〉과 〈사마리아〉, 박찬욱 감독의 〈올드 보이〉가 큰 성과를 보여 한국 영화의 위상은 더욱 높아지고 있다. 〈올드 보이〉는 제 57회 칸영화제에서 심사위원 대상을 수상하고 세계 언론의 관심을 받으며 '올드 보이 마니아'를 형성하기도 했다.

한국 영화의 성장세는 2005년도에도 이어졌다. 〈괴물〉(1,006만 명)에 이어 〈왕의 남자〉가 기존 〈태극기 휘날리며〉의 관객 기록을 갱신, 1,175만 명의 관객 수를 기록했다. 2007년에도 〈화려한 휴가〉, 〈미녀는 괴로워〉 등의 작품이 출시되어 인기를 누렸으나 이후 한국 영화의 흥행은 하강곡선을 그리기 시작했다. 이 시기 한국 영화가 급격히 침체된 이유에는 여러 가지가 있을 수 있는데 그중 스크린쿼터 축소의 영향도 있었던 것으로 보인다. 2006년 한미 FTA 협상의 개시 조건으로 한국 영화의 의무 방영일수를 146일(40%)에서 73일(20%)로 축소 시행됨에 따라 그 영향력이 미친 2007년과 2008년에는 증가하던 한국 영화 점유율이 급감하며 암흑기를 보냈다. 실제로 2006년 64%에 이르던 한국 영화 점유율이 2008년에는 42%에 머무르며 가장 침체된 시기를 보냈다. 그럼에도 2008년에는 〈워낭소리〉와 같은 저예산 영화로 공급 규모와 점유율을 유지했고 수출이 확대되었다는 점에서 한국 영화의 가능성을 찾을 수 있었다.

임권택 감독
"한평생을 올곧게 한국적 정서를 영상으로 담아온 장인정신"

임권택 감독은 우리 민족이 가진 고유한 삶과 개성 있는 문화를 수려한 영상으로 표현함으로써 한국적 가치와 전통문화를 세계에 알리는 데 커다란 공헌을 한 우리 시대를 대표하는 영화계의 거목이다. 특히 역사적 사실을 근간으로 이념이나 사상에 의해 희생되는 인간군상을 그려내며 휴머니즘적 메시지를 전달하는 능력은 탁월한 것으로 평가받는다. 한편 동학혁명이나 분단상황 등 우리 근현대사의 질곡과 아픔을 주된 소재로 선택하였기에 그의 영화는 우리 근세기의 민족적 격동에 대한 '영상 증언록'이기도 하다. 비단 소재 선택만이 아니라 정일성 촬영감독과 함께 만드는 영화의 화면은 절제를 통한 여백의 미를 잘 표현한 한국적 프레임이라는 평가를 받는다.

그는 매우 많은 작품을 제작했지만, 그중 대표작을 꼽는다면 〈만다라〉, 〈길소뜸〉, 〈서편제〉 등을 들 수 있다. 그는 이러한 영화들을 통해 한국이라는 특수한 상황에서 발생된 모순에 의해서 인간들이 겪는 고통과 한을 일관되게 표현하였다. 뿐만 아니라 그는 많은 영화들을 '로드 무비'의 형식 속에서 전개하고, 롱테이크를 요소요소에 적절히 사용함으로써 영화의 격을 높였다. 그는 이러한 작품 외에도 〈티켓〉, 〈장군의 아들〉, 〈개벽〉, 〈아제아제 바라아제〉, 〈춘향뎐〉, 〈하류인생〉, 〈천년학〉 등 100편의 작품을 만들었

으며, 그리고 조선 말 천재화가 오원 장승업의 삶을 스크린에 고스란히 담아낸 〈취화선〉으로 '매혹적인 추사의 경지로 인도하는 정확한 연출의 소유자'라는 호평을 받으며 제55회 칸영화제에서 감독상을 받았다. 또한 아시아인으로는 처음으로 제55회 베를린 국제영화제에서 특별공로상을 수상하였고, 영화제 기간 동안 자신의 회고전이 개최되는 영광을 안았다.

임권택 감독은 이처럼 한국적 소재에 대한 끊임없는 창작 열정을 가지고 한국을 대표하는 영화작가로서의 모습을 보여주었으며, 특히 그의 영화 〈취화선〉은 우리만이 표현할 수 있는 영화 속 이미지를 통해 한국적 애상과 운치를 잘 표현해 한국적인 영화가 세계에서도 인정받을 수 있다는 것을 보여주었다.

영화 〈7번방의 선물〉 포스터

한편 박찬욱 감독의 〈박쥐〉가 2009년 5월 24일 제 62회 칸영화제 시상식에서 심사위원상을 수상함으로써 박찬욱 감독은 칸에서 두 번째로 본상을 수상하는 영예를 안았다. 2011년에는 〈최종병기 활〉, 〈써니〉, 〈완득이〉, 〈도가니〉가 영화의 흥행과 함께 사회적 신드롬을 몰고 오면서 한국 영화는 4년 만에 시장점유율 50%대를 넘어섰다. 또한 영화 부가판권 시장이 성장하며 극장 이후 영화의 소비가 활발해졌다.

이러한 한국 영화의 성장은 2012년에도 이어졌다. 2012년은 관객 수·매출액·수익성 모든 면에서 크게 도약한 역사적인 해였다. 특히 지난 2005년 이후 계속 이어지던 마이너스 수익률을 벗어나 13%의 수익률을 내면서 7년 만에 플러스 수익률을 기록했다. 또한, 1천만 관객을 돌파한 영화가 2편(〈도둑들〉, 〈광해, 왕이 된 남자〉)이 등장했으며, 김기덕 감독의 〈피에타〉가 베니스영화제 최고의 상이라 할 수 있는 황금사자상을 수상한 역사적인 해였다.

이듬해인 2013년에도 한국 영화 산업은 양적·질적으로 성장세를 이어가며 한국 영화산업 사상 최고의 호황을 누렸다. 국내 시장은 물론 해외 수출도 성공하였는데 특히 〈설국열차〉 한 편이 나머지 한국 영화 전체 수출액에 육박하는 성과를 얻기도 했다. 또한 전해에 이어 〈7번방의 선물〉과 〈변호인〉 두 편의 천만 관객 동원 영화가 탄생했다. 전체적인 극장 관객 수는 2013년 이후 크게 증가하지 않고 일정 수준을 유지하는 듯하지만 2014년에는 〈명량〉과 〈국제시장〉, 2015년에는 〈베테랑〉, 2016년에는 〈부산행〉, 2017년과 2018년에는 〈신과 함께〉, 2019년에는 〈극한직업〉, 〈기생충〉이 천만 관객을 동원했으며, 봉준호 감독의 〈기생충〉은 72회 칸영화제에서 황금종려상을 수상하는 쾌거를 이루었다. 2020년에는 92회 미국 아카데미 시상식에서 봉준호 감독의 〈기생충〉이 작품상·감독상·각본상·국제장편영화상 등 4관왕을 차지하며 한국 영화가 전 세계 무대에서 인정받는 계기가 되었다. 이처럼 근래의 한국 영화는 제작·유통이 원활해지고 영화 제작에 투여된 자본이 실제 영화의 유통

과정을 통해 회수되어 다시 다른 영화에 투자되는 식으로 자본의 순환이 이루어짐으로써 안정적 발전 추세를 보인다.

4) 컴퓨터 혁명과 영화

(1) 특수효과

특수효과(*special effect*)는 영화 기법의 중요한 한 부분이 되었다. 이전의 영화에서도 특수효과를 이용하기는 했지만, 현대의 특수효과는 종종 1933년의 고전 〈킹콩〉에서 확인된다. 〈킹콩〉은 정면투사 기법을 사용한 최초의 영화다. 정면투사는 배우들이 배경의 앞에 나타나게 함으로써 배경의 일부처럼 보이게 하는 것이며, 배면투사는 전경 안에 있는 배우 뒤에 이미지를 투사하는 것이다. 그리고 합성은 여러 차원의 필름 혹은 디지털 이미지를 합치거나 씌우는 것으로 특히 이미지 수정이나 선 제거에 주요하게 응용되는 기법이다. 〈스타워즈〉에서는 우주전쟁을 그려내기 위해 컴퓨터 전송 카메라를 사용했으며, 〈매트릭스〉의 극적인 슬로 모션 장면은 컴퓨터 제어 카메라를 사용한 것이다. 이처럼 특수효과는 유용할 뿐만 아니라 극적이며 현란한 장면을 만든다. 할리우드에서 실제 컴퓨터 혁명은 포스트 프로덕션 과정에서 볼 수 있다. 포스트 프로덕션은 원래 필름을 촬영한 후의 편집, 음향효과, 시각효과 작업을 포함하는 것이다.

미국의 첨단 전자산업을 뜻하는 '실리콘밸리'(Silicon Valley)와 '할리우드'

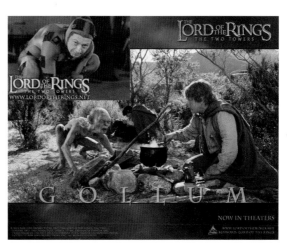

사진 왼쪽 상단은 〈반지의 제왕: 두 개의 탑〉에서 모션 캡처로 특수효과를 만들어내는 장면이다.

www.banzi.co.kr

(Hollywood)의 합성어 '실리우드'(Siliwood)라는 말이 있다. 실리우드는 컴퓨터 그래픽 시장과 영화, 게임산업이 혼합된 시장을 말하는 것으로 3D 애니메이션이 가장 중요한 요소가 된다. 실리우드의 대표는 아직까지 영화와 오락산업이다. 〈포레스트 검프〉에서 특수효과로 만든 하얀 깃털이 휘날리는 장면은 무척 인상적이다. 또 이 영화에서 주인공은 케네디와 닉슨을 만나서 악수를 하는데, 이 부분도 모두 그래픽을 이용한 특수효과다. 〈포레스트 검프〉에서 사람을 만들었다면, 〈클리프 행어〉에서는 하늘과 산, 암벽, 폭발 장면 등 영화에 등장한 대부분의 배경을 그래픽으로 만들었다. 〈쥐라기 공원〉의 공룡이나 배경 화면도 마찬가지다.

이처럼 과거에는 〈스타워즈〉, 〈터미네이터〉와 같은 SF 영화에서나 등장하던 특수효과기술이 이제는 많은 영화에 사용된다. 특히 〈해리포터〉 시리즈, 〈반지의 제왕〉 시리즈를 비롯하여 〈아바타〉, 〈트랜스포머〉, 〈어벤져스〉 등 판타지 영화에서도 다양한 특수효과를 선보였다.

(2) 애니메이션 영화

애니메이션 영화는 그림이나 인형 등 실제로 움직이지 않는 대상을 조금씩 그 자세나 위치를 바꾸면서 한 장면씩 촬영해 동작을 만드는 방법으로 영화를 제작하는 것이다. 이는 움직임의 환상을 만들어내는 특수촬영 영화의 한 가지라고 할 수 있다. 1906년 미국의 스튜어트 블랙턴이 애니메이션 영화의 원형이라 할 수 있는 〈요술 만년〉을 제작했으며, 1908년에는 프랑스의 에밀 콜이 세계 최초의 애니메이션 영화 〈펑타스마고리〉를 제작했다. 애니메이션 영화의 개적자라 볼 수 있는 미국의 월트 디즈니는 〈미키마우스〉, 〈백설공주〉 등의 작품을 통해 1930년대의 만화영화 전성기를 꽃피우게 한 주역이다. 〈3인의 기사〉에서는 만화와 극영화 화면을 합성했다. 미국의 만화영화계는 〈톰과 제리〉, 〈돌피〉, 〈스파이크〉 등의 시리즈가 1950년대 후반 텔레비전 만화영화 시대가 개막될 때까지 각축을 벌였다.

1990년대에 들어 월트 디즈니 프로덕션이 제작한 〈인어공주〉, 〈미녀와 야수〉, 〈알라딘〉, 〈라이온 킹〉, 〈포카혼타스〉 등이 잇달아 세계적으로 흥행에 성공함으로써 애니메이션 영화의 활기를 불어넣었다. 1995년에는 픽사 애니메이션 스튜디오(Pixar Animation Studio)에서 최초의 100% 컴퓨터 장편영화 〈토이 스토리〉를 제작해 미국 내 상영관 관람료 수입 기준으로 〈라이온 킹〉과 〈알라딘〉 다음으로 많은 수입을 올렸다. 주요 영화사들은 애니메이션 영화산업에서 각축을 벌이며, 순전히 영화관 관람료로만 4천억 원 매출을 기록한 〈토이 스토리〉의 성공 스토리

3D 애니메이션 영화 〈겨울왕국〉의 한 장면

는 1998년 3천억 원에 가까운 관람료 수입을 올린 〈벅스 라이프〉, 〈니모를 찾아서〉로 이어졌다. 이후 개봉된 〈슈렉 2〉는 미국 내에서 4억 367만 달러, 전 세계적으로 8억 808만 달러의 수입을 기록하여 미국 역대 영화 사상 4번째의 흥행 수입을 올리면서 2004년 전 세계 흥행 수입 1위를 차지했다. 최근에는 근 10년간 픽사와 드림웍스에 밀리던 디즈니는 〈겨울왕국〉을 통해 화려하게 부활했다. 〈겨울왕국〉의 세계 누적 흥행 수입은 2014년 상반기 결산 결과 12억 5,911만 달러로 〈토이 스토리 3〉를 제친 역대 애니메이션 흥행순위 1위 기록일 뿐 아니라, 전 세계 흥행 TOP 5에 해당하는 성적이다.

(3) 3D 영화

3D 영화는 의외로 오랜 역사를 가진다. 1800년대 중반부터 사진이나 그림을 입체적으로 볼 수 있는 장치를 만들어 즐기기 시작했으며 1922년에 최초의 상업용 3D 영화로 알려진 〈The Power of Love〉가 상영되기에 이르렀다. 그리고 1952년 〈브나와 데블〉이 3D 영화로 미국 관객에 처음으로 소개되고 흥행에 성공하자 수많은 스튜디오들이 3D 영화 제작에 뛰어들었고 〈하우스 오브 왁스〉 등의 히트작을 내놓으며 3D 영화의 황금시대가 도래했다. 이후 우리나라에서도 3D 영화에 대한 시도가 있었다. 1960년대 후반 장석준 촬영감독이 '판스코프'라는 입체영화 카메라를 만들어 1968년에 한국의 첫 3D 장편 영화인 〈천하장사 임꺽정〉과 임권택 감독의 〈몽녀〉를, 그리고 이듬해에는 〈악마와 미녀〉라는 호러영화를 선보였다.

1960년대 이후 3D 영화는 침체기를 지나 2000년대 컴퓨터 기술의 힘으로 새로

운 시대를 열었다. 2004년 개봉한 애니메이션 〈폴라 익스프레스〉는 기차가 화면 밖으로 튀어나와 관객들에게 돌진하는 듯한 효과를 선보이며 '3D 르네상스'의 시발점이 되었고 2009년 개봉된 〈아바타〉는 3D 컴퓨터 그래픽 기술을 통해 스크린 속 모든 것들이 마치 살아서 스크린 밖으로 튀어나올 것 같은 시각효과를 선보이며 전 세계 관객들을 사로잡았다. 이는 3D 영화 역사상 가장 성공적이고 획기적인 작품으로 평가받았다. 〈아바타〉의 흥행 이후 3D 영화는 대중들에게 익숙해지기 시작했고 〈어벤져스〉, 〈아이언맨 3〉, 〈겨울왕국〉 등 다양한 장르의 많은 영화들이 3D로 상영되었다.

5) 영화의 문법

(1) 영화의 구성요소와 의미 단위들(sub-title)

영화가 우리에게 어떤 의미를 전달한다면 마치 언어와 같은 규칙이 있을 것이다. 그러나 이러한 규칙은 의사소통이 가능하도록 명문화한 체계를 가진 언어와는 달리 매우 관습적이다. 따라서 영화를 이해하기 위해서는 영화를 구성하는 관용어법을 읽어낼 수 있어야 한다.

영화의 가장 작은 의미소는 **프레임**(frame)이라고 불리는 낱장의 사진이다. 35mm 영화 카메라는 보통 1초에 24장의 사진을 연속 촬영하여 이를 연결시켜 보여준다. 이러한 사진들은 눈의 착시현상에 의해 마치 움직이는 것처럼 보인다. 여러 프레임이 하나의 움직임을 만들면 이를 우리는 **샷**(shot)이라 부른다. 즉, 카메라가 어떤 움직임을 찍은 후 다음 장면으로 전환되기 전까지의 움직임의 지속을 의미하는데 보통 영화의 흐름은 샷이 얼마만큼 짧게 끊어지는지에 따라 결정된다. 보통 액션 영화 등의 샷은 매우 짧고, 심리 묘사에 충실한 멜로물 같은 경우는 샷의 길이가 긴 편이다. 대부분의 상업영화는 90분 영화를 기준으로 600~700샷으로 구성되는데, 이때 한 샷의 평균 길이는 8.9초 정도이다.

또 몇 개의 연결된 샷들을 이해할 수 있도록 편집하여 한 토막의 작은 이야기 혹은 하나의 완결된 상황을 만들어낼 때 이를 **신**(scene) 혹은 **시퀀스**(sequence)라고 부른다. 보통 시퀀스의 전환은 시공간이나 등장인물의 전환에 의해 이루어진다. 보통 영화는 시퀀스들을 연결시켜 하나의 줄거리를 만든다. 이러한 줄거리를 가진 영

214

화를 보통 내러티브 영화라고 부른다. 하지만 모든 영화가 다 내러티브 영화는 아니며, 또 반드시 극영화만이 내러티브를 가진 것도 아니다. 그러나 흥행을 목적으로 하는 상업 영화의 대부분은 예외 없이 내러티브를 갖게 마련이다. 상업 영화의 대표적 예인 장르영화에서는 비슷한 내러티브가 끊임없이 반복된다.

앞서 살펴보았던 샷이나 신 등은 영화에서 의미를 전달하는 데 가장 기본적인 의미 단위였다. 따라서 상업영화든 예술영화든 가릴 것 없이 모든 영화들은 프레임과 샷, 시퀀스로 구성되며, 대부분 이러한 의미 단위들을 연결한 내러티브를 통해 우리들에게 재미를 준다. 하지만 각 의미 단위들이 의미 전달을 위한 도구를 넘어 미학적 효과를 주는 경우가 있다. 이러한 경우를 일컫는 용어들 중 대표적인 것이 바로 미장센과 몽타주이다.

미장센(mise-en-scène)이란 한 프레임을 구성하는 여러 시각 요소들(배경, 조명, 인물의 분장과 의상, 움직임 등)을 화면 속에 잘 배치하여 이미지를 만드는 감독의 능력을 의미한다. 오손 웰스나 장 르누아르 혹은 배용균의 영화에서는 이러한 미장센을 통하여 영화 형식미의 극치를 보여준다. 한편 미장센이 하나의 샷에서 독창성과 뛰어남을 표현한다면 이와 반대로 샷과 샷의 연결을 통해 영화의 독창성을 드러내는 경우도 있다. 이렇게 샷과 샷을 연결하는 기법을 몽타주라 할 수 있는데, 이 용어는 원래 에이젠슈테인을 비롯한 구소련의 영화이론가들에 의해 처음 사용되었다. 이들은 샷과 샷의 연결을 통해 특정한 의미와 사상을 관객에게 전달하고자 했다. 알프레드 히치콕, 장 뤽 고다르 등은 이러한 몽타주 기법을 통해 영화의 표현영역을 크게 확장시켰다.

(2) 영화에서 이야기가 만들어지는 방식

우리들이 흔히 즐겨 보는 영화들은 대체로 이야기를 담은 내러티브 영화가 대부분이다. 내러티브 영화가 선호되는 까닭은 내러티브 영화가 그리는 세계가 우리 일상생활과 유사하여 쉽게 영화를 이해할 수 있기 때문이다. 하지만 내러티브 영화가 일상을 그려낼 때는 현실을 그대로 반영하는 것이 아니라 관습적 기법을 사용하게 마련이다.

대부분의 상업 영화에서 따르는 고전적 내러티브 규칙은 할리우드에서 만들어진 것일 경우가 많다. 이러한 고전적 내러티브 균형 상태에서는 사회적·개인적 문제나 갈등이 발생하고, 이를 해결하고자 하는 주인공이 외부 환경을 통해 부딪치는 갈등과 위기를 이겨내고 문제를 해결하거나 목적을 성취하거나 혹은 실패하여 다시 새로운 균형을 찾는 완결된 구조를 갖춘다. 이러한 모든 과정은 개인을 중심으로 전개되며, 사건의 전개는 우연성을 극히 배제시킨 채 철저하게 짜인 인과논리에 따라 이루어진다. 이러한 갈등-해결의 뼈대 위에 박진감을 느낄 수 있는 장치들을 잘 배치함으로써 관객들을 영화에 수동적으로 몰입하도록 한다. 이때 스토리를 이루는 사건들은 인물 중심으로 전개된다. 특히 주인공을 축으로 한 중심인물은 개성, 목적 의식성, 욕망을 완벽하게 구비한 개인으로 묘사되며, 이러한 인물의 영웅적 행위로 문제 해결을 맞는다. 고전적 내러티브 영화의 가장 큰 특징은 연속 편집으로 샷과 샷 사이에 시·공간적 연속성과 인과성을 부여함으로써 편집을 눈에 보이지 않게 하여 관객들이 쉽게 영화에 몰입할 수 있도록 한다는 점이다.

영화에는 앞서 보았던 내러티브 영화만이 존재하는 것은 아니다. 우리나라에는 흔치 않지만 외국에서는 하나의 큰 흐름을 이루는 다큐멘터리 영화들은 비(非)내러티브 영화의 전형적인 예이다. 또한 상업적 흥행을 염두에 두지 않고 영화매체의 여러 가능성을 통해 의미를 전달하고자 하는 실험영화 역시 그러하다.

6) 영화작가의 위대한 이름들

서의 100년이 되어가는 영화사에는 비록 그 영화를 보지 못했어도 그 이름만으로 유명한 많은 감독들이 있다. 물론 감독 한 사람만으로 영화가 만들어지는 것은 아니지만 감독은 영화 창작 행위의 중심에 서 있다. 이러한 감독, 특히 스튜디오 시스템하에서 작업하던 할리우드 영화감독들은 제대로 평가받지 못했다. 감독에 대한 새로운 평가와 관심이 쏟아지기 시작한 것은 1950년대 후반 프랑스의 몇몇 비평가들이 작가주의 영화이론을 들고 나온 후라고 볼 수 있다.

영화감독이 작가라는 명예로운 호칭과 함께 체계적 연구의 대상이 된 것은 1950년대 말 프랑스의 영화 권위지 〈카이에 뒤 시네마〉(*Cahier du Cinema*)에서 활동하던 장 뤽 고다르, 클로브 샤브롤, 프랑수아 트뤼포 등의 젊은 비평가들에 의해서였다. 이들은 자신들의 비평 작업이 작가주의 영화론에 근거한다고 주장하면서, 한 편의 영화가 만들어지는 과정에서 가장 중요한 역할을 하는 인물은 감독 한 사람이며 작가로서의 감독은 그가 만든 많은 작품들에서 일관된 주제와 스타일을 추구한다고 보았다. 또한 대량 생산 공정을 갖춘 스튜디오 시스템 안에서 단지 영화 기술자에 지나지 않는다고 푸대접받던 할리우드의 감독들을 작가의 위치로 승격시켰다.

젊은 비평가들이 이처럼 작가의 모범이라고 보았던 영화감독들은 그 당시 잊힌 프랑스 감독들인 장 르누아르, 막스 오풀스, 로베르 브레송 등이었다. 또한 이들은 존 포드, 알프레드 히치콕, 니콜라스 레이 등의 할리우드 감독들이 철저한 장르 시스템과 대규모 스튜디오 안에서도 자신이 감독한 영화 한 편 한 편에 독창적인 스타일을 불어넣고, 일관된 주제를 끈질기게 추구했다는 평가를 내렸다. 하지만 이들은 할리우드의 많은 감독들이 표준화한 영화 제작 시스템 속에서 자본의 논리에 따라 제품을 생산하는 데 급급한 기술자의 위치에 머문다는 사실도 지적했다. 이 젊은 평론가들은 이론에만 머물지 않고 1960년대 모두 감독으로 영화계에 뛰어들어 자신들의 작가로서의 독자적 전통을 수립했다. 이들은 '누벨바그'라는 작품 양식을 통해 영화 표현의 가능성을 확장시키는 데 큰 기여를 했다.

작가주의 영화이론과 누벨바그의 성공은 기존의 영화를 바라보는 시각들을 엄청나게 변화시켰다. 이전까지 배우나 제작사 등으로 영화를 선택하던 관객들은 감독을 보고 영화를 선택하고, 주연배우보다 유명한 감독들도 등장했다. 그리하여 영화작가로서의 감독은 예술가의 위치로 승격되었다. 하지만 작가주의 영화이론은 곧 영화산업에 의해 상업화되어 마치 스타배우를 키우듯 감독을 새로운 스타 시스템 속에서 관리하여, 흥행의 보증수표로 삼았다. 이론으로서의 작가주의 영화이론은 더욱 엄밀한 과학성을 들고 나온 이후 새로운 영화이론에 의해 부정되었지만 지금까지도 우리가 감독을 보는 눈은 작가주의의 지대한 영향력에 근거하는 경우가 많다.

하지만 가히 영화의 폭발시대를 사는 우리에게 작가이론은 영화의 옥석을 가려 좋은 영화를 선택할 수 있는 하나의 좋은 잣대가 된다. 다시 말해 많은 사람들로부터 훌륭한 평가를 받는 대가들의 고전을 살펴보는 작업을 통해서 나름대로의 취향과 영화를 읽을 수 있는 능력을 키운다면 물밀듯 밀려오는 영화들 속에서도 능동적인 영화 수용자가 될 수 있을 것이다.

7) OSMU 전략과 영화

뉴미디어의 등장과 정보 기술의 발달로 미디어의 수와 전송 용량은 크게 증가했다. 이러한 다매체·다채널로의 발전에 따라 소비자 욕구와 매체 특성에 부합하는 양질의 콘텐츠의 수요는 증가한다. 그러나 현실적으로는 콘텐츠를 담을 '그릇'은 많아지는데, 정작 그릇에 담아 먹을 만한 '음식'에 대한 욕구는 충족되지 않는다. 따라서 양질의 콘텐츠 개발을 좀더 원활히 하면서 수반되는 각종 위험을 줄이는 방법으로 OSMU라는 개념이 활용된다. 여기서는 OSMU란 무엇인가, 그리고 실제 OSMU가 영화산업에서 어떻게 적용되는지에 대해 알아보자.

(1) OSMU란 무엇인가?

OSMU(*One Source Multi-Use*)란 하나의 콘텐츠 혹은 소스(*source*)를 이용해 다양한 영역으로 확대 사용하는 것을 의미한다(외국에서는 OSMU 대신 *Transmedia Storytelling*이라는 용어를 사용한다). 대부분의 경우 만화, 소설 등과 같은 콘텐츠가 소스가 되고 이를 영화, 드라마, 게임, 애니메이션, 캐릭터 상품 등으로 확대 활용된다. 대표적인 예로는 〈아기공룡 둘리〉를 들 수 있다. 〈아기공룡 둘리〉는 만화가 김수정에 의해 1983년 〈보물섬〉에 연재되었고, 1987년에는 텔레비전용 애니메이션으로 제작되었다. 또한, 1995년에는 교육용 비디오로, 1996년에는 극장용 애니메이션과 비디오로, 2004년에는 3D 애니메이션으로 출시되었다. 또한 우리에게 친숙한 영국의 작가 조앤 롤링이 쓴 《해리포터》 시리즈를 기반으로 영화, 캐릭터 상품, 비디오 게임, 아이팟 등으로 확장하여 대성공을 거둔 것도 좋은 예이다. 2008년으로 80세를 맞이한 미키마우스는 OSMU의 전형인 형태로 매년 관련 캐릭터 상품으로 약 5조 6,340억 원의 매출을 올린다.

대장금의 OSMU 예   출처: 각 매체의 포스터 사진임

드라마

뮤지컬

애니메이션

한편 〈대장금〉은 텔레비전 드라마가 소스가 되어 비디오는 물론 책, 애니메이션, 뮤지컬로 성공한 작품이다. 〈대장금〉은 2003년 9월 15일에 시작하여 2004년 3월 30일에 종료된 시청률 50%를 넘은 56부작 MBC 드라마로서, 조선조 의녀 '장금'의 성공담을 그린 사극이다. 〈대장금〉은 인도네시아, 말레이시아 등 아세안 국가들에 수출돼 큰 인기를 누렸으며, 특히 2006년부터 2007년까지 이란에서 방영되어 시청률 90%라는 경이적인 기록을 세웠다. 현재까지 대장금은 전 세계 60여 개국에서 방영돼 약 3조 원의 경제효과를 창출한다.

(2) OSMU의 전개

OSMU는 일반적으로 만화 혹은 소설을 원작으로 해서 다양한 형태로 전개된다. 만화를 기반으로 제작된 애니메이션을 보면, 1990년 〈날아라 슈퍼보드〉, 〈머털도사〉를 시작으로 다양한 만화 기반 애니메이션이 제작되었다. 또한, 만화를 기반으로 만든 영화로 〈비트〉, 〈비천무〉를 비롯하여 〈타짜〉, 〈식객〉 등이 있으며, 만화를 기반으로 만든 드라마로는 1967년 〈왈순 아지매〉를 시작으로 〈다모〉, 〈궁〉, 〈식객〉, 〈타짜〉 등이 있다. 만화는 뮤지컬로도 공연되었는데 〈아기공룡 둘리〉와 〈바람의 나라〉가 대표작이다. 만화에서 출발한 온라인 게임으로는 〈바람의 나라〉, 〈리니지〉, 〈라그나로크〉 등이 있으며, 모바일 게임으로는 〈열혈강호〉, 〈영웅서기〉 등이 있다. 최근에는 스마트 기기 보급의 확산으로 인해 만화보다는 웹툰이 발전하고 이러한 현상을 반영하듯 웹툰을 기반으로 한 다양한 형태의 작품이 등장한다. 〈순정만화〉, 〈은밀하게 위대하게〉 등은 웹툰이 영화로 만들어진 경우이며, 〈패션왕〉처럼 드라마로 제작된 경우도 있다.

소설을 원작으로 한 영화

한편, 소설을 기반으로 한 영화를 살펴보면, 인터넷에 올린 글을 책으로 엮은 소설을 영화화한 〈엽기적인 그녀〉가 있으며, 박상연의 〈DMZ〉라는 소설을 영화화한 〈공동경비구역 JSA〉, 이청준의 소설을 영화화한 〈서편제〉 등이 있다. 또한, 〈툼 레이더〉와 같이 게임을 원작으로 한 영화도 있다.

(3) OSMU 성공 전략

그러면 OSMU를 성공하기 위한 전략은 무엇인가? OSMU의 성공을 위해 콘텐츠는 어떤 특성을 가져야 하는가? OSMU를 하기 좋은 콘텐츠는 우선 정확한 콘셉트가 있는 캐릭터가 있어야 한다. 이는 주요 목표로 하는 타깃 설정이 용이하며, 타 분야로의 확장이 가능하기 때문이다. 둘째, 차별화된 비주얼의 캐릭터면 더욱 좋다. 변신을 한다거나 진화를 하거나 하는 등의 캐릭터 표현이 가능다면 다양한 용도로 활용이 가능하기 때문이다. 셋째, 스토리가 있는 캐릭터이어야 한다. 탄탄한 스토리가 없이 비주얼로만 승부하기에는 한계가 있다. 스토리를 기반으로 다양한 이야기를 생산하고 재생산하는 과정을 거쳐야 캐릭터는 계속해서 생명력을 유지할 수 있다. 넷째, 상품화가 용이한 캐릭터이어야 한다. 상품화가 용이한 캐릭터는 실질적인 제품을 만들어 판매하는 데 유리하기 때문이다(이창욱, 2008; 원민관·이호건, 2004).

8) 영화산업의 부가 시장: 비디오

영화산업을 생각힐 때 극장만을 떠올리기 쉽다. 하지만 과거에는 비디오를 대여점에서 비디오를 대여해서 보는 일이 매우 흔했고, 요즘은 IPTV나 디지털케이블의 VOD 서비스를 통해 영화를 보는 것이 어렵지 않다. 이처럼 극장이 아닌 곳에서 소비자가 원할 때 원하는 영화를 볼 수 있도록 하는 일련의 서비스를 제공하는 시장을 영화산업의 부가 시장이라고 한다. 그리고 그 부가 시장을 이끄는 매체가 바로 비디오이다. 과거의 VCR과 같은 아날로그 형태는 물론이고 현재의 DVD와 블루레이와 같은 디지털 형태의 비디오와 VOD 서비스도 비디오의 변형된 형태로 볼 수 있다. 비디오는 넓은 의미에서 볼 때 영화 연계상품으로서 영화를 보다 폭넓게, 그리고 장기간 보급하는 데 일조한다.

(1) 영화에 미친 비디오의 영향

영화와 비디오는 매우 밀접한 관계를 맺는다. 영화산업은 어쩔 수 없이 할리우드 영화를 텔레비전에서 상영하거나 텔레비전 프로그램을 하청·제작하는 방식으로 텔레비전과 공존의 길을 모색하였지만 텔레비전의 위력을 따라잡을 수 없었다.

1980년대에 들어 영화산업은 비디오라는 새로운 난적을 만난다. 할리우드에서는 처음에 비디오를 텔레비전과 마찬가지로 자신의 시장을 빼앗아갈 경쟁자로 생각하여 비디오에 대해 적대적 입장을 취했다. 하지만 할리우드의 우려는 오해였다. 비디오의 등장은 1980년대를 영화의 새로운 부흥기로 만들었다. 비디오는 영화 감상의 시공간적 제약을 없애고 대중들의 영화에 대한 접근성을 더욱 높여주었다. 이전까지 필름 창고에서 썩거나 운 좋게 텔레비전 방송에 한 번 전파를 타고는 대중에게 잊힌 수많은 영화들이 비디오의 등장으로 부활할 수 있었다.

또한 비디오는 영화 팬들에게도 많은 영향을 미쳤다. 대중은 비디오를 통해 자신도 몰랐던 취향을 발견하고, 불특정 다수의 관객이 아닌 나름대로의 안목과 지식을 가진 특성화된 소집단으로 변모할 수 있게 만들었다. 그리하여 비디오가 할리우드에 준 선물은 대단한 것이었다. 할리우드에서 비디오 배급을 통해 벌어들이는 수입은 영화 제작을 통해 벌어들이는 수입보다 많으며, 비디오의 광범위한 확산으로 극장 영화 관객 수도 증가했다.

(2) 안방의 시네마 천국

VCR의 보급 속도는 1970년대 후반의 텔레비전 보급률의 폭발적 증가율과 견줄 수 있을 정도였으며, 많은 사람들의 사랑을 받는 미디어가 되었다.

비디오 시스템이 개발된 것은 1962년 일본 소니에 의해서였다. 소니는 1975년부터 베타(Beta) 방식의 가정용 비디오 기기를 처음 시판했다. 이어 1976년에는 일본의 JVC사가 VHS 방식의 가정용 비디오 기기를 개발하여 판매함으로써 본격적인 비디오의 대중화 시대가 개막되었다. 비디오는 급속도로 확산되어 거의 모든 나라에서 텔레비전에 버금가는 일상적·대중적 매체가 되었다. 그리하여 비디오의 출현은 '제 3의 영상문화 출현' 또는 '소형 스크린의 혁명'이라고까지 불렸다.

한편 2002년에는 DVD의 수요가 폭증하여 VCR의 수요를 추월하였으며, VCR은 갈수록 줄어드는 추세를 보였다. 그러나 전 세계의 연간 VCR 수요는 지난 2000년 5천만 대를 넘어서면서 최고점에 도달한 이후 DVD에 밀려 급격한 하락세로 돌아섰고 이후 그 격차가 더 벌어지다 결국 2000년대 후반에 들어서는 찾아보기조차 힘들어졌다. 그러나 DVD 시장도 포화 상태에 이르러 2006년부터 하락세에 접어들기 시작했고 그 자리를 블루레이 디스크가 조금씩 대체하기 시작했다. 디지털 콘텐츠의 용량이 기하급수적으로 커지면서 DVD는 한계가 있었다. 반면 블루레이는 한 장에 25GB의 용량을 담을 수 있어 최상급의 영상과 음향을 원하는 소비자들의 욕구를 충족시키기에 충분하다.

VCR에서 DVD 그리고 블루레이로 바뀌는 영화 패키지 상품의 형태 변화보다 더 놀라운 변화는 VOD로 대표되는 디지털 온라인 시장의 성장이다. 디지털 시대가 도래함에 따라 IPTV, 디지털케이블과 같은 텔레비전 혹은 PC, 모바일을 이용한 VOD를 통해서 영화를 보는 현상이 보편화되었다. 이러한 디지털 온라인 시장의 성장으로 인해 소비자들은 더욱 다채로운 매체를 통해 손쉽게 영화 감상을 할 수 있다.

(3) 한국 영화의 부가 시장

과거 한국 영화의 부가 시장은 비디오산업으로 설명이 가능하다. 2000년대 초 한국 영화의 매출을 보면 극장 매출에 크게 뒤지지 않는 큰 매출을 부가 시장에서 달성하였고 그 부가 시장 매출의 대부분은 비디오 및 DVD로 인한 매출이었다. 비디오 대여 서비스가 호황이었고 비디오나 DVD의 구매도 많던 시기였다. 비디오산업은 대체로 극장산업의 2차적 시장으로서의 성격이 강한 편이었지만 VCR/DVD의 보급이 확대되고 이용의 편리성이 강조되면서 비디오시장은 점차 성장하여 2004년에는 부가 시장 매출이 6,536억 원에 달해 극장 매출의 80% 정도를 차지할 정도로 그 규모가 커졌다.

그러나 불법 복제의 영향으로 2005년 이후 VCR/DVD 시장은 심각한 감소세를 보였다. 부가 시장의 대부분을 차지하던 VHS/DVD가 부진하자 부가 시장 자체가 붕괴되기 시작했고 부가 시장 매출은 2005년 5,433억 원으로 감소한 이후 계속해서 하향곡선을 그리다 2009년에는 888억 원에 불과할 정도로 줄어들었다. 그 과정에서 유니버설, 파라마운트, 20세기 폭스(2006년), 월트 디즈니(2007년), 소니픽처스(2008

년)에 이어 워너브라더스(2008년)마저 홈비디오 사업본부를 한국에서 철수시킴에 따라 할리우드 직배업체들이 홈비디오 사업을 사실상 접었다.

그 반면에 2008년부터 VOD로 대표되는 신규 부가 시장이 형성되기 시작했다. IPTV, 디지털케이블, 온라인 등을 통해 VOD 서비스로 영화를 보는 사람들이 늘어나면서 VOD 매출액은 2007년에 비해 2~4배 증가했다. 특히 IPTV는 가입자 수가 급증하며 가정에서 비디오시장을 대체할 최적의 플랫폼으로 거듭났다. 더불어 스마트폰, 태블릿 PC가 빠르게 보급되면서 스트리밍·다운로드 서비스가 부가 시장의 새로운 플랫폼으로 등장했다. 웹하드로 인한 불법적 공유 행태가 완전히 근절된 것은 아니지만 영화인들이 동참한 굿 다운로더 캠페인 등이 호응을 얻으면서 인터넷 이용자들의 영화 관람 방식, 저작권 의식도 크게 변화하기 시작했다.

최근에는 영화 부가 시장이 디지털 온라인 시장이라는 이름으로 불리면서 다시 한 번 그 가능성을 보여주고 있다. 성장세의 가장 큰 동력인 IPTV 및 디지털케이블(이하 'TV VOD')는 2013년 1,737억 원의 매출을 기록하며 전체 부가 시장의 64.9%를 차지했다. 한편 인터넷 VOD는 전년 대비 18% 증가한 729억 원을 기록했다. TV VOD 시장이 가입자를 기반으로 매년 안정적인 성장세를 보이는 반면 인터넷 VOD 시장은 2011년 87.6%의 폭발적인 성장률을 보인 이후 지속적으로 성장률이 하락하면서 둔화 추세다.

2. 음 악

과거에는 LP(*Long Play*)나 CD(*compact disk*)와 같은 음반이 음악산업을 이끌어가는 주 매체였고 현재는 디지털 음원이 가장 보편적인 형태로 자리 잡았다. 과거의 음반과 현재의 디지털 음원, 이 두 키워드를 중심으로 음악산업에 대해 알아보자.

1) 음반

둥근 모양의 LP에서 지직거리는 잡음과 함께 들리는 음악은 이제 기억에서만 존재하고 영화에서나 볼 수 있는 모습이 되었다. 음악이 CD 형태로 만들어지면서 고음질의 노래를 잡음 없이 듣고 휴대하기 편한 작은 크기로 바뀌었다. 그러나 영원할 것 같던 CD도 새로운 기술의 출현으로 또 다른 변화에 직면했다.

(1) 음반의 역사

음반의 역사는 1877년 에디슨이 세계 최초로 소리를 재생할 수 있는 기계를 발명하면서 시작되었다. 최초의 음반은 원통형의 실린더에 얇은 박을 입혀 여기에 미세한 홈을 만들어 소리를 녹음한 모양이었다. 그래서 녹음된 소리를 듣기 위해서는 나팔 모양의 스피커에 귀를 대고 들어야 했으며, 한 번 녹음할 때 하나의 실린더밖에 생산할 수 없었다. 그러나 1882년 벌리너는 녹음한 금속 디스크의 주형을 떠서 여러 장의 플라스틱 음반을 만드는 방법을 개발, 대량 생산된 음반을 동전을 넣고 들을 수 있는 페니 아케이드(*penny arcade*)를 여러 곳에 설치했다. 곧이어 빅트롤라(Victrola)라는 유성기가 많은 가정에 보급되면서 음반은 대중의 사랑을 받는 대중매체가 되었다. 이어서 마이크, 증폭 스피커, 자기 테이프 등의 발명은 소리의 질을 크게 향상시킬 수 있었다. 하지만 이러한 발명은 1978년 등장한 디지털(*digital*) 혁명에 비하면 미미한 것에 지나지 않았다.

에디슨이 축음기를 발견한 이래 녹음 방식은 실제 소리의 진동을 판에 옮기는 방식이었다. 그러나 디지털 혁명은 소리를 미세하게 분할하여 컴퓨터 언어인 2진수를 전자적으로 컴퓨터에 기록해 소리를 재현할 수 있게 했다. 1983년에 미국에서 처음 등장한 CD는 70분 동안 연속 재생을 가능하게 했으며, 반영구적이며 좀더 깨끗한 음질을 들을 수 있게 만들었다. 현재는 유니버설, 소니, 워

벨의 초기 전축 광고

너가 메이저 음반회사로서 세계 시장을 지배한다.

한편 국내에서 만들어진 최초의 음반은 1908년 미국 빅터 사의 한 시리즈인 캄텐레코드의 〈적벽가〉였다. 그러나 본격적으로 음반과 축음기가 보급되기 시작한 것은 1926년 한국 최초의 번안 가요 〈사의 찬미〉가 도쿄에서 취입되어 엄청난 판매량을 올린 이후라고 볼 수 있다. 이 당시 만들어진 레코드는 주로 판소리, 민요, 잡가 등의 민속음악을 담은 것이었다.

1969년 5월 영국의 클래식 레이블인 데카와 계약을 맺으면서 정식 라이센스 음반이 발매되기 시작했으며, 이후 국내 음반사들은 계속해서 라이센스 계약을 체결하여 클래식과 팝 음반 생산에 주력했다. 1970년대 중반 이후 국내에 소개된 뮤직카세트로 인해 음반산업은 또 한 차례 변화의 계기를 맞았다. SP(*Standard Play*) 이후 등장한 LP에 의해 독점되던 국내 음반산업에 뮤직카세트가 소개됨으로써 음반 판매량이 증대되어 음반산업 발전의 기틀을 마련했다.

국내 음반산업이 현재와 같은 구조로 자리 잡힌 것은 1980년대 이후라고 할 수 있다. 1980년대 이후 음반산업은 시장이 꾸준히 발전하면서 대표적 성장 산업이 되었으며, CD가 본격적으로 등장한 1983년 이후 음악 관련 하드웨어와 소프트웨어 기술 개발 등에 힘입어 지속적인 성장 추세를 보였다. 또한 전반적인 매체 산업의 증가와 함께 음반 제작사가 급증하였으며, 외국음반사의 직배 체제 확립, 대기업의 음반산업 진출 본격화라는 특징을 보였다.

1990년대에 들어서는 댄스가요의 붐이 일어 대중음악과 음반산업에 큰 변화가 있었으며, 서태지와 아이들, 신승훈, 김건모 등 한국 최초의 '밀리언셀러'가 탄생했다. 이와 더불어 1980년대 음반시장을 주도하던 음반사들(지구, 오아시스, 서울음반) 등이 쇠퇴하고 매니지먼트사로 출발한 신흥 음반사들(도레미, SM, DSP, 예당, 대영AV 등)이 새로운 세력으로 부상했다. 이후, mp3로 대표되는 디지털 음원의 등장으로 10 ~20대는 온라인으로 급격하게 이농하였으며, 음반산업의 매출은 급격히 하락했다. 이에 대형 음반사들은 업스트림으로 기업 전략을 기획사의 역할까지 확장하여 종합 음반사로 발돋움하고, 대부분의 영세 유통 음반 판매상들은 몰락했다.

음반 포맷의 경우 다른 나라에 비해서는 늦은 편이지만 1994년부터 CD의 비중이 LP를 능가하기 시작해 1996년에는 CD가 LP를 완전 대체했다. 그러나 2000년대

들어서는 디지털 시대로 접어들면서 CD로 대표되는 음반이 디지털 음원에 의해 대체되는 상황이다.

(2) 우리나라 대중가요의 어제와 오늘

음반에는 여러 가지 소리가 담기지만 그중에서도 많이 애용되는 것은 대중가요가 담긴 음반일 것이다. 이렇듯 대중가요와 음반은 깊은 연관을 가진다. 그렇다면 지금 음반에 담긴 우리 대중가요는 어떻게 형성된 것일까?

원래 노래는 오랜 역사를 가진다. 인간이 무리를 지어 살고 말을 사용하기 시작했을 때부터 노래는 있었다. 이렇게 우리의 삶과 밀접하게 연결된 노래가 보통 사람들의 삶에서 떨어져 나와 특별한 것으로 간주되고, 그것을 만들고 부르는 사람들이 특별한 집단이 된 것은 근대 자본주의 체제가 성립되면서부터이다. 또한 삶과 떨어진 노래가 널리 보급될 수 있도록 한 주요한 도구가 바로 음반이었다. 우리에게도 원래 오래 전부터 전해온 민요와 잡가, 궁중음악 등이 있었다. 하지만 일제 식민통치, 미국 문화의 유입, 서구에서 유입된 음반 기술, 방송 등의 영향 아래 지금 우리가 즐기는 대중가요가 형성되었다고 볼 수 있다.

서구의 대중가요란 19세기 산업화·자본주의화에 따른 대중의 등장과 이들을 대상으로 음악을 전파하는 매스미디어의 발명과 함께 형성되어 발전된 것으로 볼 수 있다. 따라서 대중가요는 이해하기 쉽고 많은 수용자 층을 대상으로 하는 노래였다. 그러나 우리나라의 대중가요는 서구와 달리 봉건사회가 유지되는 사회 조건에서 서구로부터 이식되어 나타났다. 따라서 이전까지 우리가 유지하던 판소리 등 민요의 전통과는 판이한 서양 음악 일색으로 대중가요가 만들어졌다. 우리나라에 들어온 최초의 서양 음악은 찬송가였다. 이렇게 도입된 찬송가의 영향으로 서양풍의 노래 형태인 창가가 사람들에게 널리 보급되었다. 하지만 3·1 운동 실패에 따른 민족적 좌절감과 일제의 관제 창가 보급으로 인해 창가는 쇠퇴하고 그 자리를 일본 노래의 번안곡들이 대체한다. 이러한 유행은 신극 운동, 경성방송국 개국 등의 영향으로 전국적으로 퍼져나갔다. 그리하여 대부분의 대중가요가 2박자, 4박자 계통의 트로트 리듬으로 정착되었을 뿐 아니라 전통민요마저도 이러한 리듬으로 바뀌어 불리면서 판소리 등의 전통가요는 점점 소멸의 길에 접어든다.

해방은 한국 대중가요에 또 하나의 새로운 물결을 일으켰다. 이미 일본 문화의 영향에 의해 형성된 우리 대중가요가 미군정과 주한미군에 의해 미국 팝 음악의 영향을 받은 것이다. 1950년대의 대중가요는 단순히 해방 이전의 트로트 리듬을 단순 재생산하는 수준을 벗어나지 못하였으나, 해방 전과는 달리 남녀의 애정관계를 다룬 노래가 절대다수를 이루었다. 그리고 이러한 경향은 지금까지도 우리 대중가요 내용의 주류를 차지한다.

또한 여러 방송사의 개국 역시 가요계에 큰 영향을 미쳤다. 여러 상업방송사에서는 팝송 프로그램을 방송했고, 이를 통해 미국 팝 문화의 영향을 받은 다양한 장르가 등장했다. 이때부터 우리나라 대중가요는 록, 트위스트, 포크, 고고 등과 복고풍의 트로트까지 폭넓은 장르가 만들어졌다. 이런 다양한 장르의 폭은 1980년대 이후 더욱 넓어져서 재즈, 랩 등이 대중의 사랑을 받았다. 한편 포크 가수들의 영향으로 1970년대 맹아를 보였던 노래 운동이 대중화되어 '노래를 찾는 사람들' 등 노래 운동 단체에 의해 만들어진 노래들이 큰 인기를 끌었다는 사실은 우리 대중가요사에서 매우 중요한 사건이었다.

이처럼 우리의 대중가요에는 여러 장르가 존재하지만, 1990년대 이후 서태지와 아이들, 김건모 등의 댄스가요가 큰 인기를 끌면서 대중가요의 주요 장르가 바뀌었다. 특히 최근의 가요계는 소녀시대, 슈퍼주니어, 2NE1, EXO 등 10대 중심의 댄스 가수가 주류를 이루는데 이들은 아이돌 그룹으로 불리며 우리나라뿐만 아니라 아시아 국가들을 장악하며 K-POP의 위상을 높인다. 또, 싸이의 〈강남 스타일〉은 빌보드 차트 2위, 유튜브 동영상 조회수 1위라는 기록을 세우며 전 세계적으로 매우 큰 성공을 거두어 우리나라 대중가요의 세계화를 이끌었다. 동시에 국내에서는 인디밴드와 발라드 가수들도 꾸준히 활동 중이다.

(3) 국내 음반산업의 구조와 현황

우리는 보통 가수나 작사·작곡가, 연주가 등만 있으면 음반이 만들어질 수 있을 거라고 생각한다. 하지만 음반은 이윤 산출을 위해 여러 가지 산업적 조직을 거쳐 생산된다. 음반 제작에는 가수, 작사·작곡가, 연주가 외에도 이들을 산업적으로 조직하는 음반 기획사(*production*), 음반 기획·제작사(*maker*)의 도움이 필요하다. 음반산업의 핵심적 요소로는 가수, 음악가, 그리고 녹음 스튜디오, 음반사와 다양한 레코드 회사의 상표, 유통업자, 그리고 소매업자를 들 수 있다. 또한 가수의 성공에 작곡가, 매니저 그리고 편곡자는 중요한 역할을 한다.

대중문화의 생산물인 음반은 제작만큼이나 홍보와 유통 과정이 중요한데, 특히 음반을 방송을 통해 우리에게 알리는 방송 프로듀서와 전국적으로 음반을 유통시키고 판매하는 도·소매상 등은 음반의 홍보와 유통에 큰 영향을 미친다. 한편 시장 개방과 함께 유니버설, 소니, 워너 등 외국 직배 음반사들이 우리 음반시장에 진입하며 영향력을 미치기 시작했다. 옛날에는 엘튼 존이나 마이클 잭슨 같은 외국 가수들의 음반이 지구레코드, 오아시스, 서울음반, 성음 등 국내 음반사를 거쳐 발매되었으나, 이제는 외국 음반사가 국내에 세운 직배사를 통해 발매되기 시작했다.

이들 음반 직배사가 우리나라에 진출한 것은 1980년대 중반 이후부터였다. 외국 직배 음반사는 초기에는 외국 음반을 수입하여 국내에 판매하는 것을 주 업무로 하였으나, 점차 국내 가요 음반을 제작·판매하거나 음반 기획사업에까지 사업 영역을 넓혀왔다. 그러나 최근 국내 음반 시장 침체와 K-POP의 열풍으로 인해 팝 등의 음반 유통사업이 부진하여 어려움을 겪고 있다. 따라서 이제는 음반뿐 아니라 패션과 캐릭터 상품, 공연, 매니지먼트 등의 사업 다각화로 돌파구를 찾고 있다.

국내 음반산업은 IMF 위기 때 어려움을 겪기도 했지만 거시적으로는 1990년대에 지속적인 성장을 이루었고 2000년에 정점에 도달했다. 그러나 2000년대 초, 불법 디지털 음원 시장의 확산으로 인해 음반 시장은 급격한 하락세를 보이기 시작했다. 이후, 국내 음반산업의 규모는 꾸준히 감소하여 2006년 처음으로 1천억 원 아래로 축소되며 848억 원을 기록했다. 이후 디지털 음반 시장으로의 패러다임 변화가 확실히 이루어졌고 음반 시장의 규모는 8백억 원대를 유지하고 있다. 2010년부터는 전 세계적으로 확산된 한류 열풍으로 인해 음반산업 규모가 소폭 상승하는 추세이다.

LP를 대신하여 중심 상품으로 부상했었던 CD의 생산량도 이미 하향세로 돌아섰다. 1990년대 유형물의 매체만 존재하던 음반산업에서는 1백만 장 이상 판매된 앨범도 있었으나 디지털 음악이 등장한 2000년 이후 음반 판매량은 매년 빠른 감소세를 보였다. 2000년의 경우 50만 장 이상 판매고를 기록한 앨범이 13개였으나, 2001년 7개, 2002년 5개, 2003년 1개로 줄어들더니 2004년도 최고 판매고를 기록

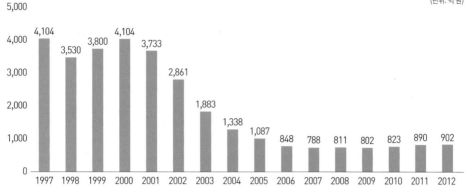

〈그림 7-2〉 1997~2012년 음반산업 규모

(단위: 억 원)

출처: 한국콘텐츠진흥원 〈2013 음악 산업백서〉

한 앨범은 50만 장도 채 팔리지 않은 실정이다.

디지털 음원 시대에 접어들면서 1~2곡의 완성된 음원만을 온라인상에 유통시키는 이른바 '디지털 싱글' 발매가 주를 이루면서 음반 발매 수는 눈에 띄게 줄어들고 있다. 그럼에도 불구하고 전체 음반 판매량이 어느 정도 유지가 되는 이유는 아이돌 가수를 중심으로 한 신한류 열풍의 영향과 기존 충성도 높은 팬을 기반으로 꾸준한 소비가 이루어지기 때문인 것으로 보인다.

2008년부터는 아이돌 그룹 열풍이 불기 시작했고 실제 음반 시장에서도 이러한 현상이 두드러졌다. 2009년에는 슈퍼주니어와 지드래곤이 각각 20만 장 이상의 판매고를 올렸고 2NE1, 소녀시대가 그 뒤를 이어 10만 장 이상의 판매량을 기록했다. 2010년에도 슈퍼주니어가 20만 장을 돌파하였고, 그 뒤를 이어 소녀시대, GD & TOP, 샤이니, 2NE1, JYJ 등의 가수들이 10만 장 이상의 판매고를 기록했다. 2011년도는 본격적인 신한류 열풍으로 인해 앨범 판매가 급증했다. 10만 장 이상 판매고를 기록한 앨범이 12개로 전년보다 5개가 많아졌다. 이는 동남아시아로 국한되었던 K-POP 한류 열풍이 최근 유튜브, 트위터 등의 채널을 통해 전 세계로 확산되면서 전반적인 판매량이 증가한 것으로 분석된다.

2) 디지털 음원

mp3 형태의 음원이 등장하기 전 1990년대 후반까지는 LP, 테이프, CD 등의 음반을 그 음반 형태에 맞는 재생기기를 통해 감상하는 것이 일반적 형태였다. 대표적 예로 그 시대에 소니는 워크맨(Walkman)이라는 휴대 가능한 뮤직 플레이어를 출시하여 큰 인기를 얻었다. 당시 음악 파일 전송 서비스는 전무하였고 음반의 복제와 배포를 위주로 산업이 형성되었다.

그러나 1990년대 후반부터 전 세계적으로 P2P 프로그램을 통한 mp3의 전송과 불법 복제가 성행하면서 기존의 아날로그 형태의 음악 관련 산업은 사양길로 접어들기 시작했다. 그 무렵 국내에서도 mp3 플레이어인 '아이리버'가 등장하며 음원 시대를 열었다. 2000년대 들어서는 인터넷망이 급격히 발달했고 최근에는 스마트폰, 태블릿 PC의 확산으로 인해 음반산업의 규모는 더욱 감소하였고 음원 중심의 디지털 유통 체계가 자리를 잡았다.

애플의 아이튠즈(iTunes)는 전통적 음반 시장에서 디지털 음원 시장으로의 패러다임 변화를 보여주는 가장 대표적 사례다. 전통적 시장에서 음악을 구매하기 위해서는 소비자들은 곡 단위가 아닌 앨범 단위로 구매해야 했었다. 그러나 디지털 시대에서는 아이튠즈와 같은 온라인 디지털 음원 유통서비스를 통해 자신이 원하는 음악을 곡 단위로 구매하는 것이 가능해졌다. 애플의 아이튠즈는 이 분야의 전 세계 선두 사업자이다. 아이튠즈는 전통적인 음반 판매상에서는 판매하지 않는 고전음악뿐만 아니라 유명하지 않은 가수의 음반, 그리고 전 세계 각국에서 발매되는 모든 음반을 포함하여 총 1천만 곡 이상의 곡을 판매한다. 이는 기존의 전통적인 오프라인 상점이 판매하던 음원의 수와는 비교할 수 없을 정도의 수치이다.

이러한 아이튠즈의 성공은 디지털 재화가 가지는 특성을 잘 이용함으로써 가능했다. 기존의 음반 판매상은 진열 및 재고 비용으로 인해서 모든 음악을 판매할 수 없어 잘 팔릴 만한 앨범들을 주로 진열하고 보관해만 했다. 그러나 아이튠즈는 비인기 음원의 저장 및 유통에 드는 추가 비용이 극히 미미하므로 대량의 음원을 저장하고 판매할 수 있었다. 또한, 검색의 편리성으로 인해 소비자들은 언제든지 원하는 음악을 쉽게 찾을 수 있었으며, 한 번의 클릭으로 가능해진 간편한 다운로드는 소비자들의 구매 욕구를 자극시켰다. 또한 각 사용자들의 추천 및 리뷰 그리고 샘플 듣기를 통해서 자신의 취향과 비교하고 음악을 선택할 수 있는 정보의 획득도 용이했다. 결국 아이튠즈는 소비자의 음원 검색을 쉽게 하고, CD 전체를 구매할 필요 없이 곡당 99센트의 합리적 가격 정책을 사용하고 자사의 아이팟, 아이폰과 연동되는 플랫폼과 콘텐츠가 통합된 새로운 비즈니스 모델을 만듦으로써 롱테일 현상을 보여준 성공적 서비스가 되었다.

한편, 온라인 환경의 발전에 따라 음악산업의 중심이 음반 판매가 아닌 음원 다운로드·스트리밍 형태로 옮겨감에 따라 마케팅 도구로써 SNS의 중요성이 부각된다. 전 세계적으로 폭발적 인기를 몰고 온 싸이의 〈강남 스타일〉 성공 비결은 트위터로 대표되는 SNS 채널을 통한 빠르고 광범위하며 자연스러운 전파효과였다. 싸이는 콘텐츠를 매체를 통해 전달하는 푸시(*push*) 방식이 아니라 대중의 관심과 흥미를 자연스럽게 끌어들이는 풀(*pull*) 방식으로 전파하였고 그 파급력은 어마어마했다. 이러한 영향으로 최근 대중음악계에서는 페이스북, 트위터 등을 통해 아티스트의 소식을 전하고 자료를 제공하는 등 허브 기능을 복합적으로 수행하면서 디지털 콘텐츠의 전파를 위한 마케팅의 일환으로 SNS를 적극적으로 활용한다.

(2) 국내 디지털 음원 시장의 구조와 현황

디지털 음원 시장은 크게 인터넷 음악 시장과 모바일 음악 시장으로 나눌 수 있다. 2000년대 초 등장한 국내 인터넷 음악 시장은 급격하게 변화하는 환경을 수용하지 못하고 정책에 혼선을 빚으면서 저작권법 관련 갈등과 분쟁을 거치기도 했지만 그 과정에서 점차 성장하여 디지털 음원 시장이 전통적 음반 시장을 밀어내고 주도권을 가졌다.

2000년대 중반에는 막강한 네트워크와 플랫폼 지배력을 보인 이동통신사가 디지털 원천 콘텐츠 확보 차원에서 음반사를 인수하기 시작했다. 플랫폼과 네트워크에 원천 콘텐츠를 확보한 이동통신 사업자들은 콘텐츠의 생산·공급·소비까지 수직계열화를 완성했다.

현재는 POC(*Point Of Customer*)를 통해 자체 제작 콘텐츠를 직접 노출하는 서비스를 하는 '멜론'(로엔)과 '엠넷'(CJ E&M)이 있고, KT뮤직의 전문 제작사군은 '올레뮤직', 'Genie'서비스를 통한 직접 유통 플랫폼을 가진다. 이외에도 음악 콘텐츠를 직접 생산하지는 않지만 벅스, 소리바다, 네이버 뮤직 등이 자체 POC를 통해 디지털 음악 서비스를 제공한다.

국내 디지털 음악서비스는 월정액제의 다운로드, 스트리밍 방식이 보편적으로 이용된다. 우선, 다운로드 서비스는 크게 DRM(*Digital Rights Management*)을 장착한 파일을 내려 받아 재생하는 형태의 MR(*Monthly Rental*)상품과 개별 곡의 다운로드를 제공하는 종량제 상품이 있다. 그리고 40곡, 150곡 등으로 곡수를 제한했지만 종량제 상품에 비해 상대적으로 가격이 저렴한 DRM Free 월정액 상품이 있다. 스트리밍 서비스는 일반적으로 월정액을 지불하고 한 달 동안 MOD(*Music On Demand*)방식으로 음악을 감상할 수 있는 서비스이다. 이는 네트워크를 통해 PC나 휴대전화 등의 기기에 재생을 위한 일시적 파일 복제 후 삭제되는 방식으로, 음원을 소유할 수는 없으나 기기의 제약이 없다는 장점 때문에 사용자가 영구 소유한 음원을 포털 또는 통신사가 제공하는 클라우드 서버에 저장해두고 필요할 때마다 접속하여 이용할 때 사용하기도 한다.

디지털 음원 시장을 구성하는 또 다른 한 축인 모바일 음악 시장은 스마트폰 등장 전후로 큰 차이가 있다. 피처폰 시대의 모바일 음악 시장은 이동통신사의 플랫폼인 네이트(Nate), 매직엔(magicN), 이지아이(ez-i) 등을 통해 각 통신사의 가입자를 대상으로 CP(*Content Provider*)가 콘텐츠를 제작·공급하고 운영하는 형태로 통화 연결음, 벨소리, 모바일 노래방과 같은 음악 서비스를 판매했다. 2000년대 중반에는 통신 3사가 멜론, 도시락, 뮤직온과 같은 온라인 유료 음악서비스를 독자적으로 구축했으며, 이 플랫폼에서는 타 사업자가 접근을 할 수 없는 구조였다. 이때는 당시 휴대전화의 태생적 한계, 네트워크 접근성 등으로 인해 이용자들은 피처폰을 단순한 mp3 플레이어 이상으로 생각하지 않았다. 이러한 한계적 요인으로 인해 무선 네트워크를 통한 모바일 음악 서비스는 2~3년간 정체기를 맞았다.

그러나 스마트폰과 태블릿 PC의 보급이 급속도로 늘어남에 따라 모바일 음악산업은 새로운 양상으로 더욱 활성화되었다. 과거 이동통신사 중심의 음악 콘텐츠 비즈니스가 아닌 보다 다양한 애플리케이션 및 서비스가 출시되며 수많은 업체들이 무한경쟁을 펼치는 형태로 전환되었다. 현재 모바일 음악 서비스 형태는 크게 구글의 안드로이드, 애플의 iOS를 기준으로 오픈마켓 형태의 애플리케이션 스토어를 활용한 다운로드 방식으로 대체되었다. 기존 PC to Phone Sync를 통한 간접 다운로드 방식에서 Application to Phone 형태의 직접 다운로드 방식으로 대체되었으며 이로 인해 스트리밍 서비스로의 자연스러운 변화가 이루어졌다. 특히 기존 월정액 DRM Free mp3 다운로드 상품 가입자들 중 스마트폰을 사용하는 이용자들은 LTE 망 이용에 따른 네트워크 환경 개선에 힘입어 엠넷의 '스마트 언리밋', 멜론의 '스마트 프리' 등과 같은 스마트폰 전용 상품으로 전환하고 있다.

현재는 디지털 음원이 음반을 압도하며 개인이 음악을 감상하는 가장 보편적인 방식이 되었고 음원 다운로드와 스트리밍 서비스의 성장으로 관련 업체의 매출과 수익이 증가했다. 2013년 국내 디지털 음원 시장의 규모는 5,740억 원으로 음반시장보다 훨씬 큰 규모이며 성장세가 앞으로도 이어질 것으로 예상된다.

디지털 음원 시장의 성장은 스마트폰 사용자 증가의 영향이 크다. 스마트폰은 mp3 플레이어 기능을 가진데다 인터넷을 통한 실시간 재생이 가능해 모바일 음원 시장이 급속도로 성장하는 데 기여한다. 이와 더불어 다양한 오디션 프로그램의 효과로 인해 과거의 음원들과 리메이크 음원들이 큰 관심을 받는 경우가 많아졌고, 글로벌 시장을 겨냥한 다양한 유통채널에 K-POP 장르가 신설됨에 따라 국내 음원을 세계에 홍보할 수 있는 기회도 늘어났다.

이처럼 시장이 커진 만큼 후발 주자들도 계속해서 늘고 있다. 벅스를 운영하던 네오위즈인터넷은 최근 '카카오뮤직'을 론칭해 음악산업으로 영역을 넓혔다. 삼성전자도 2013년 11월 '삼성뮤직'으로 음원 서비스 시장에 뛰어들었고 현재 미국에서 운영 중인 스트리밍 방식의 서비스 '밀크뮤직'의 국내 도입을 검토 중이다.

국내 음원 시장의 규모는 성장 중이지만 여러 가지 문제점도 안고 있다. 음원 생산자의 수익은 적고 소비자의 부담은 느는 가운데 왜곡된 유통 구조 때문에 서비스 업체들만 이득을 보아 이러한 불합리한 음원 수익의 분배 구조를 바꿔야 할 것이다. 또한, 도서정가제처럼 음원 시장에도 과도한 할인율을 적용하지 못하도록 보장하고, 시장 스스로 음원 가격을 정할 수 있도록 법 개정을 하는 등의 대처가 필요하다는 지적이 나오고 있다.

1. 할리우드 영화가 세계 시장을 지배할 수 있었던 원인과 그 배경에 대해 생각해 보자.
2. 할리우드 영화시장의 수직적·수평적 통합이 무엇을 의미하는지 생각해 보자.
3. 영화의 연계(*tie-in*) 상품개발이 어떻게 이루어지고 있는지 살펴보자.
4. 한국 영화의 발전 요인에는 어떠한 것들이 있는지 생각해 보자.
5. 영화등급제의 긍정적·부정적 영향력에 대해 생각해 보자.
6. 영화 불법복제 현황에 대해 살펴보고, 영화산업에 미치는 영향에 대해 생각해 보자.
7. 비디오의 등장이 영화와 텔레비전에 미친 영향에 대해 생각해 보자.
8. 올바른 비디오 문화를 만들어나갈 수 있는 방법을 모색해 보자.
9. 원소스 멀티유즈의 성공 및 실패 요인은 무엇인지 알아보자.
10. 원소스 멀티유즈의 경우, 게임으로 제작될 때 실패하는 경우가 많다.
    그 이유가 무엇이고, 어떻게 하면 게임으로 성공할 수 있는지 알아보자.
11. 롱테일 현상이 발현되기 쉬운 제품군에 대해서 생각해 보자.
12. 롱테일 현상이 발현될 때, 기업은 어떠한 전략을 취해야 할지 생각해 보자.

참고문헌

• 고정민 (2004. 5. 27), 〈애니메이션의 비즈니스 사례와 성공 전략〉,
  삼성경제연구소, 〈Issue Paper〉.
• 건전 비디오문화를 연구하는 시민의 모임 (1992), 《시민이 뽑은 좋은 비디오 100》.
• 구회영 (1991), 《영화에 대하여 알고 싶은 두세 가지 것들》, 한울.
• 김미현 (2014), 《영화산업》, 커뮤니케이션북스.
• 김범석 (2009. 6. 29), CD는 가라, 메모리 카드 음반 뜬다, 〈동아일보〉.
• 김영석 (2002), 《디지털미디어와 사회》, 나남출판.
• 김창남 외 (1988), 《노래 3》, 친구.
• 김형신 (2012), 90년대 이후 한국의 청춘영화: 십대 영화를 중심으로,
  《한국방송학회 학술대회 논문집》, 95~96.
• 김화진 (2014), 《영화를 바라보다: 할리우드 영화의 돈과 정치 이야기》, 휴먼큐브.
• 노준석 (2008. 12), OSMU 전략을 통한 한국 문화콘텐츠의 선순환구조 확립방안:
  드라마·애니메이션 분야 국내외 성공사례 분석을 중심으로,
  〈디지털콘텐츠와 문화정책〉, 3호.
• 민경원 (2014), 《영화의 이해》, 커뮤니케이션북스.
• 박미아 (1993), 《뮤직비디오 이야기》, 우리문학사.

- 박성희 (2012), 영화 〈아바타〉와 상영공간의 뉴미디어화: 영화 〈아바타〉에 나타나는 공간의 미디어화를 중심으로, 〈언론과학연구〉, 12권 1호, 39~67.
- 삼성경제연구소 (2001), 〈한국영화 도전과 성공전략〉.
- 손민선 (2009. 7. 8), 하드웨어-컨텐츠 연계 모델의 이상과 현실, LG경제연구원, 〈LG Business Insight〉.
- 영화진흥위원회 (2009), 〈2008년 한국 영화산업 결산〉.
- 영화진흥위원회 (2014), 〈2013년 한국 영화산업 결산〉.
- 원민관 · 이호건 (2004. 12. 25), 문화콘텐츠의 원소스 멀티유즈를 통한 수출 활성화 방안: 게임, 애니메이션, 캐릭터 산업을 중심으로, 〈통상정보연구〉, 6권 3호.
- 윤호진 · 이동훈 (2008. 2), 〈미디어 융합에 따른 콘텐츠산업 분석 및 공공 문화콘텐츠 활성화 방안〉, 문화체육관광부 연구보고서.
- 이수범 (2012), 《디지털 시대의 음악 산업》, 한울아카데미.
- 이영미 (2006), 《한국대중가요사》, 민속원.
- 이용관 · 김지석 (1992), 《할리우드》, 제 3문학사.
- 이은민 (2005), MP3 등장에 따른 국내 음악산업의 구조변화, 〈정보통신정책〉, 17권 23호, 1~24.
- 이창욱 (2008. 9), OSMU를 중심으로 한 문화콘텐츠의 다목적 활용에 관한 연구, 〈한국디자인문화학회지〉, 14권 3호.
- 한국방송개발원 (1994), 〈방송환경의 변화와 라디오의 대응〉.
- 한국콘텐츠진흥원 (2013), 〈2012 음악산업백서〉.
- 현대원 · 김기윤 (2012), 국내 3D 산업 생태계의 활성화 방안에 대한 연구: 시나리오 네트워크 맵핑을 활용한 분석 중심으로, 〈방송통신연구〉, 80호, 9~45.
- Ellis, J. C., 변재란 역 (1988), 《세계 영화사》, 이론과 실천.
- Jowett, G. & Linton, J., 김훈순 역 (1994), 《영화 커뮤니케이션》, 나남출판.
- Passman, D. S. (2012), *All You Need to Know About the Music Business*, Free Press.
- Thompson, K. & Bordwell, D. (2011), 《세계영화사》, 지필미디어.

좀더 알아보려면

www.koreafilm.or.kr 한국영상자료원의 홈페이지로 국내 영화 제작 현황, 영화가 · 소식, 한국 영화사, 영화 촬영지, 명배우 · 명감독 등의 정보를 볼 수 있다.

www.koreaanimation.or.kr 한국애니메이션제작자협회의 홈페이지로 신작 제작 현황, 국내외 페스티벌, 각종 지원 정책, 애니메이션산업 통계 자료 등을 제공한다.

www.imdb.com 최근 미국내에서 상영되는 영화 및 상영 예정 영화를 살펴볼 수 있으며, 영화와 관련된 여러 정보를 찾을 수 있다.

www.kfds.org 한국영화감독협회의 홈페이지로 영화 진흥사업, 영상 세미나,
영화제, 청소년 영화교실 등에 관한 정보를 제공하고 있다.

www.disney.com 디즈니의 홈페이지로 수직적 통합을 이룬 멀티미디어 복합기업의
다양한 산업을 살펴볼 수 있다.

www.moderntimes.com/palace/b/30.htm 1930년대 B급 영화의 스틸사진을 볼 수 있다.

www.kofic.or.kr 영화진흥위원회의 홈페이지로 흥행 순위, 국내외 영화제,
박스오피스 등 영화 정보와 제작·수입·배급사, 영화 관련 업체,
교육기관 등 영화 제작 네트워크에 관한 정보를 제공한다.

www2.warnerbros.com/web/music/jukebox.jsp 워너브라더스는 영화의 황금시대에는
마이너 영화사였지만, 현재는 메이저 스튜디오이다.
곧 출시되는 워너브라더스의 영화에 대해 볼 수 있다.

www.filmsite.org/birt.html 위대한 고전영화 〈국가의 탄생〉
(*The Birth of a Nation*)에 대해 알 수 있다.

www.filmsite.org/citi.html RKO 스튜디오는 B급 영화사로 알려졌지만, 최고의 영화로
꼽히는 〈시민 케인〉을 제작하였다. 이 사이트에서는 영화 〈시민 케인〉을 자세히 다룬다.

www.bestanime.co.kr 만화 제목, 감독, 장르, 제작년도, 제작사, 등급별, 인기순위
TOP 100 등으로 만화영화를 찾아주는 사이트다. 등장인물의 스틸사진 등을 보여주고
동영상, 대본, 가사, 줄거리 등의 정보를 담고 있다.

www.screenquota.com 스크린쿼터문화연대의 홈페이지로서 쿼터연대 소식,
스크린쿼터 통계 및 사진자료 등을 제공한다.

www.ksdp.or.kr 한국영화촬영감독협회의 홈페이지로서 황금촬영상, 영상기술,
한국영화기술교육원 등의 소개를 담는다.

www.wifilm.com 여성영화인모임의 홈페이지로서 프로듀서, 연출자, 시나리오 작가, 필름
촬영, 조명실습, 프로덕션 디자이너 과정 등의 사이버워크숍을 한다.

www.kmrb.or.kr 영상물등급위원회의 홈페이지로 등급자료 조회, 등급자료 안내,
등급 통계, 등급신청 자료 등의 정보를 제공한다.

www.komca.or.kr 한국음악저작권협회의 홈페이지로 저작권법, 국제협약, 분매 및 징수 규정,
저작권 판례, 음반자료에 대한 정보를 제공하며, 음악 저작권 침해 제보를 받는다.

en.wikipedia.org/wiki/Phonograph 1877년 에디슨이 만든 축음기 및
축음기의 역사에 대한 정보를 제공한다.

www.columbiarecords.com 컬럼비아 레코드에서 발매하는 음반에 대한 정보를 제공한다.

www.kare.or.kr 한국레코딩예술인협회의의 홈페이지로 여러 스튜디오와
음반관련업체의 정보를 제공한다.

www.melon.com 로엔엔터테인먼트의 음악 포털 사이트다.

www.ollehmusic.com/ KT의 음악 포털 사이트다.

www.kclib.org 부천만화정보센터 만화도서관의 홈페이지로, 도서관 방문 전
만화책 대여 여부 등을 확인할 수 있다.

www.comicsmuseum.org 한국만화박물관의 홈페이지로, 박물관 관람시간 안내,
박물관의 구조 및 전시일정 등을 확인할 수 있다.

www.culturecontent.com 문화콘텐츠 유통센터 홈페이지로, 다양한 콘텐츠를
구매할 수 있다.

www.doolynara.co.kr 둘리 캐릭터에 대한 라이선싱 및 캐릭터 상품을
구매할 수 있는 쇼핑몰을 제공하고 있다.

www.ocon.co.kr 〈뽀롱뽀롱 뽀로로〉를 제작한 (주)오콘의 홈페이지이다.

www.daiwon.co.kr 국내 최대의 만화 전문회사로서 그동안 〈슬램덩크〉, 〈아기와 나〉,
〈포켓몬스터〉, 〈디지몬〉, 〈열혈강호〉, 〈검정고무신〉 등을 출간했으며,
다양한 만화를 구매해서 볼 수 있는 서비스를 제공한다.

www.newfangled.com/the_long_tail_of_search_engines 검색엔진에서의 롱테일 현상에
대해서 알아볼 수 있다.

www.apple.com/itunes 애플의 유료 mp3 다운로드 사이트로 음반시장에서의
롱테일 현상을 찾아볼 수 있다.

8

인터넷과 웹

　인터넷의 등장은 개인의 생활 방식과 기업의 운영 방식을 완전히 바꾸었다. 트위터나 페이스북과 같은 소셜 네트워크(*social network*) 사이트는 젊은 층들이 소통하는 장을 물리적인 곳에서 사이버 공간으로 바꾸었다. 사람들은 점차 사이버 공간에서 서로 만나고, 대화하고, 의견을 개진하고, 이를 비판하면서 자신의 정체성을 느끼는 방식을 선호한다. 또한, 인터넷의 발달은 스트리밍 서비스인 푹(pooq), 티빙(tving)의 등장과 스마트폰, 태블릿 PC의 보급으로 이어졌고, TV 프로그램을 시청하는 행태 또한 변화시켰다. 온라인으로 TV를 시청하면서 프로그램에 대해 소셜 미디어를 통해서 이야기를 나누기도 하고, 보지 못한 방송을 다시보기 기능으로 언제든지 시청이 가능하다. 뿐만 아니라 소비자는 기존의 수동적 수용자에서 벗어나 유튜브, 아프리카 TV를 통해 스스로 멀티미디어 콘텐츠를 생성하여 공급하는 1인 미디어의 역할을 겸한다. 인터넷은 디지털·브로드밴드 기술의 진전과 함께 신문, 잡지, 라디오, TV, 영화, 음악, 오락 등의 기존 미디어에 심대한 영향을 미치며, 인터넷을 중심으로 컨버전스가 이루어진다. 스마트폰으로 음악을 듣거나 태블릿 PC로 신문과 잡지를 보고, 원거리에 있는 사람과 게임을 가능하게 한다. 특히 인터넷은 전통적 미디어가 행사하던 뉴스의 게이트키핑과 논제설정 기능을 크게 위협한다.

　기업의 운영 방식도 엄청난 변혁을 예고한다. 저명한 IT 미래학자 니콜라스 카(Nicholas Carr)는 2013년 발간된 《빅 스위치》(*The Big Switch: Rewiring the World, from*

Edison to Google)라는 책에서 전기를 전력 회사에서 공급받아 쓰듯이, 인터넷을 통해 IT 서비스를 사용할 것이라고 주장한다. 즉, 인터넷이 보편화되기 이전의 기업들은 서버나 데이터센터, 응용 프로그램들을 모두 자사의 IT센터에 설치해서 스스로 운영해야 한다고 생각했다. 그러나 인터넷의 발전은 이러한 기업의 IT 운영 방식에 획기적 변화를 가져온다. 구글과 같은 대형 데이터센터에 개인 기업의 데이터를 저장하고, 응용 프로그램은 인터넷망을 통해서 자유롭게 빌려 쓰는 형식의 클라우드 서비스가 그것이다. IT 자원을 구매하거나 소유할 필요 없이, 필요할 때마다 사용료를 지불하고 사용하는 방식으로 사업 방식이 바뀐 것이다. 그러면 모든 자료는 인터넷상에 있으며, 컴퓨팅 기능을 가진 PC는 필요가 없어지고, IP에 기반을 둔 광대한 IT 네트워크에 접속하기 위한 단말기만 있으면 된다. 네트워크의 광대역화, 보안, 개인 프라이버시 침해 등의 문제 해결이 담보된다면 우리가 자산을 신뢰할 수 있는 은행에 맡기는 것과 같이 인터넷을 통한 기업 운영이 일상화될 전망이다.

이 장에서는 이러한 생활 방식과 기업 운영 변혁의 핵심에 있는 인터넷의 등장과 이해, 사용실태, 미디어 플랫폼으로서의 인터넷, 웹 및 주요 이슈들을 다루도록 한다.

1. 인터넷의 이해

인터넷이 미디어에 미친 영향은 활자의 발명이 인류 문명에 미친 영향에 비견된다. 비록 인터넷과 관련 디지털 기술이 사람 간의 개인적 접촉을 완전히 없애버리지는 않겠지만 우리가 외부와 유지하는 관계, 즉 우리가 살아가는 방법, 우리가 교육받는 방법, 사회구성원과 소통하는 방법, 정보와 오락을 얻는 방법, 비즈니스 운영 방법, 정치 참여 방법 등 우리 일상의 모든 분야에 변혁을 가져온다. 따라서 어떤 미디어학자들은 인터넷을 제 2의 산업혁명이라고 일컫는다.

그러면 인터넷은 과연 무엇인가? 인터넷은 근거리통신망(LAN: *Local Area Network*)들을 상호 연결함으로써 네트워크 간의 자유로운 정보 교환을 가능케 한 글로벌 컴퓨터 네트워크(*A global network of computer networks*)이다. 특히 인터넷은 근거리통신망들을 TCP/IP 라는 공통의 규약에 의해 네트워크상의 컴퓨터들을 상호 연결하고 확장시킴으로써, 어느 특정 개인이나 국가의 주도로 발전되는 형태가 아니라 동시에 참여하는 여러 사람들의 활동 속에서 그물망처럼 확대 발전된다. 즉, 인터넷은 물리적인 네트워크뿐만 아니라, IT 기술(압축 기술, 암호화 기술, PC관련 기술 등)과 통신 기술(디지털 변·복조 기술, 월드와이드웹 기술, 광대역 통신 기술 등)의 소프트웨어가 결합하여 사용자 간의 디지털 정보 교환을 가능하게 하는 정보 인프라인 것이다.

1) 인터넷의 역사

1957년 10월 4일, 미국의 과학기술계를 망연자실시킨 사건이 일어났다. 소련이 인류 최초의 인공위성인 스푸트니크(Sputnik)를 미국보다 먼저 우주에 진입시킨 것이었다. 우주 경쟁에서 소련에 뒤처지면서 전 세계 최고의 과학기술 수준을 자랑하던 미국의 자존심은 땅바닥에 떨어졌다. 아이러니하게도 이 사건을 계기로 미국은 국방 관련 연구를 하기 위해 국방부 내에 ARPA(Advanced Research Projects Agency, 1972년에 DARPA로 개칭)라는 연구조직을 설치하고, 여기에서 오늘날 산업혁명에 비견되는 인터넷의 태동을 준비한다.

1960년대, ARPA에서는 핵전쟁으로 인해 모든 컴퓨터 시스템이 일시에 마비되는 것을 방지하고 다시 적에게 반격할 수 있는 통신 시스템을 연구하기 시작하였는데, 이때 여러 다른 운영체계를 사용하는 컴퓨터가 서로 통신할 수 있는 규약(*protocol*)과 네트워크상의 전송 메시지를 패킷(*packet*)이라 불리는 여러 조각으로 나누어 전송하는 패킷 스위칭(*packet switching*)의 아이디어가 제시되었다. 이 아이디어는 1969년 미국의 4개 대학(로스앤젤레스 캘리포니아 주립대학, 스탠퍼드 대학, 산타바바라 캘리포니아 수립대학, 유타 대학)을 연결하는 네트워크망인 ARPANET(*Advanced Research Projects Agency Network*)에서 구현되었다. 이를 운영하면서 이메일, 원격 접속, 파일전송 등의 기술 발전이 함께 이루어졌다. 1974년 서프(Vinton Cerf)와 칸(Robert Kahn)이 인터넷(*Internet*)이라는 용어를 최초로 만들면서 인터넷의 주요 규약인 TCP/IP를 제시한다.

이러한 네트워크가 현재의 명칭인 '인터넷'으로 불리기 시작한 것은 1983년부터였다. 1984년에는 인터넷 주소체계인 DNS(*Domain Name System*: 도메인 네임 시스템)가 갖추어져 바야흐로 인터넷이 현재의 모습을 갖추기 시작했다. 이후 1986년 미국국립과학재단(NSF)이 미국의 슈퍼컴퓨터들을 연결한 NSFNET(*National Science Foundation Network*)을 구축하면서 인터넷의 모체가 되었던 ARPANET은 1990년 사라진다. NSFNET의 등장은 네트워크의 활용이 정부나 공공기관 중심이 아닌 개인과 기업으로 확대되는 결과를 가져왔다.

1992년에는 인터넷의 정보를 쉽게 검색할 수 있는 월드와이드웹이 등장하면서 기존의 교육이나 공공 목적으로 주로 사용되던 인터넷이 민간 기업의 참여로 상업적 목적의 온라인 서비스가 추가되고 이용자 층 또한 확대되었다. 이로 인해, 인터넷은 콘텐츠 면에서나 이용자 면에서 양적·질적 모두 팽창을 가져왔다.

1994년에 웹브라우저인 넷스케이프 네비게이터(Netscape Navigator)가 출시되었고 대표적 검색서비스인 야후(Yahoo)가 등장했다. 그 이듬해에는 미국의 대표적 온라인 통신업체인 컴퓨서브(CompuServe), 아메리카 온라인(America Online) 등이 상용 인터넷서비스를 시작하여, 인터넷이 본격적으로 성장했다. 1998년에는 인터넷 주소 체계를 관장하는 국제인터넷주소관리기구인 ICANN(Internet Corporation for Assigned Names and Numbers)이라는 비영리조직이 만들어졌다. 1990년 후반 이후, 모든 산업 분야에 인터넷이 활용되기 시작하면서 연간 100% 이상으로 성장하여 2008년 12월을 기준으로 15세 이상 인터넷 상용 이용자 수가 10억 명을 넘었다.

2) 인터넷 주소

현실에 사는 우리들이 모두 주소를 가지듯이 가상 세계에서도 주소는 그대로 존재하는데 이러한 온라인상의 주소에는 컴퓨터마다 하나씩 가지는 IP 주소, 이러한 IP를 영문으로 명명한 도메인(*domain*), 그리고 각 사이트들의 위치를 손쉽게 파악할 수 있는 URL(*Universal Resource Locator*) 등이 있다.

첫째, IP 주소는 온라인에서 사용되는 컴퓨터의 식별번호로서 마침표로 구별되는 네 단위 숫자(예를 들어 127.68.12.14)로 이루어진다. 네 단위의 숫자는 해당 컴퓨터의 네트워크 번호(*network number*)와 호스트 번호(*host number*)를 나타낸다.

둘째, 도메인은 '도메인 네임 시스템'(*Domain Name System*: DNS)을 일반적으로 칭하는 말로서 인터넷 이용자들이 IP를 일일이 기억해야 하는 번거로움을 줄이기 위해 IP 주소를 문자(영문자, 숫자, -)로 변환한 것이다. 이러한 도메인의 명명 체계는 해당 도메인의 국적과 상호명 또는 상품명(사이트 이름)에 따라 크게 구분된다. 먼저 최상위 도메인의 경우 국가 도메인과 일반 도메인으로 나뉘는데 국가 도메인의 경우 두 자리 영문자로 표시한다. 대한민국은 kr, 일본은 jp 등이 이에 속한다. 일반 도메인은 기관의 종류를 나타내는 약자를 사용하는데 정부기관은 go, 교육기관은 ac 등 각 기관마다 도메인이 정해진다. 현재 최상위 일반 도메인은 인터넷 초창기부터 사용되던 com, net, org, edu, gov, mil, int 등 7개와 biz, name, info, pro, museum, coop, aero, tv, media 등이 있다. 각 국가들은 서로 다른 최상위 도메인을 사용하며 최상위 도메인별로 이름 체계 및 등록 원칙이 다를 수 있다. 이러한 도메인은 '국제 인터넷주소관리기구'에서 심의하고 '인터넷정보센터'(Network Information Center: NIC)에서 등록·관리 업무를 수행한다. 한국의 도메인은 '한국인터넷정보진흥원'(Korea Internet & Security Agency: KISA, 구 KRNIC)에서 관리한다. 2013년 12월 기준 우리나라의 kr 도메인 등록건수는 1,116,532개, IPv4 주소는 약 1억 1,200만 개, IPv6 주소는 5천여 개로 집계된다.

하나 주목할 만한 움직임은 바로 '차세대 도메인'의 등장이다. 좋은 도메인을 먼저 점유하려는 분쟁과 더불어 사이트 수의 기하급수적 증가로 인해 영문 도메인이 한계점에 봉착하자 이에 대한 대안으로 '한글, 숫자 도메인'이 등장했다. 먼저

도메인 예

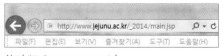

학교(제주대: www.jejunu.ac.kr)

정부(청와대: www.cwd.go.kr)

기업(삼성그룹: www.samsung.co.kr)

연구소(KIST: www.kist.re.kr)

〈그림 8-1〉 IP주소의 체계

출처: 차동완·백천현·정용주(2009), 《디지털 융합기술세계 I: 디지털 통신과 인터넷》

'한글 도메인'은 IP 주소, 영문 형태의 도메인에 이은 3세대 인터넷 주소라고 불리는데, 브라우저에 한글을 직접 입력하면 이를 분석해 별도로 구축한 데이터베이스를 검색, 등록된 사이트를 찾아 연결하는 방식으로 서비스가 이루어진다. 이러한 한글 키워드는 '선접수 선등록' 원칙을 고수하는 영문 도메인과 달리 '실명 소유자 우선 원칙'이기 때문에 회사나 브랜드의 이름과 관련된 권리를 입증할 수 있는 서류만 제출하면 등록이 가능하다. '숫자 도메인'은 문자로 이루어진 도메인이 아니라 특정 대상을 연상시키는 숫자를 사용하는 것이다. 예로서 한국 외교통상부에서는 영사 콜센터에 쉽게 연락을 하도록 www.0404.go.kr을 사용한다. 또한 중국에서는 숫자 도메인이 큰 인기를 끄는 중이다. 중국의 대표적인 경매 사이트인 알리바바는 www.1688.com 도메인을 사용한다. 숫자 도메인의 가장 큰 장점은 여러 언어를 적절히 표현하기에 영문 문자보다 훨씬 유리하고, 중국어의 발음 등 고유한 특징을 살리면서도 간단한 숫자로 접근성을 높일 수가 있다.

셋째, URL은 인터넷상의 여러 정보들을 얻기 위해 각 서버가 가진 파일들의 위치를 명시하기 위해 사용된다. 예를 들어 해외여행 정보를 위한 대표적 예약 사이트인 트레블로시티(Travelocity)에서 비행기 예약에 관련한 파일에 접근하기 위해서는 웹의 프로토콜(http)을 명시하고, Travelocity의 IP 주소 혹은 도메인(www.travelocity.com)을 알려주고, 비행기 예약에 관한 폴더(flights) 혹은 파일명을 지정해서, http://www.travelocity.com/flights와 같이 입력하면 컴퓨터는 인터넷상에서 사용자에게 원하는 정보를 가진 파일을 찾아주는 것이다.

인터넷 주소 체계에 관해서는 IP 주소의 고갈이 가장 큰 문제다. 현재 인터넷 주소 체계는 4개의 필드를 이용하여 구분하고 각 필드에 8비트씩 할당하여 총 32비트가 사용된다. 32비트로 이루어진 IP Version 4(IPv4)로 약 43억 개 주소가 존재 가능하지만, 레거시 주소와 이용 불가 주소 등을 제외하면 사용 가능한 글로벌 주소는 약 20억 개 정도에 불가하다. 그러나 인터넷의 팽창과 각종 기기에 IP를 부여하기 시작함에 따라 문제가 되기 시작했다. 뿐만 아니라 미국이 주도하는 인터넷 주소의 특성상, 나라별로 IP 숫자가 차등적으로 배당되는 것도 문제가 되었다. 예를 들어 인도는 280만 개의 IP 주소를 가지는데, 이것은 미국의 한 개의 주요 대학이 가진 IP 주소보다 적다는 것이다. 또한 중국에 배당된 IP 주소를 모두 합쳐도 미국의 Level-3라는 ISP 기업이 가진 주소의 개수보다 작다는 사실이다.

이에 대응해서 1993년부터 1998년까지 128비트로 주소를 표시하는 IP Version 6(IPv6)가 확정되어 거의 무한대인 약 $3.4 \times 1,0^{38}$개의 IP 주소를 확보할 수 있었다. 그러나 2014년 구글의 통계를 보면 IPv6가 인터넷 트래픽의 3%를 담당하는 것으로 나타나, 아직은 IPv6 네트워크로의 전환과 소프트웨어의 변경 등에 드는 시간과 비용으로 인해 그 활용이 초기에 머무르는 것으로 보인다. 앞으로 IPv6로 전환이 이루어지면 PC 간 통신뿐만 아니라, 일반 사물이 IP 주소를 부여받아 인터넷에 접속함으로써 사물 간 정보를 교환한다. 정부는 2014년 5월 정보통신전략위원회에서 '사물 인터넷 기본 계획'을 확정하고, '초연결 디지털 혁명의 선도국가 실현'이라는 비전하에 국민과 정부 그리고 기업이 세계에서 가장 활발하게 사물인터넷(IoT)서비스를 개발, 이용케 한다는 전략이다. 현재 인터넷에 연결된 사물은 1% 미만에 불과하나 향후 모든 것이 인터넷에 연결되는 초연결 혁명 확산으로 산업 전반에서 다양한 혁신과 사업 기회가 창출될 것으로 전망된다.

3) 인터넷의 운영과 체계

인터넷에서 시스템 운영업자(ISP)들은 사람들로 하여금 인터넷에 접속하게 하여 수많은 사람들과 그들 간의 정보 혹은 지식을 무제한으로 공유하게 하는 매우 중요한 역할을 한다. 그들은 인터넷과 사용자 사이에서 중간자 역할을 하면서 인터넷이 부드럽게 운영될 수 있게 한다. 대부분의 사용자들은 인터넷상에서 호스트 컴퓨터 역할을 하는 운영업자들을 통해 인터넷에 연결된다. 전형적으로 운영업자들은 FTP(*File Transfer Protocol*), HTTP(*Hyper Text Transport Protocol*), 그리고 Telnet 등을 통해 정보를 제공하는 일종의 인터넷 서버를 운영한다.

인터넷이 기하급수적으로 성장할 수 있었던 이유는 바로 인터넷은 주인이 없는 무정부적 상태라는 것(anarchy)과 누구에게나 열려 있는 것(openness)이라 할 수가 있다. 인터넷은 무정부적 구조로 인해 쉽게 확장될 수 있었고, 또한 TCP/IP라는 통신 규약을 이용하여 전혀 다른 컴퓨터 네트워크들이 서로 연결될 수 있었다. TCP/IP로 인해 다양한 컴퓨터들이 서로 접속되고 이렇게 접속된 컴퓨터들이 인터넷을 형성한 것이다.

이러한 TCP/IP 소프트웨어는 공공재이고, 본질적으로 무정부적이고 분권화되기 때문에 사람들이 서로 간의 연결을 금지할 수 없다. 이렇게 인터넷은 계획된 그 무엇이 아니고 처음에는 과학자들, 다음에는 일반학자들, 그리고 마침내는 일반인들이 인터넷이 제공하는 커뮤니케이션의 무한한 능력을 이용하면서 우연히 발생된 것이다. 다시 말해 인터넷은 목적성이 있는 완성된 체계가 아니라 계속해서 발생되는 무정형화된 네트워크이다. 주인이 없는 무정부 상태가 인터넷의 개방성으로 나타났고, 개방성이 바로 인터넷이 급증할 수 있었던 기본 요인이었다. 이러한 개방성은 기존의 기본 네트워크(core backbone network)가 네트워크에 대한 통제력을 상실하고, 또한 그것으로부터 확산된 지엽적 네트워크에서 무엇이 발생하는지에 대해 파악할 수 없었다는 것을 의미한다. 바로 이러한 무정부적 특징이 인터넷의 개방성을 더욱 부채질했다.

그렇다면 이러한 인터넷의 특징을 어떻게 설명할 수 있을까? 이는 바로 우리들이 전자 게시판의 역할을 하는 Usenet에서 목격할 수 있는 '상호 협조적으로 운영하는 무정부 상태'(co-operative anarchy)로 설명될 수 있다. 인터넷의 무정부적 공개 네트워크는 개인들로 하여금 용이하고 저렴하게 인터넷에 접속할 수 있게 했다. 이전에는 특정 계층만이 정보의 생산자 역할을 했지만 이제는 모든 이들이 생산자와 소비자의 역할을 동시에 수행할 수 있다는 것이다. 이는 기존과는 달리 정보의 중앙센터가 없고 단지 이용자들이 생산한 정보들로 데이터베이스가 이루어진다는 것을 말한다. 온라인 커뮤니티의 전문가인 하워드 라인골드(Howard Rheingold)는 이에 대해 "ISP들은 소풍 장소를 제공하는 업자와 다름없다. 제공 업자들은 소풍에 필요한 장소를 제공하고 사람들은 이곳에 그들의 음식을 가져와 여가를 즐긴다"고 했다.

이렇게 인터넷이라는 체계는 커뮤니케이션을 하고자 하는 사람들 간의 상호 협조를 통해 운영된다. 이러한 상호 협조는 사람들 간의 익명성으로 인해 동등함을 그 전제로 한다. 그러나 인터넷에 참여하는 사람들 간에 항상 힘의 균형이 존재한다고 볼 수는 없다. 운영업자들은 사용자들의 접속을 거부할 수 있으며, 사용자들은 다른 시스템에 접속함으로써 그들의 불만을 표시할 수도 있다. 이러한 상호 간 보이지 않는 거래를 통해 인터넷 사용자는 독특한 가치관을 가진 소규모의 커뮤니티를 조성한다. 이들은 취향에 맞는 커뮤니티를 형성하면서 인터넷상에서 자신들만의 의미를 창조한다.

하버드 대학의 브랜스콤(Anne Branscomb)은 '인터넷은 독특한 네티켓(*netiquette*)을 가진 수많은 소규모의 커뮤니티로 나눠질 것'이라고 예견했다. 나아가 스트랭글 로브(Strangelove)는 이미 브랜스콤의 예측이 실현된다고 보았다. 그는 "인터넷에는 더 이상 대중시장(*mass markets*)이 존재하지 않는다. 저마다의 독특한 역사, 규칙, 그리고 관심사항을 가진 소규모의 분절화된 커뮤니티들만이 있다. 따라서 그들의 특성을 존중하고 계약조건을 준수하면서 이러한 커뮤니티들에 접근하는 것이 중요한 문제"라고 말한다. 이렇게 인터넷에서 개인은 영향력이 있고 자율 규제적이고 자기 방어적이며, 또한 상호작용을 하며 커뮤니티를 형성한다.

물론 인터넷에서 커뮤니티를 형성하기 위해서는 신뢰성 있는 커뮤니케이션이 필요하며, 이를 실현시킬 수 있는 어떠한 규칙이 요구된다는 것이다. 따라서 무엇이 타인에게 해를 끼치는 것인지에 대한 정의가 필요하며, 이를 누가 제정하고 집행할 것인지가 중요한 의제가 된다. 인터넷은 분권화된 특징과 중앙 장치의 부재로 인해 발전되었다. 컴퓨터를 구입하는 누구나 인터넷에 접속할 수 있으며, 다른 사람이 만든 홈페이지에 자신의 편집 가치(*editorial value*)를 표현할 수 있다. 또한 정부와 같은 비영리기관 혹은 사기업에 가입함으로써 인터넷에 접속할 수 있는데, 다수의 운영업자들은 사용자의 행동을 규율하는 각기 다른 규칙을 가진다. 만약 사용자의 행동이 위해가 된다고 느끼면 접속을 원치 않는 운영업자도 있다. 우리나라에서도 운영업자들이 네티즌의 의견을 반영해 그들 나름대로의 규칙을 제정한다. 예를 들어 대화방에서 특정인의 대화 내용을 컴퓨터 화면에 나타나지 않게 하는 기능은 저속한 표현을 쓰는 사용자를 소외시킬 수 있게 한 것이다. '쪽지 거부'와 '퇴장' 기능 역시 사이버 폭력을 예방하고자 한 것이다. 이처럼 운영업자와 네티즌은 그들의 고유

사이버스페이스 독립선언문

스위스 다보스에서 미국의 디지털 평론가 존 페리 발로가 1996년 2월 8일 '사이버스페이스 독립선언문'(a Declaration of the Independence of Cyberspace)을 발표했다. 그는 1990년 전자개척자재단(Electronic Frontier Foundation)을 설립해 디지털 미디어에서의 표현의 자유를 위해 활동한다. 아래는 '사이버스페이스 독립선언문'의 내용을 발췌한 것이다.

산업세계의 정권들, 너 살덩이와 쇳덩이의 지겨운 괴물아. 우리는 희망의 새 고향, 사이버스페이스에서 왔노라. 미래의 이름으로 너 과거의 망령에게 명하노니 우리를 건드리지 마라. 너희는 환영받지 못한다. 네게는 우리의 영토를 통치할 권한이 없다.

'자유'보다 더 큰 '권위'는 없기에 우리는 정권 따위는 선출하지 않으며, 갖지도 않을 것이다. 따라서 우리는 이 지구 규모의 사회적 공간을 우리를 강제(强制)하려는 학정(虐政)으로부터 독립된 공간으로 세울 것임을 선언한다. 네게는 우리를 통치할 어떠한 윤리·도덕적 권리도 없으며, 우리를 두려움에 떨게 할 어떠한 방법도 없다.

정치권력, 통치, 그 힘은 그 권위하에 있는 사람들의 '동의'에서 온다. 그러나 너는 우리에게 동의를 받지도 않았으며, 달라고 요청하지도 않았다. 우리는 너를 초대하지도 않았다. 너는 우리를 모르며 우리의 세계도 모른다. 사이버스페이스는 너의 틀 안에 있지 않다. 네가 사이버스페이스를 마치 공공건축사업처럼 만들 수 있을 것이라고 생각하지 말라. 너는 할 수 없다. 사이버스페이스는 우리의 실천들이 모이면서 이를 통해 스스로 성장해나가는 것이기 때문이다.

너는 우리의 거대하고 축적된 대화에 같이할 수 없으며, 우리 시장의 부(富)를 만들 수도 없다. 너는 우리의 문화, 우리의 윤리를 알 수 없다. 또한 네가 사람들에게 지우는 짐들에서 얻는 것보다 더 우리 사회의 질서를 잘 만드는 '쓰이지 않은 코드'에 대해 아무것도 알 수 없다.

(중략)

너의 '재산', '표현', '정체성', '운동' 등의 '합법'적 개념은 우리에게 적용할 수 없다. 너의 개념들은 '물질'에 근거하지만, 이곳에는 '물질'은 없기 때문이다.

(중략)

중국, 독일, 프랑스, 러시아, 싱가포르, 이탈리아, 미국 등지에서 너는 사이버스페이스의 미개척지에 수비대를 세워 '자유'라는 '바이러스'를 막으려 하고 있다. 물론 잠깐 동안은 막을 수 있을지 모르지만, 금방 실패하고 말 것이다. 너의 점점 진부해지는 정보산업은 미국 및 각국에서 제출된, 우리의 말할 권리를 제한하려는 법령에 의해 그 진부함이 유지될 것이다. 이 법령은 다른 산업의 생산물들이 쇳덩이 이상으로 더 나아지지 말라고 선언한다. 우리의 세계는 인간이 창조한 그 어떤 것도 아무런 비용의 지불 없이 무한하게 복사되고 배포될 수 있는 곳이며, 그렇게 되어야 한다. 사고(思考)의 전지구적 전개는 더 이상 너의 산업의 성공을 필요로 하지 않는다. 이렇게 점증하는 불합리와 식민지식 판단논리는 우리를 권위를 거부했던 '자유를 사랑한 사람들'과 '스스로가 스스로를 결정하는 사람들'과 같은 위치에 서게 하였다. 우리 육체는 비록 너의 통치하에 있지만, 너의 통치권으로부터 독립적인 가상공간에서의 우리 자신을 선언한다. 우리는 우리 자신을 이 행성 위에서 펼쳐나갈 것이며 그 누구도 우리의 사고(思考)를 감금할 수 없다. 우리는 사이버스페이스에서 희망의 문명사회를 창조할 것이다. 이는 너희 정권들이 이전에 만들었던 그 어떤 것보다 더 인간적이며 공명정대할 것이다.

- '사이버스페이스 독립선언문' 원문 전체검색:
  www.lafraze.net/nbernard/misc/Declaration-Final.html
- '사이버스페이스 독립선언문' 번역본 전체검색: networker.jinbo.net/eff/declare.html

한 커뮤니케이션 문화를 만들기 위해 노력하는데 이는 중앙 집중형의 통제가 아니라 네티즌에 의한 자율 규제라고 볼 수 있다.

4) 월드와이드웹

인터넷의 응용 서비스는 우리에게 친숙한 이메일 서비스를 비롯하여 원격으로 컴퓨터를 제어해서 사용할 수 있는 원격접속, 파일의 공유(*file sharing*), 미디어 스트리밍(*media streaming*), VoIP 서비스 등 다양하다. 그러나 가장 우리에게 친숙한 서비스는 일반적으로 웹 서비스로 불리는 월드와이드웹 서비스이다.

웹은 일반적으로 인터넷과 동의어로 쓰이기도 하나 본질적으로 다른 개념이다. 이 장에서 인터넷을 물리적 네트워크뿐만 아니라, IT·통신 기술의 소프트웨어가 결합하여 사용자 간의 디지털 정보 교환을 가능하게 하는 정보 인프라라고 정의한 바 있다. 반면 웹은 인터넷을 통해 접속 가능한 서로 연결된 문서들의 집합으로 이루어진 시스템이다. 구체적으로는 HTML(*HyperText Markup Language*)이라는 언어로 만들어진 문서인 웹페이지들의 위치를 URL로 인식하고 웹페이지 간에는 하이퍼링크(*hyperlink*)로 연결하며, 이를 HTTP라는 통신규약을 이용해서 웹페이지들을 주고받는 것이다.

이러한 웹은 1991년 스위스의 팀 버너스리(Tim Berners-Lee)가 사용자와 웹서버 간의 통신규약인 HTTP(*HyperText Tranfer Protocol*)를 발표함으로써 탄생되었다. 이후 1993년 웹을 탐색할 수 있는 사용자 인터페이스를 갖춘 모자익(Mosaic)이라는 브라우저(*browser*)가 최초로 개발되었다. 특히 1994년 안드레슨(Marc Andressen)과

클라크(Jim Clark)가 모자익을 개선한 '넷스케이프 네비게이터'를 배포하여 일반인들이 웹을 자유롭게 이용하는 데 큰 공헌을 했으며, 넷스케이프의 성공에 자극을 받은 마이크로소프트(Microsoft, MS)사가 1996년 '인터넷 익스플로러'(Internet Explorer)를 내놓고 넷스케이프에 도전했다. 마이크로소프트의 익스플로러는 윈도에 끼워 팔기 등의 전략에 힘입어 넷스케이프를 완벽히 제압하고 브라우저 시장의 독보적 자리를 차지하기도 했다. 이후에는 구글이 속도와 간편함을 내세운 크롬(Chrome) 브라우저를 내놓으면서 시장의 흐름을 바꾸었다. 2014년 어도비 디지털 인덱스(ADI) 조사 결과에 따르면, 현재는 구글 크롬이 처음으로 전 세계 점유율 31.8%로 1위를 차지하며, 마이크로소프트의 익스플로러, 애플의 사파리(Safari), 그리고 모질라 재단의 파이어폭스(Firefox)가 그 뒤를 쫓는다.

웹을 보통 사람들이 쉽게 쓸 수 있게 만든 브라우저의 등장은 인터넷의 보급에 혁명적인 사건이었다. 이에 따라 일반 사람들은 문자 정보뿐만 아니라 그림·음성·비디오 정보들을 웹을 매개로 인터넷에서 서로 교환할 수 있어, 인터넷과 웹은 거의 유사하게 호환 사용되는 용어가 되었다.

2. 인터넷의 미디어적 특성

과거 특정 집단에게만 한정되어 정보 공유 등의 제한적 기능으로 시작됐던 인터넷이 현재는 사람들의 생활 곳곳을 파고들었을 뿐 아니라 신문과 텔레비전으로 대표되는 올드미디어(*old media*)에 대항해 뉴미디어(*new media*)로서 새로운 역할을 담당한다.

우리가 일반적으로 미디어라 생각하는 신문, 텔레비전 등 기존의 올드미디어는 정보 전달이 일방향적이라는 특징을 가진다. 물론 신문의 '독자투고란'이나 텔레비전의 '옴부즈맨 프로그램'과 같은 형태로 수용자의 약간의 환류가 있긴 하지만, 그것이 전송되는 정보의 내용을 결정하고 편집에 영향을 미치지는 않는다. 이러한 일방향적 정보 전송으로 인해 수용자는 지극히 수동적 위치에 머무를 수밖에 없었다.

또한, 올드미디어가 전송할 수 있는 정보의 형태는 제한된다. 문자가 주를 이루는 신문과 동영상이 주를 이루는 텔레비전은 각각 정보의 제공 방식에서 한계점을 가질 수밖에 없는 것이다. 그러나 인터넷의 등장으로 이러한 기존의 미디어 환경은 일대 혁신을 겪었다.

인터넷이 올드미디어에 대해 가진 여러 가지 차별성 중 가장 두드러진 것은 첫째, 송신자와 수신자 간의 관계이다. 기존의 미디어에서 송수신 관계는 일대일(one to one) 또는 일대다(one to many)로만 한정되었다. 둘 사이에서 이루어지는 커뮤니케이션을 중재하는 전화가 대표적인 일대일 미디어이고, 불특정 다수의 대중을 대상으로 메시지가 전송되는 신문·라디오·텔레비전과 같은 미디어가 우리가 이제까지 접했던 일대다 매체였다. 그러나 인터넷은 이러한 기존의 매체들과는 달리 다수의 송신자와 수신자가 존재하는 다대다(many to many) 송수신의 특성을 지닌다. 이는 다양한 네트워크를 포괄하여 다차원적인 커뮤니케이션을 구성하는 인터넷의 기술적 특징에 기인한다. 물론 인터넷의 다대다 송수신은 단순히 송신자·수신자의 수적 증가만을 의미하는 것이 아니다. 인터넷을 통해 기존의 올드미디어에 대해 수동적이었던 사람들이 적극적인 정보 사용자로 바뀌고, 수용자 스스로 정보의 내용과 전달의 시간·의도·대상 등 정보의 모든 측면에 영향력을 행사함으로써 송수신의 개념을 바꾼 것이다. 예를 들어 블로그 및 사용자가 직접 제작한 UCC를 통해 네티즌 모두가 정보 수용자인 동시에 송신자로서 존재한다. 이로써 송신자와 수신자의 경계가 모호해지고 더 이상 '표준화된 불특정 다수'가 아니라 개개인이 서로 유사한 목적과 선호를 갖고 상호작용하며 만드는 새로운 소규모 집단이 나타났다. 유튜브에서 이슈가 되었던 싸이의 〈강남 스타일〉 뮤직비디오를 개개인이 다양한 형태로 제작하여 올리고 공유하는 경우가 대표적인 예이다.

둘째, 인터넷에서는 시공간을 초월한 **동시적·비동시적 커뮤니케이션**을 경험할 수 있다. 인터넷의 핵심 하드웨어인 컴퓨터의 저장성으로 인해 기존의 미디어를 통해 정해진 시간에 정보를 전송받아야 하는 시간적 제약이 허물어졌다. 인터넷 이용자들은 필요할 때마다 언제든지 정보를 송수신함으로써 이용자 중심의 시간 개념이 만들어진 것이다. 그리고 인터넷은 네트워크로 연결되기 때문에 국경 등의 지리적 제약이 유명무실해졌다. 예를 들어 한국의 IPTV나 미국의 TiVo와 같은 서비스는 TV

내용을 녹화해서 원하는 시간에 광고를 피하면서 시청할 수 있다.

셋째, 인터넷은 신문, 라디오, 텔레비전 등으로 각각 개별화되었던 매체를 통합하는 특성을 지닌다. 인터넷에서 제공되는 서비스는 기존의 미디어들이 개별적으로 제공하던 정보를 인터넷이라는 공통의 근간(*platform*)을 통해 가공·전달·소비할 수 있는 포괄의 개념인 것이다. 인터넷은 IT·통신 기술의 급격한 발전에 따라서 매체들이 인터넷을 중심으로 통합하는 융합 현상은 앞으로 더욱 심화될 것으로 예측된다. 이러한 현상을 두고 인터넷을 토털 미디어(*total media*)라 하기도 한다.

넷째, 익명성은 인터넷만이 가지는 가장 중요한 특성이다. 내가 누구인지가 남에게 드러나지 않는 이러한 익명성 때문에 인터넷에는 '가상 공동체'(*virtual community*)가 형성되며, 이러한 가상 공동체는 '사이버 공간'이라는 새로운 공간을 창조해 인간의 삶이 전혀 새로운 방식으로 진행되도록 작용한다.

3. 인터넷 사용실태

한국인터넷진흥원의 〈2019년 인터넷 이용실태 조사〉에 따르면, 2019년 기준 인터넷 이용현황은 우리나라 3세 이상 인구의 91.8%인 4,635만 3천여 명으로 조사되었다. 주 평균 인터넷 이용시간은 17.4시간으로 나타났고, 인터넷의 이용목적은 커뮤니케이션(이메일, SNS, 채팅, 인터넷 전화 등)(95.4%), 자료 및 정보 획득(94.0%), 여가활동(음악, 라디오, 웹TV, 온라인게임 등)(94.0%)이 주를 이루었다. 한편, 인터넷 정보검색 방식을 보면, 포털사이트(네이버, 다음)(84.4%), 동영상서비스(유튜브 등)(37.7%), SNS(페이스북, 인스타그램)(17.8%), 메신저(카카오톡, 페이스북 메신저 등)(34.6%)로 포털 중심의 인터넷 정보검색에서 동영상 검색, 메신저 활용 등으로 검색이 다양화되었음을 알 수 있다. 또한 안전한 인터넷 이용을 위해 안티 바이러스 소프트웨어 설치 및 주기적 업데이트(30.4%), 강력한 비밀번호 사용(28.2%), 주기적 비밀번호 변경(24.5%) 등의 조처를 하고 있으나, 아무런 조처도 취하지 않는 경우(45.1%)도 있어, 주의가 필요함을 알 수 있다.

〈표 8-1〉 인터넷 활용실태

구 분	이용률(%)	구 분	이용률(%)
커뮤니케이션	95.4	홈페이지 등 운영	58.9
자료 및 정보획득	94.0	교육 및 학습	50.5
여가활동	94.0	직업 및 직장	27.6

출처: 한국인터넷진흥원, 〈2019년 인터넷 이용실태 조사〉

〈표 8-2〉 안전한 인터넷 이용을 위한 활동

(복수응답, 단위: %)

구 분		소프트웨어 설치 및 주기적 업데이트	강력한 비밀번호 사용	주기적으로 비밀번호 변경	외부 장치 및 서버에 안전하게 백업	기 타	아무런 조치하지 않음
성별	남	33.1	29.5	25.0	13.9	0.0	42.4
	여	27.6	26.9	23.9	11.2	0.0	48.0
연령	12~19세	32.0	33.2	29.4	9.4	0.1	36.6
	20대	45.1	40.6	33.0	19.2	0.0	21.4
	30대	40.1	39.1	33.6	18.1	0.0	24.6
	40대	37.2	33.6	27.8	14.5	0.0	36.6
	50대	19.8	18.1	18.6	8.8	0.0	61.6
	60대	10.8	9.2	8.6	4.9	0.0	83.0
	70대 이상	9.3	5.5	4.5	3.6	0.0	85.7

출처: 한국인터넷진흥원, 〈2019년 인터넷 이용실태 조사〉

4. 인터넷의 심리학

"투명인간 친구란 말 알아? 만나는 것도 전화도 안 돼. 하지만 그래서 힘이 되는 친구." 영화 〈후아유〉의 여주인공 인주(이나영 분)의 대사다. 〈후아유〉는 현실의 형태(조승우 분)와 온라인상의 형태인 '멜로', 그리고 가상공간에 존재하는 형태의 아바타만을 사랑하는 청각장애인 인주(ID: 별이)의 관계를 그린 영화다. 인주는 늘 밝은 현실의 모습과는 달리 온라인 게임 속에서는 무시무시한 '칼잡이' 캐릭터를 가지며, 형태 역시 현실의 모습과는 달리 진지하고 사려 깊은 '멜로'로 살아간다. 인주는 이러한 멜로를 좋아하며 현실의 장애가 문제되지 않는 가상공간의 사랑에만 머무르려 하고 현실의 인주를 사랑하는 형태는 가상공간에서의 자신과 연적관계에 놓인다.

물론, 어디까지나 영화 속 설정이지만 인터넷을 경험하는 이용자라면 누구나 수

궁이 가는 내용이다. 도대체 인터넷이라는 공간이 무엇이기에 이러한 설정이 가능한 것일까? 실재하는 공간이 아니면서도 현실과 다름없이 수많은 사람들이 생활하는 이곳은 도대체 어디인가?

1) 대리 자아와 익명성

가상공간에서 자신의 존재를 표현하는 매개체로 아바타가 있다. 아바타(avatar)는 '내려오다'는 뜻의 아바(ava)와 '땅'을 의미하는 테르(terr)의 합성어로서 세상에 내려온 화신을 뜻하는 산스크리트어이다. 아바타는 이용자의 현실세계와 가상공간을 잇는 존재로서 위에서 언급한 영화 주인공 인주가 사랑하는 대상은 현실의 형태가 아니라 온라인상에서 형태의 분신으로 존재하는 '멜로'이다. 사람들은 대부분의 채팅이나 게임 사이트에서 아바타(캐릭터)를 자신을 대변하는 분신으로 생각하고 소중하게 여기기도 한다. 이러한 아바타(캐릭터)는 인터넷이라는 가상공간에서 이용자들이 어떤 방식으로 사는지를 보여주는 단적인 예라 할 수 있다. 게임이나 커뮤니티 속 아바타(캐릭터)는 자신을 외부의 다른 사람들에게 드러내는 표현이기도 하다.

인터넷이라는 매체가 등장하면서 사람들에게 가장 큰 매력으로 다가온 것 중 하나가 바로 익명성이었다. 현실의 나를 전혀 드러내지 않은 채 자유롭게 활동할 수 있는 인터넷이라는 공간은 그야말로 이용자들에게 신천지나 다름없었다. 사람들은 익명성이라는 방패에 몸을 가리고 현실과는 전혀 다른 사람으로 행동했다. 익명성 때문에 드러난 본능을 통해 얼굴을 마주하고는 차마 입에 올릴 수 없는 말과 행동을 아무 스스럼없이 할 수 있었고, 평소 자신의 모습과는 다르게 행동하는 또 다른 자신을 보며 만족감을 느끼기도 했다. 이렇듯, 익명성이 가장 큰 특징으로 꼽히던 매체에 사람들이 자신을 표현하는 양식이 등장하기 시작했는데 그중 하나가 아바타나 게임 속 캐릭터이다. 실명을 사용하는 현실에서의 자신의 모습과 정확히 일치하는 것은 아니지만, 온라인상에서 나름대로 자신을 표현하고자 하는 욕구를 충족시키면서도 완전히 자신을 드러내지 않아도 되는 훌륭한 도구인 셈이다. 이용자들은 이러한 도구를 통해 현실의 자신을 어느 정도 표현하면서 나름대로 현실에서 이룰 수 없는 욕구들을 대리 충족하는 수단으로서 이용하는 것이다.

박성희(2004)는 "사이버 공간의 대리 자아 아바타의 역할 유형 분석"이라는 논문에서 이러한 대리 충족의 유형을 3가지로 나누었다. 첫 번째 유형은 신체적 역할 수행(*somatic-level role playing*) 유형으로, 이 유형의 사람들은 아바타를 통해 일상에서 문화적으로 습득이 가능하고 신체를 통해 구현되는 형태의 행위를 추구했다. 여행, 결혼, 다이어트 등 현실화할 개연성을 내포한 희망을 표현하는 것이 특징이다. 두 번째 유형은 사회적 역할 수행(*social role playing*) 유형으로, 그룹 내에서의 역할, 또래집단의 강조, 가족 구성원으로서의 역할 등 사회적 맥락을 우선적으로 구축하는 특징을 보였다. 세 번째 유형은 심리적 역할 수행(*intra-psychic role playing*) 유형으로, 선호하는 가치관의 표출이나 가상 세계에서 추구하는 신념의 체계를 반영했다. 이 같은 결과는 '구성된 정체성'으로서 아바타가 네티즌의 능동적 자아를 부각하고 가상공간과 실제 현실을 잇는 매개체로 기능하며, 아바타를 통한 사이버 현존(*net presence*)의 역할 범위가 더욱 확대되었음을 시사한다.

대리 자아를 활용해 인터넷에서는 실제 생활에서 결코 할 수 없는 역할놀이(*role play*)를 할 수 있다. 인터넷은 정체성의 실험장이며 각 개인이 실험할 수 있는 놀잇감과 청중, 그리고 놀이 참가자들이 널린 새로운 공간이다. 비록 많은 사람들이 현실

온라인 게임 '이카루스' 게임 화면

의 자아와 거의 비슷하게 행동하지만 내성적인 사람이 외향적으로 보이고 싶은 욕구를 만족시키는 등 자신을 돋보이게 하기 위해 인상 관리와 속임수 사이의 경계를 교묘하게 넘나드는 행동이 가능한 것이다. 따라서 이용자들은 마치 어릴 적 소꿉장난을 하던 것처럼 온라인에서는 현실의 자신과 전혀 다른 존재로 존재할 수 있다.

이러한 역할놀이는 현실의 자아가 추구하기는 하지만 실현 불가능한 욕구를 만족시킬 수 있다는 점에서는 긍정적이라 할 수 있다. 자신을 표현할 수 있는 방법이 극히 제한된 현실과 달리 어떠한 성격을 지닌 존재로든 변신이 가능하다는 점에서 온라인은 꿈의 장소임이 틀림없다. 그러나 현실적으로 발생하는 여러 부작용을 살필 때 인터넷의 이러한 특징을 무조건 긍정적으로만 간주할 수 없는 것이 사실이다.

사람들이 이러한 다중자아를 경험할 수 있는 가장 대표적인 것이 바로 온라인게임이다. 이러한 게임 세상은 하루 24시간, 1년 365일 동안 끊이지 않고 이야기가 구성되기 때문에 게임 참가자들의 가상 역할과 실제 역할의 차이가 때로 모호해질 때도 있다. 이런 경우 이용자들은 현실의 자신보다 게임 속의 자신에 더욱 빠져들거나, 현실에서도 원래의 자아가 아니라 게임 속의 자아로서 행동하는 경우도 있다. 게

엔씨소프트의 온라인 게임

출처: 엔씨소프트 홈페이지

엔씨소프트의 MMORPG(*Massively Multiplayer Online Role Playing Game*)인 블레이드 앤 소울은 동양적 세계관과 비주얼에 세계 최고의 기술력을 더해 2012년 6월 상용화를 시작한 게임이다. 게이머들은 세력 집단(무림맹, 혼천교)의 소속이 될 수 있고, 같은 세력에 속한 유저끼리 '문파'라는 조직을 만들어 집단행동을 하기도 한다. 중국풍 일색의 기존 무협 세계관을 탈피하고 한국적 요소가 가미된 창의적인 세상을 배경으로, 건/곤/진/린 4개의 종족이 엮어 나가는 이야기를 역동적으로 담았다. 블레이드 앤 소울은 제작 기간 약 5년, 제작비로는 총액 5백억 원 이상을 투입한 블록버스터급 게임으로서, 일러스트와 게임 내 구현된 3D 모델링의 차이가 거의 없다는 점과 극한까지 액션을 강조한 독특한 전투 시스템이 특징이다. 몽환적인 동방 테마의 게임배경을 바탕으로 유명 음악가 양방언이 음악 작업에 참여해 완성도를 높였다. 2012년 대한민국 게임 대상에서 리니지 1·2, 아이온에 이어 엔씨소프트에게 4번째 대상을 안겨주었고, 중국 현지에서 동시 접속자 150만 명 이상을 기록하며 흥행을 이어가고 있다.

임 속 전투에서 자신의 아이템을 빼앗아간 상대를 실제로 찾아 구타하거나 심지어 살인하는 경우가 그 대표적 예라 할 수 있겠다.

역할놀이의 또 다른 유형은 바로 성 역할 전환(*gender-swapping*)이다. 성 역할 전환이란 인터넷 사용자들 사이에 현실의 성과는 다른 성으로 온라인상에서 존재하는 역할놀이의 한 측면이다. 실제로 게임 '리니지' 이용자 1만 5천 명을 대상으로 실시했던 한 연구 결과를 살펴보면 실제 게임을 한 게이머의 96%가 남자였음에도 이들이 게임 속에서 선택했던 캐릭터는 71.2%가 여성으로 나타나 상당비율로 성 정체성이 역전된 것을 알 수 있다. 위에서 언급한 아바타의 경우 한국은 가입 시 제공하는 주민등록번호로 인해 아바타의 성별이 대부분 결정되지만 주민등록번호와 같이 성별을 정확히 알 수 있는 장치가 없는 외국, 특히 미국의 경우는 이러한 성 역할 전환이 아바타에서도 상당 부분 이루어진다.

2) 온라인상에서의 대인관계

많은 사람들은 컴퓨터로 이루어진 환경에서 새로운 사람을 만나고 집단을 형성할 수 있을까 미심쩍어 했다. 온라인상의 수많은 상호작용에는 일반적으로 사용하는 사회적 단서가 없을 뿐 아니라 만남 또한 일시적인 것이기에 정말 진지하고 만족스러운 대인관계가 이루어지기 힘들 것이라고 믿었기 때문이다. 그러나 이러한 예측을 뒤집는 증거들이 사이버 공간에서 속속 드러난다. 온라인상에서 새로운 사람을 만나고 그들과 함께 무언가 활동을 하는 과정은 다음과 같이 여러 경우로 나뉜다.

첫째, 이미 오프라인상에서 알고 있는 사람들로 집단을 구성하며 인터넷은 단순히 면대면 모임 사이에 간간이 연락을 취하거나 생각을 공유하는 방법으로 활용된다. 친구들의 모임이나 동창회 모임 등이 이에 속한다. 또한, 오프라인상의 집단이 무언가를 공유하는 방법으로 인터넷을 사용하는 경우도 이에 포함된다.

둘째, 개인적으로는 잘 모르지만 공통적 관심사를 가진 사람들이 네트워크상에서 집단을 형성하며, 시간과 상황이 허락한다면 이들 중 일부는 실제 생활 속에서 모임을 가지기도 한다. '정모'나 '번개'와 같은 단어가 이러한 모임을 지칭하는 말이며, 온라인에서 이루어진 모임이 오프라인까지 확장되는 경우를 일컫는다. 대부분의 온라인 집단들이 이러한 종류의 모임을 가진다고 할 수 있다.

　마지막으로, 구성원들이 공통의 관심사를 가지지만 현실 공간에서는 거의 만나지 않는 것이다. 만약 이런 경우 어떤 집단성이 발생한다면 이것은 정말 온라인 의사소통의 역동성이 일어나는 경우라 할 수 있다. 이러한 가상공간의 집단적 성격을 설명하기 위해 흔히 '동조'라는 개념이 쓰인다. 동조는 한 집단 성원 간의 응집력을 강화시키고 그 집단이 이루고자 하는 과업을 보다 잘 수행할 수 있게끔 만드는 중요한 집단 성격이라 할 수 있다. 일반적으로 면대면 커뮤니케이션을 통해 집단 구성원들과 원활한 상호작용을 할 수 있는 오프라인과는 달리 온라인에서는 물리적 실체가 없기 때문에 집단에 동조하려는 성향이 약하며, 이는 익명성을 통해 더욱 가중된다. 이를 막기 위해 인터넷 참여자들은 동조성을 강화시키거나 심지어 이것을 요구하는 몇 가지의 강력한 방법을 활용해 자신의 집단을 혼란으로부터 막으려고 한다. 집단이 지켜야 할 사항을 눈에 잘 띄는 곳에 게시한다든지, 집단의 규범을 어긴 구성원이 발생할 경우에는 어떤 행동은 허용되지 않는다는 것을 알려주기 위해 '강퇴'(운영자가 해당 이용자를 탈퇴시키는 방법)나 IP 주소 게시 등의 방법을 사용하여 동조가 이루어지도록 압력을 행사할 수 있다.

　또한, 인터넷 집단의 경우 자신들이 이루어야 하는 상위 목표가 생기면 놀라울 정도로 많은 수의 사람들이 쉽게 뭉치며, 그 메시지의 전달이 미치는 영향력 또한 가공할 만하다. 이러한 전파만으로도 집단의 하부로부터 움직임을 촉진시키거나 활성화시킬 수 있다. 일례로 제 16대 대통령선거 과정에서 '노사모'(노무현을 사랑하는 사람들의 모임)라는 온라인 집단이 큰 화제를 불러일으켰다. 온라인 정치인 팬클럽 노사모는 온라인상에서 결집된 그들의 능력을 오프라인까지 확장하면서 당시 노무현 후보를 대통령으로 당선시키는 데 일조했다. 또한 대통령선거를 불과 몇 시간 앞두고 '노무현 후보와의 공조를 파기한다'는 정몽준 당시 국민통합 21 대표의 성명은 오히려 노사모와 다른 노무현 지지자들을 자극해 그들이 온라인상에서 민첩하게 움직임으로써 오히려 노무현 후보가 선거에서 승리할 수 있었다는 분석이 지배적이었다. 이러한 노사모의 예는 온라인상에 존재하는 집단이 오프라인상에 존재하는 여타 집단에 비해 조금도 손색이 없는 집단성과 응집력을 지닐 수 있음을 보여주는 단적인 예라 할 수 있다.

그러나 온라인상에서 이루어지는 집단 활동이 반드시 긍정적 면만 지니는 것은 아니다. 인터넷 공간에서 사람들은 서로 생각이 비슷한 사람들과만 주로 어울리며 의견을 주고받으려 하기 때문에 동일한 의견이 제한적으로 확대 재생산되는 '메아리방 효과'(echo chamber effect)를 피할 수 없다. 간혹 의견을 달리하는 사람들 간에 벌어지는 토론은 비방과 폭언, 분노와 저주만 있을 뿐 합의지향적 제안과 논증으로 발전되는 경우는 찾아보기 힘들다. 이런 현상에 주목한 선스타인(Sunstein)은 그의 저서 Republic.com 2.0에서 인터넷이 가진 공론장으로서의 역할에 대해 매우 비관적인 견해를 밝힌다. 인터넷 공간에서의 토론은 사회에 존재하는 갈등 양상을 증폭시켜 집단 양극화를 심화시킬 뿐, 새로운 방식으로 갈등을 해결하는 방법을 내놓지 못한다는 것이 그의 주장이다. 선스타인의 이러한 주장은 개방, 평등, 자유의 공간인 인터넷이 숙의민주주의의 유용한 도구가 될 수 있고 유해한 흉기도 될 수 있다는 경종이다.

스마트 기기의 보급과 더불어 온라인상에서의 생활이 실제 생활에서의 대인관계를 망치기도 한다. 누에고치에 갇힌 누에처럼 혼자서 지내고 노는 '코쿤족', 심지어 앞에 앉은 사람과 대화를 나눌 때조차 고개를 들지 않고 스마트폰을 보는 '고스트'(ghost)족처럼 왜곡된 인간관계를 의미하는 신조어가 생겨났다. SNS의 일상화로 소통의 공간은 더욱 확대되지만, 현실 속 인간관계는 각박하고 초라하며 사람 사귀는 법을 잊게 한다. MIT 교수인 셰리 터클(Sherry Turkle)은 《다함께 홀로》(Alone Together) 라는 저서에서 사람들은 쉽게 외로움을 느끼면서도 관계에서의 친밀감을 두려워하기 때문에 조금 더 편하게 관계를 유지할 수 있는 기술에 의존했다고 주장한다. 그러나 문자, 이메일, SNS 등을 통한 연결이 곧 관계를 의미하는 것은 아니며, 온라인상에서 맺은 인간관계를 현실 속의 인간관계와 동일하다고 혼동해서는 안 된다고 터클은 경고한다. 터클은 방안에 홀로 앉아 네트워크화된 컴퓨터 앞에서 타이핑을 하고, 가상의 친구들로 자신의 삶을 채우는 것이 올바른 공동체를 만드는 방법인지에 질문을 던진다. 가상 공동체는 전통적인 공동체의 요건을 갖추지 못할뿐더러 현대사회가 가진 공동체 공백(community void) 마저 채우지 못한다는 것이다.

3) 사이버 중독: 빠져 나올 수 없는 가상 세계

사이버 중독이란 컴퓨터에 지나치게 자주 접속해 사회적·정신적·육체적 및 금전적 손해를 심각하게 입는 상태를 말하며, 1996년 킴벌리 영이 '인터넷에 탐닉해 현실과 가상 세계를 혼동함으로써 초래되는 정신질환의 일종'이 있다고 밝힘으로써 그 논의가 촉발되었다. 일반적으로 사이버 중독 증세를 보이는 사람들은 자신도 모르게 컴퓨터에 접속해 마음의 위안을 얻는 의존성을 보인다. 중독자들은 인터넷을 떠나 있으면 왠지 불안하고 안절부절못하는 금단증상을 나타낸다. 일례로 '리셋 증후군'은 사이버 중독증으로 나타나는 증세의 일종으로 컴퓨터를 리셋하면 다시 켜지는 것처럼 컴퓨터 게임에서 사람이 죽어도 리셋 버튼만 누르면 다시 살아나는 것을 하루에도 몇 차례씩 반복하면서 현실세계에서도 어떠한 부정적인 행동을 하더라도 마치 모든 것을 처음으로 되돌릴 수 있는 것처럼 착각하는 것을 일컫는다.

미래창조과학부가 실시한 〈2015년 인터넷 중독 실태조사〉에 따르면, 응답자 1만 8천5백명 중 5.6%가 잠재적 위험군(일상생활 장애 중 최소상태)에, 1.2%가 고위험군(일상생활 장애가 되는 중증상태)에 속하는 것으로 조사되었다. 또한, 1일 평균 이용시간은 2.4시간인 데 반해 중독자들의 이용시간은 2.6시간, 이 중 고위험군은 2.7시간으로 나타났다. 스마트폰 보급의 활성화로 컴퓨터에서만 나타나던 사이버 중독이 스마트폰에서도 나타난다. 스마트폰 중독률은 16.2%로 전 연령대에 걸쳐 인터넷 중독률보다 높았으며, 인터넷·스마트폰 중독에 대한 심각성 인지도는 61.3%로 비교적 높게 나타났다.

그렇다면 왜 사람들은 이러한 사이버 중독증에 빠지는 것일까? 사이버 공간은 인간 내면을 유혹하는 거의 모든 요소를 내포한다 해도 과언이 아니다. 무엇 하나 뜻만으로 안 되는 현실세계와는 달리 인터넷에서는 마우스 클릭만으로 가상 세계의 통치자가 될 수 있다. 한마디로 인간이 가진 권력욕과 소영웅심리를 충족시키는 것이다. 또한, 현대인들은 생활의 거의 대부분을 현실과 사이버 공간이 긴밀하게 결합된 환경에서 보내는데, 실제로 현실 생활의 상당 부분을 사이버 공간에 의지하다보니 자연스레 사이버 공간에 대한 의존성이 높아질 수밖에 없는 것이다. 이러한 사이버 중독은 중독 자체만으로도 문제가 되지만, 현실과 가상 세계의 경계가 모호해지고 이것이 현실의 범죄나 사고로 이어지는 것이 더 큰 부작용으로 지적된다. 살인과 관련된 사이트에 자주 접속했던 학생들이 현실에서 자신의 동생이나 할머니를 실제로 죽인 경우가 바로 이에 속한다.

이러한 사이버 중독을 약간 다른 시각에서 보는 관점이 있는데, 다름 아니라 마니아(*mania*)라는 개념이다. 이는 멀티미디어로 자리 잡은 인터넷을 중독이라는 부정적인 틀로만 접근할 것이 아니라 다양한 미디어 기능에 주목해야 한다는 것이다. 실제로 텔레비전이 처음 등장했을 당시에도 사람들은 많은 걱정을 했으며, 사이버 중독 논란 역시 새로운 매체가 등장할 때마다 한바탕 치르는 홍역과도 같은 것이라는 게 이들의 주장이다.

이와는 약간 다른 관점에서 킴벌리 영은 인터넷 중독을 초보자의 병이라고 본다. 그의 연구에서 중독자의 83%가 1년 이하로 인터넷을 사용하는 초보 집단이라는 점에 주목하고, 이러한 중독이 초보들에게 나타나는 일시적 현상이라고 결론지었다.

5. 인터넷과 웹의 진화

1) 무선 인터넷

기존의 유선 인터넷은 점차 무선랜 혹은 무선통신 네트워크를 통해 접속됨으로써, 사용자들은 장소에 구애됨이 없이 인터넷에 접속한다. 무선랜을 통해 인터넷에 접속하는 방식은 IEEE 802.11 표준규약(예: 802.11b/g/n)을 이용한다. 대부분의 집에서 무선 공유기를 이용해서 소규모 랜(LAN)을 만들어 사용하거나, 공공장소에 설치된 핫스팟(*hot Spot*)을 통해서 인터넷에 접속한다. 점차 휴대용 PC뿐만 아니라 스마트폰, 게임 콘솔, 프린터 등이 인터넷에 연결되어 선이 없는 무선 인터넷 시대로 진화한다.

무선 통신 네트워크를 이용해서 초고속 무선 인터넷을 사용하는 방법은 무선 데이터 전용 네트워크를 이용하는 방법으로, 우리나라에서는 KT에서 제공하는 Wibro

4G(*Wireless Broadband*) 서비스를 예로 들 수 있다. 한국에서 개발한 데이터 통신망으로 음성통신은 지원하지 않고 데이터 통신만 지원한다. 또한 기존의 음성 이동통신망인 3세대 이동통신(3G)를 진화시킨 **LTE**(*Long Term Evolution*)서비스를 예로 들 수 있다. LTE는 3세대 이동통신의 HSDPA보다 12배 이상 빠른 속도로 통신할 수 있고, 고화질 영상과 네트워크 게임 등 온라인 환경에서 즐길 수 있는 모든 서비스를 이동 중에도 편리하게 이용할 수 있다. 그러나 데이터는 4G 네트워크를 사용하되 음성은 기존 3G 네트워크를 사용한다. 이런 서비스들은 인터넷을 장소에 구애 없이 사용할 수 있도록 한다.

2) Web 2.0과 Web 3.0

웹도 변화한다. 기존의 웹을 'Web 1.0'이라고 부른다면, 'Web 2.0'으로 불리는 변화이다. Web 2.0이란 용어는 2004년 오렐리(O' relly)사와 컴덱스 쇼를 주최하던 미디어라이브 사가 IT 관련 컨퍼런스 개최에 대한 협의 과정에서 만들었다고 알려진 용어이다. Web 1.0과 Web 2.0의 근본적 차이는 사용자와 정보 제공자의 역할이다. Web 1.0에서는 소수의 정보 제공자가 중심이 되어 정보를 제공하고, 사용자는 웹이 제공하는 기술을 이용해서 단방향적으로 정보를 검색하고 가공·저장하는 등 정보의 창출과 공유의 입장에서 보면 매우 수동적 입장에 있었다. 그러나 Web 2.0에서는 대다수 사용자가 참여하여 정보를 창출하고 공유하여 그들이 정보 생성과 소비의 역할을 동시에 수행하는 양방향적이고 능동적인 프로슈머(*prosumer*)라는 점이다. 대표적으로 우리나라에서는 네이버의 지식in, 다음의 카페, 동영상 공유 사이트인 판도라 TV 등이 있으며, 미국의 인터넷 백과사전인 위키피디아(Wikipedia), 커뮤니티 사이트인 페이스북과 마이스페이스, 동영상 공유 사이트 유튜브, 사진 공유 사이트 플리커 등을 들 수 있다.

Web 2.0을 가장 축약적으로 나타내는 표현은 '참여, 공유, 개방'이다. 이는 정보 생산에 능동적으로 참여하고, 이를 서로 공유하며, 모든 사람에게 개방하여 그 정보를 계속 업그레이드함을 의미한다. 이러한 아이디어는 인간의 커뮤니케이션 방식에 영향을 미치고 모든 산업의 비즈니스 모델이 제품 중심에서 사용자 위주의 서비스 중심으로 바뀌었음을 의미한다.

많은 사용자들이 참여함으로 인해 웹에 있는 정보들은 계속 증가한다. 방대한 정보로 인해 사용자들이 필요한 정보가 어디에 있는지 찾는 것은 쉬운 일이 아닐 뿐만 아니라 제공되는 정보의 형태가 사람들마다 맞춤식으로 제공되기를 원한다. Web 2.0이 참여와 공유에 초점을 맞춘 것이라면 이후의 버전은 정보를 '우리'보다 는 '나'에게 적합한 정보와 지식을 제공하고, 특정 상황에 적합한 정보를 제공하는 형태라고 볼 수 있다. 이러한 특징을 반영하는 것을 Web 3.0이라고 부른다. Web 3.0 에 대한 정확한 정의는 아직도 논의가 이루어지는 중이다.

Web 3.0의 특징은 크게 시맨틱 웹(*semantic web*), 개인화, 인공지능이다. 시맨틱 웹이란 컴퓨터가 이해할 수 있는 언어로 웹이 구성된 것을 의미하고, 이러한 웹이 개인별로 꼭 필요한 정보를 찾아서 분석한 후 알려주고 보여주는 웹이라고 할 수 있 다. 대표적인 서비스는 우리나라에는 큐로보, 미국에는 Wink, Facebook's beacon, 넷플릭스(Netflix) 등이 있다.

웹의 진화를 정리하면, Web 1.0은 **단방향적**(예: 야후의 단순 검색 기능을 가진 정 보 제공자 위주의 웹), Web 2.0은 **양방향적**(예: 네이버의 블로그와 같은 사용자 참여 위주 의 웹), Web 3.0은 **개인 중심적**(예: 개인 특성에 맞추어 맞춤화된 서비스가 제공되는 웹)으 로 볼 수 있다. 여기선 각 버전별 정의와 특징을 구분하는 것도 중요하지만 사용자 들의 웹 이용법과 시각이 바뀌었다는 점을 인지하는 것이 무엇보다도 중요하다. 최 근의 발전된 IT 기술, 통신 기술, 인터넷 확산에 따른 사회적 흐름은 웹 사용자를 수 동적 객체에서 적극적으로 정보를 생성·공유하는 능동적 주체로 변화시켰고, 더 나 아가 웹 스스로 사용자를 인지하는 주체로 성장하고 있다. 사용자들이 개인적 서비 스를 받으려는 욕구가 강해질수록 Web 3.0은 빠르게 확대될 것이다.

3) 모바일 앱

무선 인터넷 접속이 어디서나 가능하게 됨에 따라 모바일 앱은 일상생활의 일부분이 되었다. 모바일 앱은 모바일 애플리케이션(*application*)의 줄임말이다. 모바일 앱의 활성화에는 무선 네트워크, 스마트 기기, 콘텐츠 3가지가 바탕이 된다. 네트워크 측면에서 무선랜, 와이브로와 같은 무선 인터넷의 속도와 커버리지가 확대되며, 단말기 측면에서는 애플의 아이폰, 삼성의 갤럭시 시리즈, 태블릿 PC와 같이 사용자 중심의 디자인과 운영체계를 갖춘 기기가 출시되고 있다. 또한 콘텐츠 측면에서는 모바일 환경에 맞는 콘텐츠의 변환뿐만 아니라 소셜 네트워크 서비스, 유튜브, 플리커, 블로그 등을 통해 개인 콘텐츠가 더해진다. 우리나라뿐만 아니라 전 세계적으로 3가지 조건들이 만족된다. 위 3가지 조건들은 닭이 먼저냐 달걀이 먼저냐 논리처럼 서로 밀접하게 상호작용하면서, 모바일 웹과 앱 생태계를 구성하고 진화시킨다. 최근의 여러 성숙되는 상황들은 모바일 앱을 통한 제 2의 인터넷 혁명을 예고한다.

스마트폰의 사용이 증가하면서 모바일 웹(웹을 무선 인터넷으로 접속하는 것)보다는 앱을 중심으로 인터넷을 사용하는 사람들이 증가한다. 모바일 광고 전문회사 Jumptap에 따르면, 모바일 트래픽의 84%는 모바일 앱에서 일어나고 모바일 웹은 16%를 차지한다고 한다. 일반적으로 많이 알려진 무료 메신저 앱(예: 카카오톡), 음

식 배달 서비스(예: 배달의 민족) 등은 순수 모바일 앱의 예이다. 이들은 모바일 기기의 운영체제(iOS, 안드로이드 등)에 설치되어 실행되며 필요에 따라 중앙 서버와 네트워크 통신을 하여 필요한 정보만 내려 받아 사용자에게 보여주고 업데이트를 통해 기능이나 내용이 추가/삭제되기도 한다. 2013년 전 세계 모바일 앱 다운로드 규모는 전년 대비 60%나 증가하였고, 애플의 앱스토어와 구글 플레이가 각각 1백만 개 이상의 앱을 보유할 정도로 폭발적으로 성장하고 있다.

스마트폰을 통한 웹 접속

6. 미디어 플랫폼으로서의 인터넷

1) 뉴미디어의 확산

인터넷은 그 자체로 뉴미디어이다. 그와 동시에 인터넷은 각종 문서, 사진, 오디오, 비디오 등의 자료를 공유하고 해당 파일을 적당한 형태로 변환하고 통합하여 재생산하고 이를 유통시키는 미디어 플랫폼으로서의 역할을 한다. 이러한 역할은 모든 콘텐츠의 디지털화와 교환의 IP(*Internet Protocol*)화를 통해 가능하다. 특히 인터넷은 미디어에 대한 진입장벽을 낮추어 기존의 소수 미디어 기업에 의해 독점되었던 미디어 산업의 모습을 다수의 소비자가 개방된 환경에서 콘텐츠의 생산, 유통, 판매, 소비의 모든 과정에 적극적으로 참여하는 모습으로 변화시킨다.

실제로 뉴미디어의 사용은 우리의 일상에 매우 가까이 다가와 있다. 2014년 우리나라의 〈인터넷 이용실태 보고서〉에 의하면, 만 6세 이상 인구의 82.5%(최근 1개월 이내 1회 이상 인터넷 이용자의 비율)이 인터넷을 통해 기존의 TV, 신문, 라디오, 잡지/서적, 영화를 사용하는 뉴미디어 사용자로 나타난다. 신문의 경우 54.0% 정도가 전통적 신문을 이용하는 반면 인터넷 사용자의 77.9%가 인터넷 신문을 읽으며, 이는 이미 인터넷 신문이 일반 신문을 대체하기 시작했음을 보여준다. 미국신문협회(NAA)에 따르면, 2011년 미국의 3억 1천만 인구 중 4천 4백만 명이 신문을 구독하는 데 그쳐 인구당 신문 구독률이 계속 감소한다. 이는 뉴미디어의 다양성 확보에 기인하며, 인터넷 신문과 광고 및 독자 경쟁이 구독률 감소의 주요 원인이다.

2) 가치사슬에의 영향

인터넷은 콘텐츠가 제작, 유통, 판매되는 가치사슬에 다양한 변화를 가져왔고, 이를 통해 기존 미디어와 결합하여 뉴미디어를 만들었다. 제작 단계에서 인터넷의 영향을 보면 첫째, 미디어 융합 현상에 의한 콘텐츠의 재사용 혹은 OSMU를 염두에 둔 기획을 할 수 있게 한다(제 7장 "OSMU 전략" 참조). 따라서 콘텐츠의 가치는 이러한 다른 미디어에서의 재사용을 통한 수입을 고려한 추가적 가치를 고려해서 평가

<표 8-3> 오프라인에서의 미디어 사용

<단위: %>

구분	TV시청	신문읽기	영화	잡지·서적읽기
전체	96.7	54.0	72.6	52.6
남성	96.6	60.8	71.7	49.5
여성	96.8	46.6	73.5	56.0
6~19세	95.6	24.9	77.0	56.3
20대	96.4	57.0	91.2	68.8
30대	97.1	60.8	83.9	58.3
40대	96.9	62.9	74.0	50.6
50대	97.3	62.2	54.2	39.3
60대 이상	97.3	60.2	27.1	26.7

출처: 한국인터넷진흥원(2014)

<표 8-4> 온라인에서의 미디어 사용

<단위: %>

구분	인터넷TV시청	인터넷신문읽기	인터넷영화관람	인터넷잡지·서적읽기
전체	38.1	77.9	41.3	19.4
남성	39.8	80.5	43.4	19.8
여성	36.2	75.1	39.0	19.0
6~19세	39.2	55.0	45.9	17.9
20대	62.3	91.6	69.3	38.7
30대	47.4	90.2	54.2	25.0
40대	32.3	86.2	34.9	15.3
50대	21.3	76.3	16.9	7.7
60대 이상	10.2	53.6	5.7	2.9

출처: 한국인터넷진흥원(2014)

<표 8-5> 전통미디어와 인터넷이 창출한 뉴미디어

전통 미디어	인터넷에 따른 뉴미디어 서비스	수익 모델	서비스
TV	IPTV	월정액, 광고	olleh TV, SK B TV
라디오	인터넷 라디오	광고	고릴라(SBS), 미니(MBC), 콩(KBS)
신문	인터넷 신문	광고, 후원	〈오마이뉴스〉, 〈전자신문〉, 〈중앙일보〉
책	전자책	판매	킨들 파이어, 예스24 크레마원
잡지	e-magazine	판매	모아진
영화	VOD	편당 판매/대여	씨네폭스, 벅스무비
DVD	온라인 DVD	편당 대여	넷플릭스, Hulu
음악	음악 포털, P2P	곡당 판매 및 대여	아이튠스, 멜론, 도시락, 지니
게임	네트워크 게임, 모바일 게임	월정액, 온라인 광고, 아바타 판매	리니지, WOW
광고	온라인광고	광고 수익	구글의 디스플레이 및 검색 광고

출처: 한국인터넷진흥원(2013)

된다. 둘째, 인터넷과 정보통신 기술의 발전은 콘텐츠의 제작·통합을 용이하게 만들었으며 관련 비용을 크게 낮추었다. UCC와 같은 1인 미디어가 등장하는 것도 이러한 결과이다.

인터넷은 유통과 판매 단계에도 많은 혁신을 가져왔다. 첫째, 인터넷은 양방향성을 제공함으로써 새로운 비즈니스 기회를 창출하였는데, 네트워크 게임, IPTV 등을 예로 들 수 있다. 둘째, 검색엔진의 발전이 유통의 효율성을 증대시켜서 기존에는 잘 팔리지 않던 콘텐츠의 수요처와 공급처를 연결시켜서, 다품종 소량 판매의 비즈니스 기회를 창출하는 롱테일 현상을 만들기도 했다. 셋째, 개인 간의 콘텐츠 유통을 가능하게 했다. 수많은 P2P 음악/영화 공유 사이트, 사진 공유 사이트인 플리커, 페이스북, 마이스페이스 등의 소셜 네트워크 서비스들이 이러한 예가 된다. 넷째, 인터넷은 현실에서의 전시 공간을 없애고 사이버 공간을 통해 콘텐츠 제작자와 소비자를 직접 연결시켰다. DVD를 취급하는 중간 판매 대신 넷플릭스 혹은 IPTV의 등장, 서점의 종이책 대신 등장한 전자책 등이 그 예이다.

이렇듯 인터넷이 미디어 산업의 가치사슬에 미친 영향은 막대하며 미디어 융합, 네트워크 융합, 단말기 융합, 산업 간 융합을 통해 미디어 플랫폼으로서의 역할을 담당한다.

7. 인터넷의 역기능과 이슈

미국의 시사잡지 〈포브스〉는 2009년 2월 지난 30여 년 동안 일상생활에서 가장 극적인 변화를 가져온 혁신 발명품 30가지를 선정해 소개했다. 그중 1위에 오른 최고의 발명품이 바로 인터넷과 웹이었다. 이를 통해 개인생활은 편리해졌고, 기업의 생산성은 높아졌다. 정부는 양질의 서비스를 국민에게 제공할 수 있었다. 그러나 이런 긍정적 측면에도 불구하고, 인터넷의 역기능은 계속적인 이슈가 되고 있다.

한국인터넷진흥원(KISA)은 인터넷 서비스의 보편화에 따른 개인정보 침해 및 보안 이슈의 증가로 중요성을 인식하고 발전 방향을 제시하기 위해 정보 보호 10대 이슈를 선별했다. 여기에는 프라이버시 요구 증대, 빅데이터 보안, 사이버 테러, 개인 DDos 기법 고도화 등이 포함된다. 그중에서 개인정보 보호, 사이버 테러는 인터넷의 역기능 측면에서 매우 중요한 이슈이다. 따라서 이 절에서는 개인정보 보호, 사이버 테러를 포함하여 지속적으로 중요하게 부각되는 인터넷 저작권, 디지털 격차, 스팸메일을 살펴본다. 또한 최근 새로운 이슈로 부각되는 네트워크 중립성에 대해서도 다루도록 한다.

1) 개인정보 보호

인터넷을 통한 개인정보의 유출과 무분별한 상업적 이용은 개인의 사생활과 권익이 침해되고 심각한 역기능을 초래한다. 유출된 개인정보는 타인의 계좌와 암호 등을 사용·조작하는 범죄행위에도 사용된다. 2014년 1월 카드 3사(국민·롯데·농협 카드)의 개인정보 유출과 2014년 3월 KT 홈페이지 개인정보 유출 사례를 보면 다양한 요인으로 사건들이 발생하였는데, 통상적인 해킹에 의한 사고뿐만 아니라 상업적 목적, 관리 소홀에 따라서도 이러한 정보유출 사고가 발생함을 보여준다. 이에 따라 정부에서는 '정보통신망 이용촉진 및 정보보호에 관한 법률', '위치정보의 보호 및 이용에 관한 법률', '인터넷멀티미디어방송사업법'(IPTV법) 등에 의해 개인정보 유출에 따른 사회적 문제 해결을 위해 노력한다. 이러한 노력의 일환으로 정부는 2014년 3월 10일 인터넷 역기능 방지를 위한 '개인정보 유출 재발방지 종합대책'을 발표한 바 있다. 그 주요 내용은 개인정보의 수집-보유·활용-파기 등 단계별로 소비자의 권리 보호, 해킹 등 외부로부터의 전자적 침해 행위에 대한 대책 대폭 강화, 불필요한 정보는 즉시 삭제하고 정보 유출 시 대응 매뉴얼 마련 등이 포함된다. 주민등록번호 유출에 따른 사회적 문제가 발생해 2014년 8월 7일부터는 '주민등록번호 수집 법정주의'의 도입으로 개인정보보호법에 의거해 업체는 회원관리, 고객관리 용도 등으로 주민등록번호를 요구하지 못하도록 한다. 주민등록번호를 수집하려면 관련 법령(법률·시행령·시행규칙)에 구체적 근거가 있어야만 한다.

2) 인터넷 저작권과 자료공유

'정보의 바다' 인터넷이 한때 '소리바다' 사건으로 출렁였다. '한국판 냅스터 사건'으로 불리는 소리바다 사건은 P2P 방식의 mp3 공유 프로그램인 소리바다가 저작권을 위반했다는 혐의로 음반협회로부터 고소를 당한 데서 시작됐다. 이에 대해 지상파 방송의 시사 프로그램과 주요 일간지, 유명 포털사이트의 토론 게시판과 커뮤니티 사이트 등에서 격렬한 찬반토론이 벌어졌지만, 2005년 법원이 소리바다는 '복제권'과 '전송권'을 침해한 것을 인정하면서 재판은 끝이 났다. 소리바다 사건은 온라인상에서 저작권과 지적재산권 문제를 어떻게 처리해야 할 것인가에 대해 많은 관심을 불러일으켰다. 처음으로 온라인 저작권 문제에 불씨를 지핀 대표적 저작물은 mp3다. 인터넷 공개 자료실에 등록된 변환 소프트웨어를 이용하면 초보자도 간단히 일반 오디오 CD를 mp3로 변환시킬 수 있다. 음질도 일반 CD와 거의 차이가 없으며, 용량은 1/10 수준이기 때문에 mp3는 PC에 익숙한 젊은 층을 중심으로 급속히 유통되었다.

이러한 mp3 이외에 또 하나 문제가 되는 것이 바로 '디빅'(DivX)이라 불리는 동영상 파일이다. 디빅은 DVD 타이틀을 DVD 드라이브가 없이도 일반 PC에서 볼 수 있도록 변환시킨 동영상 파일이다. DVD 타이틀에 비해 화질은 조금 떨어지지만, 극장 화면과 같은 16:9의 와이드 화면에 5.1채널 입체음향으로 깨끗한 화질의 영화를 감상할 수 있다. 특히 요즘은 영화 개봉과 동시에 DVD 타이틀을 출시하는 제작업체가 늘어나면서 영화가 개봉되기 전부터 신작 영화의 디빅이 인터넷에서 공유되는 바람에 법적 다툼이 늘어나고 있다.

이러한 파일의 유통 방식도 다양하다. 가장 대표적 방식은 토렌트와 같은 P2P 파일 공유 프로그램을 이용하는 것이다. 이런 P2P 방식의 파일 공유는 기술적 면에서 기존 법의 잣대를 들이대기에는 논란의 소지가 남아 있는데다가 외국 서비스의 경우 규제가 불가능하다는 특징이 있다. 또한 P2P 방식처럼 파일 공유 프로그램을 설치하지 않고 웹을 통해 자료를 공유하는 웹하드 업체를 통한 유통 방식이 있으며, 이외에 인스턴트 메신저(*instant messenger*)를 이용해 파일을 주고받는 방식도 있다. 그런데 주요 포털사이트에서 제공하는 인스턴트 메신저의 경우 이용자가 수백만에서 수천만 명에 이르기 때문에 현실적으로 이들을 일일이 단속할 방법이 없다.

이러한 파일 공유에 대해서는 양쪽(찬반)의 입장이 서로 팽팽하게 맞서고, 또한 인터넷이 발전 단계에 있는 미디어이기 때문에 아직 어느 쪽으로도 결론이 나지 않은 채 그 현상만이 되풀이될 뿐이다. 문제는 기본적으로 정보의 자유로운 흐름이 다른 미디어와의 차별성으로 인식되는 인터넷의 고유한 특성을 해치지 않는 범위 내에서 정보 저작권자의 권리를 보호할 수 있는 적절한 방안을 찾는 것이다.

3) 디지털 격차

사람들이 영화관·공항·기차역에 나와서 줄을 서서 티켓을 구매하는 모습은 지금도 쉽게 찾아볼 수 있다. 인터넷이나 스마트 기기를 잘 사용하는 사람들은 인터넷이나 스마트폰으로 예약뿐만 아니라 결제까지 하고서 전송받은 티켓을 가지고 영화를 보거나 교통편에 탑승한다. 과거 티치너와 그의 동료들(Tichenor et al., 1970)이 부르짖었던 '지식 격차'(knowledge gap)는 인터넷을 이용하는 새로운 매체에서 여전히 재현된다. 이와 같이 인터넷의 사용을 위한 자원의 차이나, 정보 기술을 사용할 수 있는 기술의 차이에서 발생할 수 있는 현상을 '디지털 격차'(digital divide)라고 한다.

가진 사람과 못 가진 사람 간의 격차는 소득 및 교육 수준, 성별, 인종 및 국가 간 차이에서 발견된다. 특히 지역적으로 유럽·북미의 경우 인구 대비 70% 이상이 인터넷 사용 인구인 반면, 아프리카의 경우 약 15%만이 인터넷을 사용하는 것으로 나타나, 지역적으로 디지털 격차가 매우 큼을 알 수 있다. 디지털 격차는 세계를 '정보를 가진 자와 가지지 못한 자'로 양분함으로써 산업사회에서의 빈부 격차가 정보 사회에서 정보 격차로 이어져 대책 마련이 심각함을 보여준다.

개발도상국에서의 정보 격차를 해소하는 대표적 활동으로는 MIT의 네그로폰테(Nicholas Negroponte) 교수가 이끌고 OLPC(One Laptop Per Child) 재단에서 주도하는 '100달러 태블릿' 운동이 있다. XO라고 이름 붙여진 태블릿은 개발도상국의 환경을 고려해 매우 견고하며, 태양광 패널을 통한 충전이 가능하고, 햇볕 아래에서도 화면을 볼 수 있도록 설계되었다.

인터넷이 활성화된 우리나라에서는 디지털 격차가 다른 형태로 나타난다. PC

기반의 인터넷은 거의 모든 국민들이 사용하지만, 스마트폰 기반의 모바일 정보 격차가 생겨난다. 미래창조과학부와 한국정보화진흥원의 〈2014년도 정보격차 실태조사〉에 따르면, 소외계층의 스마트폰 보급률은 52.2%로 전체 국민의 78.3%에 비해 26.1%나 낮은 수준이다. 이를 해결하기 위해 정부는 소외계층을 대상으로 모바일 스마트 기기를 시범 보급하고, 모바일 정보통신 보조기기 개발을 지원해 기기의 보급을 추진하고 있다.

디지털 격차는 삶의 질의 양극화를 초래할 뿐만 아니라 정보 활용에 따른 금전적 혜택의 문제로 악화될 수 있다는 점에서 큰 문제로 다가온다. 예를 들면, IT를 잘

언어 격차(*language divide*)

영어를 모르면 인터넷에서 정보를 얻거나 해석하는 데 어려움이 따른다. 세계적으로 유명한 커뮤니티나 뉴스 그룹에 참여하는 것은 쉽지 않고, 참여하더라도 주제와 동떨어진 영어 실력 때문에 소외되기도 한다. 웹 기술 관련 통계 사이트인 W3techs(2013)의 조사에 의하면 전 세계에서 가장 많이 방문한 사이트들의 55%가 영어로 콘텐츠가 구성된다고 한다. 러시아어, 독일어, 스페인어, 중국어가 2~5%로 구성되었다. 이 조사는 인터넷의 영어 중심주의를 잘 보여주는 것이다. 영어권 국가의 인터넷 사용자가 전체 인터넷 이용자의 27%, 중국어권 국가의 사용자는 25%라는 점에서 다른 언어를 사용하는 사람들이 적기 때문은 아니라는 것을 알 수 있다. 전 세계적으로 많은 사람들이 방문하는 위키피디아를 살펴보면, 같은 단어의 정보를 검색하더라도 영어 위키피디아와 한국 위키피디아는 자료의 양이나 질에서 엄청난 차이를 보인다. 위키피디아는 사용자들이 참여하여 정보를 업데이트하는 방식이기에 정보 격차는 더욱 크게 나타난다. 인터넷의 사용이나 디지털 기기의 사용에서뿐만 아니라 언어의 사용에서도 정보 격차는 얼마든지 생길 수 있다.

데이터 격차(*data divide*)

인터넷의 급성장으로 오픈 소스 데이터가 넘쳐난다. 더욱이 빅데이터를 분석할 수 있는 기술의 개발로 방대한 데이터의 수집 및 활용의 중요성이 어느 때보다 부각되는 시점이다. 모두 인터넷을 활용하는 사용자들이지만 오픈 소스 데이터에 접근할 수 있고 효과적으로 활용하는 사람들이 있는가 하면 그렇지 못한 사람들이 존재한다. 방대한 데이터에서 정부가 생성이 되려면 무엇보다 데이터를 수집하고 해석을 해야 하는 단계를 거쳐야 한다. 데이터의 접근 및 수집에서도 차이가 존재하지만 대용량의 데이터를 처리할 수 있는 능력에서의 차이나 그런 장비를 보유하느냐에 따라 정보의 활용에 아주 큰 차이를 만든다. 데이터의 분석 능력이 기업이나 사회의 경제적 영역까지 지대한 영향을 줄 수 있다. 이러한 점에서 디지털 격차뿐만 아니라 데이터 격차도 중요하게 생각하고 관심을 기울일 필요가 있다.

활용하는 자영업자는 SNS나 블로그로 자신이 판매하는 제품을 여러 지역의 사람들에게 홍보해 높은 수익을 거둘 수 있지만, 그렇지 못한 자영업자는 한정된 지역에서만 판매를 할 수밖에 없다. 디지털 격차로 인해 돈을 벌 수 있는 기회를 놓치는 것이다. 사람들의 삶 전체에 영향을 줄 수 있다는 점에서 우리나라뿐만 아니라 전 세계적으로 디지털 격차를 해결하려는 노력은 지속적으로 이루어져야 할 것이다.

4) 스팸메일

인터넷의 상업화에 따라 발생한 가장 큰 골치 중의 하나는 스팸메일(*spam mail*)일 것이다. 스팸(*spam*)이란 단어는 1937년 미국 미네소타 주 오스틴에 본부를 둔 식품회사 호멜의 신제품 이름 공모로 탄생했다. 1970년대 인기리에 방영됐던 코미디 시리즈 〈Monty Python's Flying Circus〉에서 스팸은 손님의 기호와는 상관없이 끊임없이 강제 투입되는 메뉴로 나온다. 그 뒤 '스팸'이란 단어에는 '통조림에 든 다진 고기' 외에 '요청하지 않았는데도 많은 사람들에게 무차별적으로 퍼부어지는 것'이라는 의미가 추가됐다. 다시 말해 스팸메일은 수신자가 원하지 않음에도 불구하고 상업적 목적을 위해 끊임없이 퍼부어지는 메일을 뜻한다. 받기 원하지 않는 이러한 메일을 다르게는 정크메일(*junk mail*) 또는 벌크메일(*bulk mail*)이라고도 부른다.

스팸메일에 따른 피해는 매우 심각하다. Microsoft security와 시스코(Cisco)의 보고서에 따르면 인터넷에 돌아다니는 메일의 97%는 원하지 않는 스팸성의 메일이고, 2014년 하루에 약 2천 7백억 개의 스팸메일이 발송된다고 한다. 이러한 규모를 생각했을 때, 사람들이 읽고 처리하는 시간을 비용으로 계산하면 사회적 손실이 크다고 볼 수 있다.

이러한 스팸메일의 문제를 해소하기 위해 크게 기술적·법적 수단을 강구할 수 있다. 기술적으로 스팸메일을 방지하는 방법으로 널리 쓰이는 것은 필터링 기능이다. 이는 스팸메일 안에 상투적으로 쓰이는 문구를 뽑아 아예 메일을 받지 않는 방법이다. 가장 효과적인 스팸메일 퇴치법은 스팸 방지 유틸리티를 이용하는 것이다. 스팸 방지 유틸리티는 아웃룩에서 지원하는 필터링 기능보다 훨씬 강력하기 때문에 스팸메일을 좀더 효과적으로 차단할 수 있는 특징을 지닌다.

법적 규제를 통해 스팸메일을 방지하는 방법은 두 가지가 있는데, 처음부터 광고성 메일을 받아보겠다고 선언한 사람 이외에는 메일을 발송해서는 안 되는 제도인 사전수신 동의방식(Opt-In 제도)과 일단 한 회는 보낼 수는 있어도 받은 사람이 수신거부 의사를 표시한 경우에는 메일을 다시 발송해서는 안 되는 사후 수신거부 방식(Opt-Out 제도)이 있다. 우리나라에서는 '정보통신망이용촉진 및 정보보호 등에 관한 법률' 개정에 따라 누구든지 이메일이나 그 밖에 대통령령으로 정하는 매체를 이용하여 수신자의 명시적인 수신거부 의사에 반하는 영리 목적의 광고성 정보를 전송하지 못하도록 한다.

5) 망 중립성

최근 인터넷상에서 첨예하게 대두된 이슈로 망 중립성(*network neutrality, net neutrality*)의 문제가 있다. 망 중립성은 네트워크 디자인 및 운영의 원칙으로서 인터넷상의 트래픽을 처리할 때 트래픽을 발생하는 주체, 특성, 내용에 차별 없이 동등하게 처리한다는 것이 골자이며, 이는 비차별성(*no discrimination*), 상호접속(*interconnection*), 접근성(*accessibility*)의 3가지 원칙에 기반을 둔다. 망 중립성의 문제가 대두된 배경에는 인터넷의 상업화와 차세대 인터넷으로의 발전에 따른 변화에 기인한다.

인터넷이 상업화되고 멀티미디어 동영상이나 P2P 등의 증가에 따라 인터넷 트래픽은 매우 빠르게 증가했다. 그러나 ISP의 입장에서는 기존의 인터넷 정액제도 하에서는 가격을 통한 트래픽의 통제가 어렵고, 또한 트래픽에 따라 수입이 증가하는 구조도 아니기 때문에 망 투자에 대한 유인을 갖지 못한다. 따라서 기존의 최선형(*best effort service*) 인터넷 서비스와는 다른 새로운 형태의 네트워크(예: ITU-T의 NGN, 우리나라의 BcN)에 대한 투자를 통해 서비스 품질(QoS: *Quality of Service*)이 보장되고 가격 차별화된 서비스를 제공하려고 한다. 이 과정에서 설비를 보유한 ISP와 설비를 보유하지 않은 상태에서 인터넷 비즈니스를 추구하는 구글, 야후, 다음과 같은 콘텐츠 사업자(*Contents Provider*: CP) 간의 네트워크 사용에 대한 관점과 이해관계의 상충이 가장 중요한 쟁점이 된다.

실제로 ISP와 CP의 분쟁 사례를 보면, 미국에서는 2011년 11월 망 중립성에 대한 원칙을 확정하고 인터넷 전화 등 트래픽 유발 서비스에 대한 차별 및 콘텐츠 생산자에게 망 이용요금을 부과하는 것을 원천적으로 차단했다. 그러나 2014년 1월, 미국 워싱턴 연방항소법원은 미국의 망 중립성 규정과 관련해 다른 판결을 내놓았다. FCC와 이동통신사인 버라이즌이 벌여온 소송에서 항소법원은 "모든 네트워크 사업자는 콘텐츠 제공업체를 차별해선 안된다는 FCC의 망 중립성 규칙은 법적으로 효력이 없으며 이를 인터넷 서비스 사업자에게 강제할 수 없다"고 했다. 판결 이후, 5월 15일 미국 FCC는 ISP가 상업적으로 합리적인 거래에 따라 유료로 콘텐츠 사업자들에게 빠른 회선을 제공할 수 있다는 내용을 담은 새로운 망 중립성 정책 개정안을 가결 처리한 상태이다. 이에 따라서 CP가 망 사업자에게 망 사용 대가를 지불하는 법적 근거가 마련되어 향후 산업에 큰 영향을 미칠 것으로 예상된다. 우리나라의 경우는 전기통신사업법 시행규칙 3조와 전기통신사업 회계정리 및 보고에 관한 규정 제16조에 따라 정부가 망 중립성을 통해 ISP 사업자를 규제할 수 있는 상태이다. 이를 바탕으로 2013년 말에는 '통신망의 합리적 트래픽 관리·이용과 트래픽 관리의 투명성에 관한 가이드라인'이 마련되어 있다.

망 중립성에 찬성하는 사람들은 ISP에 의한 인터넷 트래픽의 차별적 제한 가능성은 새로운 인터넷 서비스의 도입과 공정경쟁을 저해한다고 보며, 또한 가격 차별화된 인터넷 서비스는 인터넷이 가진 보편성과 표현의 자유까지 훼손한다고 본다. 주로 CP, 인터넷의 본질에 충실한 시민단체 등이 이에 동조한 편이다. 반면, 망 중립성에 반대하는 사람들은 이미 급증한 인터넷 트래픽의 증가는 가격 차별화를 통한 시장의 기능을 통해 해결할 문제이며, 이에 대한 금지는 네트워크 투자와 혁신을 저해하는 요인으로 작용한다고 주장한다. ISP 사업자, 장비 사업자, 시장주의자 등이 망 중립성에 반대하는 입장을 가진다. 아직은 망 중립성에 대한 뚜렷한 결론이 나오지 않은 상태에서 기술 및 시장의 변화에 따라서 많은 변화가 예상되고 사업자 간의 합의점에 도달하는 과정에서 논란 또한 계속될 전망이다.

6) 사이버 테러

2009년 7월 4일, 대한민국은 DDoS의 공격을 받고 어쩌면 북한의 핵실험 때보다 더 큰 불안과 공포에 떨었다. 청와대를 비롯한 정부기관과 금융, 언론이 공격 대상이었다.

DDoS(*Distributed Denial of Service*, 디도스: 분산 서비스 거부)는 컴퓨터 운영체제의 취약점을 활용하거나 인터넷 홈페이지에 악성코드를 삽입한 후 이 사이트에 접속한 PC를 감염시켜 '좀비'(*zombie*) 컴퓨터로 만든다. 또한 사용자들이 이메일 등에 첨부된 파일을 아무런 의심 없이 열어 실행하면 PC에 악성코드가 설치되어 좀비 컴퓨터가 된다. 이 좀비 컴퓨터는 이후 악성코드를 설치한 사람의 조정을 받거나 자체 코드에 의해서 일시에 특정 사이트에 접속하도록 유도된다. 짧은 시간에 대량으로 특정 사이트가 접속됨으로써 해당 사이트는 접속 불능의 사태가 되는 사이버 테러이다.

2009년 7월 7일 발생한 DDoS는 ① '시점'과 '목표'가 예고되었다는 점, ② '복수'의 목표가 '반복' 공격을 당했다는 점, ③ 악성코드에 감염된 PC가 '자폭'하도록 명령됐다는 점, ④ 공격하는 트래픽 양을 적절하게 유지해 (공격을 받는 쪽에서) 유해 트래픽인지 판단하기 어렵게 만들었다는 점 등에서 기존 DDoS 공격과는 차원이 달라서 피해 규모가 컸다. 또한, DDoS 차단 장비를 갖추지 못했을 뿐만 아니라, DDoS

〈그림 8-2〉 DDoS의 공격방법

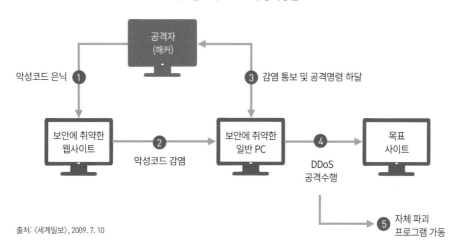

출처: 〈세계일보〉, 2009. 7. 10

에 대한 방어 경험이 부족한 것도 그 한 이유였다. 2011년 4월 12일에는 농협 전산망에 있는 자료가 대규모로 손상되어 수일에 걸쳐 전체 또는 일부 서비스 이용이 마비된 사건이 발생하였고, 2013년에는 KBS, MBC, YTN 등 방송사들의 내부 전산망이 마비되는 사태가 발생하기도 했다. 이 사례들은 DDoS 공격과는 다른 형태의 공격이었다는 점에서 다방면의 종합적 보안 대책이 시급함을 보여주는 사례라고 할 수 있다.

이러한 사이버 테러의 공격으로부터 자유로워지기 위해서는 사용자들은 운영체제 보안 업데이트를 수시로 실행해야 한다. 또한, V3, 바이로봇, 알약 등과 같은 백신을 설치하고 주기적으로 검사하며, 최신 보안 패치를 지속적으로 업데이트해야 한다. 은행, 쇼핑몰 등의 웹사이트는 DDoS 방어 장비인 LG CNS의 세이프존 XDDoS, 나우콤의 스나이퍼 DDX 등을 활용해서 DDoS를 차단해야 하며, 사이버 테러에 대비해 24시간 감시체제를 유지하는 것이 필요하다.

이번 공격의 피해를 타산지석으로 삼아 인터넷 강국뿐만 아니라 보안 강국이 되도록 시스템을 재정비해야 할 것이다.

1. 인터넷에서 자율 규제와 상호운영 체제가 어떠한 방식으로 이루어지는지 생각해 보자.

2. 도메인을 관리·심의하는 국내외 기구들에는 어떠한 것들이 있는지 알아보자.

3. 인터넷의 미디어적 특성에는 무엇이 있는지 생각해 보자.

4. 인터넷 이용자들의 특성을 그 이용 패턴 및 커뮤니티에 따라 구별해 보자.

5. 인터넷에서 쟁점이 되는 주요 문제점들에 대해 생각해 보자.

6. 인터넷에서 디지털 격차(*digital divide*)와 언어 격차(*language divide*)가
   왜 문제가 되는지 생각해 보자.

7. 사이버 중독에 빠지는 이유와 사이버 중독에 대한 여러 관점에 대해 알아보자.

참고문헌

- 강미은 (2001), 《인터넷 저널리즘과 여론》, 나남출판.
- 김도훈 (2006), NGN과 망 중립성 논의, 〈주간기술동향〉, 통권 1226호, 15~29.
- 김성태 (2008), 《인터넷 커뮤니케이션 연구》, 나남출판.
- 김영배·박유리 (2007), 《온라인의 확장은 항상 긍정적인가》, 삼성경제연구소.
- 김영석 (2002), 《디지털미디어와 사회》, 나남출판.
- 김창룡 (2014), 《인터넷 시대, 실전취재보도론》, 커뮤니케이션북스.
- 박성희 (2004), 사이버공간의 대리자아 아바타의 역할유형 분석,
  〈한국언론학보〉, 48권 5호, 375~405.
- 성동규·라도삼 (2000), 《인터넷과 커뮤니케이션》, 한울.
- 신헌철 (2007. 4. 8), 와이브로, HSDPA, 휴대 인터넷 경쟁 본격화, 〈매일경제〉.
- 심용운·김민영 (2008), 인터넷 미디어의 현재와 미래, 김대호 외,
  《미디어의 미래》, 커뮤니케이션북스.
- 오택섭 (1997), 인터넷 연구의 영역과 현황 및 과제, 〈사이버커뮤니케이션학보〉, 창간호.
- 이 솔·박형수 (2009. 7. 11), 7·7 대란, DDoS로 혼쭐난 은행,
  시스템 개선 기회로, 〈아시아경제〉.
- 이규정·주윤경 (2008), 전문가가 진단한 방송통신융합시대의 인터넷 이슈 현안과 전망,
  한국정부사회진흥원, 〈IT정책연구시리즈〉, 15호.
- 이호규 (2000), 은유를 통해 본 인터넷 규제 모델, 〈한국언론학보〉, 여름호.
- 조은희 (2014), 인터넷 이용자의 뉴스이용 레퍼토리와 사회정치참여,
  〈한국언론학보〉, 58권 2호, 64~87.
- 조현일 (2009. 7. 10), 이번 디도스 공격 특징 분석해보니…

타깃 수시로 바꾸고 자폭, 〈세계일보〉.

- 차동완·백천현·정용주 (2009), 《디지털 융합기술세계 I: 디지털 통신과 인터넷》, 생능출판사.
- 홍민기 (2009. 7. 11), 네이버, 내 PC가 좀비, 〈K 모바일〉.
- 황상민 (2002), 《사이버공간에 또 다른 내가 있다》, 김영사.
- Baran, S. J. (2008), *Introduction to Mass Communication*(5th Edition), McGraw Hill.
- Carr, N. (2013), *The Big Switch*: *Rewiring the World, from Edison to Google*, W.W Norton & Company.
- ComScore (2009), Global Internet Audience Surpasses 1 Billion Visitors.
- Forbes (2009), Top 30 innovations of the last 30 years.
- MacKinnon, R., 김양욱 외 1명 역 (2014), 《인터넷 자유 투쟁》, 커뮤니케이션북스.
- McMillan, S. J. (1998), Who Pays for Content?: Funding in InteractiveMedia, *JCMC*, 4(1).
- Rheingold, H. (1994), The Net Strikes Back, *Computer Underground Digest*, 6(45), 16.
- Sterling, B. (1993), Internet The Magazine of Fantasy and Science Fiction, *Science Column*, 5.
- Strangelove, M. (1993), Advertising on the Internet, *The Internet Business Journal*, 1(5), 6.
- Sunstein, C. R. (2009), *Republic.com 2.0*, Princeton: University Press.
- Tichenor, P. J., Donohue, G. A., & Olien, C. N. (1970), Mass Media Flow and Differential Growth in Knowledge, *Public Opinion Quarterly*, 34(2), 159~170.
- TRAI (2005), Issues relating to transition from IPv4 to IPv6 in India, TRAI Consultation Paper #8.
- Turkle, S. (2012), *Alone Together*, Basic Books.
- Turow, J. (2009), Media Today(eds.), *An Introduction to Mass Communication*(3rd Edition)(pp. 312~317), Routledge.
- Wallace, P. (1998), *Internet Psychology*, Cambridge University Press.

좀더 알아보려면

www.cybercom.or.kr 사이버커뮤니케이션학회의 홈페이지로 〈사이버커뮤니케이션학회보〉와 학술대회 자료 등을 볼 수 있다.

www.cpsr.org CPSR(Computer Professionals for Social Responsibility)에서는 인터넷이 사회에 미치는 영향에 대해 관심을 갖고 있다.

www.nso.go.kr 컴퓨터와 인터넷 관련 통계에 대한 자세한 정보를 볼 수 있다.

www.ascusc.org/jcmc 사이버커뮤니케이션에 관한 외국 저널 및 자료를 볼 수 있다.

www.icann.org '인터넷 주소 관리법인'(Internet Cor-poration for Assigned Names and Numbers: ICANN)의 홈페이지로 이곳에서는 인터넷 도메인을 심의한다.

www.cancon.net/NICdomains.html 국가별 도메인 리스트를 확인할 수 있다.

www.nic.or.kr/index.html 도메인에 관한 모든 것을 담고 있다.

www.netpia.com 인터넷 주소와 이메일 주소의 한글화를 목표로 하는 벤처기업으로서 자국어 인터넷 주소의 발전 방향, 인터넷 주소 관련 이슈, 인터넷 주소 시스템 사용법 등을 알 수 있다.

www.kinternet.org 한국인터넷기업협회의 홈페이지로 인터넷 산업 관련 사업계획, 인터넷 벤처 소식, 국내외 인터넷 동향, 인터넷 이용률, 이용 행태에 관한 자료 등을 볼 수 있다.

www.well.com Well은 웹 커뮤니티로 발전되기 전 유명한 게시판(BBS: *Bulletin Board System*)이었다. 이 사이트에서 Well에 대한 자세한 정보를 얻을 수 있다.

www.2600.com/mindex.html 〈2600〉은 해커 월간잡지이며, 이곳에서는 네트워크 보안에 대한 독특한 시각을 접할 수 있다.

antispam.3rsoft.com 스팸메일의 정의, 유형, 스팸메일 방지에 대한 정보를 얻을 수 있다.

www.cyberprivacy.or.kr 스팸메일 등 여러 가지 사이버 분쟁을 신고할 수 있는 곳이다.

www.iapc.or.kr 인터넷중독예방상담센터의 홈페이지로 사이버 중독에 관련된 통계 자료 및 정보를 볼 수 있으며, 사이버 중독 자가진단을 할 수 있다.

www.youtube.com/watch?v=9hIQjrMHTv4 인터넷의 역사를 볼 수 있는 유튜브의 동영상이다.

www.oecd.org/document/54/0,3343,en_2649_34225_38690102_1_1_1_1,00.html Broadband penetration IT 분야의 모든 통계가 있다.

www.itu.int/net/home/index.aspx 국제통신기구로 국제적인 정보통신 관련 통계자료가 있다.

isis.nida.or.kr 한국인터넷진흥원에서 제공하는 인터넷 통계정보 시스템으로 우리나라 및 해외의 인터넷 현황에 관한 자료를 얻을 수 있다.

www.kcc.go.kr 방송통신위원회의 홈페이지이다.

laptop.org/en OLPC(One Laptop Per Child) 운동에 관한 자료를 볼 수 있다.

www.pewinternet.org 미국 인터넷 설문조사 업체로 인터넷과 스마트 기기 등에 대한 설문조사 자료를 얻을 수 있다

www.msip.go.kr 미래창조과학부 홈페이지이다.

9

뉴미디어의 등장과 정보사회

1. 기술이 불러온 정보사회

새로운 매체의 등장과 대중적 이용은 사회 변화에 적지 않은 영향을 미친다. 19세기 중후반에 등장한 대중 신문/잡지, 20세기 초의 대중영화 그리고 1920년대의 라디오, 1950년대의 텔레비전과 같은 전파매체들은 점차 많은 사람들이 이용하는 대중매체가 되었고, 그러한 매체들은 대중사회(*mass society*)를 형성하는 기초가 되었다.

지금도 수많은 대중매체들이 일상적 삶의 중요한 일부가 되며, 그러한 대중매체는 오늘날의 대중문화를 형성하는 근간이자 현대사회의 성격을 규정하는 매체적 기반이 된다. 그런 가운데 1970년대와 1980년대를 경과하면서 새로운 매체 현상과 관련된 담론들이 나타나기 시작했다. 바로 '정보사회'(*information society*), '지식사회', '지식정보사회' 등과 같은 말들이 그것이다. 한편으로는 대중사회적 면모가 강하게 지배하는 사회상을 경험하면서, 다른 한편으로는 '정보사회'라는 새로운 사회의 등장을 예견하는 용어들이 나타난 것이다. 바로 그 저변에는 매체기술의 괄목할 만한 변화와 발전이라는 현상이 자리 잡고 있었다. 새로운 정보통신 기술을 기반으로 하는 다양한 '뉴미디어'들이 등장하고 그것의 사회적 이용이 크게 확대되면서, 그리고 그러한 뉴미디어의 이용으로 인해 사회의 많은 부분들에서 크고 작은 변화들이 목격되고 예상되면서 많은 이들은 이를 '정보사회' 또는 '정보화사회'로 받아들이는 데 점차 익숙해지는 것이다.

혁신적 기술의 발전은 기존의 매체에 큰 영향을 주고 새로운 뉴미디어를 등장시키는 계기가 되었다. 1960년대의 정보 및 통신 기술의 발전은 혁명적 뉴미디어로서 인터넷을 탄생시켰고, 1990년대의 웹의 발전에 따라 인터넷은 폭발적 성장을 했다. 디지털화의 진행으로 콘텐츠는 미디어의 종류와 관계없이 매체와 독립적으로 활용 가능해졌다. 이러한 조건은 전통 미디어에 부가하여 양방향성과 디지털을 특징으로 하는 뉴미디어가 등장하는 배경이 되었다. 예를 들어 디지털 기술의 발전으로 인해 기존의 방송 서비스는 디지털위성방송과 디지털케이블TV, 디지털지상파TV, 지상파DAB, 위성DAB 등 새로운 디지털 방송 서비스로 변화했다. 또한 인터넷은 기존의 미디어와 결합하여 인터넷 신문, 인터넷 방송, 인터넷 매거진, 인터넷 영화 서비스를 제공하며, 방송과 통신의 융합에 따른 IPTV나 스마트TV, N-Screen 서비스가 등장하기도 했다.

그러나 이러한 뉴미디어의 등장을 하나의 독립적 사건으로 보기보다는 가치사슬의 관점에서 뉴미디어를 이해하는 것이 향후 뉴미디어와 이에 따른 사회현상의 변화를 예상하는 데 도움이 된다(〈그림 9-1〉 참고). 미디어산업의 가치사슬 측면에서 보면 콘텐츠는 가치사슬의 시작점이다. 전통 미디어에서 다루는 뉴스, 정보, 영화, 음악, 게임 등뿐만 아니라 개인 간의 음성, UCC 등도 콘텐츠에 해당한다. 콘텐츠가 유통되기 위해서는 그 가치에 상응하는 대가를 지불하는 금융 결제 시스템이 필요하고, 가격이 지불된 콘텐츠는 여러 미디어에서 제공하는 네트워크 사업자에 의해 유통된다. 최종 사용자는 콘텐츠나 미디어 특성에 적합한 단말기를 통해 콘텐츠를 소비한다. 가치사슬의 중심에 있는 미디어의 입장에서 보면 전방에는 콘텐츠와 금융 결제 시스템이 있고, 후방에는 사용자 단말기 등이 있다. 미디어는 전·후방에 위치한 이러한 요소들을 유기적으로 연결하여 최종 사용자의 욕구를 충족시키는 통로 역할을 하는 것이다.

따라서 뉴미디어가 등장하여 소비자에 의해 널리 활용되기 위해서는 가치사슬 내의 모든 요소들이 서로 유기적으로 작동하는 에코 시스템(*eco-system*)의 확보가 필수적이다. 이러한 전제 조건은, 콘텐츠의 디지털화, 인터넷이라는 개방적 플랫폼

| 콘텐츠
(음성, 정보, 영화,
음악, 게임 등) | 금융결제시스템
(인터넷뱅킹,
소액결제 등) | 포털 | 전통/뉴미디어
(유무선 방송, 통신
사업자, 신규사업자) | 사용자 단말
(스마트폰, 태블릿PC,
넷북 등) | 사용자 |

(*open platform*)의 등장, 정보 기술의 발전에 따른 고기능 단말기의 개발 등을 통해 과거보다 쉽게 충족된다. 따라서 현대는 인터넷이라는 획기적인 뉴미디어가 탄생하였고, 기존의 미디어는 인터넷과 다시 융합하면서 많은 파생 뉴미디어를 창출한다고 파악해야 할 것이다.

이처럼 뉴미디어가 등장하여 그 이용이 사회 전반으로 크게 확대되면서 사람들의 일상생활과 놀이문화는 물론 정치, 행정, 경제, 문화예술, 교육 등 사회 전반의 일 처리 방식이나 커뮤니케이션 패턴, 그리고 관계 맺음의 방식에서도 많은 변화가 목격된다. 과거에 추상적 개념으로 회자되던 '정보사회'가 바로 눈앞의 현실로 다가온 것이다. 바로 이 시점에서 우리는 새로운 매체 현상으로서의 뉴미디어와 그러한 뉴미디어를 근간으로 한 '정보사회'에 대해 좀더 진지하게 살펴볼 필요가 있다. 따라서 이 장에서는 먼저 '정보사회'에 대한 기존의 논의들을 먼저 알아보고, 그러한 논의를 가능하게 한 뉴미디어에 대해 좀더 구체적으로 살펴본 다음, 매체 변화에 따른 사회 변화와 관련하여 현재와 미래의 뉴미디어 이용자들의 올바른 수용 자세에 대해 다루고자 한다.

2. 정보사회를 어떻게 볼 것인가

정보사회란 한마디로 정보혁명, 컴퓨터 혁명 또는 커뮤니케이션 혁명으로부터 파생된 사회라고 할 수 있다. 즉, 정보 기술의 혁신에 의해 정치, 경제, 문화 등 사회구조 전반에 걸쳐 정보와 지식의 가치가 높아지는 사회가 정보사회인 것이다.

정보사회에 대한 최초의 학문적 접근이 이루어진 것은 1950년대 중반 미국의 경제학자들에 의해서이다. 그들은 미국의 산업구조 변화에 주목하면서 1 · 2차 산업에 비하여 3차 산업, 그중에서도 지식과 관련된 산업이 전체 GNP와 종사자의 비율에서 전체 경제에서 차지하는 비중이 커지는 것에 주목했다. 그중 맥클럽(Fritz Machlup)은 1962년 발간된 《미국에서의 지식생산과 분배》라는 책에서 교육, R&D, 미디어, 정보기기, 정보 서비스의 5개 지식산업 분야가 미국 전체 GNP의 31%를 차지한다고 주장하고, 이미 1950년대 말에 미국은 지식정보산업이 주도하는 사회로 전환되었음을 주장했다.

이러한 정보사회를 보는 첫 번째 시각은 정보사회를 자본주의 사회와는 다른 새로운 사회로 보는 것이다. 《이데올로기의 종언》을 쓴 벨(Daniel Bell)은 산업구조 변화에 대한 관찰을 바탕으로 자본주의 사회의 변화를 주장했다. 그는 컴퓨터 기술을 비롯한 새로운 정보 기술들이 경제를 포함한 사회 구조, 정치 체계, 문화 유형의 세 영역의 기본 골격(principal axis)를 변화시킨다고 주장한다. 그는 《후기 산업사회의 도래》에서 후기 산업사회의 기본 원리는 자연력을 극복하기 위한 물리적 기술이 아닌 인간관계를 통제하는 기술에 의해 변화한다고 보았다. 이러한 인간 통제기술에 바탕을 둔 후기 산업사회는 산업사회와 다른 새로운 원리, 즉 자원 배분의 효율성과 극대화를 지향하는 경제성(economizing), 다수의 정치적 참여(political participation), 자아만족과 자기 발전(self-fulfillment and enhancement)의 원리에 의해 운영된다는 것이다.

이러한 논리를 바탕으로 미래 정보사회에 대해 매우 낙관적 주장을 하는 학자 중에 대표적인 사람이 토플러(Alvin Toffler), 마틴(James Martin), 네이스비트(John Naisbitt), 윌리엄스(Frederick Williams)와 같은 정보사회론자들이다. 이들은 새로운 정보통신 기술에 기반을 둔 뉴미디어의 확산을 통해 산업사회와는 다른 새로운 사회가 도래할 것이라고 내다본다. 산업사회의 표준화, 대량화, 동시화, 권력 집중의 원리가 네트워크화된 정보사회에서는 분권화, 탈집중화, 개인화와 같은 사회원리에 의해 대체될 것이라고 주장한다. 즉, 이들은 산업사회와의 단절론을 주장하는 셈이다. 이러한 주장의 바탕에는 정보사회가 소모되지 않는 무한의 자원인 정보를 생산, 분배하는 정보 기술에 바탕을 두기 때문에 가능하다는 인식이 깔려 있다.

이와는 달리 정보사회가 산업사회의 연속선상에 있다고 보는 두 번째의 시각이 있다. 이러한 시각에는 자본의 논리와 생산 과정에 초점을 둔 맑스주의적인 시각에 영향을 받은 사람들이 주를 이룬다. 이러한 주장은 자본주의 물질 경제의 한계를 극복하기 위해 새로운 잉여가치가 창출되는 정보산업이 주력산업으로 전환되었다는 입장과, 자본주의의 경제적 모순을 극복하기 위해 하나의 이데올로기로서 정보사회론이 대두되었다는 입장으로 크게 나눌 수 있다.

전자의 입장은 주로 맑스의 정치경제학적 논리를 배경으로 하는 것으로 가장 대표적인 학자는 쉴러(Herbert Schiller)와 간햄(Nicholas Garnham) 등을 들 수 있다. 정보사회의 도래에 대한 그의 논리는 미국의 정보산업이 군과 산업의 유기적 발달과 불가분의 관계에 있다는 것이다. 즉, 커뮤니케이션 기술 발달은 미국의 대외 팽창정책의 부산물이며, 그 과정에 참여한 대자본과 기술에 대한 국가 보상책으로서 기술의 산업화 혹은 상업화가 이루어졌다는 것이다. 그 결과 정보사회의 산업적 기초가 이루어졌고, 그 과정에서 미국 정부는 쇠퇴하는 제 2차 산업에서의 대외 경쟁력을 만회하기 위해 제 3차 산업인 정보산업을 주력산업으로 전환시켰다는 것이다. 구체적으로 제 1차 세계대전 이후 텔레비전과 라디오 기술의 상업적 보급, 제 2차 세계대전 이후의 컴퓨터의 산업적 활용, 미소(美蘇) 우주경쟁에 따른 항공우주기술이 오늘날 정보사회의 바탕을 이루었다는 것이다. 그러므로 최근 미국을 중심으로 확산되는 정보산업에 대한 탈규제 정책도 미국의 정보산업 육성과 대외 팽창정책과 연관된다는 것이다. 이러한 주장은 현재 미국 정보산업의 자본이 주로 국무성 혹은 국방성과 직·간접적으로 연관된다는 모스코(Vincent Mosco)와 같은 학자들의 주장과도 맥을 같이한다. 결론적으로 정보사회는 산업자본가들의 경제적 지배를 영속화하기 위한 전략이라는 것이 이러한 시각의 핵심이다.

또 다른 입장은 정보사회의 낙관적 시나리오가 자본주의 사회의 모순을 은폐하는 이데올로기로 등장했다는 주장이다. 이러한 시각은 로빈스와 웹스터(Kebin Robins & Frank Webster), 슬랙(Jennifer Slack) 등에 의해 주장된 바 있다. 이들은 정보사회에 대한 낙관적 주장들은 산업사회와 전혀 다른 정보사회의 비전을 제시하여 자본주의의 현실적 모순을 감추는 역할을 한다는 것이다. 이러한 주장들은 정보사회에 대한 전망들이 자본주의 경제 위기 때에 등장했다는 것을 중요시한다. 즉, 일본에서 등장한 '정보사회'의 용어나 미국에서 등장한 '후기 산업사회'라는 용어 모두 1970년대 초의 경제 불황 중 자본주의 경제 체제가 구성원에게 경제적 보상을 제공하지 못하는 것을 대신하는 이상사회의 보상 시나리오로 등장했다는 것이다. 결국 이 주장에 의

하면 정보사회는 자본주의 경제 순환과정에서 나타날 수밖에 없는 경제 위기를 극복하기 위한 대안적 시나리오인 것이다. 1970년대 초의 에너지 위기 시에 대안적 시나리오로서 정보사회는 소모되지 않는 자원, 종이 없는 사회, 물리적 이동이 필요 없는 사회, 공해 없는 사회와 같은 의미를 내포함으로써 사람들에게 현실적 불만을 은폐하고 자본주의 사회를 유지하기 위해 등장한 이데올로기라고 할 수 있다. 따라서 정보사회로의 이행을 주도하는 것은 산업자본가들의 경제적 동기이며, 그것은 주로 첨단 뉴미디어들과 미래 사회에 대한 상업 광고와 미래학자들의 낙관론적 청사진들에 의해 주도된다는 것이다. 같은 맥락에서 일부 학자들은 정보사회는 물질 경제와 정보 경제의 이중 구조로 형성되어, 물질 경제의 통제에서 나타나는 불만을 정보 경제의 활성화를 통하여 해소하는 사회가 될 것이라고 주장한다.

이러한 산업사회의 연장으로서 정보사회를 보는 시각은 정보사회가 현재의 자본주의 체제의 변화를 가져오는 것이 아니라, 도리어 자본주의 질서를 영속화하고 공고화하는 사회라고 본다. 즉, 이러한 주장들은 정보사회 역시 자본의 논리가 바탕을 이루고, 따라서 자본주의 틀 내에서 정보사회로 이동한다는 논리가 핵심을 이룬다.

이와 달리 정보사회를 양자의 절충과 현실적 시각으로 보는 제3의 주장들이 있다. 정보사회에서 정보의 생산·분배는 본질적으로 자본가의 경제적 논리와 무관하지 않지만, 정보사회가 반드시 자본가 계급의 이익을 위해서만 운영되지는 않는다는 것이다. 즉, 자본의 논리가 정보의 상업화에는 기여하였지만 그 결과 나타난 정보기술들은 자본가들의 독점적 지배를 약화시키는 경영 혁명 혹은 기술관료 체계를 창출한다는 것이다. 그러므로 산업사회의 논리와 무관하지 않은 정보사회는 점차 탈산업화된 정치·경제 질서를 창출한다는 것이다. 다시 말하면 커뮤니케이션 기술이 특수 이해 계층의 독점적 통제를 방지하고 사회적 목적을 위해 활용될 수 있는 가능성이 있으므로 그것은 현재와는 분명히 다른 사회가 될 가능성이 있다는 것이다. 이러한 주장에는 맑스주의자, 낙관론자, 정책 연구가 등 다양한 입장이 섞여 있어 하나의 공통점을 찾기는 어렵지만, 앞의 두 입장과는 다른 입장임에는 틀림없다.

이처럼 정보사회에 대한 시각은 마치 호랑이와 토끼의 잡종이 어떤 모양이 될 것인지에 대한 논의처럼 어떤 측면을 강조하느냐에 따라 다양한 그림이 그려질 수 있다. 즉, 원인을 강조하느냐 아니면 결과를 강조하느냐에 따라 그 시각은 판이하게 다르다. 만약 결과를 강조한다면 정보사회는 현재와 전혀 다른 새로운 사회일 것이고, 원인을 강조한다면 정보사회는 산업사회의 연장으로 봐야 할 것이다. 그것은 마치 기술결정론적 입장과 사회결정론적 입장의 차이이기도 한 것이다. 그러나 어느 입장이 옳으냐에 대한 이분법적 사고는 탈피해야 한다. 왜냐하면 정보사회의 기본 원리는 기술과 인간의 의지가 상호 결합되어 형성될 것이기 때문이다. 정보사회는 우리에게 한편으로는 미래사회이면서 동시에 그러한 사회의 특성은 이미 우리에게 부분적 현실로 다가온 사회이기도 하다. 또한 그러한 정보사회는 여러 가지 새로운 가능성을 열어놓지만 우려할 만한 문제점도 다분히 지닌다. 따라서 다양한 관점에서 이를 바라보는 열린 자세가 필요한 것이다.

3. 뉴미디어란 무엇인가

1) 뉴미디어의 특성

최근에 우리는 '뉴미디어'라는 새로운 매체들을 직·간접적으로 자주 접할 수 있다. 인터넷 신문, 웹진, 전자책 등은 각각 기존의 신문과 잡지 및 책과 같은 인쇄매체의 뉴미디어라고 할 수 있다. 텔레비전은 지상파디지털TV, 디지털위성TV, 디지털케이블TV를 거쳐 인터넷이 연결된 IPTV와 쌍방향 다기능을 강조한 스마트TV 등 뉴미디어 방송으로 발전한다. 기존의 전화나 전보, 팩시밀리 등과 같은 통신매체는 비디오텍스, PC통신 등으로 발전하더니 오늘날에는 유무선 인터넷과 고속정보통신망, 스마트폰의 대중화와 함께 와이브로, HSDPA의 3세대 기술에 이어 4세대 LTE-A, 5세대 5G 등과 같은 새로운 미디어로 발전하고 있다. 기존의 음반이나 카세트테이프도 mp3, 블루레이(*Blueray DVD*)와 실시간 스트리밍 서비스 등의 뉴미디어로 변모했다. 디지털화와 멀티미디어화가 더욱 가속화됨에 따라 이제는 디지털 단말기를 통해 문자, 음성, 영상 등을 모두 이용할 수 있는 단계에 이르렀다. 뉴미디어의 종류는 한편으로는 더욱 다양해지며, 동시에 디지털화에 따라서 이들 뉴미디어 서비스가 통합되는 양상도 나타난다.

그렇다면 뉴미디어란 무엇인가? 뉴미디어는 말 그대로 새로운 미디어를 말한다. 여기서 새롭다는 의미는 두 가지의 의미를 가지는데, 하나는 기존의 매체와 전혀 다른 새로운 미디어를 의미하기도 하고, 다른 한편으로 기존에 이미 존재했던 미디어가 약간의 기술적 응용과 활용방법의 변화로 인해 새로운 미디어로 활용되는 경우를 말한다.

그러나 현재 개발되는 뉴미디어들이 이전의 미디어들과 전혀 다른 새로운 것이라고는 볼 수 없다. 따라서 뉴미디어들을 인류의 커뮤니케이션 발달사의 관점에서 살펴볼 필요성이 있다. 그 단계를 4단계로 나누면 제 1기는 최초로 정보의 기록, 저장, 전달을 가능하게 했던 활자미디어 시대라고 할 수 있으며, 거리와 시간의 개념을 극복하여 정보 전달을 가능하게 했던 전파미디어 시대를 제 2기라고 할 수 있다. 제 3기는 음성 위주의 정보 전달에서 벗어나 영상 메시지 전달을 가능하게 한 영상미디어 시대라고 할 수 있으며, 현재 등장하는 뉴미디어 시대를 제 4기 미디어 시대라고 할 수 있다.

이러한 뉴미디어들을 논하는 데 공학 기술의 발달을 제외할 수는 없다. 왜냐하면 최근의 뉴미디어는 정보 기술과 커뮤니케이션 기술이 결합하여 만들어진 미디어이기 때문이다. 즉, 컴퓨터 기술과 디지털 신호처리 기술은 정보의 수집·조합·창출·저장 능력의 극대화를 가져왔고, 커뮤니케이션 기술은 정보의 전달 능력을 극대화시켰다고 할 수 있다. 1950년대를 거쳐 1970년대에 이르기까지 전자공학 기술은 집적회로와 마이크로칩, 마이크로프로세서, 디지털 기술과 같은 컴퓨터 기술을 실용화시켰고, 케이블과 광통신 기술과 같은 통신 기술의 발달을 가져왔던 것이다. 따라서 뉴미디어에 의한 커뮤니케이션 현상을 컴뮤니케이션(*compunication*)이라고 하는 이유도 여기에 있다.

이러한 뉴미디어들은 기술과 커뮤니케이션 측면에서 다음과 같은 특성을 가진다. 디지털화, 종합화, 상호작용성, 비동시화와 같은 것들이 그것이다.

첫째, 디지털화란 뉴미디어가 정보 기술을 응용하여 그 전달 능력을 확장하기 위해서 정보 처리와 전달 방식에 필요한 정보를 모두 디지털 신호로 전환하는 것을 말한다. 뉴미디어에서는 모든 정보 처리를 디지털화함으로써 신속하고 정확한 정보

처리를 추구한다. 이러한 디지털화는 뉴미디어의 특성을 설명하는 데 가장 핵심 요소가 된다.

둘째, 종합화로서, 이는 지금까지 별개 영역으로 존재하던 매체들이 하나의 정보망으로 통합되는 것을 의미한다. 이미 앞에서 논한 바와 같이 뉴미디어의 디지털화는 모든 매체를 하나의 매체로 통합할 수 있게 한다. 즉, 종합화란 아날로그 시대에 각기 개별적으로 존재했던 매체들이 디지털 시대에는 통합 미디어, 즉 멀티미디어화된다는 것을 의미한다. 멀티미디어화에 따라 뉴미디어 이용자들은 이제 하나의 디지털 단말기로 자신이 필요로 하는 다양한 종류의 신호와 정보를 용이하게 송·수신하고 또 이용할 수 있을 것이다.

셋째, 상호작용성으로, 뉴미디어는 기존의 대중매체들이 지닌 일방향성을 극복하고 송·수신자 간의 쌍방향성을 크게 증진시킨다. 과거 대중매체 시대에는 송신자가 일방적으로 메시지를 전달하고 수용자가 이를 수동적으로 전달받는 경우가 대부분이었지만, 디지털 시대의 뉴미디어는 압축기술에 의해 채널 용량이 크게 증대됨으로써 상호 작용성이 높고 리턴 채널(*return channel*)을 설정하는 것이 가능해져 송·수신자 간의 커뮤니케이션을 보다 활성화시킬 수 있다.

넷째, 비동시화를 들 수 있다. 산업사회에서의 대중매체의 가장 큰 특징은 메시지의 동시적 전달이다. 예전에는 송신자가 보내는 메시지를 개별 수용자가 자신이 원하는 시간이나 프로그램을 선택하여 볼 수 없는 수동적 입장이었다. 즉, 모든 수용자는 동시적 수신만이 가능했던 것이다. 그러나 뉴미디어는 메시지를 적극적으로 선택하는 적극적 수용자를 가능하게 만든다. 즉, 뉴미디어는 수용자를 자기가 원하는 시간에 원하는 프로그램을 원하는 곳에서 시청하는 적극적 시청자로 만들 것이다. VOD(*Video On Demand*)나 PVR(*Personal Video Recorder*)을 지나 시간과 장소를 구애받지 않고 다양한 단말기로 같은 영상을 시청할 수 있는 N-Screen 서비스는 그러한 특성을 잘 보여준다. 예를 들어, IPTV와 같이 한 방송사에서 보내는 프로그램을 수용자가 원하는 시간에 볼 수 있도록 예약녹화가 가능하고, 또 이용자 주문에 의한 시청이 얼마든지 가능해졌다.

이러한 특성들은 뉴미디어가 가진 기술적 특성에 의해 나타날 수 있는 것들이다. 즉, 이러한 뉴미디어들은 고도의 정보 기술과 커뮤니케이션 기술을 바탕으로 한다. 또한 이러한 기술적 특성들은 미래의 커뮤니케이션의 전달 내용, 전달 방식, 표현 양식을 변화시킬 것이다. 즉, 마셜 맥루언이 "미디어는 곧 메시지다"라고 한 말이 결코 허황된 주장이 아닐 수도 있다.

2) 뉴미디어에는 어떤 것들이 있는가?

미디어는 말 그대로 정보를 전달하는 매개체이다. 그러나 우리는 미디어라는 단어를 엄밀하게 매개체로 쓰기도 하지만, 미디어 서비스 혹은 소비자 단말기와도 혼용한다. 그러나 미디어산업의 가치사슬 측면에서 그 구분을 정확히 할 필요가 있다. 엄밀히 보면 미디어는 정보를 전달하는 매개체로서 전통적인 책, 잡지와 같은 인쇄미디어, 라디오, 텔레비전과 같은 방송 미디어, 전화망, 광통신망, 차세대 통신망과 같은 통신 미디어 등으로 나눌 수 있다. 이러한 매체를 통해 콘텐츠가 전달되는데, 뉴스, 정보, 음악, 영화, 개인 간 대화 내용 등이 콘텐츠가 되고, 이를 미디어를 통해 전달되면 그것이 미디어 서비스가 된다. 이때 소비자는 다양한 단말기를 통해 이러한 미디어 서비스를 최종 소비하는 것이다.

영화를 예로 들어 보자. 영화라는 콘텐츠가 TV라는 방송 미디어를 통해 영화 서비스가 되고 시청자는 디지털 TV라는 단말기를 통해 그 서비스를 사용하는 것이다. 따라서 영화는 콘텐츠이고, TV는 방송 미디어이며, 영화 서비스는 TV를 매개체로 영화가 제공하는 오락 서비스이며, 디지털 TV는 영화 서비스가 TV라는 방송 미디어를 통해 소비자의 접점이 되는 소비자 단말기로 이해하면 된다.

뉴미디어의 대표주자는 정보통신 기술의 발전에 따라 등장한 인터넷으로 그 자체의 영향뿐만 아니라 기존의 미디어와 융합하면서 새로운 파생 미디어를 계속 만든다. 그러나 뉴미디어의 종류를 모두 거론하기는 용이하지 않다. 따라서 여기서는 현재 국내 상황에서 중요하게 고려될 뿐만 아니라 향후 정보사회에서 가장 핵심적 역할을 할 방송, 통신, 그리고 방송과 통신의 융합 과정에서 발생한 주요 미디어를 선별하여 살펴본다. 이들은 편의상 방송 관련 뉴미디어로 디지털케이블TV, 디지털위성방송, 통신 미디어로 유무선 인터넷, VoIP, LTE, 방송과 통신의 융합 미디어로 DMB, IPTV와 스마트TV, 소셜 미디어로 페이스북, 블로그, 트위터 등을 들 수 있다. 최근에 거론되는 mp3, 차세대 DVD, 태블릿 PC, 넷북, 전자책 등은 엄밀한 의미에서 뉴미디어라기보다는 콘텐츠를 사용하기 위한 개인의 단말기이므로 설명에서 제외한다.

(1) 케이블TV

케이블TV란 이름 그대로 '유선(wire)으로 연결된 텔레비전'을 말한다. 미국에서 시작된 케이블TV는 1940년대 말 난시청 문제를 해결하기 위한 공동 안테나 TV(community antenna television)로 시작됐으나, 그 후 기존 텔레비전의 프로그램 재전송과 자체 제작 프로그램 방송, 지역 정보통신망 형태로 발전함은 물론, 위성을 통한 중계가 가능해짐으로써 전국적인 서비스가 가능한 방송매체로 발전했다. 최근에는 케이블TV의 디지털화에 따라 보다 많은 방송채널 서비스와 함께 쌍방향 데이터 방송 및 인터넷과 VoIP까지 가능한 뉴미디어로 급속히 발전했다.

케이블TV가 기존의 정규 텔레비전과 다른 점은 다음과 같다. 첫째, 기존 텔레비전은 지상파를 이용해 무선으로 영상정보를 송신하는 데 반해 케이블TV는 유선을 통해 영상정보를 전송한다는 점이다. 둘째, 채널 수에서 기존 텔레비전은 라디오 스펙트럼 30~300㎒ 주파수대인 VHF로 방송되므로 최대한 7개 채널까지만 가능하다. 그러나 케이블TV는 채널 용량 수가 수백 개에 이르고 광섬유를 사용할 경우 거의 무한대의 채널을 동시에 사용할 수 있다. 따라서 케이블TV는 기존 지상파 방송과 달리 특정 지역에서 방송사업자의 특약사업자(franchise) 제도를 채택했다든지, 채널의 분배·규제 방법에서 차이를 보인다. 기존 텔레비전 매체가 불특정 다수를 대상으로 전파를 내보내는 '방송'(broadcasting)매체인 반면, 케이블TV는 세분화된 시청자를 대상으로 전문화된 프로그램을 편성하여 제공하는 대표적인 '협송'(narrowcasting) 매체의 하나이다. 협송은 방송과 대비되는 말로 지역적·계층적으로 한정된 시청자를 대상으로 하는 텔레비전 방송을 의미하며, '집송'(集送)이라 번역하기도 한다. 이는 케이블TV가 가져온 새로운 개념으로 각 채널의 서비스 내용을 세분화하여 뉴스, 영화, 스포츠 등 전문채널로 사용하는 것을 말한다. 따라서 케이블TV는 채널의 전문화를 이룰 수 있으며, 이는 채널마다 프로그램의 독창성을 갖게 하여 시청자로 하여금 자신의 구미에 맞는 채널을 선택하여 원하는 정보를 얻을 수 있게 한다.

이러한 기술적 특성에 따라 케이블TV는 프로그램과 용도의 다양성을 추구할

<표 9-1> 케이블TV 채널

구분	채널
오락 (entertainment)	• 영화: OCN, SUPER ACTION, 캐치온, 채널CGV • 드라마: KBS드라마, MBC드라마넷, SBS플러스 • 스포츠: J Golf, KBS N SPORTS, MBC SPORTS+, SBS ESPN • 연예/오락: M.net, 가요TV, XTM, tvN
정보 (information)	• 뉴스/경제: YTN, SBS CNBC, MTN, 한국경제TV • 교양/정보: 생활건강TV, 예술TV, K.NET • 교육: EBS +, JEI English TV, 정철영어TV
생활 (life)	• 종교: 불교TV, 평화방송, 기독교TV, CBS TV • 홈쇼핑: 롯데홈쇼핑, 현대홈쇼핑, CJ오쇼핑, GS SHOP, NS홈쇼핑 • 여성/패션: 온스타일, Story On, Olive, Trend E • 레저: 리빙TV, 바둑TV, FTV
공공 (public)	• 국정홍보: 국회방송, 한국정책방송 KTV • 외국어: Arirang • 생활: 실버TV, 한국청소년방송

수 있다. 즉, 전달할 수 있는 채널이 엄청나게 증가함으로써 내용의 계층화, 전문화, 특정화가 가능하다. 나아가 케이블TV는 기존 텔레비전이 일방적으로 정보를 전달함에 반해, 방송센터와 시청자가 메시지를 주고받는 쌍방적 전송이 가능하다.

우리나라의 경우에는 1995년 3월 방송을 시작하여 48개의 케이블TV 방송사(System Operator: SO)과 24개 프로그램 공급자(Program Provider: PP), 2개 전송망 사업자(Network Operator: NO)가 본방송을 개시했다. 초기에는 종합유선방송 사업자(방송사, SO), 프로그램 공급자(채널, PP), NO가 분리되는 사업 구조였으나 최근에는 이러한 규세가 풀리면서 MSO(Multiple System Operator)와 MPP(Multiple Program Provider)가 허용되고 SO와 PP 겸영은 물론 SO가 자체 전송망을 가진 단계로 변모했다.

국내 케이블TV 시장이 MSO 위주로 재편되는 것은 한국디지털위성방송(스카이라이프)이 출범하면서 다매체 경쟁시대가 도래했고, 중계유선방송 사업자가 SO로 전환되는 등 방송 환경이 급격히 변화하는 데 따른 경쟁력 제고 차원으로 볼 수 있다. 또한 가입자 수를 1백만 명 이상 확보하면 안정적인 수익을 보장받을 수 있을 뿐만 아니라 여러 SO를 통합할 경우 디지털로 전환하는 방송설비 비용을 상대적으로

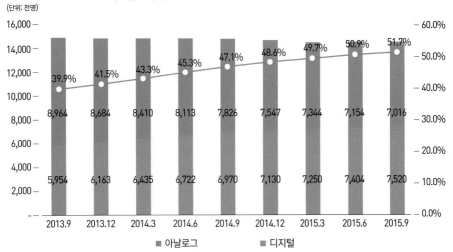

절감할 수 있다는 것도 작용한 것으로 보인다. MSO 시장은 수차례 인수 및 합병 등으로 변하고 있다.

한편 케이블TV 방송은 디지털위성방송이 강력한 경쟁자로 부상함에 따라 기존 아날로그 방송을 디지털 신호로 변환함으로써 방송의 품질을 높이려 노력한다. 이를 위해서는 기존 아날로그 방송을 디지털 신호로 제작·압축·전송을 하기 위한 설비 및 노하우가 필요하며 디지털 방송을 수신하기 위한 수신기(셋톱박스)의 보급이 선행되어야 한다. 이러한 막대한 비용이 소요되는 케이블TV의 디지털 전환 작업을 분담하기 위해 통신·방송·케이블TV 업체들이 통합방송센터인 디지털미디어센터 (DMC)를 구축하여, 케이블TV의 디지털화를 추진하고 있다. 10여 개의 SO들과 SK 텔레콤이 제휴한 한국디지털미디어센터나 드림시티방송의 계열 전문인 브로드밴드 솔루션즈(BSI) 등이 대표적인 DMC 업체의 사례다.

(2) 위성방송

위성방송은 용어 그대로 '위성을 이용한 방송'을 말한다. 즉, 지상 36,000*km* 상공의 지구 정지궤도상에 위치한 위성을 이용하며, 제작된 프로그램을 지구국(*earth station*)을 경유하여 위성으로 보내면 위성중계기(*transponder*)가 이를 수신하여 증폭

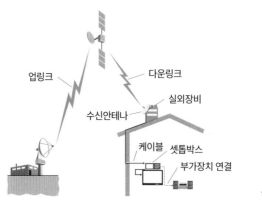

〈그림 9-3〉 위성방송

출처: TheFreeDictionary

시킨 후 다시 지상으로 보내는 방송을 의미한다.

한편 우리나라의 디지털위성방송은 2002년 3월부터 시작되었다. 우리나라는 이미 1995년 8월과 1999년 1월 무궁화위성 1호와 2호를 발사한 데 이어 1999년 8월에 3호까지 발사함으로써 디지털위성방송이 가능한 기술적 토대를 갖추었다. 그러나 위성방송 실시의 법적 근거 마련과 사업자 선정 등으로 상당 기간이 지체되었다. 2000년 1월 통합방송법이 제정되고 같은 해 12월 한국디지털위성방송(스카이라이프)이 사업권을 획득함으로써 2002년 3월부터 본격적인 디지털 다채널 위성방송을 할 수 있었다. 하지만 지상파 재송신 문제(MBC, SBS 등의 재송신 제한)로 인해 가입자 확보에 어려움을 겪었는데, 이후 2005년 2월에 방송위원회로부터 재송신 승인을 받아 공식적으로 권역별 재송신을 실시함으로써 가입자 유치 및 유지의 장애 요소를 해소하였으며, 2007년 11월 공시청(MATV: *Master Antenna Television*) 규칙이 개정되면서 공동주택 영업 활성화를 도모할 수 있었다.

디지털위성방송은 다양한 콘텐츠 보강을 기반으로 성장을 지속하고 있다. 2008년 4월부터는 HD 다채널 서비스를 제공하며 점차 많은 수의 HD 채널을 서비스하기 시작했다. 이러한 콘텐츠 보강과 더불어 위성방송 가입 수는 2005년 180만 가입자에서 2019년 320만 가입자로 증가하였다.

(3) 인터넷

1969년 미국의 4개 대학(로스앤젤레스 캘리포니아 주립대학, 스탠퍼드 대학, 산타바

바라 캘리포니아 주립대학, 유타 대학)을 연결하는 네트워크망인 ARPANET에서 유래한 인터넷은 TCP/IP(*Transmission Control Protocol/Internet Protocol*: 전송제어 프로토콜/인터넷 프로토콜)라는 통신규약을 사용해 전 세계에 모든 컴퓨터를 연결시킬 수 있는 거대 통신망이다. 이러한 통신망은 처음에는 문자 위주의 이메일, 뉴스 등의 전달에 주로 사용되었으나, 1992년에는 인터넷의 정보를 쉽게 검색할 수 있는 월드와이드웹이 등장하고, 이러한 정보에 쉽게 접근하도록 하는 편리한 유저 인터페이스(*user interface*)가 개발됨에 따라 인터넷은 일반 이용자들이 쉽게 접할 수 있는 근세의 가장 혁신적인 발명품으로 재창조되었다.

콘텐츠의 디지털화는 인터넷을 통해서 다양한 형태의 콘텐츠가 전달, 소비되는 미디어 플랫폼의 역할을 담당할 수 있게 한다. 유무선 인터넷이 가지는 양방향성, 실시간성, 광대역성 등의 바람직한 특징은 향후 미디어산업의 혁명을 예고한다. 인터넷의 뉴미디어로서의 시각에 관한 자세한 내용은 8장을 참조하면 된다.

(4) VoIP

VoIP는 소프트웨어와 헤드셋이 설치된 컴퓨터나 전용 단말기 등을 활용하여 IP(*Internet Protocol*) 패킷망(*packet network*)을 통해 다른 가입자와의 음성정보를 주고받는 기술을 말한다. 쉽게 말해 인터넷을 활용한 전화 서비스로서 요금이 저렴하며 다양한 멀티미디어를 통합함으로써 여러 부가 서비스 이용이 가능하다. VoIP는 서비스 사업자 측면에서는 통합망을 구성함으로써 회선 교환망보다 효율적 망 관리가 가능한 장점이 있다. 또한 이미 구축된 인터넷 장비를 활용함으로써 구축비용이

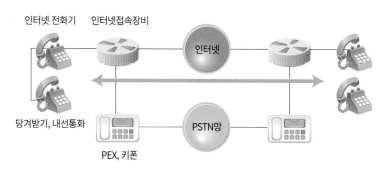

〈그림 9-4〉인터넷 전화의 원리

인터넷 전화기   인터넷접속장비

인터넷

당겨받기, 내선통화

PSTN망

PEX, 키폰

상대적으로 저렴하다는 장점을 가지며, 신규 서비스 개발과 수요에 따라 새로운 수익 창출이 가능하다는 특징을 가진다.

VoIP의 최초 상용화는 1995년 이스라엘의 **VocalTec**이 PC를 서로 연결해서 음성을 주고받는 서비스 제공으로 이루어졌으며, 그 후 게이트웨이 장비의 출현을 기반으로 기술이 본격적으로 발전했다. 국내의 경우 이러한 인터넷 전화 서비스 사업은 1999년 새롬기술이 인터넷을 이용한 무료 전화 '다이얼패드'를 시작으로 2000년대 초반까지 장거리 전화요금 할인혜택 등을 내세워 기업용 시장을 기반으로 성장하였으나, 00×××× 국제전화 할인 서비스 이후 가격 차별성을 잃어 다소 위축되는 모습을 보였다. 이후 2003년 8월 세계 최대의 VoIP 서비스 회사인 Skype가 저렴한 요금제를 장점으로 기존 이동통신사를 위협하는 수준으로 부각되었으나 서비스 품질과 부가 서비스 측면에서 뒤떨어지면서 기대 이하로 성장세가 떨어지기도 했다. 하지만 수익 모델의 다각화와 품질 개선으로 Skype는 2010년 기준으로 5억 6천만 명의 가입자를 가지며 국제전화 통화량의 12%를 차지한다. 또한 스마트폰의 활성화와 더불어 모바일 VoIP의 성장을 이끌었다.

전통적으로 통신사업자들이 전화망에 투자한 비용 회수 문제 때문에 도입 속도가 늦어졌지만 요즈음 VoIP는 실생활과 밀접히 연결된 거대 기간통신 네트워크로 성장해 다시 주목받으면서 스마트폰과 무제한 인터넷, 무료 Wifi의 확장으로 인해 mVoIP시장 또한 커지고 있다. mVoIP의 경우 카카오톡, 라인, 마이피플 등의 스마트폰 메신저를 필두로 급부상했다. 카카오톡이 보이스톡을 출시할 당시 사용 횟수가 최대 하루 2천만 건까지 올라갔으나 얼마 되지 않아 1백만 건으로 줄어들었다. 기존 음성통화에 비해 품질, 안정성에 대한 우려와 데이터통화료가 음성통화료보다 높은 경우가 많아 정체되고 있지만 언제든 성장 가능성이 높은 사업 부문이다. 다만 막대한 투자비를 통해 이동통신 네트워크를 구축한 MNO들에게 망 이용 대가를 지불하지 않는 mVoIP사업자들의 경우에 망 중립성과 무임승차에 대한 논란이 있음을 생각할 필요가 있다.

(5) 이동통신 서비스

이동통신 기술은 오랜 기간 동안 기술의 발전에 따라 세대를 거듭하며 발전했다. 지난 1~5세대에 대한 설명을 간략히 요약하자면 다음과 같다.

최초의 1세대 이동통신 서비스는 아날로그 방식이었다. 상용화는 1978년 일본이 처음이며 이후 미국, 영국 등이 이동통신 서비스를 시작했다. 미국은 1983년 주파수분할다중접속(*Frequency Division Multi Access*)방식의 AMPS(*Advanced Mobile Phone System*)라는 서비스를 북미 중심으로 보급하였으며 한국이동통신(현 SK텔레콤) 또한 1984년 AMPS 방식으로 이동통신 서비스를 시작했다.

디지털 방식의 최초 도입은 2세대 이동통신의 시작을 알렸다. 1987년 유럽은 GSM(*Global System for Mobile Communication*)을 개발했다. GSM은 시분할다중접속 (*Time Division Multi Access*) 방식을 사용하였으며 이는 변조화, 음성부호화와 더불어 보안 측면에서 큰 발전을 가져왔다. 한편 북미와 한국은 IS-95(CDMA) 기술을 도입했다. 이는 부호분할다중접속(*Code Division Muti Access*) 방식을 사용하였으며 미국의 퀄컴 사가 개발했다. 국내 업체들은 CDMA 기술에서 큰 두각을 나타내었으며 단말기 제조, 통신기술 장비 등 세계적으로 우수한 기술을 뽐내 통신강국의 기틀을 마련했다.

〈표 9-2〉 세대별 이동통신 세대의 발전

구분		1세대	2세대	3세대	3.9세대	4세대	5세대
표준기술		AMPS	IS-95, GSM	WCDMA, CDMA-2000, Wibro	LTE	LTE-A	5G
전송방식		아날로그 통신 (FM/FSK)	CDMA,TDMA	CDMA/FDD	하향링크: OFDMA/FDD 상향링크: DFTS-OFDM	하향링크: OFDMA/FDD 상향링크: Clustered DFTS-OFDM	In-band Full-duplex Non OFDM
최대 전송률	업로드	음성전용	14.4Kbps	1.8Mbps	50Mbps	300Mbps	500Gbps
	다운로드	음성전용	57.6Kbps	3.1Mbps	100Mbps	600Mbps	100Gbps
CD 1장(700mb) 다운로드 시간		-	24시간	30분	56초	9.3초	1초 이하
주요 서비스		음성통화	음성통화, 문자메시지	음성통화, 문자메시지, 인터넷	음싱통화, 분사 메시지, 초고속 인터넷, 대용량 멀티미디어(HD·Full HD급)	음성통하, 문자 메시지, 초고 속인터넷, 대용 량 멀티미디어 (Ultra Full HD 급, 3D 콘텐츠)	AR/VR, 홀로그램, 자율주행차, 스마트시티 등
이동성		-	-	250km/h	350km/h 이상	350km/h 이상	500km/h 이상
상용화 시기		1978년	1992년	2000년	2009년 12월	2014년	2019년 4월

3세대 이동통신 서비스는 2세대 이동통신의 양대 산맥이었던 GSM과 CDMA이 각각 발전된 표준인 WCDMA와 CDMA-2000으로 나뉜다. WCDMA는 비동기식이며 CDMA-2000은 동기식이다. WCDMA는 HSDPA, HSUPA, HSPA+ 등으로 발전하였으며 CDMA-2000가 발전한 EV-DO/Rev보다 더욱 우위를 점했다. 한국의 ETRI 주도로 개발된 와이브로도 3세대 국제 표준기술 중 하나이다.

LTE는 기존의 WCDMA, HSPA 기술의 주파수 효율을 극복하여 OFDM 기술인 GSM-WCDMA 기반의 기술을 사용했다. 이는 기존의 3세대, 3.5세대를 넘어 4세대 기술로 통한다, OFDM 기술은 심벌 간의 간섭 문제를 해결함과 동시에 주파수 채널 대역 폭을 기존에 비해 4배 이상 확대한 20㎒ 이상으로 설계한다. 이동 중에는 기존의 HSPA 기술에 비해 7~12배 정도의 속도를 낼 수 있으며 또한 기존의 WCDMA에서 진화한 것이기 때문에 기존의 네트워크망과 연동이 가능하여 기지국 설치 등의 투자비와 운용비를 절감할 수 있다.

5세대 이동통신 서비스는 2019년 4월 3일 세계 최초로 우리나라에서 시작되었다. 5G 서비스는 초고속, 초저지연, 초접속의 3가지 특성으로 요약된다. 최대 다운로드 속도 20~100Gbps, 지연 1ms 이하, 1㎢당 100만 개의 단말기 연결이 5G 시대에 가능하다. 따라서 5G 시대에는 콘텐츠 중심의 AR/VR, 개인방송, 다중접속게임과 같은 생산성을 높이는 B2B, B2G 서비스를 포함해 지금까지 경험해 보지 못한 혁신적 서비스가 가능해진다.

(6) DMB

이동 멀티미디어 서비스 혹은 DMB(*Digital Multimedia Broadcasting*)는 이동 중에 시청할 수 있는 디지털 영상 및 오디오 기술과 그 기술을 이용한 방송 서비스를 뜻한다. DMB는 지상파 아날로그 라디오 방송을 대체할 목적으로 처음 개발되었다. 하지만 기술의 발달로 한정된 전파에 더 많은 데이터를 담을 수 있게 되어, 본래 목적인 음성 데이터뿐만 아니라 DVD 수준의 동영상 데이터까지 전송할 수 있게 되었다.

DMB는 위성DMB와 지상파DMB로 나뉜다. 위성DMB는 위성신호를 이용해 방송을 시청하는 서비스이다. 2005년 5월 본방송을 시작했으나 수익성 악화로 출시 7년 만인 2012년 8월 서비스가 중단되었다.

지상파DMB는 2005년 12월 우리나라에서 세계 최초로 본방송을 시작했다. 지상파DMB는 위성DBM와는 달리 휴대전화로 이용할 수 있어, 전용 단말이 필요 없고 별도의 가입비와 이용료 또한 없다. 그러나 광대역 모바일 네트워크와 스마트폰을 이용한 방송 콘텐츠 소비가 확산됨에 따라 소비자의 관심에서 멀어지는 서비스가 되었다. 현재는 지상파DMB 주파수를 활용하는 티팩(TPEG: *Transport Protocol Expert Group*)을 이용해 실시간으로 교통정보를 전달하는 역할에 특화되어 있다. 그러나 이마저 스마트폰의 네비게이션 서비스가 확산됨에 따라 어려움을 겪고 있다. 요컨대 기술 발전에 따라 광대역 모바일 네트워크와 스마트폰을 기반으로 두는 방송 및 정보 서비스가 확산되고, 이에 따라 열등한 경쟁재인 지상파 DMB가 급속히 대체되는 과정에 있다.

(7) IPTV

IPTV(*Internet Protocol Television*)는 고속 광대역 네트워크를 이용하여 음성, 데이터, 비디오 그리고 텔레비전(방송)이라는 전통적 미디어를 인터넷 기반으로 제공하는 대표적인 방송·통신 융합 서비스로, 텔레비전 기반의 SD(표준화질), HD(고화질)의 디지털 영상뿐만 아니라 뉴스, 날씨, 교통정보 등의 인포메이션, 게임, 메신저 등과 같이 컴퓨터에서 가능했던 여러 가지 서비스를 텔레비전 화면으로 옮긴 것이라고 볼 수 있다. 따라서 방송 전파가 아닌 스트리밍 방식의 방송 프로그램을 제공하며, 기존 텔레비전에 셋톱박스라는 전용 모뎀을 설치하면 누구나 즐길 수 있다. 기존의 지상파나 케이블TV와는 달리 시청자가 능동적으로 참여할 수 있다는 양방향성의 특징을 가져 시청자가 보고 싶은 시간에 보고 싶은 프로그램을 선택할 수 있으며, VOD, 디지털영상저장(DVR)과 같은 서비스를 제공한다는 점에서 소비자와 서로 소통하는 매체라고 볼 수 있다. Web TV, TV 포털, 인터넷 TV 등도 인터넷이라는 전송 매체는 동일하지만, IPTV는 PC가 아닌 TV를 대상으로 인터넷의 동영상 및 콘텐츠를 제공한다는 점에서 차이가 있다.

세계 최초로 IPTV를 제공한 나라는 영국으로, 1999년에 기존의 통신망상에서 ADSL를 이용해 가입자들에게 상업적 광대역 양방향 TV 서비스를 제공하기 시작하였고, 2002년부터는 유럽과 동아시아를 중심으로 그 영역이 확대되었다. 국내 유료

방송 가입자 현황을 살펴보면, 아날로그케이블 가입자 수는 점차 감소하였지만 디지털케이블TV, 위성방송, IPTV 가입자는 증가하는 추세를 보였는데 IPTV 가입자의 경우 2011년 490만 명에서 2019년 6월 기준 출범 10년여 만에 1,635만 가입자를 기록했다.

우리나라의 경우 IPTV 도입 초기에는 정부의 신성장동력사업 추진에 힘입어 광대역 통합망과 홈네트워크 등과 연계되면서 사업이 본격화되었지만, 제도적 준비 미흡, 케이블TV 사업자들과의 규제 형평성 문제 등으로 본격 상용화가 지연되다가 2008년 9월에 KT, SK텔레콤, LG데이콤(현재 LG U+) 등의 3개 사업자 선정이 완료되었으며, 같은 해 11월 17일 실시간 방송 서비스가 포함된 서비스를 KT가 처음으로 상용화했다. 이들 사업자들은 본격적인 IPTV 서비스 전개를 위해서 5년간 약 4조 원의 투자 계획을 발표하였으며, 지상파 및 주요 PP와의 콘텐츠 계약 및 부가 서비스 개발을 통한 콘텐츠 확보에 집중했다.

TV와 인터넷의 장점만을 확보한 매체로 평가받는 IPTV의 도입은 단지 기술의 발전에 국한된 것이 아니라 전체 TV 시스템에 절대적인 영향력을 미친다. 생산 방식과 비즈니스 모델의 구조까지 영향을 미쳐 이제는 시장 전망, 사업 방식, 배급 시스템까지 변화하고 있으며, 무엇보다도 주도권이 방송사에서 시청자로 넘어감에 따라 시청자들의 위상이 더욱 높아졌다는 것이 가장 큰 변화로 여겨진다. IPTV는 케이블TV 업체와 지상파 간의 이해관계, 전문 콘텐츠업계의 부재, 저작권보호법 및 기반 법률 미흡 등 여러 가지 측면에서 문제점을 드러냈으나, 이러한 문제점은 2009년 7월 IPTV법의 통과를 시작으로 서비스업체 간 상호 협력과 조절로 해결했다. 현재는 스마트TV의 출현으로 IPTV보다 더 쌍방향, 다기능을 강조한다. IPTV가 주로 방송사에서 송출되는 영상 및 음성을 인터넷 회선을 통해 제공하는 것에 그치는 반면 스마트TV는 각종 애플리케이션의 설치나 인터넷 서핑, SNS 서비스에 초점을 두는 등 인터넷을 기반으로 한 쌍방향 기능을 좀더 강조한다. 이러한 스마트 미디어화에 따라 이용자 선택형 서비스가 강화되며 인터넷망을 통해 방송 프로그램이나 영화 등 미디어 콘텐츠를 보는 OTT(*Over the Top*)서비스와 N-Screen 서비스의 성장이 눈에 띈다.

(8) N-Screen

N-Screen이란 공통된 운영체제를 탑재한 여러 단말기에서 시간, 장소, 기기에 상관없이 공통된 콘텐츠를 이용할 수 있는 서비스이다. 예를 들자면 영화나 음악 등을 구입하여 스마트폰이나 TV, 태블릿 PC 등으로 이어서 즐길 수 있는 서비스라고 할 수 있다. 기술적 측면에서 보면 N-Screen은 인터넷으로 연결된 클라우드 서비스를 기반으로 성장했다. 서버에 콘텐츠를 올려놓고 필요 시 인터넷을 통해 활용하는 원리로 한국에서는 SK텔레콤의 호핀, KT의 올레웹, LG U+의 슛 엔 플레이 등이 있으며 미국에서는 애플의 iCloud와 넷플릭스의 스트리밍 서비스 훌루 등이 대표적인 N-Screen의 예이다. N-Screen은 미국 AT&T의 기존 휴대전화, PC, 텔레비전의 3스크린 서비스에서 시작되었으며 넷플릭스의 스트리밍 서비스에서의 사용을 필두로 급격히 성장했다. 이는 무선 네트워크, 단말기, 플랫폼 기술의 발전이 큰 영향을 끼쳤다. 최근의 4G 이동통신망은 빠른 속도와 안전성으로 이용자들의 편의성을 높였으며 클라우드 컴퓨팅의 발전은 데이터 저장에 비약적 성장을 가져왔다. 스마트폰을 비롯한 여러 종류의 스마트 단말기의 대중화는 N-Screen을 비롯한 관련 시장의 성장에 큰 영향을 끼쳤다. 더불어 하드웨어 중심에서 서비스 플랫폼으로의 사업 확장을 꾀하는 애플과 구글 등의 클라우드 사업 투자는 콘텐츠의 다양화와 접근성을 제공하여 N-Screen 사업의 발전에 날개를 달았다.

현재 N-Screen 사업은 스트리밍 기술, 콘텐츠 표준화 등 기술 방식에도 많은 연구와 투자가 이루어지고 있으며, 플랫폼 사업을 구축하는 데 많은 자본이 투자된다. 콘텐츠 사업자들도 점차 자체적인 N-Screen 서비스를 제공하기에 경쟁 관계가 심화되며 이에 따라 각자의 강점을 개발하는 것이 중요한 전략으로 떠오른다. N-Screen의 발전은 기존의 IPTV, DMB 등의 뉴미디어의 생태계에 큰 영향을 줄 것으로 보이며 소비자들에게 좀더 다양한 콘텐츠를 제공할 것으로 기대된다.

(9) 소셜 미디어

SNS와 블로그, 위키피디아 등으로 대표되는 소셜 미디어의 등장은 인터넷의 등장에 이어 또 한 번의 커뮤니케이션 혁명을 가져오고 있다. 1997년 미국에서 처음 등장한 블로그(*blog*)는 Web(웹)+log(일지)의 합성어로 개인이 일기 형식으로 인터넷에 자신의 관심사에 따라 자유롭게 글을 올리면서도 불특정 다수에게 개방된 개인 사이트를 말하며, 나를 중심으로 인적 네트워크를 형성하며 나를 표현하는 수단으로서, 자신을 표현하고 자신의 지식과 정보를 교류하는 개인 미디어라고 정의되기도 한다.

소셜 미디어의 특징으로는 자유로운 주제와 의견 교환, 매체로서의 신속성, 생동감 있는 사실과 감정 전달, 주관적이고 개인적인 표현, 외부 전파의 통제 불가 등으로 요약될 수 있으며, 현재 우리 사회에 나타나는 소셜 미디어는 크게 개인 경험을 주위 사람들과 공유하는 것에 초점을 두는 개인형 블로그와 자료나 정보를 전달·제공하기 위한 정보 제공형 블로그로 나뉜다.

개인 경험을 주위 사람들과 공유하는 것에 초점을 둔 개인형 블로그는 주로 개인 페이지형으로 운영되며, 블로거(Blogger: 블로그 하는 사람)들은 이를 인터넷에서 사진과 글을 통해 타인에게 나를 알리는 동시에 개인 이미지를 형성하는 공간으로 사용한다. 2000년 초반 한때 대표적인 개인형 블로그인 싸이월드의 미니홈피 서비스는 1999년 서비스를 시작한 이후 2003년 SK커뮤니케이션스에 흡수합병되었고, 2007년에는 회원 수가 2천만 명을 돌파하였으며, 오프라인 인맥과 사진을 중심으로 운영된다는 점에서 익명성에 기반을 두어 운영되는 포스트 중심의 기존의 블로그와 차이가 있었다. 특히 인맥을 중요시하는 우리나라의 문화적 특성을 반영시킨 '1촌'이라는 개념을 적용시키면서 온라인 최고의 인맥관계를 형성하기도 하였으나 스마트폰의 등장과 페이스북 등 간결한 SNS 서비스를 찾는 이용자들의 욕구를 파악하지 못하고 쇠퇴했다.

블로그를 통한 인맥 형성이 주목받으면서 미국에서는 무료 소셜 네트워킹(social networking) 서비스인 트위터와 페이스북이 급격히 성장했다.

2013년 기준으로 트위터의 사용자는 5억 명을 넘어섰으며 세계 인터넷 사용자의 40%가 트위터 계정을 가지고 있다 한다. 한 번에 140자까지만 글을 올릴 수 있고 마치 메신저를 하듯 다른 사용자와 활발한 커뮤니케이션이 가능하다는 점에서 일반 블로그와는 차이가 있으며, 사용자가 단문 메시지 서비스, 인스턴트 메신저, 이메일 등을 통해 트위터 사이트로 보낸 짧은 메시지가 사용자의 프로필 페이지에 표시됨과 동시에 구독(follow)을 신청한 사용자들에게도 전달되는 서비스이다. 언제 어디서나 실시간으로 정보 교류가 가능하다는 점에서 웹의 특성을 가장 잘 반영한 서비스 중 하나로 평가받지만 여전히 안정적인 수익모델을 찾아야 한다는 과제를 안고 있다. 이에 트위터는 지속적으로 광고 수익 향상에 초점을 두었으며 2013년 11월 상장을 하여 첫날 공모가에 비해 73%가 오르는 등 큰 수익을 거두었으나 주가가 지속적으로 하락하기도 했다. 트

〈그림 9-5〉 2009년 상반기 화제가 되었던 김연아의 트위터

출처: 추연우(2009), "트위터와 김연아 효과, 그리고 실시간 웹"

위터는 악화되는 광고 실적을 보완하기 위해 자체에서 발생하는 데이터 마이닝 부분에 초점을 두고 마이닝업체인 Gnip을 인수하기도 했다.

또한 2004년 하버드 대학 내 학생 교류 사이트로 시작된 페이스북은 지난 10여 년간 무서운 성장을 했다. 학기 초 학교 측에서 학생들에게 서로를 알아가라고 주는 책에서 비롯된 페이스북이라는 이름은 초기에는 몇몇 대학을 중심으로 확대되다 2005년에는 고등학교, 2006년에는 이메일을 가진 사용자라면 누구나 가입할 수 있는 시스템으로 확장되었다. 2013년 말 기준으로 전 세계 12억 명의 이용자를 확보하고 161조의 시가총액을 보유한 페이스북은 스마트폰의 등장과 더불어 더욱 폭발적 성장을 기록했다. 단순한 친구 추가 방식, 한눈에 여러 사용자의 일상을 체크할 수 있는 뉴스피드와 개개인의 담벼락 특성, 쉬운 태그 기능 등 많은 소셜 기능을 갖춘 페이스북은 타 소셜 네트워크 서비스에 비해 사용하기 편리하고 진입장벽이 낮았다. 또한 페이스북이 제공하는 openAPI 규약으로 외부에서 개발한 서비스들을 설치할 수 있는 구조는 페이스북을 플랫폼 삼아 여러 애플리케이션이 활용될 수 있도록 한다. 대표적 예로 소셜 게임인 Zynga가 있으며 여러 다른 외부 서비스들이 연동되어 양측의 동반 성장을 이루어냈다. 페이스북은 2012년 상장되었으며 초기에 주가가 지속적으로 하락하였으나 광고 수익이 호전되며 오히려 주가가 회복되는 등 계속 수익의 다각화를 위해 노력하고 있다.

이와 같이 개인 경험을 공유하는 장으로서 처음 등장한 블로그는 모습은 지속적으로 바뀌었지만 블로거들이 점차 개인 관심사에 대해 숙련된 정보를 제공하고 사회 사건들에 대한 자신의 관점과 목소리를 전달하는 데 관심을 가지기 시작하면서 소셜 미디어의 형식을 갖추었으며, 이에 블로그가 매스미디어와 반대되는 개방형 커뮤니케이션 공간으로서 기존의 매스미디어에 도전, 저항하는 대안적 미디어라고 지칭된다. 또한 사람들이 기존의 언론 광고에 노출된 이미지만을 보고 무조건 그 상품을 구매하는 대신, 그 물건을 구매한 다른 사람들의 블로그에 있는 평가나 후기와 같은 글을 우선 살펴보는 경우가 많아지면서 블로그가 중요한 입소문 마케팅의 도구로서도 주목을 받는다. 즉, 기업들이 블로그를 마케팅 전략에 이용하기 위해 자사 상품에 관심 있는 고객들에게 상품이나 정보를 제공하면 이들이 블로그에 글을 올리고, 이 글이 스크랩을 통해 다른 곳으로 확산되는 일이 반복되면서 상품이 홍보되는 것이다.

이러한 블로그에 개방, 공유, 참여라는 Web 2.0이 도입·확대되면서 누구나 쉽고 편하게 다른 사람의 정보를 내 것으로 만들고 같이 참여하면서 만들 수도 있어, 소셜 미디어인 블로그의 영향력은 더욱 커질 것으로 예상된다.

(10) 유튜브

유튜브는 전 세계 인터넷 사용자의 3분의 1에 해당하는 20억 명이 이용하는 동영상 플랫폼이다. 이들은 매달 40억 시간의 유튜브 콘텐츠를 관람하며, 짧은 1분 사이에 유튜브에 게재되는 콘텐츠는 500시간 분량에 달한다. 유튜브의 출현으로 탄생한 새로운 콘텐츠 크리에이터(*contents creator*)는 상당수가 높은 수익을 얻는다. 2020년의 기록으로 볼 때 유튜버(*YouTuber*)의 연간 소득은 총 150억 달러로 추산된다.

2006년 구글이 유튜브를 인수했고, 이후 2008년 1월에는 한국어 서비스가 시작되었다. 유튜브는 2020년 기준으로 볼 때 75개 국가의 54개 언어를 지원하는 다국어 서비스로서, 일부 서비스를 제외하고는 기본적으로 무료로 이용할 수 있다. 동영상이나 사용자에게 댓글을 달아 소통할 수 있기 때문에 소셜 미디어 서비스의 일종으로도 분류된다. 유튜브 사용자의 대부분은 개인이지만, 방송국이나 비디오 호스팅 서비스 또한 유튜브와 제휴하여 동영상을 업로드하고 있다.

2020년 들어 유튜브가 페이스북을 제치고 구글에 이어 소셜 미디어 2위에 올랐다. 이와 같이 단기간에 큰 성공을 거둘 수 있었던 이유는 무엇일까? 무엇보다도, 수많은 유튜버가 '크리에이터'(creator)로 활동할 수 있었기 때문이다. 능력 있고 부지런한 유튜브 크리에이터들은 연예, 문화, 언론, 스포츠 그리고 음식, 게임, 음악, 영화 등 모든 분야에서 콘텐츠를 생산해 내고 있다. 자신의 평범한 일상을 다루는 '브이로그'(vlog) 역시 유튜브에서 방송 콘텐츠로 활용된다. 브이로그는 특별한 재능이 필요 없기 때문에 진입장벽도 낮으며, 단순히 자신의 일상생활을 기록한 콘텐츠임에도 유튜브에서는 인기를 얻을 수 있다.

유튜브의 차별화된 수익구조 역시 성공의 열쇠로 작용했다. 2007년부터 시행된 '유튜브 파트너 프로그램'은 일정 조회 수 또는 구독자 수에 도달한 크리에이터에게 수익금을 지급한다. 동영상을 제작, 유튜브에 게재하여 사람들이 시청하면 게재자는 어떤 보상을 받는가? 바로, 광고 수익이다. 광고가 유튜브에 뜨면 영상 게재자가 수익을 얻을 수 있다. 그렇다고 모든 유튜버가 광고 수익을 얻을 수 있는 것은 아니다. 유튜브에 개설한 채널에 구독자가 1천 명을 넘고 연간 채널 동영상 재생 시간이 4천 시간 이상일 경우 광고 계약 파트너로 인정돼 광고 수익이 발생한다. 발생한 광고 수익의 55%는 동영상을 등록한 사람이, 45%는 유튜브가 갖는다. 하지만 동영상을 등록한 모두가 수익을 얻는 것은 아니다. 여러 이유로 등록된 동영상의 90%는 아무런 수익도 얻지 못한다.

2018년 구글은 월 9.99달러에 광고 없이 백그라운드와 오프라인의 재생이 가능하도록 지원하는 유튜브 프리미엄(YouTube Premium) 서비스를 발표했다. 프리미엄을 구독하면 광고 없이 동영상을 감상할 수 있고, 동영상 저장이 가능하며, 화면이 잠긴 상태나 다른 앱 사용 중에도 동영상을 재생할 수 있다.

유튜브 이용자는 비디오를 업로드하고, 관람하고, 공유하고, 타인의 비디오를 구독·평가할 수 있다. 일반인이 이용할 수 있는 콘텐츠로는 비디오 클립, TV쇼 클립, 뮤직비디오, 다큐멘터리 영화, 오디오 음반, 영화 예고편, 비디오 블로깅, 그리고 교육용 비디오가 있다. 유튜브를 통해 컴퓨터를 사용하는 사람이면 누구나 동영상을 올릴 수 있으며, 그 동영상은 수백만 명, 아니 그 이상의 사람이 볼 수 있다. 그 결과, 수많은 유튜버가 만든 다양한 주제의 영상 콘텐츠를 쉽게 공유할 수 있는 인터넷 문화가 자리 잡았다. 예컨대, 2006년 전기기타로 캐논 변주곡을 연주한 동영상이 유튜브에 뜨자, 즉시 많은 방문자가 이 비디오를 보기 위해 유튜브를 찾았다. 나중에 〈뉴욕 타임스〉는 연주에 대한 극찬과 함께 이 동영상의 주인공이 한국에 사는 23살 무명 기타리스트 임정현이라는 것을 알렸다.

유튜브는 신문·라디오·텔레비전의 기능을 거의 완벽히 흡수 및 대체한 뉴미디어 인터넷 사이트라고도 볼 수 있다. 실제로 YTN, 연합뉴스TV 같은 뉴스 채널은 24시간 방송 내용을 전부 유튜브에서 생방송으로 송출한다.

곧 다가올 미래 대학을 꿈으라면…인공지능 유튜브 대학!

비디오 플랫폼으로서의 유튜브 활용성이 무한증식 중이다. 요즘엔 전 세계 80여 개 국가의 20억 명이 자료 검색을 비롯해 음악 감상, 스포츠 중계, 뉴스 시청·청취, 초·중·고·대학 강의 등에서 유튜브를 폭넓게 활용하고 있다. 유튜버의 인종과 거주지역과도 상관없이 유튜브 사용시간도 요즘 들어 폭발적으로 늘고 있다. 그 이유, 그리고 그 결과는 무엇일까. 김정호 교수(KAIST 전기·전자공학과)는 그 비밀을 유튜브가 사용하고 있는 '개인화'된 '맞춤형 인공지능 추천 시스템'에서 찾고자 한다. 김 교수의 설명을 들어 보자(〈조선일보〉, 2020. 4. 15, A21면 참조).

"유튜브는 기계학습 딥러닝(*deep learning*)에 기초한 인공지능 추천 시스템을 활용한다. 우리가 유튜브를 많이 사용하면 할수록, 또 온라인에 남긴 개인의 흔적과 자료가 많을수록 나 자신을 철저히 닮은 유튜브 '인공지능망'(*neural network*)이 만들어진다. 어쩌면 미래에는 나 자신인 '자연인간'(*natural human*)보다 유튜브에 숨은 '인공인간'(*artificial human*)이 모든 선택과 결정의 주도권을 쥘 수도 있다. 유튜브 속의 인공인간은 나 자신보다 나를 더 잘 알지도 모른다. 철저히 개인화된 인공지능과 대량으로 집적된 콘텐츠는 강력한 지배력을 갖는다. 여기에 유튜브가 세계 최고 수준의 강의 콘텐츠를 함께 보유한다면, 마침내 '인공지능 유튜브 대학'이 탄생할지도 모른다. 그 리 먼 미래는 아닐 것이다. 철저히 개인에게 특화된 원격 인공지능 교육 시스템은 현재의 대학 교육보다 훨씬 더 경쟁력을 가질 수 있다. 지금의 대학 모습이 영원할 수는 없다. 그동안 집단적 효율성이 강조된 '교실 공유 교육'은 가고, 개인의 개성과 요구가 특화된 '인공지능 원격 교육' 시대가 온다. 개인도, 학교도, 기업도, 국가도 창조적으로 준비해야 한다. 유튜브의 편리한 접속성, 전 세계에 뿌려진 인프라, 세계 최고의 경쟁력 있는 강의 콘텐츠에 '줌'(Zoom)과 같은 원격강의 플랫폼이 결합한다면 '인공지능 유튜브 대학'은 충분히 가능하다."

김정호 교수의 힘 있고 자신 있는 발언이다.

유튜브 알고리즘(*algorithm*)의 목적은 더 많은 이용자가 유튜브에 오래 머물도록 하는 것이다. 유튜브의 알고리즘은 거의 매년 바뀌어 왔으나 그 목적만큼은 변하지 않고 있다. 유튜브에 체류하는 시간이 길수록 프리뷰(*preview*: 재생 전 상영되는 광고) 및 중간광고 등을 통한 유튜브 수익이 극대화되기 때문이다. 따라서 기업이 고객을 유치하고 번창하려면 유튜브 알고리즘이 어떻게 작용하는지를 확실히 알아야 한다.

구글 직원이 알려 주는 유튜브 알고리즘의 기본 작동 방법은 다음과 같다. ① 각 동영상의 제목, 미리보기 이미지, 설명을 살핀다. ② 다른 시청자가 동영상을 즐기는지 관찰한다. ③ 이용자가 동영상을 얼마나 시청했는지 관찰한다. ④ '좋아요'와 '싫어요'가 있는지 본다. ⑤ 댓글 작성자의 수를 파악한다. ⑥ 각각의 시청자가 과거에 어떤 동영상을 시청하고 안 하는지를 살핀다. ⑦ 시청 시간은 얼마인지 확인한다. 이러한 방법을 통해 유튜브 알고리즘이 달성하고자 하는 두 가지 목표는 다음과 같다. 첫째, 각 시청자가 원하는 동영상을 찾도록 도와준다. 둘째, 시청자가 원하는 동영상을 더 시청하도록 만든다. 즉, 시청자가 좋아하는 영상을 보여 주는 것이 구글과 유튜브의 목표이다.

오늘날 수많은 유튜버와 콘텐츠 등은 인공지능(*artificial intelligence*: AI)의 힘에 의존해야만 하는 양적·질적 한계에 도달했다. 2020년 초 830만 개의 비디오가 유튜브에서 삭제됐는데, 그중 76%는 인공지능 분류기가 식별해 골라낸 비디오였다. 알고리즘에도 물론 오류는 있지만, 사람보다는 훨씬 더 빠르게 플랫폼을 모니터할 수 있다는 장점이 있다. 한편, 매우 뉴스 가치가 큰 비디오를 알고리즘이 폭력적·극단주의적인 것으로 오판한 바 있다. 이러한 상황에 대비해 구글은 전문가와 인공지능이 상근 근무토록 하고 있다. 유튜브가 가장 우선시하는 것은 이용자를 유해한 콘텐츠로부터 보호하는 것이다. 유튜브는 이를 위해 전문가뿐만 아니라 머신 러닝 테크놀로지(*machine learning technology*)에 투자를 아끼지 않았다. 인공지능은 유튜브로 하여금 유해한 콘텐츠를 식별해 내는 능력을 키우는 데 크게 기여했다.

4. 뉴미디어의 올바른 수용자세

1) 뉴미디어의 수용이론

앞서 살펴보았듯이 뉴미디어는 하루가 멀다 하고 속출하며, 앞으로 얼마나 많은 뉴미디어가 언제 어떻게 탄생할지 그 끝이 보이지 않는다. 그렇다면, 특정 뉴미디어의 출현 가능성과 필요성은 어떻게 예측할 수 있을까? 바로 이러한 목적으로 널리 사용되는 연구 모형이 기술수용모형(*Technology Acceptance Model*: TAM)이다.

데이비스(Fred Davis, 1989)의 기술수용모형에 따르면 인간의 새로운 기술이나 컴퓨터 시스템의 사용 의도에는 두 가지 중요한 변수, 즉 사용 가치(*perceived usefulness*)와 사용 용이성(*perceived ease of use*)이 작용한다고 본다. 여기서 사용 가치란 새로운 시스템을 사용함으로써 일의 성과를 향상시킬 수 있다고 믿는 정도를 뜻하며, 사용 용이성은 새로운 시스템을 사용할 때 필요한 노력의 정도를 뜻한다. 또한, 사용 용이성의 증대는 사용 가치에 긍정적 영향을 미친다. 이 이론은 2000년 TAM2라는 모형(Venkatesh & Morris, 2000)으로 확장되었으며, 새로운 시스템, 기술혁신, 하이테크 제품의 수용 등을 설명하는 이론으로 널리 쓰인다.

이 모형에서 사용 용이성은 초기 사용에 필요한 노력이 얼마나 되는지, 사용법을 쉽게 기억할 수 있는지, 기존의 시스템과 호환성이 얼마나 높은지, 사용 시 심리적 장벽은 없는지 등의 세부 항목으로 평가한다. 사용가치는 일의 질을 얼마나 향상시킬 수 있는지, 같은 일을 하되 생산성을 얼마나 증가시킬 수 있는지 등으로 평가한다.

그러면, 기술수용모형을 인터넷에 적용해 보자. 지금은 뉴미디어로서의 인터넷은 사용 용이성과 사용 가치의 측면에서 탁월한 매체이지만 1990년대 초까지는 사용 용이성에서 결코 높은 점수를 받지 못했다. 인터넷은 단지 특정 과학자나 학자들이 사용하는 연구용 도구에 불과했다. 그러나 1994년 들어 웹과 GUI용 브라우저가 본격적으로 보급되면서 인터넷에 평범한 사람이 쉽게 접근할 수 있게 되었고, 이러한 결정적 계기로 인터넷은 폭발적 성장을 했다. 한편 인터넷의 사용 가치는 그 산출이 불가능할 정도로 막대하다. 인터넷이 가지는 개방성, 확장 용이성, 유연성 등의 특성은 우리 일상의 정치, 경제, 사회, 문화의 모든 분야에서 적용되어 가히 제 2의

〈그림 9-6〉 기술수용모형

산업혁명이라 할 정도의 엄청난 가치를 창출했다. 또한 웹과 브라우저의 등장에 따라 사용 용이성이 증가하여, 더 많은 사람이 콘텐츠를 생산, 공유함으로써 네트워크 효과가 발생함에 따라 그 사용 가치는 더욱 증가한다. 이 장에서 소개한 뉴미디어를 이러한 사용 용이성과 사용 가치 측면에서 평가하면 어떤 응용 분야에서 어떤 뉴미디어가 널리 채택, 사용될 수 있을지 전망이 가능할 것이다.

2) 뉴미디어를 어떻게 수용해야 하나?

뉴미디어는 인간의 인지능력을 극대화시킨 매체라고 할 수 있다. 문명사적 관점에서 볼 때 커뮤니케이션 기술이 인간의 인지능력 한계를 극복하기 위해 발달했다는 사실을 받아들인다면 이러한 주장은 일면 타당한 것이다. 이와 같은 맥락에서 볼 때 산업사회의 커뮤니케이션 테크놀로지, 즉 매스미디어는 다수의 수용자들에게 동시에 메시지를 전달하는 커뮤니케이션의 양적 능력을 확대시킨 기술이라고 할 수 있다. 그러나 매스미디어는 인간의 대화와 같은 쌍방향 커뮤니케이션을 완전히 가능하게 할 수는 없었다. 따라서 그것은 인간의 의사소통 측면에서 보면 불완전한 매체였다. 즉, 불가피하게 소수의 전달자와 다수의 수용자를 만들었던 것이다. 그러한 이유로 매스미디어는 산업사회에서의 사람 간 혹은 집단 간 갈등의 원인이 되기도 했다. 하지만 최근의 뉴미디어들은 인간의 직접적인 의사소통과 거의 유사한 커뮤니케이션을 가능하게 한다. 즉, 시공간을 초월하여 기계를 통한 직접 대화가 가능해졌다. 뿐만 아니라 첨단 정보 기술을 바탕으로 하는 뉴미디어들은 인간의 능력을 초월하는 정보처리 능력을 가져 수용자 개개인의 커뮤니케이션 능력을 획기적으로 증대시켰다.

이와 같은 커뮤니케이션 양식의 변화를 낙관론적 입장에서 본다면, 뉴미디어는 모든 수용자들이 원하는 정보를 원하는 시간과 장소에서 제공받을 수 있을 뿐만 아니라, 쌍방향 커뮤니케이션을 가능하게 만들어 커뮤니케이션 양식을 근본적으로 변화시킬 것이라고 할 수 있다. 이러한 현상은 단순히 수용자가 선택할 수 있는 혜택의 범위가 커졌다는 것만을 의미하는 것은 아니다. 그것은 정보를 선택, 관리하는 주도권이 송신자에서 수용자로 이동하는 것이고, 그 결과 수용자가 커뮤니케이션의 생산자, 주도자가 된다는 것을 의미한다.

이렇게 낙관적으로만 정보사회의 인간을 상상할 수 있을 것인가? 이 문제에 대한 논의의 시작은 역시 정보사회를 주도하는 것이 누구인가에 대한 인식에서부터 출발하여야 한다. 흔히 정보사회를 이용자, 즉 소비자가 주도하는 사회라고 일컫는다. 만일 정보사회가 수용자 주도의 사회라고 하면 뉴미디어의 수용자는 자신의 메시지를 창출하여 타인에게 전달하는 **능동적 수용자**이어야 한다. 이때 뉴미디어는 인간의 커뮤니케이션 능력을 배가시키는 하나의 도구이어야 한다. 즉, 정보사회의 수용자는 능동적 주체여야 한다는 것이다.

데카르트에 의하면 주체란 물적 대상이나 여타의 정신세계와 대면하는 하나의 의식을 말한다. 이러한 주체는 외부의 고정된 사상과 마주하면서 사유하는 존재인 것이다. 그러나 뉴미디어와 마주하는 수용자는 적극적 주체일 것 같지만 실제로는 주체를 상실한 수동적 객체가 될 위험성도 있다. 고도화된 첨단 정보 기술이 인간의 지적 한계 위에 군림할 수도 있기 때문이다. 또한 뉴미디어 사용에서 인간은 그 미디어가 받아들일 수 있는 언어 양식과 메시지 체계에 순응하여야만 한다. 따라서 뉴미디어 사용에서 수용자는 대화 내용은 물론 대화 양식에서도 결코 자유롭지 않다. 즉, 형식이 내용을 지배하고 그 형식은 기계에 의해 주어진 것이라는 점은 인간의 자유로운 의사소통을 억압하는 결과를 가져올 수도 있다. 주체적 인간이란 대화의 양식과 내용에서 자유로워야 한다. 그러나 뉴미디어는 수용자에게 많은 선택의 가능성을 제공하는 것 같지만 실제로 수용자의 자유는 뉴미디어의 기술적 합리성에 의해 체계적으로 제한되는 것이다.

그러한 의미에서 뉴미디어는 새로운 계몽주의의 부활이라고 할 수 있다. 즉, 인간에게 물질문명을 가져다주었던 이성사회가 도리어 물질문명으로부터 인간을 소외시켰던 것처럼, 정보사회에서 인간은 뉴미디어에 의해 전체 사회에 대한 이해를 상실하는 수동적이고 주체성이 결여된 소외된 존재로 남을 수도 있을 것이다. 뉴미디어의 이용에도 보다 종합적이고 이성적이며 비판적 자세가 요구되는 것도 이 때문이다. 결과적으로 정보사회에 대한 냉철한 비판적 인식 없이 정보화가 지속된다면 인간은 다음과 같은 존재로 전락할 수도 있다.

첫째, 인간은 정보화 과정에서 뉴미디어에 의한 하나의 **정보자원**으로 전락할 수도 있다. 뉴미디어의 특징은 기존의 정보들을 조합하여 새로운 정보를 창출하는 매체라고 하는 것이다. 따라서 새로운 정보 미디어에 가입한 수용자는 그 자체가 하나의 정보자원이 되는 것이다. 예를 들어 당신이 PC통신에 가입했다고 하자. 그러면 당신은 처음에 간단한 자신의 정보들을 입력한다. 그때 가입자 개개의 정보는 그 자체로는 아무런 경제적 가치를 가지지 않는다. 그러나 여러 가입자의 개별정보들이 유형화하여 우편광고의 주소록으로 사용한다면 경제적 가치를 가진다. 이때 수용자는 정보산업의 정보자원이 되는 셈이다. 이때 인간은 주체적 인간이 아니라 산업적 객체에 불과한 것이다.

둘째, 정보사회에서 개인의 정보는 **자신의 의지와 무관하게 사용**될 수 있다. 최근 환자의 병원 기록이나 개인의 쇼핑 기록이 상업적 목적이나 정보 통제의 목적으로 활용되어 사회 문제가 되는 것은 이러한 문제점을 잘 보여준다. 즉, 뉴미디어의 사용으로 바로 자신이 더욱 철저히 통제받는 결과를 가져다준다는 것이다.

셋째, 뉴미디어의 기술적 합리성에 의해 사회적 관심이 체계적으로 **왜곡되거나 배제**될 가능성이 있다. 정보사회의 여론은 뉴미디어가 제공하는 정보물에 의해 형성된다. 그러나 정치적 목적이나 경제적 목적에 의해 특정 분야에 대한 정보가 체계적으로 제외되기도 하고, 지배질서의 유지에 유리한 정보만을 체계적으로 유포할 수도 있는 것이다.

넷째, 사회통합이 점점 어려워진다. 다매체·다채널 시대의 수용자는 자신의 관심사나 정치적 성향에 따라 편향적으로 매체에 노출될 가능성이 높다. 이른바 **분중화**(分衆化) 현상이 가속화될 것이다. 이때 각 인간들은 사회 전체에 대한 그림을 왜곡하여 인지하거나 아니면 전체적 그림을 상실할 것이다. 이것은 소수의 지배계층이 분화된 국민들을 통제하는 수단 또는 목표지향적인 정치세력이 기존 질서를 교란할 목적으로 뉴미디어가 활용될 수 있음을 의미하는 것이다.

이상의 논의를 바탕으로 하면 정보사회의 수용자 문제는 '블랙박스 사고방식', 즉 많은 정보영역들이 수용자 개인의 이해범주를 넘어서 신비스러운 존재인 정보 기술에 의해 지배당하는 것이라고 할 수 있다. 이때 개인은 정보 기술이 제공하는 정보 소비자, 아니면 정보 자료원으로 전락할 수밖에 없다. 산업사회에서 인간은 노동 과정으로부터 소외되었지만 정보사회에서 인간은 정보양식으로부터 소외될 것이다. 그것은 산업자본주의 시대에 인간을 지배했던 자본주의 생산 양식이 정보 양식으로 변화된다는 것을 의미하는 것이다.

이러한 문제를 극복하기 위해 하버마스가 '이상적 발화 조건'(ideal speech condition)이라고 한 이성적 대화공간을 다시 한 번 고려하게 된다. 특히 최근 정보 양식의 변화는 인간을 분절된 관심에 의한 분화된 존재로서 사회 전체에 대해 인식이 결여된 불구의 존재로 전락시키는 것이다. 특히 그렇게 분화된 커뮤니케이션 양식은 컴퓨터와 같은 기술적 효율성에 의해 포장되어 기계로부터의 소외를 더욱 합리화시키는 것이다. 즉, 정보 기술에 바탕을 둔 뉴미디어들은 기술적 합리성에 의해 더욱 강력한 소구력을 가지는 것이다.

뉴미디어들은 이제 개별 수용자에게 마치 대포가 폭격하듯 정보를 내뱉을 것이다. 그 와중에서 개인은 다양하게 제공된 정보 선택의 폭을 활용하기보다는 수없이 주어지는 정보와 데이터 스모그(data smog) 속에서 혼란스럽게, 또 피동적인 삶의 객체로 전락할 수도 있다. 따라서 그러한 문제를 극복하기 위해서 개인은 정보사회의 내면적 의미를 분명히 인식하고 비판적 선별력을 지녀야 한다. 바로 그것은 정보사회에 새로운 사회철학이 필요하다는 것을 의미한다. 정보 기술의 유용한 활용은 기술적 지식에 의해서가 아니라 올바른 철학적 사회 인식에서 비롯되는 것이다. 만일 그렇지 않다면 정보사회는 기술만능주의에 포박된 또 다른 인간 소외의 세계가 되고 말 것이기 때문이다.

5. 빅데이터와 미래사회

2010년대에 들어서면서 빅데이터(*big data*)는 우리 사회의 큰 화두가 되었다. 개인, 기업, 공공기관의 모든 활동 내용이 디지털 데이터로 수집되어 가공, 전달, 공유되고 다시 확대 재생산되는 과정에서 데이터의 양은 기하급수적으로 늘어났다. 향후 각종 기기와 센서 등이 상호 연결된 사물인터넷(IoT: *internet of things*)이 활성화되면 그 추세는 더욱 가속화될 것이다.

2012년 가트너 그룹의 보고서에서 빅데이터를 '21세기의 원유'라고 표현하였듯이, 빅데이터가 가지는 잠재력은 매우 크다. 과거에는 직감으로 해결했던 문제에 대해서, 객관적 데이터에 기반을 둔 해결책을 찾을 수 있는 것이 큰 변화이다. 데이터를 통해 개인활동을 분석하면 사회현상에 대한 분석이 가능해지고, 많은 사회 문제에 대한 창의적 해결책을 모색할 수 있다는 점에서 기대가 크다. 그러나 빅데이터 시대에 대한 이러한 희망적 전망에도 불구하고, 개인정보 유출, 사생활 침해, 분석 격차 등 심각한 사회적 문제점도 예상된다.

〈표 9-3〉 빅데이터 분석

	전통적 분석	빅데이터 기반 분석
데이터의 원천	기업 활동에서 발생하는 관리정보	관리정보, 사용자 이력정보, 소셜데이터, 센서(*sensor*)데이터, 인터넷 로그파일
데이터의 양	기가바이트 수준	테라, 펩타바이트 수준
데이터의 특성	정형적(*structured*)	비정형적(*un-structured*)
속도	단속적인 자료생성	연속적인 자료생성
처리 방식	일괄처리 방식	분산처리 방식
분석기술 및 도구	데이터 마이닝, SPSS, SAS, KMS, R-DBMS, 데이터웨어하우스	분석 및 추론, Hadoop, R, NoSQL 등 개방형 소프트웨어, 비관계형 데이터베이
활용 분야	자료 분석, 기획 및 예측, 마케팅	물류 최적화, 의료, 에너지 효율 관리, 교통 및 환경 문제 해결, 범죄 예방, 개인화된 상품 개발, 마케팅 등

주: 정보량은 메기(106)바이드, 기가(109)바이트, 테라(1012)바이트, 펩타(1015)바이트, 엑사(1018)바이트, 제타(1021)바이트로 그 크기를 표시한다. 2011년 1.8제타바이트의 정보가 전 세계적으로 생성·복제된 것으로 추산되고, 향후 10년간 정보량이 50배 증가할 것으로 예상된다(BIR, 2012 재인용).

1) 빅데이터 기반 분석의 특징과 활용 분야

우리가 흔히 사용하는 단어 뉴미디어에서 "뉴"라는 뜻이 상대적 개념이듯이 빅데이터의 "빅"도 상대적 개념이다. 가트너 그룹은, 빅데이터와 기존 데이터와의 차이를 양(volume), 속도(velocity), 다양성(variety)의 3가지 측면에서 정의했다. 즉, 빅데이터는 하나의 단일 컴퓨터 서버에서 처리하기에는 너무 크면서, 전통적 행과 열에 따라 규격화되어 있지 않아 매우 비정형적이며 데이터 자체도 끊임없이 생성되는 성격을 가진다. 그러면, 빅데이터에 기반을 둔 분석과 전통적 분석의 접근방식은 어떻게 다르고 활용 분야는 무엇인가?

향후 빅데이터를 활용해 가치를 창출할 수 있는 분야는 과거 상대적으로 데이터를 활용하지 못했던 산업들에 주목할 필요가 있다. 미국의 프로그레시브(Progressive)와 같은 보험업계나 캐피털원(Capital One) 같은 카드업계는 이용자의 이력 데이터를 사용해서 개인화된 상품 개발 및 추천 활동을 통해 기업 경쟁력을 창출했다. 이에 비해서 미디어, 콘텐츠, 통신, 유통, 에너지산업 등은 이용자와의 접촉을 통해 많은 데이터를 확보하였음에도 불구하고, 데이터를 경영에 활용하는 작업이 활발하지 못했다. 이런 분야가 앞으로 주목할 활용 분야이다(Davenport, 2014).

2) 미디어 및 콘텐츠 산업에서의 활용

미디어 및 콘텐츠 산업은 몇 가지 이유 때문에 빅데이터의 활용 가능성이 매우 높은 분야로 판단된다. 첫째, 데이터 수집이 상대적으로 용이하다. 이용자들은 그들의 이용 행태, 평가, 선호 등의 데이터를 소셜 미디어의 형태로 자유롭게 생성, 공유한다. 둘째, 미디어 및 콘텐츠 산업에서 생성된 데이터는 의료나 금융 서비스와 같은 영역에 비해 보안 및 개인정보 유출에 따른 위험이 상대적으로 낮다. 따라서 데이터 제공 및 공유 의향이 높고, 따라서 이를 활용하기 용이하다. 셋째, 콘텐츠의 누적된 공급이 늘어남에 따라 개인화 서비스의 필요성이 커진다. 예를 들어, 개인화된 스마트 추천 시스템을 통해 적절한 콘텐츠를 제공함으로써 신규 가치를 창출하거나, 서비스 운영의 효율화를 통한 비용 절감이 가능하다.

그러면, 구체적으로 빅데이터가 활용되는 사례는 무엇인가? 첫째, 추천 시스템에 활용된다. 미국의 영상 서비스회사 넷플릭스는 자사 서비스 이용자의 이력 데이터를 이용해서 그들이 선호할 만한 영화를 추천하는 시스템을 활용해 매우 높은 성과를 거두었다. 넷플릭스 이용자가 시청하는 영화 3편 중 2편은 그들이 개

〈그림 9-7〉 넷플릭스의 자체 콘텐츠

발한 시네매치(cinematch) 알고리즘을 이용해 추천된 영화라고 하니, 수많은 대안 속에 고민하는 이용자들에게 매우 유용한 서비스임에 틀림없다.

둘째, 콘텐츠 제작 시스템에 활용한다. 사람들이 어떤 장르의 콘텐츠를 많이 보는지, 어떤 제작자 혹은 배우를 선호하는지 등의 데이터가 축적되고, 이 데이터는 궁극적으로 콘텐츠 제작전략에 활용된다. 관련된 사례로 넷플릭스가 자체 제작해서 2013년 2월 개봉된 TV 시리즈 〈하우스 오브 카드〉(House of Cards)를 들 수 있다. 넷플릭스는 어떤 콘텐츠를 제작할 것인가의 중요한 의사결정 상황에서, 일반 이용자들의 행태, 해당 사용자의 구체적 이용 이력, 소셜 네트워크에서 수집되는 데이터 등을 종합적으로 분석했다. 이런 빅데이터 분석을 통해 과거 영국 BBC에서 제작, 방송된 드라마를 리메이크하는 전략적 의사결정을 내린다. 이러한 자체 제작 콘텐츠의 영향으로 넷플릭스는 2013년 1분기에만 3백만 명의 회원이 늘어나는 대성공을 거두었다. 아마존닷컴도 자체 콘텐츠를 제작하기 위해 파일럿 프로그램을 제작하고 빅데이터 분석을 통해 최종적으로 콘텐츠 개발 결정을 한다. 2014년 공개된 4명의 미국 공화당 의원들의 재선 에피소드를 그린 〈알파 하우스〉(Alpha House)가 그 예다. 이상의 예와 같이 주요 플랫폼 사업자들은 새로운 사업 진입 시 빅데이터를 적절히 활용해 고객을 확보한다.

3) 빅데이터와 미래사회의 모습

인터넷은 사용자 편이성이 획기적으로 개선된 넷스케이프(Netscape)가 개발한 브라우저에 의해서 대중화가 시작되었다. 이에 따라, 2000년대에는 모든 시스템의

온라인화가 이루어지고, 2010년대에는 무선 네트워크의 발전에 따라 모바일 시대를 맞이했다. 앞으로 빅데이터가 우리 생활에 본격 활용되는 향후 2020년경 이후의 사회는 어떤 모습일까? 빅데이터 시대의 도래에 따른 미래 사회의 모습은 긍정적인 측면과 부정적 측면을 동시에 예고한다.

(1) 초연결사회의 개막

IT와 통신 기술의 발전은 지구상의 모든 것들을 연결시킨다. 사람과 사람간의 연결뿐만 아니라 사람과 사물, 사물과 사물이 연결된다. 이러한 초연결사회(*hyper-connected society*)에서는 가정, 사회, 기업, 국가의 모든 사람과 사물 간의 연결성 확대로 거대한 디지털 네트워크가 형성되고 그들 간의 상호작용이 활발하게 일어나면서, 공진화(*co-evolution*)가 촉진된다. 초연결사회에서는 사람과 사람이 사회연결망 서비스로 소통하고, 사람과 로봇이 인공지능으로 상호작용하고, 기기와 기기가 센서가 장착된 네트워크를 통해 연결된다. 이러한 소통은 새로운 가치 창출이나 생산성 향상의 기회를 제공하기도 하고, 사회 혹은 범국가적 문제를 해결하는 데 사용될 수도 있다.

(2) 사회 전반 문제의 해결

빅데이터는 우리 사회의 문제들을 스마트하게 해결할 수 있는 매우 의미 있는 기회를 제공한다. 과거의 데이터가 그 양과 질의 한계로 인해, 문제해결에 제한적이었다면, 빅데이터는 여러 사회문제의 해결을 가능하게 한다. 예를 들어, 범죄해결 문제를 위해 미국 연방수사국 FBI에서는 범죄자의 유전자 정보은행 CODIS(*combined DNA index system*)을 구축하고, 이를 50개 주에서 서로 공유, 활용함으로써 과학적 수사를 한다. 공중보건을 위해, 미국 국립보건원(NIH)에서 진행하는 DNA에 대한 연구는 광범위한 유전자정보 분석을 통해, 질병에 관한 예방 및 치료에 사용할 수 있어, 인간의 삶의 질뿐만 아니라, 급증하는 의료비용 문제를 해결할 수 있다. 또한 투명한 사회를 위해 빅데이터가 활용될 수 있다. 적절한 기계학습을 통해 탈세, 사기 사건 등을 줄일 수 있는 기회를 제공하고, 그 이외에도 교통 및 환경 문제 해결, 재난 방지, 도시 설계 등의 문제 해결도 가능하다(송민정, 2012).

(3) 개인정보 침해와 보호 문제

빅데이터는 공공의 문제를 해결할 뿐만 아니라 개인화된 서비스 제공 또한 가능케 한다. 개인화된 의료 서비스(*personalized medicine*), 수많은 정보의 홍수 속에서 필요한 맞춤정보를 제공하는 개인 큐레이션(*curation*) 서비스, 가정의 모든 기기를 상황 인식을 통해 개인의 선호에 맞추어 관리 및 제어하는 홈 네트워크 서비스 등을 생각할 수 있다. 이런 서비스의 제공을 위해서는 개인정보의 활용이 필수이고, 이에 따른 개인정보의 유출, 프라이버시의 침해 등의 문제가 예상된다. 이런 문제에 대해 미국은 개인정보를 최대한 활용하는 다소 전향적인 접근법을 취하는 반면, 우리나라와 유럽은 개인정보의 보호에 중점을 두는 보수적 입장을 취한다(한국정보화진흥원, 2013. 2). 개인정보의 보호와 활용은 명확한 답이 존재하는 것이 아닌 위험과 효용을 고려한 균형의 문제이며 개인, 기업, 정부의 고민을 통해 사회적 합의를 도출하는 것이 필요하다.

(4) 분석 격차의 심화

디지털 격차(*digital divide*)는 정보 기기나 네트워크에 접근하는 능력의 부족으로 정보 접근에 차이가 나고 이에 따라 발생하는 경제·사회적 문제를 의미한다. 그런데 빅데이터가 활성화된 사회에서는 디지털 격차 이상의 심각한 문제가 발생할 수 있다. 기업의 경우 빅데이터를 통해 문제를 분석, 이해, 추론해서 문제의 핵심을 파악하고, 효율적이면서도 혁신적으로 기업을 운영하는 것과 그렇지 못한 기업의 경쟁력 차이는 너무나 자명하다. 이것은 데이터를 단순하게 수집, 저장하는 능력이 있느냐 없느냐에 따른 데이터 격차(*data divide*)의 문제보다 활용 측면에 더욱 초점을 둔 문제 제기이다. 빅데이터에서 나온 결과물은 수많은 자료에 대한 요약이 아니라 고객과 업의 본질을 꿰뚫는 혜안(*insight*)이기 때문이다. 이 상황은 전쟁 수행 시 활을 가진 국가와 총을 가진 국가의 전쟁 상황에 비유할 수 있다.

그러면 빅데이터를 분석, 활용하는 기업과 그렇지 않은 기업 간 차이를 분석 격차(*analytics divide*)라고 명명해 보자. 이 격차는 학습효과 때문에 시간의 경과에 더 심화될 가능성이 있다. 이것은 단순한 투자에 의해 극복할 수 있는 계량적 격차가 아니라 쉽게 학습하거나 모방하기 매우 어려운 비계량적 격차를 의미하기 때문이다.

데이터가 풍부해진다고 과거 해결하지 못했던 문제가 바로 해결되는 것은 아니다. 많은 문제들은 일견 의미가 없어 보이는 데이터 속에서 관계를 발견하고, 분석하고, 추론하는 지능(*intelligence*)이 높지 않고서는 문제를 해결할 수 없다. 따라서 빅데이터와 함께 인공지능(*artificial intelligence*)에 대한 관심이 증가하고 있다. 과거에도 인공지능에 대한 관심이 매우 높았으나 현실 적용에 실패한 바 있다. 과거엔 이론은 있었지만 유용한 데이터가 부족했다면, 빅데이터 시대에는 관련 비관련 데이터가 차고 넘치는 상황이 되었다. 이제는 인공지능을 통해 추론하고 미래를 예측할 수 있는 여건이 마련되었다. 특히 데이터를 기반으로 추론하고 학습하는 기계학습(*machine learning*), 인간과 기계의 소통을 위한 자연어 처리(*natural language processing*) 등이 매우 중요하다. 결국 빅데이터 시대에는 데이터와 함께 인공지능의 활용 역량에 따라 조직 경쟁력이 좌우될 것이다. 따라서 데이터를 처리하고, 이해하고, 분석하고, 이를 근거로 인공지능을 이용해 최종적으로 문제에 대한 혜안을 도출하는 데이터 사이언티스트(*data scientist*) 역할이 중요하다. 이러한 역량은 한 분야에 국한된 전문 지식이 아니라, 빅데이터에 대한 이론적 지식, 분석기술에 대한 숙련, 통찰력 있는 분석, 설득력 있는 커뮤니케이션 능력, 다분야 간의 협력 및 수학, 통계학, 공학, 경영학, 사회학, 심리학, 철학 등 관련 학문에 대한 통합적 이해를 통해 종합적으로 문제 해결을 할 수 있는 능력을 의미한다(한국정보화진흥원, 2013. 2). 이러한 특성은 쉽게 학습하거나 모방하기 어렵기 때문에 조직 경쟁력의 주요 요인이 된다.

1. 정보사회에 대한 기존의 여러 관점을 정리해 보고, 오늘날 정보사회를 어떤 관점으로 이해해야 할지 생각해 보자.

2. 케이블TV의 특성과 사업영역, 그리고 MSO에 대해 알아보자.

3. 위성방송에 디지털기술이 수용됨에 따라 어떠한 서비스가 가능하게 되었는지 알아보자.

4. 아날로그 방송과 디지털 방송의 주된 차이점이 무엇인지 알아보자.

5. 국내외 디지털 방송 서비스 현황에 대해 관련 인터넷 사이트를 찾아 학습해 보자.

6. 데이터, 영상, 음성을 내보내는 데이터 방송의 서비스로 어떠한 것들이 있는지 생각해 보자.

7. 기존의 텔레비전과 구별되는 HDTV의 특성에 대해 알아보자.

8. 고도의 정보사회에서 인간의 모습과 인간관계에 대해 논의해 보자.

9. 빅데이터가 우리 생활에 활용될 수 있는 분야가 무엇인지 생각해 보자.

10. 빅데이터가 활성되면 미래의 사회는 어떤 변화가 예상되는지 토론해 보자.

참고문헌

• 강상현 (1996), 《정보통신혁명과 한국사회: 뉴미디어 패러독스》, 한나래.

• 강상현 · 김국진 · 정용준 · 최양수 (2002), 《디지털방송론》, 한울.

• 강희종 (2009. 2. 3), 세계 IPTV시장 고속성장, 〈디지털타임스〉.

• 김 준 (2009. 3. 25), 방송통신위 출범 1년 추진 성과는?, 〈K모바일〉.

• 김대수 (2006. 9), 〈국내 데이터방송 서비스 시장 동향〉, 한국소프트웨어진흥원.

• 김대호 외 (2008), 《미디어의 미래》, 커뮤니케이션북스.

• 김성철 (2010), 인터넷 기반 뉴미디어 벤처의 해외시장 비즈니스 모델과 사업성과, 〈한국방송학보〉, 24권 2호, 42~69.

• 김승현 편 (1990), 《정보사회 정치경제학》, 나남출판.

• 김영세 (2005), 와이브로 정책, 기업전략, 그리고 시장진화, 〈한국경제학보〉, 12권 2호.

• 김용한 · 이상운 (2006), 지상파DMB 기술 개요 및 표준화 현황, 〈정보처리학회지〉.

• 김재윤 · 김정환 · 김성철 (2013), 시각장애인의 스마트폰 이용이 사회적 자본과 정서적 웰빙에 미치는 영향에 관한 연구, 〈한국방송학보〉, 27권 2호, 157~185.

• 김지수 (2004. 12. 1), 1인 미디어 블로그의 확산과 이슈, 〈정보통신정책〉, 16권 22호.

• 김지연 (2009. 5. 19), 스카이라이프, 데이터방송 6주년 기념 이벤트, 〈아이뉴스24〉.

• 디지털타임스 (2009. 6. 3). 3G 이통가입자 2천만 시대 열렸다.

• 미래창조과학부 (2013), 〈방송산업발전 종합계획〉.

- 박영훈 (2008. 12. 12), LG 데이콤, 유비쿼터스 선도, 〈헤럴드경제〉.
- 방송통신위원회 (2012),
  〈인터넷 기반 뉴미디어 정책방향 및 중장기 미디어 발전전략 연구〉.
- 초성운 (2001), 《인터넷방송의 이해》, 나남출판.
- 손 용 (1989), 《현대방송이론》, 나남출판.
- 송민정 (2012), 《빅데이터가 만드는 비즈니스 미래지도》, 한스미디어.
- 안은미 (2014), 《미디어 콘텐츠의 수용》, 커뮤니케이션북스.
- 양순옥 (2008), 《유비쿼터스 컴퓨팅 개론》, 한빛미디어.
- 원우현 (1989), 《현대 미디어이론》, 나남출판.
- 위키피디아(http://en.wikipedia.org.wiki.Hsdpa)
- 위키피디아(http://ko.wikipedia.org.wiki.DMB)
- 유진평 · 이승훈 (2009. 5. 11), 모바일인터넷, DMB, IPTV 줄줄이 쓴잔, 〈매일경제〉.
- 이경남 (2008. 2. 23), IPTV 가치사슬 및 경쟁전략 분석과 시사점, 〈정보통신정책〉.
- 이은용 (2009. 2. 1), 2013년에 광대역 정보고속도로 뚫린다, 〈전자신문〉.
- 장수연 (2009. 4. 23), 알쏭달쏭한 인터넷 전화 길라잡이, 〈스마트쇼핑저널 버즈〉.
- 전석호 (2002), 《정보사회론》, 나남출판.
- 전자정보센터 (2008. 6), 〈VoIP 국내외 시장 및 규제 동향〉.
- 전자통신연구원 (2014), 〈스마트미디어 이용동향〉.
- 정보통신정책연구원 (2007), 〈국내 VoIP 시장 현황〉.
- 정보통신정책연구원 (2012), 〈모바일 브로드밴드와 모바일 비즈모델〉.
- 정보통신정책연구원 (2012), 〈정보통신산업동향〉.
- 정순일 (1993), 《CATV총람》, 나남출판.
- 조철호 · 강병서 (2007), 블로그 서비스 품질이 서비스 가치와 고객만족에 미치는 영향:
  싸이월드를 중심으로, 〈품질경영학회지〉, 35권 1호.
- 지식경제부(http://www.mke.go.kr)
- 차재웅 (2008), 데이터 분석을 통해 본 케이블TV 광고의 과거,
  현재 그리고 미래, 〈Cable Ad〉, 겨울호.
- 채정이 · 김효용 (2008), 방송통신융합에 따른 국내외 IPTV 콘텐츠 제작 및
  시장분석에 관한 연구, 〈디지털영상학술지〉.
- 최성진 (2009. 1), 디지털방송의 꽃, 데이터방송 및 양방향 서비스, 〈미디어미래〉, 31호.
- 최진성 (2006), BCN망 기반 HSDPA 서비스 개념과 동향, 〈정보처리학회지〉, 13권 4호.
- 추현우 (2009. 6. 10), 트위터와 김연아 효과, 그리고 실시간 웹, 〈지디넷코리아〉.
- 한국 케이블TV 방송협회(http://www.kcta.or.kr)
- 한국 IDC (2006. 4), 〈국내 VoIP 서비스, 장비, 시장분석 및 전망 보고서〉.

- 한국방송통신전파진흥원 (2014), 〈N스크린 추진과정과 주체별 서비스 전략 분석〉.
- 한국정보화진흥원 (2012), 〈LTE의 등장배경과 발전 과정〉.
- 한국정보화진흥원 (2013. 2), 〈새로운 미래를 여는 빅데이터 시대〉.
- 한국정보화진흥원 (2013. 6), 빅데이터 시대의 개인 데이터 보호와 활용,
  〈IT & Future Strategy〉, 8호, 1~19.
- 허 윤 · 이상우 (2012), 다매체 환경에서의 미디어 간 경쟁과 대체:
  기존의 방송 미디어와 소셜 미디어에 대한 적소분석, 〈한국언론학보〉, 56권 4호, 29~54.
- Business Information Research (2012), 〈빅데이터 시장 현황과 전망〉.
- Davenport, T. (2014), *Big data@work*, Harvard Business Review Press.
- Davis, F. D. (1989), Perceived usefulness perceived ease of use and user acceptance of
  information technology, *MIS Quarterly*, 13(3), 319~339.
- Davis, F. D., Bagozzi, R. P., & Warshaw, P. R. (1989),
  User acceptance of computer technology:
  A comparison of two theoretical models, *Management Science*, 35(8), 982~1003.
- Falk, J. (2006. 9), The Meaning of the Web,
  www.scu.edu.au/ausweb95/papers/sociology/falk.
- Fenton, N., 이인희 역 (2011),
  《뉴미디어, 올드뉴스: 디지털시대의 언론과 민주주의》, 커뮤니케이션북스.
- Kaplan, A. M. & Haenlein, M. (2010), Users of the world, Unite!
  The challenge and opportunites of social media, *Business Horizons*, 53, 59~68.
- Manovich, L., 서정신 역 (2014), 《뉴미디어의 언어》, 커뮤니케이션북스.
- Rogers, E. M., 김영석 역 (1988), 《현대사회와 뉴미디어》, 나남출판.
- Valenzuela, Sebastian, Namsu Park & Kerk, F. Kee. (2009), Is There Social Capital in a
  Social Network Site?: Facebook Use and College Students' Life Satisfaction,
  Trust and Participation, *Journal of Computer-Mediated Communication*, 14.
- Venkatesh, V. & Morris, M. (2000), A theoretical extension of the technology
  acceptance model: Four longitudinal field studies, *Management Science*, 46, 186~204.
- Yang, J.-A. & Grabe, M. E. (2011), Knowledge acquisition gaps;
  A comparison of print versus online news sources, *New Media & Society*, 13, 1211~1227.

좀더 알아보려면

www.atek.com/satellite/work.html 위성방송이 어떻게 작동하는지를 설명하는
간단한 도식이 소개되어 있다.

www.skylife.co.kr 한국디지털위성방송(스카이라이프)의 홈페이지로 서비스 상품을

소개하며, 채널가이드 등을 볼 수 있다.

www.koreasat.or.kr 한국위성방송기술협회의 홈페이지로 위성방송의 개념,

방송 채널, 통신 기술 등이 소개되어 있다.

www.isat.info 위성관련 종합 검색서비스 사이트로 전세계 위성방송 채널, 장비 제조사,

시설업체 등을 검색할 수 있다.

www.cabledatacomnew.com/cmpc 케이블 모뎀의 그림이 소개되어 있으며,

그 성능을 자세히 볼 수 있다.

www.uu.net/lang.en/network/northam.html MCI Worldcom이 소유한 UUNET의

네트워크를 볼 수 있다.

www.fcc.gov/telecom.html 미국 FCC에서 1996년에 제정한 통신법

(Telecommunications Act)에 대해 알 수 있다.

www.dt.co.kr 〈디지털타임스〉의 홈페이지로 정보통신, 인터넷, 컴퓨터,

첨단 디바이스 등 IT 기사를 제공한다.

www.kcta.or.kr 한국케이블TV방송협회의 홈페이지로 케이블TV 채널의

주간편성표와 각 방송국 소개를 볼 수 있다.

www.kinternet.org 한국인터넷기업협회는 인터넷 기업으로 구성된 비영리 민간 경제단체로

인터넷 기업 간 네트워크 구축, 투자자금 조달 및 해외 진출 지원업무 등을 수행한다.

www.kwn.or.kr 한국인터넷방송협회의 홈페이지이며, 인터넷 방송 사업자 지원,

웹캐스팅 워크숍, 인터넷 방송 사이트를 소개한다.

www.kisma.or.kr 한국인터넷쇼핑몰협회는 인터넷 쇼핑몰 사업자단체로

추진사업과 회원사를 소개한다.

www.koreamita.org 무선인터넷단말기협회의 홈페이지로 PDA,

컴퓨터 등 무선 인터넷 관련 정보를 제공한다.

www.fsc.yorku.ca/york/istheory/wiki/index.php/Technology_acceptance_model

TAM에 대한 전문적 자료를 제공한다.

www. reelpulse.com 영화의 흥행을 사전적으로 예측하여, 영화 캠페인을

효과적으로 전개할 수 있도록 돕는 빅데이터 서비스를 제공한다.

rayspace.tistory.com/354 넷플릭스에 관한 양유창의 블로그다.

www.fbi.gov/about-us/lab/biometric-analysis/codis 미 연방수사국(FBI)의

홈페이지로 CODIS에 관한 정보를 볼 수 있다.

10

PR

1989년 3월 미국 엑손(Exxon) 사의 유조선 발데즈(Valdez) 호가 알래스카 발데스 항 인근에서 좌초하여 25만 배럴의 원유가 유출되었다. 이 사고로 인근 1천 3백 평방마일의 해상이 오염되었고, 6백 마일의 해안선이 황폐화되었으며, 25만 마리의 해조, 2천 8백 마리의 해달, 3백 마리의 항구 바다표범, 250마리의 대머리독수리,

출처: http://response.restoration.noaa.gov
알래스카 발데스항을 떠난 직후 엑손 발데즈호는 블라이 리프(Bligh Reef) 지점에 좌초됐다. 이 사진은 좌초 3일 후 폭풍이 몰아치기 직전에 찍은 것이다.

22마리의 식인고래, 수를 헤아릴 수 없는 연어와 청어 등이 떼죽음을 당했다. 그러나 엑손 사의 로울(Lawrence G. Rawl) 회장은 사태의 중대성을 깨닫지 못해 현장을 방문하지도 않았으며, 사건 발생 1주일 후에야 사고에 대해 언급하는 게으름을 피웠다. 또한 로울 회장은 해안 경비대와 알래스카 주 공무원에게 책임을 전가하려 하였으나 이로 인해 오히려 여론을 악화시키고 정부의 엄격한 징계를 받았다. 한편 회사는 사건 발생 열흘째 되던 날에서야 166개 신문에 사건과 관련된 자사의 입장을 알리는 광고를 게재했다. 그러나 그 내용이 회사 입장을 변명하는 것이어서 오히려 대중

의 불신과 비난을 받았다.

　피해 규모에 차이는 있지만 1991년 국내에서도 이와 유사한 사건이 발생했다. '낙동강 페놀 오염 사건'으로 더 잘 알려진 이 사고는 두산전자에서 전자회로기판의 재료 공정에 필요한 페놀 30톤을 낙동강 하류지역에 유출시킴으로써 일시적으로 강의 페놀 농도가 증가한 사건이었다. 페놀이 염소와 반응하여 염화페놀이 생성되자 악취가 1백 배 이상 증가해 지역주민에게 참을 수 없는 고통을 안겨주었다. 국내 최대 환경오염 사고로 기록된 낙동강 페놀 오염 사고는 우리 사회 각 부문에 큰 영향을 미쳤다. 정부는 새로운 환경 정책을 도입했고, 기업은 환경 문제를 새롭게 인식하면서 환경 전담조직을 만들어 환경경영 개념을 도입했다. 이는 또한 국내 환경단체나 시민들에게 환경 문제의 심각성을 인식하게 했을 뿐만 아니라 환경운동이 급신장하는 계기도 마련했다. 기업들은 당시 사고를 일으켰던 두산그룹에 대한 시민의 불매운동을 지켜보면서 환경 문제에 잘못 대처할 경우 기업이 도산할 수도 있다는 인식을 가졌다. 실제로 두산은 이 사건으로 인해 피해자와 지역사회에 220여억 원을 배상·기부했다.

　엑손과 두산은 사고를 미연에 방지하지 못한 책임과 함께 사후관리도 미흡했다는 사회적 비난을 모면할 수 없었다. 우리는 이들 두 기업의 사례에서 기업의 공중관계(*Public Relations*)가 기업 활동의 중추적 업무가 되어야 함을 깨닫는다.

1. PR의 정의와 기능

　PR이라는 말의 의미는 매우 다양하다. PR에 대한 정의가 이처럼 다양한 것은 무엇보다도 PR을 바라보는 관점이 서로 다르기 때문이다. 이러한 관점들은 크게 경영학적 측면과 커뮤니케이션적 측면의 두 가지로 나눌 수 있는데 이러한 두 시각을 종합하여 정의를 내리면 PR이란 "설득 커뮤니케이션의 한 형태로 하나의 조직체가 그와 관계된 공중과의 호혜적 관계를 확인·수립·유지하기 위해 그 조직체의 목적이나 방침·활동 등에 관한 각종 정보를 여러 가지 매체를 통해 공중에게 전달하는 조직

<표 10-1> 광고와 PR의 비교

	PR	광고
커뮤니케이션	쌍방(two-way) 커뮤니케이션 전달 → 반응 → 재전달 → 합의	일방적(one-way) 커뮤니케이션 전달 → 설득 → 행동유발
목적	공중과의 이해, 친선 도모(고지/설득)	이익의 극대화(구매욕구와 행위유발)
집행 유형	미디어를 매개체로 하여 집행	미디어를 통해 유료로 집행
수단	기사, 이벤트, PR지, VNRs 등	광고
신뢰도	낮다	높다
기간	장기적	단기적
방법	간접적	직접적

<표 10-2> PR의 여러 가지 기능들

기능	정의
여론분석 기능	조직의 운영과 계획에 영향을 미칠 수 있는 여론, 태도, 쟁점들을 예측, 분석, 해석하는 기능
커뮤니케이션 상담역	공중관계와 사회책임의 업무에 관한 조직의 정책결정, 행동방향, 커뮤니케이션 등에 관련하여 각급 수준의 경영진에게 조언을 하는 기능
대외활동과 커뮤니케이션 프로그램의 수행 기능	조직의 목표를 성취하기 위하여 관건이 되는 공중에게 조직활동을 홍보하기 위한 행위 및 커뮤니케이션 프로그램을 지속적으로 조사, 수행, 평가하는 기능
공공정책에 대한 대응 기능	공공정책을 변화시키거나 그에 대한 영향을 미치기 위해 조직의 노력을 계획하거나 수행하는 기능
PR 자원 관리 기능	위와 같은 기능들을 수행할 때 소요되는 자원들을 관리하는 기능. 즉, 목표설정, 기획, 예산, 스태프의 선발과 훈련, 그리고 시설조달 등의 기능

출처: 오두범(1997), 《PR커뮤니케이션론》

과 공중 간의 쌍방적 커뮤니케이션"이라고 할 수 있다.

근래에 와서 기업체는 물론 비영리조직체인 정치단체, 정부기관, 사회사업단체, 학교, 군대, 종교기관 등에서도 모두 PR 활동을 활발히 전개한다. 각 조직체에서 실시하는 PR 활동은 어떠한 기능을 하는지 미국의 PR협회(PRSA)가 정리한 내용을 살펴보면 〈표 10-2〉와 같다.

2. PR의 역사

PR이라는 용어는 다분히 현대적 의미를 가지지만, 크게 보아 다음의 3단계를 거쳐 그 개념이 변화했다고 볼 수 있다.

첫 번째 단계인 초기의 PR 활동에서 공중은 기업이나 조직체에 의해 철저히 무시당했다. 대기업은 공중이 기업에 대하여 적게 알면 알수록 더 효율적이고 이윤이 남는 경영이 될 수 있다는 공중관을 가졌다. 그리하여 기업 경영자들의 대부분은 공중을 '빌어먹을 놈들'(*Public be damned*)이라고 칭하면서 업신여겼다. 그러나 두 번째 단계에서 공중은 더 이상 무시할 수 있는 대상이 아니었다. 노동운동이 조직화되면서 기업들은 공중에게 알릴 것은 알려야 한다는 인식을 싹틔우며 '커뮤니케이션을 통한 PR'이 출현할 수 있는 여건을 마련했다. 그리고 세 번째 단계에서 PR은 더 이상 말로만 할 수 있는 활동이 아니었다. 기업과 공중 간의 관계가 전문화되고 PR이 하나의 업무 영역으로 자리매김함으로써 '행동이 수반된 커뮤니케이션'(*communication with action*)이 요구되었다. 즉, 공공선을 위해 기업이 무언가를 해야만 하는 시대가 된 것이다.

1) 미국의 PR

미국의 PR은 1770년대 미국 독립운동을 주도한 애덤스(Samuel Adams)의 활동에서부터 비롯되었다. 미국 국민들이 독립전쟁을 적극적으로 지지하는 가운데 애덤스를 비롯해 페인(Thomas Paine), 해밀턴(Alexander Hamilton), 프랭클린(Benjamin Franklin), 디킨슨(John Dickinson) 및 제퍼슨(Thomas Jefferson) 등은 PR을 위한 도구와 기술을 독립운동에 적극 활용하여 미국을 건국하는 데 기여했다. 이들 개척자들은 혁명사상을 전파하기 위해 수천 장의 팸플릿을 제작, 배포하고 여러 신문에 익명으로 기사를 쓰고, 공공회합·통신 또는 구전의 형식으로 국민들을 설득하여 자신들이 의도하는 방향으로 여론을 조성 내지는 조작했다.

미국 PR의 역사에서 또 하나의 양상은 잭슨(Andrew Jackson)이 제7대 대통령으로 활동하던 시기를 통해 살펴볼 수 있다. 잭슨은 서부 개척민의 절대적 지지를 받아 당선된 현실주의적 정치가로서 정규교육을 받은 일이 없어 정치적·사회적 철학에 어두웠고 자신의 사상을 전달하는 데도 어려움을 느꼈다. 그래서 이러한 문제를 해결하기 위해 잭슨은 켄달(Amos Kendall)과 같은 PR 전문가를 기용하여 자신의 사상을 의회나 국민에게 전달했다.

2) '강도 남작' 시대의 PR

1875년부터 1900년까지의 25년 동안 미국의 인구는 약 2배로 늘어났고, 사람들이 도시에 밀집하는 인구의 도시화 현상이 발생했다. 또한 이 기간 동안 대량생산 제도의 확립과 기계화가 이루어졌고, 철도와 통신망이 전국에 퍼졌으며, 신문·잡지 등의 매스미디어가 크게 발전함으로써 20세기 PR 발전의 기초가 마련되기에 이르렀다. 당시 미국경제는 소수의 거대 자본가가 좌지우지하는 구조로서 석유왕 록펠러, 철강왕 카네기, 철도재벌 밴더빌트, 금융왕 J. P. 모건 등 강력한 독점 기업이 대두하기 시작했으며, 부와 권력의 핵심층 및 이른바 '강도 남작'(*robber barons*), 그리고 그 모방자들의 염치없는 술책으로 인해 1900년대 초에 이르러서는 일련의 사회적 항의와 개혁이 유발되었다. 당시의 PR은 이 기간 동안 국가의 급속한 성장에 대한 반대 세력의 격렬한 논쟁 가운데서 싹튼 것이라고 할 수 있다.

1900년대에 이르러 PR 실무자들은 개별적인 언론대행인과 선전가(*publicist*)의 위치에서 기업을 카운셀링하는 분야의 전문가로 발전했다. 이때 마이클리스(George V. S. Michaelis), 스몰(Herbert Small), 마빈(Thomas O. Marvin)에 의해 최초의 선전회사인 Publicity Bureau가 1900년 보스턴에 설립되었다.

3) PR의 선도자

아이비 리(Ivy L. Lee)는 PR사에서 가장 대표적인 인물 중 하나로 꼽힌다. 리는 신문기자 출신으로 뉴욕에 PR대행사를 설립해 1903년 뉴욕 시장선거 운동에 참여했으며, 이어 1904년 대통령선거 운동에서는 민주당 전국위원회의 PR요원으로 활동했다.
리는 PR 활동을 위한 "원칙선언"(Declaration of Principles)을 발표했는데, 그 요

지는 '솔직하게 공개하여 미국의 모든 신문과 시민에게 신속하고 정확하게 알리는 것에 PR의 목적이 있다'라는 말로 정리할 수 있다. 또한 그는 좋은 실적으로 뒷받침되지 않는 선전이 문제라는 것을 깨닫고, 실적이 선전의 승패를 결정짓는 중요한 요소라는 사실을 이해시키려고 노력했다.

한편, PR 고문으로서 리는 기업을 좀더 인도주의적으로 만드는 것이 얼마나 중요한가를 인식하고, 기업 운영에서 인간적 요소를 강조했다. 또한 한때 록펠러 2세 (John D. Rockefeller, Jr.)의 PR 고문으로 있을 때, 록펠러 1세에 대해 대중이 가진 탐욕적인 노자본가의 개념을 박애와 자선에 거액을 희사하는 친절한 노인으로 호전시킴으로써 자신의 신념을 실증하기도 했다.

1920년대에 들어서면서 이전과는 달리 PR의 목적이나 기능이 퍼블리시티에 국한되어서는 안 된다는 인식이 고조된다. PR은 기업체에 대한 대중의 태도를 파악하고, 나아가서 그들로 하여금 호의적 태도를 갖게 하는 데 그 목적이 있다고 인식했다. 이는 PR의 PR다운 측면이 강조된 결과였다.

PR을 이와 같이 발전시키는 데 크게 공헌한 사람이 버네이스(Edward L. Bernays)다. 그는 1923년 전후의 대표적 저작이며 PR에 관한 최초의 저작이라 할 수 있는 《여론의 결정》(*The Crystallizing Public Opinion*)을 출간하였으며 같은 해 뉴욕대학에서 최초의 PR론 강좌를 담당하는 등 전후 PR의 붐을 조성했다.

제1차 세계대전 기간 중인 1917년에 위원장인 크릴의 이름을 따서 크릴위원회 (Creel Committee)라고 알려진 공보위원회가 조직되었는데, 그곳에서 버네이스는 위원회의 일원으로서 전쟁 선전을 위해 그의 재능을 발휘했다. 또한 공공장소에서 여성의 흡연이 금기시되던 1929년에 버네이스는 10명의 여성으로 하여금 담배를 피우며 뉴욕 한복판을 당당히 걷게 했다. '자유의 횃불(*Torches of Freedom*)행진'이라 불린 이 행사는 여성의 흡연문제를 공론화하고 페미니즘을 앞당기는 데에 큰 역할을 했다.

4) PR의 성숙

PR은 1930년대에도 전문 분야로서 발전을 거듭했다. 이 기간에 PR카운슬협회를 비롯한 여러 가지 PR 실무자들의 협력단체가 형성되었으며, 갤럽 여론조사연구소가 등장하여 여론조사의 수준과 신뢰도를 높였다.

1940년대를 맞이하여 미국에서는 많은 변화가 있었다. 제2차 세계대전에 참여한 미국에서는 제1차 세계대전에서와 마찬가지로 PR이 전쟁수행에 중요한 역할을 담당했다. 따라서 PR대행사가 자리를 잡는 계기가 마련되었는데, 일례로 힐 앤 놀턴(Hill and Knowlton) 대행사는 항공회사와 조선협회 같은 산업체 PR을 대행함으로써 대행사로서의 기반을 확보하기도 했다. 즉, PR이 명실상부한 전문직으로 발전한 계기는 제2차 세계대전이라고 할 수 있다. 이러한 추세에 발맞춰 1947년 보스턴 대학교에서 최초로 PR대학을 세운 것을 필두로 1949년까지 100여 곳의 대학들이 PR 과목을 개설했다. PR은 전후의 산업 복구에도 기여했다. 대표적 사례로 포드자동차의 사장인 헨리 포드 2세는 얼 뉴솜(Earl Newsom) 사의 PR 컨설턴트를 고용하여 자사를 책임감 있고 존경받는 기업으로 부각시키는 데 성공했다.

1960년대와 1970년대는 과거 어느 때보다도 PR이 요구된 위기와 변혁의 시기였다. PR 실무자들은 커뮤니케이션 기술과 관리 기술은 물론 폭넓은 사회과학 지식을 필요로 했으며, 나아가 마케팅 관련 문제, 전 세계적인 소비자 운동, 기업과 정부와의 관계에 초점을 맞추었다. 또한 기업 내에서 PR 실무자의 책임, 다국적기업의 PR 역할이 증대되는 현상이 두드러진 시기였다.

3. PR 활동의 여러 분야

1) 마케팅 PR

PR은 효율적 마케팅 커뮤니케이션 수단으로 각광받는다. PR은 매체를 이용한 광고보다 메시지의 신뢰도가 높기 때문에 기업의 이미지를 소비자들에게 어필하는 데 유용하게 사용된다.

PR에 의한 마케팅 전략을 보통 마케팅 PR(*Marketing Public Relations*: MPR)이라고 부르는데, MPR의 목표는 인지도 확보, 판매촉진, 커뮤니케이션의 일원화, 소비자들과 기업, 그리고 그들의 제품과의 관계를 구축하는 것이다. MPR의 주 기능은 신뢰할 수 있는 정보를 소통시키고 적절한 이벤트를 후원하며 사회에 이익이 되는 원인을 제공하고 지지하는 것이다.

따라서 MPR은 PR의 전술적 도구와 퍼블리시티를 접목시켜 상품 판매를 촉진시키는 전략이라고 요약할 수 있는데, 이를 주도하는 전략이 바로 퍼블리시티이다. 이 경우 퍼블리시티가 마케팅 기능을 수행하기 때문에 일부는 **상품 퍼블리시티**라고도 부른다.

가장 기본적인 MPR 매체로는 사내보, 사외보, 브로슈어, 리플릿, 소책자 등의 인쇄매체가 활용된다. 제품과 관련된 정보를 사내보나 사외보 등에 게재함으로써 관계사 임직원이나 가족들에게 제품 정보를 전달할 수 있으며, 소책자를 통해서 제품이나 브랜드를 소비자들에게 알리는 방법도 널리 활용된다.

한편, 방송 프로그램을 통한 MPR도 활발히 이루어지는데 기업들이 방송 프로그램 활용을 통해 PR 효과를 높이는 것이 최근 추세며 TV나 영화를 통해 브랜드나 제품을 노출시키는 PPL(*Product PLacement*) 기법도 MPR의 주요 전략으로 자주 사용된다.

이 밖에도 각종 스포츠 행사의 스폰서로서 행사를 지원하여 기업이나 브랜드의 이미지를 제고하는 방법도 각광받는다. 더구나 최근에는 인터넷을 이용한 MPR의 사례가 크게 증가하는 추세이다. 인터넷상에 홈페이지를 운영하거나, 인터넷 커뮤니티나 커뮤니티 스폰서 프로그램을 운영하는 방법, 이메일을 통한 직접 마케팅의 활용 등이 주로 이용되는 MPR의 사례들이라고 할 수 있다.

2) 투자자 관계 PR

기업은 수많은 이해관계자를 가진다. 대주주를 비롯한 주주·채권자·종업원·고객·거래선 등이 기업의 주요 이해관계자이며, 정부·지역주민·사회압력단체인 비정부기구(NGO) 등도 기업의 간접적 이해관계자로 분류된다. 이러한 수많은 이해관계자 중에서 중요성이 부각되는 세력이 바로 투자자들이며, 기업과 투자자와의 새로운 관계를 구축하는 수단으로 각광을 받는 경영활동이 바로 **투자자 관계**(*Investor Relations*: IR)이다.

국가 브랜딩

삼성이라는 기업이 그러하듯이 국가 대한민국은 전 세계인의 마음속에 독특한 이미지를 심어준다. 글로벌 기업인 삼성은 각종 IT 관련 제품으로 해외 소비자층의 두터운 신뢰를 받는 것으로 알려졌다. 그렇다면 대한민국의 신뢰지수는 얼마나 될까. 여기서 등장하는 개념이 국가 브랜딩이다. 국가 브랜딩(Nation Branding)이란 한 국가의 명성지수를 구체적으로 수량화/객관화시킨 지표로서, 국가 브랜드 지수는 국민이나 기업 등 민간의 활동으로 향상시킬 수도 있고, 국가의 국가홍보와 관리 등으로도 향상될 수 있다. 국가 브랜드 이미지는 한 국가의 경제적 성취에 지대한 영향을 미치는 것으로 여겨진다. 우리나라의 경우, 2009년 1월 22일 국가적 차원에서 체계적이고 종합적으로 국가브랜드 가치를 제고하기 위해 대통령 직속으로 국가브랜드위원회가 설치되었다. 이 위원회는 ① 국가 브랜드와 관련해서 범정부적인 컨트롤 타워 기능을 수행하며, ② 국가 브랜드 정책사업의 효율적 집행을 지원하고, ③ 민간 협력 및 국민의 참여를 확대하고 강화하는 역할을 수행하고 있다.

국가 브랜드 지수

브랜드 조사기관인 안홀트–지엠아이(Anholt-GMI)는 국가의 브랜드 이미지를 하나의 지수(index)로 만들기 위해 다음의 6가지 항목을 사용하고 있다.

- 수출(export): 그 나라 상품을 적극 구매 또는 회피하려는 생각
- 통치(governance): 그 나라 정부의 효율성, 공정성, 민주주의적 풍토, 기아 문제 해결노력
- 문화와 유산(culture and heritage): 그 나라 유·무형의 문화유산, 영화, 음악, 예술, 스포츠, 문학의 수준
- 국민(people): 그 나라 국민의 능력, 교육 수준, 개방성, 친절함, 차별 또는 적대의식의 유무
- 관광(tourism): 그 나라를 방문하고 싶은 욕망, 자연/인공 관광자원의 질
- 투자와 이민(investment and immigration): 그 나라에서 거주하고 일하고 싶은 욕구, 경제와 사회상황

안홀트–지엠아이가 2008년 50개국을 대상으로 한 국가 브랜드 조사에서 한국은 33위에 머물러 경제 규모나 국민의 저력으로 볼 때 매우 실망스럽다는 평가를 받았다.

국가 브랜드 가치

국가 브랜드 가치란 한 국가 내의 모든 국민들이 생산하는 브랜드 가치의 총합산을 나타낸다. 이 자료는 37개국을 통계대상으로 한다. 이 지표는 국가 브랜드의 상업적 브랜드 가치를 반영하기 때문에 보다 거시경제와의 연관성이 크다. 한국은 2007년 1분기에 전년(2006년 1분기) 대비 가장 높은 브랜드 가치 성장률을 기록한 7개국 중 4위에 올랐다.

출처: 위키피디아 및 국가브랜드위원회 홈페이지

IR 활동 프로그램은 그 수단을 기준으로 하여 4가지 프로그램으로 분류할 수 있다. 첫째, 프레젠테이션에 의한 IR이다. 구두에 의한 기업 프레젠테이션은 사람을 매체로 한 대면 커뮤니케이션으로 가장 기본적인 의사소통의 수단이자 효과가 뛰어난 IR 방법이다. 구체적으로 기업 설명회, 소집단 미팅, 개별면담, 공장 견학회, 기술 설명회 등의 방식으로 이루어진다. 둘째, 인쇄·출판물 배포에 의한 IR이다. IR에서 출판물이란 것은 기업이 자체적으로 정한 IR의 대상자에게 보내는 각종 자료로서 사업보고서, 각종 팸플릿, 특수 목적의 브로슈어(고객용, 공급자용, 종업원용), 기사 발표모음집 등이 해당된다. 셋째, 이벤트에 의한 IR이다. 이벤트에 의한 IR은 기업이 IR의 효과를 높이기 위해 IR 프로그램을 미디어 믹스를 통해 추진하는 IR 관련 각종 행사를 지칭한다. 기업이 해외의 여러 도시를 순회하며 개최하는 기업 로드쇼가 대표적사례에 속한다. 마지막으로 광고에 의한 IR이다. 주식회사는 정기 주주총회 종료 후대차대조표와 손익계산서의 내용을 일정 신문에 게재하도록 상법에 의무화되어 있다. 그리고 IR 광고를 통해 기업은 회계 정보만으로는 표현할 수 없는 기업의 참모습을 제시하기 위해 재무에 관한 정보 외에 기업의 장래를 판단할 수 있는 정보까지도제공한다.

3) 위기관리

기업을 위협하는 요인들은 매우 다양하다. 이러한 요인으로는 천재지변을 포함한 전쟁, 정치적 변혁, 불매운동, 산업스파이, 환경위험, 노사문제, 불의의 사고 등을들 수 있다. 최근에는 국제화가 진척되면서 지적소유권 분쟁, 특허관련 위험 등 그범위가 늘어나고 있다.

선진국의 기업들은 돌발적인 대형사고가 발생할 경우 '숨기면 작은 것도 커지고, 밝히면 큰 것도 작아진다'는 원칙에 바탕을 두고 위기에 대처한다. 다국적기업이나 대기업들은 언제 일어날지 모르는 대형 사고에 대비해 위기관리 매뉴얼 준비, 가상 대처 훈련 등 사전관리 기법을 시행하며, 사후에도 사건 진상에 대한 분석 및 공개를 통해 이성적 판단을 이끌고 적극적인 대처방법을 개발할 수 있도록 노력한다.

위기관리(*crisis management*)는 위험과 불확실성의 많은 부분을 제거하여 스스로 자신의 운명을 더 잘 통제할 수 있도록 하는 경영 기술이다. 일반적으로 위기관리라고 하면 '기업의 운영과정에서 겪는 여러 가지 위험을 관리하는 활동'이라고 할 수 있다. 따라서 경영자는 기업을 관리·운영하는 과정에서 발생하는 위험으로부터 손실이 발생하기 전에 이를 배제하거나 발생한 후에 이를 극소화하는 적절한 조치를 취한다.

이러한 위기관리에 대한 주요 사례를 살펴보자.

1999년 5월 벨기에의 코카콜라 제품에서 이물질이 발견된 사건이 있었다. 코카콜라를 마신 1백여 명의 고객이 복통 및 구토 등을 호소하며 병원에 입원하자 벨기에 정부는 코카콜라의 판매를 금지시켰고, 이러한 조치는 유럽의 여러 나라로 확산되었다. 그러나 코카콜라는 자사 제품이 안전하다면서 단순히 소비자들을 설득하는 데만 주력하였고, 결국 사태가 악화되자 생산 공정상의 잘못을 인정하고 제품을 회수하고 고객에게 사과하기에 이르렀다. 이와 같이 안일한 대처로 100년이 넘는 역사를 가진 코카콜라는 기업 이미지 하락과 고객 신뢰의 상실이라는 큰 타격을 입었다. 이와는 반대로 IBM은 2000년 5월 자사의 노트북 PC에서 어댑터 과부하에 의한 불량이 발생하자 적극적으로 리콜을 실시했다. 전 세계에서 판매된 32만 대의 노트북 PC 중 과부하가 문제되는 제품은 9대에 불과했으나, 모든 제품을 교환해 주기로 결정한 것이다. 이에 당시 우리나라의 합작법인이었던 LG-IBM도 본사의 리콜 계획에 따라 과부하 발생 여부에 상관없이 해당 모델 어댑터를 모두 교환해 주기로 결정했다. 이를 통해 IBM은 단기적으로 막대한 손해를 입기는 했으나, 세계적 기업으로서 고객의 신뢰도를 구축하였으며 장기적으로는 판매량의 증대를 가져온 것으로 평가된다.

위기관리에 대한 국내 사례를 살펴보면, 중국에 17개 현지공장을 둔 LG전자는 2002년 사스(SARS)가 중국 전역을 강타하면서 커다란 위기를 맞자 즉시 사스대책위원회를 가동하여 베이징 시 50개 주요 병원에 살균 전자레인지, 세탁기, 청소기 등 450대(1억 5천만 원 상당)를 지원하고, 베이징-톈진 고속도로에서 소독면을 나눠 줬다. 또한, 전 직원 차량에 '아이 자이중궈'(중국 사랑해요)라는 하트 모양의 스티커를 부착하는 캠페인을 전개하며 사스 예방기금 공익광고를 게재했다. 사스의 만연이 비록 LG전자 자신의 책임은 아니었지만 그러한 사회적 위기를 자신의 위기로 받아들이고 공익적 캠페인을 벌인 것이다. 그 결과, 사스 발생기간에 생산과 판매 모두 전년 대비 30~40% 성장했고, 사스 발생기간에 LG전자 공장을 방문했던 중국 지도자뿐만 아니라 현지 언론도 LG전자의 사회적 책임과 유연한 마케팅 전략 등을 자세히 소개함으로써 LG전자의 중국 현지화가 뿌리내리는 데 좋은 계기를 마련한 것으로 평가된다.

4. PR 전달 매체와 도구

전통적으로 PR에서 사용 가능한 매체들을 몇 가지 유형으로 나누어 열거하면 다음과 같다.

첫째, 신문, 잡지, 라디오, TV 등 일반 언론매체이다. 이것들은 PR 실무자가 해당 조직체의 활동이나 행사에 관한 보도자료를 이들 매체에 제공하여 보도되도록 하는 방법을 이용한다.

둘째, PR을 하는 조직체에서 정기적으로 발행하는 기관지나 사보와 같은 PR용 정기간행물이다. 이러한 PR용 정기간행물들은 그 해당 조직체 내부 성원들을 대상으로 한 내적 정기간행물, 조직체 외부의 공중들을 대상으로 한 외적 정기간행물, 조직체 내부 성원과 외부 공중들을 모두 대상으로 하는 복합적 정기간행물로 나뉜다.

셋째, 부정기적으로 발행하는 간행물이다. 예컨대 핸드북과 매뉴얼, 팸플릿 등이다.

넷째, 영화, 슬라이드, 음반, 비디오와 오디오테이프, 유선방송 등의 시청각매체와 게시판, 포스터, 우편물 등이다. 국군홍보관리소에서 입대 연예인들을 출연시켜 제작한 영화 〈해마〉가 대표적 예라고 할 수 있다.

다섯째, 구두매체로서 연설, 원탁회담, 회견, 시위 등이 있다.

마지막은 스페셜 이벤트로서 예컨대 특별한 날이나 주간행사, 기념행사, 전시회와 전람회, 회의와 회합, 수여식, 오픈하우스, 각종 시합, 퍼레이드와 행렬, 봉정식, 바자회 등이 이러한 경우에 해당된다.

PR 활동에서는 하나의 매체만을 사용하지 않고 여러 매체를 함께 사용하는 것이 효과적이다. 이는 각 매체가 지니는 단점을 상호 보완할 수 있으므로 어떤 매체를 복합해서 사용할 것인가를 잘 고려해야만 한다. 이때 고려해야 할 점은 매체의 사용 비용, 메시지 내용과 제작 기간, PR의 시기와 그 당시 상황 등이 있다.

이들 각각의 매체는 그 나름대로의 특성을 지니며, 그에 따라 용도도 다르다. 따라서 PR 활동 계획을 세울 때는 각 매체의 특성을 충분히 파악하여 그 목적이나 메시지, 상황 등에 가장 적합한 매체를 선정해야 한다.

1) 소셜 미디어의 등장

일찍이 1995년 MIT 미디어랩의 니콜라스 네그로폰테는 저서인 《디지털이다》(*Being Digital*)에서 "우리 인간이 피할 수 없이 맞이할 미래에는 디지털화(化)될 수 있는 그 어떤 것도 – 그것이 신문, 오락, 섹스이건 간에 – 디지털화되고 말 것"이라고 공언한 바 있다. 그가 제시한 디지털화의 대상에는 PR 마케팅의 도구들도 예외일 수 없다. 과거의 신문, 방송 등 전통적 아날로그 매체 중심의 PR은 발전된 디지털과 모바일 기술이 만든 페이스북, 트위터, 유튜브와 같은 소셜 미디어로 플랫폼을 갈아탄 지 이미 오래다.

소셜 미디어는 개방, 참여, 공유의 가치로 요약되는 웹 2.0 시대의 도래에 따라 소셜 네트워크의 기반 위에서 개인의 생각이나 의견, 경험, 정보 등을 서로 공유하고 타인과의 관계를 생성 또는 확장시킬 수 있는 개방화된 온라인 플랫폼이다(위키백과). 소셜 미디어에 대한 이와 같은 정의는 그것의 구조적·기능적 특성에서 잘 나타나듯이 '콘텐츠의 민주화'를 의미한다(Solis, 2007. 6). 소셜 미디어는 '대화와 소통'의 공간이다. 전통적 매체에서 PR 마케팅의 주체(기업, 공공기관)와 객체(소비자, 국민) 간의 관계가 1:多의 일방적·수직적이었던 것이 소셜 미디어에서는 多:多의 쌍방·수평적인 것으로 전환되면서 소비자들은 새로운 '권력'을 획득한다. 즉, PR의 주체가 공급하는 메시지를 주로 피동적·소극적으로 소비만 하던 객체들이 다양한 형태로 메시지를 생산하는, 즉 생산과 소비에 모두 참여하는 산비자(產費者, *prosumer*)가 된다. 다른 한편에 서 있는 PR 주체들도 소비자가 내는 목소리를 듣고 이에 대한 반응의 메시지를 생산하는 1인 2역의 산비자가 되는 것 역시 마찬가지다. 소셜 미디어는 PR 마케팅의 소비자에게는 말할 권리를, 공급자에게는 들을 의무를 부여하는 새로운 질서를 확립했고 양자 간의 '소통'을 선택이 아닌 필수적 행위로 만들었다.

2) 소셜 미디어의 유형

소셜 미디어는 이용 형태에 따라 소셜 네트워킹(페이스북, 링크드인, 구글 플러스), 마이크로블로깅(트위터), 블로깅(텀블러, 블로그), 동영상 공유(유튜브, 비미오), 이미지 공유(핀터레스트, 인스타그램, 플리커), 협업(위키피디아, 슬라이드쉐어) 등의 6가지로 분류할 수 있다. 사용 목적에 따라서는 일상 및 관심사 공유를 통해 지인 간 친목을 도모하려는 친목형(페이스북, 트위터, 구글 플러스), 비즈니스 인맥 관리 및 사내 의사소통을 위한 비즈니스형(링크드인), 각종 취미나 기호를 카테고리별 정보로 공유하기 위한 취미·기호형(핀터레스트), 위치정보를 이용해 관심 장소에 대한 정보를 공유하는 위치기반형(포스퀘어)으로 나누기도 한다(김서영, 2012. 4). 여기서 기업과 공공기관이 PR 마케팅을 위해 이용하는 소셜 미디어는 어떤 것이 있는지 살펴보자.

페이스북(Facebook)은 2004년 마크 저커버그가 설립한 지 10년 만에 이용자가 13억 명을 넘어 소셜 미디어의 황제라 불릴 만하다. 2015년 페이스북은 하루에 40억 뷰를 기록했고 한 달에 약 5억 건의 비디오가 업로드되고 있다. 페이스북은 사용자가 자신의 성별, 교육, 직장 등 기본 프로필을 바탕에 깔아 많은 사람들과 '친구'를 맺고 다양한 게시물을 공유하게 하는 서비스다. 콘텐츠의 다양성, 풍부한 인간관계를 맺을 수 있는 것이 큰 강점으로 수많은 소셜 미디어 가운데서도 가장 '소셜'한 미디어다. 이러한 강점 때문에 많은 기업과 공공기관이 페이스북에 페이지를 운영한다. 페이스북을 통해 친구나 지인이 올리는 체험담이 '믿을 만한 추천'으로 작용해 기업과 제품을 홍보하는 데 큰 효과가 있기 때문이다. 페이스북의 친구가 '좋아요'와 '공유하기' 등을 통해 추천하는 상품은 기업의 직접 광고보다 더 큰 효력을 발생하는 이른바 그라운드스웰(*groundswell*: 사람들이 블로그, 유튜브, 팟캐스트와 같은 소셜 미디어에서 제품과 기업에 관한 이야기를 나누고 뉴스를 스스로 만들며 직거래도 성사시키는 현상, 그리고 이러한 현상에 힘겹게 맞서는 기업인의 고통을 상징적으로 표현하기도 함)

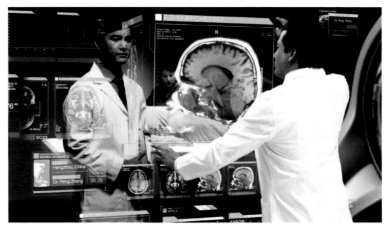

특수유리 및 세라믹 소재 분야의 세계적 선두기업인 코닝은 2011년 초 〈유리와 함께하는 하루〉(*A Day Made of Glass*)라는 비디오를 유튜브에 공개해 가까운 미래의 삶을 보여주었다. 이 비디오는 짧은 시간에 수백만 명의 상상력을 자극했고 특수 제작된 유리가 관련 기술과 접목하여 만들 우리 미래의 세상을 보여주었다.

현상이 일기도 한다(Li & Bernoff, 2008).

블로그(blog)는 미국의 저스틴 홀이 1994년 시작한 온라인 일기가 그 시조로 알려져 있다. 블로그는 온라인 채널에 올리는 개인의 경험, 감정, 견해, 주장 등의 모음이다. 국내에서는 2002년에 블로그(blog.co.kr) 채널을 통해 블로그 시대가 열렸고 네이버와 다음이 그 뒤를 이었다. 블로거들이 다루는 장르는 정치, 건강, 여행, 패션, 교육, 법률, 예술, 부동산 등 매우 다양하다. 대부분의 블로거들은 홀로 작업하지만 언론사, 대학, 연구기관, 시민단체 블로그의 경우는 다수의 분야별 전문가들이 팀을 이뤄 작업한다. 예를 들어 〈뉴욕타임스〉의 경우 노벨 경제학상을 수상한 폴 크루그먼이 수많은 블로거 중 한 명으로 활약한다. 국내에서는 네이버를 포함한 포털, 블로그 전문채널인 티스토리, 언론사 홈페이지, 인터넷 서점 등에서 복수의 블로거가 활동한다. 블로그 내용의 대부분은 문자 중심이지만 사진, 오디오, 동영상 등도 사용된다.

트위터(Twitter)는 2006년 설립되어 2015년 약 2억 명이 활동하는 마이크로블로깅 채널로서 140자로 한정된 메시지 전달과 확산에 효과적으로 쓰인다. PR 담당자들이 벌이는 각종 캠페인의 진행 상황은 해시태그(#특정 단어)를 통해서 모니터링이 가능하다. 또한 기업과 공공기관이 올린 메시지를 열성 팬들이 팔로워로서 리트윗한 메시지가 빠르고 넓게 파급될 때 큰 홍보 효과를 기대할 수 있다. 트위터가 서비스 초기에 이용자에게 던진 질문이 "당신 뭘 하고 있어?"(*What are you doing?*)이던 것이 요즈음엔 "무슨 일이 벌어지고 있어?"(*What's happening?*)으로 바뀐 것은 트위터의 성격이 이용자 개인의 중심사에서 이용자와 그의 환경으로 옮겨 왔음을 말해준다. 또한 이용자가 트위터에 올리는 메시지가 '단순 정보' 중심에서 '주장'이나 '행동'으로 바뀐 것도 주목할 만하다. 물론 트위터에 대한 비판적 시각도 만만치 않게 제기되고 있다. 140자의 공간적 제약 때문에 사건이나 상황을 지나치게 단순화한다든가 주요 쟁점 사안에 대해 논증 없이 펼치는 '주장'이 여론을 그릇된 길로 이끈다는 것이다.

유튜브(YouTube)는 그간 급속도로 성장했다. 2020년 현재 전 세계 이용자 수는 20억 명을 기록했고, 2008년 처음 서비스가 시작된 국내 시장에서도 2019년 이용자 수가 3,100만 명을 돌파했다.

유튜브의 가장 큰 특징은 진입장벽이 높은 TV 방송과는 다르게 누구나 '유튜브 크리에이터'로 활동할 수 있다는 점이다. 유튜브 크리에이터는 영화, 음악, 음식, 게임을 비롯해 연예, 문화, 언론, 스포츠 등 모든 분야에서 콘텐츠를 생산한다. 특정 기업이나 기관, 관련 인물과 활동이 콘텐츠의 소재가 되어 기업 PR에 크게 기여하기도 한다. 특별한 재능 없이 한 개인의 평범한 일상을 기록한 '브이로그'도 유튜브에서는 인기 콘텐츠이다.

유튜브에 무료로 자사 비디오 콘텐츠를 게재하는 것은 모든 기업의 마케팅·PR 활동의 중요 업무로 자리매김된 지 오래다. 유튜브 비디오는 크고 작은 모든 기업에게 매우 강력한 PR 도구가 되었다. 기업은 유튜브를 활용해 PR 활동을 개선하고 확장할 수 있다. 유튜브는 접근하기 쉽고, 광범위한 호소력이 있으며, 본질적으로 무료로 사용할 수 있다. 기업 PR용 비디오는 프로모션 메시지를 적은 비용 또는 무료로 전달할 수 있다. 또한 비디오는 기업이 유튜브에 내거는 메시지에 역동적 요소가 되어 PR 활동에 큰 도움을 주는 매력적인 방식이다.

카카오스토리(Kakaostory)는 카카오가 2012년 시작한 사진 공유 기반의 소셜 네트워크 서비스이다. 스마트폰 사용자들은 무료로 글과 사진 등을 올릴 수 있다. 2015년에는 새로운 공유 기능인 'UP' 버튼을 출시해 사용자들이 양질의 글을 자신의 스토리에 저장하지 않고서도 클릭 한 번으로 친구들과 공유할 수 있게 되어 PR

유튜브를 활용한 기업 PR의 사례

마케팅 담당자들에게 매력적인 서비스가 될 것이다.

인스타그램(Instagram)은 2010년 개설되어 사진과 동영상을 공유하는 소셜 미디어 플랫폼으로서 페이스북, 트위터, 플리커 등에서 공유의 장이 될 수 있다. 과거엔 정사각형으로만 올릴 수 있었던 사진이 4:3 비율, 2015년에는 가로세로 너비를 자유롭게 선택할 수 있게 되었다. 2012년에는 페이스북에 인수되었으며, 2014년에는 이용자가 3억 명을 돌파했다.

구글 플러스(Google+)는 2011년 구글이 개설한 서비스로서 관심 있는 사람들과 소식을 주고받으면서 해당 관심 분야를 탐색할 수 있는 소셜 미디어다. 친구, 가족, 유명인사 및 브랜드 등을 팔로우할 수 있다. 내 소식을 주제별로 그룹화하여 올리고 관심 분야 관련 커뮤니티에 참여도 가능하다. 구글이 페이스북을 라이벌 삼아 내놓은 서비스라는 평가처럼 기능에서 페이스북과 유사하지만 몇 가지 차이점도 존재하는데, 다른 이용자들을 단순히 '친구' 여부로 구분하지 않고 이른바 '서클'이라는 그룹 단위로 친구들을 분류·관리한다는 것이다. 이용자들은 자신의 근황과 사진 등을 이용자 전체 또는 특정 서클을 지정해서 공개할 수 있다. 다수의 서클 친구들이 화상채팅을 동시에 할 수 있는 애플리케이션인 행아웃(Hangouts)은 매력적이라고 평가받을 만하다.

이 밖에도 취미·기호형 서비스인 핀터레스트(Pinterest)는 사진과 그에 대한 간략한 설명으로 게시물이 구성된다.

5. 소셜미디어와 가상현실의 시대, PR인의 적응과 준비

21세기 들어와 매체 환경이 급격히 바뀜에 따라 언론 관련 산업 전반에도 큰 지각변동이 일어났다. 이 변화를 견인해 온 것은 물론 정보통신 기술의 발전이다. 콘텐츠의 디지털화, 무어의 법칙으로 대표되는 반도체 메모리칩 성능의 비약적인 향상과 소형화, 스마트폰과 인터넷 보급의 확산, 모바일 앱 시장의 성장, 가상/증강현실의 도래, 그리고 알파고로 상징되는 인공지능 기술 등은 사람들이 뉴스와 정보, 오락을 즐기는 방식은 물론이고 서로 관계하고 소통하는 방식도 바꿔가고 있다.

매체 환경의 변화에 따라 PR이 작동하는 방식과 PR 실무자가 일하는 방식에도 큰 변화가 일어났다. 물론 PR이 커뮤니케이션을 통해 어떤 조직(혹은 공인)의 현실(reality)에 대해 공중들이 보는 지각(perception)에 영향을 주는 일련의 행위라는 점에서는 변함이 없지만, 어떻게 영향을 주는가 하는 구체적인 방법에서 보자면 20세기의 PR과 21세기의 PR은 질적으로 크게 다르다. 이처럼 PR의 패러다임이 전환되는 시기에 글쓰기, 말하기, 사교성과 같은 기본적인 능력 외에 PR인들은 어떤 능력을 키우고 어떻게 적응해야 할까? 이 현실적인 질문에 대한 답으로 미국시라큐스대학의 임준수 교수는 1) 소셜미디어 데이터분석에 능숙해질 것, 2) 새로운 일상이 된 실시간 PR에 대비할 것과 3) 페이스북 360에 준비할 것을 주문하고 있다.

1) 소셜미디어 데이터 분석(analytics)에 능숙해지자

PR의 모든 과정은 리서치를 중심으로 기획되고 평가된다. 기술의 발달에 따라 특정 메시지의 반응, 유용성, 영향력을 측정하는게 아주 쉬워졌다. 페이스북이나 트위터는 소셜애널리틱스를 기본으로 탑재해 소셜미디어 메트릭스(=측정항목)에 따른 결과를 실시간으로 제공한다. 또 인공지능과 컴퓨터 기계학습의 발달은 앞으로 실시간 감정분석(sentiment analysis)의 정확도에서도 상당한 진척을 이뤄낼 것으로 보인다. 인공지능을 이용한 선도적 미디어모니터링 회사들의 경우 (예: mention.com), 고객사의 페이스북이나 트위터에 소비자 불만의 글이 올라오면 곧바로 해당사의 소셜미디어 대응팀에 알려주고 '불편을 끼쳐드려 죄송합니다. 빠른 시간내에 문제를 개선하겠습니다'와 같은 메시지를 띄우는 기민한 대응도 제공한다. 또 어떤 글이 사람들을 기쁘고 즐겁게 만들며, 어떤 글이 사람들의 화를 돋우고 집단 성토로 이어지는지를 실시간으로 분석하는 등 소셜미디어상에서 이용자들의 정서적 인게이지먼트를 빠르게 분석해 준다. 이를 통해 고객사의 PR 실무자들은 파급력과 설득력이 높은 사건과 이야기를 더 빨리 파악할 수 있고, 혹시라도 큰 문제로 불거질지도 모를 일을 미연에 방지할 수 있게 된다.

소셜미디어 데이터 분석은 소셜미디어상의 여론 모니터링, PR의 평가와 측정뿐만 아니라, 캠페인의 상황분석과 목표 및 전략 수립을 위해서도 중요한 역할을 한다. 따라서 소셜데이터의 여론과 의견을 분석해서 조직의 커뮤니케이션 목표와 방향을 설정하고 전략에 도움이 되는 통찰을 뽑아내는 능력은 오늘날의 PR 실무자가 함양할 매우 중요한 자질이다. 또 능력있는 PR 매니저로 성장하기 위해서는, 목표 달성을 위해 누구에게 어떤 이야기를 어떤 채널을 통해서 해야 하는지를 종합적으로 판단할 수 있는 능력을 배양할 필요가 있다.

과거에는 서베이나 포커스그룹 등의 조사를 바탕으로 PR의 목표와 전략을 수립했지만, 요즘처럼 정보의 생산, 유포, 확산이 빠르게 이뤄지는 시대에는 PR 리서치도 그만큼 더 실시간 여론 수렴에 민감해질 수 밖에 없다. 소셜데이터 분석은 사람들이 행동에 이르는 과정의 진짜 동인을 찾을 수 있게 도와준다. 특정 제품이나 서비스의 판매를 늘리려면 사람들이 어떤 점을 좋아하는지 또 어떤 점의 개선을 원하는지를 파악해야 한다. 자칫 위기로 발전할 수 있는 분노의 감정이나 소셜미디어에 회자되는 조롱조의 목소리나 패러디를 유심히 분석하는 것도 소셜데이터 분석에 포함돼야 한다. 결국 소셜데이터 분석은 특정 브랜드나 주제에 대해 얼마나 많은 양의 대화가 발생하고 있는가 하는 기능적인 분석과 함께, 사람들의 감정의 분포를 잘 파악하는 이른바 감정분석의 두 영역을 포괄한다 할 수 있다.

또 하나의 소셜데이터 분석은 이른바 **영향력자 분석**이다. 영향력자는 조직이나 브랜드에 우호적인 영향력자와 경쟁자에 대한 분석과 벤치마킹, 그리고 반대 목소리를 내는 활동가 영역의 영향력자를 포함한다. 과거에는 기자, 언론인, 오피니언 리더가 영향력자였던 데 반해, 콘텐츠 제작과 유통이 손쉬워진 요즘은 영향력자가 과거보다 더 전문화, 세분화되고 활동 공간도 블로그나 페이스북, 인스타그램, 트위터 등 디지털 플랫폼을 기반으로 하는 추세다. 디지털 플랫폼에서 영향력자의 분석은 각 플랫폼하에서 개별 영향력자들이 어떻게 조직 혹은 브랜드와 관련이 되어 있고, 어떻게 메시지와 공명할 것인지, 또 누구에게 도달할 수 있는지를 파악하는 것을 포함한다. 20세기의 PR인이 불특정 소비자나 공중을 대상으로 언론을 통해 메시지를 일방적으로 공표하는 일을 한 것에 반해, 21세기의 PR인은 수없이 많은 정보/이야기 네트워크의 허브 역할을 하는 수많은 영향력자와 평소 밀접한 관계를 형성하고 이들과 쌍방향적인 소통과 협력을 통해 조직이 원하는 PR의 목표를 얻는 능력을 함양해야 한다.

마지막으로 소셜미디어 데이터 분석의 목표는 이른바 소셜미디어 채널을 통한 전환율(conversion) 분석을 통해 캠페인의 부족한 점이나 잘못된 점을 보완하거나 향후 캠페인을 위한 평가 자료에 도움을 준다. 전환율이란 조직의 개별 소셜미디어 채널(예: 인스타그램, 페이스북, 트위터 등)의 특정 글을 접한 수용자가 이에 반응해 조직이 애초 목표했던 행위(예: 기부, 문의, 다운로드, 서명, 다른 사이트로 이동, 구매, 광고 클릭 등)를 한 비율을 말한다. 아날로그 시대에는 개별 커뮤니케이션 채널을 통한 전환율을 구하는 것이 매우 어려웠다. 예를 들어 특정 잡지와 라디오를 통해 어떤 의도된 행위의 양이 각각 얼마나 다른지를 보려고 했다면, 각기 다른 전화번호 라인을 개통해 잡지와 라디오를 통해 유발된 행위를 비교하는 정도만 가능했다. 하지만 이제 대부분의 PR 캠페인 평가에서 전환율 분석은 거의 필수가 되었고, 이 분석데이터를 보여주는 기술과 서비스도 많이 발달했다. 결국 소셜미디어 시대의 PR 실무자는 소셜전환율을 통해 어떤 메시지가 더 큰 효과를 내는지, 또 어떤 시간대에 메시지를 전달해야 가장 큰 효과를 낼 수 있는지에 대해 전문적인 지식과 경험을 쌓을 필요가 있다. 특히 실명 기반의 페이스북처럼 이용자의 인구사회학적 속성이 정확히 드러난 소셜 플랫폼은 과거의 실무자들이 상상도 할 수 없을 정도로 놀라운 정보를 제공한다.

2) 실시간 PR은 이제 새로운 일상이다. 프로액티브해지자

한발 앞서서 준비하고 행동하라는 것(be proactive)은 스티븐 코비 박사의 "아주 효과적으로 일하는 사람들"이 취할 일곱 가지 원칙 중 제1의 원칙으로서 21세기의 PR은 실시간 PR(real-time PR)이라고까지 불린다. 자신의 조직이나 고객이 느닷없이 주시를 받게 되는 경우, 그게 좋은 뉴스건 부정적인 뉴스건 PR인들은 신속하게 대응 커뮤니케이션을 해야 한다.

이제 실시간 PR은 실무자들의 새로운 일상이 되었다. 그렇다고 실시간 PR을 마치 예능 프로그램에서 예능인들이 하는 것처럼 애드립을 잘해 순발력 있게 받아치라는 의미로 받아들여서는 안된다. 즉흥적인 애드립의 센스는 예능인을 위한 자질이지 PR인이 갖춰야 할 능력은 아니다. 특히 조직의 소셜미디어를 담당한 사람은 준비없이 아무렇게나 던진 말이 부메랑이 되어 후에 논란을 일으킬 가능성이 있다는 것을 늘 유의해야 한다. 여론의 흐름과 사건의 전개과정을 미리 예측하여 사전에 충분히 숙의한 과정에서 나온 메시지를 던지는 것이 진짜 실시간 PR이다. 이를 위해선 가능한 시나리오에 대한 대응 커뮤니케이션 매뉴얼을 준비해 둬야 한다.

예를 들어 2016년 12월 20일 베트남에서 서울로 오던 대한항공 기내에서 술에 만취한 30대 남자가 4시간 동안 난동을 부린 사태가 일어 비판여론이 일었지만 대한항공측은 공식 사과성명을 내지 않았다. 요즘은 이런 사태가 벌어지면 현장에 있던 사람들이 올린 동영상이 소셜미디어를 타고 순식간에 수많은 사람에게 확산된다. 이 사건 한 달여 전인 11월 20일 미국에서도 정도는 다르지만 약간의 기내 소란 사건이 있었다. 델타항공에 탑승한 한 트럼프 지지자가 '여기도 몇몇 힐러리 암캐들이 탔어? […] 트럼프는 당신들의 대통령이란 말이야'라며 40초간 큰 소리로 소란을 피웠다. 한 승객이 촬영한 동영상이 SNS를 타고 수백만 명에게 전파되었고, 언론도 이를 보도했다. 이 사건이 난 다음날 델타항공의 CEO는 자사 웹사이트에 공개적인 사과성명을 올리고 탑승객 보상을 약속하는 한편, 그 다음날에는 기내에서 난동을 피운 남자 승객을 영구 탑승금지 조치했다고 밝혔다. 국내 트위터에서도 이 사례를 언급해 대한항공의 대응에 비판이 일자, 대한항공측은 일주일 뒤 문제의 만취승객에 대한 탑승거절을 발표했는데 여전히 사과는 없었다.

우리나라의 기내에서 승객이 소동을 피우는 사건 역시 반복되는 문제이므로 항공사가 이에 대해 신속하고 안전한 기내 대응대책을 준비시키는 것은 기본이겠고, 사건이 터진 후에 당시 탑승객들과 잠재적 고객들에게 보내는 사과와 재발 방지를 위한 성명의 템플릿은 미리 준비해 두어야 한다. 또 트위터 등에서 여론을 수렴해서 PR팀의 책임 중역에게 이를 신속히 보고하고 온라인 여론에 신속하고 적절하게 반응하고 소통하는 것, 이것이 실시간 PR의 핵심이다.

3) 페이스북 360에 준비하라

가상현실이 게임의 영역을 넘어 이제 마케팅과 PR에도 중요하게 대두되고 있다. PR은 기본적으로 현실에 대한 공중의 지각에 영향을 주는 일이라는 점에서, 가상현실의 확산은 PR의 미래에 큰 영향을 미칠 것이다. 가상현실의 대중화에는 분명 기술적, 자원적 장벽이 존재한다. 그럼에도 불구하고 가상현실이 가까운 미래에 PR계에 새로운 빅뱅이 될 것임을 예상하는 이유가 몇 가지 있다. 가장 중요한 이유는 페이스북 360이 가상현실 관련 콘텐츠의 유통에 필요한 장벽을 허물어 뜨리고 있다. 인스타그램과 연동된 페이스북은 세상에 존재하는 많은 동영상 기반 콘텐츠의 중요한 유통과 소비의 창구가 되었는데, 2016년에는 페이스북 라이브에 이어 페이스북 360을 더했다. 누구라도 스마트폰 카메라의 파노라마 기능이나 360도 앱을 이용해 올리면 페이스북에서 360° 영상으로 변환해 준다. 페이스북이 인수한 오큘러스(Oculus)사나 삼성의 VR 헤드셋을 이용하면 가상현실적 체험을 할 수도 있다.

콘텐츠 제작업체들도 360° 콘텐츠 개발에 박차를 가하고 있다. 〈뉴욕 타임스〉의 경우 삼성, 아마존 같은 글로벌 기업들의 협찬으로 꾸준히 VR콘텐츠를 내보내고 있다. 가상현실의 대중화에 중요한 걸림돌로 여겨졌던 화질과 콘텐츠가 계속 발전하고 VR 콘텐츠 소비를 도울 수 있는 하드웨어나 소프트웨어가 진화하면서 가상현실이 주는 사회적 영향력은 계속 커질 것으로 예상된다.

페이스북을 통한 동영상 공유에서 콘텐츠 제작업체들은 어쩔 수 없이 자신들의 제작물을 페이스북 공유 친화적으로 재편집해서 올려야 하는 현실에 직면한다. 이제 방송사의 뉴스는 생방송으로 내보낸 후 편당 에피소드로 디지털화되어 팟캐스트로 공유되고, 인기있는 보도는 다시 떼어내어 유튜브에 올리고, 이마저도 재편집해서 평균 2분 내의 페이스북 동영상으로 재공유하고 있다. 주의폭(*attention span*)이 짧은 것으로 알려진 디지털 세대를 위한 적응의 결과다.

1. 최근에 나온 각종 PR자료들을 수집하여 내용과 소구 방법의 차이를 비교해 보자.
2. 기업과 비기업 간 PR의 차이점에 대하여 생각해 보자.
3. PR의 순기능과 역기능을 생각해 보고, 실제 사례를 찾아 이야기해 보자.
4. 우리나라에서 새로운 PR매체들이 이용되는 사례를 찾아보자.
5. 광고와 PR의 차이점에 대해 보다 자세히 논의해 보자.

참고문헌

- 김기배 (2010),《부드러운 카리스마로 카네기를 꿈꾼다》, 서울: 한비미디어.
- 김서영 (2012. 4), 국내외 금융기관의 SNS 활용 현황 및 시사점,
  〈지급결제와 정보기술〉, 48호.
- 김찬석 (2007),《사례로 본 PR 경영》, 커뮤니케이션북스.
- 맹태균 (2000),《PR맨과 PR전략》, 문예원.
- 오두범 (1997),《PR커뮤니케이션론》, 나남출판.
- 윤정길 (2000),《관리와 PR》, 대영문화사.
- 윤희중·신호창 (2000),《PR 전략론》, 책과길.
- 장희경·조수영 (2014), CEO의 리더십 유형 및 기업의 성별 이미지 일치가 CEO에 대한
  공중 태도에 미치는 영향, 〈한국언론학보〉, 58권 2호, 269~306.
- 제일기획 (2002),《2002 광고연감》.
- 최윤희 (1998),《현대PR론》, 나남출판.
- 최지현·조삼섭 (2013), PR 전문가의 윤리인식에 관한 탐색적 연구,
  〈한국언론학보〉, 57권 6호, 322~349.
- 한국광고업협회 (2002),《2002 광고산업》.
- 한정호 (2014),《PR학 원론》, 커뮤니케이션북스.
- Dinnie, K., 김유경 역 (2009),《국가 브랜드의 전략적 관리》, 나남출판.
- Li, C. & Bernoff, J. (2008), *Groundswell: Winning in a World Transformed by Social
  Techonlogies*, Harward University Press.
- Solis, B. (2007. 6), "Defining Social Media"
  (http://www.briansolis.com/2007/06/defining-social-media/).

좀더 알아보려면

www.koreapr.org PR에 관련된 자료를 탐색할 수 있으며,

PR서적에 대한 정보를 얻을 수 있다.

www.prsa.org 미국 PR협회 홈페이지로 미국의 PR 활동에 관련된 정보와
회보를 온라인으로 직접 검색해 볼 수 있다.

www.prmuseum.com/bernays/bernays_1915.html
PR의 전설인 에드워드 버네이스(Edward L.Bernays)의 인생 역경을 고찰해 볼 수 있다.

www.prbank.co.kr/comp/PRmanual/index_6_pr.php?pageNum=6&sub=6
PR 활동에서 자주 이용되는 브로슈어와 영상물의 제작 과정을 간단히 살펴볼 수 있다.

www.prbank.co.kr/comp/newsline/prnews.php?pageNum=5&sub=2
국내 기업들이 작성하는 다양한 보도자료들을 열람할 수 있다.

www.krisennavigator.de/crisisnavigator.org/index2.html 위기관리(crisis management)나
쟁점관리(issue management)에 관한 외국의 논문들을 둘러볼 수 있다.

blog.naver.com/soulasura?Redirect=Log&logNo=60023792223
위기관리의 성공/실패 사례를 소개한다.

www.kaspr.or.kr 한국홍보학회 홈페이지로
PR 활동과 관련된 여러 단체에 대한 정보들이 수록되어 있다.

www.kprca.or.kr 한국 PR기업협회 홈페이지로 회원사에 대한 정보를 얻을 수 있다.

www.adic.co.kr/index.do
텔레비전이나 잡지에 게재된 국내 기업의 PR광고를 직접 볼 수 있다.

www.seri.org PR과 관련된 각종 연구보고서나 자료를 볼 수 있다.

11

광고

1. 광고의 역사

흔히 광고를 20세기적 현상으로 이해하기 쉬우나 광고의 몇몇 형태는 이미 기원
전에 그 모습을 드러냈다. 도망간 노예를 찾아주면 사례금을 지급하겠다는 파피루스
로 만들어진 고대 이집트의 광고가 인류학자들에 의해 발견되기도 하였으며, 기원전
3000년경에 제작된 것으로 보이는 바빌론의 진흙판에는 연고 취급상과 신발 제조업
자에 관한 내용이 적혀 있다. 또 다른 고대 광고의 형태는 고지원(town crier)에 의해
이루어졌다. 고지원들은 술, 향료, 금속 등을 실은 선박의 도착을 소리쳐서 알리는 일
을 했는데, 그들은 단순히 상품에 대한 정보만이 아니라 그날의 뉴스를 사람들에게
제공하는 역할도 했다. 이는 흥미롭게도 오늘날의 신문이나 방송과 유사하다.

광고 발전에 획기적 전기가 마련된 것은 먼저 인쇄술의 발전이었다. 인쇄술이
이용 가능해지면서 읽고 쓰는 능력이 증가되었으며, 이는 현대 광고의 신호탄이기
도 했다. 상인들은 상품이 새로 들어왔다는 내용의 '공고 광고'(notice advertising)를
신문에 게재했는데, 이때의 광고 메시지는 단순한 정보 전달에 불과했으며, 이러한
상황은 18세기 중반까지 이어졌다. 또 한 번의 획기적 전기는 18세기 중반에 영국에
서 시작된 산업혁명으로 마련되었다. 이전에 비해 보다 빠르게, 더욱 싼값으로 다양
한 물건을 만들 수 있었으며, 소비자의 수요는 증대되었다. 이 시기는 '소비자 문화'

1960년대 중반의 럭키치약 광고

출처: 김광수, 2000

(*consumer culture*)가 싹트는 시기로 제품의 구매와 소비가 마치 자신의 지위나 성공의 상징으로 여겨졌다.

　현대 광고는 20세기부터 시작되었다고 볼 수 있다. 20세기 들어 본격적으로 대량생산과 대량소비 체제에서 시장지향적 상품의 생산이 이루어지면서 광고가 상품정보를 알리는 기능에서 소비자를 설득하고 경쟁 상품과의 우열을 비교하는 기능으로 전환되었다. 1930년대에 미국의 광고대행사협회(AAA), 전국광고주협회(ANA)가 설립되었으며, 1950년대부터는 TV 방송이 급격하게 발전하면서 시청각을 이용한 TV 광고는 광고 효과를 극대화시키는 결과를 가져왔다. 그리고 1980년대 이후 발달한 케이블방송, 위성방송, 인터넷 등의 새로운 매체는 광고 수단의 확대, 광고 권역의 확대, 광고 정보의 확대라는 양적 변화를 넘어 광고의 질적 변화를 가져왔다.

　한편 우리나라에서 근대적 광고의 형태가 처음 등장한 때는 1876년 강화도 조약이 체결된 이후로 볼 수 있다. 1881년 일본인들이 발행한 〈조선신보〉의 마지막 면에 광고란이 마련되었으며, 1886년 〈한성주보〉 창간호에는 광고를 권장하는 글이 실리기도 했다. 1925년 무렵부터는 일제의 경제 침략이 극성을 부리면서 잡화, 약품, 화장품 등을 중심으로 광고가 전개되었다. 해방 이후 침체되었던 광고시장은 한국전쟁을 거치면서 점차 회복되기 시작하였고, 1960년대에 KBS, DTV(동양텔레비전), MBC가 차례로 개국하면서 광고를 방송하기 시작했다. 본격적으로 텔레비전의 시대가 열린 1970년대에는 광고대행사가 정착되는 시기로 1973년에는 제일기획이 창립되었으며 광고대행사가 양적·질적으로 발전하는 계기를 마련했다. 그리고 1980년

350

대는 해태그룹의 코래드, 현대그룹의 금강기획, 롯데그룹의 대홍기획, 태평양그룹의 동방기획 등의 대기업 광고대행사가 대거 등장했다. 또한 광고대행사 인정제가 등록제로 전환되면서 많은 광고대행사가 신설되었으며, 대기업 광고대행사뿐만 아니라 수많은 중소 광고대행사가 광고 업무를 대행하게 되었다.

2. 광고란 무엇인가?

우리는 하루도 빠짐없이 광고물을 접한다. 신문이나 방송은 물론이고 지하철 안에서나 옥외에서도 우리는 항상 광고를 접하며 살고 있다. 따라서 별도의 조사가 아니더라도 한 사람이 하루에 접하는 광고의 수는 수십 개 혹은 수백 개가 될 것이다. 그만큼 광고는 이제 우리 생활과 밀접히 관련된다고 할 수 있다.

그러면 광고란 무엇인가? 광고에 대한 개념은 보는 관점에 따라 조금씩 다르기 때문에 매우 다양한 정의가 있을 수 있다. 이들 입장은 크게 경영학적 시각과 커뮤니케이션학적 시각으로 구분하여 비교할 수 있다. 경영학적 시각에서 볼 때 광고는 '마케팅의 한 부분', 즉 상품이나 서비스의 판매촉진 방법의 하나로 인식된다. 미국 마케팅협회에서 내린 광고의 정의는 '자신을 밝히는 광고주에 의한 아이디어, 상품 또는 서비스의 비대인적 제시와 판매 촉진의 유료적 형태'라고 규정한다. 이때 광고는 마케팅의 한 수단일 뿐 그 자체가 큰 의미를 가진 것으로 보기는 어렵다. 반면에 커뮤니케이션학적 시각에서는 광고를 판매 촉진의 방식이 아닌 광고주와 소비자 간의 커뮤니케이션 현상으로 파악한다. 라이트 등(Wright et al., 1977)은 광고란 '매스 커뮤니케이션 미디어라는 수단에 의한 통제된 명시적 정보의 제공과 설득'이라고 정의한다. 그러므로 커뮤니케이션학적 시각에서 볼 때 광고란 마케팅 분야에서 사용되는 설득 커뮤니케이션의 하나라고 할 수 있다.

이상의 두 입장을 모두 고려하여 광고에 대한 개념 정의를 하면 '광고란 불특정 다수에게 상품 또는 서비스의 존재, 특징, 편익성을 제시하고 설득하여 그들의 욕구나 필요를 자극시킴으로써 그에 대한 구매 행동을 촉진시키거나 혹은 광고주 자신에 대한 일반적 신뢰도를 높이기 위해서 행하는 유료의 매스 커뮤니케이션'이라고 할 수 있다.

이상의 두 가지 관점을 종합하여 광고의 특성을 간추려 보면 다음과 같다.

첫째, 광고란 커뮤니케이션의 한 형태로서 소비자나 고객 또는 일반 대중에게 광고하는 자가 의도하는 대로 영향을 미치기 위한 설득 커뮤니케이션의 하나이다. 여기서 광고의 궁극적 목적은 상품이나 서비스의 구매 행위이다. 그러므로 아무리 광고의 내용이 좋다 하더라도 구매행위와 연결되지 않는다면 좋은 광고라고 할 수 없다. 예를 들면 새로 나온 화장품 광고에 이미 다른 화장품 광고에 출연한 배우를 캐스팅했을 경우, 상품명의 혼동으로 효과가 거의 없거나 다른 화장품의 판매량이 증가하는 경우가 발생할 수도 있다. 이때 이 광고는 설득 커뮤니케이션 차원에서 실패한 광고라고 할 수 있다.

둘째, 광고는 주로 매스미디어를 사용하는 비대인적 커뮤니케이션 형태이다. 현대사회에서 광고를 전달하는 주요 매체는 매스미디어이다. 신문이나 TV가 차지하는 비율을 보면 광고에서 매스미디어가 차지하는 비율이 대단히 큼을 알 수 있다.

셋째, 광고는 PR과 달리 주로 공식적으로 사용료를 지불하고 미디어를 활용하는 유료 커뮤니케이션 행위이다. 물론 공익광고와 같이 방송사나 신문사가 무료로 시간이나 지면을 제공하는 경우도 있고, 뉴스의 기사 형태로 광고가 반영되는 경우도 있다. 그러나 실제 무료로 광고가 제공되는 경우는 없으며, 그 비용 또한 매우 비싼 것이 현실이다. 따라서 광고 비용이 매우 비싼 광고의 경우에 자본이 적은 중소기업의 접근은 용이하지 않으며, 그 결과로 효과적 경쟁이 어려울 수 있다.

넷째, 광고는 이윤 추구를 목적으로 하는 마케팅 상황에서 일어나는 영리적 커뮤니케이션 행위이다. 물론 모든 광고가 영리적 목적으로 수행되는 것은 아니다. 예를 들면 기업광고와 같이 기업의 이미지를 고양하고, 수용자와의 호혜관계를 증진하기 위해 광고를 하는 경우도 있으나 이 경우에도 광고의 궁극적인 목적은 기업의 영리적 목적과 무관하지 않다. 그러므로 광고의 목적은 기업의 이익이라고 해도 무방할 것이다.

광고의 궁극적인 목적은 상품, 서비스, 아이디어 등의 판매를 촉진시키는 데 있다. 즉, 자신들의 상품, 서비스 등에 관한 정보를 소비자들에게 알려 새로운 고객을 창출하고 고객의 수요를 자극하는 동시에 계속해서 사용하도록 하여 신뢰도와 충성심을 형성·유지하는 것이 광고의 목표라고 할 수 있다.

이러한 목적을 달성하기 위해서 광고는 우선 소비자의 관심을 끌고 흥미를 유발하여 최종적으로 구매라는 행동에 이르게 하기 위한 설득 커뮤니케이션의 하나인 것이다.

3. 광고는 어떠한 기능을 하는가

보비와 아렌스(Bovee & Arens, 1982)는 광고의 기능을 크게 마케팅 기능, 커뮤니케이션 기능, 교육적 기능, 경제적 기능, 사회적 기능으로 나누었다. 이를 구체적으로 살펴보면 다음과 같다.

첫째, 마케팅 기능은 광고에서 가장 중요하다. 광고는 소비자들에게 광고주의 상품·서비스를 인식시키고, 그것을 다른 상품과 차별화시켜 그에 관한 정보를 알리고 궁극적으로 구매를 유도하는 기능을 한다. 또한 광고주의 신뢰도와 이미지를 높여 해당 기업체와 그 모든 상품에 대한 소비자들의 충성심을 형성·유지하는 기능을 한다. 광고의 종류를 불문하고 대부분의 광고는 이런 본질적 마케팅 기능을 수행한다.

둘째, 커뮤니케이션 기능은 주로 광고의 정보 제공 기능을 의미한다. 광고는 마케팅 기능에서와 같은 설득적 기능을 주로 하지만, 우선적으로 소비자나 대중들에게 상품이나 서비스 이용에 필요한 여러 가지 정보 제공의 기능을 한다. 실제로 오늘날 대부분의 사람들은 광고를 통하여 상품에 대한 정보를 획득하며, 나아가 부가적 정보도 알게 된다.

셋째, 광고는 상품과 소비 생활에 관한 **교육적 기능**을 한다. 오늘날 우리들은 주로 광고를 통하여 여러 가지 상품에 관한 지식과 그 사용법은 물론 보다 좋은 상품을 싸고 쉽게 살 수 있는 방법과, 불량품을 샀을 경우 그에 대한 보상을 어떻게 받을 수 있는지 등을 학습한다. 따라서 광고는 사실상 소비자 교육 기능의 일부를 담당하기도 한다.

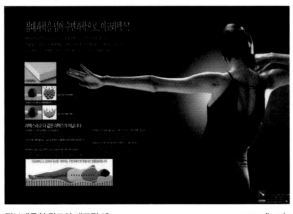

정보제공형 광고의 대표적 예   www.adic.co.kr

넷째, 경제적 기능이다. 광고는 상품의 유효 수요를 창출하여 경제성장에 기여하며, 유용한 상품에 관한 정보를 다수의 소비자들에게 동시에 알림으로써 상품의 효율적 유통을 촉진시킨다. 또한 상품의 대량생산을 가능케 하는 동시에 그것을 촉진시켜 결과적으로 상품의 소비자 가격을 낮추는 한편, 품질의 개선과 향상에도 적지 않게 이바지한다. 실제 광고의 역사를 보면 미국에서의 초기 광고는 농산물의 지속적 판매를 위한 상품화의 노력에서 시작되었다. 1880년대 미국 농산물 판매의 지속성을 위해 켈로그(Kellog)와 같은 상품 광고가 등장한 것은 광고가 경제 유통과 관련이 깊다는 것을 보여주는 예이다.

다섯째, 광고의 문화적·사회적 기능을 들 수 있다. 우선 생각할 수 있는 것은 현대에 와서 광고는 하나의 문화라고 하는 것이다. 즉, 최근에 청소년 및 20대를 주제로 한 광고들은 우리 사회의 문화 현상을 이끌며, 나아가 그러한 문화의 확산을 가속화시키기도 한다.

또한 광고는 소비자의 생활수준을 높이는 역할을 하기도 한다. 즉, 상품 광고는 기본적으로 상품의 판매를 목적으로 하므로 소비자의 구매 욕구를 자극해야만 한다. 그 결과 소비자는 현재보다 많은 소비생활을 하고 생활수준이 향상될 수 있다. 그러나 광고는 같은 이유로 과소비를 조장할 수도 있다.

광고는 또한 언론기관의 재정을 뒷받침함으로써 언론의 경제적 안정을 촉진시켜 결과적으로 매스미디어의 건전한 발전에 기여하기도 한다. 물론 이러한 현상에 대해 광고 수입에 대한 언론의 의존성이 매스미디어의 상업화 혹은 메시지 왜곡의 가능성을 내포한다는 비판도 있다.

지금까지 살펴본 바와 같이 광고는 자본주의 사회에서 긍정적 기능을 수행하기도 하지만 역기능도 있다. 예컨대, 경제적으로는 가수요를 창출하여 경제 성장을 오히려 저해하는가 하면, 과다한 경쟁적 광고는 상품의 소비자 가격을 높여 소비자들에게 부담을 안길 수도 있다. 또한 사회적으로는 물질주의를 조장하며, 불건전한 내용의 광고는 국민들의 정서를 저해하고, 과장·과대광고가 소비자들을 기만하기도 한다. 또한 최근에는 언론매체가 정보 제공보다 광고에 시간이나 지면을 과다하게 할당해 경제적 이윤만을 추구하는 경향도 있다.

그러나 광고의 목적과 기능을 커뮤니케이터의 측면에서만 보아서는 안 될 것이다. 소비자가 광고를 통하여 상품 정보를 얻고 의사를 결정하며, 구매 행위를 통해 만족감을 얻는다는 사실을 간과해서는 안 될 것이다.

4. 광고 캠페인의 요소

1) 광고주

광고주(*advertiser*)는 광고비를 부담하면서 자사의 상품이나 서비스 등을 광고하는 주체로, 광고매체 측에서는 스폰서(*sponsor*), 광고대행사에서는 클라이언트(*client*) 또는 어카운트(*account*)라고 부른다. 이러한 광고주들로는 소비재나 생산재의 제조업자, 도·소매상들과 은행, 운수회사, 호텔 등 각종 서비스업체, 종교·정치·사회단체, 공공기관 등 비영리조직체들과 안내광고를 내는 개인 등 다양하다. 우리나라의 2020년 5월 기준 업종별 광고비를 살펴보면 금융, 컴퓨터 및 정보통신, 가정용 전기전자, 제약 및 의료, 식품이 상위 5위권을 형성한다. 이 상위 5개 업종의 총 광고비는 약 3억 1,300만 원으로 전체 광고비의 약 80%를 차지한다(닐슨코리아, 2020).

과거에는 기업의 대표가 브랜드를 어떻게 광고할 것인가에 대한 결정을 내리는 네 관여하는 것이 특이한 일은 아니었다. 그러나 오늘날의 제품 세분화 시대에는 광고, 예산, 실무적 책임들은 브랜드군(*family of brands*)의 책임자인 마케팅 매니저(*marketing manager*)에게 할당된다. 그리고 마케팅 매니저는 특정 제품군(*family of products*)에 대한 광고 업무를 브랜드 매니저에게 위임한다. 일상 업무들은 브랜드 매

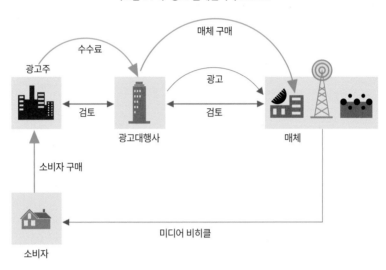

〈그림 11-1〉 광고 캠페인의 주요 요소

매체 구매

수수료

광고주

광고

광고대행사

검토

검토

매체

소비자 구매

미디어 비히클

소비자

단위: 백만 원

순위	업종명	광고비
1	금융, 보험 및 증권	56
2	컴퓨터 및 정보통신	38
3	가정용 전기전자	37
4	제약 및 의료	36
5	식품	32
6	관공서 및 단체	31
7	건설, 건재 및 부동산	25
8	서비스	22
9	음료 및 기호식품	21
10	가정용품	16

출처: 2020년 닐슨코리아 집계

니저에 의해 처리되지만, 광고 예산의 최종 승인은 마케팅 매니저나 그보다 높은 직책에 있는 사람에 의해 결정된다.

전국 유통망을 갖춘 대기업들은 마케팅 매니저가 광고 목표, 마감 시간, 다음 연도의 계획 등에 대해 논의하기 위해 광고 매니저(*advertising manager*)들을 회의에 소집하면서부터 업무를 시작한다. 광고 카피의 작성과 같은 업무는 기업에 의해 이루어지는 것이 아니라 일반적으로 광고대행사에 위임한다. 광고대행사는 기업이 내부적으로 얻을 수 없는 외부의 객관적 관점을 제공할 수 있다. 광고 매니저는 여러 대행사들을 프레젠테이션에 참여시켜 경쟁을 유발하고, 여기서 하나의 대행사를 선택하며 기업과 대행사 사이의 접점(*liaison*)으로서 역할을 수행한다.

지방의 소매상(*retailer*)들에게 그 과정은 좀더 단순하다. 보통 소유주가 다음 해 광고에 대략 얼마의 예산을 할당할지를 결정하고 광고를 제작하며, 지역 신문·라디오·기타 지역매체 등에 광고를 게재한다. 그러나 광고의 목표 시장을 선택하거나 메시지를 개발하는 것이 덜 중요하다는 것을 의미하는 것은 아니다. 전국의 소비자들을 대상으로 하는 대기업에 비해 광고 집행과정이 좀더 단순하다는 것을 의미하는 것이다.

2) 광고대행사

광고대행사(*advertising agency*)는 광고주를 위해 소비자에게 상품을 구매하도록 설득할 수 있는 계획과 전략을 개발하고 집행하는 서비스 조직이다. 이러한 광고대행사들은 처음에는 신문, 잡지 등의 지면을 광고주들에게 알선하는 일종의 브로커(*broker*)로 출발했다. 그러나 점차 매체로부터 광고 지면이나 방송 시간을 사서 광고주에게 팔아 이익을 남기는 중간 도매상으로 발전했다가, 오늘날은 광고 활동 전반, 즉 시장과 매체의 조사, 광고 계획 수립, 광고 메시지의

출처: 제일기획 2002년 광고연감
자연과 생명을 소중히 하는 브랜드의 컨셉을 잘 표현한 풀무원의 광고

제작, 광고 효과의 조사와 그에 따른 후속 조치 등의 업무까지도 대행하는 이른바 '종합광고대행사'(*full-service agencies*)가 되었다. 2015년도 국내 광고회사 취급액 순위에서는 제일기획이 5조 660억 원으로 업계 수위를 기록하였으며, 이노션 월드와이드(3조 6,792억 원), HS애드(1조 2,293억 원), 대홍기획(8,239억 원), SK플래닛 M&C부문(4,147억 원)이 그 뒤를 이었다(한국광고협회, 2016).

특이하게 방송광고 분야에서는 2012년 "방송광고 판매대행 등에 관한 법률"이 제정되기 전까지는 KOBACO가 독점적으로 방송광고의 위탁판매 업무를 수행했다. 그러나 독점에 대한 비판과 함께 자유경쟁 체제를 접목시키기 위해 민영 미디어렙(방송광고판매대행사, *media representative*)이 설립되었다. 미디어렙의 광고 대행체제는 방송사가 일방적으로 광고 요금을 올리는 것과 광고를 얻기 위해 광고주에게 압력을 가하거나, 반대로 자본가인 광고주가 광고를 빌미로 방송사에 영향을 끼치는 것을 일부 막아주는 장점이 있다(〈시사상식사전〉, 2013).

이렇게 오늘날의 시장은 기업들이 스스로 광고 캠페인을 계획하고 제작하기에는 벅찰 만큼 그 규모가 커졌고, 소비자의 욕구도 다양해졌다. 따라서 종합광고대행사가 기업을 대신하여 광고를 위한 조사, 전략적 계획, 그리고 창조적 아이디어의 계발을 포함한 광고 캠페인에 관련된 모든 업무를 수행하는 실정이다. 이러한 대행사들은 광고대행사와 기업 사이의 교량 역할을 할 AE(*Account Executive*)들을 고용하여 그들에게 광고 캠페인에 대한 대행사의 모든 업무를 통합하고 조정하는 중책을 맡긴다.

광고 계획의 핵심적 요소는 캠페인 목표를 달성하기 위해 광고가 "무엇을 어떻게 말해야 하는가"인 크리에이티브 전략(*creative strategy*)이다. 크리에이티브 부서의 카피라이터와 그래픽 디자이너들은 조사 자료에 근거하여 크리에이티브 콘셉트(*creative concept*)나 빅 아이디어(*big idea*)를 만든다. 크리에이티브 콘셉트는 제품을 판매하기 위한 전략에 기반을 두어 독특한 방식으로 구성되어야 하는데, 맥주 브랜드의 하나인 '하이트'는 경쟁 브랜드들과의 차별화를 위해 맥주는 물이 중요하다는 빅 아이디어를 만들어 성공을 거두기도 했다.

광고를 제작했다면 이를 어떠한 매체를 통해 사람들에게 전달하는가도 중요한 문제이다. 이러한 업무를 수행하는 곳이 매체부(*media department*)이다. 매체부에서는 목표 시장에 메시지를 전달하는 가장 효과적이고 효율적인 매체를 추천하며, 실제 해당 매체사와 접촉하여 광고가 실릴 수 있도록 조치한다. 다시 말해, 매체의 기획과 구매를 담당하는 것이다.

3) 광고매체

광고매체(*advertising media*)란 광고 메시지를 소비자들에게 전달하는 수단을 말한다. 이러한 광고 매체에는 일간신문, 방송 그리고 인터넷에 이르기까지 다양하다. 이들은 크게 5가지의 유형, 즉 ① 신문·잡지 등의 인쇄매체, ② TV·라디오 등의 방송매체, ③ 빌보드·교통·엔터테인먼트 등의 옥외매체, ④ 인터넷·모바일 등의 온라인매체, ⑤ 생활정보·DM 등의 기타 매체로 나눌 수 있다. 이들 광고매체들 중 가장 비중 있는 두 매체는 지상파 텔레비전과 인터넷인데, 2016년 KOBACO의 〈2016 방송통신광고비 조사〉통계에 따르면 인터넷에 투입된 광고비는 1조 9,432억 원으로 1조 6,663억 원의 지상파 텔레비전보다 약간 앞서는 것으로 나타났다. 또한 최근 들어 중요 광고매체로 부각되는 모바일에 투입된 광고비는 1조 8,041억 원으로 전년 대비 약 131.3%의 성장률을 나타냈다.

1980년대까지만 하더라도 광고를 많은 수용자에게 전달하기 위한 매체기획자의 선택은 단순했다. 그렇지만 오늘날 상황은 판이하게 다르다. 우선 지상파 텔레비전 이외에 케이블, IPTV 등이 생겼으며, 전문잡지의 수도 증가하였고, 다양한 형태의 옥외광고도 등장했다. 게다가 최근 스마트폰의 확산으로 모바일 광고가 급격하게 늘어나고 있으며, 각 매체 안에서 선택할 수 있는 채널의 수도 급격하게 증가하여 다매체·다채널 시대가 도래했다.

이러한 현상은 수용자의 분할(*fragmentation*)에서도 찾을 수 있다. 많은 매체와 채널의 범람 속에서 수용자는 자신의 취향에 맞는 매체와 채널을 선택하고, 그 결과 매체당 도달되는 수는 감소되었다. 따라서 이를 극복하기 위한 효과적 매체 기획이 필요해졌다.

구체적으로 살펴보면 매체 목표와 목표 시장을 확인한 후 이들을 대상으로 메시지를 언제, 어디서, 얼마나 자주 분배할 것인지를 결정해야 한다. 즉, 얼마나 많은 사람들에게, 얼마나 자주 광고할 것인가의 문제인 도달률(*reach*)과 빈도(*frequency*)를 고려한다. 도달률이란 주어진 기간—보통 한 달 기준—에 적어도 한 번 광고에 노출된 개인이나 가구의 수를 뜻하며, 빈도는 같은 기간 동안 개인이나 가구가 그 광고 메시지에 접촉한 횟수를 의미한다. 여기서 등장하는 또 하나의 중요한 개념이 중량(GRP: *Gross Rating Points*)이며, 이는 '도달률×빈도'로 구할 수 있다. 예를 들어 10개 가구를 대상으로 MBC의 주말 프로그램인 〈일밤〉을 시청한 가구들의 도달률, 빈도, 중량을 구한다고 가정해 보자. 여기서 한 번 이상 이 프로그램을 시청한 가구 수가 8가구라고 한다면 도달률은 8/10×100으로 80%가 된다. 그리고 이 8가구가 총 16회에 걸쳐 그 프로그램을 시청하였으며, 나머지 두 가구는 이 프로그램을 보지 않았다고 한다면 빈도는 16/8로 2가 된다. 그렇다면 중량은 80×2로 160임을 알 수 있다. 이때 매체 기획에 할당된 예산은 한정되기 때문에 도달률을 높이면 자연히 빈도가 줄어들고, 빈도를 높이면 도달률이 줄어든다. 그러므로 제품의 마케팅·광고 전략에서 어느 부분을 중요하게 생각하느냐—광고 메시지를 되도록 많은 목표 시장에 광범위하게 전달하는 것이 효과적인가, 특정 시장에 집중적으로 전달하는 것이 효과적인가—에 따라 이 둘의 관계를 잘 조화시키는 것이 중요하다.

키친바흐 광고의 스토리보드

스토리보드(*storyboard*)는 텔레비전 광고에서 중요한 시각 장면을 보여주는 기획서를 의미한다. 일반적으로 8~20개의 텔레비전 화면 모양의 빈 프레임(창문)에 그림과 설명을 채워 넣는다. 구체적으로 시각적 장면의 좌우에는 카메라의 움직임이나 음향효과, 카피 등이 기술된다. 이러한 과정을 거쳐 완성된 작품이 키친바흐 광고이다.

1. 키친이 없는 집은 없습니다.
2. 하지만
3. 키친에 그레이드가 있다는 것을 아는 사람도
4. 많지 않습니다.
5. 누구보다 당신이 좋아할 거예요.
6. 월드 클래스 키친 바흐

이때에 비용 효율성의 문제를 해결하기 위해 일반적으로 많이 사용하는 방식 가운데 하나가 CPM(*Cost Per Thousand*, 로마어로 '1,000'이 millennium이기 때문에 CPT가 아니라 CPM이라고 함)이다. 이는 목표 수용자 1천 명에게 광고를 전달하기 위한 광고비를 뜻하는 것으로 매체 비용을 비교할 수 있게 한다. 예를 들어 SBS의 화제작 〈별에서 온 그대〉의 1회 스폿(*spot*) 광고비가 1천만 원이고 프로그램의 시청자가 1천 8백만 명이라고 가정하자. 그렇다면 CPM은 1천만 원/1천 8백만 명으로 약 555원이다.

$$CPM = \frac{\text{광고비}}{\text{시청자 수}/1{,}000}$$

무엇보다 중요한 것은 지역마다 시장의 중요성이나 마케팅 전략이 상이할 수 있기 때문에 지역적 특성을 고려해서 매체 전략을 수립해야 한다는 사실이다. 그리고 매체 선택에서 하나의 매체만을 사용하는 것이 아니라 일반적으로 둘 이상의 매체를 혼합해 사용함으로써 각 매체가 가진 장점의 시너지 효과를 기대할 수 있다.

또한 어느 지역, 어떤 매체에 광고를 집행할 것인가를 결정한 후에는 그 매체의 어떤 프로그램에 광고를 게재할 것인가를 결정해야 하는데, 바로 이것이 비히클(*vehicle*)의 선정 작업이다. 예를 들어, 텔레비전의 경우는 어떤 프로그램 전후에 광고를 실을 것인가, 신문의 경우는 어느 신문(〈조선일보〉, 〈중앙일보〉, 〈동아일보〉, 〈한국일보〉 등)의 광고 지면을 구입할 것인가, 인터넷의 경우에는 어느 사이트(다음, 네이버 등)에 광고를 집행할 것인가를 결정해야 한다. 이와 같이 각 매체의 구체적인 내용이 비히클이 된다.

비히클 선정 작업에서는 우선 비히클의 수용자와 목표 시장과의 적합성을 고려해야 한다. 또한 광고되는 상품과 비히클 내용과의 호환성뿐만 아니라 비히클 내용과 분위기와의 조화도 고려해야 한다. 예를 들어 의류 중에 청바지를 광고한다고 가정하면, 텔레비전에서는 청소년들이나 20대 초반의 젊은이들이 주로 시청하는 쇼·음악 프로그램이나 시트콤을 주요 비히클로 선정할 수 있다. 그리고 잡지의 경우는 〈쎄씨〉와 같은 선문삽지가 적합한 비히클로 선정될 수 있을 것이다.

4) 조 사

전체적인 광고제작 과정에서 필수적인 부분이 조사이다. 우선 마케팅 조사(*marketing research*)는 제품의 판매와 제품에 대한 소비자 의견에 영향을 미칠 수 있는 요소들에 관한 자료를 수집 및 분석한다. 그러므로 광고대행사의 AE들은 심층적인 소비자 분석과 경쟁사의 핵심 정보를 제공받기 위해 조사분석가들에게 의존한다. 다음으로 미디어 조사 전문가들은 대중매체의 노출과 소셜 미디어 이용 패턴에 대한 정보를 매체산업과 대행사의 매체부에 제공하는 업무를 담당한다. 라디오와 텔레비전의 시청률이나 매체의 소비 습관, 그리고 특정 광고 및 매체 비히클에 대한 수용자 반응을 측정하는 질적 연구 등이 여기에 속한다. 마지막으로 광고와 연관된 조사의 또 다른 형태로 카피 테스트(*copy testing*)가 있다. 이는 광고의 제작 과정에서 이루어지는 것으로 광고 효과를 측정하기 위해 사용된다.

뉴로 마케팅(Neuro Marketing)

뉴로 마케팅이란 "소비자의 무의식에서 나오는 감정·구매행위를 뇌과학을 통해 분석해 기업 마케팅에 적용하는 기법으로 디자인·광고 등이 소비자의 잠재의식에 미치는 영향을 측정하는 것"이다(출처: 네이버 지식백과). 뉴로 마케팅의 방법론은 뇌과학과 심리학의 융합 학문인 정신생리학에 뿌리를 내리고 있다. 광고 메시지에 노출된 소비자가 나타나는 인체의 모든 생리적 반응을 연구 대상으로 삼는 것이 바로 뉴로 마케팅이다. 뇌 속 혈액의 흐름, 뇌파, 얼굴 근육, 눈동자의 움직임, 심장과 땀샘의 활동에 이르기까지 다양한 생리 반응이 모두 포함된다.

조사방법으로서 뉴로 마케팅은 두 가지 경우에 특히 효과적이다. 하나는 조사 대상자들이 솔직하게 답하기 껄끄러운 상황(예: 섹스어필 광고에 대한 평가)과 조사 대상자들 스스로도 잘 모르는 것(예: 비슷하면서도 미묘하게 다른 두 제품에 대한 감성적 반응)에 대한 조사. 이 두 가지 경우 설문조사보다는 신체적 반응을 관찰하여 얻은 자료가 소비자의 심리적 반응을 이해하는 데 더 큰 도움이 된다. 소비자의 구매 및 소비 행태의 대부분이 감정과 직접 연결되어 있다. 그러나 구매가 일어나는 바로 그 순간 소비자의 뇌, 신체에는 어떤 변화가 일어날까? 무엇이 뇌 속의 '구매 버튼'을 누르도록 만드는가? 이것이 마케터들이 뉴로 마케팅 연구기법을 동원해 궁극적으로 추구하는 질문이다.

출처: 박병호 (2013. 11). "신경과학과 마케팅의 융합 학문", <뉴로 마케팅>, Cheil, 454, 14~17.

5. 광고의 심리학

1) 계층적 효과 모델

광고효과 측정은 판매량으로 단순히 평가하기보다는 광고 접촉(*ad exposure*), 광고 메시지의 재인(*recognition*) 및 회상(*recall*), 광고 메시지의 이해와 설득의 정도, 그리고 태도 변화 등 커뮤니케이션 효과를 측정하는 방향으로 이루어진다. 이와 같이 광고 효과를 측정하는 데 매출이나 시장점유율 대신 커뮤니케이션 효과를 평가하는 이유는 광고효과가 광고 노출에서 구매 행위까지 일련의 단계를 거쳐 이루어진다는 래비지와 슈타이너(Lavidge, R. J. & Steiner, G. A., 1961)의 **계층적 효과 모델**(*hierarchical effects model*)에 따른 것이다.

래비지와 슈타이너는 광고 접촉 후 구매 행위까지 소비자 행동을 뚜렷하게 6단계로 구분하여 설명했다. 이 모델은 기본적으로 학습이론(*learning theory*)에 기초한 것으로서 '학습-감정-행동'(*learn-feel-do*)의 단계적 과정을 제시하는 모델이라고 할 수 있다. 이 모델에 의하면 광고효과는 인지, 태도, 행동의 단계로 순서적으로 발생한다. 1950년대 초 발표된 이후 이 모델은 광고효과를 측정하는 방식으로 널리 인정받아 사용된다.

〈그림 11-2〉 래비지와 슈타이너의 계층적 효과 모델

행동차원	광고효과의 단계	판촉 혹은 광고의 사례
행위적 차원 광고는 소비자의 욕구를 자극한다	구매행위 ↑ 확신	구매현장(*point-of-purchase*) 광고 소매점 광고 "하나 남은 물건"이라는 제안 가격소구 증언광고(*testimonials ad*)
감성적 차원 광고는 소비자의 태도와 감정을 변화시킨다.	선호 ↑ 호감	경쟁적 광고(*competitive ads*) 논쟁적인 카피 "이미지" 카피 성적 소구
인지적 차원 광고는 소비자에게 정보와 사실을 제공한다	지식 ↑ 인지	항목별 광고(*classified ads*) 기술적(*descripitve*) 카피 슬로건(*slogans*) TV광고의 노래 티저광고(*teaser ad*)

출처: Schultz & Barnes, 1995.

위에 제시된 모델은 광고노출, 인지, 지식, 호감, 선호, 확신 그리고 구매 행위에 이르는 단계별 목표에 따라 광고 커뮤니케이션 목표와 연관시켜 효과를 평가해야 한다는 미국 광고주협회의 DAGMAR(*Defining Advertising Goals for Measured Advertising Results*) 모형에 이론적 근거를 제공했다. 측정 가능한 광고의 커뮤니케이션 목표를 사전에 설정하고 그에 따라 광고효과를 측정해야 한다는 DAGMAR 모형은 지난 30여 년간 광고효과를 측정하는 기본 개념이었다.

2) 욕구위계론

매슬로(Abraham Maslow)는 인간의 욕구(*needs*)를 5단계로 나누고, 거기에 등급을 매겨 각각의 욕구가 다른 욕구에 의해 어떻게 지배받는지에 관한 이론을 제시했다. 매슬로가 정의한 5단계 욕구들은 다음과 같다. 그림상에서 가장 낮은 단계가 '생리적(*physiological*) 욕구', 그 위로 '안전(*safety*)에 대한 욕구', 그 다음은 '사회적(*social*) 욕구', '자존감(*self-esteem*)에 대한 욕구', 마지막으로 가장 높은 단계인 '자아실현(*self-actualization*)에 대한 욕구'가 바로 그것이다.

생리적 욕구는 의식주와 같이 인간의 삶에서 가장 기본적 욕구들을 뜻한다. 생리적 접근법을 통해 소비자들에게 호소하고자 하는 광고 캠페인의 유형들을 우리는 주변에서 쉽게 찾을 수 있다. 예를 들어, 텔레비전 광고에서 흔히 접할 수 있는 대부분의 식음료 광고―오렌지주스·우유·두유 광고―들은 자사의 제품이 타사의 제품과 비교하여 특정 영양소가 많이 들었기 때문에 건강에 좋다는 유형의 광고들이다.

안전에 대한 욕구는 안전벨트, 에어백, 화재경보기 등과 같은 제품의 광고에 이용될 수 있다. 예를 들어, 타이어회사인 미쉐린은 타이어 위에 앉은 귀여운 아기의 모습을 광고에서 보여줌으로써 타이어의 품질과 안전성을 효과적으로 제시하고 소비자들의 주의와 관심을 끄는 데 성공했다. 많은 자동차·보험사 광고에서도 이와 같이 소비자들의 안전에 대한 욕구에 호소하는 유형의 광고를 제작한다.

사회적 욕구는 많은 광고주들이 다양한 표현을 통해 자사의 제품을 광고할 수 있는 기법들을 제공한다. 이 방식은 준거집단(*reference group*)의 영향력과 밀접하게 연관되며, 자신이 중요하고 가치 있는 집단의 구성원이기를 바라는 사람들의 욕구에

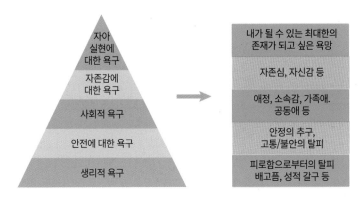

〈그림 11-3〉 매슬로의 욕구위계론

소구하는 형태를 가진다. 광고주들은 소속감과 애정에 호소하는 방법에서 기본적인 두 가지 소구법을 즐겨 사용한다. 집단 상황에서 제품을 사용하는 모습을 보여주거나, 어떤 제품을 사용하지 않음으로써 그 사람이 집단에서 소외되는 상황을 제시하는 유형의 광고가 이에 해당된다. 예를 들어 다음과 같은 상황을 광고에서 보여줄 수 있다. 한 무리의 10대 여학생들이 교실에서 대화를 나누는 장면이 보인다. 그들은 한 여학생에 대해 험담을 하는데, 알고 보니 그 여학생은 엄청난 여드름 때문에 아이들에게 '왕따'를 당하는 상태이다. 그런데 며칠 후 문제의 그 여학생이 깨끗해진 얼굴을 하고 돌아와 'ㅇㅇ클렌징'을 사용했더니 피부가 깨끗해졌다고 이야기하면서 그들과 즐겁게 이야기를 나누는 모습을 마지막 장면으로 보여준다. 이 광고는 소비자들의 사회적 욕구에 소구하는 광고의 형식으로 제작되었다고 볼 수 있다.

자존감에 대한 욕구는 자신이 다른 사람보다 월등하고 뛰어나다는 것을 나타내고자 하는 욕구를 의미한다. 광고주의 경우 이것을 자사의 제품을 사용하는 것이 성공을 상징한다는 것을 보여주는 기회로 이용할 수 있다. 자존감에 대한 소구는 사치성 소비(conspicuous consumption)를 미화할 수 있으며, 그 결과 사치성 제품의 광고에 매우 유용하게 사용된다. 쌍용자동차의 렉스턴은 '대한민국 1%'라는 슬로건을 사용하여 상류 사회의 특수 계층이 이용하는 자동차로서의 이미지를 심는 데 성공한 광고라고 볼 수 있다. 이 밖에도 값비싼 아파트 광고나 이른바 명품 브랜드의 광고들이 이러한 유형의 광고 캠페인을 자주 시행한다.

마지막 단계인 자아실현에 대한 욕구란, 사람들은 다른 사람보다 자신이 뛰어나

광고는 소비자를 어떻게 설득하나

우리가 일상생활을 통해 주위에서 쉽게 접할 수 있는 광고들은 궁극적으로 소비자들의 설득을 목적으로 한다. 일반 소비자들은 이러한 목적을 달성하기 위해 제작된 광고를 그냥 쉽게 보고 넘길 수 있지만, 그 내부를 자세히 들여다보면 대부분의 광고들이 저마다의 이론을 가지고 소비자들을 설득한다는 사실을 알 수 있다. 광고주들이나 광고실무자들이 의도했던 안했던 간에 그들이 만든 작품(광고)을 자세히 들여다보면 이론적 배경이 내재되었다는 사실을 추론할 수 있다. 여기서 **광고 심리학**의 몇 가지 이론을 살펴보자.

① **대리적 조건화**(*vicarious classical conditioning*)

광고에 등장하는 모델이 초이스 커피를 마시며 〈전원교향곡〉을 듣는 편안한 모습을 반복적으로 시청한 소비자들은 자신도 초이스 커피를 마시면 평온한 기분이 될 것으로 기대하면서 초이스 커피를 사게 된다.

② **메시지 학습이론**(*learning theory*)

폭스바겐은 연비가 낮은 경쟁제품과의 차별화를 위해 광고를 제작했다. 광고의 내용을 살펴보면, 자동차를 소유하는 데 드는 손실로 값비싼 휘발유를 사용하는 예를 들고 폭스바겐은 휘발유보다 훨씬 저렴한 디젤을 사용하여 연료비를 절감한다는 것을 내세웠다.

③ **심리적 반발이론**(*reactance theory*)

반발심은 사람들이 위협받는 자유를 회복하려는 동기적 힘으로, 명백한 반발심의 결과는 그 사람으로 하여금 위협받거나 금지된 행동을 취하게 하고 혹은 위협받는 태도를 강화하도록 동기화한다는 것이다. 예를 들어 '여성만을 위한 껌'이라는 광고카피는 남성 구매자들에게 일종의 반발심리를 이끌어내 그 껌을 구매하도록 유도할 수 있다.

④ **일치이론**(*congruence theory*)

광고에서는 인기 있는 TV탤런트나 운동선수 등을 제품의 모델로 선정하여 소비자들에게 긍정적 메시지를 전달한다. 모델에 대해 호감을 갖는 소비자는 여러 가지 제품 중에 그 모델이 선전한 제품에 긍정적 평가를 내릴 가능성이 높고, 이것은 곧 구매행위로 연결될 수 있다. 세계적 면도기 브랜드인 질레트의 '퓨전'이 박지성을 모델로 선정한 것도 이러한 효과를 기대하기 때문이다. 이러한 광고전략을 스타 마케팅이라 부른다.

⑤ **귀인이론**(*attribution theory*)

귀인적 접근법의 핵심은 행위의 결과를 보고 그 원인을 추론하는 것이다. 광고에서 귀인이론의 적용은 결과를 제시하고 그 결과의 원인을 소비자 스스로 추론케 하는 것이다. "주부인 제 수입으로 내 집 마련의 꿈이 익어갑니다"라는 표현은 그 이유가 무엇인지 궁금하게 만드는 문장이다. 사람들은 저축광고로 생각(귀인)할 수도 있고, 아파트 분양광고로 귀인할 수도 있다. 그러나 자세히 보면 보험회사 주부사원 모집광고이다.

출처 : 오택섭 편역(1992), 《설득커뮤니케이션과 광고》

다는 것을 느끼기 위해서가 아니라 그들 자신의 내면적 가치를 실현하기 위해 노력하는 단계를 의미한다. 이에 대한 강력한 소구 방식은 미국의 사병 모집 광고인 "네 능력을 마음껏 펼쳐라"(*Be all that you can be*)에서부터 나이키의 "자, 바로 행동으로"(*Just do it*)에 이르기까지 다양한 종류의 광고에서 찾아볼 수 있다.

3) 소비자 욕구와 세분화

과거에는 생산자·판매자가 다양한 상품을 내놓으면 소비자는 자신의 필요와 취향에 맞는 상품을 구매하는 대중 마케팅 시대였다. 하지만 오늘날에는 소비자의 권한이 강화되었으며, 소비자의 필요와 욕구(*need*)가 다양해졌고 다양한 매체의 등장으로 수용자가 분할되어 광고주는 성공적 마케팅을 수행하기 위해 선택적 마케팅을 택한다. 즉, 과거의 광고 계획이 광고주가 주(主), 소비자가 객(客)이 되는 '안에서 밖으로'(*inside-out*) 전략이던 것에서 광고주가 객(客), 소비자가 주(主)가 되는 '밖에서 안으로'(*outside-in*) 전략으로 바뀐 것이다(Schultz, 1995). 광고를 제작하여 수용자의 태도, 지식, 선호, 확신, 구매에 영향을 미치는 전략이 아니라 충성하는 고객·새로운 고객·상실된 고객 등의 실제 시장 안에서의 행위에 근거한 계획이 필요한 것이다.

세분화(*segment*)란 다양한 소비자 시장을 유사한 속성을 지닌 하부집단으로 분할하는 과정을 뜻한다. 세분화 전략은 광고주의 한정적인 자원을 효율적으로 관리하고, 소비자의 필요나 동기를 보다 잘 이해할 수 있고 경쟁자를 잘 파악할 수 있다는 점에서 장점을 가진다. 세분화를 하는 데는 다양한 세분화 변인들이 이용될 수 있다. 첫째로 인구구조적(*demographic*) 변인이 있다. 연령, 성별, 인종, 세대 형태, 주택의 소유 형태, 교육, 직업, 소득 등이 이에 속하며, 이를 통해 시장이 변화하는 상황을 알 수 있다. 둘째로 심리구조적(*psychographic*) 세분화라고 할 수 있는 라이프스타일에 의한 분류가 있다. 이 중 가장 널리 알려진 것은 VALS 2(*the second generation of the values and lifestyle models*)이다. 이 모델은 미국의 소비자를 먼저 자기정향성(*self-orientation*)에 따라 원칙 지향(*principle-oriented*), 지위 지향(*status-oriented*), 활동 지향(*action-oriented*)의 세 집단으로 나눈다. 예를 들어, 만족형을 포함한 원칙 지향 집단은 "규칙과 지식 그리고 의무감을 소중히 여기는 성숙하고 사려

〈그림 11-4〉 가치관과 생활양식에 따른 소비자 분류(VALS 2)

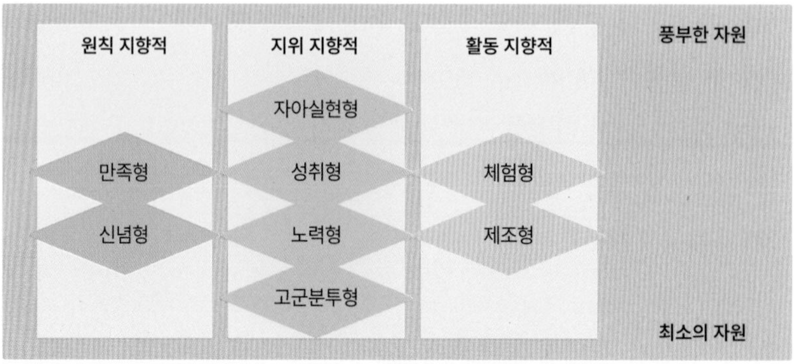

출처: Campbell(2002)

깊은 사람들"이다. 이러한 소비자들은 기능적이고 적당한 가격의 오래 쓸 수 있는 제품을 좋아한다고 볼 수 있다. 그리고 이들 세 집단을 다시 그들이 소유한 자원(주로 소득과 교육 수준)에 따라 최소의 자원(*minimal resource*)과 풍부한 자원(*abundant resource*)으로 세분한다. 위에 제시된 VALS 2 모델에 따르면 인간은 8가지 유형으로 분류된다.

① 자아실현형

높은 자부심과 풍부한 자원을 지닌 성공적이고 세련되며 적극적인 유형이다. 그들은 자아성장에 흥미를 느끼며 발전적이고 탐험적인 것을 추구한다. 또한 정해진 방침에 의해서 혹은 어떤 일에 영향을 미치거나 변화시키기 위해서 다양한 방법들로 그들 자신을 표현하고 싶어 한다.

② 만족형

규칙과 지식, 그리고 책임감을 소중히 하는 성숙하고 사려 깊은 유형이다. 이들은 대부분 높은 교육 수준을 가지며 전문직에 종사한다. 특히, 그들은 세계와 국제 사건에 대해 박식하며 그들의 지식을 넓히는 기회에 민첩하다.

③ 성취형

그들의 삶을 관리하는 성공한 경력을 지닌 일 중심적인 유형이다. 그들은 위험의 예측과 친교에서 일관성과 안정을 소중히 여긴다. 그들은 일과 가족에 깊이 관여하며 이 일을 통해 의무감과 물질적인 보상 그리고 명성을 가진다. 그리고 그들의 사회적 삶은 이러한 관점을 반영하며 가족, 교회, 그리고 경력을 둘러싸며 형성된다.

④ 체험형

나이가 어려 생기가 넘치며, 열정적이지만 충동적이기 때문에 반항적 기질의 유형이다. 그들은 다양성과 자극을 추구하기 때문에 새롭고 색다르며 모험적인 것을 맛보고 싶어 한다. 그래서 삶에 대한 가치와 행동패턴을 공식화하는 과정에서 새로운 것에 쉽게 열정적이며, 또 이내 식어 버리는 특성을 가진다.

⑤ 신념형

전통적으로 정해진 규범—가족, 교회, 공동체, 국가—에 기반을 둔 굳은 신념들을 가진 유형으로 보수적이며 틀에 박힌 느낌을 준다. 다수의 신념형은 그들에게 깊게 뿌리박힌 도덕적 규범을 표현한다. 그리고 그들이 속한 가정, 가족, 사회적·종교적 기관을 둘러싼 큰 차원에서 정해진 관례를 따른다.

⑥ 노력형

자신의 동기와 자아에 대한 정의, 그리고 그들을 둘러싼 세계로부터의 승인을 추구하는 유형이다. 그들 자신에 대한 불확실성과 경제적·사회적·심리적 자원들의 부족 때문에 다른 사람들의 의견과 인정에 대해 걱정한다.

⑦ 제조형

자급자족을 소중히 여기는 실용적인 유형이다. 그들은 가족과 일 그리고 신체의 휴식 등 전통적 맥락 안에서 살며 그 밖의 일에는 흥미가 없다. 그들은 일하면서 세계를 경험하는데, 이를 통해 그들의 업무를 성공적으로 수행할 충분한 기술, 수입, 그리고 힘을 가진다.

⑧ 고군분투형

다른 유형의 사람들에 비해 제한적인 유형이다. 이들은 만성적으로 가난하고 제대로 교육받지 못해 기술이 부족하며 강력한 사회적 연대도 없다. 또한 현재의 긴급한 욕구를 만족시키기 위한 욕망에 사로잡혀 있기 때문에 강한 자아지향성을 보이지는 않으며 안전과 보호를 주된 걱정으로 삼는다.

VALS 2에서 나타난 자료를 가지고 광고주들은 어떤 소비자들이 무슨 상품을 살 것인지를 현미경으로 들여다보듯 파악한다. 광고주와 광고대행사 실무자들—특히, 자동차 제조업자들—은 이 자료를 이용하여 텔레비전과 잡지 광고에서 전략적으로 효과적인 메시지를 작성한다. 예를 들어, 성취형과 체험형은 스포츠와 뉴스 프로그램을 즐겨 보며 고급차를 즐겨 탄다. 이에 반해 만족형은 텔레비전 드라마와 다큐멘터리를 좋아하며 기능성을 중시하여 소형 밴이나 연비가 뛰어난 차량을 선호한다. 물론 모든 사람들이 VALS 2가 제시하는 범주에 꼭 들어맞는 것은 아니다. 그러나 두통약이나 청바지와 같이 여러 브랜드 간에 분명한 우열을 가릴 수 없을 때는 VALS 2에 의한 소비자 분류 기법이 광고 전략을 수립하는 데 큰 도움이 될 수 있다.

VALS 2를 기준으로 하여 세분화된 소비자들의 데이터는 그들의 상품 구매 자료와 함께 대형 컴퓨터에 저장함으로써 광고 기획자들은 보다 효과적인 광고 전략을 세울 수 있다.

6. 새로운 광고기술

1) IMC(통합 마케팅 커뮤니케이션)

최근에는 기존의 매체 광고에 의존하던 광고 환경에서 벗어나 광고주가 이용 가능한 모든 커뮤니케이션 채널의 사용을 촉진하는 이른바 IMC(*Integrated Marketing Communication*)가 등장했다. IMC는 외부 환경과 소비자 데이터에 입각하여 타깃과 오디언스에 대해 브랜드를 통합적 메시지로 선보여 납득받는 총체적인 마케팅 시스템으로, 슐츠(Don E. Schultz)는 IMC를 "목표 수용자에게 영향을 끼칠 목적으로 회사나 상표의 모든 접촉을 고려하여 다양한 설득 커뮤니케이션 형태를 기획하고 시행하는 과정"이라고 정의했다.

이와 같은 슐츠의 IMC 모델은 ① 소비자 데이터베이스 작성, ② 데이터베이스를 타깃별로 시장 세분화, ③ 소비자에게 메시지를 전달할 시기, 장소, 방법에 입각한 접촉 및 관리, ④ 커뮤니케이션 목표와 전략 수립, ⑤ 브랜드와 자산 정의, 브랜드와 네트워크 작성, ⑥ 마케팅 목표 수립과 방법 검토, ⑦ 구체적 마케팅 전략으로서의 광고, PR, 판매 촉진 등을 기획하여 실행하는 순으로 진행된다.

IMC가 필요한 이유는 다음과 같이 정리할 수 있다.

첫째로, 대중매체 광고의 효과에 대한 의문이다. 인구에 회자되는 성공적 광고라 하더라도 실제 광고주가 목표로 하는 매출 신장에는 실패하는 경우가 발생한다. 둘째로, 명확하고 일관된 메시지 전달을 가능하게 만든다. 소비자들은 일상생활에서 접하는 다양한 광고 유형들을 구분하지 않기 때문에 여러 가지 커뮤니케이션 채널에서 각기 상이한 메시지를 전달하는 것은 오히려 소비자에게 혼동을 가중시킨다. 마지막으로, 높은 커뮤니케이션 투자 수익률을 창출한다. 마케팅 커뮤니케이션 비용이 분산됨으로써 발생하는 추가적 부담을 줄이는 한편, 커뮤니케이션 비용의 투자에 대한 효과를 체계적으로 평가할 수 있다.

IMC 전략을 통해 성공적 브랜드 이미지를 구축한 사례로는 코카콜라를 들 수 있다. 사람들에게 '몸에 좋지 않은 음료'와 같은 부정적 이미지를 가진 코카콜라는 이러한 이미지가 장기적으로 이어질 경우 제품 판매에 부정적 영향을 초래한다는 사실을 인지했다. 이로 인해 2013년에 행복이라는 가치를 이용한 'Share a Coke'라는 새로운 마케팅 콘셉트는 큰 반향을 일으키며 코카콜라는 이미지 쇄신에 성공했다. 이 콘셉트는 SNS의 발달로 인터넷에서 소통의 기회는 많아졌지만 오히려 면대면 커뮤니케이션에는 어색한 젊은 세대의 생활상을 반영해 기획되었으며, '마음을 전해요'라는 카피를 중심으로 콜라 라벨에 '사랑해', '자기야', '고마워' 등의 단어를 넣었다. 또한 캠페인의 일환으로 현장 즉석에서 소비자들이 입력한 닉네임과 메시지를 이용하여 세상에서 하나뿐인 제품을 만들어 증정하는 소비자 참여형 행사를 진행했다. 마찬가지의 방식으로 의류업체인 유니클로(UNIQLO)와 협력하여 소비자들이 원하는 닉네임과 메시지를 제품에 담아 연인이나 가족에게 선물할 수 있도록 하여 '마음을 전해요'라는 콘셉트에 더없이 잘 부합하도록 했다. SNS에서는 메시지 혹은 영상 등을 통해 소비자의 참여를 유도하였으며, 이 밖에도 여러 가지 매체를 활용해 일관된 메시지를 전하고자 했다. 그 결과 주 타깃이었던 젊은 세대의 경우 기존 고객층보다 7%나 증가하였으며, 코카콜라는 111년 만에 4%의 매출 신장을 기록했다.

2) 온라인 광고

인터넷은 다양한 청중에게 도달할 수 있으며, 전통적 매체의 효과를 증대할 수 있는 방식이란 이유로 광고주와 광고대행사에게 더 큰 관심의 대상이 된다. 이러한 인터넷의 가장 흥미로운 점은 상호작용성(*interactivity*)이라고 할 수 있다. 전통적 매체는 한정된 정보의 공급원이지만, 인터넷은 양자 간의 메시지 교환을 통한 반응적이고 유연한 데이터 공급원이라는 것이다. 대표적 사례로 이메일 마케팅(*e-mail marketing*)을 들 수 있다. 이메일 마케팅은 기업이 이메일을 이용하여 고객에게 정보나 서비스를 제공하고, 반대로 고객으로부터 기업 및 상품에 대한 호의적 관계 및 반응을 얻는다는 점에서 기업과 고객 간에 상호 교환 과정이 적용된다.

온라인 광고의 또 다른 특성은 바이럴 마케팅(*viral marketing*)으로서의 역할에 있다. 바이럴 마케팅이란 마케팅 메시지가 바이러스의 확산처럼 자생적으로 전파되도록 하는 마케팅 기법이다. 기업의 마케팅 메시지를 접한 고객이 인터넷상의 여러 수단을 통해 인접한 고객에게 스스로 전달하도록 하는 기법으로 오프라인의 구전(*word-of-mouth*) 마케팅과 비슷하다. 이 기술적 진보는 소비자'에게' 일방적으로 메시지를 전달하는 전통적 방법이라기보다는 소비자와 '함께' 의사소통할 수 있게 만들기 때문에, 이를 통해 광고주는 강력한 브랜드 관계를 확립하기 위한 개별화된 소비자 관계를 증가시킬 수 있다.

온라인 광고의 급격한 성장에도 불구하고 그 효과에 대한 의문점이 제기되는 것도 사실이다. 배너(*banner*) 광고는 제품에 대한 정보나 이미지를 제대로 전달하기에는 너무 작으며, 광고에 대한 클릭률(*click through rates*)이 매우 낮아 과연 인터넷이 광고 매체로서 적절한가의 의문이 제기된다. 특히 인터넷 이용자들의 동의도 없이 무작위로 살포되는 스팸메일은 온라인에서 이루어지는 광고에 부정적 태도를 갖게 하기에 충분하다. 그러나 최근에 실시된 조사에 따르면 대부분의 사람들이 제품에 대한 정보를 얻는 첫 번째 장소로 인터넷을 꼽았다. 또한 광고주들도 정확한 소비자 타깃을 설정하여 효율적으로 광고 메시지를 전할 수 있는 여러 가지 방법이 개발되어 이를 이용할 수 있으며, 이에 따라 모바일 시장의 성장과 더불어 온라인 광고의 효과는 과소평가할 수 없을 것으로 보인다.

3) 데이터베이스 마케팅

데이터베이스 마케팅(*database marketing*)은 고객과 브랜드 사이의 관계를 확립하기 위한 새로운 광고 방식이다. 일반적으로 데이터베이스 마케팅은 무차별적인 폭격으로 비유되는 대중매체를 이용한 매스 마케팅과 대비되는 개념으로, 유망 고객에게만 화력을 집중하여 곧바로 구매를 유도하게 하는 걸프전 방식의 마케팅으로 비유된다. 이러한 데이터베이스 마케팅은 '현재 혹은 잠재적인 고객의 구매 습관과 직접 관련 있는 개인적이고 활동적인 정보를 수집하는 과정', 즉 데이터 마이닝(*data mining*)에 의존해서 이루어진다. 구매 습관, 구독 정보, 온라인에서의 움직임이나 클릭 패턴, 개인 신용정보 등에 근거하는 데이터 마이닝은 매체나 광고주에게 보다 세분화된 광고 전략을 시행할 수 있도록 도움을 준다.

인터넷은 데이터베이스 마케팅에 가장 적합한 광고 매체이다. 소비자가 인터넷을 서핑할 때 컴퓨터에 등록되는 쿠키(*cookies*)라 불리는 컴퓨터 파일을 통해 광고주들은 소비자가 방문한 웹사이트와 노출된 광고를 추적할 수 있다. 광고주는 이런 정보를 이용하여 가장 잠재력 있는 고객에게만 광고를 보내면 광고의 중복을 피할 수 있어 효율성을 높인다. 예를 들어 '해외여행'을 알아보기 위해 인터넷 검색을 했을 때, 얼마 뒤 검색과 관련 없는 사이트의 광고에서도 해외여행과 관련된 항공, 호텔 등의 광고가 나타나는 것을 쉽게 발견할 수 있다.

인터넷 사용자들만이 자의 또는 타의에 의해 자신의 개인정보를 제공하는 것은 아니다. 컴퓨터 디스크에 텔레비전 프로그램을 녹화하여 볼 수 있는 새로운 디지털 저장장치(예: Replay TV)도 시청 행위나 개인과 관련된 정보를 제공한다. 그러나 이 장치는 빨리감기(*fast forwarding*) 기능을 이용하여 광고를 회피할 수도 있기 때문에 이에 대한 대안으로 광고주들은 '동의 마케팅'(*permission marketing*)을 이용한다. 이 방식은 인터넷 광고와 이메일 수신이 수용자에 의해 수용되는 조건하에서 이루어지는 마케팅으로, 소비자는 사전 동의를 통해 판매자와 서로 이득이 되는 관계 ─ 소비자는 자신이 평소 관심을 가진 제품에 대한 정보를 신속하게 받아볼 수 있으며, 마케터의 입장에서는 소비자의 개인정보를 얻을 수 있다 ─ 를 형성할 수 있기 때문에 사생활(*privacy*) 보호가 문제되지 않는다.

기존 데이터베이스 관리 도구로 데이터를 수집·저장·관리·분석할 수 있는 역량을 넘어 대량의 정형 또는 비정형 데이터 집합으로부터 가치를 추출하고 결과를 분석하는 기술을 의미하는 빅데이터는 초대용량의 데이터 양(*volume*), 다양한 형태(*variety*), 빠른 생성 속도(*velocity*)라는 뜻에서 3V로 불리기도 하고, 가치(*value*)를 더해 4V라고 정의되기도 한다.

다양한 종류의 대규모 데이터에 대한 생성, 수집, 분석, 표현을 그 특징으로 하는 빅데이터 기술의 발전은 다변화된 현대사회를 더욱 정확하게 예측하여 효율적으로 작동하게 하고 개인화된 현대의 사회구성원마다 맞춤형 정보를 제공·관리·분석하는 것을 가능하게 함으로써, 과거에는 불가능했던 기술을 실현시키기도 한다. 이러한 빅데이터는 정치, 사회, 경제, 문화, 과학기술 등 전 영역에 걸쳐서 사회와 인류에게 가치 있는 정보를 제공할 수 있는 가능성을 제시하며 그 중요성이 부각된다.

하지만 이러한 빅데이터에도 문제점은 존재한다. 바로 사생활 침해와 보안 측면의 측면에 대한 우려다. 빅데이터는 수많은 개인정보의 집합이기 때문에 빅데이터를 수집·분석할 때에 개인들의 사적인 정보까지 수집하여 관리하는 빅브라더의 모습이 될 수도 있다는 것이다. 또한 그렇게 모은 데이터가 보안 문제로 유출된다면, 큰 문제를 초래할 우려가 있다. 좀더 자세한 내용은 9장 5절의 "빅데이터와 미래사회"를 참조하면 된다.

4) 옥외광고

광고의 가장 오래된 형태인 옥외간판에서도 변화가 일어나고 있다. 단순한 간판에서 벗어나 우리가 월드컵을 통해서 볼 수 있었던 것처럼 디지털 이미지 기술(*digital imaging technology*)을 이용하여 실제로 존재하지 않는 영상과 이미지를 경기장에 투사해 전 세계의 축구팬들을 놀라게 했다. 이렇게 옥외광고는 기발한 아이디어를 이용하여 사람들의 이목을 자연스럽게 끄는 추세로 바뀌고 있다. 예를 들면, 홈플러스 잠실점은 오픈하기 전에 잠실역 지하철 역사 내 벽과 기둥마다 대형마트의 다양한 상품 및 상품 진열대를 랩핑하여 사람들에게 자신이 대형마트에 있는 것과 같은 착각을 주었다. 이를 통해 특별한 방법을 사용하지 않고도 잠실역에 홈플러스가 오픈했다는 사실을 쉽게 모든 사람들에게 각인시켰다. 또한 기아자동차의 경우 몇몇 대리점에서 자동차가 외부 유리창을 뚫는 등의 착시 그림을 그려 넣어 사람들의 흥미를 끄는 동시에 자동차를 홍보하기도 했다. 이러한 기발한 광고는 많은 수용자들에게 쉽게 도달할 수 있으며, 광고를 효율적이고 간단하게 변용시킬 수 있다는 점에서 장점을 가진다.

5) 유머 소구 광고와 공포 소구 광고

단순히 정보를 전달하는 광고에서 벗어나 기발한 유머를 광고에 삽입하여 소비자의 이목을 끄는 경우가 증가하고 있다. 유머 소구 광고는 누구나 공감하기 쉬운 말장난, 농담, 돌려 말하기 등을 이용하여 광고 집중력을 최대한 끌어 올려서 회상력을 집중시킨다는 장점을 가진다. 최근 인터넷, SNS 등 온라인상에서 네티즌들이 배우 김보성을 합성해 만든 '의리 시리즈'가 인기를 끌면서 팔도의 비락식혜는 배우 김보성과 함께 '항아으리', '아메으리카노', '마무으리' 등 의리(으리)를 사용한 광고를 제작했다. 신선하고 재미있는 이 광고는 사람들의 큰 관심을 불러왔으며, 실제로 한국광고협회의 2014년 6월 베스트 크리에이티브 광고로 선정되었다. 매출 또한 전년 대비 35% 이상 수직 상승했다.

또한 유머 측면뿐만 아니라 반대로 위협 혹은 공포를 이용하기도 한다. 공포 소

팔도의 비락식혜 광고

구 광고는 소비자가 특정 제품이나 서비스 또는 사회적 이념을 선택하거나 수용할 때 광고에서 권장하는 제안을 따르지 않았을 경우 초래될 수 있는 물리적·심리적으로 부정적인 결과를 제시하고 그에 대한 두려움이나 공포를 이용하는 광고이다. 건강이나 재산 등의 손실로부터 소비자를 보호하기 위해 만들어진 제품(제약, 보험 등)이나 공익광고(금주, 금연, 마약방지, 안전운전 등)에서 많이 사용되며, 사회적·심리적 동기와 관련된 보다 미묘한 위협(사회적 지위나 직업의 상실, 구취나 비듬 등으로 인한 타인과의 관계에서의 위협 등)도 광고에서 자주 사용된다(이명천·김요한, 2013).

6) 모바일 광고

최근 몇 년 사이 모바일 환경이 이전과 비교할 수 없을 정도로 진화를 거듭해 스마트폰 이용자들이 장소 및 시간에 대한 제약 없이 언제든지 모바일 네트워크에 접속할 수 있는 환경이 조성되었다. 정보통신정책연구원에 따르면 모바일 광고는 '무선 인터넷 또는 이동통신망을 통해 모바일 기기의 이용자에게 음성, 문자, 동영상 등 다양한 형태의 광고를 직접 노출시키거나 모바일 애플리케이션에 콘텐츠를 삽입하는 행위'를 말한다. 모바일 광고는 크게 웹과 비슷한 형태로 나타나는 웹페이지 상의 광고와 애플리케이션을 활용하는 광고로 구분할 수 있지만, 아직까지도 모바일 광고의 정확한 범위에 대해서는 정해진 바가 없다. 하지만 한국온라인광고협회의 〈2014 온라인 광고시장 규모〉 자료에 따르면 모바일 광고는 온라인 광고시장에서 약 29% 가량을 차지하며 계속해서 성장 중이기 때문에 그 영향력은 더 커질 것이다.

7) O2O(Online-to-Offline) 마케팅

오늘날 모바일 전자 상거래 시장에서 가장 각광받고 있는 전략 중 하나가 바로 O2O 마케팅이다. 여기에서 O2O란, 이름 그대로 ICT기술을 중심으로 온라인과 오프라인을 기능적으로 연결하고, 새로운 서비스를 창출하는 것을 의미한다. O2O란 용어는 미국의 제휴 마케팅업체인 트라이얼페이(Trialpay)의 설립자인 알렉스 람펠(Alex Rampell)이 〈테크크런치〉라는 IT전문지에 쓴 기고문에 처음 등장한 것으로 알려져 있다. 람펠은 고객들을 온라인 상에서 발견하고, 실제 세계(real-world)의 매장으로 끌어들이는 것을 O2O라고 정의하였다.

이러한 O2O의 개념은 단순히 온라인과 오프라인의 연결로만 설명될 수 있는 것이 아니고, 기존 오프라인 가치사슬 구조에서 비경제적이고 비효율적인 가치 창출 과정들을 온라인 시스템의 장점과 결부시켜 디지털 컨버전스를 이룸과 동시에, 고객의 니즈(needs)와 정확히 부합하는 새로운 가치를 창출하는 것이 핵심이라고 할 수 있다.

SK플래닛의 시럽(Syrup)과 같은 스마트 월렛 서비스는 O2O의 개념을 마케팅 전략으로 활용한 대표적인 예라고 할 수 있다. 이 서비스는 2014년 6월 2일 처음 론칭을 하였고, 론칭과 함께 전국의 음식점, 술집, 카페 등을 포함한 약 8만 개 점포가 가맹점으로 등록되었다. 사용자가 GPS를 기반으로 한 위치기반서비스를 시럽 앱과 연동시키기만 하면, 실시간으로 사용자 위치 주변에 있는 가맹점들로부터 여러 가지 할인 혜택과 쿠폰 정보 등을 제공받을 수 있다. 주변 오프라인 매장들을 직접 하나하나 방문하지 않고도 모바일로 특정 지역 매장들의 할인 혜택과 쿠폰, 광고 등을 비교할 수 있는 것이다.

인터넷의 등장 이후 온라인과 오프라인의 장점을 결합하고자 하는 노력들은 많이 이루어졌지만, O2O가 최근에 이르러서야 각광받게 된 기저에는 모바일 플랫폼의 거대한 성장이 큰 축으로 자리하고 있다. 근거리통신(NFC: Near Field Communication)기술이나 비콘(Beacon), 센서 등의 위치기반 기술 등을 포함한 스마트폰 ICT 기술들의 발전은 고객의 니즈에 대한 실시간 커뮤니케이션을 가능하도록 만들었으며 국내 외 기업들은 이러한 가능성들을 새로운 광고사업 기회로 승화시키는 데 부단한 노력을 하고 있다.

7. Web 2.0 시대의 AD 2.0, 그리고 Web 3.0

사용자 중심의 쌍방향 정보 교류를 강조하는 Web 2.0 시대가 본격화되면서 AD 2.0에 관한 논의가 활발히 이루어졌다. 기존의 AD 1.0과 AD 2.0의 차이점은 기존의 광고가 적절한 시간과 장소에서 대중의 주의를 끌고 일방적 정보를 전달하는 데 집중했던 반면, 새로운 광고는 시공간을 초월하여 소비자 개개인과의 상호작용을 통하여 콘텐츠를 공유하며 소비자를 관여시키는 것을 목적으로 한다는 것이다.

AD 2.0에 힘입어 국내 온라인 광고시장은 비약적으로 성장했다. 온라인 광고시장은 (한국온라인광고협회, 〈2014 온라인 광고시장 규모〉) 2014년을 기준으로 2조 9,228억 원의 시장으로 성장하여, 한국 매체광고 시장에서 인쇄매체를 제치고 방송매체에 이어 두 번째로 큰 영향력을 가진 매체로 자리 잡았다. AD 2.0으로 인한 온라인 광고의 변화를 살펴보면 다음과 같다.

〈그림 11-5〉 웹의 진화, 그리고 전자상거래와 온라인 광고에 미치는 영향

	과거	현재	미래
웹 진화	**Web 1.0:** 세상에 관한 웹 / 인터넷을 통한 모든 사람들과의 연결	**Web 2.0:** 비슷한 집단에 관한 웹 / 집단 내의 다른 사람들과의 상호작용	**Web 3.0:** 개인에 관한 웹 / 언제 어디서든 정확한 콘텐츠 받기
전자상거래 진화	**E-Commerce 1.0:** "우리의 상품이 여기 있습니다"	**E-Commerce 2.0:** "이 상품을 산 사람은 저 상품도 같이 샀습니다"	**E-Commerce 3.0:** "이것이 당신이 찾는 상품입니다"
온라인 광고 진화	**Online-AD 1.0:** 고정된 포털사이트와 그 안에서의 전시광고 (예: 전시와 검색)	**Online-AD 2.0:** 맥락, 행동, 인구통계, 지리 타기팅 기반 유동적 광고 위치	**Online-AD 3.0:** 개인 선호, 소속집단, 다른 특징 등에 기반을 둔 개인화 광고

출처: Yankee Group, 2008

1) 검색 광고

인터넷 검색이 소비자들이 구매 전 거치는 필수과정이 되면서 검색 광고는 매우 중요한 온라인 광고의 형태로 자리 잡았다. 검색 광고는 현재 전체 온라인 광고 시장의 54%가량을 점유하면서 온라인 광고시장의 성장세를 주도했다. 검색 광고는 특정 키워드에 대한 검색 결과로 광고를 표출되게 하는 CPM(*Cost-Per-Millennium*) 광고를 거쳐 다양한 형태로 발전되었는데, 세계 검색엔진 마케팅협회(Search Engine Marketing Professional Organization, SEMPO)는 검색 광고를 크게 3가지 유형으로 나누었다. 첫째, 유료검색 광고이다. 이것은 검색엔진에 키워드 검색 결과로 등장할 것을 목표로 하는 텍스트 광고를 의미한다. 둘째, 뉴스기사와 블로그 같은 웹페이지 글의 주제에 맞게 노출되는 등 맥락에 맞게 표출되는 맥락검색 광고이다. 셋째, 검색엔진이나 유사 사이트에 일정 비용을 지불하고 그 웹사이트의 서비스 디렉터리에 포함되도록 하는 유료포함(*paid inclusion*) 광고이다.

2) 브랜드 체험형 광고

AD 1.0 시대에는 소비자에게 브랜드 관련 정보를 알리는 광고가 대부분이었던 반면, AD 2.0 시대에는 상호작용형 광고 콘텐츠의 활용을 통해 소비자로 하여금 브랜드를 체험하게 하는 광고 캠페인들이 등장했다. 브랜드 체험 캠페인의 형태로는 크게 기업 콘텐츠 이용형과 소비자 UCC 활용형을 들 수 있다.

기업 콘텐츠 이용형이란 회사가 웹사이트를 통해 제공한 상호작용형 콘텐츠를 소비자가 이용하는 방식이다. 소비자들이 제품을 사용하지 않아도 체험할 수 있는 공간을 마련함으로써 브랜드 관련 간접 경험을 가지게 한다. 일례로 자동차 브랜드인 렉서스는 새로운 브랜드를 론칭할 시 네이버에 블로그를 마련하여 해당 블로그를 방문한 소비자들에게 3차원으로 차의 내부구조를 보여주고, 시승기 및 차량의 구조에 대한 설명을 제공함으로써 마치 시승을 해본 것 같은 느낌을 갖게 하여 호평을 받은 바 있다.

소비자 UCC 활용형은 소비자가 직접 참여를 통해 콘텐츠를 생산하고 브랜드를 체험하며 메시지를 이해하게 하는 전략이다. 일례로 농심 오징어짬뽕 UCC 캠페인이 있다. 농심은 3D 캐릭터를 활용하여 스토리 중심의 온라인 전용 플래시 광고를 만들고, 이 광고의 스토리 라인을 기본으로 하여 UCC TV 광고를 공모했다. 목표 타 깃인 10대를 대상으로 화제성을 통해 브랜드를 인식시켰고 목표 이상의 판매 성과를 기록했다. 또한 최근에는 디스플레이형 광고 중 특히 동영상 광고의 활용이 증가하는데, 기존의 배너 상태에서 방영되는 동영상 광고(In-Banner형)뿐만 아니라 동영상 콘텐츠를 보기 전, 중, 후에 약 15~20초 정도의 광고CM을 방영하는 VOD 동영상 광고도 많이 이용된다. 동영상 광고의 경우, TV 방송광고를 동영상으로 방영하는 경우와 웹전용 동영상을 따로 제작하는 경우가 있으며 후자의 경우 동영상을 통하여 전자 구전을 유발하는 바이럴 마케팅의 일환으로 실행된다.

성공적인 동영상 광고 사례로서 유니레버(Unilever) 캐나다의 도브(Dove) Revolution 동영상(2007년 칸 국제광고제 사이버 부문 그랑프리 수상)을 들 수 있다. 1분 14초 길이의 이 동영상은 평범한 외모의 여성이 화장과 조명, 포토샵 등의 작업을 통하여 아름다운 빌보드 광고모델로 변신하는 과정을 통해 왜곡된 미인의 모습을 보여준다(http://www.campaignforrealbeauty.ca). 이 동영상은 유튜브에 공개된 이후 3천만 건 이상 시청되었으며, 패러디 동영상이 등장하는 등 화제를 불러일으키며 바이럴 동영상으로서 큰 성공을 거둔 바 있다.

3) 인터랙티브 광고

단순히 광고 제작사에서 일방적으로 광고 내용을 제공했던 기존의 방식에서 벗어나 소비자가 직접 광고에 참여함으로써 쌍방향 소통이 이루어지도록 하는 광고를 인터랙티브(interactive) 광고라 한다. 이는 소비자들이 참여를 통해 스스로 제품의 정보를 얻기 때문에 제품에 대한 인식이 빠르고 오랜 기간 기억에 남는다는 장점이 있다. 또한 자연스럽게 브랜드 충성도를 높이는 광고 트렌드와 소비자와의 소통·참여를 중요시 여기는 사회적 트렌드, IT 기술의 발달 등으로 인해 다양한 채널을 통한 인터랙티브 광고가 널리 사용되는 상황이다.

대표적인 사례로 펩시는 소셜 미디어와 자판기를 결합시키는 광고를 기획했다. 'PEPSI LIKE MACHINE'이라는 자판기를 유동인구가 많은 몇몇 곳에 설치하였으며,

보통의 자판기와는 달리 페이스북과 연동되어 펩시 페이스북 페이지에 '좋아요'를 누르면 콜라를 공짜로 제공하는 방식이었다. 이로 인해 펩시는 단순히 콜라 하나를 무료로 제공하는 대신 수많은 페이스북 페이지 팬을 확보함으로써 잠재적 고객층을 자신들의 시야로 끌어들이는 효과를 얻었다.

4) Web 3.0 시대의 광고

현재의 웹은 원하는 정보의 키워드를 입력하고 그 내용과 유사한 페이지가 결과로 출력되어 사용자가 직접 정보를 판단하여 정리하는 방식이다. 하지만 Web 3.0 시대에서는 사용자가 검색하는 순간 컴퓨터가 단어, 문장의 뜻을 이해하고 사용자의 필요를 논리적으로 추론하여 그에 따라 검색 결과를 보여주는 것이 가능해져 시맨틱 웹으로 대표되기도 한다. 이에 따라 현재 온라인상에서 이루어지는 개인 맞춤 광고도 더욱 고도화될 것이다.

예컨대 서울시 동대문구에 거주하는 20대 남성들의 카드 사용 빈도·액수·위치를 분석한 결과 이들의 공통된 특징은 '값비싼 물건보다는 필요한 생필품을 소액만 결제하며, 문화생활보다는 외식을 자주 한다'라는 정보를 광고회사가 카드사로부터 전달받는다고 하자. 그러면 광고회사는 동대문구의 20대 남성들에게 광고를 하기 위해 그들에게 맞는 외식·생필품 광고 등을 준비하고, 통신사를 통해 그들의 위치를 확인할 수 있으므로 개인 맞춤광고를 내보낼 수 있다. 동대문구의 한 20대 남성이 스마트폰을 열어 웹서핑을 할 때, '오늘 점심메뉴 고르셨나요? ○○음식점은 어떠세요?' 또는 '아이스크림 50% 할인! △△마트로 오세요'와 같은 광고가 나타나는 것이다. 이렇게 사용자가 검색하지 않아도 광고가 자동적으로 개인에게 맞춰져 명확해질 경우, 광고의 효율은 극대화될 것이고 광고를 보는 소비자들 역시 생활 패턴에 맞는 광고들만 접하므로 해당 광고를 광고가 아닌 정보로 인식할 확률도 높아져 소비문화를 촉진할 것이다.

영화 〈마이너리티 리포트〉에서는 옥외광고판이 스스로 지나가는 사람의 홍채를 인식하여 그에 맞는 완벽하게 개인화된 광고를 내보내는 장면이 등장한다. 이처럼 소비자가 원하는 것을 Web 3.0 시대에서는 온라인에서 완벽하게 추출하고 판단할 수 있기 때문에 개인정보에 맞춰 광고를 하는 기술이 더욱 견고해질 것이다.

8. 방송광고 규제

우리나라에서 방송광고가 등장한 시기는 1960년대이며, 그에 대한 사전심의가 정착된 시기는 1970년대이다. 그러나 당시의 심의는 법적 근거에 의해 지위를 보장받기는 했어도 그 성격상 정부기관이라고는 할 수 없었던 방송윤리위원회와 방송사 자체에 의한 사전심의였다. 1980년대에는 '언론기본법'에 의해 설치된 정부기관인 방송위원회, 방송심의위원회가 심의를 담당했다. 그러나 이는 사전심의가 아닌 사후심의로서 이 시기 역시 정부기관에 의한 법적 사전심의는 없었다. 그 후 1986년 '언론기본법'이 폐지되고 새로 정착된 방송법에서는 방송위원회가 사전심의를 담당하여 역사상 가장 강력한 정부 규제이면서 법적 사전심의 제도로 바뀌어 2000년 7월까지 실시되었다. 그러나 2000년 8월 1일부터 '통합방송법'에 의거하여 한국광고자율심의기구에서 광고를 사전심의한다.

우리나라 방송광고 규제에는 크게 두 가지 문제점이 있다. 우선 방송광고 심의규정을 살펴보면 기준이 애매모호하여 일관성을 찾기가 매우 어렵다는 점이다. 심의규정이 제대로 성문화되지 않았기 때문에 이와 관련된 광고물에 대한 적용은 매우 불확실하고 위험하다. 또한 절차가 비효율적이어서 광고할 시기를 놓치는 경우도 종종 발생한다. 광고심의 신청이 방송위원회에서 광고자율심의기구로 위탁되면서 처리 기간이 10일에서 7일로 줄어들기는 했지만 만약 처음에 통과되지 못하면

〈표 11-2〉 한국광고자율심의기구의 매체별 심의유형

구 분	대 상	형 태	회의주기	위 원	의결방법	의결내용
제1광고 심의위원회	TV·라디오 방송광고	사전심의	주 2회 (화·금요일)	7인	재적위원 과반수 출석 출석위원 과반수 찬성	방송가 조건부방송가 방송불가
제2광고 심의위원회	종합유선· 위성·전광판광고	사전심의	주 1회 (수요일)	7인	상동	상동
제3광고 심의위원회	신문, 잡지 등 인쇄매체광고	사전심의	주 1회 (월요일)	7인	상동	주의, 경고, 광고수정, 중지, 사과광고
광고심의 기준위원회	재심안건(심의결과에 대한 이의신청안건)	사전, 사후심의	월 2회	9인	재적위원 과반수의 찬성	기각, 원심결정의 취소 또는 변경

많은 시간이 소요된다. 그러나 심의규정이 아직 부족한 면이 있기는 해도 이전에 비하면 많이 개선된 것이 사실이며, 오히려 심의규정을 이해하지 못하는 심의위원과 미숙하고 비합리적인 운영 방식에 더 큰 문제가 있다고 할 수 있다.

9. 광고의 이슈들

1) 분별없는 소비는 잘못된 것인가

광고는 단순히 제품을 판매하는 것이 아니라 물질주의적 삶의 방식을 촉진한다. 이 관점은 '행복은 물질적 재화의 소비를 통해 달성될 수 있다'는 견해를 나타낸다. 광고의 장기적 효과는 시장경제를 강화하고 재화와 서비스의 구매가 사회적 가치와 만족 그리고 목표라는 소비자 문화를 창조하는 것이다. 예를 들어 주류를 위한 라이프스타일 광고는 사치스러운 배경 속에서 제품을 보여준다. 이는 제품 자체보다는 사용자의 풍족한 라이프스타일을 강조한 것이다. 이러한 방식은 특정한 이데올로기적 함의를 가진다. 첫째, 현재 자본주의 체제의 정당성을 강화하는 것이다. 그 체제 안에서 부를 축적하는 것은 불평을 늘어놓거나 체제의 환경적 폐해를 나타내는 것보다 우선한다는 것을 보여준다. 둘째, 사람들이 자신을 시민이라기보다는 소비자로서 생각하게 만든다. 사람들은 단순히 더 많이 벌고 더 많이 소비하도록 부추겨진다.

소비자들은 무분별한 소비를 조장하는 광고를 아무런 비판의식 없이 받아들여서는 안 될 것이다. 광고가 전하는 유용한 정보나 서비스는 받아들여 이용하되, 광고가 우리들의 무의식 속에 침투시키는 소비지상주의의 풍토는 비판적으로 수용하고 고민하는 현명한 소비자가 되어야 할 것이다.

2) 광고는 어린이들에게 해로운가?

어린이들은 경험과 지식이 미숙하여 광고에 영향받기 쉬운 청중에 속한다. 어린이들은 광고의 판매 의도를 이해하지 못하며 광고의 내용과 실제를 구분할 수 있는 능력이 약하고, 무조건 부모에게 구매를 요청하여 갈등을 야기할 수 있기 때문이다. 그러나 이러한 일반적 우려와는 달리 어린이들은 그렇게 쉽게 영향받는 집단이 아니라는 견해도 있다. 어린이들은 일정한 나이가 되면 프로그램과 광고를 구분할 수 있으며, 성장하면서 광고에 대한 주의력이 떨어지고 부정적인 생각을 가진다는 것이다.

여기서 분명한 것은 어린이를 대상으로 하는 제품의 광고주나 광고 실무자들은 보다 책임의식을 가지고 광고를 제작·집행해야 한다는 것이다. 광고는 진실해야 하며, 과장을 피하고, 허황된 기대를 심는 그릇된 편익을 제시하지 않도록 주의를 기울여야 한다.

3) 무엇이 기만적인가?

소비자들에게 자사의 제품을 판매하기 위해서 광고주나 제작자들이 자신의 광고에 다소 과장되거나 거짓된 정보를 넣는 경우를 종종 볼 수 있다. 가장 흔하게 볼 수 있는 유형 중 하나가 허위광고이다. 허위는 표시 대상물과 표현된 내용을 비교해 표현이 대상과 상이할 때 발생하는 개념으로, 잘못된 표현(mis-representation)과 중요한 정보의 생략(ommission) 두 가지 방식에 의해 발생한다. 잘못된 표현은 사실과 표현이 상이할 때 발생하며, 중요한 정보의 생략은 소비자의 구매 결정에 영향을 미칠 만한 중요한 정보를 생략함으로써 발생한다. 예를 들어 자동차를 광고할 때 4기통 엔진을 6기통이라고 광고했다면 이는 명백한 허위광고에 속하는 것이다.

이외에도 소비자들의 오해를 통해 발생하는 기만광고가 있다. 이는 허위광고에 비해 다소 모호한 측면이 있지만 일반적으로 기만성이 입증되면 규제 대상이다. 소비자가 기만을 당하지 않았다 할지라도 소비자를 오도(misleading)할 가능성이 있으면 잠재적 피해를 예방하기 위해 이를 금지한다. 예를 들어 어떤 사람이 '한방삼계탕'이라는 이름으로 음식점을 열었다고 생각해 보자. 그는 '한의학 처방'이라는 의미가 아니라 단순히 한방이라는 이름이 마음에 들어 사용하였을 뿐이다. 그러나 사람들이 이 음식점에서 판매하는 삼계탕에는 한방과 관련된 약재나 재료가 들어가 있을 것이라고 생각하고 그 음식을 사 먹을 기만성이 매우 높기 때문에 이는 기만광고의 하나라고 할 수 있다.

1. 성공한 광고와 실패한 광고의 실례를 찾아 각각 그 원인을 토론해 보자.
2. 외국 광고대행사의 국내 진출이 가져다준 영향에 대해 토론해 보자.
3. 광고와 성의 상품화에 대해 이야기해 보자.
4. VALS 2에 따르면 자신은 어떠한 유형의 인간에 속하는지 한번 생각해 보자.
5. 인터렉티브TV와 같은 새로운 광고매체의 등장으로
   변화할 광고 환경에 대해서 생각해 보자.
6. 매체의 성격에 따른 적합한 광고의 유형에 대해 생각해 보자.

참고문헌

• 김광수 (2000), 《광고학》, 한나래.
• 김낙회 (2007), 〈AD 2.0 서울디지털포럼 발표자료〉.
• 김정탁 (1997), 《설득의 광고학》, 나남출판.
• 박문각 편집부 (2013), 《시사상식사전》.
• 서범석 (2002), 《광고기획론》, 나남출판.
• 손상만 (2007. 12), 물오른 인터넷 광고, 〈Cheil Communications〉.
• 손성태 · 장창민 (2008. 7. 28), 광고시장 다시 '인하우스 시대', 〈한국경제〉.
• 송기인 (2014), 《커뮤니케이션 광고 기획 방법》, 커뮤니케이션북스.
• 신동희 (2014), 《빅데이터와 언론》, 커뮤니케이션북스.
• 신인섭 · 서범석 (1998), 《한국광고사》, 나남출판.
• 양정애 · 장현미 (2014), 소비자의 인터넷 접근성 및 활용능력이
  상품구매 성향에 미치는 영향, 〈한국언론학보〉, 58권 2호, 160~190.
• 오인환 편 (2001), 《현대광고론》, 나남출판.
• 오택섭 편역 (1994), 《설득이론과 광고》, 나남출판.
• 이견실 (1998), 《현대광고입문》, 나남출판.
• 이명천 · 김요한 (2013), 《광고전략 커뮤니케이션 이해총서》, 커뮤니케이션북스.
• 이시훈 · 최환진 · 홍원의 (2008), 《AD 2.0: 인터넷 광고의 새로운 패러다임》, 한경사.
• 제일기획 (2003), 《P세대의 소비자 구매행동 변화》.
• 조병량 외 (2001), 《현대광고의 이해》, 나남출판.
• 한국광고업협회 (2002), 《2002 광고산업》.
• 한국광고협회 (2014), 〈2014 광고회사 현황조사〉.
• 한국방송광고공사 (2008), 〈2008년 방송광고결산 보고서〉.

- 한국방송광고진흥공사 (2013), 〈2013 방송통신광고비 조사〉.
- 한국온라인광고협회 (2013), 〈2013 온라인광고 시장규모〉.
- Bovee, C. L. & Arens, W. F. (1982), *Contemporary Advertising*, Illinois: Richard D. Irwin.
- Capbell, R. (2002), *Media & Culture*, Badford.
- Lavidge, R. J. & Steiner, G. A. (1961), A Model of Predictive Measurements of Advertising Effectiveness, *Journal of Marketing*, 25(6), 59~62.
- Rampell, A. (2010), Why Online2Offline Commerce is a Trillion Dollar Opportunity, *Techcrunch*.
- Schultz, D. E. & Barnes, B. E. (1995), *Strategic Advertising Campaigns*, NTC Business Books.
- Silver, N., 이경식 역 (2014), 《신호와 소음》, 더 퀘스트.
- Wright, J. S., Warner, S. D., Winter, W. L. Jr., & Zeigler, S. K. (1977), *Advertising*, New York: McGraw Hill.

좀더 알아보려면

www.katz-media.com 미디어렙이 무엇을 하는지 알려준다.

www.kobaco.co.kr 한국의 대표적인 미디어렙인
한국방송광고진흥공사에 대한 자료를 볼 수 있다.

www.adic.co.kr 한국의 업종별, 유형별, 매체별 광고자료가 수록되어 있다.

http://karb.or.kr 광고 심의에 관련된 다양한 자료들을 살펴볼 수 있다.

www.koads.or.kr/adv/adv01.asp 한국의 대표적인 광고저널인
〈광고학연구〉에 게재되는 국내 연구자들의 연구문헌들을 살펴볼 수 있다.

www.kobaco.co.kr 국내에서 제작되는 공익광고의 동영상, 인쇄물 자료를 볼 수 있으며,
세계의 공익광고 기구에 대한 정보를 얻을 수 있다.

www.adchannel.co.kr 국내의 매체별 광고 요금을 구체적으로 살펴볼 수 있다.

www.kaa.or.kr 한국광고주협회에서 발간하는 〈KAA 저널〉의 자료들을 살펴볼 수 있다.

www.kaaa.co.kr 광고대행사의 AE가 알아야 할 모든 것에 대한 자료들이 수록되어 있다.

www.chickenhead.com/truth 1940년대와 1950년대 미국의 담배 광고를 볼 수 있다.

www.seri.org/forum/000354 DB마케팅연구회에 가입하면 데이터베이스 마케팅에 관련된
자료를 열람하고 회원들과 의견을 나눌 수 있다.

www.cheil.co.kr 국내 1위의 광고대행사인 제일기획에서 제작되는 광고물을 볼 수 있으며,
매달 발행되는 사보를 온라인으로 검색할 수 있다.

12

매스미디어와 대중문화

현대사회는 대중문화의 시대라고 해도 과언이
아니다. 오늘날의 대중문화는 대량 생산·배급되는
과정을 거치면서 대중들에 의해 대량 소비된다. 보
아와 동방신기가 몇백만 명의 청소년들에게 인기를
얻을 수 있었던 것도, 〈반지의 제왕〉이나 〈어린 신
부〉와 같은 극장가의 흥행 영화가 몇백만 명의 관
객을 모을 수 있었던 것도 바로 이러한 현대 대중
문화의 생산·배급 과정을 거치기 때문에 가능하다.
이때 대중문화를 생산·배급하는 주체는 바로 오늘
날의 문화산업과 매스미디어이다. 문화산업과 매스
미디어가 존재하지 않았다면 오늘날과 같은 대중문
화 현상은 존재하지 않았을 것이다.

2019년 부산국제영화제 포스터

　　오늘날 대중문화에는 국경이 없다. 그런 의미에서 오늘날의 대중문화는 글로벌
대중문화이다. 글로벌 대중문화의 스타는 이미 한 나라의 스타가 아니다. 세기적인
밴드 〈비틀즈〉나 마이클 잭슨, 천재적인 감독 스티븐 스필버그와 제임스 카메론, 마
틴 스콜세지, 그리고 할리우드 스타 레오나르도 디카프리오와 니콜 키드먼, 이들 모
두가 글로벌 대중문화의 스타이다. 전 세계에 편재된 대중문화 소비자들은 이들 글

로벌 대중문화 스타가 만든 문화상품을 소비한다.

이 장에서는 우선 다양한 대중문화 개념의 역사적 연원, 긍정론과 부정론, 그리고 위계(*hierarchy*) 및 지도(*map*)로서의 대중문화를 보는 시각과 근대 및 탈근대의 접경에서의 대중문화의 전경을 조감한다. 이어서 대안적 매스미디어와 대중문화 연구 방법으로서의 문화적 접근방법을 문화연구 그리고 텍스트, 수용자, 정치경제학적 대중문화 산업 연구의 순으로 살펴보고자 한다.

1. 대중문화란 무엇인가

대중문화라는 용어는 이제 더 이상 우리에게 생소한 개념이 아니다. 대중문화라는 용어 자체도 이미 대중화되었다는 말이 옳을 것이다. 그러나 실상 대중문화라는 용어는 일반인이 쉽게 쓰는 것처럼 그렇게 분명한 것도 아니고 한마디로 표현할 수 있을 정도로 간단한 의미를 지닌 말도 아니다. 우리나라 말로서의 '대중문화'란 개념은 외래 번역어이며, 그 원어에서조차 약간씩 뜻을 달리하여 다양한 용어가 혼용된다. 이를테면 파퓰러 컬처(*popular culture*), 매스 컬처(*mass culture*), 그리고 대중매개 문화(*mass-mediated culture*) 등의 용어는 모두 번역어이다. 따라서 이 중에서 어느 번역어로서 대중문화라는 용어를 사용하는가에 따라 그 뜻은 달라질 수 있다. 이 중에서도 대중문화의 '대중'을 파퓰러(*popular*) 개념으로서 볼 때와 매스(*mass*) 개념으로서 볼 때 그 의미는 아주 다르다. 또 매스 컬처로서의 대중문화 개념은 전달 매개체로서의 매스미디어의 뜻을 강조한 매스 커뮤니케이션 문화와도 또한 그 개념을 달리한다. 후자의 개념은 마이클 릴(Michael R. Real)이 주장하는 대중매개 문화로서의 대중문화이며, 이는 독특한 문화적 의미가 담긴 새로운 대중문화 개념이다.

먼저, 파퓰러 컬처와 매스 컬처라는 두 개념의 차이를 살펴보자. 매스 컬처로서의 대중문화는 일반적으로 근대 사회가 성립된 이후의 문화 현상을 지칭한다. 반면, 파퓰러 컬처로서의 대중문화라는 용어의 연원은 이보다 훨씬 더 역사를 거슬러 올라간다. 뿐만 아니라 그 뜻도 더 포괄적이며 가치중립적이다. 윌리엄스는 파퓰러

라는 개념이 4개의 다른 정의를 지닌다고 보았다. 즉, '많은 사람들이 좋아하는 것', '저속한 것', '사람들의 호의를 끌기 위해서 정교하게 만들어진 것', '대중 혹은 민중 스스로 만든 것' 등이다. 이러한 정의에 따라 파퓰러 컬처로서의 대중문화는 이미 근대사회 이전에 존재했던 것이다.

매스 컬처란 용어는 독일어인 '마세'(masse)와 '쿨투르'(kultur)의 복합어이다. '마세'란 과거 유럽 사회에서 비귀족적이고 교육을 받지 못한 평민 하류층을 가리키는 말이었으나 오늘날에 와서는 사회계층 구조에서 중류층이나 하류층의 노동자, 평민, 서민 혹은 보통 사람을 의미한다. 또한 '쿨투르'는 현대 인류학이나 사회학이 규정하는 일반적 행위 양식으로서의 컬처가 아니다. 이는 고급문화(high culture)에 가까운 뜻이며, 과거 서구 사회에서 귀족계급이나 교육을 잘 받은 엘리트들이 세련되고 고상한 창조적 상황에서 즐겨 애용하던 문화로서의 음악, 미술, 문학 및 기타 고급 예술의 지적 태도를 모두 포괄한다.

사회·문화·교육 측면에서 열등한 집단인 '마세'와 고급문화인 '쿨투르'의 복합어인 매스 컬처는 문화적으로 세련되지 못한 다수가 수용하는 문화를 뜻한다. 이러한 의미에서 매스 컬처는 어느 정도 경멸조의 의미가 담긴 용어라고 볼 수 있다. 매스라는 대중은 이성적 개인이나 판단력을 갖춘 공중이라기보다는 분별력이 없고 비이성적 군중(crowd)과 같으며, 때때로 폭도(mob)라는 뜻을 내포하기도 한다.

'난폭하고 비이성적 폭도'로서 매스가 역사의 전면에 등장한 계기는 18세기 말 프랑스혁명이었다. 당시 급격히 몰락하는 귀족과 엘리트들에게 군중이나 폭도에 가까운 매스, 즉 대중의 모든 것은 못마땅하고 두려운 존재였다. 프랑스혁명 등 근대사의 격변기가 지나면서 대중은 정치·사회·경제적 영역에서 평등주의를 요구하고 이를 상당 부분 실현시켰다. 대중은 소수 엘리트들에게 남은 마지막 영역인 문화·예술에서조차 일종의 평등주의를 요구하기에 이른 것이다. 소수 엘리트만이 향유하던 고급문화를 대중이 함께 나누자는 요구가 그것이다. 이와 같은 대중의 문화적 요구는 교육의 보편화와 커뮤니케이션 기술의 발달, 그리고 대중의 여가시간 증대에 의해서 더욱 거세졌다. 그리하여 문화적 엘리트의 눈에 비치는 대중문화로서의 매스 컬처는 두려움과 경멸조의 의미가 담긴 문화일 수밖에 없었으며, 비문화 혹은 반문화적인 의미마저 지닌다.

또한 매스 컬처는 대중 출현 이후의 문화일 뿐 아니라 산업사회에 들어와서 비로소 실현된, 말하자면 기술 발달에 따라 대량 생산·소비가 가능해지고, 문화적 영역에서 이윤 추구를 위해 이와 같은 생산과 소비 구조를 갖추면서 생겨난 새로운 문화 양상이다. 또 매스 컬처는 현대의 매스미디어를 통한 커뮤니케이션에 의해 대량으로 생산·복제되는 문화이다. 이렇게 양산되고 복제되는 대중문화는 진실한 예술품일 수 없다고 비판받았다. 비판자들은 이를 의사 예술(*pseudo art*) 또는 의사 문화(*pseudo culture*)라고 몰아붙였다. 따라서 매스 컬처로서의 대중문화는 자연히 부정적 의미를 내포했다.

2. 대중문화의 형성 과정

근대 이전의 봉건주의 사회 체제 아래에서는 사람들의 여가활동마저도 사회 신분과 계층에 따라 다른 모습을 띠었다. 과거 서구 사회에서는 국가나 교회가 계층·신분별 문화를 엄격히 규제했다. 귀족들은 지배 문화 또는 엘리트 문화로서의 고급 문화를 향유했고, 이러한 고급문화 또는 귀족이 향유하는 문화는 지배 계층의 문화이기 때문에 한 사회의 대표적 공식 문화였다. 반면 서민들도 나름대로 희로애락을 표현하는 피지배 계층의 문화, 즉 향민문화 또는 민속예술을 가졌다. 이는 억압받는 피지배 계층의 문화이기 때문에 표면에 나타날 수도, 한 사회를 대표할 수도 없는 소수의 문화였다. 귀족과 서민 사이에 문화적 접촉은 전혀 있을 수 없었고, 대중과 엘리트 사이의 간격을 메우는 중간적 위치의 중산층도 존재하지 않았다.

이러한 시대적 배경하에서 지배 계급을 위한 고급문화와 피지배 계급을 위한 향민문화는 자연스럽게 계급문화의 성격을 띠었다. 서민들이 즐기는 향민문화

향민문화는 점차 매스미디어에 의해 침식당하게 된다.

는 민속성이 강하며 원초적 감정 표현과 생활의 희로애락이 밑에서부터 자연발생적으로 솟아나는 문화로, 거칠고 다듬어지지 않은 문화였다. 한편으로, 억압받는 계층의 울분으로 표현되는 저항의 문화이기도 하고, 주로 농촌이나 비교적 공동체적

고급문화 역시 점차 대중문화화되고 있다   www.timf.org

인 마을에서 만들어졌고, 억압받던 계층에 의해 향유되었기 때문에 사회적으로나 공적으로 표면에 잘 드러나지 않는 문화였다. 따라서 이 문화의 교육이나 전수를 위한 공식 기관과 제도 역시 사회 내부에 존재하지 않았다. 이에 비해 지배 계급의 고급문화는 시간적 여유가 많으며 고등교육을 받고 값비싼 오락과 예술에 대가를 지불할 경제적 능력이 있는 귀족과 부상(富商)들을 위해서 만들어진 문화였다. 지배 계층의 문화는 귀족과 부상 등의 경제적·사회적 보호를 받는 전문 문화예술인이 만들었으며, 이를 전문적으로 교육하고 전수하는 공식 기관이 있었다. 학교와 같은 고등교육 기관이 그것이다. 이로 인해 고급문화의 창조자들, 즉 문화지식인들은 그들의 활동을 지원하는 후견인인 귀족이 가진 권력과 높은 신분을 어느 정도 누릴 수도 있었다.

그러나 서구 사회에서 봉건제도가 무너지고 산업화가 시작되면서 이로 인한 경제적 변화, 기술 및 교통의 발달에 따라 농촌 인구가 도시로 몰려들었다. 도시에 정착한 서민은 어느 정도의 시간적 여유와 경제적 능력을 가졌으며, 그들은 농촌을 떠나 도시로 옮김으로써 과거 농촌에서 즐겼던 민속적 향민문화를 버리고, 도시 생활에서 오락과 문화를 찾았다. 도시를 중심으로 새로운 문화적 욕구가 형성된 것이다. 한편 이와 같은 사회적 변화에 따라 고급문화를 후원하고 수용하던 귀족들은 정치적·경제직 세력이 약화되고 계급적 몰락의 길을 걸었다. 반면 도시로 몰려온 인구 중에서 새로운 중산층이 형성되면서 이들의 문화적·오락적 욕구가 급격히 늘어났다. 이에 따라 기존의 고급문화 창작자들인 예술가나 지식인들은 몰락하는 귀족과 엘리트층의 상류 사회를 대체하는 새로운 문화예술의 고객을 찾지 않으면 안 되었

다. 이때 고급문화의 창작자들은 그들의 문화예술 창작 활동의 활로를 새로 등장하는 도시 중산층의 문화적 욕구에서 찾았으며, 이로 인해 고급문화와 서민의 향민문화 외에 도시 대중을 중심으로 하는 대중문화가 생겨난 것이다.

고급 예술가들은 도시 중산층을 위한 문화를 만들기 시작했다. 이리하여 역사상 처음으로 중산층 문화대중을 위한 문화가 탄생했다. 이는 곧 고급문화의 대중화를 의미했다. 서구에서는 현대 매스미디어에 의한 매스 커뮤니케이션 문화가 출현하기 훨씬 전, 고급 문화예술을 통해 대중문화가 만들어지기 시작했다. 이후 서구 사회에서는 고급문화, 대중문화, 향민문화가 모두 어느 정도의 문화적 연속성을 가졌다.

한편, 릴은 현대 대중문화를 매스 커뮤니케이션 문화로 특정 지으면서, '대중매개 문화'라는 새로운 개념을 만들어냈다. 이는 매스미디어를 매개로 보급·수용되는 모든 문화 콘텐츠를 일컫는다. 이러한 릴의 개념에 따르면 대중매개 문화에는 매스미디어 산업의 조직 질서가 반영된다. 그것은 자본주의 사회의 상업 미디어의 가치 표현일 수도 있고, 국가나 정부의 이데올로기적 표현일 수도 있으며, 그 조직의 위계적 구조가 그대로 문화를 생산하는 과정에 반영되는 것을 의미하기도 한다. 릴은 대중매개 문화 자체가 현대사회에 대한 대중의 비판을 피할 수 있는 장점을 가진다고 보았다. 매스 컬처는 글자 그대로 매스, 즉 대중의 문화이지만, 대중매개 문화는 매스미디어에 의해 생산·배급되는 문화인 것이다.

매스미디어 문화 중 상당히 많은 내용이 파퓰러 컬처 내용이기 때문에 매스미디어 문화는 보통 파퓰러 컬처의 범주에 포함된다고 말할 수 있다. 그러나 매스미디어 문화는 파퓰러 컬처와 함께 고급문화와 서민의 민속문화 내용도 포함해 표현한다. 대중적으로 수용되는 문화이지만 매스미디어에 담길 수 없는 문화도 있으나, 오늘날에는 이러한 파퓰러 컬처는 점차 사라지고 있다. 고급문화도 매스미디어에 담길 수 없거나 담기기를 거부함으로써 순수한 엘리트 문화로서 계속 존재할 수 있다. 그러나 현대사회에서 매스미디어는 더욱 확대되고, 매스미디어 문화 역시 그 범위가 넓어지고 있다. 그러면 그럴수록 대중문화는 고급문화를 수용하는 범위가 넓어지고, 이에 따라 고급문화가 대중적으로 보급된다는 것이 릴의 주장이다. 릴의 대중매개 문화론에 따르면, 현대의 매스미디어 문화에서 파퓰러 컬처로서의 대중문화, 엘리트의 고급문화, 그리고 전통적인 서민의 향민문화라는 문화적 구분은 흐려지고 있다.

3. 대중문화의 긍정론

대중문화의 긍정론을 주장하는 갠스(Herbert Gans)는 대중문화 비판론을 사회 특정 집단의 다른 집단에 대한 공격이라고 말했다. 즉, 비판론이란 교양 있는 사람의 교양 없는 사람에 대한 공격이요, 교육을 많이 받은 사람의 교육을 많이 받지 못한 사람들에 대한 공격이며, 문화적으로 부유한 사람의 부유하지 못한 사람들에 대한 공격이요, 문화예술 전문가의 비전문가에 대한 공격이라는 것이다. 그렇기 때문에 지적(知的)인 면에서 전자는 후자를 압도할 수밖에 없다. 어쩌면 대중문화론에서 비판론의 소리가 더 크게 들리는 것도 그 때문일지 모른다. 그러나 고급문화 주장자들의 대중문화 비판론에도 아랑곳없이 대중문화를 수용하는 대중은 계속 매스미디어 내용물을 탐닉하며 즐기는 수용자가 된다. 이와 같이 만인이 즐겨 수용하는 문화가 대중문화이며, 또 이것이 오늘날의 새로운 문화 상황을 의미한다면, 대중문화에 대한 순기능의 측면 역시 신중히 검토해야 할 것이다.

대중문화 비판론에 대해 역(逆)비판을 가한 긍정론자로는 화이트(David White)를 들 수 있다. 화이트는 대중문화 비판론자들이 비난하는 '대중의 무지'나 대중의 '문화적 자격성'에 대해 언급하면서, "대중문화에 부정적 면도 있다는 것을 부인하지 않는다. 그러나 우리가 문명사(文明史)를 조금 더 살핀다면 역사상 대중의 무지로 인해 벌어진 희생을 수없이 찾을 수 있다. 이는 현대의 대중에게만 있는 일이 아니지 않는가"라고 반문한다. 그는 오히려 매스미디어가 발달함에 따라 과거 일부 집단만 향유했던 고급문화가 광범위하게 확장되어 현대 대중의 수용권 내에 들었다는 것이다. 대중문화에는 예술이 없다고 하지만 화이트는 미국 텔레비전 방송사가 제작·방영하는 셰익스피어 극을 예로 들면서 고급문화의 대중화를 강조한다.

화이트는 대중사회 그리고 대중문화가 사회를 전체주의에 이르게 한다는 비판론에 대해서도 반론을 가한다. 화이트는 그 예로 히틀러의 독일을 들면서, "히틀러가 전체주의 독일을 만든 것은 과연 독일이 미국보다 더 대중사회였기 때문이며 또 매스미디어가 더 발달하였기 때문에 그런 것인가, 또 당시 독일은 미국보다 더 대중문화를 향유하던 사회였던가"라고 묻는다. 히틀러를 등장시킨 독일은 어느 서구 국가보다도 고급문화를 사랑한 나라였다. 더 많은 수의 교향악단이 있었고 더 높은 수준의 출판 문화, 가장 우수한 고급 영화를 제작했다. 독일은 18세기 이후 바흐에서 베토벤을 거쳐 브람스에 이르는 세계의 고급 음악을 이끈 국가이며, 괴테, 실러, 레싱을 낳았다. 그는 이러한 독일 사회에서 히틀러의 《나의 투쟁》이 베스트셀러가 되고, 독재자가 등장한 것이 과연 독일 내에 대중문화가 만연한 것이기 때문이라고 볼 수 있을까라는 반론을 제기했다.

또한 매스미디어, 특히 텔레비전 문화의 대변자를 자처했으며 미국 CBS 사장으로 재직한 바 있는 스탠턴(Frank Stanton)은 텔레비전을 옹호하는 이론으로 '문화적 민주주의'를 주장한다. 과거 1인 또는 소수의 특권 엘리트만이 독차지했던 정치, 사회, 경제, 문화 모든 영역에서 인류 역사의 민주화 과정에 따라 정치적 민주주의, 사회적 민주주의, 경제적 민주주의가 차례로 실현되었으나, 문화적 측면에서의 민주주의는 오랫동안 실현되지 못하고 상당히 엘리트주의적인 상태에 머물렀다. 그러다가 대중적 미디어, 특히 텔레비전과 같은 민주적 미디어가 출현함으로써 민주주의의 마지막 영역인 문화적 측면에서도 민주화가 이루어졌다. 그래서 과거에는 베토벤 음악 연주자의 청중은 고작 몇 명, 몇백 명 정도였지만 라디오 텔레비전의 출현으로 베토벤의 음악은 이제 몇백만 명, 몇천만 명의 귀에 동시에 또 동등하게 전달될 수 있다. 이처럼 전 인류가 모두 평등하게 문화를 즐길 수 있으니 이것이 문화적 민주주의가 아니겠는가라는 것이 스탠턴의 주장이다.

4. 대중문화의 부정론

대중문화에 대한 비판론자들의 주장은 주제에 따라 다음과 같이 4가지로 분류할 수 있다. 첫째, 대중문화 내용물의 생산 과정에서 나타나는 상업적 성격에 대한 비판론이다. 상업적 성격이란 대중문화 내용물은 영리 추구를 위해 조직된 상업적 기업이 만든다는 것, 또 이러한 이윤추구를 위해서 대중문화 생산 기업은 대중에게 영합하는 내용물, 동질적이고 규격화된 제품을 만들 수밖에 없다는 점, 이러한 과정에서 문화 내용의 창작자들은 대량 생산 공정에 노동자로 전락하고 창작자 자신의 개성 있는 예술적 가치나 기량을 표현할 수 없다는 것이다. 대표적 비판자로서 맥도널드(Dwight Mcdonald)를 들 수 있다. 그에 의하면 대중문화는 위로부터 강요된 것이다. 대중문화는 기업인에게 고용된 기술자에 의해서 가공된 것이고, 대중문화의 수용자는 수동적 소비자일 뿐이며, 이들이 할 수 있는 것이란 대중문화라는 주어진 상품을 살 것인지 혹은 사지 않을 것인지를 선택하는 정도이다. 간단히 말해서 저급문화 위에 군림하는 기업주는 상업적 이윤을 올리고 그들의 지배적 위치를 유지하기 위해 대중의 문화적 욕구를 악용한다는 것이다.

기계문명의 부작용을 강조한 영화 〈모던 타임즈〉

둘째, 대중문화는 고급문화에 해를 준다는 주장이 중심이 된 비판이다. 이는 또 다시 두 가지 측면으로 나누어 볼 수 있는데 하나는 대중문화가 그 내용을 고급문화에서 차용함으로써 고급문화를 저속화시키고 그 문화 수준을 떨어뜨린다는 것이며, 또 하나는 대중문화가 그 막대한 경제적 흡인력을 이용해 고급문화의 잠재적인 창작자들을 유혹해서 빼냄으로써 고급문화를 위축시키고 그 질을 떨어뜨린다는 비판이다. 이러한 비판자로는 반 덴 하그(Earnest Van Den Haag)를 들 수 있다. 비판자들은 대중문화로 인해 고급문화가 타락하는 현상은 직접적으로 고급문화가 대중문화의 내용과 뒤섞여 혼탁해지는 방식에서 출발해 다양한 경로와 양상으로 나타난다고 본다. 이렇게 해서 고급문화는 대중문화로 인해 타락하고 저급해진다고 비판하면서 고급문화 옹호론에 입각한 대중문화 비판론을 편다.

셋째, 대중문화가 수용자에게 좋지 않은 영향을 미친다는 주장이다. 대중문화는 대중에게 대리경험을 하게 함으로써 문화를 통한 진정한 만족을 느끼지 못하게 하며, 대중의 정서를 파괴하고 폭력과 성을 강조하며, 음란한 내용을 공급하기 때문에 파괴적이고 저급하며 도피의 결과를 가져온다고 비판한다. 맥도널드는 이러한 비판론을 폄으로써, "대중문화는 심각한 현실(성, 죽음, 좌절, 비극 등)도, 순수하고 자연스

대중문화 상업화의 절정인 *PLAYBOY*

러운 만족(기쁨)도 다 함께 없애버리는 저속하고 야비한 문화이며, 대중은 여러 세대에 걸쳐 이와 같은 내용물로 인해 타락해서 이제는 오히려 조잡하고 쾌락주의적인 문화 내용물을 요구한다"라고 말한다. 그런데 이러한 주장에는 대중문화의 수용 대중을 지극히 원자화된 존재로 보는 대중사회론이 포함된다. 즉, 이는 대중을 대중문화에 중독된 상태에 있으며 저속한 현실도피자로, 현실을 파악할 능력을 상실한 '고독한 군중'으로 보는 것이다.

넷째, 대중문화가 사회에 미치는 악영향에 대한 비판론이다. 대중문화가 전반적으로 사회 전체의 취향 수준을 저하시키기 때문에 하나의 문명으로서 그 질을 훼손한다는 것이다. 또한 매스미디어가 사람들을 '마취'시키고 '원자화'하기 때문에 대중은 민주주의를 말살하려는 정치 선동자의 대중 설득 테크닉에 쉽게 말려든다는 비판이다. 이러한 비판론으로 로젠버그(Bernard Rosenberg)는 《대중문화론》에서 "최악의 사태에 이르는 경우 대중문화는 우리의 취향을 백지화시킬 뿐만 아니라 조악하게 만들려고 위협하면서 전체주의로 이르는 길을 터놓는다. 서로 관련된 모든 미디어가 함께 그 목적을 이루기 위해 공모한다"고 대중문화의 사회적 해독을 지적한다.

5. 위계 그리고 지도로서의 대중문화

캠벨(Richard Campbell)은 '위계'(*hierarchy*)로서의 문화현상 속에서 드러나는 대중문화의 문제점을 비판하면서, 대중의 취향과 욕구에 부합하는 문화의 특성을 이해하기 위해 문화를 하나의 '지도'(*map*)로 봐야 할 필요가 있다고 주장한다.

특정한 문화 현상은 대중적 호소를 이끌어내는가 하면, 다른 현상은 그렇지 않기도 하다. 록큰롤, 재즈, 고전음악이 전 세계적으로 대중적인 반면, 살사, 케이준 음악은 특정 지역과 공동체에서만 대중적이다. 또한 어떤 문화는 특정 지역에서 엘리트적이라 간주되는 반면 다른 지역에서는 일반적인 것이라 간주된다. 미국에서의 오페라가 전자의 예라면 이탈리아에서의 오페라는 후자의 예이다. 그럼에도 불구하고 역사를 통틀어 대부분의 사회에서는 문화를 위계적 범주로 서열화했다.

20세기 미국에서 비평가와 수용자들은 문화의 위계를 확립했다. 가장 위에는 발레나 심포니, 미술관, 고전문학과 같은 고급문화가 위치했고, 가장 아래에는 드라마, 록 음악, 랩, 라디오 토크쇼, 만화책과 같은 대중문화 또는 저급문화가 위치했다. 이러한 문화적 위계는 동의하든 동의하지 않든 간에 문화를 분류하는 방식을 결정하거나 한계를 짓는 데 널리 적용된다.

몇몇 비평가들은 동시대 영화나 텔레비전, 록 음악이라는 형태를 지닌 대중문화가 깊이 있는 문학과 철학을 공부하는 학생들을 혼란케 하고, 따라서 그들의 상상력을 파괴하며 심지어 좋은 예술에 대한 안목을 흐리게 한다고 보았다. 이러한 비판적 시각은 고급문화라는 전통적 형태의 예술과 대중문화를 경합시킨다. 이러한 전제는 '대중적 형태의 문화는 이윤을 내기 위해 만들어진 것'이기 때문에 대중문화를 통해 엘리트적인 예술과 똑같은 경험을 할 수 없다는 것이다.

캠벨은 대중문화에 대한 또 다른 우려로 대중문화가 고전 문학작품과 예술을 도용한다는 것을 든다. 가장 좋은 예는 메리 울스턴크래프트 셸리의 소설《프랑켄슈타인》이다. 이 소설은 1818년에 쓰인 이후 여러 유형의 대중문화 형태로 변형되었다. 오늘날 우리가 흔히 기억하는 프랑켄슈타인 이야기는 1931년 보리스 칼로프 주연의 〈타워링 몬스터〉라는 영화이다. 프랑켄슈타인 이야기는 이 영화와 더불어 1960년대 중반 미국에서 〈몬스터〉라는 텔레비전 시트콤으로도 방영되었다. 이후, 괴물 프랑켄슈타인의 이미지는 설탕을 입힌 프랑켄베리 시리얼로 희화화되어 부활했다. 원래의 줄거리가 계속해서 재사용됨으로써 셸리 소설의 중심적 테마, 즉 과학을 남용하고 외양으로 사람을 판단하는 것에 대한 비판이라는 테마는 사라져버리거나 사소한 것으로 치부되었다.

이탈리아의 오페라나 셰익스피어 비극과는 달리 오늘날의 대중문화는 그 생명주기가 매우 짧다. 신문은 24시간 동안, 잡지는 1주일, 가요 순위 프로그램에서 40위 안에 드는 노래는 약 한 달 동안 그 생명력이 지속될 뿐이다. 물론 대중문화의 생명주기가 곧 질을 나타내는 것은 아니다. 그러나 비평가들의 시각에서 보면 좋은 문화는 긴 생명 주기를 가진다. 이러한 의미에서 비평가들은 대중문화의 존재 양식이 안정적이지 않으며, 잠시 동안 지속될 뿐인 값싼 문화만을 양산한다고 주장한다.

마지막 우려는 대중문화가 고급문화를 파괴할 뿐만 아니라 공공적 삶을 경시함으로써 우리의 문화적 환경을 침해한다는 것이다. 비평가들에 따르면, 미디어의 편재로 인해 대중은 진정한 예술을 경험하지 못한다. 대중문화의 영향력, 특히 대중문화의 시각적 형태로 인해 민주적 사고, 문화 체험의 영역이 침해될 것이라는 우려도 있다. 이러한 시각에 따르면 대중적 미디어는 수용자를 문화적으로 속기 쉬운 개체로 변형시키고, 대중은 영화나 광고와 같은 미디어에 나타나는 이미지에 현혹되기 때문에 결국 진정한 사회적 진보는 이루어지지 않는다. 이러한 환경에서 예술과 상업의 경계는 흐려지고, 수용자는 문화적 심미안을 잃어버린다. '빅맥' 이론이라 불리는 이와 같은 시각에 따르면 사람들은 대중적 미디어라는 메뉴에 중독되어 사회적 불평등에 도전하려는 의지, 그리고 고급문화에 대한 취향까지 잃어버린다.

캠벨은 문화를 1차원상에서 고급·저급으로 양분하는 것에서 탈피하여 문화를 지속적인 과정으로 서술하기 위해, 그리고 문화의 특성을 설명하기 위해 문화를 하나의 '지도'로 상상하는 것이 유용하다고 말한다. 지도는 모든 방향으로 뻗은 넓고 거대한 공간을 보여준다. 지도는 고속도로와 대도시는 물론 수많은 작은 도로와 마을을 보여줌으로써 아직 가보지 않은 곳으로 우리의 관심을 끈다. 지도로서의 문화는 한편으로는 문화 현상이 틀에 박히고, 인식할 수 있으며, 안정적이고 위안이 되는 것처럼 보이게 한다. 또한 다른 한편으로는 새롭고 친숙하지 않으며, 불안정하고 도전적인 것으로 보이게 한다. 그러나 대부분의 문화 형태는 두 가지 경향을 모두 보인다. 예를 들어 우리는 새롭기도 하고 친숙하기도 해서 가수의 CD를 산다. 우리는 기분전환을 위해, 당면한 문제들을 잊기 위해, 혹은 노래 가사와 음률에 맞춰 자기 자신을 반향하기 위해 특정 음악을 듣기도 한다.

사람들은 자신들의 다양한 배경에 기초해서 복잡한 문화적 취향과 욕구, 그리고 관심을 가진다. 블루스에서 오페라, 그리고 만화책에서 고전문학까지 여러 문화 형태가 다양한 메시지를 포함한다. 다시 말해 비평가들이 서열을 부여하는 오늘날의 많은 문화 현상들이 수용자들에게 받아들여질 때에는 단순한 '위계'가 아닌 다양한 용도에서 읽힐 수 있는 '지도'의 역할을 수행할 수도 있다는 것이다. 이는 우리 주위의 다양한 문화 현상들을 단지 동일한 경로로 소비되는 상품 차원에서만 생각해서는 안 된다는 점을 시사한다.

6. 근대, 탈근대의 접경에서의 대중문화

현대의 삶에서 문화적 경계는 일종의 실험 단계에 있다. 정보와 오락 사이의 분명한 경계는 이제 많이 모호해졌으며, 매일 아침 컴퓨터로 신문을 보는 사람들이 많아졌다. 미디어 기업은 물리적으로 구분된 지리적 경계를 넘어 사업을 확장하고 있다. 우리는 실제로 위성방송, 그리고 케이블, 혹은 인터넷 등을 매개로 한 다양한 미디어 융합(*media convergence*)을 목격하게 됐으며, 비용만 지불하면 인터넷과 케이블 TV를 통해 잡지부터 영화까지 모든 것을 볼 수 있다. 역사적 맥락에서 이러한 변화와 융합에서 파생하는 효과를 살피기 위해 학자들은 근대, 탈근대를 거쳐 문화적 가치가 변모되는 중첩적인 진행 과정을 추적했다.

근대, 근대성의 정의 문제는 매우 복잡한 논의를 요구한다. 근대화 과정은 변화하는 경제적 환경에 반응하는 개인과 사회를 포함한다. 실업가는 종업원을 고용하고 새로운 기술을 끌어들였으며, 보다 효율적인 제조환경, 그리고 일상생활을 보다 좋고 편리하게 하는 것을 목표로 비싼 상품을 만들었다. 인쇄 기술과 조립 라인, 광고는 이러한 변화에 주요한 기여를 했다. 근대화에 대한 문화적 반응은 종종 매스미디어에서 나타난다. 찰리 채플린의 〈모던 타임즈〉(1936년)는 현대적 공장, 근대화와 기계가 어떻게 인간성을 말살하는가를 보여주고자 했다.

근대의 주요한 가치로는 개인화, 합리성에 대한 믿음, 효율적 작업, 전통에 대한 거부 등을 들 수 있으며 이러한 가치는 문화적 환경에서 볼 수 있는 것들이다. 이러한 근대의 가치는 처음에는 인쇄기, 나중에는 신문과 잡지에서 구체화됐다. 인쇄매체로 인해 작가는 출판업자와 손잡고 자신의 생각을 전달할 수 있었으며, 독자는 보다 더 날카로운 통찰력을 가질 수 있었다. 그러나 개인주의와 산업혁명은 근대의 계급 형태를 가져왔으며, 그 예로 상업적 회사를 경영하는 사람들은 경제적 출세에 대

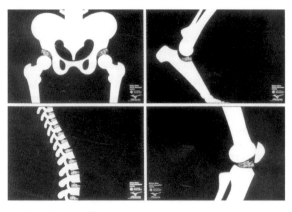
브라질에서 만든 스포츠화 광고

해 보다 많은 통제력을 얻었다. 또한 지식의 특수한 영역을 연구하는 전문적인 지식인 계층은 국가의 사회적·정치적·문화적 의제를 다루는 힘을 얻었다.

많은 사람들에게 탈근대사회는 단지 일련의 당황스럽게 하는 사례들로 간주된다. 예컨대 뮤직비디오, 리모컨, 나이키 광고, 쇼핑몰, 팩스, 휴대전화, 힙합 등으로 말이다. 몇몇 비평가들은 포스트모던 문화가 무엇인가를 바라보는 일종의 방법으로서 인간 정신의 상태(혹은 병폐)를 의미한다고 주장한다. 주로 현대세계에 대한 반응, 그리고 논쟁의 여지가 있는 포스트모던한 가치는 점차 우리의 일상생활에서 중요한 역할을 한다. 특히 계급의식 반대, 문화의 다양화와 재순환, 과학적 이론에 대한 의문, 그리고 패러독스(역설)를 받아들이는 것 등은 이른바 포스트모던한 시대의 특징이라고 할 수 있다.

현대문화(contemporary culture)의 주요한 특징 중의 하나는 이처럼 계급의식에 대한 반대이다. 많은 예술가들은 때때로 고급문화와 저급문화 사이의 독단적 경계의 구분에 도전한다. 또는 사실과 허구, 혹은 예술과 상업 사이의 구별을 흐리기도 한다. 예를 들어 새롭게 등장한 텔레비전 관련 어휘로 다큐드라마(docudrama), 인포테인먼트(infotainment), 인포머셜(infomercial) 등을 들 수 있다. 몇 가지 현대문화의 형식은 합리적 과학에 대해 의문을 제기하긴 하지만, 포스트모던의 문화 형식은 기술을 받아들인다. 〈쥐라기 공원〉과 같은 블록버스터 영화는 현대과학에 대한 비판적 측면을 다루지만, 제작 과정에서는 기술적 방법에 의존했다. 근대 예술과 문학에서는 흔히 과학 기술이 가져올 수 있는 잠재적 위험을 비판했다. 그러나 포스트모던 스타일에서는 새로운 기술을 비판적으로 보지 않는다. 현대문화의 많은 형식은 일반적으로 기술을 받아들인다. 그러나 이러한 이해하기 어려운 포스트모던한 관계 속에 근본적 역설이 있다. 현대의 작가와 예술가가 지적했듯, 새로운 기술은 종종 일

자리를 없애고 우리를 육체적으로 고립시킨다. 반대로 새로운 기술은 라디오 토크 쇼에서 정치에 대해 토론하도록 사람들을 이끌고, 화상회의 혹은 인터넷 뉴스 그룹을 만든다. 오늘날 우리의 삶은 이러한 부조화로 가득 차 있다.

7. 한류: 새로운 유형의 다국적 대중문화 소비

1990년대 후반 이후 우리 텔레비전 드라마와 대중음악(이른바 K-POP)이 중국에서 선풍적인 인기를 끌면서 나온 용어가 '한류'(韓流, *Korean Wave*)이다. 이후 한류는 중국과 동남아시아 국가는 물론 일본과 서남아시아, 그리고 유럽과 미국에서도 초국적 대중문화의 대표적 아이콘으로 받아들여졌다. 다음의 3가지 대표적 사례—일본에서의 〈겨울연가〉(2004년). 미국에서의 〈강남 스타일〉(2012년), 중국에서의 〈별에서 온 그대〉(2014년)—는 그 동안 한류가 이룬 외국에서의 성과와 함의를 말한다.

1) 일본에서의 〈겨울연가〉

한류와 관련하여 더욱 주목할 만한 현상은 일본에서의 한국 드라마 〈겨울연가〉 열풍이었다. 2004년 KBS가 제작·방송한 20부작 드라마 시리즈 〈겨울연가〉는 2004년 일본 NHK의 전파를 타면서 도시 지역에 거주하며 상대적으로 높은 교육 수준의 40~50대 중산층 주부 집단을 중심으로 예상보다 훨씬 더 큰 일본 시청자들의 반향을 이끌어냈다. 고전적 사랑 이야기에 등장했던 배용준, 최지우, 박용하, 박솔미 등 주요 연기자들은 당대 대중들의 우상으로, 평범한 사랑 이야기를 빼어난 영상미로 묘사한 윤석호 감독은 우리 방송계의 대표적인 멜로드라마 연출자로 자리를 굳혔다.

일본의 소비자들은 앞 다투어 고가의 〈겨울연가〉 DVD를 구입하였고, 오프라인 및 온라인 팬클럽을 결성했다. 서울을 경유하여 〈겨울연가〉의 고향인 춘천 남이섬을 방문하는 3박 4일 한국 여행패키지 상품이 날개 돋친 듯 팔렸다. 일본 전역에서 지역사회의 사회교육원은 물론 사설 학원에서도 〈겨울연가〉에 등장하는 대사를 중심으로 한국어를 배우는 강좌가 생겨났다. 예상을 훨씬 상회한 〈겨울연가〉에 대한 관심과 인기에 고무된 NHK는 이 드라마를 NHK 지상파 채널을 통해 재송신했다. 그 결과도 역시 예상을 크게 상회한 시청률로 돌아왔다. 일본의 중년 주부층을 중심으로 확장된 〈겨울연가〉 붐은 현지 언론과 비평가, 그리고 학자들에 의해 이제 하나의 '현상'으로 받아들여지기에 이르렀다. 일본의 한 언론에 의해 〈겨울연가〉는 2004년 일본 사회의 키워드로 명명되었고, 드라마의 남자 주인공 배용준은 '욘사마'라는 이름의 절대적인 문화 심벌로 자리 잡았다. 일본의 총리가 공식 외교석상에서 〈겨울연가〉와 '욘사마'의 인기를 직접 거론할 정도가 되었다.

이렇듯 엄청난 일본에서의 〈겨울연가〉 열풍은 우리를 놀라게 했다. 이는 KBS가 매우 이례적으로 2005년 겨울에 〈겨울연가〉 재방송을 결정하는 것으로 이어졌다. 국내의 지상파 방송 취재진들이 일본의 〈겨울연가〉 열풍을 직접 취재하여 특집 프로그램을 만들어 방송하기도 했다. 또한 언론들은 일제히 일본에서의 〈겨울연가〉 성공 사례를 중심으로 우리 대중문화 상품의 우수성과 잠재력을 설파하는 기획기사들을 생산했다. 이는 1990년대 후반 이래 중국에서 시작된 '한류' 열풍과 더불어 우리 대중문화의 신기원을 이루는 대사건으로 언론에 의해 기록되기도 했다. 그렇다면 일본에서의 〈겨울연가〉 성공 사례가 전통적인 매스미디어 연구에 시사하는 바는 무엇인가?

첫째, 전통적인 국제 커뮤니케이션 연구는 뉴스와 대중문화 콘텐츠의 유통이 지구 서쪽에서 동쪽으로, 그리고 북쪽에서 남쪽으로, 즉 유럽, 미국 등 경제 선진국에서 기타 개발도상국으로 흐른다는 것을 정설로 받아들인다. 드라마 〈겨울연가〉가 일본 대중문화 시장에서 통했다는 사실은 분명 이러한 주류 국제 커뮤니케이션 연구 결과들에 상반되는 사례다.

둘째, 일본에서의 〈겨울연가〉는 국제적 대중문화 유통시장의 '다핵화' 가능성을 보여준 사례로 볼 수 있다. 우리보다 경제적으로 우월한 일본에서의 〈겨울연가〉 등 한국 대중문화의 성공 사례는 미국 등 전통적인 소수의 경제 선진국, 대중문화 수출국 중심의 유통시장 편성에 대한 매우 예외적 사례인 셈이다. 미국·서구 중심의 단일 중심적 구조로 굳혀졌던 전 세계 영화, 음반, 텔레비전 등 대중문화 시장에 대한 대안으로 동아시아권이 또 하나의 중심으로 떠오르는 것이 아니냐는 진단이다. 만약 그렇다면 이는 국제적 대중문화 유통 질서의 재편성을 의미할지도 모른다는 주장이 그것이다.

셋째, 한 국가나 사회에서 생산된 대중문화 상품이 다른 국가 혹은 사회에서 소비될 때 이는 전혀 다른 상품으로 해석·소비된다는 사실이다. 〈겨울연가〉의 경우 일본에서는 40대 이상 주부들 사이에서 적극적으로 향유된 하나의 하위문화로서의 대중문화였다. 반면, 같은 시점에 중국에서는 20대 젊은이들이 향유한 일종의 트렌디 드라마로 해석되고 소비되었다. 즉, 20대 남녀 시청자 중심의 대중문화였다는 것이다. 이렇듯 하나의 대중문화 콘텐츠라도 결코 누구에게나 하나로만 읽히는 것은 아니다. 어느 시점에 어느 공간에서 누구에게 읽히는가에 따라 하나의 대중문화 콘텐츠가 얼마든지 다른 콘텐츠가 될 수 있는 '열린 텍스트'(open text)라는 점이 흥미롭다. 만약 그렇다면 대중문화 연구의 방향은 대중문화의 텍스트, 즉 영화, 드라마, 애니메이션, 음악, 패션 등의 콘텐츠 그 자체에서 이들을 소비하는 수용자들의 수용 상황으로 옮겨가야 할 필요성이 제기된다. 누가 특정 대중문화를 어떻게 받아들이는가 하는 문제가 상대적으로 더 중요하기 때문이다.

마동훈(2005)은 〈겨울연가〉가 일본 수용자에게 선풍적 인기를 끌면서 새롭게 형성하는 경험을 분석했다. 일본 수용자들이 〈겨울연가〉라는 국경을 넘어 온 한국 텔레비전 드라마를 시청한다는 것은 역사적 맥락에서 독도나 위안부와 같은 과거의 유산으로 인한 공적 경험, 마찬가지로 역사적 맥락에서의 관광이나 미디어 조직의 교류와 같은 문화적 교류를 통한 사적 경험, 개인적 맥락에서 철저한 낭만주의, 연속극, 남자 주인공 같은 여성들의 사적 경험, 이 3가지가 상호적으로 작용하면서 수용자 개인 내에서 주체성이 끊임없이 변화하는 과정으로 보았으며, 이렇게 볼 때 국경을 넘어선 이상적 동북아시아 지역 공동체에 대한 희망도 찾아볼 수 있다고 전망했다.

양은경(2003)은 "동아시아의 정치 경제적 맥락들을 고려할 때 트렌디 드라마의 유통은 1990년대 이후 동아시아의 경제 성장에 힘입어 부상한 중산층들의 의식과 그들이 새로운 문화적 욕구를 표현함으로써 이러한 계층에 문화적 정체성과 정당성을 부여하는 데 기여하는 것"으로 볼 수 있다고 한다. 그러나 이러한 문화 형성체가 동아시아 내적으로 정치적 진보와 민주화의 힘들로 작동할 수 있는가 또는 대외적으로 서구 자본주의 소비 문화의 대안이 될 수 있는가와 관련해서는 그리 낙관적으로 보지는 않는다. 트렌디 드라마를 통해 재현되는 새로운 삶의 태도와 가치는 상당 부분 자본주의 소비 문화의 지역화이고, 오히려 지역적 차이에 주목하고 가치를 부여하려는 문화적 근접성 담론으로 인해 자본주의적 소비문화의 전지구적 확산은 당연시되고 정당화된다는 것이다.

이희재(2003)는 '한류'가 서구지향적으로 형성되었지만, 역설적으로 동아시아 제국(특히 중국과 베트남)은 '한류'를 자신들과 동질감을 가진 '華'(화)로서 환영하면서도 그 배경이 되었던 미국이나 일본 문화에 대해서는 '夷'(이)로서 경계하는 현상을 관찰할 수 있다고 보았다.

하종원 등(2002)은 동아시아 여러 나라들로 한국 드라마가 수출되고 인기를 끈 것은 한국 미디어 산업이 동아시아 미디어 시장에서 새로운 수요를 창출하고 독자적 유통망을 개척하는 적극적 수출 전략에 힘입은 것이라기보다는 시장의 변화에 기인한 것이라고 보았다. 바꾸어 말하면, 한류를 만드는 힘은 국내 미디어 산업이 아닌 동아시아 각국의 미디어 산업의 주체들로부터 발견된다는 것이다. 아시아 지역의 수용자들을 확보하기 위한 스타 TV의 지역화 자원으로써, 또는 대만이나 중국 등지에서 볼 수 있듯이 지방 방송사들의 값싼 프로그램 공급원으로써 한국의 드라마들이 선택된 것이다. 요컨대, 한류는 '한국적' 문화의 동아시아 진출이라기보다는 동아시아 지역 미디어들의 다양한 이해와 필요에 의해 선별적으로 선택되고 활용되어 온 것이라 볼 수 있다는 것이다.

조한혜정(2002)은 '한류 열풍' 현상은 단순한 '문화 접변' 현상이 아니라 새로운 단어로 논의되어야 할 현상이라고 말한다. 이는 국경을 넘나드는 초국적 자본과 미디어의 이동, 그리고 사람의 이동으로 일어나는 복합적이고 역동적인 '문화화' 현상의 일부이자 '권력 재편'의 과정으로 파악될 현상이라는 것이다. 더 이상 '서구의 것'과 '우리 것'을 구분하기 어렵고 '오리지널'과 '모사품'을 가려내기 어려운 상황에서 서구 제국주의와 식민지, 제 1세계와 제 3세계로 이분되었던 시대 구분도 어려워졌고, 지금 시점을 살아가는 세계인, 한국인은 실제로는 비동시적인 문화적 전제들이 혼재하면서 불러일으키는 혼란스러움 속에 있으며, 이 혼란스러움 속에서 다양한 '재활력화' 움직임들이 일고 있다는 것이다.

2) 미국에서의 〈강남 스타일〉

2012년 7월 15일 가수 싸이가 발표한 〈강남 스타일〉은 한국 시장을 넘어 전 세계 시장을 장악하면서 새로운 한류 열풍을 몰고 왔다. 전 세계인이 함께 볼 수 있는 유튜브를 통해 뮤직비디오를 공개하여 4개월 만에 8억 건의 조회를 돌파한 〈강남 스타일〉은 기존 한국 가수들이 해외시장 진출을 위해 사용했던 매체를 통해 콘텐츠를 전달하는 방식(*push*)이 아닌, 대중으로부터 관심을 끌어들이는(*pull*) 방식으로 자연스럽게 전파되었다. 빠른 속도로 전 세계를 강타한 〈강남 스타일〉은 아이튠스(iTunes) 음원이 판매되는 전 세계 63개국 중에 46개국에서 1위를 차지했고 MTV 유럽 뮤직 어워드 및 아메리칸 뮤직 어워드에서도 수상했다.

이러한 방식은 한류의 소비 지역을 문화적 유사성이 있었던 중국, 일본, 동남아 등의 아시아 지역을 넘어 중동, 미국, 북유럽 심지어 아프리카까지 확대시켰다. 2011년 8월에는 미국 빌보드 차트에 K-POP 차트가 신설되어 한국 음악의 유명세를 입증했다. 한국어를 모르던 외국인들도 쉬운 노래 가사를 따라하며 코믹한 말춤을 중독성 있게 흉내 내기에 이른 것이다.

그간 문화의 전파가 서구에서 아시아로 이루어졌다는 것을 감안하면 이는 확실히 주목할 만한 현상이다. 이러한 〈강남 스타일〉 열풍에 힘입어 한국관광공사 뉴욕 지사는 뉴욕의 한인 여행사와 함께 〈강남 스타일〉의 뮤직비디오에 등장하는 봉은사, 코엑스몰, 김치박물관 등을 묶어 여행 코스를 개발하기까지 했다.

때때로 싸이의 〈강남 스타일〉은 1996년 전 세계적으로 선풍적인 인기를 끌었던 스페인 남성 듀오 로스 델리오의 〈마카레나〉와 비교되곤 한다. 〈마카레나〉는 〈강남 스타일〉과 마찬가지로 중독성 강한 멜로디와 따라 하기 쉬운 춤동작을 보여주며 빌보드 차트 연속 14주 1위를 차지했다. 그러나 노래에 대한 기억과 인기와는 별개로 로스 델리오에 대한 기억은 뚜렷하지 않다. 이를 떠올릴 때, 싸이가 앞으로 더욱 활발한 활동을 하기 위해서는 더 많은 방송 출연과 인지도 및 충성도를 쌓을 필요가 있다는 지적이 있었다. 이러한 우려를 잠재우듯, 싸이는 〈강남 스타일〉에 이어 후속곡인 〈젠틀맨〉으로도 2년 연속 빌보드 뮤직 어워드 후보에 선정됐다. 〈강남 스타일〉

로 탑 스트리밍 송 등 6개 부문 후보에 올라 탑 스트리밍 송의 비디오 부문을 수상했던 만큼 더 활발한 활약이 기대된다.

3) 중국에서의 〈별에서 온 그대〉

2013년 12월 18일부터 2014년 2월 27일까지 방영된 SBS 드라마 〈별에서 온 그대〉는 최고 시청률 28.1%(닐슨코리아 제공)을 기록하며 대대적인 인기를 거두었다. 김수현, 전지현이라는 톱스타를 기용하고, 4백년 전 지구에 떨어진 외계남과 톱스타 여배우와의 사랑이라는 신선한 소재를 다룬 이 드라마는 중국에서도 큰 성공을 거두었다. 이로써 한동안 시들했던 한류 열풍이 재점화되면서 드라마 장면 속 촬영지, 의상, 가구는 물론 음식까지도 많은 사랑을 받기에 이르렀다.

강명구(2013)의 논문 "중국 텔레비전 시청자의 드라마 소비 취향 지도"는 '중국 대중문화 수용자들이 한국 드라마를 포함한 외국 드라마를 어떻게 받아들이는가'에 대한 물음을 토대로, 중국 시청자들의 드라마 소비 취향을 분석했다. 이 논문은 중국 시청자들이 하나의 취향집단이 아닌 다양한 사회 경제적, 문화적 자본을 기반으로 차별화된 다양한 드라마적 감성 취향을 지닌 이질적 집단임이 확인된다고 밝혔다.

그런데 이에 대해 〈별에서 온 그대〉의 중국 팬클럽인 '아주성성미'가 매우 거센 반론을 〈조선일보〉의 전면광고란을 통해 '별에서 온 그대 아시아 팬클럽'이라는 제목으로 게재했다(〈조선일보〉, 2014. 3. 19). 이 글에서 중국 팬들은 해당 논문이 "중국의 학력과 소득 수준이 모두 높은 사람들은 이성적이고 즐거운 미국 드라마를 선호하는 반면, 학력 소득 수준이 낮은 사람들은 논리성이 없고 감정만 폭발하는 드라마를 좋아한다"고 주장했으나 이는 사실이 아니며, 배우 김수현이 출현하는 중국 예능 프로그램 〈최강두뇌〉의 시청 인구가 1억 명을 돌파한다면 저자인 강 교수가 도민준(극 중 김수현) 교수님과 팬들에게 사과하라는 내용을 담았다. 이에 대해 논문의 저자는 3월 21일 〈조선일보〉에 "도민준 교수님, 미안합니다"라는 내용의 사과 편지를 기고했다. 이는 중국 팬들의 전면광고에 대한 답변으로서, 자신의 논문은 중국 시청자 문화 취향의 다양성을 보여주기 위함이었으며 이를 통해 중국에서 한국 드라마가 인기를 얻는 현상이 단순한 '한류'로 바라봐지는 것에 대한 이의를 제기하고 싶었다고 설명했다. 실제 논문을 통해서도 "흔히 한류가 중국에서 세련된 문화적 취향에 대한 선망 때문에 받아들여진다는 기존 연구나 추측이 사실과 다를 수 있는 결과"임을 논하며, "드라마가 국적 이전에 개별 드

〈별에서 온 그대〉의 한 장면

라마들이 가지는 텍스트적 특성, 거기에 담긴 스토리텔링과 전개 방식 등에 따라 다른 취향 프로필을 구성할 수도 있음"을 밝혔다.

　　2014년 5월 23일, 서울대 아시아연구소에서는 "〈별에서 온 그대〉 열풍으로 본 중국 사회의 이해"라는 주제로 〈별에서 온 그대〉가 중국 시청자를 사로잡은 비결에 대한 비결에 대한 컨퍼런스가 열렸다. 이 컨퍼런스를 통해 전문가들은 〈별에서 온 그대〉 열풍이 기존의 한국 드라마가 보여주었던 교통사고, 암, 불치병이라는 천편일률적 소재에서 벗어나 다양한 판타지를 소재를 담은 '소재적 변화'와 함께, 드라마 속 캐릭터들이 보여준 문화의 상징, 마지막으로 중국에서 가장 영향력 있는 동영상 사이트인 '아이치이'를 통해 드라마가 방영된 점에 주목했다.

　　한 편의 한국 드라마가 중국에서 흥행에 성공한 배경에 대한 논의가 아카데미아와 언론을 통해 이렇게 뜨겁게 달아오른 것은 매우 이례적인 일이었다. 또한 중국의 한류 수용자 취향의 다양성 문제가 문화 정치적 논제로 변화하는 과정은 미래 초국가적 대중문화가 가진 정치적 함의를 의미한다는 점에서 매우 시사적이다.

4) 한류의 자산 가치

　　최근 〈별에서 온 그대〉, 〈사랑비〉, 〈슈퍼스타 K〉, 〈응답하라 1994〉, 〈히든싱어〉 능 품질과 시청률 측면에서 모두 성공을 거둔 방송 콘텐츠가 생산된 결과 해당 콘텐츠의 해외 수출이 활발하게 이루어졌다. 이에 따라 한류는 국내 미디어 산업의 성장 동력이 되었으며, 국내 미디어 산업은 방송 콘텐츠로부터 시작하여 한류의 외연을 꾸준히 확장했다. 문화체육관광부의 2013년 자료에 따르면 한류가 가져온 문화 콘

텐츠 수출 효과는 40조 4,950억 원, 외국인 관광객 지출 효과는 44조 2천 6백억 원, 한류 자산가치(무형자산)은 94조 7천 9백억 원에 이르는 것으로 나타났다.

8. 매스미디어와 대중문화 분석을 위한 문화적 접근 방법

현대 미디어 연구 중 역사적·해석적인 연구의 전통은 종종 과학적 모델과 상치되는 인식론적 기반을 가진다. 1930년대 후반 이후, 과학적 연구가 광고주와 미디어 조직을 위한 실용적 지식을 양산할 때, 몇몇 사회과학자들은 데이터를 수집하고 자료의 경향을 도표화하는 작업의 인식론적 한계를 지적했다. 특히, 시장조사는 개인의 행동에 초점을 맞추었으며, 이로 인해 야기된 방법론적 편향에 대한 의문이 제기되었다. 이러한 배경하에서 유럽을 중심으로 이른바 비판적 연구라는 이름의 대안적 미디어 연구가 시작되었다.

여기서 미국의 전통적 미디어 연구와 영국 등 유럽의 비판적 미디어 연구를 구별해야 할 필요가 있다. 먼저, 유럽의 미디어 연구는 과학적 접근보다는 해석적 접근의 경향을 띤다. 즉, 연구자들은 실험이나 조사연구자라기보다는 문학적·문화적 비평가의 입장에서 미디어를 바라보고자 했다. 이러한 역사적·해석학적 접근은 맑스, 그람시 등 정치철학자들이 사회현상을 바라보는 관점에 기반을 둔다. 연구자들은 매스미디어가 어떠한 방식으로 사회에서 계급 조직을 유지시키는가에 관심을 가졌다. 예를 들어 사람들이 사회적 불공정을 수정하고자 하는 노력에 대중문화 혹은 스포츠가 어떠한 방식으로 혼란을 야기하는지를 살피고자 했다. 또한 전통적 사회과학 연구에서 노정된 파편적 개념 중심의 연구가 지닌 약점을 지적하면서 몇몇 사회집단이 구조적으로 종속된 상태를 총체적·역사적으로 연구했다.

1) 프랑크푸르트학파

　미국에서 전통적 미디어 연구에 대한 초기의 비판은 1930년대 나치의 박해를 피해 유럽에서 미국으로 이주한 이른바 **프랑크푸르트학파**의 비판이론에서 유래되었다. 호르크하이머(Horkheimer)와 아도르노(Adorno) 등 프랑크푸르트학파의 논객들은 전통적인 과학적 접근법의 부적절성을 다음의 3가지 내용을 중심으로 비판했다. 첫째, 과학적 접근법은 방대한 '문화현상'을 '측정과 검증이 가능한 범주'로 줄였다. 둘째, '엄격하게 적용된 중립성'(*rigidly enforced neutrality*)이라는 상황에 의존한다. 셋째, '현대적 삶의 현상'을 '역사적·도덕적 맥락'에 위치시키기를 거부한다. 프랑크푸르트학파는 철저히 측정의 유용성과 데이터 계산의 활용을 거부했으며, 오히려 역사적·문화적으로 접근함으로써 장기간에 걸친 매스미디어의 작용과 수용자와의 복합적 관계에 비판적 주의를 기울일 수 있다고 주장했다.

　프랑크푸르트학파는 맑스주의적 시각에서 대중문화를 체계적으로 연구함으로써 비판적 시각의 대중문화론에 직·간접적으로 영향을 끼쳤다. '문화산업'(*culture industry*)이라는 이름으로 현대사회의 대중문화 현상을 분석하는 이들은 현대 대중문화가 자본주의적 생산관계 속에서 발생한다는 것에 초점을 맞추고 이것이 자본주의 국가에서 혁명을 발생하지 못하게 하는 가장 중요한 이유라고 설명했다. 즉, 문화산업이 계급의식의 발달을 저해하며 사회를 통제하는 강력한 도구를 제공한다는 것이다.

　이들은 문화산업을 문화, 정치 및 일상생활에 걸쳐 '무자비한 일치'를 강요하는 '냉엄한 체제'의 일부인 '절대적 지배자'로 이해한다. 나아가 대중문화는 전체주의적 착취를 용이하게 하는 위험한 문화이고, 산업적 제작·배급을 통해 표준화되고 조작된 요구에 의해 탄생한 사이비 문화이며, 현실에 대한 저항 의지를 나타내는 부정적 사고를 파괴한다고 주장한다.

　아도르노와 호르크하이머는 자본주의 사회의 급격한 가족 붕괴에 주목하여 가족의 사회화 기능이 문화산업에 의해서 대체되는 것을 문제로 들었다. 아도르노와 호르크하이머가 '문화산업'이라는 말을 처음 사용한 것은 그들이 미국 망명 중에 저술한 《계몽의 변증법》에서였다. 문화산업이라는 개념은 분명히 위로부터의 지배를 암시한다. 물론 산업이라고 말하는 이상 그 성공 여부는 비이성적이며 수동적인 대중의 변덕스러운 기호에 좌우되지만 전체적으로는 지배가 틀림없다. 더욱이 매스미디어는 억압적이다. 자본주의에 대한 비판은 뭉개지고 현존하는 정치, 사회질서에의 복종과 전면적 동참만이 행복의 길이라고 하는 것이다.

한편, 마르쿠제(Marcuse)는 그의 저술《1차원적 인간》에서 개인을 사회에 순응시키는 데 있어 의식과 본능에 대한 조작을 역설했으며, 사회화의 주도적 기구로서 가족의 쇠퇴와 문화산업의 부상을 강조했다. 그리고 '거짓욕구'를 창출하고 후기 자본주의를 자연스럽게 재생산하는 데 필요한 '일차원적' 사고와 행위를 야기하는 새로운 형태의 사회통제로서 매스미디어의 '문화조작' 기능을 강조했다. 하버마스(Habermas)는 부르주아의 공공영역 해체와 문화산업의 등장을 같은 맥락으로 이해하면서, 현대 매스미디어가 국가와 거대한 자본의 손아귀에 들어간 조작기구가 되었으며, 청중은 사회적 통제의 대상이 되고 점진적으로 개인화되고 수동적이 되며 조작된다고 한다.

프랑크푸르트학파의 문화산업론은 자본주의 문화에 대한 일방적 수용이 기존 사회에 대한 무비판적이고 순응적 태도를 조장한다는 내용을 담으며, 자본주의 문화에 대한 비판적 시각의 단초를 제공했다. 그러나 이들의 이론적 관점은 몇 가지 한계를 지닌다. 이러한 프랑크푸르트학파의 고전적 비판이론에는 역사적 분석이 결여되었고, 미디어의 정치경제를 다루는 데 피상적이며, 문화적 해석에 대한 적절한 모델을 제공하지 못했다는 비판을 받는다. 프랑크푸르트학파의 비판이론은 특정 시기의 매스미디어와 문화산업의 역기능을 정확하게 기술하지만, 문화산업에 대한 개념을 특정한 사회·역사적 맥락에 분명히 징착시킬 수 있는 구체적인 역사 분석을 결여했다는 것 또한 사실이다.

2) 문화연구

매스미디어와 대중문화에 관한 비판적 연구의 대표적 관점 중의 하나가 바로 '문화연구'(*cultural studies*)이다. 1970, 1980년대 영국의 버밍엄 대학 현대문화연구소 (Center for Contemporary Cultural Studies)의 스튜어트 홀(Stuart Hall) 등에 의해 주창된 문화연구 그룹은 복수형의 학제명이 암시하는 바와 같이 문학, 예술, 여성학, 인종학, 언론학 등 다양한 학제적 관점에서 현대사회의 대중문화 연구를 시도했다. 문화연구에 영향을 끼친 대표적인 초창기 저술로는 윌리엄스의《문화와 사회》, 호가트(Hoggart)의《교양의 효용》, 톰슨(Thompson)의《영국 노동계급의 형성》등을 꼽을 수 있다. 이 버밍엄 연구그룹은 1980년대 후반 이후 미국, 오스트레일리아는 물론, 인도 등 서남아시아의 대중문화 연구에 지대한 영향을 끼쳤다. 흔히 문화주의(*culturalism*) 관점이라고도 불리는 문화연구의 관점은 대중문화의 일상적 생산과 소비 과정 속에서 만들어지는 정치적 담론과 권력의 역사적 형성 과정에 관심을 가진다.

문화연구는 사회적 권력관계의 의미론적, 문화적 형성, 좀더 정확하게 표현하면 사회적 차이와 분화가 사회적 의미를 가지는 방식에 초점을 맞춘다. 문화에 대한 이와 같은 접근은 문화를 예술, 미학, 도덕적·창조적 가치의 영역으로 간주한 문화비평가의 접근과는 판이하게 다르다. 중요한 것은 문화연구가 문화적 차이나 문화적 활동을 어떤 내재적이거나 영원한 가치에 따라 설명하는 것이 아니라 사회적 권력관계라는 총체적 지도(*map*)에 따라 설명한다는 것이다. 또한 문화연구는 계급 또는 다른 사회적 불평등을 재생산하는 문화의 역할을 감추려는 경향에 대한 비판에서 시작되었다. 따라서 문화연구는 지금까지 무시되었던 집단의 문화를 회복시키고 자리매김하려는 작업에 주목했다. 초기의 이러한 노력은 노동계급 문화의 역사적 발전과 형성에 대한 주목, 파퓰러 컬처와 미디어의 현대적 형태에 대한 분석에서 시작됐다. 전통적 학문 분야들과 달리 문화연구는 잘 다듬어진 지적·학문적 영역을 갖지 않으며, 또 그것을 지향하지도 않는다. 문화연구는 이미 제도화된 **담론**(*discourse*), 특히 문학 연구, 사회학·역사학 또는 그것들보다는 조금 덜하지만 언어학, 기호학, 인류학, 정신분석학 등의 주변에서, 그리고 그런 영역들과의 지속적인 만남을 통해 영역을 점차 확장했다. 문화연구는 일면으로는 1960년대의 지적·정치적 격변의 결과로, 다른 한편으로는 1960년대 이후 구조주의(*structuralism*), 기호학(*semiotics*), 맑시즘, 페미니즘의 급속한 발전의 영향권하에서 이루어졌다. 그러한 작업의 목적은 어떻게 문화가 그 자체 속에서 그리고 경제와 정치와의 관계 속에서 특수화되는가를 이해하는 데 있었다. 이와 같은 문화연구는 명백하고 역사적 근거를 가진 이론적 모델을 필요로 했다. 따라서 이들 이론적 모델의 중심 개념—계급, 이데올로기, 헤게

모니, 언어, 주관성 등—의 재정립이 필요했다. 반면, 사람들이 어떻게 널리 공유된 문화적 담론을 이용하여 지배 이데올로기의 권위에 저항하는지를 보여주는 문화적 실천과 형태에 대한 민속지학적(*ethnographic*) 연구와 텍스트 연구에 경험적 차원의 관심이 집중되었다.

1970년대에 들어서면서 문화연구는 청년 하위문화의 눈에 띄는 현상들, 즉 테드족(*Teds*), 모드족(*Mods*), 모터사이클족(*Bike-boys*), 히피, 스킨헤드족(*Skinheads*), 펑크족(*Punks*) 등의 의식을 통한 저항(*resistance through rituals*)에 관심을 기울였다. 또한, 페미니즘 이론과 정치운동의 진보로 인해 남성들의 하위문화(*sub-culture*)에 주어졌던 독점적 관심에 대한 도전이 제기되었다. 객관성의 이데올로기와 경험주의의 끊임없는 비판 속에서 문화연구는 지식의 생산이 늘 권력을 가진 사람들과 권력을 갖기 위해 경쟁하는 사람들의 이해관계 속에서 이루어진다는 점을 명백히 드러내는 데 주력했다. 문화연구는 이처럼 일상의 경험, 특히 인종, 성, 계급, 그리고 사회 내에서의 권력과 지위의 불공평한 배열과 관련된 이슈를 연구하는 데 초점을 두었다. 그러한 연구는 특정 사회집단이 역사적으로 어떤 방식으로 사회 주류에서 제외되고 무시되었는지를 강조하면서 문화적 차이라는 특성을 부각시킨다. 문화연구의 주요한 분석적 접근법으로는 텍스트 분석, 수용자 연구, 그리고 정치경제학적 분석이 있다.

(1) 텍스트 분석

계량적 내용분석이 관찰 가능한 미디어 텍스트의 개념화, 변수화, 측정, 반복 가능성(*replicability*)에 초점을 맞춘 분석법이라면, 문화연구적 텍스트 분석(*textual analysis*)은 관찰 텍스트 속의 의식(*rituals*), 내러티브, 의미를 탐구하는 것이다. 텍스트 분석은 영화 연구, 문학 연구 분야에서 길고 탄탄한 역사를 가진다. 그리고 1974년 텔레비전 스토리에 대한 최초의 심도 깊은 학구적 분석으로 간주되었던 뉴콤(Newcomb)의 *TV: The Most Popular Art*를 통해 미디어의 대중문화 연구에 본격적으로 접목되었다. 뉴콤은 특히 코미디, 서부극, 미스터리, 드라마, 뉴스, 스포츠 등의 텔레비전 프로그램이 어떻게 인기 있는 장르로 자리 잡았는지 분석했다. 그는 전통적인 연구자들이 간과했던 대중적 프로그램의 패턴을 살펴봄으로써 텔레비전 프로그램 텍스트 분석에 대한 지평을 확장하는 데 크게 기여했다. 뉴콤 이전의 텍스트 분석은 일반적으로 중요하다고 간주되는 토론, 예술영화, 문예물 등의 고급 취향 문화에 초점을 맞추었다. 그러나 1970년대 말 텔레비전, 록큰롤과 함께 자라온 새로운 세대의 미디어 연구자들은 상대적으로 덜 엘리트적인 문화에 관심을 기울였다. 그들은 '텍스트'의 개념을 가장 일상적 문화 양상으로 나타나는 건축, 패션, 대중잡지, 마돈나와 같은 스타, 록 음악, 드라마, 영화, 쇼핑몰, 텔레비전 뉴스, 여성잡지 등으로 확장시켰으며, 종종 이러한 대중문화의 작은 부분을 차지하는 요소가 사회 내에서 보다 폭넓은 의미에 대한 통찰력을 제공한다고 보았다. 예를 들어 1974년부터 1994년까지의 미국 대중잡지에서의 10대 여성을 위한 성생활 가이드(*sexual etiquette*)의 텍스트 분석을 통해 그 내용은 시기별로 실상 별다른 변화가 없다는 사실, 따라서 역사적 시기에 관계없이 대중잡지가 젊은 여성들로 하여금 다른 사람을 위해 자신을 낮추고 참는 것을 사회관계 속에서 하나의 미덕으로 받아들일 것을 강요한다는 점을 밝혔다.

(2) 수용자 연구

수용자 연구는 넓은 의미에서는 수용자에 관련된 모든 연구를 지칭한다. 특히 AR(*Audience Research*)이라고 하는 좁은 의미의 수용자 연구는 커뮤니케이션 매체 수용자의 크기와 구조에 관심을 두며 매스미디어의 영향력을 조사하는 연구를 말한다. 유네스코는 전 세계 매스 커뮤니케이션의 발달과 소비시장의 크기에 관한 기본적 통계 자료를 수집하는 프로그램을 운영하는데, 이런 의미에서의 수용자 연구는 특히 매스미디어가 주로 상업광고에 의존하는 미국에서 가장 활발하다. 수용자 연구에서 가장 일반적인 접근법은 표본 조사를 통해 수용자 크기와 구성 및 반응을 조사하는 것이다. 이러한 수용자 연구의 발전은 조사 기법과 분석 수단의 발전에 힘입은 바 크다. 나이, 성, 사회적 계층, 직업 등 단순한 측정 범주뿐 아니라 이제는 각종 사회적·심리적 특성과 미디어와 수용자 간의 상호작용이 발생하는 사회적·정치적·문화적 맥락까지 측정·분석된다. 한편 수용자 연구에서 가장 많이 쓰이는 분석법은 실험실 실험 연구와 의사(*pseudo*)실험 연구를 모두 포함하는 실험 연구, 면접이나 설문지를 사용하는 서베이 연구, 참여 관찰이나 집단 면접 또는 문헌 분석을 통한 사례 연구이다.

이에 비해 문화연구에서의 수용자 연구는 수용자의 텍스트 수용 및 해독 과정에서 나타나는 해독의 차이와 그것의 사회적 권력관계에 주목한다. 스튜어트 홀(Stuart Hall)의 부호화·해독화(*encoding·decoding*)에 관한 논문에 따르면, 문화연구에서의 수용자 연구는 기술(*technology*), 계급 등 수용자의 사회적 인프라를 구성하는 요소들의 차이에 따른 해독과 효과의 차이에 주목한다고 한다. 문화연구에서의 수용자 연구의 전통은 몰리(Morley)의《네이션와이드 시청자》,《가족 내의 텔레비전 시청》, 그리고 앵(Ang)의《달라스의 읽기와 해독》연구 등으로 이어졌다. 문화연구 진영에서의 수용자 연구의 관찰 및 분석의 주요 전략으로는 수용 현장을 '두껍게' 기술하기 위한 연구 방법으로서의 민속지학적 접근법이 널리 활용되었다. 인류학적 연구방법론에서 차용된 민속지학적 접근은 수용 상황을 이야기를 서술하듯 기술하는 방식으로, 기존의 계량적 내용분석이 간과한 사회적 권력관계의 핵심을 설명한다는 데에 의미가 있다.

(3) 정치경제학

현대 자본주의 체제 내에서 문화 상품의 생산은 전통 사회의 그것과는 다른 특성을 지닌다. 문화산업에 의해 대량 생산 체제가 갖추어지면서 문화 상품의 생산에서 문화의 가치는 사용가치에서 교환가치로 대체된다. 문화 자체가 상품으로서 교환 가능해야만 비로소 가치를 인정받는다는 것이다. 그러므로 문화는 상품성을 가지고, 이에 따라 문화 생산의 모든 세부사항에는 경제적 고려가 작용한다. 프랑크푸르트학파의 문화산업론이 현대 대중문화에 대한 새로운 비판적 관점을 제공하기는 했으나 현존 자본주의 체제 속에서 문화산업이 가진 경제적 특성이나 이에 따른 문화 상품의 성격을 구조적으로 분석하지는 못했다고 지적하면서 출발한 정치경제학(*political economy*)적 관점은 문화의 상품성을 강조하고 이에 대한 분석에 초점을 맞춘다.

머독과 골딩(Murdock & Golding, 1974)은 문화적 지배 과정이 문화산업의 경제적 역학에 근거하며, 이는 모든 맑스주의 분석에서 불가결한 출발점이라고 주장한다. 또한 그것은 단지 출발점일 뿐이라고 말하면서 단순히 문화산업의 자본주의적 토대가 필연적으로 지배 이데올로기를 담은 문화 상품의 생산을 가져온다는 것은 불충분한 논리이며 문화산업가의 전반적 전략과 작가, 언론인, 배우, 음악가 등 문화 상품을 실제로 만드는 사람들의 구체적 행위가 어떻게 경제적으로 구조화되는가를 상세히 밝히고 문화의 재생산 과정이 실제로 어떻게 이루어지는지를 해명하여야 한다고 주장한다.

정치경제학적 관점에서는 대중문화를 산업 조직 내에서 생산된 생산물로 본다. 문화산업의 자본가가 특정 생산물을 위해 동원하는 노동력과 노동 수단의 결합 과정은 노동 분업에 기초한 산업화된 생산 과정의 일부분이며, 이 점은 문화산업이 단지 생산 수단의 사적 소유와 통제, 그리고 그 생산물의 판매를 통한 가치 실현이라는 측면에서만 규정되는 것이 아니라 문화산업 내의 노동력의 상품화와 잉여가치를 목적으로 하는 자본에의 종속을 기본 조건으로 한다는 것을 보여준다. 따라서 문화 노동의 분업화·조직화 과정은 자본가의 잉여가치 추구의 일환이며, 효율의 이론과 최적화된 노동력의 배치를 통해 최대 이윤의 확보를 목표로 하는 것이다.

대중문화는 잉여가치의 창출을 통한 이윤 확보를 기본 목표로 한다. 대중문화는 가능한 한 광범위한 구매층을 원하며, 그 유통 경로는 기술적·상업적 범주이고 그 내용은 얼마나 팔릴 수 있는가에 따라 결정된다. 따라서 시장의 규모는 생산의 기준이며 대량 소비의 확실성을 보장받아야 한다는 논리가 생산의 전 과정을 구속하고, 그 획일성의 범위 내에서 혁신과 반복이 이루어진다. 대중문화의 또 하나의 주요 논리는 문화상품을 무한한 이윤 창조의 대상인 동시에 지배를 위한 직접적 수단이라고 보는 것이다. 이와 같은 문화의 지배 이데올로기적 측면은 하나의 문화상품 생산 과정 속에 지배의 영속성을 목표로 하는 메커니즘이 존재한다는 것을 의미한다. 그리고 문화자본의 지속적 축적과 집중이 자본의 성격을 뉴스 권력화시켜 그 지배성을 더욱 강화한다는 것이다.

정치경제학은 재화·자원들의 생산, 유통, 소비를 상호 구성하는 사회적 관계들, 특히 권력 관계에 대한 연구라고 할 수 있다. 이와 같은 관점에서 보면, 신문, 서적, 비디오, 영화, 수용자와 같은 커뮤니케이션 산물은 1차적인 자원·재화인 것이다. 이런 공식화는 예를 들면 일차적 생산자 체인을 도·소매상, 소비자들에게 연계시켜 주는 커뮤니케이션 제작물의 제도적 순환 경로를 강조한다. 그리고 이들의 구매,

임대 비용, 주목(수용자들의 미디어 접촉)은 다시 새로운 생산 과정으로 반영된다. 이와 같은 개념 규정은 일련의 기본 범주들―예를 들면 워너브라더스와 같은 메이저 영화제작사, 시네플렉스 오디언(Cineplex-Odeon) 같은 굴지의 영화배급사, 여러 유형의 소비자와 소비 유형(영화 관람, 텔레비전 시청 등)의 기능을 구분하는 기본 범주들―을 제시한다. 더욱이 정치경제학은 저항에 직면하는 경우에도 다른 사람들, 과정, 사물을 통제할 수 있는 권력·능력을 중심으로 이뤄진 일련의 구체적 사회관계를 중점적으로 다룬다. 정치경제학의 이와 같은 경향은 커뮤니케이션의 정치경제학자들로 하여금 생산, 유통, 소비의 순환 경로에 따라 변화무쌍한 통제 형태를 눈여겨보게 했다.

이처럼 정치경제학적 접근방법은 대중문화의 생산과 배후 권력에 초점을 둔다. 정치경제학의 가장 커다란 관심사는 미디어가 점점 더 복합기업화된다는 것이다. 이러한 소유의 집중은 보다 적은 조직이 현대 대중문화 콘텐츠의 생산을 통제하면서 그들의 힘을 키워간다는 것을 의미한다. 게다가 이윤을 목적으로 운영되는 회사가 대중의 담화를 장악한다는 것은 대중의 커뮤니케이션과 대중문화의 가장 중요한 핵심이 결국 민주적 표현이 아니라, 돈이라는 자본적 가치가 될 수밖에 없다는 것을 의미한다. 정치경제학은 문화 콘텐츠, 콘텐츠의 생산, 그리고 수용자의 콘텐츠 수용을 이해하는 데 균형 잡힌 맥락을 제시하는 텍스트 분석과 수용자 연구와 함께 연구될 때 가장 유용하다.

정리하고 넘어가기

1. 서구 사회에서 대중문화가 형성된 과정을 기술해 보자.
2. 한국의 전통문화는 대중문화와 어떠한 관계를 맺고 있는지 생각해 보자.
3. 한국 문화와 외래 문화의 갈등과 공존 관계에 대해 생각해 보자.
4. 매스미디어와 대중문화에 대한 문화적 접근 방법들의 유용성과 한계를 기술해 보자.

참고문헌

- 강현두 (1987), 《대중문화론》, 나남출판.
- 강현두 (1987), 《한국의 대중문화》, 나남출판.
- 남궁영 (2012), 싸이의 〈강남 스타일〉 뮤직비디오에 대한 수용자 유형 분석, 《한국방송학회 학술대회 논문집》, 171~174.
- 마동훈 (2005), A New Northeast Asian Community: The Experience of 〈Winter Sonata〉 in Japan, a paper presented for the ICA 55th annual conference.
- 양은경 (2003), 동아시아의 트렌디 드라마 유통에 대한 문화적 근접성 연구, 〈방송연구〉, 22권 1호.
- 오세정 (2012), 싸이 〈강남 스타일〉 신드롬의 성공 코드: 미주지역 거주자들을 대상으로, 《한국방송학회 학술대회 논문집》, 166~170.
- 원용진 (1996), 《대중문화연구의 패러다임》, 한나래.
- 이희재 (2003), 화이관에서 본 '한류', 〈철학연구〉, 87집.
- 임현진 · 강명구 (2013), 《동아시아 대중문화소비의 새로운 흐름》, 파주: 나남.
- 장규수 (2011), 한류의 어원과 사용에 관한 연구, 〈한국콘텐츠학회논문지〉, 11권 9호, 166~173.
- 조한혜정 (2002), 동/서양 정체성의 해체와 재구성: 글로벌 지각변동의 징후로 읽는 '한류 열풍', 〈한국문화인류학〉, 35집 1호.
- 최수진 (2014), 한류에 대한 미 · 중 언론보도 프레임 및 정서적 톤 분석: 싸이의 〈강남 스타일〉 이후를 중심으로, 〈한국언론학보〉, 58권 2호, 505~532.
- 하종원 외 (2002), 동아시아 텔레비전의 지역화와 한류, 〈방송연구〉, 21권 2호.
- 홍석경 (2013), 세계화 과정 속 디지털 문화현상으로서의 한류: 프랑스에서 바라본 한류의 세계적 소비에 대한 이론적 고찰, 〈언론정보연구〉, 50권 1호, 157~192.
- Chua, B. H. & Iwabuchi, K. (2008), *East Asian Pop Culture: Analysing the Korean Wave*, Hong Kong University Press.
- Habermas, J., 한승완 역 (2004), 《공론장의 구조변동》, 나남출판.

- Habermas, J., 장춘익 역 (2006),《의사소통행위이론 ① · ②》, 나남출판.
- Murdock, G. & Golding, P. (1974), For a Political Economy of Mass Communications, in Ralph Miliband & John Saville(eds.), *Socialist Register*(pp. 205~234), London: Merlin Press.
- Schiller, H., 강현두 역 (1990),《현대자본주의와 정보지배논리》, 나남출판.
- Schiller, H., 양기석 역 (1995),《문화(株): 공공의사표현의 사유화》, 나남출판.
- Schroeder, F., 노승영 역 (2014),《대중문화 5,000년의 역사》, 시대의 창.
- Tomlinson, J., 강대인 역 (1994),《문화제국주의》, 나남출판.

좀더 알아보려면

web.mit.edu/sturkle/www/vpet.html Sherry Turkle의 최근 연구는 사이버 애완동물(*cyberpet*)에 대한 민속지학적 연구이다.

www.filmsite.org/birt.html 〈국가의 탄생〉(*The Birth of a Nation*)은 처음 상영됐을 때 인종차별 논란을 일으킨 영화이다.

www.users.fast.net/~blc/amos1.htm#fetch2 영화와 TV에 나타나는 아프리카계 미국인의 이미지를 볼 수 있다.

13

매스미디어와 선거

1. 매스미디어와 대중 설득

1987년 제 13대 대통령선거 이후 우리는 여러 번의 민주적 선거를 치렀다. 이 과정에서 가장 두드러지게 나타난 특징은 선거에서 보여준 매스미디어의 중요한 역할이었다. 우리는 각 후보자가 자신의 이미지를 고양하고 공약을 일반 유권자들에게 알리기 위해 매스미디어를 적극 활용하려는 것을 흔히 볼 수 있다. 신문이나 텔레비전을 이용한 정치 광고, 각 후보자의 텔레비전 유세, 찬조연설, 선거 보도 등 선거 캠페인 기간 동안 우리는 수많은 정치와 관련된 정보를 접한다. 이렇게 현대사회의 정치에서 매스미디어는 단순히 정치 과정을 효율적으로 진행한다는 의미를 벗어나 정치 과정을 본질적으로 변화시키기도 한다. 그것은 바로 매스미디어와 정치 과정의 대중 설득이 적절히 마주치면서 나타나는 특징이라고 할 수 있다.

전통적으로 대의민주주의를 채택한 국가에서 국민을 상대로 하는 정치 설득은 필연적 과정이었다고 할 수 있다. 이러한 설득은 유권자들로부터 정치적 신뢰감을 획득하는 과정이었다고 할 수 있으며, 이러한 역할은 정치적 이념이나 정당 성격과 같은 하나의 상징적인 것들에 의해 행해졌다. 그러나 대중사회가 도래하면서 유권자들 사이의 정치적 유대감이라고 하는 것은 점차 그 의미를 상실했다. 이러한 추세 속에서 매스미디어는 하나의 중요한 선거 수단으로 등장했으며, 결국 매스미디어에 비춰진 후보자의 모습은 선택의 중요한 심리적 근거가 되었다.

최근에는 폭발적으로 확산되는 인터넷이 특유의 **토론 게시판** 문화를 중심으로 선거 환경을 완전히 바꾸었다. 기존의 신문이 주로 유권자의 후보자 인지에 영향을 미치고, 텔레비전이 후보자에 대한 태도에 영향을 주었다면, 이제 인터넷은 유권자의 후보자에 대한 인지와 태도를 정치 참여를 통한 실제적 행동까지 이어지게 한다.

이제 매스미디어를 제외하고 선거를 논한다는 것은 무의미하며, 국가나 후보자 차원에서 매스미디어를 선거에 활용하기 위한 노력은 전쟁이라고 해도 과언이 아닐 것이다. 따라서 후보자들은 자신의 이미지를 고양하거나 선거 공약을 알리기 위해 다양한 매체 전략을 구사하며, 그것은 선거에서 매스미디어가 차지하는 비중을 더욱 커지게 하는 이유가 되기도 한다.

따라서 선거에 미치는 매스미디어의 역할과 운영 방법 등에 대해 아는 것은 매우 중요한 일이다. 그 방법에서는 각 나라마다 차이가 있지만 근본적으로 매스미디어가 선거에 미치는 영향에 대한 인식은 같다.

2. 투표 행위와 매스미디어

자유민주주의 국가에서 선거는 실용적인 면이나 학문적인 면에서 매우 중요한 의미를 가진다. 그 이유는 선거가 자유민주주의 국가에서 국민의 의지를 국가의 통치 과정에 반영할 수 있는 대표적 방법이며 사실상 유일한 방법이기 때문이다. 이와 같은 이유로 유권자의 투표 행위는 단순한 통치자의 선출 행위가 아닌 정치적 권리 실현으로 인식된다. 그러한 과정에서 후보자는 자신의 선거 공약과 이미지를 유권자들에게 인식시키기 위해 설득적 커뮤니케이션 행위를 해야만 한다. 투표 행위란 유권자들이 후보자를 평가하고 투표 결정에 이르는 과정이라고 할 수 있다. 이러한 투표 과정에서 후보자들이 제공한 각종 메시지는 유권자들이 후보자를 평가하는 중요한 정보가 된다. 특히 매스미디어를 이용한 선거 캠페인에서 후보자의 개인적 이미지나 자질은 유권자의 투표 결정에 중요한 역할을 한다. 특히 텔레비전은 뉴스 보도와 후보자 토론을 통해 유권자에게 선거 관련 이슈를 느끼게 해 선거를 '개인화' 하는 효과가 있는 것으로 평가된다.

우리나라에서는 1992년 제 14대 대통령선거를 통해 텔레비전 정치 광고가 시작되었고, 제 15대 대통령선거부터 후보자들 간의 TV 토론이 실시되었다. 2002년 제 16대 대통령선거에서 총 87차례에 걸쳐 실시된 TV 연설과 세 차례의 후보자 합동 TV 토론회는 많은 유권자의 관심을 끌면서 선거 운동의 중심 무대를 길거리에서 안방으로 옮겨 놓았으며, 정책 대결의 선거로 이끄는 데 크게 기여했다. 특히 2002년 제 16대 대통령선거는 미디어 선거의 여파로 돈과 조직을 이용한 선거 관행이 크게 퇴색한 모습을 보였으며, 실제로 선거 자금의 규모는 정당마다 조금씩 차이가 있지만 전에 비해 1/3 수준으로 줄었다. 즉, 기존의 조직과 청중을 동원하는 선거 대신 텔레비전 등 대중매체와 인터넷을 이용한 미디어 선거가 자리 잡았다. 제 16대 대통령선거에서 특히 민주당의 미디어 선거 행태는 텔레비전 광고와 찬조연설, 인터넷 등을 적극적으로 활용하는 것이었으며, 따라서 신문·방송 광고비와 차량 대여비 등 미디어 관련 비용이 크게 늘었다.

또한 제 16대 대통령선거의 두드러진 특징으로는 인터넷을 통한 의사소통과 선거 운동을 들 수 있다. TV 토론이 대통령선거 후보들의 이미지와 정책 등에 대한 평가에 많은 영향을 미쳤지만, TV 토론을 보고 난 후 인터넷에서 네티즌끼리 다시 열띤 토론을 벌여 각자 후보와 TV 토론에 대한 평가를 내리는 모습을 보였다. 그리고 '노사모', '창사랑' 등의 정치인 온라인 팬클럽이 인터넷을 통해 후보를 지지하고, 오프라인에서도 적극적이고 자발적인 선거 운동을 하는 등 인터넷이 정치참여 공간으로서 큰 영향력을 행사했다. 2007년 제 17대 대통령선거에서 1위 자리를 여유 있게 지키던 이명박 후보 측은 상대편 후보에 대해 네거티브 공세를 펼치면서 초조한 기색을 보이기보다는 '실천하는 경제 대통령'의 이미지를 강화하는 포지티브 캠페인을 전개함으로써 압도적인 지지율의 우위를 지킬 수 있었다.

무엇보다도 정치와 관련된 매스미디어의 영향이 극단적으로 드러나는 시기는 선거 캠페인 시기라고 할 수 있다. 이미 우리나라에서도 1987년부터 6번의 대통령선거가 국민의 직접선거로 치러지면서 매스미디어가 유권자의 투표 행위에 영향을 크게 미친다. 물론 매스미디어의 선거 보도가 유권자의 투표 행위에 직접적으로 영향을 미치는 것은 아니다. 그것은 매스미디어가 개인의 태도나 행동에 직접적으로 영향을 미치지 않는다는 제한효과 이론의 연구 결과와도 일치하는 것이다.

　선거와 매스미디어와의 관계를 연구한 최초의 연구는 1944년 라자스펠트 등에 의한 연구조사라고 할 수 있다. 그들은 미국의 이리 카운티(Erie county) 지역에서 매스미디어가 유권자의 투표 행위에 어떠한 영향을 미치는지를 알아보기 위한 연구를 시작했다. 그들의 연구 결과는 《국민의 선택》(*People's Choice*)이라는 책으로 발간되었는데, 유권자들의 지지자 결정과 매스미디어의 노출과는 큰 관계가 없으며 유권자들은 자신들의 사회적 속성에 의해 투표한다는 것이 주된 내용이다. 매스미디어는 유권자들의 잠재적 성향을 활성화시키거나 기존의 태도를 강화하는 역할을 하는 것으로 나타났지만 태도를 변화시키는 데는 큰 기여를 하지 못한다는 것이다(제3장 "매스미디어의 효과" 참조). 이러한 라자스펠트의 연구 결과는 후보자들의 정당에 대한 유대감이나 사회학적 속성과 같은 장기적으로 형성된 요인들이 개인의 투표에 미치는 영향이 크기 때문에 매스미디어가 전달하는 단기적 메시지는 투표에 큰 영향을 미치지 않는다는 것을 보여준다.

　그러나 이후 유권자의 투표 행위에 큰 영향을 미쳤던 정당의 영향력이 점차 감소하면서 선거기간 중에 행해지는 선거 캠페인이 점차 중요한 요인으로 작용하기 시작했다. 즉, 선거 캠페인 기간 동안 후보자들이 유권자들에게 제공하는 선거 이슈나 개인적 이미지가 투표 결정에 중요한 영향을 미친 것이다. 이러한 정당의 퇴조 현상은 매스미디어의 대중화와 깊은 관련을 가진다. 즉, 매스미디어의 활성화는 후보자의 선택에서 후보자의 개인적 속성과 선거 캠페인의 중요성을 증가시켜 정당의 영향력을 약화시킨 것이다. 결국 매스미디어는 후보자의 개인적 속성과 정치적 이슈의 중요성을 증가시키는 결과를 초래했다. 이렇게 매스미디어가 정당을 대신한 이유로는 여론의 가변성과 단기적 정보의 중요성이 커진 것을 들 수 있다. 또한 도시화·직업 분화 등으로 인구학적 요인이 불안정한 것을 들 수 있다. 즉, 현대사회의 급격한 변화로 지속적·장기적인 여론보다는 단기적인 여론이 개인의 행위에 미치는 영향이 커졌다. 따라서 정치 과정에서 시사적이고 단기적인 정보가 중요한 영향을 미쳤다. 그 결과 매스미디어는 이제 정치 과정에서 필수적 요인이 되었다.

　이와 같이 매스미디어가 선거에서 중요한 수단으로 등장한 배경은 현대사회 정치의 복잡한 과정 속에서 정당이 더 이상 일반 유권자에게 유효한 평가 기준이 되지 못함에 따라 매스미디어가 그 역할을 대신한 것에서 찾을 수 있다.

3. 선거 보도

선거 운동 동안에 매스미디어가 이용되는 형태로는 선거 보도, 신문·방송을 이용한 정치 광고, TV 토론, 방송 유세, 인터넷 등이 있다. 선거 보도란 선거 캠페인 기간 동안 후보자들의 유세장면이나 동향, 그리고 인터뷰 등을 기사의 형태로 만들어 보도하는 것을 말한다. 이때 중요한 것은 각 매체들이 양적으로나 내용 면에서 얼마나 공정하게 보도하느냐의 문제라고 할 수 있다. 일찍이 민주주의가 정착된 선진국의 경우에는 언론의 선거 보도가 비교적 공정하게 행해지는 반면, 후진국의 경우에는 집권자나 집권 정당에게 유리하게 보도되는 경우가 자주 일어난다.

권혁남(2002)은 우리나라 언론이 선거를 보도하는 특성과 문제점을 다음과 같이 지적한다. 첫째, 경마식 저널리즘(*horse race journalism*)이 지배적이다. 즉, 투표율 예측이나 어느 후보가 얼마나 앞서는가에 관한 여론조사 보도라든지, 특정 지역이나 선거구의 분위기 조사, 캠페인 전략, 후보의 유권자 접촉, 정당이나 후보에 대한 지지에 관한 내용을 중심으로 한 보도 방식을 말한다. 특히 과거 우리 언론은 대통령·국회의원선거 모두에서 정책이나 이슈 중심의 보도보다는 후보들의 캠페인 활동, 선거 전략 등의 본질적이지 않은 내용을 중심으로 보도하는 경향을 보였다. 제16대 대통령선거의 보도에서도 선거와 직접 관련된 주제를 다룬 보도 중 선거 운동을 스케치하는 보도가 약 33%를 차지한 반면, 후보의 정책을 비교하고 소개하는 보도는 약 11%에 그쳤다.

둘째, 언론은 선거를 과열시키고 불법 선거를 조장하기도 한다. 언론은 각 정당의 공천이 시작되기도 전에 이른바 출마 예상자들의 경력과 입장, 강점 등을 취재·보도하여 후보들의 사전 선거 운동을 촉발시키고 후보들 간의 대결 양상을 심화시키는 경향이 적지 않았다. 예를 들어 제15대 대통령선거에서도 우리 언론은 선거일

1년 전부터 이른바 8마리의 용, 9마리의 용을 운운하면서 각 정당의 예비 후보들을 대상으로 경쟁적인 TV 토론을 벌였다.

셋째, 가십과 스케치 기사를 강조한다. 선거 기간에 우리 언론은 위에서 거론한 제 16대 대통령선거의 보도 유형에서 보았듯이 가십이나 스케치 기사를 가장 즐겨 사용한다. 이러한 기사들은 대부분이 후보들의 재담, 각 참모들과 정당 대변인들의 상대방 비방 등 자극적 내용이나 아무 쓸모없는 말장난들이어서 선거 보도를 흥미 위주로 보도하는 경향이 있다.

넷째, 전략적 대결 중심의 보도를 강조한다. 제 16대 대통령선거에서도 우리 언론은 이른바 3자 대결 등의 대결 구도를 상정하고 후보들의 캠페인 전략을 중심으로 보도했다. 지난 1998년 지방선거에서도 우리나라 방송사들이 보도한 선거 기사의 64.6%가 갈등 또는 대결 구도를 가졌다. 전략적 대결 스키마를 가진 우리 언론은 선거 자체를 흥미로운 게임이나 전쟁으로 인식하며 후보들의 선거 캠페인 목표를 오직 승리로 묘사한다. 따라서 언론은 유권자에게 후보의 일거수일투족이 모두 선거에서의 승리만을 위한 계획적이고 의도적인 활동인 것으로 인식시킨다.

선거방송 보도는 특히 공정성을 갖추어야 한다. 외국에서는 신문 사설을 통해 특정 정당이나 후보자를 지지하는 것이 허용된다. 하지만 방송에 그러한 권한을 부여하지는 않는다. 그 이유는 방송 전파가 공공의 자산이고 유한한 자원이며, 그 영향력 또한 매우 크기 때문이다. 2000년에 방송위원회에서 제정한 "선거방송심의에 관한 특별규정"에는 각 방송사가 선거 관련 프로그램을 편성·제작하는 데 지켜야 할 원칙과 심의규정 세칙이 제시된다. 이에 따르면 방송은 선거의 후보자와 선거에 참여하는 정당에 대해 정치적 중립을 지켜야 하며, 선거에 관한 사항을 공정하게 다루어야 한다. 또한 방송 순서의 배열과 그 내용의 구성에서 특정한 후보자나 정당에게 유리하거나 불리하지 않도록 해야 한다. 더불어 선거에 관련된 사실을 객관적으로 정확히 보도해야 하고, 자극적이거나 선동적인 보도, 흥미 위주의 보도를 해서는 안 되며, 선거의 쟁점이 된 사안에 대한 여러 종류의 상이한 관점이나 견해를 객관적으로 다루어야 한다. 이와 함께 선거 방송에서 유권자의 판단에 영향을 미칠 수 있는 중요한 사실을 과장·부각 또는 축소·은폐하는 등으로 왜곡하여 보도해서는 안 되며, 선거 결과에 대한 예측 보도로 유권자를 오도해서는 안 된다(모든 항목을 보려면

www.kbc.or.kr/03/frame.asp를 참고하라).

2007년 실시된 제 17대 대통령선거 보도는 정책이나 이슈 검증보다 후보자의 비리 문제에 초점을 맞추는 경향이 두드러졌다. 제 17대 대통령선거가 막바지에 다다랐던 2007년 11월 19일부터 투표 하루 전인 12월 18일까지 언론의 대통령선거 보도를 분석한 결과에 따르면 정책 및 이슈 중심의 기사는 방송이 전체의 6.4%, 신문이 11.2%를 보도하는 데 그쳤다. 그 반면에 이명박 후보의 BBK 연루와 같은 비리 관련 보도는 방송이 전체 대통령선거 보도의 절반에 가까운 45.4%였고 신문 역시 27.4%의 보도를 이 문제에 할애했다. 당시 각 후보별로 다양한 정책 공약들이 제시됐고 이명박 후보의 '대운하 건설' 등과 같은 굵직한 이슈들이 전 국민적인 논란이 됐지만 상대적으로 지극히 소홀히 다뤄졌음을 알 수 있다(김영욱·김위근, 2007).

제 17대 대통령선거에는 유난히 많은 막말들이 등장했다. 시사평론가 유창선이 선정한 막가파식 발언 '워스트 10'에는 ① "국민이 노망든 게 아니냐"(대통합민주신당 김근태 공동선대위원장), ② "군대는 안 갔지만 위장 하나는 자신 있다!"(대통합민주신당 신문 광고), ③ "오늘부터 이명박 후보를 이명박 피의자로 부르겠다"(대통합민주신당 김효석 원내대표), ④ "정동영 후보는 후레자식이나 다름없다"(한나라당 김학송 의원), ⑤ "나를 안 찍을 사람은 투표장에 안 와도 된다"(한나라당 이명박 후보), ⑥ "이장춘은 홍수 때 떠내려 오는 쓰레기 종류이다"(한나라당 홍준표 의원), ⑦ "미꾸라지처럼 잘 빠져서 면죄부를 받았다"(무소속 이회창 후보), ⑧ "이명박 코는 오동나무 코다. 오동나무 코는 수명이 짧다"(이회창 후보 박 모 특보), ⑨ "밤거리 다니지 마라, 뒈지게 맞기 전에"(탤런트 백일섭), ⑩ "이 나쁜놈들", "나쁜 ××"(여러 국회의원님들)이 들어 있다.

4. 정치 광고

선거 기간에 매스미디어가 제공하는 관련 프로그램 중에서 유권자에게 직접적으로 설득적인 메시지를 제공하는 가장 대표적인 것이 정치 광고라고 할 수 있다. 오늘날 선거에서는 후보들을 하나의 '상품'으로 간주하여 상품의 마케팅 전략에 따라 선거 캠페인을 전개한다. 케이드(Kaid, 1981)는 "정치 광고란 정당이나 후보들이 돈을 지불하여 대중매체를 통해 유권자를 직접 접촉할 수 있는 기회를 획득해 유권자의 정치적 태도·신념·행동 등에 영향을 미치려는 의도를 가지고 자기들의 철저한 관리하에 정치적 메시지를 직접 전달하는 커뮤니케이션 과정"이라고 했다.

우리나라에서는 지난 1992년 제 14대 대통령선거에서 최초로 텔레비전을 이용한 정치 광고가 사용되었고, 신문의 경우에는 이미 이전에 많은 후보자들이 사용한 바 있다. 1997년 제 15대 대통령선거에서는 후보자별로 44회의 방송 연설 외에 방송 광고(라디오 포함)를 60회나 허용할 정도로 확대되었다. 그리고 2002년 제 16대 대통령선거에서 유력 후보들은 선거법상 허용된 30회의 텔레비전 광고 방송, 70회의 신문 광고를 최대한 활용했다. 2007년 제 17대 대통령선거에서는 선거 기간 개시일부터 선거일 전 2일까지 총 70회 이내에서 신문 광고를 할 수 있었다. 제 17대 대통령선거에서 신문 광고는 5개 정당 및 후보자가 총 155회를 실시하여 제 16대 대통령선거 시 143회보다 12회 증가하였고, 사퇴한 후보 2명을 포함한 나머지 7개 정당은 신문광고를 하지 않았다. 대통합민주신당과 한나라당만이 법정횟수를 모두 실시하였는데, 이는 신문광고 비용이 고가이기 때문인 것으로 보인다. 방송광고는 텔레비전 및 라디오 방송별로 각 30회 이내로 1회 1분을 초과하지 않은 범위에서 할 수 있었으며, 제 17대 대통령선거에서는 7개 정당·후보자가 방송 광고를 실시하였고, 사퇴한 후보자 2명을 포함한 나머지 5개 정당은 방송 광고를 하지 않았다(중앙선거관리위원회, 2008).

정치 광고는 후보자가 자신의 이미지나 공약을 일반 유권자들에게 알리기 위해 광고를 제작하고 특정 광고 시간을 구매한다는 점에서 일반 광고와 기본적으로 차이점을 가지지 않는다. 그러나 그 내용에서 일반 광고보다는 많은 제약이 따른다. 또한 정치 광고는 특정 시간을 구매해야 한다는 점에서 금전적으로 취약한 후보에게는 불리하다는 약점을 가진다.

동등 시간의 원칙(*equal time provision*)이란 방송사는 공직에 출마한 법적 자격을 갖춘 후보자들에게 방송 출연을 허용하는 경우 같은 직을 추구하는 다른 입후보자들에게도 동등한 기회를 부여해야 한다는 것이다. 정실에 의해 특정 후보자에게 유리한 여건을 제공하는 것을 방지하기 위한 것이다. 따라서 정치 광고의 경우에는 특정 시간대와 그 시간대의 비용을 모든 후보자가 동등하게 사용하게 할 의무를 방송사가 진다. 특정 후보자에게는 싼 가격으로 시청률이 높은 시간대에 광고를 허용하고 다른 후보자에게는 더 비싼 가격을 요구하거나 특정 시간대를 허용하지 않는 것과 같은 폐단을 막기 위한 것이다.

우리나라에서 텔레비전·라디오 정치 광고는 대통령선거와 시·도지사 선거에서만 허용되고 국회의원선거와 기타 선거에서는 현행법으로 금지되어 정치 광고를 포함한 미디어 선거가 아직은 본궤도에 올랐다고 보기는 힘들다. 또한 현행 선거법에 의하면 국회의원선거나 지방선거에서 정치 신인들은 현역 의원들에 비해, 그리고 군소 정당 후보나 무소속 후보들은 주요 정당 후보들에 비해 불공평한 차별을 받는다.

다이아몬드와 베이츠(Diamond & Bates, 1992)는 정치 광고 캠페인은 일반적으로 다음과 같은 4개의 기본 단계를 가진다고 본다.

첫 번째 단계는 후보 소개 단계(*identification phase*)로 후보가 유권자들에게 자신을 소개하고 자신의 인지도를 구축할 목적으로 광고를 한다. 이것은 하나 이상의 일대기 광고(*bio spots*)를 포함하는데, 일대기 광고란 후보 개인의 일대기와 공직 생활에서의 주요 업적 등을 밝히는 광고를 말한다. 이러한 '후보 소개' 광고(*identification ad*)는 현직자에 도전하는 사람들과 유권자들에게 잘 알려지지 않은 후보들이 많이 사용한다.

두 번째 단계는 주장 광고(*argument ad*)인데, 이는 후보 자신의 기본적 정치 성향과 주요 이슈에 대한 입장을 전달하기 위해 계획된다. 이 광고는 이슈에 대한 의미 있는 정보와 이슈에 대한 후보의 입장을 전달하지만 통상적으로는 구체적인 내용을 담지는 않는다.

세 번째 단계는 공격 광고(*attack ad*) 또는 부정적 광고(*negative ad*)로서 이 광고들은 직접적으로 상대방에 초점을 맞추어 상대방의 지도력, 성실성, 능력에 대해 의문을 제기하거나 공격하는 것을 말한다. 그 공격은 상대방에 대한 유권자의 지지나 여론조사에서의 순위를 떨어뜨리기 위해, 그리고 유권자의 마음속에 그 후보에 대한 부정적인 생각을 증대시키는 데 초점을 맞춘다. 이러한 공격 광고는 오늘날 선거에서 매우 심각한 문제가 되었다.

마지막으로, 전통적 전략은 긍정적 광고(*positive ad*)로 캠페인을 끝내는 것이다. 이러한 광고는 '이 후보야말로 진정한 지도자이고, 국가의 미래를 위한 비전을 가졌다'고 주장한다. 그런데 지금까지 설명한 이러한 4단계 전략은 상황에 따라 얼마든지 달라질 수 있고 동시다발로 나타나기도 한다.

케이드와 존스턴(Kaid & Johnston, 2001)은 정치 광고에 사용된 지배적 표현 기법에 따라 그 유형을 논리적 기법, 감성적 기법, 윤리적 기법 3가지로 분류한다. 김춘식(2002)의 제16대 대통령선거 정치 광고 분석에 따르면, 수채화톤의 〈겨울서정〉과 흑백 필름 및 스틸 사진 형식을 사용한 〈눈물〉, 〈노무현의 편지〉 등의 민주당 광고는 **감성적 기법**을 사용한 대표적 사례였다. 이에 비해 한나라당은 감성적 기법 이외에도 구체적 사례를 사용하는 논리적 기법, 평범한 인물을 사용하여 후보자의 능력과 경력을 강조하는 윤리적 기법 등 다양한 표현 기법을 사용했다. 신문 광고는 텔레비전 광고와 달리 주로 논리적 기법이 사용되었다. 세부적으로 한나라당은 논리적 기법을, 민주당은 감성적 기법을 상대적으로 더 많이 사용한 것으로 분석되었다. 정당별 표현 기법 사용의 결과를 종합하면 민주당은 다른 정당과 달리 주로 유권자의 감성에 어필하는 이미지 마케팅에 중점을 두었다. 이처럼 제16대 대통령선거에서 텔레비전 광고의 대부분이 이슈에 대한 입장보다는 후보자의 이미지를 강조했다. 세부적으로 한나라당은 이회창 후보의 긍정적 이미지를 강조하는 광고와 노무현 후보의 부정적 이미지를 비난하는 광고의 사용 비율이 같았다. 하지만 민주당은 5편 모두 노무현 후보의 이미지를 긍정적으로 표현하는 포지티브 이미지 메이킹 전략에 중점을 둔 것으로 나타났다. 또한 제16대 대통령선거 광고에서는 매체 간 차이가 두드러지게 나타났다. 김춘식의 분석에 의하면, 텔레비전 광고에서는 정책(47%)에 관한 내용과 인간적 특성(53%)에 관한 내용이 비슷하게 언급되었지만, 신문 광고에서는 정책(76.7%)에 관한 내용이 훨씬 더 많이 담긴 것으로 나타났다. 신문 광고의 경우 한나라당은 민주당보다 정책(81.4 : 69.1%)에 관한 내용을, 민주당은

| 박근혜 대통령선거 광고 | 문재인 대통령선거 광고 |

한나라당보다 후보의 인간적 특성(30.9 : 18.6%)에 관한 내용을 상대적으로 더 많이 다루었다.

정치 광고의 유형을 크게 두 가지로 대별할 수도 있다. 선거 기간 중에 중요한 이슈를 제공하는 방법으로 사용되는 경우와 후보자의 개인적 속성을 유권자에게 제공하는 경우 두 가지다. 따라서 정치 광고는 크게 '직접적인 정공법'과 '부드러운 포장법'의 두 가지 유형이 있다고 할 수 있다. 전자는 주로 선거 공약에 초점을 맞추는 광고인 반면, 후자는 주로 후보자의 이미지를 증대시키기 위한 목적으로 하는 광고다. 제 16대 대통령선거의 경우 이회창 후보는 텔레비전 광고에서 '버스 전복사고'를 내보내 잘못된 지도자에게 국정을 맡기면 국가와 국민이 불행해진다는 메시지를 담은 이미지를 강조한 반면, 노무현 후보는 눈물을 흘리는 모습으로 시청자들의 감성에 호소했다. 제 17대 대통령선거에서 이명박 후보의 '욕쟁이 할머니' 광고는 자신의 강한 이미지와 부자 이미지, 여러 가지 비리 이미지를 날리기 위해 정반대에서 승부를 건 것으로 평가된다. 그러나 광고에 나오는 할머니가 사실은 종로 낙원동 국밥집이 아니라 강남에서 포장마차를 운영하는 할머니이며, 광고에서 전라도 사투리를 사용하지만 실제 고향은 충청도라는 점에서 문제가 있는 광고라는 비난도 일었다. 한편, 정동영 후보의 '행복 배달부', '안아주세요'는 모두를 따뜻하게 안아주고 싶은, 그래서 따뜻한 사회로 만들고 싶은 정동영의 바람이 담긴 광고였다. 이처럼 정치 광고는 자신의 강점과 상대방의 약점을 부각시키거나, 후보자 개인의 이미지를 각인시키고 시청자들에게 강한 인상을 남기기 위해 전략적으로 부정적·긍정적 캠페인을 이끌어내는 경우가 많다.

인터넷 정치 광고는 인터넷 홈페이지를 통한 정치 광고와 인터넷 배너 광고로 나뉘며, 운영비용이 적게 들어가고, 특정 계층을 목표로 할 수 있는 장점이 있다. 그러나 관심이 있는 유권자에게만 접근할 수 있으며, 특정 정당이나 후보자에 무관심하거나 인터넷을 이용하지 못하는 계층을 끌어들이기 어려운 한계가 있다.

5. TV 토론

정치 광고는 매체 시간의 비용이나 제작비가 워낙 비싸 제한된 범위에서 사용될 수밖에 없다는 단점이 있다. 따라서 이러한 문제를 극복하기 위해서는 각 후보자들이 무료로 매체에 출현할 수 있는 미디어 이벤트를 만들어야 하는데 그 대표적 방법이 TV 토론이다. TV 토론은 후보자, 유권자, 정치 사회 측면에서 많은 이점을 가진다. 먼저 유권자의 경우에는 토론을 통하여 선거와 후보자에 대한 관심을 증대시키고, 후보자들의 비교를 통하여 선택의 합리성을 높일 수 있다. 또한 후보자의 경우에는 자신이 가진 지도자로서의 능력과 자질을 유권자들에게 알려 유리한 선거 캠페인 기회를 가질 수 있다. 정치·사회적 측면에서 볼 때 TV 토론은 직접 유세에 의한 선거비용을 경감시킬 수 있으며, 정치 무관심층이나 미결정자에게 선택의 기회를 늘린다는 점에서 많은 장점을 가진다. 그러나 TV 토론이 반드시 긍정적 역할만을 한다고 볼 수는 없다. 대표적 문제점은 토론 형식 자체가 토론자로 하여금 그가 대표하는 정당과 당의 정치적 이념보다 자신의 개인적 이미지를 높이는 데 더 열중하도록 유도한다는 것이다. 후보자 간의 TV 토론이 주로 후보자의 상황대처 능력이나 인간적 특성을 부각시켜 유권자의 합리적 판단을 저해한다는 주장도 있다.

미국과 같은 나라에서는 정치 광고보다 TV 토론이 활성화되어 있다. 미국에서는 1960년 닉슨과 케네디 간에 TV 토론이 최초로 이루어진 이후 지금까지도 미국의 대통령선거에서 중요한 캠페인 과정의 하나로 인식된다. 물론 1970년대 잠시 TV 토론이 중지된 적이 있는데 그것은 TV 토론이 후보자의 이미지만을 강조한다는 회의적 반응과 많은 후보자들에게 동등한 참여를 보장해야 한다는 동등 시간의 원칙 또는 동등 기회의 원칙(*equal opportunity rule*) 때문이었다. 그러나 그 후에 1975년 FCC가 1959년 개정된 '연방통신법' 제 315조를 재해석하여 주요 정당 후보자 간의 정치토론은 '연방통신법' 제 315조의 진정한 뉴스 (*bona fide news*) 프로그램이기 때문에 군소 후보자들에게까지 시간을 할애하지 않아도 된다고 결정한 후 다시 시작되었다. 이처럼 TV 토론은 미국에서 태어나 최고로 성공한 선거 캠페인 이벤트이며, 오늘날 미국은 물론이고 많은 국가에서

2007년 대통령선거 후보 6명의 TV 토론

하나의 제도로 정착되었다. 1992년에는 처음으로 후보자들이 전통적인 커뮤니케이션 연결을 뛰어넘어 생방송 토크쇼를 통해 유권자들과 직접적인 접촉을 하기도 했다. 심지어 로스 페로는 CNN의 토크쇼 〈래리 킹 라이브〉(*Larry King Live*)에서 출마를 선언하기도 했다.

우리나라도 정치의 고비용, 저효율 구조를 개선하여 선진적인 선거 문화를 일궈내려는 노력의 일환으로 제 15대 대통령선거부터 방송사 주최로 TV 후보자 토론이 성사됐으며, 제 16대 대통령선거에서는 대통령선거방송토론위원회 주관하에 지상파 방송 3사가 각각 다른 주제를 맡아 번갈아 개최하는 식으로 세 차례의 후보자 합동 토론회가 진행되었다. KBS가 정치·외교·통일 분야, MBC가 경제·과학 분야, SBS가 사회·문화·여성·언론 분야를 주제로 토론을 각각 마련했다. TV 합동 토론은 3자 토론으로 진행되어 긴장감은 떨어졌지만 대다수 유권자들에게 유력 후보를 관찰하고 평가할 수 있는 기회를 제공했다.

1997년 제 15대 대통령선거 합동 토론에서는 사회자 질문에 의한 토론과 후보 질문에 의한 토론 형식이 있었는데, 2002년 제 16대 대통령 선거 토론의 경우에는 후보 간 1:1 토론 형식이 새로 도입되었고, 규칙에는 변화가 없었다. 토론을 진행할 때 기계적 공정성에 치중하면서 형식이 내용보다 중요시되었다는 지적도 있었다. 즉, TV 토론의 모든 후보에게 1분, 1분 30초의 발언 기회만 주는 방식이 문제점으로 떠올랐다. 공정성이라는 기준에 얽매여 지나치게 딱딱한 토론이 진행되어 깊이 있는 정책 제시와 본격적 논쟁이 이루어지지 못했기 때문이다.

제 16대 대통령선거에서 3번의 후보자 합동 토론회 평균 시청률은 35% 안팎으로 나타났는데, 이는 1997년 제 15대 대통령선거 당시 토론회 평균 시청률이 50% 정도였던 점과 비교해 보면 크게 떨어진 수치이다. 토론의 경직성, 피상성 때문에 시

오바마와 롬니의 TV 토론

청률이 예상만큼 높지 못했다는 해석이 뒤따르기도 했으며, 제한된 답변 시간 때문에 합동 토론이 재치문답과 모범답안의 나열 수준에 머물렀다는 평가도 있었다. 또한 관련 사항에 대해 모두 거론하는 백화점식 토론 방법도 개선되어야 할 부분으로 지적되었으며, 선거의 핵심 쟁점에 대해서는 좀더 심도 있게 짚을 수 있는 토론 기회를 주어야 한다는 의견이 있었다. 물론 후보자 선정에 정치적 다양성을 추구하고, 후보자 간의 평등성을 보장했다는 점은 TV 토론 운영의 기본 원칙이라는 면에서 긍정적 평가를 받았다. 합동 토론회 참가 자격을 원내 교섭단체를 구성한 정당의 후보, 여론조사에서 5% 이상 지지를 얻은 후보, 전국 선거에서 5% 이상 득표한 정당의 후보로 확정함으로써 정치적 소수에 대한 배려를 보였으며, 이에 따라 민주노동당의 권영길 후보가 합동 토론회에 참여할 수 있었다. 또한 제16대 대통령선거 TV 토론에서는 언론인 출신 패널리스트들이 주축을 이루었던 기존 방식에서 탈피하여 시민이 질문자로 참여하는 타운홀(*town hall*) 방식의 토론이 도입되면서 유권자의 관점에서 대통령선거 후보에게 질문을 던질 수 있었다. 이는 타운홀 방식의 토론이 우리의 대통령선거 토론에도 도입될 수 있는 가능성을 열어 주었다.

노무현, 정몽준 후보의 후보 단일화를 위한 토론은 선거법상의 TV 토론 개최 관련 조항에 대한 해석상의 논란을 가져오기도 했다. 특정 후보만을 초청하여 토론회를 개최할 수 없다는 주장과 토론회는 방송사의 자율적 영역으로 개최가 가능하다는 주장이 있었다. 선거관리위원회는 한 회에 한해 후보 단일화 토론을 허용했고, 방송사들은 노무현, 정몽준 후보 토론회 개최 이후, 형평성 차원에서 이회창 후보와 권영길 후보의 토론회를 중계방송했다. 이는 TV 토론 개최관련 선거법 조항들을 정비하고 향후 유사한 경우에 적용할 수 있는 원칙을 마련해야 한다는 것을 보여준 사례였다.

2007년 제17대 대통령선거 TV 토론에 대한 시민들의 관심은 역대 대통령선거 후보 토론회 중 최저의 시청률을 기록할 정도로 매우 낮았다. TNS 미디어코리아에 따르면 KBS-1TV, MBC에서 방송한 대통령선거 후보 토론회의 전체 가구 시청률의 합은 21.9%로서 이는 동시간대 4주 평균 방송 2사 가구 시청률의 합 32.3%보다 10.4%p 낮은 수치로 시민들의 관심이 매우 저조했다는 것을 말한다. 특히 유권자들이 동시간대에 방영된 선거 관련 방송과 오락 및 기타 프로그램 중 무엇을 선택하였는가를 관찰한 결과, 제 17대 대통령선거의 경우 선거 방송보다는 오락 및 기타 프로그램을 선호하는 유권자들이 다수였음을 확인할 수 있었다. 이는 다수의 한국 유권자들은 TV 토론 방송이 유권자들의 정치 행위에 미치는 효과에서 배제되는 것으로 해석할 수 있다(박찬욱, 2008).

이와 같이 TV 토론에 대한 시민들의 관심이 낮았던 이유는 짧은 기간 동안 지나치게 많은 대담 및 토론 프로그램이 편성됐다는 절차적 문제 외에 분야별로 논의된 토론 주제나 범위가 제한적이었고, 각 토론회에서 후보자에게 주어진 발언 시간이 약 16분으로 제한돼 자신의 정책과 비전을 제시하고 상대 후보에 대해 반론을 펴기엔 턱없이 부족한 시간이었기 때문이다(구교태, 2008).

6. 라디오, TV 유세

우리나라와 같이 공영방송 체제를 가진 나라의 경우에는 방송사가 무료로 후보자에게 유세 시간을 제공하는 경우가 있다. 이 방법은 방송의 영향력을 이용하여 후보자의 선거 캠페인을 돕고, 유권자들에게 선거에 대한 관심과 인식을 제고한다는 점에서 유용하다. 이때 유세는 모든 후보자들에게 공정한 시간에 제공되어야 하며, 그것은 공명선거를 유지하는 하나의 방법이 될 수 있을 것이다. 그 내용은 유세자의 고유 권한이므로 방송사는 다만 기술과 시설의 제공만 한다. 물론 우리나라와 같이 후보자뿐만 아니라 찬조자들이 연설하는 경우도 있다.

7. 인터넷상의 선거 운동

미디어 정치의 기원은 1940년대 라디오를 통해 노변정담(*fireside chat*)을 이용했던 미국의 루스벨트 대통령으로 거슬러 올라간다. 라디오로 시작된 미디어 정치는 이후 1960년대에는 케네디가 그의 정치적 입지와 역량을 강화하기 위해 텔레비전을 적극 활용하는 방향으로 발전했다. 1990년대에 이르러서는 제시 벤추라가 인터넷을 이용해 성공적인 사이버 정치를 시행한 것으로 평가받는다. 프로레슬러 출신인 벤추라는 불과 1만 달러의 자금을 들여 미네소타 주지사선거에 출마했음에도 불구하고 홈페이지(www. jesseventura.org)를 활용해 자신을 지지하는 유권자를 하나로 통합하는 데 성공했다. 결국 선거 초반 7%에 그쳤던 지지율은 선거 4일 전에는 23%로 급상승했으며, 투표 후 확인된 집계 결과에서는 무려 37%라는 엄청난 지지를 얻어 당선됐다.

1) 사이버 한국의 대통령선거

우리나라에서는 2000년의 제 16대 총선을 기점으로 사이버 선거 유세가 본격적으로 시작되었다. 인터넷을 중심으로 낙천·낙선운동이 이루어졌으며, 473개 시민단체가 '총선연대' 홈페이지로 결집하는 위력을 보여주기도 했다. 이 당시 95만 명이 이 홈페이지를 방문했으며, 1만 5천 건의 글이 게시판에 등록되었다. 이러한 사이버 운동은 86명 중 59명의 후보가 낙선되는 엄청난 결과를 가져왔다.

인터넷의 속보성, 쌍방향성, 파급력을 간파한 각 정당은 2002년 제 16대 대통령선거에서 인터넷 홍보전에 총력을 기울였다. 인터넷을 통한 후보에 관한 정보는 동영상까지 가미돼 실시간으로 전파됐으며, 20~30대를 중심으로 게시판을 통한 활발한 토론이 이뤄졌다. 또한 인터넷 정치관련 사이트, 인터넷 신문이 선거관련 정보와 의견을 전달하고 수용하는 데 활발히 이용됐으며, 온라인 정치인 팬클럽 또한 많은 주목을 받았다. 특히 온라인 정치인 팬클럽 '노사모'는 네티즌들이 최초로 인터넷을 통해 정치인을 지지하기 위해 만든 모임으로 선거운동 기간 동안 온라인 게시판을 통해 후보와 선거에 대한 토론을 벌였으며, 각종 오프라인 모임과 후원금 모금 등 자발적으로 적극적인 후보 지지 활동을 전개하면서 여론을 형성했다. 이는 인터넷에서의 정치 참여에 대한 지대한 관심을 불러일으키면서 인터넷이 선거 과정에 미치는 막강한 영향력을 여실히 보여주었다.

이처럼 인터넷은 신속성과 쌍방향성 등의 장점을 살려 소수에 의한 정보의 독점을 막고, 유권자의 선거 참여를 유도하며 선거 비용을 낮추는 데 상당한 기여를 한 것으로 평가된다. 우리나라에서 인터넷이 선거에 영향을 미친 데는 세계적 수준의 인프라와 특유의 활발한 게시판 토론 문화 등이 많은 작용을 했다. 그러나 인터넷의 익명성 때문에 나타나는 무차별적인 인신공격과 허위사실 유포 등으로 인한 프라이버시 침해, 사이버 테러, 여론 조작과 분열이라는 부정적 측면도 과거에 비해 큰 폭으로 늘어났으며, 이러한 문제들은 과다민주주의(*hyperdemocracy*)라는 우려를 낳기도 한다. 이에 인터넷에서의 선거 운동에 대한 새로운 법적 기준이 필요하게 됐다. 예를 들어 인터넷상의 표현의 자유는 인정하지만 부작용과 역기능을 방지하기 위해 실명제 또는 이용자 신원을 확인할 수 있는 IP(인터넷 주소) 등록을 의무화하는 등 대책이 제시된다. 이와 함께 일부 인터넷 신문이나 인터넷 보도 매체에 대해서도 언론이 가진 책임과 의무가 함께 부과되어야 한다는 지적도 있다. 2007년 실시된 제17대 대통령선거에서 인터넷 언론사들은 대통령선거 관련 정보뿐만 아니라 네티즌들을 위한 각종 토론장을 마련하거나 UCC를 활용하는 등 과거와 다른 서비스를 보이기는 했지만, '공직선거법'상의 많은 규제조항 때문에 2002년 제16대 대통령선거와 비교했을 때 다소 위축됐다는 평가가 나온다(양승찬 외, 2007).

인터넷 언론들은 이용자 댓글을 제한하는 등 전반적으로 선거법에 의해 네티즌들이 고소·고발될 우려를 감안해서 참여형 서비스를 보수적으로 운영했다. 2002년 제16대 대통령선거에선 '텍스트'가 인터넷을 지배했다면 2007년 제17대 대통령선거에는 '동영상 UCC'가 인터넷의 대세가 되었으나 당초 예상했던 UCC의 영향력은 대통령선거 과정 또는 대통령선거 보도에 크게 나타나지 않았다. 가장 큰 이유는 선거법의 강력한 인터넷 규제조항 때문이다. 현행 공직선거법은 선거보도에 대한 반론보도청구권과 보도 내용에 대한 사후 심의를 실시하기 때문이다.

인터넷만큼 선거 판도에 커다란 파장을 불러일으킨 것은 SNS다. 페이스북, 트위터 등의 SNS는 유명인과 일반인이 모두 사용하는 매체로서, 수많은 이슈를 쏟아냈다. 선거에 대한, 또는 후보자에 대한 하나의 발언 창구로 존재하기 시작한 SNS는 기존의 '악수' 선거를 'SNS' 선거로 바꾸어 놓았다는 이야기마저 낳았다. 이처럼 SNS상에서 다양한 대화와 발언이 오고가면서, SNS는 투표에 대한 독려는 물론 후보자와 선거 진영의 유세 창구로서 유권자들의 특정 후보에 대한 지지 혹은 비판이 가능한 공론장의 역할을 했다.

이러한 선거 공론장으로서의 SNS는 주류 언론을 통하지 않고서도 자유롭게 발언할 수 있다는, 밀실이 아닌 공적인 공간으로서 이용자들의 자발적 참여를 불러온다는 장점이 있는 반면에 여러 가지 문제점 또한 지적된다. 먼저, SNS라는 매체가 지닌 한계를 지적할 수 있는데, 장문의 글보다는 단문의 글이 선호된다는 특성상 정치적 담론을 하기에 부적절한 매체일 수 있다는 지적이 존재한다. 또한 SNS상에서 빠르게 퍼져나가는 담론들이 주로 네거티브 형식임을 감안할 때, 자칫 확인되지 않은 정보들이 일파만파 확산되고 오히려 바람직한 선거 문화에 해를 가져올 수 있다는 주장도 있다.

2) 오바마의 인터넷 선거

2008년 미국 대통령선거는 여론의 중심축이 기존 매체에서 인터넷으로 이미 옮겨갔음을 여실하게 보여준 역사적 사건이었다. 오바마는 인터넷을 포함한 뉴미디어를 통해 유권자들과 직접 소통하면서 자신에게 반신반의하던 부동층을 지지층으로, 지지층은 적극적 자원봉사자로 활성화하는 데 성공했을 뿐만 아니라 그들로부터 막대한 선거 자금도 모을 수 있었다.

오바마는 페이스북과 마이스페이스와 같은 SNS(소셜네트워크 사이트)에 '마이페이지'를 설치하여 자신의 정책을 상세하게 올리고, 유튜브에 올린 자신의 연설 장면을 마이페이지에서 링크할 수 있도록 함으로써 3백만 명 이상이 지원자로 등록했다. 또한, 플리커(flickr.com)엔 선거운동 관련사진을 올리고, 트위터(twitter.com)를 활용하여 자신의 근황을 짤막한 글로 수만 명에게 시시각각 알렸다. 또 다른 SNS인 MyBO.com에 헌금 버튼을 설치하고 헌금을 한 사람 중 4명을 추첨하여 "오바마와의 만찬에 초대"하는 이벤트를 실시했다.

오바마 걸

2008년 미국 대통령선거에서 펜실베이니아 출신 무명의 모델인 앰버 리 애팅커(26·여)가 비키니수영복에 핫팬츠 차림으로 "오바마에게 반했어요"(*I Got A Crush on Obama*)라는 3분짜리 동영상을 유튜브에 올려 무려 1,000만 회 이상의 조회수를 기록했다. 그 후 애팅거는 '오바마 걸'(Obama Girl)이란 애칭으로 정치풍자 사이트인 베얼리폴리티컬닷컴(barelypolitical.com)에 출현함으로써 한순간에 스타가 되었을 뿐만 아니라 미국의 젊은 층을 오바마 지지자로 만드는 데 일등 공신이 된다.

오바마 캠프가 유튜브로 올린 선거 유세물은 SNS에서 총 1천 4백만 시간이나 되는 시청시간을 기록했는데 이 많은 시간을 텔레비전 광고비로 환산하면 4천 7백만 달러나 된다. 젊은 유권자들은 텔레비전 광고엔 짜증을 내지만 친구가 소셜 네트워크에 올린 메시지는 아무런 거부감 없이 액면가 그대로 받아들여 공짜 광고로 상상을 초월하는 효과를 본 것이다. 오바마가 최초의 흑인 미국 대통령으로 당선될 수 있었던 것은 "우리가 원하는 변화"(*Change We Need*)라는 강력한 메시지가 SNS라는 언론 공간에서 여과 없이 유권자에게 전달되었고 그 메시지가 뜨겁게 달궈진 지지자들의 아낌없는 성금과 자원봉사 활동으로 자연스럽게 연계되었기 때문이다. 미국 선관위가 2008년 말 밝힌 정치헌금 집계에 의하면 오바마가 선거 유세기간 동안 모금한 정치헌금은 7억 4천 5백만 달러(한화로 거의 1조 원)에 달해 힐러리 클린턴의 2억 2천 4백만 달러의 3배 이상인 것으로 나타났다. 이 엄청난 모금액의 88%가 온라인으로 이루어진 것은 인터넷의 정치적 위력을 되씹게 한다.

케네디가 최초의 텔레비전 대통령이라면 오바마는 최초의 전자 네트워크 대통령이라 봐야 할 것이다. 인터넷이 아니었더라면 오바마는 대통령은 고사하고 민주당의 대통령 후보로도 뽑힐 수 없었다는 것이 정설로 받아들여진다.

8. 선거와 여론조사

1) 여론조사

선거철은 물론 평상시에도 정부, 정당, 기업, 언론기관, 각종 사업단체 등은 크고 작은 여론조사를 실시하여 그 결과를 발표한다. 조사 목적도 대통령에 대한 지지율이나 특정 이슈에 대한 찬반을 묻는 것까지 매우 다양하며, 조사 방법 역시 면접조사, 전화조사, 우편조사 등 다양하다. 이런 조사 문화가 활성화되면서 학계 및 각종 연구기관 이외에 상업적으로 이를 대행하는 전문 조사기관이 생겨났다. 뿐만 아니라 언론사 자체적으로 중요한 이슈에 대한 의식조사 결과를 보도하는 빈도가 늘고 있으며, 특히 신문의 지면 및 방송 채널이 증가하면서 여론조사 기사는 더욱 늘어나는 추세다. 정부나 정당 측에서 보면, 여론조사는 정치 과정에 유용한 참고자료를 제공하고 국민의 정치 참여를 가능하게 하는 도구로서 국민과 정부를 연결하는 통로 역할을 한다. 그리고 국정 전반에 걸쳐 국민의 의견을 중심치로 집약함으로써 국민 개개인이 자신의 의견을 다수의 의견과 비교할 수 있게 한다.

이와 같이 여론조사가 자주 사용되는 이유는 사람들이 통계 숫자를 인용한 여론조사 기사를 더 신뢰하는 경향이 있기 때문이다. 따라서 조사 결과를 반영하는 기사는 여론을 형성·수렴하는 데 기여한다. 하지만 의도적 자료 조작이나 부적절한 분석 방법 등을 통해 자칫 여론을 오도하거나 조작할 우려도 있다. 그러므로 정확하고 신속한 자료를 요구하는 현대사회에서 조사의 정확성과 신뢰도는 여론조사의 가장 중요한 조건이다. 이와 같이 여론조사의 긍정적 역할을 강화하기 위해서는 최소한의 공정성과 기준이 요구된다. 따라서 외국의 경우 어떤 조사 결과에 대해서도 그것에 걸맞은 올바른 해석을 내릴 수 있도록 조사 절차를 명백히 밝히도록 한다. 또 사전에 과학적 조사 절차를 준수하도록 간접적인 압력수단으로 이른바 조사윤리강령을 설치해 놓기도 한다. 여론조사가 발달한 미국에서는 미국여론조사기관협회 (American Association for Public Opinion Research, AAPOR)가 다음의 8개 항목을 정하고 모든 조사기관과 언론사가 조사 결과를 발표할 때 반드시 이 항목들을 포함할 것을 권유한다. 그 8개 항목은 ① 조사의 의뢰자(스폰서), ② 조사하고자 하는 모집단,

③ 전체 표본의 정확한 크기, ④ 표본오차와 결과에 대한 신뢰수준, ⑤ 조사의 구체적 방법, ⑥ 조사 기간(또는 시기), ⑦ 실사에 사용된 설문지, ⑧ 해석의 기준 및 하위 표본의 이용 시의 그 크기이다. 이외에도 여론조사 기사의 신뢰성을 확보하기 위해 독자들이 표본의 대표성을 확보할 수 있도록 응답자의 인구사회학적 속성(지역, 성별, 연령, 학력 등)을 밝혀야 한다.

이러한 여론조사가 가진 긍정적 역할은 매우 많지만, 잘못된 여론조사나 의도된 목적에 따라 진행된 여론조사 결과는 사회에 부정적인 영향을 미칠 수도 있다.

2) 여론조사 기관

여론조사의 발전은 민주주의와 자본주의가 발전함에 따라 이루어지고 역으로 민주주의와 자본주의를 발전시키는 데 기여한다. 1824년 미국 펜실베이니아 주의 〈해리스버그 신문〉이 대통령 여론조사를 최초로 발표한 것을 근대적 여론조사의 시초로 들 수 있다. 특히 1936년 이후 미국 갤럽 여론조사연구소는 대통령선거 때마다 여론조사를 실시한다. 또한 자본주의의 발달로 상품의 대량생산 체제가 구축되면서 소비자의 욕구를 파악하기 위해 소비자에 대한 여론조사가 실시되었으며 이러한 조사의 필요성은 조사의 과학화와 체계화를 이룩하게 했다.

여론조사는 조사 내용에 따라 사회여론 조사(*social opinion poll*)와 마케팅 조사(*marketing research*)로 크게 나눌 수 있다. 전문 조사기관은 사회여론 조사와 마케팅 조사를 모두 한다. 우리나라의 여론조사는 크게 독립된 **조사전문회사**와 여론대행사의 조사부, 대학 부설연구소 그리고 기업 등에서 수행한다. 조사전문회사는 조사를 전문으로 하는 독립된 기관이다. 또한 전국적인 실사망이 체계적으로 조직되어 전문적 실사관리가 가능하고 양질의 조사 결과를 얻을 수 있으며, 비광고주의 경우에도 용역 의뢰가 가능하다는 장점이 있다. 우리나라에서는 최초의 전문 조사기관으로 1972년 리스피알 조사연구소가 설립되었다. 이후 1974년에 한국 갤럽조사연구소와 란체스터 전략연구소가 설립되었으며 1970년대 후반에는 한국마케팅조사개발원과 한국리서치가 설립되어 활성화되었다. 특히 직선제 대통령선거가 실시된 1987년 이후 많은 전문 조사기관이 설립되었고, 회사 간 차별화를 이루는 추세이다.

한국갤럽의 대통령선거 예측조사

우리나라 여론조사 기관인 한국갤럽은 1987년 국내 최초로 대통령선거 예측을 실시한 이래 2012년 18대 대통령선거까지 매 선거마다 예측결과를 발표해오고 있다. 특히, 1992년 대통령선거에서 최초로 선거예측에 전화조사를 도입하였고 이때부터 전화조사는 선거판세를 예측, 분석하는 대표적인 조사방법으로 널리 활용되고 있다.

전화조사를 통한 선거 예측은 투표자를 잘 대표하는 표본의 추출, 조사진행 및 결과집계, 무응답 추정, 지역·성·연령대 등 특성별 투표율 추정 및 사후 가중의 과정을 통해 이루어진다. 전국의 유권자를 조사하는 대통령선거를 기준으로 이를 살펴보면,

• 표본 추출

대통령선거 예측조사의 모집단은 전국의 유권자이고, 이에 도달하기 위한 표본 추출틀은 한국인포서비스(KOIS)에서 제공하는 전화번호 리스트를 기준으로 한다. 유선전화 비이용 가구, 미등재 전화번호의 증가는 전화번호 리스트의 도달범위(*coverage*)를 제한하지만 표본추출틀로 전화번호 리스트를 사용하는 것은 세부 지역까지 정교한 층화를 가능하게 하는 이점이 있다. 전화번호의 추출은 시·도, 시·군·구의 2단계로 층화하며, 크기확률비례(PPS)로 동·읍·면을 추출하고, 추출된 동·읍·면에 속한 전화번호를 할당된 수만큼 확률추출하는 식으로 이루어진다.

추출된 전화번호는 무작위로 조사원에게 배정되며, 조사원은 정해진 규칙에 따라 응답자를 선정하여 조사를 진행한다. 특히, 선거 조사에서는 투표자를 확인하는 절차가 중요한데, 이는 응답자의 투표 여부(선거 당일의 경우), 투표 의향, 선거 관심도, 과거 투표 참여 이력 등의 정보를 활용한다. 또한, 예측 조사의 무응답자(단위 무응답-부재자 또는 거절자)가 남자, 저연령대로 편중되기 때문에 전체 유권자 비율에 일치시키는 할당(*quota*)을 부여한다.

• 조사 진행 및 결과 집계

후보별 득표율은 후보별 지지도를 통해 추정하며, 그 구체적인 질문은 다음과 같다. "이번 대통령선거에는 △△△당 '○○○', □□□당 '○○○', 무소속 '○○○' 등이 출마했습니다. ○○님께서는 이 중 누가 대통령이 되는 것이 조금이라도 더 좋다고 생각하십니까?" 한국갤럽은 선거 당일이 아니라면 직접적으로 "누구에게 투표하시겠습니까?"라고 묻지 않고, 간접적으로 "조금이라도 더 좋다고 생각하십니까?"로 묻는데 이는 우리 국민들이 지지 성향을 밝히기 꺼리는 측면이 있어 응답을 더 이끌어내기 위한 것이다. 만약 이 질문에 응답하지 않을 때는 "굳이 말씀하시자면 누가 조금이라도 낫다고 생각하십니까?"라는 질문을 통해 지지 성향을 다시 검증한다. 조사원들은 컴퓨터 화면에 뜬 지시에 따라 질문하고 응답 내용을 입력하도록 되어 있으며, 후보 지지도 이외에도 거주 지역, 성, 연령대, 교육 수준, 원적 등의 인구통계 변수, 그리고 지지 정당, 과거 투표 후보 등이 추가로 질문된다. 조사원에 의해 입력된 내용은 시스템 상에서 즉각적으로 집계되며, 그 내용을 확인할 수 있다.

• 무응답 추정

앞서 기술한 대로 후보별 지지도는 첫 번째 질문에 응답하지 않으면 다시 완화된 질문을 하는 검증 절차를 따르는데 이 질문에도 결국 10%에서 20% 정도의 응답자는 지지 후보를 밝히지 않는다. 이는 앞서 아예 조사에 응하지 않는 단위 무응답과 구분하여 항목 무응답에 해당한다. 이들에 대해서는 판별분석(discriminant analysis)을 통해 지지 후보를 추정한다. 판별분석은 다변량 구조를 통해 무응답자의 지지성향을 추정하는 통계분석 기법으로 무응답자의 인구통계 특성과 정치성향 특성들은 지지 후보를 추정하는 단서가 된다.

• 투표율 추정 및 사후 가중

거주 지역, 성, 연령대 등의 특성들은 후보 지지 성향에 영향을 주기 때문에 그 구성 비율을 정확히 추정해야 정교한 선거 예측을 할 수 있다. 투표자의 특성별 구성 비율은 특성별 유권자 비율과 투표율에 의해 결정되는데 유권자 비율은 사전에 알 수 있지만 투표율은 사후에 확인되기 때문에 예측 단계에서 추정이 필요하다. 한국갤럽에서는 투표 의향, 선거 관심도 등으로 전체 투표율을 추정하고(선거 당일은 선거관리위원회에서 발표되는 시간대 투표율로 추정), 과거 투표율 자료의 시뮬레이션을 통해 특성별 투표율을 예측하는 자체 모델을 개발하여 사용한다. 이는 투표자 구성 비율에 대한 정교한 추정을 가능하게 한다. 투표자의 구성 비율을 추정하고 나면, 응답자의 구성 비율을 추정된 투표자 비율과 일치시키는 사후 가중을 한다. 사후 가중을 통해 목표 모집단인 투표자의 성향을 대표하는 후보별 지지도가 산출된다.

선거 예측은 단 1회의 조사로 끝나는 것이 아니다. 선거운동 기간 중에는 거의 매일 지속적으로 조사함으로써 지지도의 추세를 확인한다. 한국갤럽의 대통령선거 예측은 선거일 전의 지지도 추세를 반영하여 최종적으로 추정된다. 여론조사는 오차가 발생하며 실제와 차이가 날 가능성이 있다. 선거의 흐름을 반영하는 것은 여러 차례의 조사를 통해 개별 조사의 오차를 극복할 수 있는 방법이다.

광고대행사 조사부의 경우, 일반적으로 광고주의 상품 판매를 위한 마케팅 전문 조사기구이다. 그러나 조사가 광고주를 위한 효율적인 정보제공 위주이므로 비광고주의 경우 다소 불리한 점이 있으며, 주로 마케팅 조사를 실시해 사회조사 부문이 다소 취약한 편이다.

3) 출구조사

출구조사(*exit poll*)에서 자료수집 방법은 두 가지가 있다. 하나는 면접원이 응답자와 면대면 면접을 하는 방법(*face-to-face method*)이고, 다른 하나는 응답자가 스스로 설문지를 작성하여 수거함에 직접 넣는 비밀기표 방식(*secret-ballot method*)이다. 비숍(Bishop, 1995) 등의 연구에 의하면 비밀기표 방식이 면대면 면접보다 응답자의 응답 거부율이 훨씬 낮은 것으로 나타났다.

출구조사는 1967년 미국 켄터키 주 주지사 선거에서 CBS가 출구조사의 대부라 할 수 있는 미토프스키의 도움을 받아 시범적으로 실시했다. 출구조사가 선거 결과를 예측하는 데 유용하다는 사실이 밝혀짐에 따라 그 다음해인 1968년 CBS가 대통령선거에서 출구조사를 실시하여 그 결과를 개표방송에 활용하면서 출구조사가 각광을 받았다. 이후 대통령선거에서 출구조사가 크게 빛을 발휘한 것은 1980년 미국의 대통령선거 때이다. 당시 NBC는 미국 동부시간으로 오후 8시 15분이라는 기록적인 시간대에 레이건 후보의 당선을 최초로 보도했다. 이 사건은 다른 방송사들에 엄청난 충격을 주었고, 1984년 대통령선거부터는 각 방송사가 출구조사에 사운을 걸다시피 했다. 이로 인해 1988년 대통령선거에서 각 방송사가 출구조사에 쏟아부은 돈은 상상을 초월했고, 방송사에 커다란 부담으로 작용했다. 비용 부담을 견디다 못한 ABC, AP, CNN, CBS, FOX, NBC 등은 경비를 절감하는 차원에서 VRS(Voter Research and Surveys)라는 출구조사 전문회사를 공동출자 형식으로 발족시켰다가 1993년 오늘날의 유권자 뉴스 서비스(*Voter News Service*, VNS)로 바꿨다. 미국의 출구조사는 투표소 바로 옆에 기표소와 똑같은 조사응답실을 만들고 해당 유권자들을 안내하여 누구를 찍었는지를 포함한 몇 가지 정보들을 직접 설문지에 기입하여 함에 넣도록 한다. 한마디로 유권자의 비밀을 철저히 보장하는 것이다. 우리나라의 경우 예전 '공직선거 및 선거부정방지법'에서는 출구조사의 300m 거리제한 조항 때문에 자유로운 출구조사가 보장되지 않았으나 2004년 법 개정으로 거리제한이 100m로 단축되었다.

출구조사는 이론적으로 정확도가 100%라고 할 수 있을 정도로 거의 오차가 없는 조사이다. 실제 지난 2000년 11월 미국의 대통령선거에서 VNS는 고어 후보

49%, 부시 후보 48%로 결과를 예측했는데, 실제 결과는 두 후보 모두 48%(고어 5,100만 표, 부시 5,046만 표)로 예측이 거의 정확했다. 다만 VNS의 플로리다 주 여론조사 자료를 성급히 해석한 방송사들의 속보 경쟁으로 인해 '고어 당선 → 예측불허 →

제 18대 대통령선거 출구조사 예측결과

부시 당선 → 부시 당선 유보'라는 언론의 연속적 오보로 인해 VNS의 예측 정확도는 아쉽게도 빛을 잃고 말았다. 우리나라에서는 2000년 총선 때 처음으로 출구조사가 실시되었으나, 방송 3사가 실시한 출구조사가 투표 결과와 크게 달라 엄청난 충격을 주었다. 당시 출구조사는 말로만 출구조사일 뿐 300m 거리 규정 때문에 거의 대부분이 투표를 마치고 귀가한 유권자를 대상으로 한 전화조사였다. 또한 미국처럼 철저히 응답의 비밀을 보장하는 것과는 대조적으로 거의 공개된 장소에서 이루어졌다. 우리의 국민적 정서로 볼 때 특히 고연령, 저학력자들이 야당 후보를 찍었다고 자신 있게 말하기란 쉽지 않다. 실제 제 16대 총선 출구조사에서도 조사 대상자의 28%가 응답을 거부했다고 한다. 자신의 의견을 거리낌 없이 표현하는 미국인도 면대면 조사 상황에서는 지지 후보자를 묻는 질문에 인종 문제가 개입됐을 때 10% 이상이 거짓말을 하는 것으로 나타났다(오택섭, 2000).

우리나라에서 출구조사는 2002년 제 16대 대통령선거를 치르면서 정착되었다고 할 수 있다. 한국 선거 여론조사의 높은 수준을 확인하는 계기가 된 방송 3사의 출구조사 예측 결과는 모두 비슷했고, 실제 결과와도 큰 차이가 없는 것으로 나타나 높은 신뢰도를 보였다. 이는 출구조사 샘플 수가 MBC는 3백여 곳에 7만 명, KBS는 180여 곳에 3만 명, SBS는 150여 곳에 2만 명으로 역대 선거사상 최대 규모였던 데다 유권자에게 구두로 지지 후보를 묻는 대신 직접 용지에 투표 결과를 기입해 상자에 넣도록 하는 '**투표 수거함**'(*ballot box*) 방식을 도입해 조사의 정확성을 높였기 때문이다. 특히 미디어리서치가 발표한 예측치는 노무현 후보 49.1%, 이회창 후보 46.8%였고, 개표 결과는 노무현 후보 48.9%, 이회창 후보 46.6%로 예측치와 득표율 오차는 0.2%p였다.

2007년 제 17대 대통령선거에서는 KBS와 MBC가 공동 실시한 출구조사에서 이명박 후보는 50.3%의 지지율을 얻어, 26%를 얻은 정동영 후보를 24.3%p 앞섰다. SBS 출구조사에서도 이명박 후보는 51.3%의 지지율로 25%를 얻은 정동영 후보를 크게 앞서는 것으로 나타났으며, 개표결과 이명박 후보는 48.66%, 정동영 후보는 26.15%를 획득했다. 2012년 치러진 대선에서 KBS, MBC, SBS 등 지상파 3사가 공동으로 실시한 출구조사에서 박근혜 새누리당 후보는 50.1%의 지지율을 얻어 48.9%의 지지율에 그친 문재인 민주통합당 후보를 1.2%p 차로 앞섰다. 개표결과 박 후보가 51.6%, 문 후보는 48.0%를 획득했다. 이와 같은 정확한 예측치는 출구조사가 사전 전화조사보다 정확했고, 조사 설계와 조사 진행방식을 꾸준히 연구했기 때문에 가능했다.

4) 선거 여론조사의 의의와 문제점

선거철만 되면 여론조사 기관에서는 이른바 민심을 파악하여 선거 결과를 예측하기 위해 노력한다. 여론조사가의 예측 행위는 과학적 방법이라는 이유로 사람들에게 비교적 강한 믿음을 준다. 그러나 서투른 여론조사가 큰 문제가 되기도 했다. 실제로 지난 1996년의 제 15대 국회의원 총선과 2000년 제 16대 국회의원 총선에서 우리 방송사들이 실시한 투표자 여론조사는 선거 결과를 제대로 예측하지 못해 선거 여론조사의 권위를 실추시켰다. 2002년 제 16대 대통령선거에서 후보 지지도에 대한 여론조사는 언론의 중심 기사가 되었다. 특히 노무현 후보와 정몽준 후보 간의 후보 단일화가 여론조사를 통해 이루어져 여론조사에 대한 찬반양론이 쏟아졌으며, 신뢰도 등과 관련된 문제점 등이 여러 차례에 걸쳐 지적되기도 하면서 여론조사에 대한 관심을 고조시켰다. 이러한 흐름을 거쳐 이제 우리나라에서도 선거 여론조사가 선거 운동의 강력한 수단으로 자리 잡았고, 동시에 언론의 가장 중요한 기사거리로서의 위치를 굳혔다. 각 정당은 공천 과정에서 여론조사 결과를 공천의 중요 기준으로 활용할 뿐만 아니라 후보들도 선거운동 전략의 수단으로서 여론조사를 적극적으로 이용한다.

선거에서 언론이 강력한 힘을 발휘할 수 있는 무기로는 선거 보도, TV 토론, 정치 광고와 함께 여론조사를 꼽을 수 있다. 여론조사는 본질적으로 한계를 갖고, 선거 결과를 제대로 예측하지 못함에 따라 언론사의 권위를 실추시키기도 한다. 그럼에도 불구하고 언론은 여론조사에 매우 지대한 관심을 잃지 않는다. 왜 그럴까? 이유는 간단하다. 선거 때만 되면 언론사는 물론이고 모든 유권자들은 현재 어느 후보가 앞서며, 과연 최종적으로 어느 후보가 승리할 것인지에 대해 많은 관심을 갖기 때문이다. 이러한 인간의 본능적 궁금증을 여론조사보다 더 정확하게 풀어줄 수 있는 다른 대안이 없기 때문에 언론은 여론조사에 매달리는 것이다.

선거에서 여론조사는 유권자들의 후보 선정에 많은 도움을 준다. 유권자들은 여론조사 정보를 통해 좀더 유식한 유권자(*informed voter*)가 될 수 있으며, 그럴 때 건강한 민주주의가 유지될 수 있다. 또한 여론조사는 다수의 후보들이 난립할 때 그중에서 경쟁력 있는 소수의 후보들을 압축하는 여과기능을 수행한다. 다시 말해 여론조사는 유권자들에게 당선 가능성이 있는 후보와 가능성이 없는 후보에 대한 정보를 제공하여 유권자들의 후보 선택을 돕는 것이다. 그러나 여론조사는 자칫 정치과정 자체를 방해할 수 있다. 역설적이지만 여론조사가 활발할수록 부정확한 조사가 양산되며, 결과적으로 유권자들을 헷갈리게 할 가능성이 높다. 예를 들어 같은 시점에 실시한 여론조사들은 그 결과가 서로 다르게 나올 수 있는데, 이는 유권자들의 판단 기준을 흐리게 할 수 있다.

1. 우리나라에서 정치광고와 TV 토론이 어떻게 실시되고 있는지 살펴보자.
2. 우리나라 선거보도의 특성과 문제점에 대해 생각해 보자.
3. 정치광고 캠페인의 기본단계와 표현기법, 유형 등에 대해 살펴보자.
4. 우리나라의 후보자 TV 토론 방식을 알아보고, 문제점을 지적해 보자.
5. 선거에서 인터넷의 영향력이 어떠한지 생각해 보고, 사이버 선거의 문제점을 살펴보자.
6. 선거 여론조사의 긍정적·부정적 측면에 대해 생각해 보자.
7. 미국과 우리나라의 출구조사 방식을 비교해 보자.

참고문헌

- 구교태 (2008), 제 17대 대선 TV 토론 점검: 불꽃 튀는 역동적 토론, 언제쯤 보게 될까, 〈신문과 방송〉, 2008년 1월호, 127~131.
- 권혁남 (2002), 《미디어 선거의 이론과 실제》, 커뮤니케이션북스.
- 권혁남 (2014), 《미디어 정치 캠페인》, 커뮤니케이션북스.
- 김기도 (1987), 《정치 커뮤니케이션의 실제》, 나남출판.
- 김영욱·김위근 (2007), 《미디어선거와 그 한계: 17대 대선보도 분석》, 한국언론재단.
- 김춘식 (2002), 2002 대통령선거와 정치광고: 부정적 캠페인보다 이미지 홍보가 공감 얻어, 〈신문과 방송〉, 2월호.
- 민 영 (2008), 《미디어선거와 의제설정》, 나남출판.
- 박찬욱 (2008), 《제 17대 대통령선거를 분석한다》, 생각의 나무.
- 양승찬·김춘식·황용석 (2007), 《한국의 뉴스미디어 2007: 저널리즘 이슈와 보도 특성》, 한국언론재단, 48~51.
- 연지영·이건호 (2014), 성과 정치 리더십에 대한 언론 프레임 연구: 18대 대통령선거 보도를 중심으로, 〈한국언론학보〉, 58권 1호, 199~225.
- 오택섭 (2000), 출구조사 거리제한 폐지합시다, 〈관훈저널〉, 봄호, 243~247.
- 이준한 (2013), 2012년 대선과 대중매체(*mass media*)의 정치적 효과, 〈정치정보연구〉, 16권 1호, 113~135.
- 장덕진 (2011), 트위터 공간의 한국 정치, 〈언론정보연구〉, 48권 2호.
- 주동황·정용준·최영묵 공역 (1995), 《언론과 민주주의》, 나남출판.
- 중앙선거관리위원회 (2008), 《17대 대통령선거 총람》, 121~123.
- Bishop, G. F. & Fisher, B. S. (1995), 'Secret ballots' and self-reports in an exit-poll experiment, *POQ*, 59(4), Winter, 1995.

- Diamond, E. & Bates, S. (1992), *The Spot*: *The Rise of Political Advertising on Television*, MIT Press.
- Kaid, L. L. (1981), Political advertising, in D. Nimmo & K. R. Sanders(eds.), *Handbook of Political Communication*, Beverly Hills.
- Kaid, L. L. & Johnston, A. (2001), *Videostyle in Presidential Campaigns*: *Style and Content of Televised Political Advertising*, Praeger.
- KBS (1992), 《채널 '92: 각국의 선거방송 실태》, KBS 교양시리즈 59호.
- Woolley, J., Anthony, L., & Oliver, M. (2010), The 2008 Presidential Election 2.0: A Content Analysis of User Generated Political Facebook Groups. *Mass Communication and Society*, 13(5).

14

매스미디어와 윤리

1. 매스미디어 윤리란 무엇인가?

윤리는 인간이 인간으로서 지켜야 할 도리나 덕목에 관한 것들이다. 윤리가 제대로 지켜져야만 사회가 안정되고 풍요로워진다. 보다 나은 사회를 만들기 위해 우리가 마땅히 해야 할 일을 다루는 윤리의 영역은 법의 영역을 넘어서는 포괄성을 지닌다. 다원화되고 복잡한 현대사회에서 모든 문제를 법으로만 해결할 수는 없으므로 각각의 직업 영역에서는 나름대로의 윤리가 요구된다. 언론인뿐 아니라 의사, 약사 등의 전문직은 나름대로의 윤리 기준을 가지고 공익에 봉사한다. 윤리는 법규처럼 그 내용이 구체적으로 성문화되지 않았더라도 법의 정신을 포함하며 사회구성원들의 공통된 규범을 폭넓게 반영한다고 볼 수 있다. 윤리란 매우 추상적이고 모호한 개념으로 표현되는 것이 일반적이다. 따라서 어떠한 윤리 기준을 어떤 상황에 적용하는가의 문제가 종종 논란의 대상이 되기도 한다. 일례로 환자의 정신적 안정이 치료에 절대적이라고 판단한 의사가 환자에게 검사 결과를 숨기는 것이 과연 윤리적 행위인가에 관해서 이견이 있을 수 있다. 이처럼 전문직 종사자들은 직업적 윤리와 인간적 윤리 가운데 어느 쪽을 선택할 것인가에 관해 고심하는 경우가 있다.

매스미디어 종사자들도 그들의 임무를 수행하는 과정에서 여러 가지 윤리적 문제들에 부딪힌다. 특히 매스미디어 윤리는 언론의 자유를 부분적으로 제한하는 사회적 책임 이론의 등장과 함께 사회의 쟁점으로 부각되었다는 점에서 풀어야 할 숙제가 적지 않다. 언론인들이 지켜야 할 윤리 기준을 누가 어떻게 결정하고 무슨 내용을 담을 것인가? 윤리의 준수를 위해 어떠한 제도적 조치를 취해야 하는가? 그러한 조치는 윤리의 자유정신에 위배되지 않는가? 결국 매스미디어 윤리가 당면한 과제는 언론의 자유와 언론의 사회에 대한 책임을 어떻게 균형 있게 조화시킬 수 있는가 하는 방안을 찾는 일이다. 민주주의의 실현을 위해 언론은 언뜻 보기에 양립될 수 없는 두 가치 규범인 자유와 책임을 동시에 구현하도록 요구받는 것이다. 언론이 사회적 책임을 외면하고 윤리를 무시한다면 국민들은 그러한 언론에게 자유로운 상황에서 권력을 감시하는 기능을 맡기지도 않을 것이며, 보도 내용을 신뢰하지도 않을 것이다. 국민들로부터 신뢰를 받지 못하는 언론은 민주주의를 위해 공헌할 수 없다.

자유와 책임(윤리)을 조화시키는 가장 좋은 방안은 언론사나 언론인들 스스로가 엄격한 윤리적 기준 아래 사회 전체를 위해 봉사하는 책임을 완수하도록 노력하는 일이다. 언론에 대한 윤리적 혹은 도덕적 규제는 외부 간섭을 통해서가 아니라 자율적으로 이루어져야 한다는 것이다. 역사적으로 볼 때 언론이 스스로를 규제하지 못하고 사회적 책임과 윤리를 간과하는 오류를 범할 때 외부 힘에 의한 강압적 규제가 합리화되었다는 사실은 오늘날에도 우리에게 많은 교훈을 준다. 언론 윤리를 자율적으로 지키려는 노력은 최근 국내외 여러 언론사들이 윤리강령을 채택하는 사실에서 드러난다. 하지만 언론의 윤리강령은 언론의 자율성과 자유를 위협하는 자기검열이라는 역기능을 초래할 가능성이 상존하므로 그 내용의 구성이나 작용에서 신중을 기해야 한다.

2. 매스미디어 윤리의 기준

매스미디어의 활동을 놓고 무엇이 윤리적이고 무엇이 비윤리적인가를 평가하기 위해서는 일정한 기준이 필요하다. 특히 옳고 그름을 판별하는 윤리적 판단은 사회구성원들로부터 공감을 얻고 누구나 수긍해야만 의미가 있으므로 그 기준은 도덕적 정당성을 지닌 일관성 있는 것이어야 한다. 그렇다면 우리 사회가 도덕적 정당성을 부여하는 기준은 무엇인가? 윤리학에서 널리 통용되는 도덕 이론에 입각한 3가지 매스미디어 윤리 기준 설정의 원칙을 살펴보면 다음과 같다.

1) 중용의 원칙

아리스토텔레스   www.gap.dcs.st-and.ac.uk

그리스의 철학자 아리스토텔레스(Aristotle)는 이미 약 2,400년 전에 도덕적 판단의 기준으로서 **중용의 원칙**(*golden mean principle*)을 고안했다. 중용이란 문자 그대로 극단을 피하고 중간을 선택한다는 것이다. 중간을 선택하는 방법은 언론 보도의 공정성을 확보하기 위한 기술적 수단으로 이용되기도 한다. 사회의 여론이 둘로 갈라져 서로 팽팽하게 대립할 때 언론은 양측에 똑같은 양의 지면·시간을 할애하거나 중간의 입장을 취함으로써 불공정 보도의 시비에서 벗어난다. 그러나 중용의 원칙을 수용함으로써 공정 보도의 문제가 일거에 해결되는 것은 아니다. 일례로 텔레비전 방송에서 동등 시간의 원칙에 의해 두 대통령 후보자에게 똑같이 30초씩 정견을 발표하는 기회를 부여했다 하자. 이때는 30초라는 짧은 시간에 자신의 정책을 축약시킬 수 있을 정도로 지극히 간단한 정견을 가진 후보자가 새로운 정치적 비전을 설명하기 위해 보다 많은 시간을 필요로 하는 후보자보다 유리한 입장에 놓인다. 시간을 많이 소모할 수밖에 없는 후자의 정견이 보다 우수하다고 할 때 이러한 동등 시간의 원칙(중용의 원칙)의 적용은 사회 전체의 이익을 보장하지 못한다.

중용의 원칙이 공정 보도나 균형 보도를 보장하지 못하는 또 다른 이유는 개개인의 가치관이나 입장에 따라 중용의 의미가 다르게 해석되기 때문이다. 중간에 선다는 것은 양 끝을 어디에 설정하느냐에 따라 달라질 수 있다. 예를 들어 통일 정책에 관한 공정한 보도를 이끌기 위해 A라는 보수적 신문은 큰 입장 차이를 보이지 않는 정부와 야당을 각각 양 끝에 세우는 한편, B라는 진보적 신문은 이념적으로 상당한 거리가 있는 정부와 재야단체를 양 끝에 세울 수 있다. 두 신문이 모두 중용의 원칙을 지켜 중간쯤 되는 관점에 선다고 해서 일치된 논조를 펼쳤다고 보기는 어려우며, 어느 쪽이 더 공정한 보도인가를 판단하기란 쉬운 일이 아니다.

중용의 원칙은 매스미디어 정책 결정의 기준으로도 적용될 수 있다. 미국 매스미디어 및 통신 활동을 관장하는 FCC는 1975년에 매체 독점의 폐해를 방지하기 위해 동일한 시장에서 신문·방송의 겸영을 금지하는 법규를 통과시키려 했다. 이에 대한 반응은 두 갈래로 나뉘었다. 시민단체들은 미국의 모든 지역에서 교차 소유의 권리를 박탈해야 한다고 주장했던 반면, 미디어 사업자들은 자유경쟁 원칙을 결코 배제해서는 안 된다고 주장하면서 자유경쟁의 결과로 나타난 독점은 불가피한 현상이라고 반박했다. 즉, 문제는 지금까지 묵인되었던 신문·방송의 교차 소유 문제를 어떻게 다루어야 하는가였다. 그런데 당시 동일 시장에서 매체의 교차 소유를 금지한다고 밝힌 이 법규는 단서를 달았다. 매체독점 현상이 뚜렷이 드러난 16개 지역을 제외한 모든 지역에서 지금까지 이루어졌던 교차 소유에 대한 법적 제재는 없을 것이라는 것이다. FCC는 16개 지역에서만 지금까지 누려왔던 교차 소유의 권리를 박탈하고 독점 정도가 미약한 나머지 지역에서의 교차 소유를 인정, 즉 중용의 원칙을 따름으로써 타협점을 찾을 수 있었다.

2) 공리주의 원칙

공리주의(*utilitarianism*)는 언론 활동의 윤리적 기준을 제공하는 또 하나의 사상적 배경으로 이용되었다. 이는 19세기 영국의 철학자 벤담(Jeremy Bentham)이나 밀(J. S. Mill) 등에 의해 제기된 윤리사상이다. 공리주의의 입장은 어떠한 행위에서 윤리성에 대한 판단은 그 행위의 결과가 '최대 다수의 최대 행복'에 기여하는가에 기초해야 한다는 것이다. 행위의 결과를 중요시한다는 점에서 공리주의는 결과론적 사고의 한 유형이라고 볼 수 있다.

언론의 사명이 국민의 알 권리를 충족시키는 것이라는 명제도 공리주의 원칙에 입각한다고 볼 수 있다. 언론인들이 개인의 **사생활 침해**나 **명예훼손**을 감수하면서까지 정치인이나 공직자의 비리를 찾아 공중에게 폭로하는 행위가 정당하다고 인정받을 수 있는 근거도 바로 공리주의 사상에 있다. 공리주의 원칙에 따르면 사생활과 관련된 행위들이 폭로됨으로써 당사자들은 고난과 어려움을 겪을지 모르지만 알 권리를 충족시킨 대다수의 국민들은 올바른 지도자를 선출하여 행복한 삶을 추구하는 것이 더욱 중요하므로 그러한 보도는 정당화된다. 일례로 1988년 미국 대통령선거에서 민주당의 유력한 후보자로 각광을 받았던 게리 하트(Gary Hart) 상원의원은 그의 문란한 사생활이 언론에 보도되어 중도 사퇴할 수밖

벤담   www.blupete.com

에 없었다. 그의 사생활을 폭로한 언론은 국민의 알 권리 충족이라는 대전제에 의해 정당화되었던 것이다.

그러나 공리주의 원칙도 명확하고 완벽한 윤리 기준을 제공하지는 못한다. '최대 다수의 최대 행복'을 보장한다고 할 때 누가 최대 다수를 셀 것이며, 또한 어떻게 최대 행복이 실제로 보장되는지를 확인할 것인가? 그리고 소수의 행복이 다수의 행복을 위해 항상 희생되어야 하는가? 하는 의문은 쉽사리 풀리지 않는 숙제를 우리에게 던진다. 또한, 공리주의는 결과에 대한 명확한 이해 없이 언론인들의 비윤리적 행위를 정당화시키는 상투적 도구로 남용될 수 있는 소지가 있다는 견해도 있다. 공리주의 원칙에 의거한 윤리적 판단이 전체 언론에 득이 되기보다는 예상치 않았던 해로운 결과를 초래할지도 모르기 때문이다. 이를테면 도난당한 국가 기밀문서에 기초한 언론 보도가 국민의 알 권리를 충족시킨다는 관점에서 국민의 이익을 위한 최선의 행위인지, 아니면 국가안보를 위협하고 언론의 도덕성을 훼손시킨 비윤리적 행위인지에 대해 논란이 일어날 수 있다는 것이다.

3) 의무의 원칙

의무의 원칙(*duty-based principle*)은 칸트(Immanuel Kant)의 도덕철학에 기초한 윤리관으로서 모든 인간들이 보편적으로 인정하는 절대적인 윤리 기준이 있음을 전제

칸트   www.uni-marburg.de

한다. 일례로 남을 속이는 행위는 비윤리적 혹은 비도덕적이므로 인간의 존엄성을 지킬 의무가 있는 우리들은 절대로 그러한 행위를 저질러서는 안 된다는 것이다. 여기서는 공리주의에서처럼 행위의 결과가 어떠한가를 따지지 않으며, 그러한 행위 자체의 도덕성에만 초점을 맞춘다. 따라서 의무의 원칙은 결과가 수단을 정당화할 수 있다는 공리주의와는 근본적 차이를 보인다. 의무의 원칙에 따르면 인간으로서 마땅히 지켜야 할 도덕적 의무를 다하지 못했다면 그것은 당연히 윤리에 벗어나는 행위로 간주되며 예외는 인정되지 않는다. 따라서 취재원을 속이거나 협박하여 뉴스를 취재하는 행위는 그 뉴스가 국민의 알 권리를 충족시키는 데 아무리 중요한 역할을 한다더라도 정당화될 수 없으며 비윤리적이라는 비판을 면하기 힘들다. 그래서 의무의 원칙을 따르는 언론인은 취재원의 신분을 노출시키지 않겠다는 약속을 지키기 위해 법정에서조차 취재원에 관한 증언을 거부함으로써 법적 제재까지도 감수하는 경우가 있다.

의무의 원칙은 예외를 인정하지 않는다는 점에서 일관성 있는 윤리적 기준을 제공하는 긍정적 측면이 있다. 어느 때나 어느 누구에게나 정직하다는 평판을 쌓은 기자는 주위 사람들로부터 신뢰감을 얻을 뿐 아니라 존경받는다. 하지만 대부분의 언론인들은 윤리적 절대성을 강조하는 의무의 원칙을 융통성이 없고 비현실적일 뿐 아니라 언론의 자유를 위협한다는 이유로 수긍하지 않는다. 더구나 현대사회는 여러 가지 규범이 혼재해 있으므로 윤리성의 절대적 기준을 마련한다는 것이 쉬운 일은 아니다. 보다 중요한 도덕적 명분을 위해 어쩔 수 없이 거짓말을 하는 경우가 있기 때문이다. 인질극을 취재하는 방송이 인질의 생명을 구출하기 위해서 테러범에게 거짓 정보를 흘려보냈을 때 우리는 언론의 그러한 속임수를 비윤리적이라고 단정하여 말하기 힘들다.

3. 진실 보도와 윤리성

언론 보도의 궁극적인 목표는 사회의 진실한 모습을 공중에게 알리는 것이다. 공중을 기만하거나 속임수를 쓰는 것은 당연히 비윤리적인 행위로 취급된다. 진실한 보도는 사건을 정확하고 완전하게 그리고 공정한 시각에서 보도하는 것을 말한다. 진실성이란 개념은 정확성·완전성 그리고 공정성이라는 하위개념으로 구성된다. 그러나 보도의 진실성을 구현하기 위해서 각각의 하위개념을 실천하는 데에는 여러 가지 윤리적 문제가 뒤따른다.

첫째, 보도의 정확성과 관련된 가장 핵심적 문제는 정확한 보도가 반드시 진실한 보도로 이어지지는 않는다는 것이다. 취재원이 제공한 거짓 정보를 빠짐없이 정확히 인용했을 경우 정확한 보도일지언정 진실한 보도가 되지는 못한다. 특히 마감 시간과 경쟁에 쫓기는 기자들은 취재원이 발표한 내용을 확인 과정도 거치지 않은 채 그대로 기사화함으로써 오보를 내는 경우가 종종 있는데, 이는 의도치 않은 거짓말이라고 하더라도 저널리즘의 기본 윤리를 위반하는 행위다. 따라서 정확한 보도는 진실한 보도의 필요조건이 될지언정 충분조건이 될 수는 없다. 취재원이 뉴스를 조작하기 위해 기자를 속일 수도 있지만 정반대의 경우도 있다. 기자들은 가끔 진실한 정보를 얻기 위해 취재원에게 의도적으로 거짓말을 하고 속임수를 쓰기도 한다. 이러한 행위는 보도의 진실성이 취재 과정에서의 정직성보다 더욱 중요한 가치로 인정받을 때 정당화되긴 하지만 윤리적으로 볼 때 논란의 여지가 많다.

둘째, 사건의 복합적이고 다양한 측면을 완전하게 보도하는 것도 진실한 보도를 위한 중요한 전제 조건이다. 사건의 모든 면이 완전히 드러나 진실이 알려지는 경우가 드물다 하더라도 차선책으로 언론인들은 취재 과정에서 알게 된 공익과 관련된 모든 정보를 공표해야 할 의무를 지닌다. 그러나 경우에 따라서는 취재 과정에서 습득한 중요한 정보를 공표해서는 안 되는 상황이 있을 수 있다. 일례로 납치극이나 인질극과 같은 급박한 상황을 현장에서 취재하는 기자는 인질들의 생명을 보호하기 위해 어떤 정보를 공표하지 않거나 의도적으로 뒤늦게 공표할 수도 있다.

셋째, 보도의 공정성과 균형성을 살리는 것이다. 편집 과정이나 단어의 선택에서 언론인의 편견이 드러난다면 그것은 진실한 보도로 인정받지 못한다. 그러

날조된 "지미의 세계"

언론보도의 진실성과 관련하여 윤리적 문제를 야기한 미국에서의 대표적인 사례는 〈워싱턴 포스트〉의 기자 자넷 쿡(Janet Cooke)이 쓴 "지미의 세계"라는 기사에 관한 것이다. 1980년 7월 8일자 〈워싱턴 포스트〉에 실려 1981년 4월 기획기사 부문 퓰리처상까지 받은 이 기사는 마약중독 소년의 충격적이고 처절한 삶에 관한 생생한 이야기였는데, 이것이 날조된 허위보도였음이 드러나 미국 전역에 엄청난 파문을 일으켰다. 실제로 존재하지 않은 지미라는 소년을 등장시켜 허구의 이야기를 만든 기자의 윤리의식에도 문제가 있지만, 어떻게 이 기사가 확인 과정도 거치지 않고 권위를 자랑하는 〈워싱턴 포스트〉에 실릴 수 있었으며, 더욱이 미국의 모든 언론인들이 동경하는 퓰리처상까지 받을 수 있었는지에 관해 많은 사람들이 의아해 했다. 이로 인해 워터게이트 사건의 추적 보도로 명성을 날렸던 〈워싱턴 포스트〉는 이러한 엄청난 실수를 독자들에게 해명해야 하는 곤혹을 치렀으며, 신문의 가장 중요한 자산인 신뢰성도 큰 손상을 입게 되었다. 〈워싱턴 포스트〉는 이 날조된 기사가 게재된 경위와 그에 대한 자기비판을 "자넷의 세계"란 표제 아래 5 페이지에 걸쳐 보도하였다.

나 언론인들도 나름대로의 가치관이나 인식의 틀을 통해 사회현상과 접하며, 그러한 가치는 은연중에 보도 내용에 반영될 수밖에 없다. 말하자면 사실과 가치의 구분이 명확하게 드러나지 않는 경우가 많은 것이다. 일례로 텔레비전 다큐드라마(docudrama)는 실제 일어났던 사건과 실존 인물을 다루는 것이므로 사실성이 뛰어난 편이지만 제작진은 극적 효과를 노리기 위해 특정한 가치를 개입시키는 경우가 있다. 이러한 경우 편파적이고 불공정한 시각에서 역사를 조명했다는 비판을 받는데, 보도 기자에게 요구되는 진실 보도의 엄격한 기준을 흥미성을 강조하는 다큐드라마의 제작진에게 적용하는 측면에서는 여전히 논란의 여지가 있다.

또한 매스미디어 종사자들 가운데 광고와 홍보 업무를 담당하는 사람들은 진실성에 대해 매우 유연한 해석을 내린다. 진실 보도에 대해서 엄격한 기준을 적용하는 기자들과 달리 공중을 설득해야 하는 광고 담당자들은 전달 내용에 약간의 진실만 담겨 있다면 어느 정도 과장되거나 확대되는 것은 용인될 수 있다는 생각을 가진다.

4. 이익 갈등의 윤리 문제

이익 갈등의 윤리 문제란 매스미디어 종사자들이 직업적 전문인으로서의 활동을 통해 공익을 증진시키고 사회에 봉사함으로써 얻는 사회적 이익과 공인(公人)이 아닌 사인(私人)으로서 추구하는 정치적·경제적 이익이 상충되기 때문에 야기되는 윤리적 쟁점이다. 취재·편집 과정에서 언론인들은 그들의 개인적 이익과 사회적 이익이 갈등을 일으켜 어느 하나만을 선택해야 하는 상황을 맞이했을 때 사회적 이익을 앞세우는 것이 직업윤리에 부합되는 행위이다. 만약 어떤 기자가 취재 과정에서 얻은 정보를 이용해 개인적 이득을 취하고 그러한 행위가 공익을 위협하는 결과를 초래했을 때에는 이익 갈등과 관련된 심각한 윤리 문제가 발생한다.

일례로 미국 〈월스트리트 저널〉의 기자였던 포스터 위난(Foster Winan)은 이러한 윤리 문제로 말미암아 해고되었을 뿐 아니라 법적 제재까지 받았다. 재계에서 수집한 정보를 바탕으로 증권 시세에 관한 고정칼럼을 쓰던 그가 일부 증권 투자가들에게 다음날 기사화할 원고의 내용을 미리 알려주었던 것이다. 칼럼의 내용이 증권 시세의 변동에 영향을 미침을 간파한 증권 투자가들은 위난이 건네준 정보를 근거로 주식을 거래함으로써 막대한 이익을 챙겼다. 기자가 기사의 내용을 사전에 누출하는 행위를 금지했던 〈월스트리트 저널〉은 위난의 행위를 윤리적으로 도저히 용납될 수 없는 것으로 판단하고 그를 해고했다. 이유는 물론 이익 갈등의 상황에서 개인의 사적 이익을 앞세웠기 때문이었다.

그렇지만 이익 갈등의 윤리 기준도 상황에 따라 다르게 적용되기도 한다. 〈뉴욕 타임스〉의 워싱턴 파견기자였던 그린하우스(Linda Greenhouse)는 대법원이 낙태 규제에 관해 판결을 내리는 동안 법정 밖에서 낙태 규제를 반대하는 거리시위에 참여했으며, 이에 대한 보도가 마치 〈뉴욕 타임스〉가 낙태를 찬성하는 것으로 인식되어 다른 지방의 여론에까지 영향을 미쳤다는 지적이 있었다. 자신의 정치적 신념을 관철하기 위한 행위는 어디까지나 개인적 문제이며, 그러한 행위가 공익을 위해 봉사해야 한다는 언론의 사명을 훼손시켜서는 안 된다는 의미에서 이익 갈등의 윤리 문제로 간주되었던 것이다. 그러나 〈뉴욕 타임스〉는 그린하우스에게 아무런 처벌도 내리지 않음으로써 그녀가 윤리적 규범을 위배했다는 지적을 일축했다. 그녀가 한 시민의 자격으로 시위에 참여하여 정치적 의견을 표출했을 뿐이며, 〈뉴욕 타임스〉의 기자 자격 혹은 신문사의 공식 입장을 표명하기 위해 시위에 참여한 것은 아님이 인정되었기 때문이다.

　이익 갈등은 매스미디어의 경영진이 자주 겪는 윤리 문제이기도 하다. 기업의 경제적 이익을 고려하지 않을 수 없는 언론사의 사주는 대광고주의 압력을 무시하지 못한다. 특히 소규모의 자본으로 운영되는 언론사의 경우에는 광고주의 입김이 보도 내용에도 적지 않은 영향을 미칠 수 있다. 만약 어느 신문이 광고주 기업에서 중대한 비리를 적발했음에도 불구하고 광고주의 압력에 못 이겨 이를 보도하지 못했다면 이것도 알 권리에 바탕을 둔 공익보다는 회사의 경제적 이익을 우선적으로 고려한 행위로서 신문사 윤리성에 관한 의문이 제기된다.

5. 언론인과 취재원과의 관계

언론인이 정보를 수집하는 과정에서 취재원에 의존하는 것은 오래된 취재 관행이다. 그러므로 싫든 좋든 언론인은 취재원과 밀착된 관계를 유지하는데, 이런 과정에서 여러 가지 윤리 문제들이 발생할 수 있다. 기자들은 정부나 정당의 대변인처럼 공개적이고 정기적인 정보 공급처로부터 뉴스거리를 얻기도 하지만, 간혹 신분이 노출되는 것을 꺼리는 취재원으로부터 비공개적으로 은밀하게 정보를 제공받는 수도 있다. 후자의 경우 기자는 취재원의 신분을 절대로 공개하지 않는다는 약속 아래 정보를 입수하는데, 이 약속을 지키는 것이 옳은 일인지 아니면 약속을 깨고 취재원을 밝혀 근거 있는 보도임을 증명하는 것이 옳은 일인지에 대해서는 의견이 엇갈린다. 대부분의 언론인들은 취재원과의 약속을 끝까지 지켜 취재원을 보호하는 것을 윤리적 규범으로 받아들인다. 그러나 취재원을 밝히지 않는 기사는 일반적으로 공신력을 확보하기 힘들며 국민의 알 권리를 무시한다는 점에서 또 다른 윤리적 문제를 제기한다.

기자들이 취재 대상자로부터 선물이나 뇌물 그리고 갖가지 취재 편의를 제공받는 것도 비윤리적 행위이다. 언론인들은 종종 문화예술 행사의 입장권, 서적이나 음반, 예술품, 여행 등을 무료로 제공받기도 한다. 이러한 선심공세는 물론 아무런 의도 없이 베풀어지는 것이 아니다. 선물의 제공은 특정 인물이나 사건에 관심을 가지고 기사화해 주기를 바라거나 이미 게재된 기사에 대한 고마움을 표시하기 위한 것이다. 기자가 보도의 대가로 선물이나 금품을 받는다는 것은 물론 언론 윤리에 어긋나는 행위이다. 이러한 행위는 의식적이든 무의식적이든 보도의 공정성 및 객관성에 영향을 미친다고 볼 수 있기 때문이다. 기자들은 그러한 특혜가 기사의 내용에 영향을 전혀 미치지 않는다고 항변할지 모르지만, 공중은 그러한 행위 자체의 윤리성을 문제 삼아 기자의 도덕성을 의심하며, 그러면 언론의 신뢰성은 상당한 타격을 받는다. 그래서 최근 많은 언론사는 기자들에게 취재원이 제공하는 선물이나 향응 그리고 각종 취재편의를 거절하도록 하는 윤리강령을 설치했다.

6. 사생활 보호를 위한 윤리

사생활에 대한 권리란 개인적 일이나 문제를 공중에 노출시키지 않을 권리를 의미한다. 개인의 사생활이 보호되어야 하는 이유는 남의 간섭을 받지 않거나 혹은 남으로부터 비난이나 조롱을 받지 않고 자유롭게 그리고 자율적으로 살 수 있는 권리를 보장받는 것이 행복한 삶의 조건이기 때문이다. 그러나 매스미디어는 사람들 간에 발생하는 일이나 문제를 공표하는 임무를 띠고, 사생활을 들추어내어 공개하는 활동을 하므로 어쩔 수 없이 사생활을 어느 정도 침해하는 경향이 있다. 여기서 발생하는 윤리적 쟁점은 결국 사생활을 지키려는 개인적 이익과 정보 접근권에 바탕을 둔 공중의 이익을 어떻게 조화시킬 것인가의 문제이다. 취재 및 보도 활동을 하다보면 사생활의 영역을 넘나드는데 어디까지가 허용될 수 있는 사생활 침해인지 또한 어디까지가 용납될 수 없는 사생활 침해인지에 대한 명확한 기준이 제시되지 않는다.

개인의 사생활 보호는 법적으로 보장되는 국민의 기본권이다. 그러나 매스미디어 또한 보도의 자유와 정보에 대한 접근권을 법 차원에서 보장받으므로 매스미디어의 사생활에 대한 침해 문제는 법 해석만으로는 쉽게 해결되지 않는다. 특히 사생활이 침해되었다고 느끼는 개인이 언론이라는 거대한 조직을 상대로 싸운다는 것은 버거운 일이며, 대개의 경우 법정의 판결은 언론의 자유를 존중하는 선에서 이루어지므로, 언론 종사자들의 윤리적 자각만이 매스미디어의 사생활 침해를 방지하고 최소화하는 최선의 방법이라 하겠다. 특히 관료나 정치인 등 공인의 사생활은 일반인들과는 달리 공중의 알 권리를 충족시킨다는 명분 아래 언론에 노출되기 마련이므로 보호의 폭이 그다지 크지 않다. 더구나 공인의 경우 사생활 자체가 공적 활동에 영향을 미치는 중요한 요소라는 인식이 일반화되기 때문에 언론에 의한 공인의 사생활 침해가 어느 정도까지 용인되어야 하는가에 대해서는 논란이 계속된다. 언론이 공인의 사생활을 완전히 무시할 특권을 부여받은 것은 아니며, 공인의 사생활에 관한 보도가 독자나 시청자의 호기심을 자극하는 수단으로만 이용되는 것도 바람직하지 못하다.

언론의 보도는 비록 의도하지 않았더라도 사생활 침해의 가능성을 항상 안고 있다. 사생활 보호를 소중하게 여기는 사람들은 장례식 동안 집을 비운다는 사실을 강도가 알 것을 염려하여 신문에 부음조차 내기를 꺼린다. 어떤 노인들은 그들의 연령이 언론을 통해 공표되는 것을 싫어할 정도로 사생활 침해에 민감하게 반응하기도 한다. 따라서 언론인들은 사전에 당사자로부터 승낙을 얻은 후 사생활에 관련 정보를 공표하는 습관을 익히도록 노력한다. 그러나 근본적으로 사생활 침해가 쟁점으로 부각되는 보도 영역이 있다. 강간 사건이나 청소년 범죄에 관한 사건의 보도, 개인의 비극이나 사고에 관한 보도, 동성애자나 환자를 취급하는 보도, 그리고 숨겨진 카메라를 이용한 취재 과정에서 우리는 언론의 사생활 침해 사례를 종종 발견한다.

우리나라의 인터넷과 텔레비전에서는 인기 연예인의 사적인 생활이나, 심지어 성생활까지도 공개함으로써 인간의 엿보기 욕구를 충족시키고 시청자의 흥미를 유발하는 사례가 빈번히 일고 있다. 이러한 유형의 내용물들은 많은 시청자들에게 몰래 숨어서 엿보는 흥미로움과 남의 실수를 지켜보는 쾌감을 주었는지 몰라도, 엿보임이나 속임수를 당한 피해자는 정신적으로 큰 고통을 받을 뿐만 아니라 연예인으로서의 생명이 끝나는 경우도 발생한다.

7. 매스미디어의 비윤리적 행위

매스미디어의 활동이 반사회적 행위를 유발하거나 조장한다면 이는 심각한 윤리 문제를 야기한다. 매스미디어가 언론에서 차지하는 비중과 사회적 영향력이 증대되는 요즈음 매스미디어의 활동은 언론의 도덕성과 윤리 형성 및 변화와 밀접한 관련을 맺는다. 매스미디어의 반사회적 행위는 두 가지 차원에서 논의될 수 있다. 첫째는 매스미디어 종사자들이 저지른 반사회적 행위의 윤리성에 관한 문제이고, 둘째는 매스미디어를 통해 전달되는 메시지의 내용이 반사회적이라는 데에서 야기되는 윤리 문제이다.

매스미디어 종사자들은 사회적 책임을 다하도록 요구되므로 위법적이거나 탈법적인 반사회적 행위를 금해야 하는 윤리적 의무를 지닌다. 공직자의 경우와 마찬가지로 언론인의 직업적 행위는 높은 수준의 윤리적 규범을 충족시키는 것이어야 한다. 그러나 언론인들이 뉴스의 취재 과정에서 반사회적 행위를 저지르고 그것을 직업상 어쩔 수 없는 문제로 간주하여 윤리적 책임을 회피하는 경우가 있다. 마감 시간을 지키기 위해 교통 법규를 어기는 기자는 분명히 반사회적 행위를 저지른 것이다. 이것은 비윤리적 행위이지만 일반적으로 그다지 크게 문제되지 않는다. 하지만 음주운전 금지를 홍보하는 캠페인을 앞장서서 벌였던 뉴스 앵커가 음주운전 단속에 적발되어 처벌받았다고 가정해 보라. 그리고 한 걸음 더 나아가서 정부의 비밀문서 관리의 허점을 증명하기 위해 기자 스스로가 정부의 비밀문서를 성공적으로 훔쳤다고 가정해 보라. 이 경우 기자의 범법 행위가 국민의 알 권리 충족이라는 명분으로 정당화될 수 있는가 하는 의문이 제기된다.

우리나라에도 1993년 문민정부가 들어서면서 고위 공직자들의 재산이 공개되었고, 그 결과 재산을 축적하는 과정에서 투기 의혹을 받은 많은 사람들이 사정 한파에 휘말려 공직에서 물러났다. 이때, 언론은 앞 다투어 이를 대서특필하고 그들의 비도덕성을 나무라는 논평을 실었다. 그러나 땅 투기로 막대한 재산을 축적한 언론계 인사들이 건재한 상황에서 언론이 공직자에 대해 비판하는 것은 정당치 못한 것이라는 지적도 있었다. 그래서 언론계 인사들도 재산을 공개해야 한다는 사회적 요구가 있었으나 언론사 간부들은 재산 공개가 언론 통제의 수단으로 이용될 수 있다는 측면에서 그러한 요구를 수용하지 않았다.

매스미디어를 통해 전달되는 뉴스나 영화에 나타난 반사회적 내용도 심각한 윤리적 문제로 지적된다. 특히 아직 윤리관이 확립되지 않은 청소년들에게 이러한 반사회적 내용이 미치는 영향은 적지 않은 것으로 인식된다. 청소년들이 범죄 뉴스에 나오는 수법을 모방하여 현실세계에서 범죄를 저지른다거나, 텔레비전 드라마에 등장하는 폭력적 행위나 마약 복용행위를 흉내 내어 실생활에서 그러한 반사회적 행위를 범하거나, 혹은 복권이나 총포류 구입에 관한 불법 광고를 보고 그러한 것들을 구입한다면 매스미디어의 윤리성은 심각한 타격을 받는다.

일례로 테러범들의 여객기 납치 사건이 텔레비전 뉴스를 통해 전 세계 시청자들에게 일제히 보도된 결과, 테러범들의 활동 목표와 자세한 요구 사항까지도 공중에게 알려졌다 하자. 우리는 이러한 사실이 다른 테러범들에게까지도 알려져 테러범들이 잔인하고 반인륜적인 테러 행위에 보도진을 끌어들임으로써 그들의 정치적 견해를 전 세계에 홍보하는 기회로 삼으려 하는 경우도 생각할 수 있다. 즉, 매스미디어가 테러범들의 정치적 도구로 이용될 수도 있는 것이다. 하지만 그렇다고 해서 매스미디어가 이러한 보도의 뉴스 가치를 배제할 수 없으며 공공의 안녕과 밀접히 연관된 테러 행위를 보도하지 않을 수는 없다. 다만 언론인들은 어떠한 접근법이 공익에 더욱 기여하는 윤리적 보도 행위인가에 대해 심사숙고하고 매우 조심스럽게 취재에 임해야 할 것이다.

우리나라에서는 신문사나 방송사, 그리고 각 언론 직능단체들이 기능별로 구체적 윤리강령을 마련했다. 예를 들어, 기자협회 윤리강령, 신문판매 공정경쟁 규약, 방송 프로듀서 윤리강령, 방송광고심의에 관한 특별규정 등을 별도로 책정하여 실무자들이 지침으로 삼을 수 있도록 했다. 또한 주요 신문사나 방송사들도 자체 윤리강령을 제정하여 관련 활동의 기준으로 활용한다.

1) 이해 상충

언론인들은 특정 취재원의 이익과 기자 자신, 언론사 조직, 지역공동체 이익과 같은 대중의 알 권리가 상반되는, 즉 이해가 상충하는 상황에 직면하는 경우가 많다. 이때 언론인들이 공중의 알 권리보다 자신이나 소속 언론사의 경제적 이익을 앞세울 경우, 언론의 독립성이 확보될 수 없음은 물론이고, 결과적으로 비윤리적인 보조 형태가 이루어질 수밖에 없다.

언론인들이 외부 활동을 하는 것, 특히 정부관련 위원회에 참여하는 것 자체가 언론의 사회적 책임과 상충되는 행위라 할 수 있다. 일례로 어떤 기자가 특정 위원회의 활동 상황이나 정책 결정에 관한 기사를 다룰 경우 자신이 그 위원회에 속한다면 이해 상충의 상황이 발생할 것이며, 이는 곧 해당 기사뿐 아니라 소속 언론사의 독립성에 문제를 일으킬 것이다. 더욱이 위원회가 교통비나 회의비 등의 명목으로 경제적 대가를 제공할 경우 명백하게 이해 상충이 발생할 수밖에 없다(김우룡, 2002).

2) 연출 · 조작

사실 프로그램에서 '연출'(*staging*)이란 단어는 진실의 재구성이나 창조적 · 예술적 영상을 만드는 제작자의 역량을 말할 때뿐만 아니라 무언가 꾸미는, 일종의 조작을 강조하기 위해서도 사용된다. 문제가 되는 것은 프로그램을 제작하는 데 진실의 재구성, 창조적 과정으로서의 연출이 아닌 조작이 될 수 있다는 것이다.

우리나라에서 보도나 사실을 다루는 프로그램(다큐멘터리, 논픽션 프로그램, 일부 교양 · 정보 프로그램)의 연출 문제에 대해 활발한 논의가 전개된 것은 이른바 '수달 파문' 이후이다. 이와 같은 지나친 연출에 의한 조작으로 보도나 사실 프로그램은 객관성을 잃고 시청자의 눈을 끌기 위한 선정 보도로 흘러가며, 언론 윤리를 저버리는 결과를 낳는다.

3) 몰래 카메라

기술의 발달로 몰래 카메라(*candid camera* 혹은 *hidden camera*) 설치와 촬영이 용이해졌다. 또 값싼 비용 때문에 관련 장비의 구입마저 쉬워지자 무분별하게 몰래 카메라를 찍는 사람들이 늘어나면서 그에 따른 피해자도 급증했다.

〈추적 60분〉, 〈취재파일 4321〉, 〈시사매거진 2580〉, 〈그것이 알고 싶다〉 등의 시사고발성 탐사보도 프로그램이나 폭로성 뉴스의 경우 몰래 카메라 기법을 사용하지 않고는 제작이 거의 불가능해 보이기까지 한다. 특히, 망원렌즈를 사용하면 거리의 제약을 뛰어넘을 수도 있고, 적외선 취재 장비를 사용하면 어둠의 장벽도 뛰어넘기 때문에 몰래 카메라는 취재가 어려운 대상을 공략하는 데 없어서는 안 될 취재 방법이 되었다.

미국의 경우 몰래 카메라를 사용하는 행위 자체를 처벌하는 법적 조항이 없다. 다만 몰래 촬영의 오디오 부문은 도청 차원에서 위법성 문제가 된다. 따라서 몰래 카메라에 대한 법적 대응은 몰래 카메라를 사용하는 과정에서 수반되는 행위, 즉 주거 침입이나 피사자(被寫者)의 프라이버시 침해, 약속 위반과 같은 불법 행위에 대한 처벌을 통해 간접적으로 이루어진다. 우리나라의 경우도 몰래 카메라 촬영을 처벌하는 법적 조항은 없다.

신문윤리강령
개정일자: 1996년 4월 7일

우리 언론인은 자유롭고 책임 있는 언론을 실현해 우리에게 주어진 사명을 다할 것을 다짐한다. 우리는 자유롭고 책임 있는 언론이 민주발전, 민족통일, 문화창달에 크게 기여한다고 믿는다. 이러한 신념에 따라 스스로 윤리규범을 준수하고 품위를 지키고자 1957년 4월 7일 '**신문윤리강령**'을 처음 제정한 바 있다.

이제 그 숭고한 정신을 바탕으로 한국신문협회, 한국신문방송편집인협회, 한국기자협회는 정보화 사회의 출현 등 시대변화에 맞춰 새로운 신문윤리강령을 다시 채택한다.

제1조(언론의 자유)

우리 언론인은 언론의 자유가 국민의 알 권리를 실현하기 위해 언론인에게 주어진 으뜸가는 권리라는 신념에서 대내외적인 모든 침해, 압력, 제한으로부터 이 자유를 지킬 것을 다짐한다.

제2조(언론의 책임)

우리 언론인은 언론이 사회의 공기로서 막중한 책임을 지고 있다고 믿는다. 이 책임을 다하기 위해 우리는 무엇보다도 사회의 건전한 여론 형성, 공공복지의 증진, 문화의 창달을 위해 전력을 다할 것이며, 국민의 기본적 권리를 적극적으로 수호할 것을 다짐한다.

제3조(언론의 독립)

우리 언론인은 언론이 정치, 경제, 사회, 종교 등 외부세력으로부터 독립된 자주성을 갖고 있음을 천명한다. 우리는 어떠한 세력이든 언론에 간섭하거나 부당하게 이용하려 할 때 이를 단호히 거부할 것을 다짐한다.

제4조(보도와 평론)

우리 언론인은 사실의 전모를 정확하게, 객관적으로, 공정하게 보도할 것을 다짐한다. 우리는 또한 진실을 바탕으로 공정하고 바르게 평론할 것을 다짐하며, 사회의 다양한 의견을 폭넓게 수용함으로써 건전한 여론형성에 기여할 것을 결의한다.

제5조(개인의 명예존중과 사생활보호)

우리 언론인은 개인의 명예를 훼손하지 않고 개인의 사생활을 침해하지 않을 것을 다짐한다.

제6조(반론권 존중과 매체접근의 기회제공)

우리 언론인은 언론이 사회의 공기라는 점을 인식하여 개인의 권리를 존중하고, 특히 독자에게 답변, 반론 및 의견 개진의 기회를 주도록 노력한다.

제7조(언론인의 품위)

우리 언론인은 높은 긍지와 품위를 갖추어야 한다. 우리는 저속한 언행을 하지 않으며 바르고 고운 언어생활을 이끄는 데 앞장설 것을 다짐한다.

4) 오프 더 레코드

'오프 더 레코드'란 은밀하게 기자에게 제공되는 자료를 뜻하는 말로, 이 사실을 이해하고 자료를 받으면 뒤에 쓰는 기사의 일반적 배경으로 이 자료를 쓸 수 있지만 직접 이용할 수는 없다. 기자의 취재원은 사람이다. 관련자를 인터뷰함으로써 이야기를 얻으며, 사실 인터뷰 기법을 이용하지 않고서는 좋은 기사를 쓸 수 없다. 인터뷰란 뉴스 취재 업무의 기본인 것이다. 좋은 보도의 80%는 인터뷰로 이루어진다는 켄 메츨러의 말을 부인할 사람은 아무도 없을 것이다. 그러나 우리 언론계는 인터뷰에 대한 이해와 연구가 부족한 게 사실이다. 캘리포니아 주립대학 교수 셜리 비아기에 의하면 인터뷰로 얻는 정보에는 다음과 같은 것들이 있다.

(1) 보도용(*on the record*)

정보를 기사화해도 좋으며 정보원의 이름 역시 밝혀도 좋다고 동의한 것이다.

(2) 익명 보도(*not for attribution*)

정보원의 이름을 밝히지 않는 조건으로 보도해도 좋다는 것이다.

(3) 배경 정보(*backgrounder*)

정보를 이용할 수 있되 정보원의 이름을 일반적 호칭으로(예를 들면 '외무부의 한 관리에 의하면', '서울시장의 한 측근에 따르면' 등) 인용하는 것이다.

(4) 오프 더 레코드(*off the record*)

정보를 개인적인 배경과 앞으로의 전망을 작성하는 데 이용할 뿐, 해당 정보나 정보원에 대해서는 일체 보도하지 못하는 것이다.

(5) 심층 배경(*deep backgrounder*)

워싱턴 행정부 관리들이 주로 쓰는 용어이다. 기사의 배경으로 이용할 수 있되 정보원이나 기사의 출처는 어떤 형태로든 일체 밝히지 못하는 정보를 말하는 것이다.

5) 표절·모방

미디어는 정보를 생산·수집·가공·배포하는 기능을 담당한다. 즉, 창조적으로 정보를 생산하는 정보 공급자이면서 기존 정보를 재가공해 전달하는 정보 매개자 역할도 하는 것이다. 또한 최초의 정보 생산자가 제공하는 정보를 사용한다는 점에서 미디어는 정보 소비자이기도 하다. 이렇게 정보와 관련된 여러 활동을 담당하는 미디어 종사자들이 필연적으로 부딪히는 문제가 '표절(*plagiarism*) 시비'일 것이다.

6) 촌 지

우리 사회에서 흔히 금품을 제공하거나 수령하는 행위로 관습화되다시피 한 것으로 선물, 특혜, 공짜 여행 및 취재 편의를 제공, 특별대우 및 특별한 가치 부여 등을 꼽을 수 있다. 사실상 우리나라의 촌지수수 관행은 언론이 정경과 유착하고 관청의 홍보 매체나 기업의 간접 선전 매체로 전락한 징표라고 할 수 있다. 이러한 보도 관행은 국민의 사회적 위탁을 근거로 우월적 자유를 누리는 언론이 오히려 국민들의 알 권리를 유린하는 부도덕한 행위이다.

기자들의 촌지 관행을 풍자한 만화

위에 열거한 윤리 문제가 우리나라 언론계에 만연하다는 사실이 한국언론진흥재단의 조사에서 잘 나타난다. 당시 한국언론재단이 2001년 전국의 신문·통신·방송사 소속 언론인 780명을 대상으로 실시한 조사에서 언론인들의 윤리 의식과 관련해 크게 다음과 같은 5가지 문제점들이 나타났다.

첫째, 언론인의 이해 **상충**과 관련하여 본래 언론이 사회현상을 감시하고 비판하는 데 취재대상과의 관계가 독립적이어야 함에도 불구하고 우리 언론인들은 취재대상과 밀접한 관계를 유지하는 것으로 나타났다. 특히 정부 위원회와 정부 산하에 각종 이해가 관련된 활동에 참여함으로써 정부 부처의 각종 활동에 대해 동조적 입장을 취할 수밖에 없는 것이 사실이다. 물론 전문 분야의 취재기자로서 전문성을 바탕으로 정부의 정책을 지원·협조한다는 차원에서 나름대로 당위성이 없는 것은 아니지만 그러한 참여 행위가 가진 장점보다 단점이 더 많다고 할 수 있다. 특히 더 큰 문제는 취재와 관련하여 금품을 수수하는 촌지 행위로서, 이는 정부위원회 참여보다 더욱 언론의 공정성과 진실성을 훼손시키는 비윤리적 관행이라고 할 수 있다. 조사 결과를 살펴보더라도 응답자의 33%가 '향응 및 접대'를 받은 경험이 있으며, 30%는 '선물'을, 28.3%는 '금전'을 받은 적이 있다고 실토했다.

둘째, 언론의 선정주의(sensationalism)는 우리나라만의 문제라기보다는 자본주의 체제에서 상업성과 공공성을 동시에 견지해야 하는 모든 언론이 가진 본질적 문제라고 인식된다. 물론, 경제적 이윤을 추구해야 하는 사적 언론은 기본적으로 수용자들의 관심을 무시할 수 없다. 언론의 선정성은 바로 그러한 특성에서 기인한다. 때문에 독자들의 관심을 유도할 수 있는 어느 정도의 선정성은 불가피한 문제일 수도 있다. 하지만 언론의 본질적 책임을 망각하고 전달 내용의 본질을 훼손할 수 있을 정도의 선정성은 문제가 될 수 있다.

셋째, 표절 또한 문제이다. 최근 정보화사회에 들어서고 무형적 재산인 지적재산권 내지 저작권의 가치가 중요한 산업적 가치로 인정되면서, 국제적으로 이 분야에 대한 선진국들의 압력이 강화되는 실정이다. 그러나 우리나라의 경우 아직까지 지적재산권 문제가 사회도덕적 관념상 크게 문제가 된 바 없고 지금까지도 표절의 관행에서 완전히 벗어나지 못한 상태다. 또한 세계적으로 지적재산권이 보호받지 못하는 대표적 국가로 지목받는 것이 사실이며 최근에는 이와 관련해 외국으로부터 많은 감시와 규제를 요구받는 상황이다.

넷째, 오랫동안 언론의 윤리 문제와 관련해 가장 많이 지적된 문제로서 개인의 인격을 침해하는 행위가 있다. 개인의 인격을 침해하는 행위에는 명예훼손과 사생활 침해 현상을 들 수 있다. 물론 언론의 명예훼손이나 사생활 침해 행위는 최근에 갑자기 제기된 문제가 아니며 우리나라만의 특수한 현상이라고도 할 수 없다. 하지만 우리나라의 경우에는 최근 들어 언론사 간 경쟁이 치열해지면서 이러한 행위가 빈번히 발생한다는 데 문제가 있다. 조사 결과에서도 언론인들의 약 67%가 언론의 인권/사생활 침해 정도가 매우 많거나 혹은 많은 편이라고 인정한다.

　마지막으로 언론인의 윤리 문제와 관련하여 미디어의 **성차별** 문제도 중요한 사항 중 하나로 받아들여진다. 미디어의 성차별 문제는 크게 두 가지 차원에서 설명된다. 미디어가 제공하는 내용 측면에서의 성차별과 미디어 조직에서의 성차별이다. 물론 전자가 미디어 내용상 문제이고 후자는 조직상 문제라는 점에서 차이가 있는 것처럼 보이지만 본질적으로는 동전의 양면과 같은 문제라고 할 수 있다. 바로 언론사의 남성 위주 조직과 구조적 특징이 보도 내용에서도 차별적 결과를 야기하는 것이다. 결국 이 두 문제는 별개의 것으로 논의되지만 궁극적으로는 사회 전반적인 남녀평등 문제에 근거하는 문제들이다.

1. 매스미디어 윤리의 기준은 무엇인가?
2. 시사/고발 프로그램에서 많이 사용되고 있는 '몰래카메라'의 윤리적 문제에 대해 생각해 보자.
3. 언론인과 취재원의 바람직한 관계에 대해 생각해 보자.
4. 언론인들이 흔히 접할 수 있는 이익 갈등의 문제에는 어떠한 것들이 있을지 생각해 보자.

참고문헌

- 김민성·김성태 (2014), 개인정보 노출이 잊혀질 권리 수용 의도에 미치는 영향에 관한 연구, 〈한국언론학보〉, 58권 2호, 307~336.
- 김영석 (2002), 《디지털 미디어와 사회》, 나남출판.
- 김우룡 (2002), 《미디어 윤리》, 나남출판.
- 김주환 외 (2001), 《디지털시대와 인간존엄성》, 나남출판.
- 이재진 (2014), 《미디어 윤리》, 커뮤니케이션북스.
- 조경익 (2011), 《기자들도 모르는 49가지 언론홍보 비밀》, 한울.
- 한국언론재단 (2000), 《언론인의 직업윤리》, 커뮤니케이션북스.
- 한국언론재단 (2001), 《한국의 언론인 2001》, 커뮤니케이션북스.
- Altschull, J. H., 양승목 역 (1993), 《현대언론사상사》, 나남출판.
- Druschel, P., Backes, M., & Tirtea, R. (2012), The right to be forgotten-between expectations and practice, Athens, Greece, ENISA(European Network and Information Security Agency).
- Patterson, P. & Wilkins, L., 장하용 역 (2013), 《미디어 윤리의 이론과 실제》, 한울.

좀더 알아보려면

www.ikpec.or.kr 한국신문윤리위원회 홈페이지로 연도별 심의결정 현황에 대한 통계 자료를 볼 수 있다.

www.pac.or.kr 언론중재위원회에 제기된 중재신청 현황에 대한 월별 처리결과를 보여준다.

www.kbc.go.kr 방송위원회에서는 사이버 민원실을 운영하여 시청자들의 불만을 접수받아 처리한다.

www.kpf.or.kr 한국언론재단 홈페이지로 각 방송사 및 신문사의 윤리강령을 구체적으로 살펴볼 수 있다.

www.kpec.or.kr 한국간행물윤리위원회의 홈페이지로 관련 법규를 살펴볼 수 있으며, 음란·불법간행물을 신고할 수 있다.

cyberguard.org 스팸 자료실, 스팸메일 신고센터 등을 이용할 수 있으며, 스팸메일과 관련된 영상교육 자료를 볼 수 있다.

15

매스미디어 법제

1. 언론의 자유와 통제

언론의 역사는 자유를 누리기 위한 혹은 자유의 폭을 늘리기 위한 언론과, 사회 통제를 위한 효율적 도구로 언론을 사용하고자 했던 권력과의 투쟁으로 점철된다. 언론을 통치 수단으로 간주하고 언론에 대한 통제의 필요성을 인식했던 권력의 굴레에서 벗어나 언론이 다양한 의견을 마음대로 공표할 수 있는 자유를 획득하기까지는 온갖 고난과 어려움이 뒤따랐다. 특히 통치자의 권력과 권위가 절대적인 것으로 인식되던 시기, 즉 언론에 대한 탄압이 당연시되던 시기에 언론의 자유를 획득하기 위한 노력과 투쟁은 민주주의의 정착에 공헌한 바가 매우 크다.

16세기에서 17세기에 이르는 동안의 유럽 언론은 권력을 쥔 왕이나 군주들의 마음에 드는 기사를 쓰는 국가의 홍보 기구에 불과했다. 당시 집권자들은 통치를 돕거나 통치에 지장을 주지 않는 내용만 알리도록 언론을 철저히 통제했다. 그러나 18세기에 접어들어 자유주의 사상이 확산되면서 유럼 언론은 왕이나 군주들의 부당한 간섭과 통제에 대항하고 새로이 등장한 상인 계층의 이익을 옹호하는 시각에서 기사를 쓰기 시작했다. 이러한 언론 활동을 못마땅하게 여긴 정부는 통제의 고삐를 더욱 죄려고 했으나 이미 시대 상황이 변해 대다수의 국민들이 언론의 자유를 갈망하고, 여론의 지지가 권력 유지의 필수 조건이 됨에 따라 정부는 마지못해 어느 정도 언론의 자유를 허용할 수밖에 없었다. 언론의 정부 비판과 견제는 언론의 자유라는 당위적 명제에 의해 정당화되었다. 이는 언론에 대한 통제보다는 언론을 자유롭게 하는 것이 바람직하다는 시대적 요청에 따른 것이라고 하겠다.

역사적으로 볼 때 언론 자유가 늘어나면 언론 통제가 줄어드는 것이 사실이지만 언론 자유가 완전히 보장되었다고 해서 그 통제가 사라졌다고는 볼 수 없다. 자유주의가 철저히 실현되는 사회에서 언론이 정치권력의 통제에서 벗어날 수 있을지는 몰라도 시장 메커니즘에서 비롯된 통제에서 자유로울 수는 없다. 일례로 정부의 간섭이나 검열에서 벗어난 상업방송이 시청자 시장이나 광고 시장이 원하는(통제하는) 방향으로 프로그램을 편성하는 경향이 있다. 더욱이 언론은 사회의 하부 구조로서 정치·경제·문화 영역의 다른 하부 구조들과 긴밀한 관계를 맺고 활동하므로 그러한 외부 영역의 영향이나 통제를 완전히 배제할 수는 없다. 어느 시대, 어느 사회에서나 언론 통제는 존재하나 그 유형과 방법은 제각기 다르다.

2. 언론의 4이론

언론 제도는 사회의 다른 여러 제도들과 밀접하게 연계되어 다른 제도들을 유지·보존하는 기능을 발휘할 뿐 아니라 다른 제도들의 영향을 받으면서 운영된다. 그러므로 언론 제도는 정치·경제·문화 등 다른 영역의 제도가 어떻게 운영되는가에 따라 그 모양새를 달리한다. 서로 다른 사회 체제에서 활동하는 언론의 이념적·제도적 성격은 차이가 나게 마련이다. 엄밀한 의미에서 지구상에 존재하는 모든 국가의 언론은 그 사회 체제의 성격을 반영하므로 모두 나름대로의 특성을 지닌다고 하겠다. 시버트 등(F. S. Siebert et al., 1956)은 그들의 공저인《언론의 4이론》(*Four Theories of the Press*)에서 다양한 언론 제도를 4개 모델로 분류하고 설명하고자 했다. 즉, 권위주의 언론, 자유주의 언론, 공산주의 언론, 사회책임 언론을 말하는데, 이 절에서는 각각의 유형에 관해 간략하게 소개한 후 비교적 최근에 제안된 언론 제도의 분류 모델에 관해 언급할 것이다.

1) 권위주의 언론 모델

시버트 등이 제시한 4개의 언론 모델 가운데 역사적으로 가장 오래되었으며 가장 많은 국가들에 의해 실제로 적용되었던 것이 바로 권위주의 언론 모델(*authoritarian model*)이다. 고대 그리스시대, 로마시대, 중세시대 그리고 근대적 인쇄매체가 등장하기 시작한 르네상스시대에 이르기까지도 인류는 권위주의적 통치에 길들여져 있었다. '군주는 통치를 위해서라면 수단과 방법을 가리지 말아야 한다'고 마키아벨리의《군주론》에 적혀 있듯이, 그 당시 유럽에서 군주의 권력은 절대적인 것으로 인식되었다. 이런 상황에서 집권자들은 언론을 권력 입지의 도구로 삼고, 이를 가장 효율적으로 통제할 수 있는 제도를 모색했다.

15세기에 이르러 인쇄술이 발달하고 식자층이 늘어나면서 인쇄매체의 사회적 영향력이 증가하자 전제군주들은 인쇄매체를 더욱 엄격히 통제할 필요성을 느끼고, 언론 통제를 정당화할 이론적 근거와 철학적 배경을 모색했다. 권위주의 언론 모델은 이러한 시대적 분위기에서 전제군주제를 옹호하기 위해 고안된 언론 제도이다. 권위주의 언론 모델은 인간이란 본래부터 비이성적이고 감성에 치우치기 쉬운 성향을 지녔기 때문에 자유롭게 방치될 경우 개인의 능력을 충분히 발휘할 수 없다고 가정한다. 다시 말해 전체 사회의 운영을 책임지는 국가의 지도와 명령에 따라 움직일 때 비로소 개인은 완전해지며 또한 행복하다는 것이다.

따라서 권위주의 언론 모델에서 말하는 언론의 사명이란 국가 정책을 지지하고 국민들로 하여금 국가 권위에 복종하도록 만드는 것이다. 국가 정책을 비판하거나 집권층을 비난하는 일은 절대 허용되지 않았는데, 그 이유는 국가가 강압과 회유의 수단을 모두 동원하여 언론을 강력히 통제했기 때문이다. 16세기에 이르러 대부분의 유럽 국가들은 언론에 대한 사전검열을 실시하여 보도 내용을 엄격히 제한하였으며, 국가 정책을 비판하는 보도 성향을 보일 경우 치안방해죄 혹은 명예훼손죄의 죄목으로 언론매체나 언론인들을 처벌했다. 그뿐 아니라 국가는 인쇄업을 허가하는 특권을 누렸으며, 인쇄업자들에게 과중한 세금을 물리고 인쇄물에 인지세를 부과함으로써 언론의 활성화 및 대중화를 억제하는 정책을 폈다. 국가의 강력한 통제에 시달리면서도 당시의 인쇄업자들은 정부가 발행하는 인쇄물을 독점적으로 발간하는 특혜를 누리기도 했는데, 대부분의 인쇄업자들은 국가 정책을 비판하는 내용을 발표해 허가 취소를 당하기보다는 그들이 누리는 특혜를 유지하는 데 급급했다.

권위주의 체제하에서의 언론은 막강한 힘을 휘두르는 국가의 통제 정책에 묶였으므로 언론 활동은 국가가 정하는 일정한 기준에 맞도록 엄격히 제한되었다. 권위주의 언론 모델은 17세기부터 확산되기 시작한 자유주의 언론 사상에 밀려 19세기 미국과 유럽의 선진국에서는 자취를 감추는 듯했으나 20세기에 들어와 많은 제3세계 국가들이 권위주의적 정치 체제를 구축함에 따라 다시 그 모습을 드러냈다. 제2차 세계대전 이후 독립을 쟁취한 제3세계 국가들은 국가통합과 사회발전을 시급히 달성해야 할 목표로 삼고 언론에 이러한 목표 달성을 위해 헌신적으로 봉사할 것을 요구했던 것이다. 우리나라 언론도 1980년대 말 언론자유화 정책이 실시되기 전까지는 정부의 강력한 권위주의적 통제 정책으로 말미암아 언론 활동의 자유와 자율성이 매우 위축되었다는 점에서 권위주의 언론 모델에 속했다고 말할 수 있다.

2) 자유주의 언론 모델

유럽의 17, 18세기는 여러 가지 혁명적 사회 변화를 예고했다. 과학적 합리주의와 계몽사상의 확산과 함께 대두한 자유주의 사상의 물결이 사회 전체에 파급되면서 구시대의 왕권 체제는 엄청난 도전에 직면했다. 이성의 복권을 주장하는 인본주의와 통제보다는 자유를 강조하는 자유주의가 유행하면서 왕이나 교황의 절대적 권위를 인정했던 신 중심의 세계관은 더 이상 이전과 같은 영향력을 발휘할 수가 없었다.

자유주의 사상에 의하면 인간은 지도받고 명령받는 예속적 존재가 아니라 이성적이고 합리적인 판단 능력을 갖춘 존재이다. 인간은 선과 악, 혹은 진실과 허위를 구분할 수 있는 능력을 갖추었기 때문에 결국에는 진실이나 선을 채택한다. 이렇게 볼 때 개인은 언론에서 제공하는 정보에 관해서도 무엇이 옳고 진실인가를 판단할 수 있는 능력을 지닌다. 그러므로 언론이 무엇이든지 원하는 대로 정보를 공표할 수 있도록 자유를 보장하는 것이 정부가 취할 수 있는 최선의 길이다. 물론 언론이 공표한 정보 가운데 불건전하고 허위적 내용이 있을지라도 개인이 그것을 판단해서 건전한 사상과 진실만이 남으므로 전혀 걱정할 일이 못 된다는 것이다. 따라서 인쇄물에 대한 허가제 혹은 검열 등의 언론 통제는 자유주의

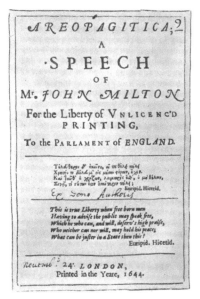

존 밀턴의 《아레오파지티카》

언론 사상에 정면으로 배치되는 제도로 인식된다.

자유주의 언론 모델(*libertarian model*)의 창시자들 가운데 가장 대표적 인물은 존 밀턴(John Milton)이다. 그는 언론에 대한 검열을 부활시키려는 1643년의 의회 조례에 반대하여 그 이듬해 언론 자유를 위한 최초의 항변서로 알려진 《아레오파지티카》(*Areopagitica*)를 저술했다. 이 글에서 밀턴은 진리란 자유롭고 공개된 회의에서 자신이 주장하는 것을 허용했을 때 살아남는 독특한 힘을 지닌다고 주장했다. 자유로운 논쟁을 거치는 가운데 진리와 허위가 구별되며 결국은 진리만이 생존한다는 이러한 설명은 이른바 '사상의 공개시장' 혹은 '사상의 자기수정 원리'라는 개념으로 발전되었다. 만약 다양한 의견의 자유로운 표출이 허용되지 않는다면 진리는 아집과 독선에 밀려 영원히 파묻힐 수도 있다는 것이 밀턴의 입장이다.

또한 미국의 정치가이자 사상가였던 토머스 제퍼슨(Thomas Jefferson)도 자유주의 언론의 사상적 기초를 정립했던 대표적 인물이다. 제퍼슨은 개개의 시민이 이성을 제대로 발휘하지 못하는 오류를 범할지 몰라도 분별력 있고 식견 있는 다수의 시민들은 반드시 올바른 결정을 내린다고 굳게 믿었다. 따라서 제퍼슨에게는 모든 시민들에게 풍부하고 다양한 정치 정보를 제공하는 언론의 역할이 민주주의를 실현하는 데 필수불가결한 조건으로 인식되었다. "언론이 없는 정부와 정부가 없는 언론

가운데 하나를 선택하라면 나는 서슴없이 정부가 없는 언론을 선택하겠다"라는 제퍼슨의 명언은 이러한 맥락에서 이해될 수 있다.

모든 시민들에게 언론의 자유가 주어져야 한다는 자유주의 사상은 밀(J. S. Mill)의 공리주의적 사고와도 그 맥을 같이한다. 1859년에 발표한 《자유론》(On Liberty)에서 밀은 가장 바람직한 사회는 최대 다수가 최대의 행복을 누리는 사회이며 그러한 사회에서는 소수의 의견도 자유롭게 공표될 수 있어야 함을 주장했다. 권력자가 자신과 생각이 다른 모든 사회구성원들에게 침묵을 강요하는 것은 용납될 수 없으며, 한 사람을 제외한 모든 사람들이 동일한 의견을 가진다고 하더라도 우리는 그 한 사람의 의견을 무시해서는 안 된다는 것이 밀의 기본적 입장이다.

자유주의 이론에서 언론은 정부의 도구가 아니다. 언론은 오히려 정부를 견제하거나 비판할 수 있는 위치에서 시민들에게 판단을 위한 유용한 정보를 제공하는 기관인 것이다. 따라서 언론이 정부의 통제나 영향으로부터 자유로워야 한다는 것은 불가피하다. 언론은 행정부, 입법부 그리고 사법부로부터 완전한 독립성을 보장받은 '제 4부'(fourth estate)로서 인식된다. 다수파나 소수파도, 진보파나 보수파도, 강자나 약자도 모두 똑같이 언론에 접근하고 또는 언론을 통해 의견을 자유롭게 발표할 수 있어야 한다는 것이다. 이러한 자유주의 언론 모델은 "의회는 언론 및 출판의 자유를 제한하는 어떠한 법률도 제정할 수 없다"고 천명한 미국의 '연방수정헌법' 제 1조에 잘 드러난다.

3) 사회적 책임 언론 모델

제 2차 세계대전 이후 미국에서는 언론 자유에 대한 중요성을 인정하면서도 사회 전체의 이익을 위해서는 언론 자유를 무한정 보장할 수 없다는 사회적 분위기가 조성되었다. 언론 자유를 보장하기만 하면 민주주의가 발전하고 사회복리가 실현되리라는 믿음에서 언론 자유를 헌법의 차원에서 보장했지만, 언론의 자유로운 활동은 예상하지 못했던 부작용을 남겨 오히려 공공의 이익을 저해하는 결과를 초래했기 때문이다. 언론 자유라는 명목 아래 언론이 제 입맛에 맞는 의견만을 제시하거나, 개인의 사생활이나 명예를 무시하고 폭로에만 열을 올리고, 상업성을 지나치게 고려하여 선정주의를 일삼는다는 우려가 팽배해 지자 미국 사회는 대안적 언론 모델을 모색하 기에 이르렀다.

언론에 대한 비판의 눈길이 사회 전역에 확산되면서 정부의 통제가 불가피할지도 모 른다고 걱정한 미국의 언론인들은 대안적 언 론 모델에 관해 연구할 위원회를 구성했다. 위 원장인 로버트 허친스(Robert Hutchins)의 이름 을 딴 허친스위원회는 4년여의 연구 끝에 1947 년 〈자유롭고 책임 있는 언론〉이라는 보고서를 발표했다. 언론 자유가 사회적 책임의 개념까 지도 포괄해야 한다는 이 보고서는 미국의 언

미국의 〈워싱턴 포스트〉

론계나 언론학계에 '언론의 사회적 책임'이라는 개념을 널리 유행시켰다. 하지만 자 유주의 원칙을 충실히 따르려는 언론인들은 사회적 책임이라는 개념 뒤에는 정부가 언론을 통제하려는 의도가 숨겨졌다고 지적하면서 매우 못마땅하게 여겼다.

사회적 책임 모델(*social responsibility model*)은 특유의 인간관이나 세계관에 입각 했다기보다는 자유주의 언론 모델의 병폐를 시정하고 취약점을 보완하기 위해 제안 되었다. 사회적 책임 모델은 따라서 자유주의 이론이 가정하는 인간의 이성, 합리성, 도덕적 양식에 대해 부분적으로 회의를 표시하며, 정부의 통제만 제거된다면 언론 자유가 쟁취되어 다양한 정보나 의견이 시민들에게 제공된다는 자유주의 시각의 단 순성을 비판한다. 언론이 사명감과 책임의식을 가지고 공익에 봉사한다는 전제 아 래 허친스위원회의 보고서는 언론의 보도 활동에 관해 다음과 같은 자세를 요구한 다. 첫째, 언론은 정확하고 종합적인 보도를 해야 한다. 둘째, 다양한 의견이 교환되 는 광장이 되어야 한다. 셋째, 언론은 집단의 의견이나 태도를 수렴하여 전달할 수 있어야 한다. 넷째, 사회가 지향해야 할 가치나 목적을 명확히 제시한다. 마지막으로 언론은 모든 사회구성원들이 이용하고 접근할 수 있어야 한다는 것이다.

언론의 사회적 책임 모델을 제도화하는 방안으로서 제안된 것이 바로 **언론평의 회**(*press council*)이다. 언론 전문가들로 구성된 언론평의회는 언론의 활동이 사회적

책임을 다하도록 감독할 뿐 아니라 언론의 자유를 침해할지도 모르는 정부로부터 언론을 보호하는 역할을 담당하도록 구성되었다. 그러나 허친스위원회의 명망에도 불구하고 미국의 언론계는 언론평의회의 설립 제안을 적극적으로 수용하지 않았다.

20세기 중반까지 미국 언론을 지배하던 자유주의 언론 이론에 대한 비판과 자성은 다음의 몇 가지로 요약될 수 있다.

① 언론은 그 거대한 힘을 자기 자신의 목적을 위해 행사했다. 언론사 소유주들은 정치 및 경제 문제에 관하여 반대 의견을 내놓지 않고 자기들의 의견을 선전한다.

② 언론은 대기업에 의존하며, 때로는 광고주가 편집 방침이나 논조에 영향을 미친다.

③ 언론은 사회 변동을 거부한다.

④ 언론은 현재의 사건을 보도하는 경우 종종 중요한 것보다는 피상적이고 선정적인 것에 더 주의를 기울인다.

⑤ 언론은 공중도덕을 위태롭게 한다.

⑥ 언론은 정당한 이유 없이 개인의 프라이버시를 침해한다.

⑦ 소수 언론사의 독점 현상은 새로운 사업자가 언론사업에 참여하는 것을 어렵게 해 다수의 목소리가 전달되지 않는 경향이 생긴다. 이는 사상의 자유로운 공개 시장을 위태롭게 한다.

4) 소비에트 공산주의 언론 모델

사회적 책임 이론이 자유주의 이론에 대한 부분적 수정이었던 반면 소비에트 공산주의 이론은 자유주의 언론 사상의 기본 전제를 근본적으로 부정하는 언론관이라고 하겠다. 공산주의 언론 이론의 사상적 배경을 제공한 인물이 맑스였다면, 제도적 틀을 마련한 인물은 레닌이었으며, 스탈린은 그러한 제도를 실제로 운영했다.

사유재산 제도에 입각한 자본주의 국가에서의 언론 자유는 언론사를 소유한 기업가들만이 누리는 특권이며, 언론사를 소유할 수 없는 일반인들에게는 전혀 해당

되지 않는 일종의 허구에 불과한 것이라는 입장은 맑스의 유물론적 사고를 반영한다. 맑스는 언론이 자본주의 논리에 따라 지배 구조를 은폐하는 이데올로기적 기능에 얽매였다고 보고, 자본주의의 붕괴 혹은 사회주의 혁명의 완수를 위한 언론의 역할에 관심을 돌렸다.

소비에트 공산주의 언론 모델(*Soviet Communist model*)이 자유주의 언론 모델과 가장 큰 차이를 보이는 부분은 언론의 소유 형태에 관한 인식이다. 맑스나 레닌의 입장에서 볼 때 자본가 계급이 언론을 소유하고 영향력을 발휘하는

북한 〈노동신문〉

한 언론의 자유는 창달될 수 없기 때문에 사회주의 국가에서는 언론을 국유화하거나 당의 엄격한 통제 아래 두어야 한다는 것이다. 특히 레닌은 러시아에서의 사회주의 혁명을 주도하면서 공산주의 체제에서 언론이 담당해야 하는 사명을 분명히 밝혔다. 레닌은 볼셰비키 계열의 신문 〈이스크라〉에 게재한 글에서 "언론은 집단적 선전자, 집단적 선동가 그리고 집단적 조직자로서의 역할을 다해야 한다"고 주장했다. 사회주의 혁명의 완수를 위해 언론은 혁명의 당위를 선전해야 함은 물론 인민들이 혁명 대열에 참여하도록 동원되어야 하며, 그러한 동원이 조직적이고 체계적으로 이루어지도록 하는 사명을 지닌다는 것이다.

레닌은 언론의 이러한 사명이 성공적으로 수행되기 위해서는 당의 언론에 대한 지도력과 통제가 절대적으로 필요하다고 보았다. 그래서 과거 소비에트 연방에서의 언론은 국가의 통치 기능 속에 완전히 통합되었다. 국가로부터의 자유를 최고의 가치로 파악하는 자유주의 이론의 입장에서 볼 때 이러한 공산주의 국가의 상황은 언론의 자유가 극도로 억압된 것으로 비쳐진다. 그렇지만 공산주의 국가에서 언론 자유의 개념은 자유주의 국가에서의 그것과 엄연한 차별성을 지닌다. 공산주의 언론 모델에서 말하는 언론의 자유란 외부로부터의 간섭에서 벗어나 자유롭게 의견을 표출한다는 의미가 아니라 공산주의 국가를 완성한다는 대전제의 실천 수단으로 한정된다는 것이다. 공산주의 체제에서 국가 기구에 편입된 언론은 자율성을 전혀 보장

받지 못한다. 언론에 대한 국가의 엄격한 통제를 정당화한다는 차원에서 공산주의 이론은 권위주의 이론의 한 유형으로 간주될 수도 있을 것이다. 그러나 공산주의 국가에서는 국가가 곧 언론이라는 등식이 성립되므로 통제의 강도는 훨씬 더 심하다고 할 수 있다.

소비에트 연방이 1991년에 무너지고 사회주의 국가들이 개혁·개방의 노선을 채택함에 따라 공산주의 언론 모델은 대부분 그 모습을 감추었지만 아직도 북한이나 중국, 쿠바와 같은 사회주의 국가는 공산주의 언론 모델을 신봉한다.

5) 그 밖의 언론 모델들

언론의 4이론이 세계의 언론 제도를 비교하는 데 유용한 분석틀을 제공한 것은 사실이지만 나름대로의 역사적 전통과 사회적 경험을 기초로 해서 발전한 세계 각국의 다양한 언론 제도를 완전히 설명하지는 못한다. 위에서 제시한 4개 모델이 모든 국가들의 언론 제도를 포괄한다고 볼 수는 없다. 특히 언론의 4이론은 냉전논리가 지배하던 1950년대의 세계 언론을 분석 대상으로 삼았기 때문에 사회주의권의 변화와 맞물려 도래된 탈냉전시대의 언론 상황을 충분히 설명하지 못하는 한계가 있다.

이러한 한계를 극복하기 위해서 맥퀘일(Denis McQuail)은 시버트 등의 분류가 간과하는 두 가지 언론 모델—발전 이론과 민주적 참여 이론—을 추가했다. 발전 이론이란 국가의 발전 과제가 정부의 언론 검열이나 직접적 통제까지도 합리화시킬 정도로 중요한 가치로 인식되는 개발도상국에서의 언론 모델이다. 여기서 언론인들은 국가 발전에 기여해야 하는 사회적 책임을 느끼고 국가 발전을 위해서는 언론의 자유를 어느 정도 유보하도록 요구받는다. 경제 발전을 최고의 국가 목표로 삼았던 1970년대 우리나라 정부도 언론을 국가 발전에 이바지하는 사회적 도구로 간주하면서 자유를 통제했던 적이 있었다. 민주적 참여 이론은 시민들에게 접근할 수 있는 권리와 수용자 주권을 최대한으로 보장하는 쌍방적이고 참여적인 커뮤니케이션을 지향하는 동시에 정부나 관료 집단의 언론에 대한 통제나 간섭도 배제한다.

영국의 문화사회학자인 윌리엄스(Raymond Williams)는 '누가 언론을 통제하는가'와 '누구를 위해 언론을 통제하는가'라는 두 개의 축을 이용한 4개 유형을 소개했다. 윌리엄스는 정부가 정부 자신을 위해 통제하는 경우를 권위주의(*authoritarian*), 정부가 국민들을 위해 통제하는 경우를 가부장주의(*paternal*), 언론이 언론 자신의 이익을 위해 통제하는 경우를 상업주의(*commercial*), 언론이 국민들의 복지를 위해 스스로 통제하는 유형을 민주적 체제(*democratic*)라 불렀다.

21세기에 들어선 요즈음 한때 개발독재 정책을 펼쳤던 많은 제 3세계 국가들이 민주화 과정을 거치면서 권위주의 언론 모델을 포기하기에 이르렀는가 하면, 동구권이나 러시아·중국 등도 이제는 더 이상 레닌의 공산주의 언론 모델을 엄격히 따르지는 않는다. 그렇다고 해서 자유주의 언론 모델이 세계의 공통 규범으로 자리 잡은 것은 아니다. 시대적 상황이 빠르게 변함에 따라 새로운 언론 모델은 계속해서 개발될 전망이다.

3. 매스미디어의 법적 규제

민주주의를 표방하는 모든 국가들은 언론 자유의 보장을 법에 명시한다. 민주주의의 중요한 전제 조건은 국민들이 정치 과정에 참여하는 것이며, 이것이 충족되기 위해서는 정치적 정책 결정에 관련된 다양한 정보와 의견이 사회 내에서 자유롭게 유통되어 국민들이 올바른 선택을 할 수 있는 여건이 마련되어야 한다. 모든 정보가 공개되어 주권자인 국민들의 알 권리가 보장되어야 하며, 그러기 위해서는 언론 자유가 보장되어야 한다. 왜냐하면 특정한 권력 집단에 의해 통제되는 언론은 국민들에게 다양하고 풍부한 정보를 자유롭게 전달하지 못하며, 그 결과 국민의 알 권리는 제대로 충족될 수 없기 때문이다.

현대사회를 살아가는 사람들은 누구나 언론의 자유가 필요하다는 것을 인정한다. 자유주의를 표방하는 서구 선진국에서는 — 물론, 한때 사회주의 노선을 걸었던 국가들 그리고 군부에 의한 독재체제를 구축했던 많은 제 3세계 국가들에서도 — 언

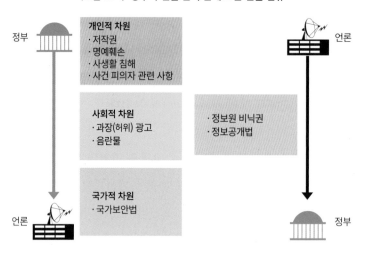

〈그림 15-1〉 정부와 언론 간의 관계로 본 언론 법규

개인적 차원
· 저작권
· 명예훼손
· 사생활 침해
· 사건 피의자 관련 사항

사회적 차원
· 과장(허위) 광고
· 음란물

국가적 차원
· 국가보안법

정보원 비닉권
정보공개법

정부

언론

언론

정부

론 자유를 보장하는 법조문을 어렵지 않게 발견할 수 있다. 그러나 그들이 말하는 언론 자유의 개념은 그 사회의 역사적·이념적 전통에 따라 다르게 정의되며, 실천의 차원에서도 언론 자유를 무한정 허용하는 국가는 없다. 이를테면 극장에서 거짓으로 "불이야"하고 외쳐서 관객들을 혼란과 공포의 도가니로 몰아넣는 행위가 언론 및 표현의 자유라는 명목으로 허용될 수는 없는 것처럼 말이다. 즉, 언론이 자유로워야 한다는 당위성을 인정하면서도 모든 국가들은 사회통합과 질서유지라는 국가목표를 구현하기 위해서 언론 자유의 폭을 한정함으로써 언론 활동을 규제한다. 다만 국가에 따라 언론을 규제하는 정도와 방법이 다를 뿐이다. 언론의 활동이 오히려 개인의 권리나 공공의 이익을 침해한다면 그 활동의 자유는 제한될 수밖에 없다는 것이다. 언론에 대한 규제는 언론의 사회적 책임이 강조되는 사회적 분위기에서 그 정당성을 인정받는다.

한 국가 내에서 이루어지는 언론 법제와 규제의 형태는 크게 두 가지 부류로 나누어 살펴볼 수가 있다(〈그림 15-1〉 참조). 첫 번째 부류는 '정부가 언론을 통제'하는 규제로서, 정부는 특정 개인이나 사회 혹은 정부의 권익을 보장하고 이들의 피해를 최소화하기 위해 여러 가지 법규나 규제를 마련했다. 개인 차원에서는 저작권, 명예훼손, 사생활 그리고 사건 피의자에 대한 사항을 관련 법규를 통해 보호한다. 그리고 사회 차원에서는 과장광고와 허위광고, 음란물 등을 규제하며, 정부 차원에서는 '국가보안법'으로 국가의 기본 질서를 보호한다. 두 번째 부류는 '언론이 정부에 압력을 가하는 것'으로서, 언론은 국민의 알 권리를 보장하기 위해 취재와 보도과정에서 최대한의 자유를 누려야 한다고 주장하는 데서 파생되는 법규이다. 언론이 요구하면 정부기관은 자신이 보유한 각종 정보를 언론에 공개하여야 한다는 '정보공개법'이 여기에 속한다. 단, 국가 안위나 개인의 권익을 심각하게 침해할 위험이 있는 정보는 제외된다. 또한 언론이 익명을 보장한다는 조건으로 어떤 사람으로부터 입수한 정보를 기사화하여 그 기사가 큰 물의를 일으킬 때 수사 당국은 사건 수사를 위해 취재 기자나 해당 언론사에 정보를 제공한 사람의 신원을 밝힐 것을 요구할 경우가 있다. 이때 언론은 정보원 비닉권을 내세워 수사 당국의 요구를 거부할 수 있다.

4. 언론에 대한 정부의 규제

1) 개인의 권익 보호를 위한 규제

(1) 저작권

정신적 자산에 대한 가치를 인정하는 지적소유권은 특허권(*patent*)과 저작권(*copyright*)으로 나뉜다. 특허권이 상업화할 수 있는 발명품에 대한 소유권을 의미한다면 저작권이란 자신이 창조한 저작물에 대한 소유권을 의미한다. 저작권법은 저작물을 상업적으로 이용할 때 저작자에게 저작권료를 지불하도록 함으로써 저작자의 지적소유권을 보호한다. 예를 들면 신문이나 방송이 어느 소설을 게재하거나 드라마의 소재로 삼고자 할 때 그 작품의 작가에게 저작료를 지불해야 한다는 것이다. 저작권 보호에서 미국과 우리나라를 비교하면 우리나라의 저작권에 대한 현주소를 알 수 있다. 미국의 경우 저자가 자신의 지적 재산에 대한 권리를 생존한 동안 소유하며, 사망 후에는 그의 상속인이 70년간 권리를 소유한다. 한편 우리나라의 경우는 특별한 규정이 있는 경우를 제외하고 저작자가 생존한 동안과 사망 후 50년간 이 권리가 존속된다. 그리고 공공 저작물의 경우는 맨 마지막으로 사망한 저작자의 사후

50년간 권리가 지속된다고 명문화한다.

최근에는 저작권 보호 문제가 국제적 이슈로 등장했다. 제조업이나 유통업 영역뿐 아니라 출판, 광고, 영화, 방송 등 다양한 매스미디어 영역의 국내시장 개방이 가속화됨에 따라 선진국의 지적소유권 보호 압력은 날로 강화된다. 이런 상황에서 최근 들어 우리나라 매스미디어가 외국의 광고물이나 프로그램을 그대로 복사하거나 모방하는 저작권 침해 행위를 저지른다는 문제가 종종 제기된다. 또한 우리나라가 1987년에 세계저작권협약에 가입하여 외국의 저작물을 보호해야 할 의무를 지닌 이상 저작권에 대한 새로운 인식과 더불어 저작권 침해 행위에 대한 대응 전략을 수립해야 할 필요가 생겼다.

이러한 가운데 외국 저작물에 대한 저작권 보호 압력은 국내의 저작권 환경의 변화를 가져왔다. 국내의 출판, 신문, 방송 그리고 뉴미디어 산업의 저작권을 보호함으로써 우리나라의 문화산업이 질적 차원에서 내실 있는 성장을 이룩할 수 있을 뿐 아니라 국제경쟁력을 갖추는 긍정적 효과를 낼 수 있다. 이러한 맥락에서 우리나라도 최근에 저작권 침해에 대한 규제를 강화하는 방향으로 저작권법을 개정했다. 신문의 기사, 논설, 만화, 서평, 방송을 통해 전파되는 각종 영상 저작물, 광고물 그리고 데이터베이스 등은 모두 저작물로서 보호 대상이다. 특히 매스미디어가 저작물을 이용할 때는 사전에 원저작자로부터 승인을 얻거나 출처를 명시함으로써 저작권을 존중해야 한다. 그러나 저작권의 귀속, 저작권 보호 대상, 저작권 보호 기간, 보호의 예외 규정 등의 문제는 당사자들 간에 이견이 있으므로 현실적으로 실효성이 있는 법 집행이 이루어지기까지는 해결되어야 할 많은 문제들이 있다. 그러나 한 가지 명확한 것은 저작권 보호의 예외 조항으로 '공정한 사용'(*fair use*)을 인정한다는 사실이다. 국가는 학습을 증진시키고 자유롭게 말할 수 있는 더 큰 사회적 가치를 성취하기 위해 저작권의 소유를 제한한다. 예를 들어 단순히 시청시간의 편의를 위해 VCR로 녹화/재생을 할 경우 저작권 침해가 될 수 없다는 것이 미국 대법원의 판결이다.

최근에는 인터넷과 같은 정보 네트워크에 게재된 정보의 저작권에 관한 논의가 중요한 쟁점으로 대두된다. 디지털 미디어를 통해 저작물을 유통할 경우에는 과연 무엇을 어디까지 저작물로 인정할 것이며, 누구를 저작권자로 봐야 할 것인가의 문제가 대두된다. 새로이 제기되는 디지털 저작물의 저작권 문제 중 대표적 쟁점 몇 가지를 제시하면 다음과 같다(김영석, 2002).

첫째, 저작물의 복제, 배포, 전송 등 법적 개념의 수정에 관한 문제이다. 현행 우리 저작권법은 복제를 '인쇄, 사진, 복사, 녹음, 녹화 그 밖의 방법에 의해 유형물에 고정하거나 유형물로 다시 제작하는 것, 각본·악보 그 밖의 이와 유사한 저작물의 경우에는 그 저작물의 공연·실연 또는 방송을 녹음하거나 녹화하는 것'(저작권법 제2조)이라고 정의한다. 이러한 복제의 개념과 관련하여 이른바 검색(search)하거나 훑어보는(browse) 행위를 복제 개념에 포함시킬 것인가, 아니면 포함시키지 않을 것인가가 문제가 된다.

둘째, 저작물에 반영되는 인격권을 어떻게 봐야 하는가에 관한 논의이다. 쌍방향적 커뮤니케이션인 정보통신을 통하여 전달받은 저작물 또는 정보를 이용자가 이중, 삼중으로 편집·가공할 수 있게 됨에 따라 현행 저작권법이 인정하는 저작인격권에서, 특히 동일성 유지권—저작자는 그 저작물의 내용, 형식 및 제호의 동일성을 유지할 권리를 가진다(저작권법 제 13조 1항)—이 침해받을 가능성이 현저히 증가했다.

셋째, 네트워크의 시스템 관리자에게 어디까지 책임을 물어야 하는가의 문제이다. 만약 특정인의 논문을 저작권자의 허락 없이 인터넷에 올리는 경우 그 논문은 엄청난 속도와 규모로 유통되고, 이로 인해 원저작자가 피해를 볼 수 있는 상황에서 시스템 관리자 또한 이러한 현상을 책임질 의무가 있다는 것이다. 이는 디지털 환경 하에서는 저작권 침해에 대해 더욱 엄격한 기준을 적용해야 한다는 주장을 반영한 것이다. 침해자는 물론 이러한 장을 제공한 정보통신사, 사설 게시판 서비스 제공자, 자료 게재의 심사권이 있는 시스템 관리자에 대해 책임을 물어야 한다는 것이다. 이처럼 정보통신의 발전과 인터넷의 급격한 확산으로 인해 저작권에 많은 문제점이 대두된다.

한편 이러한 저작권 보호의 입장에 반대하며, 디지털미디어 시대에는 정보의 자유로운 유통이 보장되어야 함을 주장하는 그룹이 나타났는데, 이를 가리켜 '카피레프트 운동'(copyleft movement)이라고 한다. 카피레프트는 '자신이 획득한 소프트웨어를 자유롭게 복제하며 소스코드를 개작하거나 변형한 것을 포장해서 분배할 수 있는 권리'를 말한다. 이 권리를 지지하는 사람들의 주된 근거는 크게 다음과 같이 요약될 수 있다. 첫째, 기존의 저작권법은 소프트웨어 프로그래머들과 기업들에 부당한 독점권을 행사하게 함으로써 그들에게 모든 수익이 돌아가므로 옳지 않다는 것이다. 둘째, 과도한 저작권법을 적용하면 컴퓨터 프로그램이 개혁될 수 있는 사회적 분위기를 억누른다고 생각한다. 마지막으로, 프리웨어(*freeware*) 프로그램이 확산될수록 이 사회에 긍정적인 영향력을 끼친다는 입장이다.

(2) 명예훼손

언론의 보도로 말미암아 개인의 명예와 권리가 침해당했을 경우 언론은 이에 대해 책임을 지도록 한다. 명예훼손의 정의에 대해서 미국의 법률협회는 "어떤 사람에 관한 진술이 그 사람의 사회적 평가를 저하시키고 또한 제 3자로 하여금 그 사람과의 교제나 거래를 주저하게 할 정도로 그의 평판을 손상시킬 가능성이 있을 경우에 명예훼손이 된다"고 했다. 우리나라의 경우 명예훼손은 형법상 공연성(公然性), 사실의 적시, 허위 사실의 적시 그리고 비방할 목적 등을 요건으로 하여 성립된다. 그러나 이러한 조건들을 충족시키는 모든 사례들이 명예훼손죄에 해당한다면 이는 언론 자유에 심각한 장애가 될 것이다. 여기서도 문제의 핵심은 언론의 자유와 개인의 명예권 간의 조화와 균형이 이루어져야 한다는 것이다.

명예훼손죄의 무분별한 적용이 언론의 자유를 위협할 수 있다는 견지에서 언론 보도는 다음과 같은 몇 가지 경우 명예훼손의 책임을 면하도록 할 수 있다. 첫째, 보도의 내용이 진실이라는 것을 구체적 증거로 증명할 수 있으며, 그 진실이 공공의 이익에 직결된다고 인정될 경우이다. 둘째, 논평에서 개인의 명예를 손상시키는 경우가 있는데 만약 그러한 논평이 공정하다고 인정되면 비록 명예훼손적 요소가 있더라도 면책을 허용할 수 있다. 셋째, 언론이 명예훼손의 피해자로부터 보도에 관해 사전 동의를 얻었을 경우 면책이 성립될 수 있다. 한편 언론의 오보가 공인의 명예를 훼손하는 결과를 초래했다고 하더라도 악의가 발견되지 않는 한 명예훼손죄로 처벌되지는 않는 경향이 있다. 미국의 연방대법원은 공직자에 대한 신문이나 방송의 보도가 명예훼손이 되려면 그 보도가 '실질적 악의'(*actual malice*)에 의한 것임이 입증되어야 한다는 입장을 밝혔다. 최근 '실질적 악의'의 원칙은 점차 확대 적용되어서 사인(私人)이더라도 공공의 관심사가 되는 인물이라면 이른바 공인(*public figure*)으로 간주되어 명예권의 보호가 유보될 수 있다고 본다. 이것은 국민의 알 권리가 위협받고 결국 언론의 자유도 위축될 수 있다는 우려에서 기인한 것이다.

최근 인터넷의 영향력이 커지면서 인터넷 공간에서의 개인정보의 마구잡이 유출 및 특정인에 대한 여론몰이식 재판 등이 심각한 문제로 떠오르고 있다. 사실 확인을 거치지 않은 인터넷의 소문 등이 게시판이나 댓글을 타고 특정인을 일방적으로 매도, 재단하는 등 부작용이 속출하는 와중에 개인의 신상정보는 여과 없이 공개되는 실정이다. 약자들을 위한 '신문고' 역할을 하는 인터넷의 순기능은 살려야 하지만 인민재판식 마녀사냥은 자제해야 한다고 전문가들이 지적하는 가운데, 네티즌을 대상으로 한 조사에서도 인터넷 실명제 도입에 찬성하는 네티즌들이 표현의 자유의 침해를 우려하는 네티즌보다 많은 것으로 나타났다.

경찰청에서 발표한 통계에 따르면 사이버 명예훼손은 2005년 3천 6백 건, 2007년 4천 8백여 건으로 2년 사이 30% 이상 증가했다. 또한 연예인을 비롯한 공인에 의한 명예훼손 소송은 꾸준히 증가하고 있다. 인터넷상의 모욕 행위는 그 피해의 확산 속도가 빠르고 광범위해 그로 인한 인격권의 침해 결과가 회복하기 어려운 상태에 이르는 경우가 많고, 사이버 공간의 특성인 익명성과 이른바 '퍼나르기' 등으로 인해 가해자가 누구인지 특정하기 어려워 범죄 피해에 대한 신고나 고소가 어려운 등의 특성이 있다. 이에 2008년 정부와 여당은 인터넷상의 모욕 행위에 대한 처벌을 강화하고, 형법상 친고죄로 규정된 요건을 완화하는 것이 적합하다며 형법 제 311조의 모욕죄와 별도로, 정보통신망법에 사이버 모욕죄 조항(일명 '최진실법')을 신설하는 것을 본격적으로 추진한 바 있다.

(3) 사생활 침해

1943년 12월 10일 UN이 채택한 '세계인권선언'에 "인간은 누구든지 그의 사생활, 가족, 가정 및 통신에 대하여 불법적 간섭을 받지 아니한다"고 적혀 있듯이, 대부분의 국가에서는 사생활에 대한 권리를 인간이 마땅히 누려야 할 기본권으로 인정한다. 사생활 침해죄는 사생활이나 사적 사항의 공표, 사적 사항에 관한 왜곡된 공표, 성명이나 초상 등 사적 사항의 영리적 이용의 경우에 성립된다. 우리나라에서도 사생활에 대한 권리는 헌법에서 보장하므로 언론의 보도가 사생활을 침해하는 경우 규제를 받을 수 있다. 명예훼손의 경우와는 달리 언론의 사생활 침해는 일반적으로

그 보도 내용이 진실이라고 하더라도 면책되지 않는다. 그러나 본인이 동의하거나, 사생활 권리를 포기하거나, 공익적 뉴스 가치가 있는 경우거나, 공적 인물의 사생활 침해는 면책 사유가 적용된다.

이와 같은 사생활권 개념이 처음으로 공식화된 것은 1888년 미국 쿨리(Thomas Cooly) 판사가 내린 '혼자 있을 권리'(*right to be let alone*)라는 정의에 의해서였으며, 보다 본격적 논의는 2년 뒤인 1890년 워렌(S. D. Warren)과 브랜다이스(Brandeis)라는 두 변호사의 "프라이버시 권리"(Rights to Privacy)라는 논문에 의해서 촉발되었다고 볼 수 있다. 우리말에서 프라이버시(*privacy*)는 흔히 '사생활'로 번역된다. 그러나 프라이버시는 사생활이라는 뜻도 포함하지만 그보다 더 외연적 의미가 넓은 개념이다. 이러한 관점에서 김주환(2001)은 '사생활'이라는 말을 그대로 사용하거나 영어를 직접 한글로 표기한 '프라이버시'라는 말을 이용하는 것은 본래의 의미를 부정적이고 소극적으로 해석하는 결과를 낳을 수 있다고 주장한다. 따라서 그는 'privacy right'를 사적(私的) 시민 또는 사민(私民: *private citizen*)으로서의 기본 권리 또는 사적 인간임을 주장할 수 있는 권리라는 뜻에서 '사민권'(私民權)이라 부르는 것이 적절하다고 보았다.

커뮤니케이션 기술의 발달로 한 사회에서 유통되는 정보의 양과 속도가 늘어나고 또한 각종 감시 및 도청 기술이 발달하여 개인에 관한 정보가 어렵지 않게 누출되어 폭로되는 상황이 된 현재, 사생활에 관한 정보는 더욱 보호받을 필요가 있다. 정보화사회의 미래를 낙관만 할 수 없는 이유가 바로 정보화사회에 다가갈수록 개인의 사생활에 대한 침해가 점차 심화될 가능성이 있기 때문이다. 예컨대 학업 성적, 국세조사 자료, 군복무 기록, 건강진단서, 은행 거래장부, 직업력, 범죄력 등의 사적 정보가 보호되지 않고 공표되어 폭로된다면 개인이 겪는 물질적 및 정신적 피해는 이루 말할 수 없이 클 것이다. 이런 맥락에서 1993년 8월 전격적으로 실시된 금융실명제도 개인의 금융 정보에 관한 비밀을 철저히 보장한다고 명시한다. 하지만 사적 정보의 보호 문제는 국민의 알 권리를 내세우는 정보 공개의 요구와 마찰을 빚을 소지가 있으므로 여전히 쟁점으로 남는다.

디지털 미디어 시대가 열리면서 이러한 사생활 보호 논의는 더욱 치열해진다. 인터넷 이용자의 경우 수많은 개인서비스 및 기업서비스에 가입하면서 상세한 개인정보를 입력하는데, 이러한 정보는 전자적 데이터베이스로 만들어져 익명적 통계자료를 산출하거나 시장 추세를 파악하는 등의 목적으로 쓰이는 것이 보통이나 기업의 이윤 추구를 위해 사적 목적으로 전용되는 경우가 늘어나고 있다.

컴퓨터를 비롯한 디지털미디어의 활용으로 인해 발생하는 사생활 침해 사례는 정보의 수집 단계, 정보의 관리 단계, 그리고 정보의 이용 단계 전반에서 발생할 수 있다. 우선, 정보의 수집 단계에서 나타날 수 있는 사생활 침해의 대표적 사례로 개인의 사생활을 불법적으로 감시하거나 도청하는 경우가 있다. 이 때문에 국가 안위나 국민 안전을 위해 꼭 필요한 경우에도 반드시 적법한 절차를 거쳐 감청을 하도록 한다.

다음으로 정보를 이용하는 과정에서 발생할 수 있는 사생활 침해의 구체적 예로 **쿠키**(*cookies*) 장치를 들 수 있다. 쿠키는 사용자가 특정 웹사이트에서 어떤 정보를 접했는지와 어떤 정보를 보냈는지 등에 대한 기록을 남겼다가 나중에 다시 접속했을 때 이를 읽어 빠른 검색을 돕는 기능 및 장치이다. 그러나 이는 제 3자가 임의로 사용자에 대한 신상정보 등을 빼내는 수단으로 악용될 수 있다(김영석, 2002).

마지막으로 불법적 정보수집이나 정보이용 과정에 관련된 경우뿐만 아니라 자료를 관리하는 과정에서 잘못된 자료를 입력하거나, 새롭게 변경된 자료를 갱신하지 않은 데서 발생하는 문제도 상당하다. 신용카드로 물품을 구입하기 위해 신용조회를 하는데 신용회사의 실수로 고객의 신용에 대해 잘못된 입력을 하여 구매 승인을 거부하는 결정을 내릴 경우, 혹은 거리에서 경찰의 심문을 받은 시민이 공안당국 컴퓨터의 잘못된 정보 입력으로 수배자로 오인되는 경우도 발생할 수 있다.

이전과 비교할 때 한 가지 분명해진 것은 지금까지 좁은 의미에서'혼자 있을 권리' 정도로 이해되어 소극적 보호의 대상이었던 사생활권이 자신의 개인정보를 배타적으로 통제할 수 있는 적극적 권리로 이해되기 시작했다는 것이다(변재옥, 1999; 박용상, 1997). 기본권의 하나로 오래 전부터 인정되었던 이 권리에 의사소통의 사생활권과 정보의 사생활권을 통합하여 기본권으로서의 포괄적인 사생활권 일반을 개념화하는 것이 최근의 추세이다.

범죄사건 보도에서도 모든 뉴스에 적용되는 6하원칙에 따라 피의자의 신원을 밝혀야 한다. 그러나 확정되지 않은 범죄혐의 사실에 관한 보도는 피의자를 범인으로 단정케 할 수 있어 범죄 혐의자에 대한 공개적 신원 노출은 원칙적으로 허용되지 않는다. 그러나 익명 보도주의의 예외로서 실명보도 또는 초상보도가 가능한 경우도 있다. 예를 들어 중대한 범죄로 사회적 연관성이 큰 사안이어서 공공에게 알릴 필요성이 있다거나, 범행이 공적 생활의 가치에 대해 해를 입힐 가능성이 매우 높을 경우 익명 보도주의의 예외에 해당된다. 한편, 피의자가 공인(公人)인 경우 사인(私人)에 비해 익명보도의 원칙은 덜 엄격하게 적용될 수 있다(임병국, 2002).

미국에서와 같이 일반 시민들로 구성된 배심원(jury)이 범죄 피의자의 유·무죄를 평결하는 나라에서는 사건 피의자가 수정헌법 6조에 보장된 '공정하고 불편부당한 배심원'(fair and impartial jury)에 의해 재판을 받을 권리를 보호하기 위해 여러 가지 보호장치를 마련하여 시행한다. 즉, 피의자의 전과기록, 사건 목격자의 증언, 각종 검사결과 등은 재판 전에 언론에 의해 공개될 경우 배심원의 판결에 영향을 줄 수 있어 사건 담당판사가 보도를 금지할 수 있다. 이러한 법적 규제를 언론의 입을 재갈로 틀어막는다는 뜻에서 '재갈 명령'(gag order)이라고 한다.

2) 사회 전체의 권익보호를 위한 규제

(1) 허위 및 과장광고

오늘날 광고의 위력은 실로 대단하다고 볼 수 있다. 광고는 단순히 기업이 자사의 제품 판매를 촉진하기 위한 수단으로서만 이용되는 것이 아니라, 이제는 매스미디어가 제공하는 하나의 엔터테인먼트적 요소—사람들이 그 내용을 즐기며, 일상의 화젯거리로 삼을 수 있는—로 사람들에게 이용된다고 해도 과언이 아닐 것이다. 따라서 이러한 매스미디어 광고가 가져오는 사회적 부작용들 또한 무시할 수 없었고, 이를 자율적 혹은 타율적 차원에서 규제했다. 그중에서 허위광고는 상품에 대한 광고 주장과 실제 상품 간에 차이가 존재함을 의미한다. 즉, 광고에서 주장하는 내용이 사실과 다른 경우를 말한다. 허위광고를 하는 기업들은 장기적으로 시장 메커니즘에 의해 도태되므로 자유 시장경제 체제 자체의 조절 작용만으로도 충분하다고 주장하는 학자들도 있으나, 소비자의 치명적 피해를 예방하고 최소화하기 위해 허위광고에 대한 최소한의 규제가 요구된다.

허위광고는 이미 설명한 바와 같이 잘못된 표식(mis-representation)과 중요한 정보의 생략(omission)에 의해 발생한다(김광수, 2000). 그러나 허위광고가 허용되는 경우도 있는데, '이 봄 여자는 나비가 된다', '나의 몸은 도시와 호흡하고 싶어 한다' 등의 표현과 같이 평균적 소비자들이 전혀 믿지 않을 만한 표현들은 기만적 표현이 아니라 오히려 환상적 표현으로 분류되어 허용된다. 여기서 평균적 소비자란 미국의 경우 '보통의 주의력과 기술을 구사하는 평균의 신중함과 보통의 감각을 지닌 소비자'를 뜻하며, 일본의 경우는 고교를 졸업한 일반 가정주부가 시장에서 물건을 살 때 착각을 일으킬 만한 표시는 부당한 표시라고 정의한다.

한편 과장광고는 사실을 과장하여 표현하는 광고를 말한다. 과장광고의 성립 요건은 표현된 광고의 과장 여부에 대한 소비자의 판단에 근거한다. 만약 소비자가 표현된 광고의 과장 여부를 모를 경우 과장광고는 허위 및 과장광고로 규제받는다. 소비자가 쉽게 판단할 수 있는 사항에 대해서는 웃어넘길 수 있는 허풍(puffery)으로 여길 수 있지만, 구매에 중요한 영향을 미치는 속성에 대해 소비자들이 지각할 수 없게 메시지를 조작하는 것은 과장광고로 법적 규제를 받는다.

(2) 음란물

매스미디어의 상업성을 비판할 때 빠지지 않고 등장하는 대목은 바로 매스미디어가 퇴폐와 선정주의에 빠져 사회의 윤리의식을 파괴하고 미풍양속을 해친다는 것이다. 따라서 인간의 관능을 자극하는 저속하고 음란한 매스미디어의 내용에 대해서는 규제가 있어야 마땅하다는 것이다. 하지만 다른 한편에서는 음란물에 대한 규제가 표현의 자유 혹은 예술의 자유라는 국민의 기본권을 침해하는 것이고, 성에 관한 묘사나 욕구가 반드시 반윤리적인 것은 아니라는 지적이 있다. 비록 매스미디어의 음란성은 그것이 사회에 미치는 악영향을 고려하여 규제될 필요가 있지만, 음란성을 구실로 하여 표현의 자유를 부당하게 침해하는 결과를 초래할 수 있으므로 신중하게 접근되어야 한다는 주장이다. 그러나 이와 같은 논쟁 전에 우선 음란의 개념 자체를 정의하는 것에서부터 어려움이 따르며, 무엇을 어떤 선에서 규제할 것인가의 문제도 많은 논란을 야기한다.

음란의 개념적 정의는 함부로 성욕을 유발 또는 자극시켜 보통 사람의 성적 수치심을 유발하거나 선량한 성도덕 관념에 반하는 행위이다. 그러나 구체적 차원에서 음란을 구분하는 기준을 어디에 설정할 것인가 하는 문제는 쉽게 풀리지 않았는데, 19세기의 음란에 대한 엄격한 규제는 시대가 흐름에 따라 완화되었다. 1933년 미국에서는 조이스(James Joyce)의 소설《율리시즈》를 놓고 열린 재판에서 울시(Woolsey) 판사는《율리시즈》는 예술이지 음란이 아니라고 판결함으로써 음란에 대한 규제를 크게 완화했다. 우리나라에서는 1969년에 펴낸 염재만의 소설《반노》가 외설 시비의 첫 판례를 남겼는데, 6년간의 재판 끝에 결국 외설이 아닌 예술이라는 최종 판결을 받았다. 대법원은 최종 판결에서 "작품의 음란성 여부는 작품의 어느 한 부분만을 떼어놓고 논할 수 없으며, 작품 전체와 관련시켜 판단해야 한다"는 원칙을 명시했다. 반면 1992년에 문제가 되었던 마광수의 소설《즐거운 사라》는 외설물로 인정되어 작가가 구속되는 사태에까지 이르렀다.

한편, 최근에는 사이버 공간의 음란물을 놓고 '규제할 것인가, 표현의 자유로 볼 것인가?'에 관한 논쟁이 일어나고 있다. 1790년 미국에서는 표현의 자유와 언론의 자유를 제한하는 어떠한 법도 의회가 제정해서는 안 된다는 원칙을 포함한 수정헌법 제 1조가 통과된 이후 표현의 자유 원칙은 미디어에 공평하게 적용되었다.

그러나 오늘날의 가상공간이 제공하는 부제한석 채널 수용력은 전파의 희소성에 입각한 이러한 원칙에 다소 한계가 있음을 보여준다. 이런 상황에서 가상공간에서의 음란물 규제에 대한 시도가 1996년 '통신품위법'(Communication Decency Act: CDA)에서 이루어졌다. 이 시도는 표현의 자유 논리와 결부되어 상당한 논란을 일으켰다. 가상공간에서 음란물을 규제하려는 시도는 인터넷 공간을 어떻게 보느냐에 따라서 다른 양상으로 나타날 수 있다. 인터넷을 전화와 같은 일반 전송업자로 볼 경우, 보편적 접근을 허용하되 내용은 전혀 규제되지 않아야 한다. 반면에 인터넷을 방송매체의 기준으로 본다면 편집의 원칙을 적용하여 내용물의 규제가 가능하다.

인터넷을 어떤 논리로 파악할 것인가가 규제 논쟁의 초점이 된다.

영화 〈가자! 장미여관으로〉.

CDA의 위헌 판결이 나온 이후에도 미국 정부의 음란물 규제 움직임은 계속되었고, 이는 CDA-Ⅱ로 이어졌다. 1998년 말에 제정된 '온라인상의 아동 보호법'(*Child Online Protection Act*: COPA)이 그것이다. 이 법안은 온라인상의 아동 보호를 위해 보다 강력한 조치를 그 내용으로 하는데, 이를 살펴보면 상업적 성인물 판매업자는 이용자들이 18세 이상인지를 확인한 후 접속을 허용해야 하며, 신용카드를 이용한 결제를 명시한다. 또한 음란 사이트의 초기 화면에 청소년에게 유해한 성인물의 게재를 금지하는 내용도 포함한다. 그러나 '온라인상의 아동 보호법' 역시 1999년 1월 말 필라델피아 연방법원에 의해 저지됨으로써 미국에서 인터넷 포르노그래피 규제 논쟁은 끝을 맺었다.

사법활동을 살펴보면 인터넷 음란물을 사법적으로 단속할 만한 구체적 법 규정은 없지만, 아동 포르노, 청소년에 대한 유해한 이메일, 메시지 전송 등은 처벌의 대상이 된다(김영석, 2002).

3) 국가·정부의 권익 보호를 위한 규제

(1) 국가보안법

대부분의 국가들은 국가의 안전 보장을 위해 일정한 범위에서 국가기밀 사항을 기밀로 지정 및 분류하여 보호한다. 그런데 필요 이상의 비밀 양산은 국민의 정당한 비판과 감독의 여지를 말살해 정부기관의 자의와 전횡의 우려는 물론 국민의 불신·비협조, 유언비어의 난무 등 부정적 결과를 초래하고, 동시에 국가에 대한 귀속 의지 또는 공동체 구성원 의식을 희석시키고 정치적 무관심·소외감·적대감을 갖게 할 우려가 있다.

국가보안법은 국가의 존립·안전이나 자유민주적 기본 질서를 위태롭게 하는 반국가단체나 그 구성원의 활동을 찬양하거나 동조하여 국가 변란을 선전·선동하는 경우,

그러한 단체를 구성하거나 이에 가입하는 경우, 사회 질서의 혼란을 조성할 우려가 있는 사항에 관하여 허위 사실을 날조하거나 유포한 경우 등은 처벌받는다고 규정한다.

국가기밀의 보호는 언론의 자유와 국민의 알 권리를 규제할 수 있는 법적 근거가 될 수 있다. 국가의 존립과 기본 질서의 보장을 위해서는 언론의 자유가 아무리 민주주의의 존속을 위해서 중요하다고 하더라도 제한받을 수 있다. 국가의 비밀, 외교상의 비밀 그리고 그 밖에 국가의 안전보장을 위협할 내용에 대해서 보도의 자유를 제한하는 경우가 그 구체적 예이다. 정부가 비밀로 분류한 정보를 언론이 누설하거나 공표하여 국가안보에 심각한 타격을 입혔다고 인정될 때 언론의 자유는 그러한 행위까지 보호의 대상으로 삼지는 않는다.

그러나 여기에도 논란의 여지가 없지 않다. 문제의 핵심은 정부에서 분류한 기밀이 과연 국가의 존립을 해칠 만큼 중대한 사안인지에 관해 정부와 언론 사이에 견해 차이가 있을 수 있기 때문이다. 이럴 경우 법원에 제소함으로써 정부가 아닌 법원이 이를 최종적으로 해결하도록 한다. 일례로 1971년 〈뉴욕 타임스〉와 〈워싱턴 포스트〉가 미국 국방성이 작성한 "미국의 대 베트남 정책의 역사"라는 제목의 1급 비밀문서(일명 Pentagon Papers)를 입수하여 보도하려고 했을 때, 보도를 사전에 억제하려는 정부와 알 권리 충족이라는 명분으로 보도를 감행하려는 언론 간에 커다란 갈등을 겪었는데, 법원이 언론에 유리한 판결을 내림으로써 이 문서에 관한 언론 보도가 가능해졌다. 법원의 판결 근거는 미국이 어떠한 역사적 과정을 거쳐 베트남전에 참여하는가를 국민에게 공개하는 것이 국가의 안전보장에 직접적 위해를 주지 않는다는 것이었다. 하지만 아직도 여러 사례들에서 정부가 고수하는 국가안보의 논리와 언론이 주장하는 국민의 알 권리 충족의 논리는 팽팽한 대립을 이루므로 이 문제가 완전히 해결되었다고는 볼 수 없다.

우리나라는 그동안 남북대결 시대와 군사통치 시대를 거치면서 국가안보를 각별하게 강조했기 때문에, 국가기밀 보호로 말미암아 언론의 군에 관한 보도는 엄격한 통제를 받았으며, 그 결과 보도의 자유는 상당히 위축되었다. 따라서 군에 대한 취재가 매우 까다로웠고 관련 법규를 어겼을 경우 제재를 받으므로 보도가 제한되는 경향을 보여 보도의 성역이라고 불릴 정도였다. 그러나 1990년대에 이르러 냉전 시대가 종식되자 남북한 간의 긴장이 완화되면서 국가안보를 이유로 보도 억제가

미국방성 기밀문서 누설사건과 F-X 누설 사건

1971년 미국의 〈뉴욕 타임스〉와 〈워싱턴 포스트〉가 베트남 전쟁의 정책 결정에 관한 문서(Pentagon Paper)를 게재하려고 했을 때, 법무성은 이 기사의 게재를 사전에 차단하려는 목적으로 법원에 사전억제(*prior restraint*) 허가신청을 냈다. 따라서 연방대법원은 언론의 자유를 존중하느냐 아니면 국가안보를 우선해야 하는가의 기로에서 고심하였는데, 판결은 6 : 3으로 언론

측의 승리로 끝나서 문제가 된 문서가 언론에 보도되었다. 당시 미국 언론은 이 판결로 말미암아 언론의 자유가 대폭 신장되었다고 자축하였다. 그러나 사전억제를 허용하지 않았던 판결의 근거는 정부 측이 보도의 사전억제를 정당화할 만큼 충분한 증거를 제시하지 못했기 때문이지 결코 언론의 자유가 국가안보보다 더 중요한 가치로 인정되었기 때문은 아니다. 즉, 문서의 발행이 베트남 전쟁에 참전한 미군 병사에게 '명백하고 현존하는 위험'을 주지 않는다는 논리에서 언론의 승소 판결이 나온 것이다.

이는 8년 후인 1979년에 연방대법원이 위스콘신 주의 메디슨에서 발간되는 *The Progressive*라는 잡지가 게재하려고 했던 "수소폭탄의 비밀"이라는 제목의 기사에 대해 사전억제를 허가한 사실에서 잘 드러나 있다. 사전억제를 허용한 판결의 근거로 재판부는 이 기사의 내용에는 국가기밀이 포함되어 있으며 이 비밀이 공표되면 국가안보에 치명적 손상을 입힐 수 있다는 점을 명시해 놓고 있다.

한편 우리나라에서도 2002년 3월 3일 현역 공군장교로서 'F-X사업 시험평가단'의 단장이었던 조주형 대령이 F-X사업의 기종 결정 과정에 '국방부의 부당 외압과 평가 방법의 불공정성'이 있었음을 폭로하였다. F-X사업(차세대 전투기 사업)은 통상적 전투기의 수명(30년)을 고려, 노후하여 도태되는 전투기를 대신할 신종 전투기를 도입하려는 사업이다. 예산만 해도 42억 달러(한화 5조 5천억 원)를 넘어 단일 무기거래로는 유사 이래 최대 규모의 무기도입 사업이다. 이 사업에 미국 보잉의 F-15K, 프랑스 다소의 라팔, 유럽 EADS의 EF-Typhoon(유로파이터), 러시아 로스아바론엑스포트의 SU-35가 참여한 가운데 조 대령은 1차 평가를 앞두고 기종 선정과정에서 "미국 보잉에 유리하도록 국방부의 부당한 외압이 있었다"고 폭로하였다. 양심선언을 한 조 대령은 금품수수 및 군 기밀누설 혐의로 구속되었고, 참여연대 등의 시민단체는 조 대령의 구명을 위해 공동변호인단을 구성하였다. 조 대령은 2002년 7월 10일에 있었던 1심 선거공판에서 징역 3년을 선고받았고, 11월 12일 항소심에서는 징역 1년 6월, 집행유예 3년을 선고받고 풀려났다. 조 대령은 대법원에 상고하였으나, 2004년 2월 13일 대법원은 조 대령의 상고를 기각하고 징역 1년 6월에 집행유예 3년을 확정하면서 "군사기밀이란 법령에 규정된 범위를 넘어 객관적으로 외부에 알려지지 않을 때 상당한 이익이 있는 내용도 포함된다"고 판결하였다.

합리화하는 사례가 점차 줄어들었다. 그동안 군에 관한 알 권리가 제한되었다는 인식이 사회에 확산됨에 따라 언론의 군에 관한 보도는 상대적으로 활성화하는 경향을 보였다.

5. 정부에 대한 언론의 압력

1) 정보원 비닉권

언론기관이 권력을 감시하는 기능을 성실히 수행하려면 권력으로부터 공식 채널을 통해 입수한 정보에만 의존해서는 안 되며 때로는 신원 공개를 원하지 않는 개인이 제공하는 정보를 이용해야만 한다. 이때 언론기관이 정보원의 신원을 공개하면 그의 익명 언론권을 박탈함은 물론 신뢰성을 잃는다. 언론과 정보 제공자 간의 신뢰 관계가 붕괴되면 많은 사람들이 신원이 공개될 경우 자신에게 돌아올 불이익을 두려워한 나머지 공권력 및 개인 권력의 부정이나 비리를 고발하는 정보를 제공할 가능성이 낮아진다. 그 결과로 권력에 대한 비판적 정보는 줄어들어 국민의 알 권리가 제한된다.

미국에서는 공직자의 부정·비리나 마약 밀거래와 같은 중대한 기사가 익명을 조건으로 제공된 정보를 기초로 하여 쓰일 경우 검찰은 사건 수사를 위해 해당 기자나 정보 제공자의 신원을 밝힐 것을 요구하곤 한다. 이때 해당 언론사와 기자는 거의 예외 없이 정보원 비닉권을 방패삼아 수사 당국의 요구를 단호히 거절한다. 정보원 비닉권을 일명 '방패법'(*shield law*)이라고 부르는 것은 수사 당국의 요구를 언론이 방패로 막는다는 데서 나온 말이다.

2005년에 〈뉴욕 타임스〉 기자 주디스 밀러는 2003년 조지 부시 대통령의 이라크 침공 논리를 반박한 조지프 윌슨 전(前) 이라크 주재 미국 대사의 부인인 발레리 플레임이 CIA 비밀요원이라는 사실을 공개한 것과 관련하여 검찰과 법원으로부터 취재원 공개 명령을 받았다. 미국에서 CIA 요원 노출은 중죄에 속하기 때문이다. 플레임의 이름을 언론에 흘린 정보원이 백악관의 한 고위 인사라는 둥, 이 인사의 의도가 윌슨 전 대사의 위신을 깎아내려 부시 행정부의 외교정책에 대한 비판을 잠재우려는 것이라는 둥 온갖 억측이 난무했다. 그러나 밀러는 법원의 명령을 거부하였고 구속되었다. 밀러는 구속에 앞서 "만일 기자가 취재원과의 신분 비공개 약속을 지키지 못한다면 언론인들은 자기 역할을 할 수 없고, 그러면 언론 자유도 있을 수 없다"며, "나는 언론 자유를 수호하기 위해 투옥을 거부하지 않겠다"고 말했다.

이러한 취재원 보호의 전통은 1974년 미국 대통령 닉슨을 권좌에서 끌어내린 워터게이트 사건을 보도한 〈워싱턴 포스트〉의 밥 우드워드와 칼 번스타인 기자가 '딥 스롯'(deep throat)으로 불린 익명의 취재원의 신원을 31년 동안이나 보호하면서 확고해졌다. 2005년 5월에야 비로소 워터게이트 사건 당시 FBI 부국장인 마크 펠트가 스스로 자신이 '딥 스롯'이었음을 만천하에 공개하였고, 밥 우드워드와 칼 번스타인은 그제서야 '딥 스롯'의 실체를 확인시켰다. 우드워드는 최근의 저서 《비밀스러운 남자: 딥 스롯 이야기》에서 "위축된 상황에서도 사람들이 앞으로 걸어 나와 이야기할 수 있으며 보호받을 수 있다고 믿는 사회가 진정으로 바람직한 사회"라고 강조했다. 비록 사건발생 당시에 우드워드와 번스타인이 취재원 공개의 압력을 사법당국으로부터 받은 것은 아니었으나, 취재원을 끝까지 밝히지 않은 것은 자유롭고 책임 있는 언론 구현에서 중요한 상징적 사건이라고 평가할 수 있다.

2) 정보공개법

국민의 알 권리, 특히 국가 정보에 접근할 수 있는 권리는 우리 헌법상 표현의 자유와 관련해 인정된다. 그 권리의 내용에는 일반 국민 누구나 국가에 대해 보유, 관리되는 정보의 공개를 청구할 수 있는 이른바 일반적 **정보공개 청구권**(freedom of infor-mation: FOI)이 포함된다. 그러나 알 권리를 근거로 하여 국가기관의 정보를 모두 공개할 것을 요구하는 것은 허용되지 않는다. 정보의 공개를 불가능하게 하는 불가피한 사유가 있는 경우에는 알 권리와 공공의 이익 사이에 조화로운 해석을 모색해야 한다. 즉, 국가안전 보장에 관련되는 정보 및 보안 업무를 담당하는 기관에서 국가안전 보장과 관련된 정보 분석을 목적으로 수집되거나 작성된 정보는 공개하지 않을 수 있는 예외적 사항들이다. 한 가지 중요한 사실은 정보공개법의 예외 조항인

언론 자유에 관한 5가지 해석

1. 절대주의(*Absolutism*)

정부가 "개인의 표현의 자유를 제한하는 어떠한 법도 만들 수 없다"는 것이다. 이를 주장하는 전 미연방대법관인 더글라스(Douglas)와 블랙(Black)은 미국 수정헌법 1조가 국가의 안전이나 공공의 복지에 포함되지 않는 제한된 사항에서만 적용된다면 아무런 의미가 없을 것이라고 주장한다. 액면 그대로 절대주의적 해석은 개인의 권리이건 언론의 권리이건 표현의 자유를 절대적 권리로 받아들일 때에만 민주주의가 발전할 수 있다는 것이다.

2. 블랙스톤의 이론(*Blackstone's Theory*)

영국에서 유래한 가장 오래된 해석으로서 정부가 개인 또는 언론에 대해 사전억제를 할 권리가 없다는 것이다. 다만 정부는 발행 혹은 출판이 이루어진 사후에만 법적 제재를 가할 수 있다. 요컨대 이 관점은 사실이 발생한 이후에 사람들은 자신이 언급한 것들에 대해 누군가에게 책임을 다해야 한다는 것을 의미한다. 일명 사후검열(*post-censorship*)이라 불린다.

3. 사악한 경향의 원칙(*Bad Tendency Test*)

언론 자유가 사회질서나 공공복리에 본질적 해악을 초래할 위험이 있다고 판단될 때 출판 전에 규제될 수 있다는 것이다. 즉, "불이 붙기 전에 불씨를 꺼야 한다"는 사전검열(*pre-censorship*) 원칙으로서 표현의 자유를 억압할 수 있는 가장 가혹한 법리이다.

4. 명백하고도 현존하는 위험(*Clear and Present Danger*)

1919년 홈즈(Holmes)와 브랜다이스(Brandeis)가 처음으로 창안한 원칙으로서 그 요지는 "사용된 표현이 명백하고도 현존하는 위험을 발생시킬 상황과 성격을 지니기 때문에 본질적 해악을 초래하느냐 혹은 하지 않느냐"에 따라 언론 자유를 규제할 수 있다는 것이다. 극장에서 '불이야!'라고 외치는 것은 — 실제로 화제가 발생하지 않았는데 — 관객에게 명백하고 현존하는 위험을 줄 수 있어 마땅히 규제되어야 한다.

5. 이익교량의 원칙(*Ad Hoc Balancing Test*)

언론 자유가 추구하는 이익과 언론 통제가 추구하는 이익이 갈등할 경우 그들의 이익들을 비교하여 형평을 유지하도록 해야 한다는 것이다. 예컨대, 공직자의 비리를 폭로한 기사가 그의 명예를 훼손한 경우 법원은 국민의 알 권리라는 공공선에 비해 개인의 권리가 덜 중요하다고 결정할 수 있다.

'국가안전 보장'과 관련한 거증의 책임(*burden of proof*) 문제이다. 즉, 어떠한 정보가 공개될 경우 그것이 국가안전 보장에 중대한 위협이 될 것인지, 그렇지 않을 것인지를 입증할 책임이 정보 청구권자인 언론기관에 있는지 아니면 정보 공개를 거부하는 정부기관에 있는지를 가려야 하는 것이다. 정보 청구권과 관련된 또 하나의 쟁점은 정보 청구권을 언론기관으로 국한시킬 것인지, 아니면 일반 시민에게도 그러한 권리를 부여할 것인지 여부이다.

6. 액세스권

이 밖에 우리나라에서는 언론에 대한 국민의 규제로, 언론사에 접근해 국민이 원하는 정보를 요구할 수 있는 권리로서 액세스권(*access right*) 또한 보장한다. 매스미디어에 대한 액세스권을 새롭게 헌법상 권리로 제창함으로써 액세스권에 관한 논의의 단서를 제공한 것은, 미국의 매스 커뮤니케이션 법학자인 배런(Jerome A. Barron)이 1967년에 〈하버드 법률 저널〉에 발표한 논문 "프레스에 대한 액세스: 헌법수정 제 1조에 근거한 새로운 권리"였다. 이 논문에서 배런은 표현의 자유에 관한 전통적 헌법 이론이 근거하는 '사상의 자유시장론'에 내포된 국가간섭 배제라는 가정은 실질적으로 미디어의 이용 가능성을 좌우하는 언론기관의 독점적 지배자의 존재를 무시한다는 점에서 비현실적·공상적이라고 비판했다. 따라서 그는 '사상의 자유시장'을 실질적으로 확보하기 위해서 언론기관에 대한 액세스 보장을 중심으로 새로운 표현의 자유 이론이 필요하다는 점을 지적했다.

언론기관의 거대화·독점화는 다수의 국민을 미디어의 소유·이용으로부터 배제하고, 커뮤니케이션 과정 속에서 수용자의 지위로 고정시키는 동시에, 언론기관을 통해서 일방적으로 전달되는 정보를 획일화·균일화시키고, 표현의 자유의 본래 향유 주체인 국민이 언론기관 또는 정보로부터 소외되는 상황에 놓이게 했다. 따라서 언론기관에 대한 액세스권의 주장은 커뮤니케이션의 수용자 지위에 놓인 국민을 일정한 범위 안에서 발신자 지위로 복권시키는 것을 목표로 하는 것이고, 그렇게 함으로써 다양한 의견을 효과적으로 발표할 기회를 주고, 국민이 언론기관을 통해 받는 의견, 정보의 다양성을 회복하고자 하는 것이다.

국민은 강력하고 영향력이 큰 언론기관을 통해 자기 의견을 발표하고 전달하기 위한 방법으로서 여러 요구를 하지만, 언론기관은 편집의 자유 및 편집권(편성권)에 대한 간섭이라고 생각해 그러한 요구를 받아들이지 않았다. 그 결과로 전에는 언론 자유권의 향유 주체로서 일체라고 생각되었던 언론기관과 국민 간에 일정한 대항 관계가 생겼다. 바꾸어 말하면, 현대적 언론 상황은 전통적 언론기관과 국민 : 정부라는 양극 구조로부터 국민 : 언론기관 : 정부라는 3극 구조로 이행하는 특징을 가진다. 액세스권은 이러한 3극 구조 가운데서 국민이 언론기관을 자기 의견 표명의 장으로서 접근하고 이용하고자 하는 법적 권리이다.

7. 매스미디어의 자율적 규제

매스미디어에 대한 법적 규제는 자칫 잘못하면 매스미디어의 자유로운 활동을 위축시킬 우려가 있으며, 법적 규제가 실시되었을 경우 해당 매스미디어의 신뢰도는 크게 손상을 입는다. 우리나라에서는 법정 소송으로 가기 전에 언론중재위원회가 언론의 잘못된 보도로 피해를 입은 당사자와 언론사를 중재하는데, 최근 중재 건수가 급격하게 늘어나는 것으로 보아 언론사의 오보와 허위보도가 늘어났으며, 이러한 상황은 외부로부터의 규제 압력을 초래할 수 있다. 따라서 매스미디어 종사자들은 스스로가 자율적으로 그들의 활동을 규제하는 장치를 고안하여 외부의 압력에 의한 규제를 최대한으로 줄이려는 노력을 기울인다. 매스미디어의 **자율적 규제**는 공익 혹은 개인적 법익을 침해할 소지가 있다고 판단되는 보도를 지적하고 스스로 고침으로써 법 집행에 의한 규제를 사전에 방지하고 사회에 대한 책임을 다한다는 취지에서 비롯되었다.

매스미디어의 활동을 자율적으로 규제하는 방법에는 여러 가지가 있다. 우선 독자나 시청자의 반응, 비판에 귀를 기울여 잘못된 점을 고쳐나가는 방안이 있을 수 있다. 신문 지면에서의 독자투고란이나 방송사가 설치·운영하는 시청자위원회와 시청자상담실 등은 모두 시청자의 의견이나 불만을 수렴하는 제도적 장치라고 볼 수 있다. 특히 현대사회에서의 매스미디어 수용자들은 조직화한 운동단체의 활동을 통하여 요구 사항을 적극적으로 전달하는 경향을 보이므로, 매스미디어는 수용자의 의견을 무시해서는 안 되며 또한 무시할 수도 없는 상황이다.

또한 매스미디어 보도의 정확성과 공정성을 유지하기 위해서 세계 각국에서는 옴부즈맨(*ombudsman*) 제도를 채택한다. 옴부즈맨 제도란 권위 있는 전문가에게 자사의 보도 내용을 모니터하게 하여 지면을 통해 비평을 공개하고 규제의 대상이 될 소지가 있는 잘못된 기사를 정정하는 제도를 말한다. 오보가 생길 때마다 법정 소송으로 이어져 경비가 과다하게 지출되는 것을 막고 기사의 '품질 관리'를 통해 독자들로부터 신뢰감을 얻고자 도입된 옴부즈맨 제도의 운영방식은 언론사마다 약간의 차이를 보이는데, 대략 외부 인사를 임명하여 독자적 시각으로 보도 내용을 감시하게 하는 제도와 언론사 내부 인사에게 옴부즈맨 역할을 맡기는 방식으로 나뉜다.

우리나라의 신문사에서도 최근에는 옴부즈맨 전화를 설치·운영하여 언론사의 오류로 말미암아 개인의 명예훼손과 사생활 침해 등이 발생했을 경우 독자나 시청자들이 직접 언론사에 정정보도를 요구할 수 있도록 한다. 텔레비전 방송의 경우에도 시청자가 참여할 수 있는 창구를 마련하여 시청자들의 다양한 비판과 의견을 수렴하고 반영하는 프로그램을 방영함으로써 프로그램의 질적 향상을 꾀하고 또한 방송사의 신뢰도를 높인다. 이러한 제도는 국민의 언론에 대한 접근권과 반론권이 신장될 수 있는 기회를 제공한다는 점에서 매우 고무적인 일이라고 하겠다.

이처럼 매스미디어 종사자들은 자율적 규제를 통해 언론의 자유에 대한 스스로의 한계를 설정한다. 이는 '국민의 알 권리 충족'을 내세우는 언론사와 사생활 침해를 거부하는 독자나 시청자들 간의 갈등이나 마찰을 해결하는 효과적인 방안의 하나이다. 언론인이 사회적 책임을 다하고 공익을 위해 봉사하는 전문인으로 인정받기 위해서는 끊임없는 자기성찰을 통해 국민의 인권을 침해하지 않는 범위 내에서 국민에게 알 권리를 충족시키려는 노력을 기울여야 할 것이다.

8. 미디어 관련법

지금까지는 헌법이 보장하는 언론의 자유와 그것과 충돌하는 개인, 사회, 국가가 누려야 할 권리와 관련한 법적 규제의 여러 가지 측면들을 살펴보았다. 하지만 언론의 자유와 사회적 책임의 문제는 미디어의 소유와 경영 문제와도 밀접하게 관련된다. 특히 자본주의 사회에서 미디어의 상업성과 언론 독과점 문제가 미디어의 소유 구조와 맞물려 사회적 이슈로 부상하게 마련이고, 우리나라에서도 이와 관련해 미디어법이 큰 이슈로 떠올랐다. 2009년 7월 22일에 당시 한나라당이 발의한 신문법, 방송법 그리고 IPTV법을 비롯한 3개 법안이 국회의장 직권상정으로 국회에서 통과되었다. 이에 따라 1980년 '언론기본법' 제정 이후 금지되었던 신문사와 대기업의 지상파 방송과 종합편성채널 진입이 가능해졌다.

〈표 15-1〉에서 보는 바와 같이, 종합편성채널의 경우에는 대기업과 신문사의 진입을 30%까지 허용하고, 외국 자본도 20%까지 허용했다. 그렇지만 보도전문채널의 경우에는 49%에서 30%로 낮추었고, 외국 자본 또한 20%에서 10%로 낮추었다. 이는 뉴스 분야의 특수성을 감안해 진입 수준을 낮춘 것으로 보인다. 이와 더불어 지상파 방송, 종합편성채널, 보도전문채널에 대한 1인 지분 제한을 현행 30%에서 40%로 확대했다. 이외에도 위성방송의 대기업/신문사 지분 소유 범위를 49%로 늘렸고, 종합유선방송에 대한 신문사 참여도 같은 수준으로 늘렸다. 또한 그 동안 금지된 지상파 방송과 케이블TV의 겸영도 허용함으로써 이른바 신문/방송뿐만 아니라 매체 간 교차 소유를 실질적으로 가능하도록 했다. 하지만 신문/방송 간 교차 소유가 여론의 독과점을 초래할 것이라는 우려를 반영하여, 법안에서는 진입 조건을 부가했다. 즉, 구독률 20% 이상인 신문사의 지상파 방송, 종합편성채널, 보도전문채널 사업 참여를 금지하거나 제한하도록 한 것이다. 또한 신문사가 지상파 방송의 지분을 소유할 경우 발행부수 등의 자료 제출과 공개를 의무화해 이른바 신문 경영의 불투명성이 방송시장에 전이되지 않도록 한다.

이러한 사전 규제조항의 대칭 규제로서 사후 규제장치들도 별도로 규정한다. 대기업과 신문의 방송 진입으로 여론 독과점 혹은 다양성이 훼손되지 않도록 이른바 시청 점유율 30%로 제한하고 이를 초과하는 사업자에 대해서는 방송사업 소유 제한, 광고시간 제한, 방송시간 일부 양도와 같은 조치를 이행하도록 한다. 그렇지만 실제 이러한 사후규제가 누구나 수긍할 수 있는 합리적 규제가 될 수 있을지는 의문이다. 도리어 신문/방송 두 시장의 독점 사업자가 다른 시장으로 진입하는 것이 문제라면, 두 시장을 별도로 측정하고 일정 기준을 초과하는 사업자에 대해서 소유·겸영을 전부 혹은 일부 제한하는 방식이 바람직하다는 주장이 제기된다.

개정된 미디어법이 "방송사업에 대한 칸막이 규제를 없애고 경쟁을 촉진해 방송산업을 활성화하고, 다양성을 제고함으로써 시청자 선택의 기회를 늘린다"는 것이 당시 정부 여당의 주장이었다. 이에 대해 야당과 많은 시민단체들은 신문과 보도방송 겸영과 대기업의 보도방송 진출 허용은 겉으로는 산업 활성화와 일자리 창출 등 경제적 효과를 내세우지만, 이러한 규제 완화 조치의 실질적 혜택을 볼 수 있는 대상인 거대 신문이나 재벌의 방송 참여는 현재의 여당에 유리한 미디어 구조를 만들고 이를 통해 보다 확고한 여론 형성 및 장악력을 가지겠다는 정치적 포석이라고 반박한다(강상현, 2009).

〈표 15-1〉 방송법 개정안의 소유 제한 개정 내용

	대기업	일간신문/뉴스통신	외국자본	1인 지분
지상파 방송	금지 → 10% (원안 20%)	금지 → 10% (원안 20%)	금지	30% → 40% (원안 49%)
종합편성채널	금지 → 30%	금지 → 30%	금지 → 20%	-
보도전문채널	금지 → 30% (원안 49%)	금지 → 30% (원안 49%)	금지 → 10% (원안 20%)	-
위성방송(DMB포함)	49% → 폐지	33% → 49%	33% → 49%	제한 없음
종합유선방송(SO)	제한 없음	33% → 49%	49%	제한 없음
방송채널 사용(일반PP)	제한 없음	제한 없음	49%	제한 없음
중계유선방송(RO)	제한 없음	제한 없음	금지 → 20%	제한 없음

1. 언론의 4이론이란 무엇인가?
2. 현재 한국 사회의 언론은 언론의 4이론 중 어떠한 이론으로 설명가능한가?
3. 매스미디어의 법적 규제를 정리해 보자.
4. 현재 한국의 언론 상황은 더 큰 자유를 요구하는가,
   아니면 더 많은 통제가 필요한가 토론해 보자.
5. 온라인 음란물의 현 실태에 대해 생각해 보고,
   이를 해결하기 위한 효과적 방안에 대해 논의해 보자.
6. 저작권과 관련된 최근의 사례를 찾아보고, 그 문제에 대해 논의해 보자.
7. 2009년 개정된 미디어법과 관련된 찬반의견을 들어보고 자신의 생각을 정리해 보자.

참고문헌

• 강상현 (2009), 미디어법 논란 – 반대: 거대신문의 방송장악 길 틀 위험,
  〈헌정〉, 2009년 4월호, 125~127.
• 김광수 (2000),《광고학》, 한나래.
• 김광수 (2009. 7. 23), 고사 위기 지역언론들 '언론법 날치기' 부글부글, 〈한겨레〉.
• 김동철 (1987),《자유언론법제 연구》, 나남출판.
• 김영석 (2002),《디지털 미디어와 사회》, 나남출판.
• 김영호 (2014),《방송심의》, 커뮤니케이션북스.
• 김주환 외 (2001),《디지털 시대와 인간 존엄성》, 나남출판.
• 류종현 (2013),《방송과 저작권: 뉴스, 영화, 드라마, 생방송, 광고》, 커뮤니케이션북스.
• 민윤영 (2011), 인터넷 상에서 잊혀질 권리와 개인정보보호법에 대한 비교법적 고찰,
  〈고려법학〉, 63호, 287~316.
• 박용상 (1997),《언론과 개인법익, 명예, 신용, 프라이버시 침해의 구제제도》, 조선일보사.
• 방석호 (2014),《디지털 시대의 미디어와 저작권》, 커뮤니케이션북스.
• 변재옥 (1999),《정보화사회의 프라이버시와 표현의 자유》, 커뮤니케이션북스.
• 서정보 · 이지연 (2009. 7. 23), 채널 선택 폭 넓어진다 ①:
  방송 패러다임 어떻게 바뀌나, 〈동아일보〉.
• 연합뉴스 (2009. 7. 23), 종편채널 가시권… 제 4의 방송사 나온다.
• 유일상 · 유계환 (2011), 표현과 소통으로서의 인터넷 댓글과 그 책임에 관한 일 고찰,
  〈언론과 법〉, 10권 2호, 307~340.
• 윤석년 (2014),《지상과 방송 정책의 쟁점》, 커뮤니케이션북스.

- 임병국 (2009), 《언론법제와 보도》, 나남출판.
- 황 근 (2009), 개정 미디어법과 향후 과제, 〈신문과 방송〉, 2009년 8월호, 913.
- Napoli, P., 배현석 역 (2012), 《커뮤니케이션 정책의 기초: 전자 미디어 규제의 원칙과 과정》, 한국문화사.
- Siebert, F., Peterson, T., & Schramm, W. (1956), *Four Theories of the Press*, Urbana, IL: University of Illinois Press.

좀더 알아보려면

www.copyright.or.kr 저작권법과 관련된 국내외 판례들을 살펴볼 수 있으며, 관련 데이터베이스를 이용할 수 있다.

action.or.kr 이 사이트를 방문하면 네티즌이 직접 제보한 사생활침해 사례들과 상담 및 대처 방안에 대한 자료를 살펴볼 수 있다.

www.cyberhumanrights.or.kr 국내외의 정보통신망을 통한 명예훼손, 모욕, 성폭력, 스토킹 등과 관련된 논문, 기사, 전문가 칼럼 등을 참고할 수 있다.

karb.or.kr 한국광고자율심의기구에 들어가면 허위, 과장, 불공정 광고 등에 대한 상담과 접수를 할 수 있다.

www.kpf.or.kr 방송법, 방송법시행령, 한국방송광고공사법, 전파법 등의 미디어 관련 법을 찾아볼 수 있으며, 세계의 언론법제를 검색해 볼 수 있다.

찾아보기

인명

저 자 약 력

오 택 섭
서울대 외교학과 졸업
미국 인디애나대 언론학 석사 및 박사
고려대 미디어학부 교수, 한국언론학회장 역임
세계언론학대회(ICA) 조직위원장 역임
현재 고려대 명예교수
저서 《사회과학데이터분석법》,
    《설득이론과 광고》(편역), 《언론의 정도》(역) 등

강 현 두
서울대 사회학과 졸업
미국 보스턴대 석사, 남일리노이대 박사
한국언론학회 회장, 서울대 언론정보학과 교수
한국디지털위성방송 사장 역임
저서 《한국방송론》(공편), 《대중문화론》,
    《현대사회와 대중문화》 등

최 정 호
서울대 철학과 졸업
독일 베를린자유대 박사
연세대 신문방송학과 교수 역임
저서 《세계신문의 역사》(공역), 《언론문화와 대중문화》
    《멋과 한국인의 삶》(공편) 등

안 재 현
서울대 산업공학과 졸업
미국 스탠퍼드대 의사결정론 박사
미국 AT&T 벨연구소 선임연구원
미국 USC 마샬 경영대학원 교환교수 역임
현재 KAIST 경영대학 교수

방송영상미디어 새로 읽기

8인의 국내 대표 미디어 전문가가 디지털미디어 시대의 새로운 패러다임을 조명한 방송영상미디어 입문서. 최근 디지털미디어 시대가 본격화되면서 과거의 전통적 미디어이론으로는 변화하는 미디어 환경을 설명하기 어려워졌다. 오늘날 미디어생태계와 인간, 미디어, 사회의 관계를 재정립할 수 있는 패러다임이 필요한 시점이다. 이 책은 이런 시대적 요구에 부응해 이용자, 콘텐츠, 산업의 측면에서 디지털미디어 시대의 이론과 실천의 패러다임을 살펴본다. 현업인과 전공학생들에게는 살아 있는 지식을, 일반독자들에게는 새 시대의 통찰을 제공하는 책이다.

강형철(숙명여대) 외 지음 | 크라운판 | 494면 | 28,000원

미디어 거버넌스
미디어 규범성의 정립과 실천

서울대 윤석민 교수가 천착해온 한국사회 미디어 시스템 연구의 결정판. 한국사회 미디어 시스템이 총체적 위기를 겪고 있다. 양극화된 언론지형, 어뷰징, 가짜뉴스, 댓글조작 등은 더 이상 일탈적 현상이 아니라 고착된 현실이다. 이 난제를 풀기 위한 변화의 실마리는 결국 미디어 종사자 스스로 만들어야 한다는 것이 저자의 결론이다. 이러한 상향식 미디어 개혁은 진영논리와 상업논리에 밀려 해체 상태에 빠진 미디어의 규범적 가치의 복원, 그리고 미디어와 관련된 모든 사회집단이 힘을 모으는 협치 거버넌스 구축으로부터 시작된다.

윤석민(서울대) 지음 | 크라운판 · 양장본 | 928면 | 45,000원

설득 커뮤니케이션 개정2판

이 책은 다양한 설득 연구들을 모아 설득의 역사, 심리학적 원리기법들을 커뮤니케이션 관점에서 체계적으로 분석하였다. 심리학, 정치학, 사회학 등의 여러 분야에서 다루는 설득 관련 이론 및 방법을 종합적으로 제시함으로써, 설득의 개별사례들 이면에 담긴 심리학적 원리를 이론적으로 고찰해 소개한 것이다. 특히 2019년 개정2판에서는 시대에 따라 달라진 '설득'과 '소통'의 개념을 적극 반영하여 일방적 소통이 아닌 상호 소통의 형태를 강조해 다루었다.

김영석(연세대) 지음 | 신국판 · 양장본 | 744면 | 38,000원

팩트체크 저널리즘

팩트체크는 언론 신뢰도 하락과 가짜 뉴스 범람 등으로 위기에 처한 저널리즘의 기능을 회복할 대안으로 주목받는 한국사회의 키워드가 되었다. 이 책은 팩트체크 저널리스트와 팩트체크 관련 연구자들이 실전 경험을 바탕으로 팩트체크의 개념부터 실제 수행 과정까지 자세하고 실감나게 소개하여, 팩트체크의 이해를 도울 뿐만 아니라 실제로 팩트체크를 해 볼 수 있도록 돕는다.

김양순(KBS) 외 지음 | 신국판 | 312면 | 20,000원

뉴미디어와 정보사회 개정3판

이 책은 정보사회를 살아가는 데 필요한 지식으로서 매스미디어를 이해하려는 사람들에게 체계적인 이해의 틀을 제공하는 목적에 충실하였으며, 전문적 이론보다는 매스미디어의 실제 현상을 쉽게 이해할 수 있도록 서술하였다. 개정판에서는 기존의 구성을 유지하면서 최근의 다양한 변화, 특히 뉴미디어의 도입에 따른 변화와 모바일 웹, 종합편성채널, 미디어산업에서의 빅데이터 활용 등에 초점을 맞추었으며, 매스미디어의 실제 현상 역시 최신의 사례로 업데이트하였다.

오택섭(고려대) · 강현두(서울대) · 최정호(울산대) · 안재현(KAIST) 지음
크라운판 | 528면 | 29,500원

디지털시대의 미디어와 사회

물리적 세계를 넘어 삶마저도 디지털화되는 사회에서 미디어는 어떤 모습이며 어떤 방향으로 나아가고 우리는 이를 어떻게 수용해야 하는가? 디지털이 일상으로 파고들었지만 그간의 기간이 그리 길지는 않았기에 아직 미디어의 디지털화에 따른 변화양상과 역할, 영향 등을 폭넓게 다룬 책이 없었다. 이 책은 미디어의 기술적 진화에 따라 사회와 산업, 시장에 영향을 미치는 과정과 이에 따른 이론적 논의 및 법과 제도의 변화 등을 폭넓게 살폈다.

김영석(연세대) 외 지음 | 크라운판 변형 | 462면 | 29,000원

스마트미디어
테크놀로지 · 시장 · 인간

이 책은 테크놀로지, 시장, 인간의 방향으로 스마트미디어에 접근한다. 이를 위해 15명의 언론학자가 각자 연구 분야에서의 다양한 물음을 정리하고 답변을 찾는 방식으로 스마트미디어가 야기하는 시장 경쟁, 규제, 이용자 이슈 등을 논한다. 기술의 현재와 사례를 주로 다루는 기존의 스마트미디어 관련 도서에 비해 테크놀로지, 시장, 인간에 대한 고민과 탐색, 전망에 중점을 두어 스마트미디어 사회에 대한 깊은 이해와 다양한 논의점을 제공한다.

김영석(연세대) 외 지음 | 신국판 | 472면 | 22,000원

사회과학 통계분석 개정판
SPSS/PC⁺ Windows 23.0

문항 간 교차비교분석, t-검증, ANOVA, 상관관계분석, 회귀분석, 통로분석, 인자분석, Q 방법론, 판별분석, 로지스틱 회귀분석, 반복측정 ANOVA, ANCOVA, MANOVA, LISREL(AMOS), 군집분석, 다차원척도법, 신뢰도분석, 생존분석(생명표), Kaplan-Meier 생존분석, Cox 회귀분석 등 사회과학 통계방법을 총망라했다. 각 장에는 논문을 쓸 때 필요한 절차와 내용을 설명한 논문작성법을 제시했으며 개정판에서는 분석력이 강화된 SPSS/PC⁺ 23.0의 실행방법을 설명했다.

최현철(고려대) 지음 | 4×6배판 변형 | 848면 | 38,000원

미디어 효과이론 제3판

이 책은 이용과 충족이론, 의제 설정이론, 문화계발효과이론 등 고전이론의 최신 업데이트된 연구결과를 비롯해 빠르게 진화하는 미디어 세계의 이슈들에 대해서도 다뤘다. 미디어 효과연구 영역을 폭넓게 다룬 포괄적인 참고도서이자 최근의 미디어 효과연구의 진행방향을 정리한 보기 드문 교재로 미디어 이론 연구를 위한 기준을 제공할 것이다.

제닝스 브라이언트 · 메리 베스 올리버 편저 | 김춘식(한국외대) · 양승찬(숙명여대) · 이강형(경북대) · 황용석(건국대) 공역 | 4×6배판 | 712면 | 38,000원

매스 커뮤니케이션 이론 제5판

제5판(2005년)에서는 특히 인터넷시대의 '뉴미디어'가 출현과 성장 과정 속에서 기존의 매스미디어 이론과 연구결과를 토대로 이야기했던 것을 수정·보완하는 데 주력했다. 또한 저자는 변화하는 미디어 환경 속에서 기존 매스 커뮤니케이션이 어떻게 변화할지에 관심을 두고 내용을 전개한다. 새로운 이론적 접근에 대한 소개가 추가되었고, 각 장에서의 이슈는 뉴미디어 현상과 연관하여 다루어진 특징이 있다.

데니스 맥퀘일 | 양승찬(숙명여대) · 이강형(경북대) 공역 | 크라운판 변형 | 712면 | 28,000원

커뮤니케이션 이론
연구방법과 이론의 활용

매스 커뮤니케이션의 기본개념부터 다양한 이론적 논의와 연구방법, 연구사례에 이르기까지 언론학 전반을 조감해 주는 교과서이다. 다른 책과 구별되는 큰 장점은 제반 이론을 소개하면서 과학의 특성인 실용성과 누적성이 절로 드러나도록 하는 뚜렷한 관점을 가지고 있다는 것이다. 우선, 소개되는 이론에 관련한 실제 연구사례들을 수집해 제시한다. 더불어 이론이 등장해 어떻게 비판되고 지지되고 발전되었는지 역사적으로 추적한다.

세버린 · 탠카드 | 박천일 · 강형철 · 안민호(숙명여대) 공역 | 크라운판 | 548면 | 22,000원

현대언론사상사

이 책은 '밀턴'에서 '맥루한'까지 미국 저널리즘의 근간을 이룬 서구 사상가들을 다루고 있다. 현대언론사상의 백과사전이라고 할 수 있을 정도로 300년간의 서구 사상가와 사상들을 집합시켰다. 저널리즘은 오로지 눈앞의 현실이며 실천일 뿐이라고 믿는 사람들에게 그 현실과 실천의 뿌리를 살펴볼 것을 촉구하고 역사성을 회복하라고 호소하고 있다.

허버트 알철 | 양승목(서울대) 옮김 | 신국판 | 682면 | 35,000원